Ach Freund,
geht es nicht auch dir so?
Ich kann nur lieben
was ich die Freiheit habe
auch zu verlassen:
Dieses Land
diese Stadt
diese Frau
dieses Leben

Eben darum lieben ja auch
Wenige dieses Land
manche ihre Stadt
viele eine Frau
aber das Leben…
Alle!

Wolf Biermann

Ermutigung

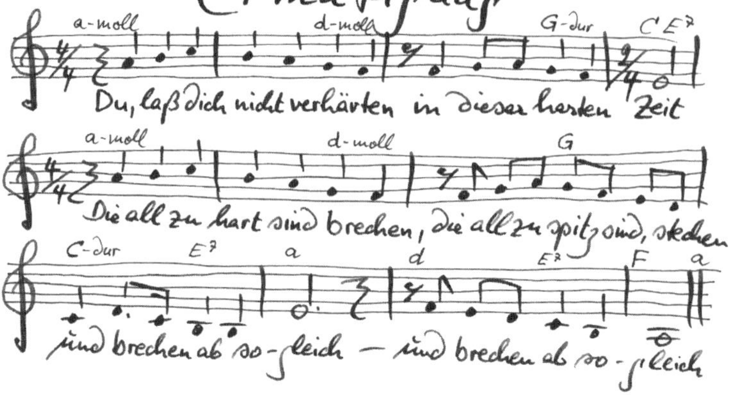

Du, laß dich nicht verbittern
In dieser bittren Zeit
Die Herrschenden erzittern
– sitzt du erst hinter Gittern
Doch nicht vor deinem Leid

Du, laß dich nicht erschrecken
In dieser Schreckenszeit
Das wolln sie doch bezwecken
Daß wir die Waffen strecken
Schon vor dem großen Streit

Du, laß dich nicht verbrauchen
Gebrauche deine Zeit
Du kannst nicht untertauchen
Du brauchst uns, und wir brauchen
Grad deine Heiterkeit

Wir wolln es nicht verschweigen
In dieser Schweigezeit:
Das Grün bricht aus den Zweigen
Wir wolln das allen zeigen
Dann wissen sie Bescheid.

ullstein

Wolf Biermann

WARTE NICHT AUF BESSRE ZEITEN!

Die Autobiographie

Ullstein

Wem sonst als Dir? – ach,
widmen mag dies Lebensbuch
Pamela Biermann mir!

Wolf

Inhalt

Weggerissen wurde der Vater mir, als ich vier Monate alt war. Diesen Schmerz soff ich am Busen meiner Mutter bei der Gestapo in Hamburg, in der Untersuchungshaftanstalt nahe Planten un Blomen, wohin Emma Biermann zu Verhören einbestellt wurde. Den gleichen Kummer schlürfte ich mit der Kunsthonigmilch in meinem Zimmerchen im Häwelmann-Bett über dem Gustavkanal, wenn unten im Fleet der kleine Schlepper mit eingeknicktem Schornstein die Schuten unter die Brücke Schwabenstraße in Richtung zum Mittelkanal zog. Diese heillose Wunde blieb lebenslänglich offen, denn ich kann diesem frühen Tod nicht entfliehen. Der Kummer um den Kommunisten, den Arbeiter, den Juden Biermann ist meine Schicksalsmacht, mein guter Geist, mein böser. Er ist das Gesetz, nach dem ich angetreten bin. So muss ich sein, so bleibe ich. Marx hin, Marx her – ich konnte auf meinem langen Weg an keiner Wegscheide je diesem Fatum entfliehen. Mein Kummer blieb lebendig und machte Metamorphosen durch. Er stumpfte nicht. Er hat sich bis heute immer wieder erneuert, hat sich gewandelt, zusammen mit mir, im Umbruch der Zeiten. Durch ihn bin ich ein frecher Zweifler geworden, dann ein frommer Ketzer, ein tapferer Renegat des Kommunismus. Ein todtrauriges Glückskind in Deutschland, ein greises Weltenkind. Dieser eingeborene Kummer um den Vater war mein Luftholen seit 1937, war mein asthmatisches Japsen seit den Bombennächten in Hammerbrook 1943. Dieser eine Grundkummer ist mein Schreien, mein Quasseln, mein Stottern, all mein Singen, mein Mut, mein Übermut, mein Gelächter, mein Schweigen. Dieser polit-genetisch gezeugte Kummer wurde all mein vegetativer Hass, aber auch meine angelernte Lust am Leben. Der Kummer um meinen Vater blieb meine verwüstbare Hoffnung, meine bedrohte Liebe.

Die Wahrheit mit der Muttermilch

Familie und kommunistischer Widerstand

Karl-Wolf. So steht es geschrieben in meiner Geburtsurkunde. Nicht Wolf, sondern Karl-Wolf Biermann. Im vierten Jahr des Tausendjährigen Reiches, am 15. November 1936, wurde ich in Hamburg geboren, genau fünf Minuten nach zwölf. Ich war – auf den Tag genau – ein Achtmonatskind. Meine Mutter flüsterte die Standardfrage. Die Hebamme des Sankt-Georg-Krankenhauses durchschnitt die Nabelschnur und knurrte: »… is 'n Junge.« Emma gluckste vor Glück. Ausgerechnet die Arbeiterin Emma Biermann tirilierte das blöde Liedchen »Ja, wir haben einen Sohn, einen Erben für den Thron …« Die Hebamme war womöglich genervt. Sie sagte mit spitzer Zunge: »Der hat ja 'ne kleine Judennase!« War das nun die Diagnose einer erfahrenen Geburtshelferin? Oder der blinde Affekt einer missgelaunten Nazi-Hippe?

Am Abend dieses Sonntags, direkt nach seiner Sonderschicht auf der Deutschen Werft, kam mein Vater in Arbeitskluft zur Klinik. Dagobert hatte Augen nur für seine Emma. Vom Balg nahm er freundlich Notiz. Ja, er war glücklich mit ihr, war verliebt in seine Frau. Und: Er war ihr dankbar. »Du bist nicht nur mein Lieb, sondern der beste Kamerad, den ich je hatte«, schrieb er später in einem Brief aus dem Gefängnis.

Dagobert Biermann hatte Schlosser und Maschinenbauer erlernt. Aufgewachsen war er im »Lazarus-Gumpel-Stift zur Unterstützung bedürftiger Juden« in der Schlachterstraße 46, nahe dem Hamburger Michel, in einer Hinterhofwohnung, in die nie ein

Sonnenstrahl fiel. Eine meiner ersten Erinnerungen: drei Treppenstufen hoch am Geländer. Gleich vorne die düstere Wohnstube. Großvater schlief auf dem Sofa, mit einem Hut auf'm Gesicht. John Biermann, meines Vaters Vater, war ambulanter Elektrikermeister mit nur einem Angestellten: er selber. Seine ganze »Firma« bestand aus einem wohlgeordneten Holzkasten fürs Handwerkszeug, dazu eine Stehleiter, ein paar Kabelrollen und eine schwere Kiste voll mit elektrischem Kleinkram. Großvater ging in die Häuser und reparierte den Leuten die Leitungen. Meines Vaters Bruder Karl war zwei Jahre jünger und wurde auch Elektriker. Die hübsche Schwester Rosa, die Hutmacherin, war ganze zwölf Jahre jünger. Weil Großmutter Louise aus einer orthodoxen Familie Löwenthal kam, schickte sie ihre Kinder auf die Talmud-Tora-Realschule, gleich neben der Synagoge am Grindel.

Gewiss Hebräisch, ja, Tora, ja, Talmud. Aber dann ging Dagobert mit vierzehn Jahren in die Lehre auf der Werft Blohm & Voss. Noch lieber als Jude sein wollte er Mensch werden. Er trat der Metallarbeitergewerkschaft bei. Seine Religion war fortan der Kommunismus. Und weil er nicht nur gut arbeiten, sondern auch gut reden konnte, wählten die Lehrlinge ihn zu ihrem Sprecher. Durch sein unerschrockenes Auftreten zog er den scharfen Blick der Werftleitung auf sich. Nach vierjähriger Lehrzeit kriegte er, trotz allerbester Prüfungen, mit dem Gesellenbrief zugleich die Entlassungspapiere. Er landete außerdem auf der »schwarzen Liste«. Und das bedeutete für viele Jahre, auch nach der tiefen Werftenkrise, Arbeitslosigkeit.

Dagobert traf Emma Dietrich im Jugendverband der KPD, der »Kommunistischen Jugend Deutschlands« (KJD). Sie bewunderten einander. Er ihre Schroffheit, sie seine Geduld. Emmas Realschullehrerin hatte die Eltern besucht und gesagt: »Die kleine Emma sollte weiterlernen. Sie könnte Lehrerin werden.« Aber der alte Dietrich knurrte: »Wir können uns keine Gräfin erlauben.«

1919 begann das Mädchen eine Lehre als Maschinenstrickerin. Nach zweijähriger Ausbildung arbeitete sie im Akkord und verdiente gutes Geld. Dann strickte sie elegante Modekleider auf Sylt. Aber 1924 kam es für sie noch besser: Sie wurde von der Hamburger Blindenanstalt eingestellt. Dort baute sie in eigener Verantwortung eine neue Blindenwerkstatt für Maschinenstrickerei auf.

Und das war ihre Idee: Die Arbeitsgänge wurden, im Sinne einer Manufaktur, so unterteilt und die Maschinen so eingerichtet, dass die Blinden und Halbblinden nach ihren Möglichkeiten in ausgetüftelter Zusammenarbeit etwas wirklich Brauchbares produzieren konnten. Emma liebte diese Arbeit und war stolz.

Das Liebespaar heiratete 1927. Beide waren inzwischen in die KPD eingetreten und standen aktiv in der Arbeiterbewegung. Emma und ihre jüngeren Geschwister Lotte und Karl, genannt Kalli, und ihr Dagobert verstanden sich bestens, sie waren ja beides: Familienbande und Genossen. Auch Emmas Eltern, Karl Dietrich und Martha.

Die Dietrichs waren aus Sachsen über Kiel nach Hamburg gezogen. In der Schmiedelehre in Halle an der Saale hatte Emmas Vater durch einen glühenden Eisenspan ein Auge verloren, so dass er beim Hämmern nicht mehr den Abstand in der dritten Dimension sehen konnte. Er arbeitete fortan als Steineträger auf Baustellen. Immer fünfundzwanzig Ziegelsteine mit dem Schulterbrett die Bauleitern hoch. So trug er sich krank und krumm. Der Sachse wurde in Hamburg ein führender Kader des Rotfrontkämpferbundes der KPD, und Ernst Thälmann war sein vertrauter Genosse. Karl galt als der beste Schütze unter den Mitgliedern des RFB. Immerhin, so spotteten die Genossen, musste er sein Glasauge beim Zielen nicht zukneifen. Das war vielleicht sein einziges Privileg im Leben: Er gewann jedes Jahr den ersten Preis, einen ganzen Schinken, beim fröhlichen Wettschießen für den Sieg der Weltrevolution.

An den Wochenenden fuhren die jungen Kommunisten mit der Vorortbahn in die Lüneburger Heide. Sie waren begeistert von der Wandervogelbewegung. Der neueste Schrei: FKK – Freikörperkultur. Emma übte sich im Ausdruckstanz à la Mary Wigman. Sie sangen gemeinsam »Dem Morgenrot entgegen, ihr Kampfgenossen all« oder das von Rosa Luxemburg aus dem Polnischen übersetzte Lied: »Des Volkes Blut verströmt in Bächen, / Und bitt're Tränen rinnen drein. / Doch kommt der Tag, da wir uns rächen, / Dann werden wir die Richter sein …« Na ja. Und die Kitschlieder von Hermann Löns: »Ja grün ist die Heide / Die Heide ist grüüüüün …« Der Maschinenschlosser »Dago« zupfte dazu die Gitarre, die Maschinenstrickerin »Emsch« die Waldzither.

Die Nationalsozialisten griffen zu Beginn der dreißiger Jahre nach der Macht. Als die SA, der Rotfrontkämpferbund und die Kampfgruppe »Eiserne Front« sich gegenseitig verprügelten und die Vereinslokale demolierten, machte Dagobert sich einen Namen, weil er es schaffte, mit jungen, bürgerlichen Nazis immerhin unblutige Streitgespräche zu führen, statt immer nur »Eins-in-die-Fresse-mein-Herzblatt!«. 1932 wurde mein Vater von den Thälmann-Anhängern als »Abweichler« gebrandmarkt. Er war der Meinung, die KPD sollte verbündet mit der SPD gegen die Nazis kämpfen. Sein Schwiegervater Karl Dietrich wütete gegen den Abweichler. Als Dago und seine Emsch an der Wohnungstür klingelten, riss der Alte die Tür auf, schwang ein Beil überm Kopf und brüllte einen Satz, der von da ab zur geflügelten Phrase unserer Familiengeschichte gehörte: »Ich! dulde! in meinem Hause!! keine konterrevolutionäre!!! Brut!!!« Die Frauen kreischten und schimpften. Sie rissen dem Berserker mit vereinten Kräften das Beil aus den Händen. An diesen acht Wutworten war wirklich alles falsch. Von wegen »Ich dulde nicht …«. Der Alte musste es dulden, denn schon gleich danach saßen sie wieder zusammen bei Kaffee und Bienenstich am Küchentisch. Auch war sein Schwiegersohn keine »konterrevolutionäre Brut«. Und dann noch das große Wort »in meinem Hause!«. Dieser herzkranke Steineträger Karl Dietrich war froh, wenn er die Miete zahlen konnte.

Er hatte Glück, er starb an seinem schweren Herzfehler schon 1932. Als die Überfallkommandos der NSDAP nach Hitlers Machtergreifung 1933 mehrmals an Oma Meumes Wohnungstür standen, um den Alten zu verhaften, rannte Oma Meume ins Schlafzimmer und zerrte wütend die vertrockneten Kränze von seiner Beerdigung unterm Ehebett hervor. Sie zeigte auf die zerknitterten Kranzschleifen und schrie auf Sächsisch: »Der is doooot! Den gönnd ihr nich mehr dotschlagn!«

Anders als die Sozialdemokraten war die KPD sofort verboten worden, und damit auch ihr Parteiblatt, die *Hamburger Volkszeitung*. Die Genossen arbeiteten illegal weiter. Meine Eltern und Emmas Bruder Kalli waren in der Parteigruppe St. Georg organisiert. Doch bereits am 8. Mai 1933 wurde mein Vater verhaftet. Die Polizei ertappte ihn auf frischer Tat. Im Atelier des Kunstmalers Arnold Fiedler vervielfältigte er mit einer primitiven Druckmaschine die Notausgabe des verbotenen Parteiblattes, die illegal verteilt werden sollte. Weil die eigentlichen Redakteure schon seit März als »Schutzgefangene« im KZ Fuhlsbüttel saßen, hatte Dagobert auch den Leitartikel verfasst. Darin berichtete er über den unmittelbar anstehenden Prozess zum Altonaer Blutsonntag. Ein knappes Jahr zuvor, am 17. Juli 1932, war es zu gewalttätigen Auseinandersetzungen zwischen der SA und den Kommunisten gekommen. Achtzehn Menschen waren erschossen worden. Kaum an der Macht, stellten die Nationalsozialisten den Klempner Bruno Tesch, den Packer Walter Möller, den Schuhmacher Karl Wolff und den Seemann August Lütgens als Schuldige vor ein schnell eingerichtetes Sondergericht. Alle vier wurden ohne Beweise zum Tode verurteilt, das Urteil wurde am 1. August 1933 vollstreckt. Da saß mein Vater schon in Haft. Zwei von den Angeklagten waren erst neunzehn Jahre alt, nach damaligem Gesetz noch nicht volljährig.

Eine unerhörte Begebenheit bei der Hinrichtung hatte sich rasch herumgesprochen. Der beamtete Henker der Hansestadt stand grade nicht zur Verfügung. Ein junger Schlachtermeister aus Wandsbek war eingesprungen, ein Mitglied der NSDAP. Die Exekution fand auf dem Hinterhof des Gerichtsgebäudes in Altona statt. Einer nach dem anderen wurde von dem Ersatzhenker mit dem Handbeil geköpft. Als zuletzt dem Schuhmacher Karl Wolff befohlen wurde, seinen Kopf auf den Hackblock zu legen, bat er um eine letzte Gunst. Sie wurde ihm gewährt, wer weiß, vielleicht von einem Hanseaten, der sich erinnerte, dass auch dem berühmten Seeräuber Störtebeker ein letzter Wunsch erfüllt worden war.

Der junge Schuster aus Altona bat darum, ihm die Fesseln auf dem Rücken zu lösen. Er wolle, sagte er, sich nur noch einmal im Leben richtig ausrecken können. Doch kaum war die erste Hand befreit, schlug er dem nächsten Beamten die Handschellen in die Zähne. Diese letzte Rebellion im ewigen Freiheitskrieg der Menschheit verbreitete sich wie ein Lauffeuer. Die Kundschaft im Stadtteil Wandsbek blieb dem Schlachter, nachdem er seinen Parteigenossen den Schlächter gemacht hatte, weg. Die meisten Kunden hatten nichts gegen die Nazijustiz. Aber sie ekelten sich bei dem Gedanken, dass Menschenblut an den Händen oder an den Werkzeugen des Hilfshenkers klebt und bei ihnen mit dem Schweinebraten auf den Tisch kommt.

Mein Vater wurde am 14. August 1933 zu zwei Jahren Zuchthaus verurteilt. Er hatte gelogen, alle Artikel der illegalen Ausgabe seien von ihm verfasst. Dadurch konnte er seine zwei Mittäter entlasten. Seine Frau wurde am Tage der Veröffentlichung des Urteils fristlos entlassen. Alle Bewerbungen um eine neue Arbeitsstelle wurden abgelehnt. Nach Monaten vermittelte ihr das Arbeitsamt eine primitive Hilfsarbeit in einer Fabrik.

Bald darauf brachte Emmas Bruder Kalli einen Genossen mit. Es war der ältere Bruder von Karl Wolff. Arbeiter auch er, Kommunist im Rotfrontkämpferbund und, wie die meisten Genossen, auf der Flucht vor den Nazis. Emma sollte diesem Hans Wolff zwei, drei Tage Unterschlupf geben, bis die Fluchtwege im Hamburger Hafen frei waren, um nach Dänemark zu entkommen. Sie versteckte den Wolff-Bruder. Am Tag des Aufbruchs wickelte sie drei Wurstbrote in einen Bogen legales Zeitungspapier und sprach ein großes Wort gelassen aus: »Genosse! Wenn mein Mann in eineinhalb Jahren wieder aus dem Knast kommt … und wenn ich dann schwanger werde … und wenn es ein Sohn wird …, dann nennen wir ihn nach deinem Bruder. Und so machen wir uns einen neuen Karl Wolff!«

Der Bruder des Geköpften rettete sich nach Dänemark, er verschwand auf Nimmerwiedersehn. Bis zur Entlassung von Dagobert war es noch lange hin. Eines Sonntags, am Nachmittag, ging die Strohwitwe Emma über den Jungfernstieg, als eine SA-Kolonne mit Tschingdera und Gegröle vorbeimarschierte. Und so blühte ein junges Glück auf im Unglück: Emma verliebte sich in einen anderen Mann. Was ihn verzauberte? Die junge Frau mit den weichen Locken riss als Einzige in der Menge am Straßenrand nicht den Arm hoch zum Heil-Hitler-Gruß. Er zog sie ins Gespräch. Er lockte sie in den Alsterpavillon. Hübscher Zufall: genau der magische Ort, an dem Heinrich Heine hundert Jahre vorher mit seinem Verleger Julius Campe Rheinwein getrunken und Austern schlampampert hatte.

Der schicke Kerl an der Binnenalster erwies sich als ein gebildeter Mann, ein wohlhabender Mann und ein Anti-Nazi. Paar Jahre jünger als Emma. Friedel Runge war eine Mischung aus Sozialdemokrat und Dandy und Kommunist. Ein linker Einzelgänger. Er arbeitete als Handelsvertreter und fuhr damals schon ein eigenes

Auto. Er lockte die Frau des Schlossers Dagobert Biermann bald in die Oper, bald ins Bett. An den Wochenenden flanierte das Paar plebejisch an der Bille, bürgerlich an der Alster. Sie wanderten ins Alte Land auf der anderen Elbseite. Friedel tauchte um die Wette mit seinem Freund unter einem Schlickrutscher in der Elbe durch, eine Art freiwilliges Kielholen im Übermut. Er war stark, er war sanft, er liebte das blonde Kommunistenweib Emma Biermann. Ihr Ehemann saß im Gefängnis, gewiss, aber sie wollte es wissen, sie wollte alles wissen. Emma war so schön, und so schön begeistert, und so schön allein.

Jeder liefert im Spiel der Geschlechter eben das, was er hat. Emma besaß ein geklinkertes Holzboot, ein Kajak für zwei Paddler, es lag an der Bille im Schuppen des Bootsbauers Willi Schulz. Und sie konnte dem Anderen auch ein Stückchen Welt liefern! Sie hatte Russisch gelernt für eine Reise in die Sowjetunion vor ein paar Jahren. In der Kommunistischen Partei hatte sie »Lohnarbeit und Kapital« von Karl Marx studiert. Sie kannte die romantischen Gedichte von Heinrich Heine. Das »Buch der Lieder« hatte ihr Dagobert zur Verlobung von einem Genossen in rotes Leder binden lassen.

Ein ewiges Jahr dauerte die Himmelhölle dieser Liaison. Doch die Zeit erwies sich als grausam kurz. Als der 8. Mai 1935 näher kam, der Tag, an dem Dagobert Biermann aus der Haft entlassen werden sollte, graute seiner Frau vor diesem heiklen Freudentag. Emma hatte alles tausendmal her und hin überfühlt, hatte hin und her überlegt. Dann auferlegte sie sich selbst den Parteiauftrag: Verzicht! Aus Treue zur Partei – und aus Achtung vor ihrem Genossen Ehemann. Einen Tag vor der Entlassung traf sie den Anderen ein letztes Mal. Sie küssten sich, sie redeten, sie weinten, sie schwiegen. Dann riss sie sich das Herz aus dem Leibe, und sie riss sich Büschel ihrer goldblonden Locken vom Kopf.

Am Morgen fuhr Emma mit der U-Bahn raus nach Fuhlsbüttel. Sie holte ihren gehörnten Ehemann ab. Er kam ihr schon auf der Straße entgegen mit seinem Bündel, denn er war zehn Minuten zu früh entlassen worden. Scheues Küsschen, aber kein Kuss. Noch auf der Straße gestand sie ihm alles. Sie sagte: »Wenn du willst, wenn du es aushalten kannst, bleibe ich bei dir. Wenn nicht, dann gehe ich mit dem Anderen.« Er entschied sich gegen die Scheidung. Aber als er Emma, zurück in der Wohnung, aufs Bett legen wollte, sagte sie: »Nein, nicht! Noch nicht. Bitte! Ich liebe noch immer den Anderen.« Dagobert richtete sich sein Bett in der Küche. Er ertrug seine Einsamkeit, weil er nicht vereinsamen wollte. Er umklammerte sein Herz, er war todtraurig von alledem und trotz alledem froh.

Warum und wie Emma ihrem Mann das Zeichen gab, dass endlich! aus dem Genossen auch wieder ihr Bettgenosse werden durfte, weiß ich nicht. Weil ich aber auf den Tag genau ein Achtmonatskind sein soll, kann ich mir ausrechnen, wann es passierte: am 15. März 1936. Seit Dagoberts Entlassung war fast ein Jahr vergangen, so grausam lange hatten die beiden in kommunistischer Keuschheit nebeneinanderher gelebt. Er hatte nichts erzwingen können, und sie musste ihm nichts abschlagen. Alles hat eben seine Zeit. Sie streichelten sich, sie küssten sich, sie umarmten sich. Und danach? Sie schwiegen. So lagen sie zum ersten Mal seit fast drei Jahren innig beieinander. Alles war wieder gut. Er lächelte. Dann brummte er: »Ich hab aber nicht aufgepasst!« Emma sprang – in ihrem Jargon: wie von der Tarantel gestochen! – mit einem Schrei aus dem Bett. Sie rannte rüber in die kleine Küche. Ran an den Handstein! Wasser aufgedreht. Sie ritt wütend über dem gusseisernen Ausguss, ihrem Proletarier-Bidet. Sie schimpfte und greinte, sie lachte böse und weinte wirre Wortfetzen und fluchte aus sich raus und klagte in sich rein, trocknete sich ab, saß nackt am Küchentisch und schwieg feindselig. Doch der Zorn meiner Mutter wandelte sich wie von selber in eine Glückseligkeit. Bald schon pries die Frau ihren Mann für seinen Mangel an Rücksicht und lachte vor Freude. Und natürlich hielt Emma ihr Versprechen, und die beiden nannten mich Karl-Wolf.

***

Mein Vater fand Arbeit auf der Deutschen Werft. Er war Spezialist für die »Laufkatzen«, die auf den Stahlseilen zwischen den mächtigen Torpfeilern der Hellinge den Schiffsbauern die Bauteile ranschaffen. Der Führer brauchte jede Hand für Kraft-durch-Freude-Dampfer und neue Kriegsschiffe. Dagobert brachte seiner Frau jedes Wochenende die Lohntüte – ungeöffnet. Für sich behielt er in seinem kleinen, abgenuddelten Lederportemonnaie nur paar Groschen für den Pfennig-Skat in der Mittagspause.

Meine Eltern und Onkel Kalli gehörten einer Widerstandsgruppe an, die Sabotage betrieb. Onkel Kalli und Dagobert spionierten während ihrer Arbeit im Hafen harmlose Handelsschiffe aus, die heimlich Panzer, Flugzeugteile und Munition nach Franco-Spanien bringen sollten. Heimlich, denn der Völkerbund hatte zum Spanischen Bürgerkrieg, der seit 1936 tobte, das Prinzip der Nichteinmischung beschlossen. Hitler hatte dem Putschgeneral Franco eine Elitetruppe, die Legion Condor, geschickt. Antifaschisten aus aller Welt, Demokraten, Kommunisten, Anarchisten, gründeten daraufhin die Internationalen Brigaden, die auf Seiten der Spanischen Republik kämpften – jeder schickte eben seine Elite in die Schlacht. Den Verbündeten auf Seiten der Republik wollte die Widerstandsgruppe diejenigen Schiffe verraten, die Waffen transportierten. Meine Mutter arbeitete als Kurier von Informationen, einmal entging sie nur knapp der Verhaftung. Ein Genosse hatte ihr eine falsche Hausnummer genannt. Genau das stellte sich als Glück heraus, denn in der Wohnung mit der richtigen Hausnummer saß ein Gestapomann, es war eine Falle.

Die Gruppe flog dann doch durch einen Spitzel auf. Die Gestapo stürmte im März 1937 die Wohnung meiner Eltern. Sie verhafteten meinen Vater, meinen Onkel und wollten auch Emma mitnehmen. Doch Emma schrie: »Mein Kind! Mein Kind!« Die Beamten glotzten in meine Wiege, berieten sich, und der Chef entschied: »Dann bleiben Sie erst mal hier, aber halten Sie sich bereit!« Emma stand unter Hausarrest. Mein Vater drehte sich in der Wohnungstür um, zog den Ehering vom Finger, holte sein kleines Portemonnaie aus der Tasche und legte beides auf den Küchentisch. Dann packten die Beamten ihn und Kalli, prügelten die Verhafteten die Treppen runter, pferchten sie ins Auto und brachten sie ins Gefängnis Fuhlsbüttel. Dort wurden Dagobert und Kalli voneinander getrennt und in Kellerzellen mit Ketten an die Wand gefesselt. Sie wussten, dass sie sich aufeinander verlassen konnten. Nacheinander wurden sie zu Verhören geholt. Sie wurden schwer misshandelt. Vier Monate blieb Onkel Kalli angekettet, Dagobert musste neun Monate diese Qual aushalten.

Emma steckte sich den Ring ihres Mannes auf den Finger und

setzte den eigenen davor. Sie nahm ihren Säugling mit zu den endlosen Verhören bei der Gestapo und stillte mich dort. Sie log das Blaue vom Himmel, verstellte sich als tumbes Muttertier, ahnungslos und absolut unpolitisch, und konnte uns so retten. Emma sah ihren Mann vier Monate nicht und wusste auch nicht, wo er war. Dann wurde Dagobert auf einmal während eines Verhörs meiner Mutter in den Raum geführt. Die Gestapo hoffte, dass meine Eltern sich irgendwie verraten. Aber sie hatten damit kein Glück, die beiden sahen sich nur an – und verstanden sich.

Mein Vater wurde in das Untersuchungsgefängnis am Holstenglacis verlegt. Insgesamt zwei Jahre vergingen von der Verhaftung bis zum Prozess. Alle vier bis sechs Wochen konnte Emma mit mir zusammen Dagobert besuchen. Einmal kriegte sie dabei raus, auf welcher Seite des Gebäudes seine Zelle lag. Freitags war im Gefängnis Fensterputzen angesagt. Meine Mutter ging fortan jeden Freitag mit mir zu der Straßenseite des Gebäudes, zu der die Zelle meines Vaters lag. Und mein Vater putzte nun jeden Freitag besonders gründlich und zeitaufwendig das Fenster. So konnte er erleben, wie sein Wölflein die ersten Schrittchen am Gefängniszaun übte. Ein halbes Jahr dauerte unser kleines Glück, dann beobachtete uns ein Wärter, und mein Vater wurde in eine Zelle verlegt, die nicht zur Straße ging.

Die Anklage gegen meinen Vater lautete: Vorbereitung zum Hochverrat und Landesverrat. Bei der Verhandlung im Januar 1939 kam es zu einem Zwischenfall, den meine Mutter nie vergessen sollte und der ihr den Schlaf raubte. Mein Vater wurde aufgerufen: »Dagobert Biermann, aufstehn!« Er stand auf. Nun rappelte der Richter runter: »Dagobert Biermann, Beruf: Maschinenschlosser. Verheiratet mit Emma Biermann, geborene Dietrich. Wohnhaft Schwabenstraße 50 in Hamburg. Geboren am 13.11.1904. Religion: keine.« Doch statt seine liebe Schnauze zu halten und seinen kleinen Judenhintern zu retten, fiel mein Vater dem Beamten ins Wort und warf in den Saal drei Worte: »Ich! bin! Jude!« Meine Mutter hat sich zeitlebens gefragt, wie ihr Leben weitergegangen wäre, wenn er diesen Satz nicht rausgehaun hätte.

Der Volksgerichtshof verurteilte den Angeklagten zu sechs Jahren Zuchthaus. Zu Emma sagte Dagobert: »Die sitze ich auf einer Arschbacke ab.« Der Kopf der Widerstandsgruppe, der Rechtsanwalt Herbert Michaelis, wurde zum Tode verurteilt und hingerichtet. Onkel Kalli kam frei, weil sein Schwager ihn entlastet und alle Schuld auf sich genommen hatte.

***

Obwohl meine Eltern strenge Atheisten waren, ließen sie mich, Karl-Wolf Biermann, das jüdische Kommunistenkind, taufen. Täufling wurde ich aber erst, als ich schon längst laufen und plappern konnte. Mein Vater war zum Absitzen seiner Strafe ins Zuchthaus Bremen verlegt worden. Kinderbesuche waren dort nicht erlaubt, und für meine Mutter war es teuer und mühsam, nach Bremen zu kommen. Beim »Sprecher«, so nennt man den Besuch im Gefängnis, konnte Emma ihren Ehemann immerhin fragen, ob er einverstanden sei, dass sie den Sohn taufen lässt. Unter den gegebenen Zeitumständen fand er die Taufe vernünftig. Ich galt nach den Nürnberger Rassengesetzen als Mischling ersten Grades. Wohlmeinende Genossen hatten Emma dringend geraten, mich taufen zu lassen. So sollte ich nicht als Halbjude, sondern als halber Arier gelten.

Die Taufe fand am 30. Juli 1939 statt, ein Dreivierteljahr nach den Pogromen der sogenannten Reichskristallnacht. Es muss ein Sonntag gewesen sein, denn wochentags arbeitete meine Mutter inzwischen in der größten Hamburger Reinigungsfirma, bei Dependorf. Zuerst als Putzfrau, dann als Expedientin. Der Pastor wird geahnt haben – nein, er hat wohl gewusst –, warum eine fremde kommunistische Arbeiterfrau, deren jüdischer Mann als Häftling im Gefängnis sitzt, zu ihm in die Sankt-Annen-Kirche kommt. Die Taufe sollte mich schützen vor Diskriminierungen, retten vor befürchteten Maßnahmen des Nazi-Staates.

Die Kirche Sankt Annen am breiten Mittelkanal in Hammerbrook lag nur zwei Straßen entfernt von unserer Wohnung. Der Herr Pastor, ein Dr. Ernst Smechula, erwartete uns an der großen, halboffenen Kirchentür, vermutlich nach der Predigt, denn die Kirche war leer. Damals begriff ich wenig von der verrückten Situation, ein herzzerreißend komisches Kapitel aus dem tragischen Familienroman vom Überleben in der Hitlerzeit. Ich hatte mein Spielzeug dabei, wir wollten anschließend mit der S-Bahn ins

Grüne fahren, ans Ufer der Bille, wo schöner Sand war. Ich zog mein vertrautes Leiterwägelchen hinter mir her, in dem ein bunter Blecheimer schepperte, dazu Backebackekuchenformen, ein Schaufelchen und ein Sandsieb aus Draht. Der Leiterwagen wurde vor der mächtigen Kirchentür in einer Nische abgestellt.

Der Pastor war ein großer, dunkler Mann mit einer weichen, warmen Hand, die einfach meine Hand umschloss. So schritt er mit mir durch das Kirchenschiff zum Altar. Gottes Haus leuchtete im Schimmerlicht. Hinter uns liefen Mama und Oma Meume. Martha »Meume« Dietrich, die in ihrer langen Proletarierkarriere tausend Kilometer Schafs- und Schweinedärme gewaschen, abgemessen und gebündelt hatte für die Wurstproduktion, spielte die Taufpatin. Die beiden gottlosen Weiber setzten sich in die erste Reihe. Seitwärts links das hohe steinerne Taufbecken. Dort stand ich nun mit dem dunklen Mann. Er hielt eine kleine Predigt, deren Sinn mich nicht erreichen konnte, aber ich erinnere, dass er zwischen den Worten immer wieder sang. Ohne Orgel, versteht sich. Begleitet wurde er nur von einem unhörbaren Engelschor und von Oma Meume.

Meine Oma war damals Mitte fünfzig. Sie sang voller Inbrunst dem Prediger hinterher, sie kannte alle Strophen. Diese Kirchenlieder hatte sie in ihrer Kindheit in Halle gelernt, bei den pädagogischen Pietisten im Waisenhaus der berühmten Franckeschen Stiftungen. Ja, meine Oma Meume sang, wie es in Heines Wintermärchen über das kleine Harfenmädchen heißt: »Sie sang mit wahrem Gefühle / Und falscher Stimme, doch ward ich sehr / Gerühret von ihrem Spiele.« Die Arbeiterin aus dem stinkenden Darmkeller sang so laut »Aus tiefer Not schrei ich zu DIR!«, sie plärrte so unbekümmert daneben, dass es meiner Mutter nicht etwa das Herz rührte. Emma Biermann war eine stolze, eine vernunftgebrannte Gottesleugnerin und viel zu musikalisch. Sie knuffte ihrer Mama in die Seite und zischte: »Du singst falsch!«

Doch diese Zurechtweisung hatte eine unerwartete, eine fatale Wirkung: Die christliche Kommunistin Oma Meume wurde aus ihrem beseelten Mitsingen rausgerissen und lachte sich zitternd ihre Angst aus dem Hals, bis ihr Lachen übermächtig wurde. Sie wollte natürlich – um Gottes willen! – die Zeremonie nicht stören. Sie unterdrückte dieses absurde, peinigende Lachen. Doch der Affekt schaukelte sich hoch. Je mehr die arme Alte gegen den Drang ankämpfte, desto schmerzhafter schüttelten sie die Eruptionen ihres Zwerchfells. Emma haute ihrer Mutter abermals mit dem Ellenbogen in die Seite. Nun schon hilflos brutal. Beiden Frauen war bewusst, worum es hier ging. Beide hatten die panische, nein, die begründete Angst, dass der wohlwollende Herr Pastor Smechula – beleidigt über so viel Mangel an Respekt – den Taufakt abbricht.

Oma Meumes Kampf gegen den übermächtigen Lachreiz war offenbar nicht zu gewinnen. Plötzlich entdeckte meine Mutter, dass die lachende Alte, im Krampfkampf gegen das Lachen, nun auch noch das Wasser nicht halten konnte. Ein Rinnsal pieselte ihr vom Fuß auf den kalten Steinboden und bewegte sich schleichend, unaufhaltsam, auf das nahe Taufbecken zu. Emma geriet in ein blankes Entsetzen. Der gute Hirte jedoch tat unerschütterlich dem Ritus Genüge, so, als lenkte ihn eine fromme Furcht vor dem HErrn, der womöglich eine hastige Schludrigkeit der vorgeschriebenen Szenerie nicht straflos hinnehmen würde. Der Gottesmann griff in das steinerne Becken und benetzte meinen kleinen Kopf – Gottes Dolmetzsch würde sagen: Er taufte mit »durchgottet Wasser«. Und als ich mit heller, klarer Kinderstimme fragte: »Onkel, warum machstu mich nass?«, da kippte auch meine Mutter ins Lachen über, es gab auch für sie kein Halten mehr. Die Junge nun wie die Alte, beide krümmten sich und kämpften immer aussichtsloser gegen die unbesiegbaren Erschütterungen in ihrem Inneren an.

Kaum zu glauben, dass der Pastor dies alles nicht bemerkt haben sollte, doch der Mann führte unbeirrt seine Zeremonie zum Ziel. Am Schluss griff er sich wieder meine Hand und ging mit mir gemessenen Schrittes den langen Weg, den Mittelgang zwischen den leeren Bänken, zurück. Die Frauen liefen, wie zu Beginn, hinter uns her, eine kleine Prozession. Als wir an das schwere Kirchentor kamen, stemmte der Mann den Türflügel auf, und das Sonnenlicht flutete ins Kirchenschiff. Er verabschiedete sich von uns. Das Tor fiel wieder ins Schloss. Ich ging zu meinem Leiterwägelchen.

Wir standen allein auf der Straße, und nun brachen beide Frauen, Mutter und Großmutter, in ein haltloses Schluchzen aus, in ein hemmungsloses Gewein, nein, schlimmer: in ein tiermenschliches Heulen. Solche tiefen Schreckenstöne waren mir neu und ängstigten mich. Verrückt verschieden haben diese beiden Frauen gelacht und geweint. Oma Meume war als Waise aufgewachsen in Halle an der Saale. Ihre Mutter war noch im Kindbett an Tuberkulose gestorben. Der Vater verlor gleich darauf seine rechte Hand in einer Maschine und soff sich fortan zu Tode mit der linken. Die kleine Martha Schimpf vegetierte mit Stiefvater Gott allein im Waisenhaus. Da gab es zu wenig zu essen, zu viele Gebete und noch mehr Prügel. Und darum sang sie so laut und lachte so verzweifelt und weinte so hemmungslos bei der Taufe ihres Enkels. Es kam aus tief kindlichem Kummer. Gott hatte sie dermaßen schäbig im Stich gelassen, dass sie nach dem Ersten Weltkrieg – Gott sei's geklagt! – in die Kirche des Kommunismus hatte eintreten müssen.

Im klassenbewussten Herzen ihrer Tochter aber, in Emma Biermann, wütete Zorn, schwelte ein Hass und brannte die Scham. So weit war es also gekommen mit ihrem Leben, mit der stolzen deutschen Arbeiterklasse, ja, mit der ganzen Weltrevolution, so weit, dass sie im Freiheitskampf der Menschheit als Kämpferin für den Kommunismus nun der Kirche unter den Rock kriechen musste, nur um das Leben ihres Kindes vor dem Hitlerstaat zu retten.

Der ein Rauch ward aus den Schornsteinen in Auschwitz

Besuch im Gefängnis. Deportation der jüdischen Familie. Tod des Vaters.

Meinen allerersten Auftritt als Liedersänger erlebte die Welt im Winter 1940/41. Ich war vier Jahre alt. Hitlers Blitzkrieg an allen Fronten war längst im Gange. Die »Luftschlacht um England« tobte. Die »Goebbelsschnauze«, so hieß im Volksmund der Standard-Radioapparat der Deutschen, spuckte Siegesmeldungen, kotzte Führerreden und kreischte Marschmusik. Mein Vater hatte nach drei Jahren Einzelhaft einen Antrag auf Gemeinschaftshaft gestellt. Der Antrag wurde abgelehnt. Stattdessen kam Dagobert jetzt öfter zu Arbeitseinsätzen in das Arbeitslager Teufelsmoor, wo politische und kriminelle Häftlinge zusammengelegt waren. Die Arbeit war hart. Die Häftlinge mussten elf Stunden am Tag Torf stechen. Mein Vater brach zweimal wegen völliger Entkräftung zusammen.

Im Oktober 1940 erhielt meine Mutter einen Brief vom Amt für Statistik, adressiert an meinen Vater. Dagobert sollte Angaben zu seiner Abstammung machen, ob seine Großeltern Arier seien oder nicht. Kurz darauf wurde er innerhalb des Zuchthauses verlegt, in die Judenabteilung. Meine Mutter war besorgt, doch er fand es gar nicht so schlecht. Er schrieb, es herrsche dort eine wunderbare Kameradschaft.

Dreimal im Jahr gab es einen Besuchstermin für jeweils eine halbe Stunde. Aufregend die Eisenbahnfahrt von Hamburg nach

Bremen. Dieses einzige Mal nahm meine Mutter mich einfach mit. Es war ein kalter Wintertag. Mein Vater war beim Arbeitseinsatz im Moor. Kilometerweit tippelte ich an der Hand meiner Mutter im Schnee durch die märchenhafte Moorlandschaft. Vorbei an überzuckerten Birken, an Pyramiden aus Torfstücken, die zum Trocknen aufgestapelt waren. Endlich standen wir vor dem Tor. Stacheldraht, Wachturm, Baracken, Appellplatz. Der Posten wollte mich nicht mit reinlassen. Kinder ins Lager mitzubringen war verboten. Ich weiß nicht, wie meine Mutter es schaffte, den Posten zu bezirzen, zu rühren, zu besabbeln, zu bestechen. Ich kann nicht wissen, ob er bei seinem Vorgesetzten um eine Sondergenehmigung nachfragte. Schließlich aber durfte ich doch mit rein.

So lief ich mit meiner Mutter in das Lager. Wir kamen zu einer Baracke. Rechts von der Tür sah ich ein sonderbares Fenster. Es war von innen mit ausgemergelten Männergesichtern ausgefüllt. Die Häftlinge drängelten, jeder wollte ein echtes Kind und eine echte Frau sehen. Mitten im Lager eine Frau und ein Kind! Dieses Fenster, ein originales Kunstwerk des Postkartenmalers aus Wien, ging mir nie wieder aus dem Kopf.

Wir kamen in den Aufenthaltsraum des Wachpersonals. Fußlappenschweiß. Kalter Zigarettenrauch. Zwei Stühle, getrennt durch einen langen Tisch. Ein Uniformierter links am Schreibtisch. Ich saß auf dem sicheren Schoß meiner Mutter. Mein Vater wurde hereingeführt. Ich kannte ihn nicht. Ich fremdelte nicht, denn er war mir so nah wie die Mama. Sie hatte mir jeden Abend von ihm eine Gutenachtgeschichte erzählt und jeden Morgen eine Gutenmorgengeschichte, bevor sie zur Arbeit ging. Jeden Morgen, wenn ich die Wohnungstür öffnete, stand da mein Leiterwägelchen im dunklen Treppenhaus, beladen mit einem Keks, einem Stück Zucker oder mit einer Murmel, mit einer Feder, einem Brummkreisel, einem lieben Nichts. Das glaubte ich meiner Mutter: Der Papa hatte mir das Geschenk über den Mondstrahl geschickt.

Nun saß dieser innig vertraute fremde Mann uns gegenüber. Er lächelte. Er war stark. Er roch. Er hatte an der Seite einen Goldzahn. Sein Kopf war geschoren. Mein Vater schenkte mir eine Tüte Bonbons. Erst später, als ich älter wurde, habe ich gefragt, wieso der Häftling im Lager Bonbons haben konnte. Meine Mutter hatte sie dem Posten gegeben, damit er die Tüte dem Gefangenen zusteckte, damit der dann seinem Kind eine Freude machen konnte. Auch diese Schweine waren ja Menschen. Mein Vater reichte mir also die Tüte über den Tisch. Ich nahm ein Bonbon raus und gab es ihm. Das fand er gewiss gut. Ein zweites Bonbon stopfte ich in den Mund meiner Mutter. Dann fingerte ich ein drittes Bonbon raus. Meine Hand wanderte in Richtung des Uniformierten, der uns bewachte. Ich guckte ihn misstrauisch an und zog die Hand wieder zurück. Ich war mir unsicher. Mein Vater lachte und sagte: »Du kannst ihm ruhig eins geben.« Also schwenkte ich mit dem Bonbon in Richtung des Wächters, zuckte aber zurück und steckte es mir schnell selbst in den Mund. Und wieder lachte mein Vater.

Emma erzählte ihm, dass die Leute im Hinterhaus mich alle den kleinen Sänger nennen. Immer nämlich, wenn sie kurz nach fünf in der Früh mit der Straßenbahn zur Arbeit in die Reinigungsfirma Dependorf fuhr, lag ich zwei Stunden allein in der Wohnung in meinem Bett. Dann sang ich, bis Tante Lotte, die in der Wohnung gegenüber wohnte, mich zu sich rüberholte. »Sing doch deinem lieben Papa mal was Schönes vor!«, sagte Emma. Ich schmetterte sofort los: »Hörst du die Motoren brüllen: Ran an den Feind / Hörst du die Motoren brüllen: Ran an den Feind / Booombem! Booomben! / Bomben auf Engellant, Bumm! Bumm!«

Mein erster Auftritt war also nicht gelungen, er war eine Katastrophe. Der Gefangene musste sich ausgerechnet dieses Lied von mir anhören. Da kommt sein eigen Fleisch und Blut und singt ihm hinterm Stacheldraht das Kriegslied seiner Todfeinde vor! Wir haben später im Kreis der Familie immer mal wieder über diese eine und einzige Begegnung, an die ich mich erinnern kann, gestritten. Ich sagte meiner Mutter: »Es muss ihm furchtbar weh getan haben, dass sein eigen Kind ihm ein Nazilied vorquäkt.« – »Quatsch«, erwiderte sie, »der war doch kein Idiot, er hat es verstanden.« – »Jaja«, sagte ich, »wie es bei Brecht heißt: Und er, der es begriff, begriff es auch nicht …« Aber meine Mutter sagte: »Ach, du immer mit deinem Brecht! Du hast die eine Hälfte vergessen und die andre falsch behalten. Dein Vater hat gegrinst. Er wusste, dass du das aus der Goebbelsschnauze kennst. Der war froh, dass er so ein waches Kind hat. Er wusste, dass ich dir schon die richtigen Lieder beibringe. Unsre!«

***

Emma besuchte regelmäßig ihre Schwiegereltern am Hamburger Großneumarkt. Der alte Biermann ergatterte als Jude keine Aufträge mehr. Oma Louise klapperte die Geflügelläden ab und bettelte um die abgehackten Füße und Hälse der Hühner und Enten. Meine Mutter sagte immer, wenn wir Hühnersuppe aßen: »Deine Oma konnte aus den Abfällen eine bessere Suppe kochen als ich aus dem ganzen Huhn.«

Mit meinem Cousin Peter, dem Sohn von Dagoberts Schwester Rosi, spielte ich manchmal auf der Straße. Er war ein halbes Jahr älter als ich und trug einen schönen gelben Stern an der Jacke. Ich, das Halbjüdlein, der Mischling ersten Grades, trug keinen Stern. Wir tollten zum Spielen aus der Wohnung im Erdgeschoss die drei, vier Stufen runter auf den Hinterhof, der mit Katzenköppen gepflastert war. Wir sprangen durch ein hohes Tor raus auf den breiten Bürgersteig einer großen Straße. Peter hatte eine bunte Papierschlange, die er wunderbar schwenkte. Und er gab sie mir endlich doch ab, damit ich sie auch mal schlenkern konnte. Da war ich so glücklich.

Im November 1941 erhielten meine Großeltern John und Louise Biermann, der Bruder meines Vaters Karl mit seiner Frau Hanna und deren Tochter Ruth sowie Rosi mit ihrem Mann Herbert Weiss und Peterchen plötzlich den Bescheid, sich innerhalb von vierundzwanzig Stunden für einen Transport nach Polen bereitzuhalten. Der »Evakuierungsbefehl der Hamburgischen Geheimen Staatspolizei«, der den Juden zugeschickt wurde, war Büroprosa nationalsozialistischer Poesie: »Ihr und das Vermögen Ihrer oben genannten Angehörigen gilt als beschlagnahmt. Sie haben sich … in dem Hause Moorweidenstraße 36 (Logenhaus) einzufinden … 1. Koffer mit Ausrüstungsgegenständen bis zu 50 kg. 2. Vollständige Bekleidung. 3. Bettzeug mit Decke. 4. Verpflegung für 3 Tage … Zahlungsmittel bis RM 100.-. Sonstiges Bargeld ist bei der Kontrolle abzugeben … Verboten ist die Mitnahme von: 1. Wertpapieren, Devisen, Sparkassenbüchern usw. 2. Wertsachen jeder Art aus Gold, Silber, Platin mit Ausnahme des Eherings. 3. Lebendes Inventar …« Die Koffer mussten mit Evakuierungsnummer und Evakuierungsadresse versehen sein.

Meine Mutter war alarmiert, die Familie in heller Aufregung. Wie alle Juden waren die Biermanns aufgefordert, bei Aufbruch ihren Wohnungsschlüssel samt einer genauen Liste des gesamten verbleibenden Inventars der Wohnung auf der nächstgelegenen Polizeiwache abzugeben. Manche besonderen Dinge, die am Herzen lagen oder kostbar waren, wurden hastig verschenkt. Louise legte hellsichtig für Emma ein paar Fotos und Dokumente beiseite.

In schwindenden Bildern erinnere ich mich daran, wie wir an einem düsteren Morgen losfuhren. Meine Mutter wollte den Biermanns Socken, Pullover und wollene Unterwäsche bringen, die sie in verzweifelter Hast die Nächte durch auf ihrer kleinen Strickmaschine gestrickt hatte. Ratsch-ratsch, ratsch-ratsch. Sie schleuderte den Handhebel mit hartem Schwung hin und her und hin und her, selbst eine kleine Maschine. Sie strickte so wild, weil uns das Gerücht erreicht hatte, dass alle Juden zu harter Arbeit in den kalten Osten geschickt werden.

Wir fuhren zur Moorweide, einer parkähnlichen Wiese mit mächtigen Bäumen, direkt neben dem Hauptgebäude der Universität am Bahnhof Dammtor. Hier versammelten sich die Juden. Meine Großeltern waren Anfang sechzig. Beide hatten einen Vogel – jeder einen anderen. Meine Großmutter Louise hatte eigensinnig, ja irrsinnig statt des Koffers ihren kleinen Vogelkäfig mitgenommen. Darin saß ein Wellensittich, dem sie im Laufe der Jahre den Schnack beigebracht hatte: »Butsche Biermann! Butsche Biermann! Schlachterstraße! Schlachterstraße!« Die beiden alten Biermanns wurden von den anderen für verrückt erklärt. Dabei war meine Großmutter wahrscheinlich realistischer als die Spötter. Ahnte sie, dass sie am Ziel dieser Reise keinen Koffer mehr brauchte?

Auch mein Großvater John wurde auf der Moorweide für verrückt erklärt und von den verzweifelten Schicksalsgenossen wütend als ein unerträglicher Panikmacher beschimpft. Er hatte geklagt: »Die werden uns alle noch erschießen!« Starres Entsetzen. Wie konnte man so ein Wort in die Welt setzen? Ein Mann blaffte ihn an: »Du hascha 'n Vogel, das geht doch gaanich!« Beide Männer behielten Recht. Die Handarbeit, jeden Einzelnen zu erschießen, kostete bald schon zu viel Zeit, zu viel Nerven, zu viel Schnaps für die deutschen Soldaten, die immer dringender an der Front gebraucht wurden.

Emma übergab die Wollsachen, die hastig in die Koffer gestopft wurden. Wir verabschiedeten uns, beteuerten, dass wir bald voneinander hören würden. Peterchen hielt seine Papierschlange fest. Wir umarmten uns, wir schwiegen, wir lächelten, wir winkten hilflos. Dann schleppten sie ihre Koffer zum prächtigen Logenhaus, stellten sich an zur Registrierung und zur Gepäckkontrolle. Jeder unterschrieb, dass er die deutsche Staatsbürgerschaft aufgibt und sein Restvermögen dem deutschen Staat überlässt.

Emma und ich fuhren nach Hause zu Oma Meume und Tante Lotte, die mit ihren Kindern Hilde, Susi und Ille auf uns warteten. Dagoberts Cousin, Alfons Ganser, und seine Frau Else hatten wir auch vor dem Logenhaus getroffen. Tante Lotte bekam zwei Tage später eine Postkarte von Else, geschrieben direkt im Logenhaus:

> Meine lieben alle!
> Wir sind registriert, und schon haben wir jeder ein Bett wie im Luftschutzkeller. Bisher hat alles geklappt. Nun haben wir Lotte noch folgendes zu sagen. Es hat großen Krach gegeben wegen der Nähmaschine zwischen Alfons Schwester Erna und dem Alten. Erna wollte die Nähmaschine haben. Nun möchte ich Dich, liebe Lotte, bitten, meiner Schwägerin Erna Deine Nähmaschine zu überlassen. Würdest Du das tun? Bitte. Sie will jetzt auch nähen lernen. Sonst hätte ich keinen Wunsch mehr. … Frl. Gans hat Selbstmord begangen, indem sie sich vom Balkon gestürzt hat. Sie sollte auch weg mit ihrem Bruder. Es hat uns den Rest gegeben, als wir das sahen.
> Ja, liebe Leute, nun müssen wir weg. Hier sind noch und noch Bekannte. Biermanns haben wir auch gesehn. Meine Lieben, Emmi, Meume, Hilde, Susi und Lotte, Ille und Wölflein, bleibt gesund und munter, wie wir es auch vorhaben. Morgen früh geht es los und Dienstag sollen wir da sein. Drückt uns die Daumen. Herzlichst grüßen Euch Else und Alfons.

Wir wussten damals nicht, dass unsere Familie nach Minsk ins Ghetto deportiert wurde. Sie wurden alle ermordet, in die Grube geschossen, im Lastwagen vergast. Alfons lebte noch eine kurze Weile, er war Tischler, aber auch er überlebte das Ghetto nicht. Wir ahnten zwar Schlimmes. Aber keiner wusste was Genaues. Das sollte auch so sein. Emma erhielt zwei Wochen später eine Postkarte. Poststempel vom 22.11.41, Berlin-Charlottenburg, 19-20 Uhr.

Darauf handschriftlich in viel zu großen altdeutschen Lettern mein Großvater John: »Dienstag 11.11.41, 9½ Uhr. Reise gut überstanden. Biermann.«

***

Das Jahr 1942 neigte sich, es näherte sich das Ende der sechsjährigen Haftzeit, die mein Vater in Bremen-Oslebshausen absaß. Nur ein knappes halbes Jahr stand noch aus. Ich war inzwischen schon sechs geworden. Wir freuten uns auf den Tag seiner Entlassung. Und ich auf eigene Weise: Ich sammelte kostbare Eisenteile für ihn. Ich suchte zwischen den Gleisen auf dem nahen Hannoverschen Güterbahnhof am Kanal allerhand Liegengebliebenes. Weggeworfene Schwellenschrauben, öligen Eisendraht, schwere Federringe, rußschwarze Bretter mit Bolzen und Muttern. Sogar einen Vorschlaghammer ohne Stiel schleppte ich an und eine festgerostete Kneifzange. Ich hob meine Beute sorgfältig auf, alles für den lieben, lieben Papa. Dieser Schrott lag neben dem Spielzeug im Kinderzimmer. Mit der glänzenden Lok auf der Kommode durfte ich nicht spielen. In der Lehre auf der Werft Blohm & Voss hatte mein Vater sie als Gesellenstück für Maschinenbauer gebaut: das Modell einer Dampflokomotive. »Einmeterzwölf lang!«, sagte meine Mutter stolz. »Wenn Papa kommt, wird er dir zeigen, wie die Lok richtig dampft und fährt.«

Im Dezember '42 erschütterte uns eine Neuigkeit aus Bremen. Mein Vater ließ seiner Emma über die Mutter eines Mithäftlings, eine Frau Laser, einen Kassiber zukommen. Darin schrieb er in knappen Worten, die meine Mutter ihr Leben lang immer wieder mal zitierte, es stehe ihm »eine nichts Gutes versprechende Reise bevor. Forsche immer nach unserm Verbleib!«. Und auch in seinem folgenden, dem letzten normalen Knast-Brief, der durch die Zensur im Zuchthaus ging, erwähnte er die Hauptsache wie nebenbei, eine bevorstehende Reise:

> Zuchthaus und Strafgefängnis Bremen Oslebshausen,
> 10. Januar 1943
> Meine Zwei, nein, nun erst der Sohn. Hat mir einen so feinen, lieben Brief geschrieben. Hab mich so dazu gefreut.

Mein Junge, Dein Papi hat viel Sehnsucht nach Dir. Möchte auch so gerne mal mit Dir spielen und schön spazieren gehen. Aber unsere süße Mutti muß immer dabei sein ... Warte nur, Wölflein, wenn ich wieder komme, dann bauen wir uns ein großes Schiff und ein Auto und dann fahren wir alle immer damit aus. Aber mußt mir auch helfen beim Arbeiten ... Bist Du auch immer artig und lieb zur Mutti? Sei nur recht lieb zu Mutti und auch zu Oma Meume und Tante Lotte. Sonst ist unsere Mutti traurig und weint und das willst Du doch nicht. Wölflein, gib Mutti doch mal einen recht schönen Kuß, hab sie tüchtig lieb und sag Mutti, den sollst Du ihr von Papi geben und dann laß Dir dasselbe gleich von Mutti zurückgeben. Und wenn ich bald wieder komme, werde ich Angelegenheiten dieser Art persönlich erledigen. Ja, meine Emsch, hoffe, Du wirst Dich dann damit abfinden. Die kleine Inge werden wir ja streichen müssen. Aber wir haben ja uns und unseren Jungen. Genug, um unser Leben schön und glücklich zu machen. Viel Schweres bringt uns diese Zeit und doch ist es notwendig. Wenn sie nur das Gute in ihrem Gefolge hat, und es kann und wird nicht anders sein, so wollen wir schon zufrieden sein. Mir jedenfalls hat sie schon Dich gebracht. Kleine, bin noch hier. Wie lange noch und wann, wohin – weiß ich nicht. Kann morgen schon losgehen, aber auch später. Nun, werden ja sehn. Für mich nicht so schlimm. Wär ja sowieso bald weg gekommen. Mache mir auch keine besonderen Kopfschmerzen darum. Man muß erstmal die Dinge an sich heran kommen lassen, und bin ich bis jetzt – und gut – klargekommen, werde ich es auch weiterhin ... Bin zäh und gesund und habe die feste Absicht, für meine Zwei wieder zu kommen ... Meine, könnte ich Euch doch nur helfen – bei Euch sein. Seid mir doch so viel und Du bist so lieb zu mir. Bin so glücklich darüber. So recht meine kleine süße Frau. Das tut so gut. Meine Zwei, seid vielmals gegrüßt,
Euer Dagob.

Alarmiert durch diese bedrohlichen Andeutungen, wandte sich Emma an die Gefängnisleitung und erbat einen vorverlegten Besuchstermin »zur Regelung einer dringenden familiären Angelegenheit«. Statt einer Antwort schickte das Zuchthaus ihr den normalen Besuchsschein für den 7. Februar 1943. Als sie an diesem Tag dort erschien, wurde ihr von einem Beamten mitgeteilt, dass Dagobert Biermann nicht im Gefängnis sei. Und wo er nun sei, darüber könne er leider keine Auskunft geben. Emma rannte zum Vorgesetzten. Der sagte kühl: »Einen Dagobert Biermann gibt's hier nicht.« Alles Nachfragen, alles Wohin, alles Warum, alles Seit-wann nützte nichts. Keine Antwort. Meine Mutter stürzte in panische Angst. Verwirrt und nun schon wutverweint, wie sie war, drängte man sie aus dem Gefängnis. Der letzte Beamte, ein schon etwas älterer, der ihr ein kleines Nebentor zur Straße öffnete, flüsterte: »Es ist ein Transport nach Auschwitz gegangen.« Dann schlug er schnell die Tür zu. Damals hörte meine Mutter zum ersten Mal dieses Wort: Auschwitz.

Emma lief sofort zum Bremer Gefängnispastor. Der hatte Zeit für sie. Er hatte ja seit Jahren den Briefwechsel meiner Eltern gelesen, weil es seine Aufgabe war, die Post zu zensieren. Sie bat ihn um Rat und fragte nach den Effekten des Häftlings Biermann. Der gute Mann versprach, sich danach zu erkundigen. Er riet, einen Brief direkt an das Konzentrationslager, das KL Auschwitz, zu schreiben.

Zurück in Hamburg, fragte meine Mutter Freunde und Arbeitskollegen in der Reinigungsfirma Dependorf. Keiner kannte einen Ort Auschwitz. Emma verfasste ein Schreiben an den Lagerkommandanten persönlich: »Ich bitte höfl. mir mitzuteilen, wo mein Mann sich aufhält und ob er Post oder Päckchen erhalten darf und unter welcher Anschrift.« Sie legte einen Brief an ihren Mann Dagobert bei und brachte den Einschreibebrief zum Hauptpostamt »Hühnerposten« am Hauptbahnhof. Der Postbeamte sagte: »Den Brief kann ich gaanich annehmen, ich weiß ja gaanich, wo das is. Kommen Sie morgen ma wieder, ich erkundige mich.« Als Emma am nächsten Tag vor ihm stand, sagte er freudig: »Gefunden! Auschwitz! Das liegt in Oberschlesien, da, Richtung Pooln!«

Mein lieber Mann, liebster Papi,
am Sonntag den 7.2., als ich Dich in Bremen besuchen wollte, hörte ich, dass Du fort bist. War nicht schön. Meiner, wir denken immer an Dich u. wissen, dass auch Deine Gedan-

ken u. Wünsche bei uns sind. Wir bitten Dich von ganzem Herzen, Dir um uns keine Sorgen zu machen. Alle nehmen Anteil an unserem Leid. Aber wir haben keinen Grund zum verzweifeln. Bleibe uns nur gesund. Ich werde stets bemüht sein, das Kind u. mich für unseren geliebten Papi zu erhalten. Denke Du auch an Dich. Gern würden wir Dir etwas schicken. Diesen Brief lege ich einem Schreiben bei, worin ich anfrage, wo Du bist. Hoffentlich erhalte ich bald Antwort. Meine Mutter, Geschwister und alle Freunde lassen Dich grüßen. Dir lieber Papi viele liebe Grüße von Deiner Emmi und Wölflein.

Wochen wartete Emma auf Antwort. Von Dagoberts Eltern, von seiner Schwester und seinem Bruder und deren Familien hatten wir seit November 1941 nichts mehr gehört. Und nun wusste Emma nicht mal, wo suchen. Die Wut der Verzweiflung trieb sie zur Hamburger Gestapo ins Stadthaus. Sie wurde von Zimmer zu Zimmer geschickt, kein Aas wusste was. Endlich landete sie bei irgendeinem Oberen. Aus dem Gefängnis in Bremen sei im Februar ein Transport mit Häftlingen nach Auschwitz gegangen, sagte sie ihm. Ob er darüber etwas wüsste? Der Gestapochef war ein Gemütsmensch: »Ich will Ihnen mal was sagen, beste Frau: Sie können damit rechnen, dass Ihrem Mann dort leider etwas zustößt.« Emma entgegnete: »Mein Mann ist aber gesund und hat den festen Willen, wiederzukommen.« Darauf er: »Tjaaa, beste Frau, so was haben wir schon oft gehabt, dass Leute kurz vor ihrer Entlassung krank wurden und nicht wiederkamen. Wenden Sie sich am besten an die Gestapo Bremen.«

Warum, weiß ich nicht, aber meine Mutter nahm mich mit, als sie sich nun auf den Weg machte mit der Bahn nach Bremen zur Gestapo. Vielleicht hielt sie sich an mir fest, vielleicht hatte sie mich nicht anders unterbringen können, vielleicht erhoffte sie sich durch das Dabeisein eines Kindes etwas mehr Mitgefühl. Sie fand die Gestapo nicht gleich, das Amtsgebäude war von einem Volltreffer ausgebombt worden. Die Gestapo war nun provisorisch im Bremer Polizeipräsidium »Am Wall« untergebracht, genau dort, wo auch heute noch die Polizei residiert. Ein mächtiges Haus mit einer breiten Treppe rund ums Eck.

Reingelassen ins Hauptgebäude wurden wir nicht. Wir warteten lange. Dann erschien ein Beamter in dem Vorraum beim Pförtner. Kaltkorrekt ballerte der Mensch sein Buchstabenmagazin leer: »Ihr Mann ist am 22. Februar morgens um 7 Uhr an Herzklappenschwäche verstorben.« Emma schrie leise auf und wurde ohnmächtig. Sie fiel neben mir einfach um wie erschossen. Sie lag da, Beine breit. Sie lag den Leuten im Weg. Sie hatte meine Hand gehalten. Nun hielt ich ihre. Der Uniformierte fasste ihr von hinten unter die Arme, zerrte sie halb hoch und schleppte sie zur Seite. Er lehnte sie mit dem Rücken gegen die Wand. So war sie wenigstens aus dem Weg. Ich stand neben ihr und hielt immer noch ihre Hand fest. Das dauerte. Als sie wieder zu sich kam, hievte der Uniformierte sie sachte auf einen Stuhl. Nach einer Weile hakte er sie unter, führte uns behutsam zur großen Ausgangstür und bugsierte uns raus.

Da standen wir auf der breiten Treppe mit dem Eisengeländer in der Mitte, zum Bürgersteig runter. Wieder schrie meine Mutter auf. Sie weinte und krallte sich mit der linken Hand am Treppengeländer fest. Mit der anderen Hand hielt sie mich. Der Beamte zerrte sie vom Geländer los und keuchte: »Sei'n Sie doch nicht so sentimental!« Aber meine Mutter riss sich los, schrie wieder und krallte sich an die Stange. Ja, sie hatte Riesenkräfte, grade in den Händen, vielleicht, weil sie jahrelang im Akkord in der Fabrik als Strickerin gearbeitet hatte. Der Beamte zerrte mit beiden Händen Emmas Linke vom eisernen Handlauf. Doch wie eine Furie in der Verzweiflung krallte sich diese kleine Frau wieder und wieder mit wütendem Eisengriff an dem Treppengeländer fest. Gleichzeitig hielt sie mit ihrer anderen Hand meine kleine Kinderhand mütterlich und sanft. So stieß uns der Beamte, Stufe um Stufe, bis runter auf die Straße. Als wir endlich unten auf dem Bürgersteig standen, gab meine Mutter auf.

Niedergeschlagen fuhren wir nach Hamburg zurück. Meine Mutter schrieb ihrem Bruder die schreckliche Nachricht. Onkel Kalli galt als verurteilter Nazigegner eigentlich als »wehrunwürdig«. Er war aber Ende 1942 in das eigens für solche Kandidaten geschaffene »Strafbataillon 999« der Wehrmacht eingezogen und dann zum normalen Soldaten begnadigt worden. Er kämpfte an der Front nicht für Hitlers Endsieg, sondern ums Überleben.

Hanau, den 12. April 1943
Liebe Emsch!
Dein Brief vom 10.4. erreichte mich heute … Schon im Urlaub, wenn ich es Dir andeutete, merkte ich, Du hast deine Schwester nicht unterschätzt … Ja, Emsch, für uns lebt er … Vom Endsieg war er überzeugt. Das, was unserem Dagobert schwer fiel, waren seine Gedanken an Frau und Kind. Darum Emsch, bleibe weiterhin tapfer, denn das sind wir ihm schuldig. Meine Emsch, dann haben wir heute wenigstens die Beruhigung, er ist erlöst von dieser Folter. Auch seine Eltern u.s.w. werden heute nicht mehr unter den Lebenden sein. Ich weiß, Emsch, es ist hart, doch wir wollen und müssen noch härter sein. Dein Bruder Kalli
PS: Was sagt Wölflein?

Emma war im Schock, halb rastlos, halb gelähmt. Dieses Mal riss sie sich nicht die Haare vom Kopf, sie fielen ihr über Nacht aus. Es dauerte vier Wochen, da hatte sie sich von Genossen im Untergrund einen Bericht über das Lager Auschwitz verschafft. Nun wusste sie genau, was mit meinem Vater passiert war. Sie war am Ende.

Eines Tages kam dann doch Antwort, zwei Briefe sogar. Der Pastor aus Bremen schrieb Emma, er habe keine persönlichen Sachen von Dagobert gefunden. Dem Brief legte er aber das Foto meines Vaters bei, ein kleines schwarzweißes Porträt, das ihn mit kurzgeschorenen Haaren in Häftlingsklamotten zeigt. Emma rechnete es dem Pastor hoch an, dass er das »Verbrecherfoto«, so nannte sie es, aus der Häftlingsakte rausgerissen hatte. Sie war überzeugt davon, dass er es wagte, weil er jahrelang die innigen Liebesbriefe meiner Eltern durchgelesen hatte.

Der zweite Brief kam direkt vom Standesamt Auschwitz. Briefmarke mit Hitlerkopf. Im Briefumschlag – ohne Kommentar – ein Dokument: eine ordentliche Sterbeurkunde mit vorgedrucktem Briefkopf. Das Blatt sah so vertrauenserweckend aus. Unlesbare Unterschrift, Behörden-Stempel: »Der Standesbeamte in Auschwitz«. Das konnte ganz zivil aus jeder normalen deutschen Kleinstadt kommen. Und günstig: Am unteren Rand der Urkunde, unter der Unterschrift, ein absurder Witz aus dem Holocaust: »Gebührenfrei«.

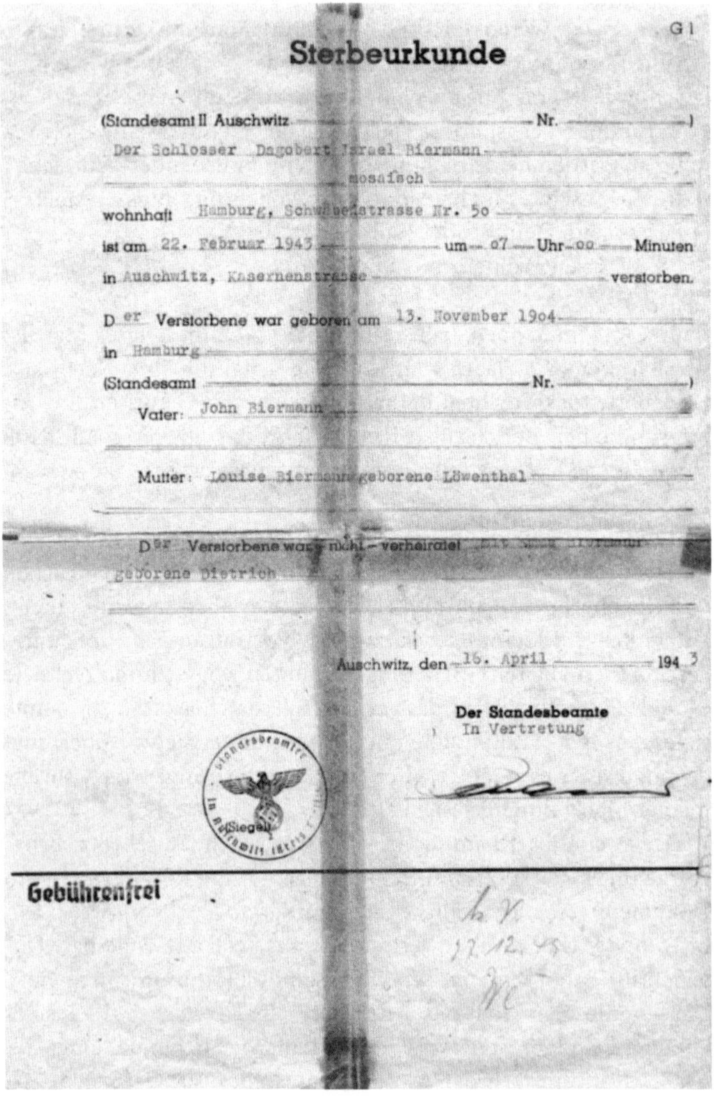

G 1

Sterbeurkunde

(Standesamt II Auschwitz ——— Nr. ———)

Der Schlosser Dagobert Israel Biermann ———

mosaisch ———

wohnhaft Hamburg, Schwabestrasse Nr. 50 ———

ist am 22. Februar 1943 ——— um 07 Uhr 00 Minuten

in Auschwitz, Kasernenstrasse ——— verstorben.

Der Verstorbene war geboren am 13. November 1904 ———

in Hamburg ———

(Standesamt ——— Nr. ———)

Vater: John Biermann ———

Mutter: Louise Biermann geborene Löwenthal ———

Der Verstorbene war ~~nicht~~ – verheiratet [illegible]

geborene Dietrich ———

Auschwitz, den 16. April ——— 1943

Der Standesbeamte
In Vertretung

(Siegel)

Gebührenfrei

Englische Bomben, wie Himmelsgeschenke

Operation Gomorrha – der Feuersturm in Hamburg. Evakuierung nach Deggendorf.

Und weil ich unter dem Gelben Stern
In Deutschland geboren bin
Drum nahmen wir die englischen Bomben
Wie Himmelsgeschenke hin …

Im Stadtteil Hammerbrook lag ich im Sommer 1943 im Zentrum des Fegefeuers unter dem Bombenteppich, den die Alliierten mit der »Operation Gomorrha« über die Hansestadt ausgebreitet hatten. Meine Mutter freute sich über die englischen Bomben. Es war nur so unpraktisch, dass sie uns auf den Kopf fielen. Komplizierte private Interessenlage im welthistorischen Kuddelmuddel. Ich verstand nichts im Luftschutzkeller, außer Luftholen und Mamas Hand. Die Menschen verbrannten zu Tausenden in den von Bombenfeuern erleuchteten Nächten. Kein Gesicht, keine Farbe, keinen Geruch, kein Geräusch, keine Situation habe ich je aus dem Gedächtnis verloren. Die Erinnerung an dieses Inferno ist mir eingebrannt wie nichts sonst.

Wir schliefen jede Nacht voll angezogen in den Betten. Ein Fliegeralarm riss uns mal wieder hoch. Meine Mutter drückte mir einen Henkeltopf voll Mirabellenkompott in die Hand. Wir stürzten runter in den Luftschutzkeller. Und schon fielen die Bomben. Als das Haus über uns niederbrannte, schlug der Luftschutzwart mit einer Spitzhacke den dünn gemauerten Durchgang zum Nebenkeller auf.

Das ist meine Erinnerung: Urvertrauen. Ich drückte mein Gesicht in den weichen Mantel der Mutter, so konnte ich atmen. Geborgenheit mitten im Weltuntergang. Mama. Wir zwei blieben allein sitzen. Kein Mensch mehr da. Die Kellertreppe brannte schon. Die Hitze. Der Qualm. Wir tappten endlich doch den anderen hinterher, raus aus dem Keller durch das Mauerloch in den Keller des Nachbarhauses – von da nach oben. Dann Augen zu und durch die Feuerwand im Toreingang. So sprangen wir auf die Straße. Luft holen! Wassertuch vor die Nase!

Wenn ganze Straßenzüge brennen, entsteht ein gewaltiger Luftsog. Die heiße Luft rast nach oben, frische Luft strömt von allen Seiten ins Zentrum. Straßen, die in der Richtung des Luftsogs liegen, wirken wie riesenhafte Düsen. In solchem Gebläse brennt alles weg wie Zunder. Der Feuersturm riss ein brennendes Dach über den lodernden Häusern hoch und schleuderte es durch die Luft. Brüllende Blechpappe. Ein Stück Asphalt kochte, eine Frau blieb mit den Schuhen in der schwarzen Pampe stecken und sank um. Die Schwabenstraße, in der wir wohnten, lag günstig, quer zum Sturm. Funkenflug, glühende Holzteilchen brannten sich in die Kleider ein. Das nasse Tuch vorm Gesicht trocknete schnell aus, kein neues Wasser. Schwächere Menschen drehten sich lieber mit dem Rücken zum Sturm und ließen sich treiben.

Wir erreichten den Fabrikhof Ecke Nagelsweg. Die Panik, als irgendwelche Fässer explodierten. Berstende Chemie. Schönste Farbenspiele. Meine Mutter zerrte mich in ein riesiges Fabriklager, ein niedriger Raum voll mit Fässern. Schmale Gänge, aber frische Luft. Ein Däne aus der Nachbarschaft mit seiner Frau. Die beiden. Wir beiden. Wir suchen frisches Wasser für die Tücher. Nichts. Säure. Ätzende Flüssigkeiten. Das Tuch ist versaut. Dann eine Explosion. Der Raum schlägt voll schwarzen Rauch. Keine Hand vor Augen zu sehn, kein Weg zu finden durch die Tonnen, kein Ausgang, keine Luft. Das ist der Tod.

Der dänische Mann hat die kleine Eisentür zum Hof gefunden. Er schreit. Er zündet sein Feuerzeug an, die Flamme zuckt weg. Das Lichtlein, dahin! Wir taumeln zum Ausgang. Jetzt wieder durch eine Feuerwand! Luft anhalten! Und die Hand weggerissen. Mama, Mama! Die Leute schieben und stoßen und trampeln nieder, Mama! Ich bin allein. Die Menschen brüllen. Das ist der Tod. Ich stand ruhig am Rand des Getümmels. Es war ja keine Gefahr mehr, es war das Ende. Das Menschentierchen liegt auf dem Rücken und streckt alle viere von sich. Alles aus. Keine Mama. Das ist eben der Tod.

Plötzlich meine Tante Lotte. Im Gewühl prallte sie auf mich. Sie kreischte. Sie krallte mich. Sie schrie nach ihrer Schwester. Mama! Wir haben uns wieder. Und weiter. Weg hier! Weg! Das kleine Pförtnerhaus auf dem Fabrikhof. Da rein! Leute. Die Hitze. Der Qualm. Das ist der Tod. Wie grün die weiße Wäsche brannte, im Nebenraum auf der Leine. Wieder sind wir die Letzten. Es war so still. Das Feuer im Pförtnerhaus kroch schon das Holzgeländer runter. Die blauen Flämmchen. Das geht uns nichts an. Die Glut. Das tiefe Rot. Unsere Atemtücher ausgetrocknet. Der Qualm beißt in die Lunge. Emma klettert auf ein Klo. Oben im Wasserkasten noch Wasser. Sie tunkt unsere Tücher ein. Raus jetzt! Nah an der Mauer entlang im Windschatten. Zur Brücke! Zur Böschung! Runter ins Wasser! Geh du vor! Kein Grund unter den Füßen. Das ist der Tod. Ich sank unter. Das war der Tod.

Meine Mutter riss mich an den Haaren wieder hoch übers Wasser. Also doch durch den schlimmsten Sturm über die breite Straße auf die andere Seite. Das könnte der Tod sein, isses aber nicht. Der Soldat sah uns von unten. Er kommt uns entgegen. Er will uns übers Geländer helfen. Ein Steinbrocken von der Hochbahnbrücke erschlägt den Mann vor unseren Augen. Einen halben Meter vor uns. Das ist der Tod. Grimms Märchen: De Machandelboom. Der zermatschte Mann. Unter der U-Bahnbrücke standen wir im flachen Wasser des Kanals. Wir drängten uns an den Pfeiler. Das tiefere Wasser. Die alte Frau, ihr Pappköfferchen unter Wasser, die offene Tasche und einen Koffer an der Hand, die schwammen noch halb. Dann lösten sich ihre Finger von den Griffen. Vor meinem Gesicht. Ein Koffer driftete ab. Die Frau sackte unter. Kein Wort. Das ist der Tod. Mama! Die Nächsten kamen die Böschung runtergehetzt ins Wasser. Sie stellten sich auf die versunkene Alte. Wir müssen weg da! Sofort! Die Fabrik. Der Brand. Die Feuergarbe. Die explodierenden Fässer. Die Feuersäulen in der Nacht. Herrlich! Bunte Fontänen schießen aus der Fabrik in den Himmel. Alle paar Sekunden. Das sind die Fässer im Keller.

Und die Wasser teilten sich nicht. Kein Vor, kein Zurück. Meine Mutter nahm mich auf den Rücken. Ich klammerte mich fest an ihr. Das Wasser trug mich. So erreichten wir unter der gerippigen Eisenbahnbrücke das andere Ufer. Bloß raus aus dem Feuer! An der Uferböschung lagen schon paar angesengte Leute im Gras. Das ist der Tod. Das Prasseln der glühenden Güterzüge auf den Gleisen. Ein Waggon nah bei uns brennt aus. Wie schön das große Gelb im Rot! Das knistert so toll! Wir sind ab davon. Das ist das Leben.

Die ganze helle Nacht hindurch im riesigen Feuerofen bis zum düsteren Morgen hielt ich das gedeckelte Aluminiumeimerchen in meiner kleinen Faust. Ich hielt mein Eimerchen durch alle Stürme, Feuer, Explosionen und alle Wasser fest. Nun ruckelte die Mutter den strammen Deckel hoch und gab mir einen Schluck. Die saure Süße der Mirabellen! Wollen Sie auch mal? Zehn Münder, zwölf Schluck, und das Eimerchen war leer.

Übern Südkanal liefen wir auf einer halb weggebrochenen Eisenbahnbrücke. Der Himmel war auch im Morgengrauen noch schwarz. Die Sonne schimmerte fahl im Rauchhimmel. Das Wasser bläkte unter den Schwellen. Die schwarzgekohlten Leichen. Zusammengeschnurrt, so klein. Am Bahndamm der Erstickte. Aufgebläht. Rosa mit Tiefblau sein Gesicht. Das ist nicht der Tod. Das sind die Toten.

Wir liefen den langen Weg. Das ist die Lombardsbrücke. Rüber zur Moorweide am Dammtorbahnhof. Endlich auf der grünen Wiese! Die guten Bäume. Verteilung von Lebensmitteln vom Lastwagen runter. Die viel zu großen Butterstücke in die grapschenden Hände. Das Gezerre. Die Gier. Konserven in die Kinderwagen. Kommissbrot. Panisch die Essensausgabe. Besänftigung der Überlebenden. Mund stopfen. Herz stopfen. Bereicherungsräusche der Ruinierten. Krankenschwestern. Uniformierte Männer. Ein Picasso ohne alle Kunst: die große Schwangere mit der weggebrannten Gesichtshälfte. Das macht der Phosphor. Das lebendige Auge im Totenschädel, als wär's nix. Und ein Kind schleppt sie, das reitet auf ihrem Bauch. Kein einziges Kind im Feuersturm hat geweint oder gejammert. Der Schrecken war zu übermächtig in dieser Nacht vom 27. auf den 28. Juli 1943.

Es gibt ein Foto vom ausgeglühten Gehäuse einer Taschenuhr in Hiroshima. Die Zeiger der Uhr sind im Zeitpunkt der Explosion auf dem Ziffernblatt festgeschmolzen. Seit ich dieses Bild sah, weiß ich, dass die kleine Lebensuhr in meinem Rippenkäfig auch festgebrannt ist. Sie ist stehengeblieben im Feuergebläse dieser einen Nacht. Ich bin ein grau gewordenes Kind, das immer noch staunt. Sechseinhalb Jahre war ich damals. Und so alt blieb ich mein Leben lang.

Nun lagerten wir mit den Überlebenden auf genau derselben Moorweide, auf der sich nur knapp zwei Jahre vorher die Juden hatten sammeln müssen für den Abtransport nach Minsk. Die gelben Sterne im Nebel. Der kleine Peter. Seine Papierschlange. Der Vogelkäfig mit dem Wellensittich. Butsche Biermann, Butsche Biermann, Schlachterstraße, Schlachterstraße.

***

Die »Operation Gomorrha« der fliegenden Festungen der Royal Air Force war für Bomber-Harris, den britischen Luftmarschall, ein Volltreffer. Halb Hamburg zerbombt. Unser Stadtteil Hammerbrook total ausgelöscht. Zehntausende Tote. Am späten Nachmittag wurden wir auf offene Lastwagen der Wehrmacht verfrachtet. Die Nerven lagen blank. Aber alles friedlich. Für eine Panik reichten die Kräfte nicht mehr. Jeder wollte nichts als weg. Jeder wollte etwas Gerettetes mitschleppen. Meine Tante Lotte, als sie auf die Ladefläche sich hochkämpfte, schlug sich das Schienbein auf. Blutig bis auf den blanken Knochen. Ich hab's gesehen, den weißen Knochen.

Das Chaos nach dem Hamburger Feuersturm hatte für mich einen Vorteil. Auch die Pläne für die »Endlösung der Judenfrage« waren beschädigt. Fast alle »Volljuden« der Stadt Hamburg waren nach und nach, bis 1942, nach Łódź, Minsk und Riga deportiert worden, die allermeisten liquidiert. Noch lebten Halbjuden, die »Mischlinge ersten Grades« wie ich, und die mischten sich nun unter die Opfer von Bomber-Harris.

Emma und ich schwammen mit im gelenkten Strom der Flüchtlinge. Zehntausende Hamburger wurden in den »Aufnahmegau« Bayern evakuiert. Wir gerieten nach Deggendorf in Niederbayern, wurden bei einer Familie in ein winziges Zimmer einquartiert. Oma Meume landete in einem Nachbardorf, zusammen mit meinem Cousin Kallemann. Kalles Mutter war eine dunkle jüdische Venus aus Ungarn, genannt »die Schwarze«. Sie überlebte, ich weiß nicht wie, als Nachtschatten versteckt in einem Hamburger Schrebergarten.

Die deutsche Bevölkerung hat im Zweiten Weltkrieg kaum gehungert, aber trotzdem war den Leuten jeder zusätzliche Fresser zu viel. Natürlich waren die Massen von zwangseinquartierten »Volksgenossen« nirgendwo willkommen. Wir galten in der Nazipropaganda als Opfer des »angloamerikanischen Bombenterrors«. Aber für die Bayern waren wir Abgebrannten nix als »Ssaupreißn«.

Mich schüttelten asthmatische Hustenanfälle. Der ätzende Rauch, die Phosphorbomben, vielleicht auch die Todesangst – all das hatte meine kleine Kinderlunge angefressen. Die Nebel in den Niederungen der Donau verschlimmerten mir die Atemnot. Meine Mutter ging mit dem Attest eines Kinderarztes zur NSV, der nationalsozialistischen Wohlfahrtsbehörde für »Umquartierte«. Der Umzug in ein Höhenluftklima nach Oberbayern wurde genehmigt. Trotzdem lehnte der NSDAP-Gauleiter den Antrag ab. Seine Begründung: Als Sohn eines toten Kommunisten war ich »nicht würdig«.

Nach einiger Zeit fand Emma ein besseres Untermieterzimmer bei der Familie Xaver Hausinger in der Bahnhofstraße. Im Spätsommer wurde ich eingeschult. Die jungen Lehrer lernten längst alle an der Front. Meine Mutter meldete sich als Hilfslehrerin für die Kleinsten. So kam es, dass ich bei meiner Mama nicht nur die Muttersprache lernte, sondern auch das Lesen und Schreiben.

Es gab in Deggendorf russische Kriegsgefangene, die bastelten buntes Holzspielzeug und verkauften es oder tauschten es gegen Brot. Eines Tages steckte mir solch ein Russe das allerwunderschönste Flugzeug zu, einfach so. Er hatte es mit bunten Lackfarben angemalt. Erst Jahre später erzählte mir meine Mutter, dass sie sich manchmal mit diesem Kriegsgefangenen heimlich getroffen hat. Wäre sie mit diesem Sergej erwischt worden, wäre ich als Vollwaise wohl auch entsorgt worden.

Einmal spielte ich in den Donauwiesen, am Rande der Stadt. An jenem schönen Tag wurde womöglich mein Leben ein weiteres Mal gerettet. Dieses Mal aber von mir selbst. Ein Offizier mit Glitzer auf den Schultern, Wehrmacht, mag sein ein SS-Mann, vielleicht auch ein Bahnbeamter oder Feuerwehrmann – jedenfalls in einer feineren Uniform, ein großer, eleganter Mann. Er sprach mich an und verwickelte mich in ein interessantes Gespräch. Wir schlenderten durch die menschenleere, wilde Landschaft zum Fluss. Ich mutterseelenallein. Als wir ein gutes Stück weit draußen waren, lagerten wir uns in der Sonne an einen sanften Hügel mit wintergewelkten langen, toten Binsengrasbüscheln vom vorigen Jahr, gelbgrün, braun, faulig. Es muss im Frühjahr 1944 gewesen sein.

Der Mann griff mir ohne Hast in meine Hose und fummelte an mir rum. Er machte das wie nebenbei beim Frage- und Antwort-Spiel. Ich spürte eine Todesgefahr. Und weil ich diese Gefahr für groß hielt, hielt ich still und ließ mir das gefallen. Kein Hilfeschrei, genau wie im Feuer unter dem Bombenhimmel in Hammerbrook. Endlich entwand ich mich ohne Hektik, stand auf und ging paar Schritte. Kam aber brav zurück und setzte mich zu diesem Menschen. Wir unterhielten uns weiter. Ich plapperte wie ohne Arg, und er fummelte wieder, als wäre es nix. Ich reagierte auf seine Hand in meiner Hose, als sei es mir egal. Wieder stand ich auf und lief ein Stückchen weiter in die Wiesen. Ich spielte ihm ein spielendes Kind vor. Echt war nur meine Atemnot. Aber ich versuchte, ruhig zu husten. Dann sprang ich, wie selbstverständlich, zu meinem Offizier zurück und lagerte mich wieder neben ihn an den Hang. Er fummelte etwas heftiger und redete leise. Ich hüpfte wieder in die Landschaft und entfernte mich nun schon ein gutes Stück. Fand aber, dass mein Vorsprung noch nicht groß genug sei, schlenderte also zu ihm zurück. Nun war es schon ein vertrautes Spiel. Ich ließ ihn wieder an mir rummachen und entwand mich abermals, noch weiter weg ins Gelände. Ich spekulierte auf sein Vertrauen, dass ich jedes Mal zurückkomme.

Als ich das nächste Mal noch weiter meinen Kreis in Richtung Deggendorf gezogen hatte, war mir der Abstand zwischen uns groß genug. Ich rannte los, rannte um mein Leben. Und schaute mich nicht um. Und wusste nicht, ob er mir folgt. Ich rannte und rannte und keuchte. Ich kämpfte an gegen meine wackligen Beine. Als ich die ersten Häuser erreichte, schmiss ich mich wie ein gewiefter Trapper hinter eine Gartenhecke. Ich lag da und wartete.

Der große Uniformierte kam nicht hinterher, weder gerannt noch im Spaziergang. Lange lag ich so. Alles erzählte ich zu Hause meiner Mutter. Wie sie reagierte, hab ich vergessen.

Im April 1945 rollten die Amerikaner mit ihren Tanks und schweren Lastwagen durch die Gassen von Deggendorf. Ich hielt den weißen Stern auf dem Geschützturm der Panzer für den Sowjetstern und wunderte mich, dass er gar nicht rot ist. Für uns, das versteht sich, war dieser Tag der Befreiung keine Niederlage.

In der Bahnhofstraße vor unserer Haustür ein rabenschwarzer Soldat. Der GI fläzte lässig im Jeep, rechte Hand am Steuer, sein linkes Bein ließ er seitlich raushängen. Er trug einen weißen Helm der Militärpolizei. Er wurde beäugt von Zivilisten, die immer auf dem Sprung zum Rinnstein waren, um die amerikanischen Zigarettenstummel aus dem Dreck aufzuklauben. Der Ami rauchte seine Zigarette nur halb, schnipste die lange Kippe dann lässig weg und amüsierte sich über die unzivilisierten Hitlerdeutschen als gierige Kippensammler. Auch ich hatte solch eine kostbare Zigarette erwischt, die aus den Lippen des schwarzen Soldaten stammte. Ich war gut acht Jahre alt. Auf dem Klo bei Hausingers zog ich heimlich und mit Herzklopfen den Qualm der blonden Virginia-Zigarette in meine spirrlige Asthma-Lunge. Schon nach zwei, drei Zügen würgte mich ein Hustenanfall. Es kam über mich eine Übelkeit, und dann explodierte ich auch schon. Der Dünnschiss pladderte aus meinem kleinen Ärschlein in das Plumpsklo. Das ist meine drollige Erinnerung an unsere Befreiung in Deggendorf.

Ganz und gar nicht drollig aber eine andere. Emma kam an einem Abend nicht zurück in unser Zimmer. Erst spät in der Nacht öffnete sie die Tür, schwer abgekämpft. Zitternd umarmte sie mich. Erst viele Jahre später erzählte sie mir von dieser Nacht. Amerikanische Soldaten hatten sie festgenommen und in ihr Camp geschleppt. Dort traf sie noch andere junge Frauen, mit denen die GIs dringend fraternisieren wollten. Sie waren gelähmt vor Angst. Nicht aber Emma. Sie kletterte in einem günstigen Moment über einen hohen Zaun, zerriss sich dabei das Kleid, verlor einen Schuh und blutete an den Beinen. Das ist eben der Krieg, auch im Frieden.

Früher als vielleicht vernünftig, schon im August 1945, sind wir nach Hamburg aufgebrochen. Emma und ich. Mehrere Hamburger, die es auch nach Deggendorf verschlagen hatte, mieteten einen Platz auf der Ladefläche eines Lastkraftwagens mit einer löchrigen Plane. Die Passagiere zahlten mit Geld, mit Goldkette oder Brillantring für die Heimfahrt. Jeder durfte zwei Koffer mitnehmen, auf denen er auch sitzen und dösen konnte.

Wir kamen nicht weit. Nach vielleicht zwanzig Kilometern blieb das Lastauto stehn. Kaputt. Der Fahrer ging Hilfe holen und kam nicht wieder. Zum Umkehren war der Weg schon zu weit und beschwerlich. Wir standen mit unserm Laster nahe bei einem Autofriedhof. Emma kroch in eine klapprige Limousine ohne Reifen, die dort ausgeschlachtet wie ein wundes Tier lag, und schnitt sich den grauen, rippigen Stoff der Innenverkleidung aus den Türen raus. Sie nähte daraus mit der Hand eine kräftige Tragetasche. Was wir schleppen konnten, nahmen wir mit. Ich hatte den Ehrgeiz, etwas mehr zu tragen, als ich konnte. Immer in kleinen Etappen, mal mit dem Pferdewagen, mal mit einem US-Army-Laster, ging es gen Norden. Auf einer kurzen Eisenbahnstrecke eroberte ich im Gedränge den besten Platz, oben im Gepäcknetz. So erreichten wir Hamburg. Aber Hamburg gab's gar nicht mehr.

Zur Gitarre, zum Klavier!

Junger Pionier in Hamburg

Nicht nur unser Hammerbrook, die ganze Stadt war platt gemacht. Kein Bett für uns, kein Dach überm Kopf. Meine Mutter aber fand für uns eine Bleibe im Paradies. Die britische Armee hatte eine großbürgerliche Nazi-Villa in Wandsbek requiriert und ans Rote Kreuz übergeben. Antifaschisten hatten nun die Hand drauf. Dort wurden wir aufgenommen und kriegten eine abgeteilte Ecke mit zwei Betten und sogar einem Schrank im Wintergarten. Es suchten in dieser Trümmerstadt viele ehemalige Häftlinge aus den Konzentrationslagern und Gefängnissen eine Bleibe. Die großen und kleinen Räume der Villa wurden mit solchen Menschen vollgestopft. Ich weiß nicht, wer sich damals den Namen ausgedacht hat – aber diese Riesenvilla in Tonndorf nannten wir alle und ohne Arg »KZ-Heim«.

Für uns ein Schlaraffenland. Die Bewohner hatten genug Brot, Margarine, Schmalz, Marmelade. Und der Luxus: Pro Nase kriegten wir jeden Tag ein Hühnerei! Ich aß das meine in allen Variationen – gekocht, als Rührei, gebraten als Spiegelei oder das Eiweiß steif geschlagen mit Zucker und dann das Eigelb lecker eingerührt. Es war eine wunderbare Zeit. Meine Mutter konnte endlich mit Schicksalsgefährten frei reden. Es wurde gefeiert, getrunken. Jeder sammelte Nachrichten über verlorene Freunde, Genossen, die Lebenden und die Toten. Emma traf den Hamburger Genossen Max Kristeller, einen Druckereiarbeiter. Als Kommunist war er verhaftet worden und von der Gestapo schwer gefoltert. Und als Jude war auch er dann nach Auschwitz entlassen worden. Ihn rettete, dass er Funktionshäftling in der Lagerregistratur wurde. Von Kristeller erfuhr meine Mutter, dass Dagobert Biermann bei der Selektion auf der Rampe nicht gleich ins Gas geschickt worden war. Seinen Namen hatte der Hamburger Genosse noch auf der Liste eines Arbeitskommandos entdeckt. Solch eine traurige Gewissheit ist in Weltuntergängen schon fast ein Trost.

Das Foyer unseres wunderbaren KZ-Heims war eine Art Saal. An der Seite stand ein verstimmtes Klavier. Es funktionierte wie ein klingender Hundestein, an dem mancher en passant seine Duftnote markierte. Vier Takte Flohwalzer mit Glibbertönen, drei Takte Beethovens Schnulze »Für Elise« oder die Mondscheinsonate, der Flohwalzer für gehobene Hausmusik. Auf diesen abgenudelten Tasten spielte ein Genosse, der im Spanischen Bürgerkrieg gekämpft hatte, eines Tages die »Moorsoldaten«, das berühmte Lied der Häftlinge aus dem KZ Börgermoor. Mir gefiel es, denn ich kannte die Melodie schon von Emma, wusste sogar den Text auswendig. Der Mann am Klavier hieß Genosse Todt. Mir sagte dieser Schreckensname damals nichts, und das war auch gut so, denn Paule Todt hatte nichts zu tun mit Hitlers paramilitärischer Bautruppe »Organisation Todt«.

Ich wollte die Tasten auch mal probieren. Todt setzte mich auf den Klavierhocker und bugsierte geduldig meinen Daumen auf das D, dann auf das A, dann wieder aufs D und dann auf F-E-D-A-D-D. Und weil ich die Melodie ja im Kopf hatte, fand mein Zeigefinger kinderleicht auch die folgende Taste. Am nächsten Tag hatte ich die Töne schon viel besser im Griff. Und am dritten Tag führten wir das Kunststück stolz meiner Mutter vor. Ich begriff derart schnell die Melodien und schön einfach dazu die drei Harmonien, dass Genosse Todt hell begeistert war. Eine Woche später entschied mein Entdecker, dass der kleine Wolf begabt ist und richtigen Klavierunterricht braucht. Todt suchte, und er fand eine ältere Dame in Wandsbek. Die wunderte sich, dass sich in diesen Hungerzeiten überhaupt noch ein Menschenkind findet, das Klavier lernen will.

Von der Klavierlehrerin lernte ich von nun an die ersten Kinderstückchen, aber vom Todt schön schnell auch »Brüder, zur Sonne zur Freiheit« und sogar das Arbeiterlied »Dem Karl Liebknecht / dem haben wir's geschworen, / Der Rosa Luxemburg reichen wir die Hand!«. Ich kannte etliche Kommunistenlieder, meine Mutter hatte sie mir schon in den finsteren Zeiten eingefüttert – und mir beigebracht, dass ich sie nur mit ihr singen durfte. Ich hatte die Verse gekaut und kein Wort verdaut. Aber ich verstand die Töne.

Für meine Menschwerdung war das Klavier im KZ-Heim ein entscheidender Zufall. Ich leckte auch den ersten Zucker der Eitelkeit. Ich genoss es, wie froh ich die Genossen machen konnte, wenn ich ihnen einfach ihre alten kommunistischen Hoffnungslieder vorklimperte. Einer weinte sogar vor Freude. Da lernte ich, dass Menschen nicht nur aus Kummer und Schmerz weinen können. Mit meinen Kinderfingern servierte ich diesen Verhungerten ein Stück Seelenbrot. Ich war für sie ein Beweis für das Versprechen im Zupfgeigenhansl-Liederbuch – die Bauernkriegsromantik der Wandervogelbewegung: »Geschlagen ziehen wir nach Haus / Unsre Enkel fechten's besser aus!« Meine tuttige Klavierlehrerin Frau Müller brachte mir bis zum Ende des Jahres sogar ein Menuett von Mozart bei, ein Rondo von Beethoven. Aber dann war Schluss mit der Klimperei. Wir fanden endlich eine kleine Wohnung in Langenhorn. Die Unterkunft in der Wandsbeker Villa wurde nach und nach aufgelöst. Später errichtete der Filmproduzent Gyula Trebitsch dort, in dem ehemaligen KZ-Heim, das Studio Hamburg.

In der Schumacher-Siedlung für Arbeiter im Norden Hamburgs standen leider keine Klaviere rum. Wir lebten dort zusammen mit Oma Meume und meinem Cousin Kallemann. Die beiden oben in zwei kleinen Dachkammern, Emma und ich, etwas besser, unten: eine große Küche und zwei Zimmerchen. Zu jedem Reihenhaus in dieser riesigen Siedlung gehörte auch ein schmaler Schrebergarten zwischen Haus und Bürgersteig. Kartoffeln, Gemüse, Hühner, Karnickelstall, Misthaufen, Apfelbaum, Johannisbeersträucher, Petersilie, Blumenbeet. Eine sozialdemokratische Proletarier-Idylle.

Kallemanns Papa, Onkel Kalli, war heil aus der russischen Gefangenschaft zurückgekommen. Er fand schnell Arbeit als Ewerführer im Hamburger Hafen. Die Hansestadt Hamburg genoss seit der Bismarck-Zeit ein fortschrittliches Privileg im Welthandel: Im stacheldrahtumgürteten »Freihafen« konnten Schiffe aus aller Welt ohne irgendwelche Zollformalitäten ihre Ladung löschen, neu beladen werden und gleich weiterfahren. Dieser zoll- und steuerfreie Umschlagplatz wurde allerdings strengstens bewacht. An den wenigen Eingangstoren kontrollierten zehnäugige Zöllner jeden einzelnen Hafenarbeiter nach Schmuggelware, natürlich nur beim Rausgehn am Ende der Schicht.

Im Krieg hatte Hitler sein Volk mit dem Raub aus den eroberten Ländern gefüttert. Nun erst, im Frieden, kamen die Hungerjahre. Der Schwarzmarkt blühte in der halbtoten Hansestadt. Nicht der Diebstahl im Hafen, hart bestraft wurde der Schmuggel. Die kleinen Klauereien bei den Schiffen und in den Kaischuppen war'n ein Klacks. Beim Rohkaffee zerplatzte leicht mal ein Jutesack am Kran auf dem Kai. Die aufgefegten Kaffeebohnen wurden schnell verstaut im Zampel, dem runden, robusten Leinensack für die Standardausrüstung der Hafenarbeiter: Frühstück, Handhaken, Thermosflasche und Kleinkram. Wer aber nach der Schicht mit »Fegsel« im Zampel erwischt wurde, mit aufgefegtem Rohkaffee, der verlor sofort und automatisch seine Arbeit. Er durfte im gesamten Terrain des Freihafens fortan nicht mehr arbeiten.

Ich weiß nicht wie, aber meinem Onkel Kalli gelang es trotzdem, seinen Raub rauszuschmuggeln. Und seine Beute war noch viel, viel kostbarer als Kaffee: Lucky Strike! Einen ganzen kleinen Sack voll mit fünfzig Schachteln Zigaretten! Das war Gold wert. Für diese Währung konnte er auf dem Schwarzmarkt so gut wie alles eintauschen. Aber der Arbeiter Karl Dietrich beschloss, den Sack Zigaretten lieber nicht zu tauschen in begehrte Kartoffeln, in Speck oder Eier oder Kohlen, alles Dinge, die knapp waren. Auch verwandelte er diese stabilste Währung nicht in Weiberfleisch, Schnaps und Trallala. Mein lieber, geliebter Onkel Kalli, Bruder meiner Mutter, investierte sein Kapital in die Zukunft – und zwar in meine. Er legte die Zigaretten langfristig an. Für den Sohn seines toten Genossen Dagobert. Er tauschte den ganzen vollen Sack ein gegen ein gut erhaltenes Klavier.

Die neue Klavierlehrerin hieß Inge Lindemann und wohnte umme Ecke im Borner Stieg. Sie war erst neunzehn, ich war schon neun. Für die Musik ein ideales Liebespaar. Ich lernte Sonatinen von Clementi und Kuhlau, einfache Stücke von Bach, das normale Programm nach Noten. Aber dann zeigte mir die Lehrerin auch Boogie-Woogie, das war toll! Ich drückte mir Schlager ein, aber leider alle ohne Noten, und ich sang dazu: »Nimm mich mit Kapitän auf die Reise …«

Ich erweiterte auch mein kommunistisches Repertoire mit »Wacht auf, Verdammte dieser Erde!«. Sogar die schwierige Hymne der Sowjetunion eroberte ich mir, ein saftiges Stück! Manchen Sonntag kam Onkel Kalli zu uns raus nach Langenhorn und holte sich bei mir die Zinsen ab für seine Investition. Ich spielte ihm brav die Titel meines weit gespannten Repertoires vor – aber die Arbeiterlieder hörte er am liebsten. Oft setzte sich meine Mutter zu uns. Ihr Lieblingslied: »Unsterbliche Opfer, ihr sanket dahin …« Den alten russischen Trauermarsch für die Märtyrer der Arbeiterklasse sang Emma mit. Sie sang mit wahrem Gefühl und einer hell klingenden Mädchenstimme. Bei diesem Lied aber musste sie paar tiefere Töne singen. Sie senkte dazu den Kopf, schob die Lippen vor und zog die Augenbrauen zusammen: »Dann werden wir künden, wie einst ihr gelebt … zum Höchsten der Me-hensch-heit empo-ho-ho-hor-ge-he-strebt.« Und ich wusste: Jetzt denkt Mutti an Papa.

***

Onkel Kalli lebte nicht mit seinem Sohn Kallemann, sondern im Osten der Stadt in einer Laubenkolonie an der Bille. Er hatte für uns eine hölzerne Anschlagtafel zusammengezimmert, fünf Zeitungsseiten breit, und schleppte sie an. Er rammte sie mit zwei Eisenstangen in den Garten, ganz vorne am Bürgersteig. Mit Ölfarbe schwarz auf blau darauf geschrieben: HAMBURGER VOLKSZEITUNG. Es war unsere traditionelle Zeitung, also die gleiche, die mein Vater 1933 illegal in Rothenburgsort auf Schreibmaschinenpapier gedruckt hatte. Und das war nun meine saure Ehrenpflicht: Ich klebte jeden Morgen nach dem Frühstück, schnell noch vor der Schule, fünf ganze Seiten unseres Kommunistenblattes auf das Brett. Oft bisschen in Hetze, den letzten Bissen des Rundstücks kauend. In der Hand das Eimerchen mit selbstgekochter schleimiger Klebe, Oma Meumes weißgraue Pampe aus Wasser und Weizenmehl. Ach! und der glibbrige Quastenpinsel, den ich nicht anfassen mochte. Mit diesem Leim pappte ich die frische Zeitung auf die Seiten vom Vortage drauf. Im Winter mit steifen Pfoten war das eine schmierige Sauarbeit. Im Sommer eine schlabbrige Knetscherei. Jeden Monat musste ich die wellig angeschwollenen Schichten aus Zeitungspapier und hart gewordener Mehlklebe vom Holzbrett lösen. Ich hasste diese elende Abreißerei noch mehr als das Draufkleben. Und natürlich las ich keinen einzigen Artikel.

Der Gedanke an das vergeudete Mehl tat Oma Meume weh. Die Alte hatte zu viel gehungert im Ersten Weltkrieg. Es ärgerte sie wie weggeworfen Brot. Dabei wusste sie wohl, dass die Leute nach zwölf Jahren Nazipropaganda ein paar Wahrheiten noch nötiger hatten als eine Mehlsuppe.

Mich trieb anderes um. In Hamburg kursierte ein Gerücht über einen Nazi. Emma nannte den Namen. Dieser Folterknecht sei wieder eingestellt worden als Beamter im Strafvollzug. Meine Mutter beklagte, dass genau dieser Mann meinen Vater als Untersuchungshäftling im Knast Fuhlsbüttel etliche Monate in Eisen an eine Wand gehängt hatte. Den Namen hab ich vergessen. Die Geschichte hat mich damals tief berührt und beunruhigt. Aber war es überhaupt eine Tatsache? Für mich ohne Zweifel. Auch das machte die Runde: Ein früher Auschwitzleugner in Hamburg wollte jedem fünfzigtausend Mark auszahlen, der ihm beweisen könne, dass auch nur ein einziger Jude in Auschwitz umgebracht worden war. Solche zynischen Witze zur Weltgeschichte bewegten mein Knabenherz mehr als das unbegreifbare Schreckenswort »sechs Millionen Juden«.

Bewiesen ist, dass in Westdeutschland nach 1945 kein einziger Nazirichter bestraft wurde. Hitlers Juristen haben ohne Karriereknick weitermachen können. Das galt auch für alle Wehrwirtschaftsführer und höheren Beamten des Dritten Reiches, die nach dem Krieg das Wirtschaftswunder im Westen organisiert haben. Es ist, so scheint's, fast ein Naturgesetz der Geschichte: Immer am Ende einer Tyrannei stellt die gestürzte Elite das meiste Personal für die neue, bessere Zeit. Und das quält die Opfer: Es funktioniert! Die umerzogenen Täter machen ihren Job gut.

Deutschland war von den Alliierten in vier Besatzungszonen aufgeteilt, die demokratischen Siegermächte USA, Großbritannien und Frankreich standen der Siegermacht UdSSR feindlich gegenüber. Vier Jahre nach Kriegsende gründeten sich die beiden deutschen Staaten: im Westen die Bundesrepublik Deutschland unter den Fittichen der Westalliierten, gleich danach, unter der Fuchtel des allmächtigen Diktators Josef Stalin, die Deutsche Demokratische Republik. Der Berufsrevolutionär Walter Ulbricht, 1945 als Leiter der »Gruppe Ulbricht« aus Moskau nach Berlin zurückgekehrt, war Stalins Mann. Seine erste Heldentat: die Zwangsvereinigung 1946, als die kleine KPD die große SPD fraß und sich umtaufte in Sozialistische Einheitspartei Deutschlands (SED). Sowohl die herrschende SED in der DDR als auch die kleine Bruderpartei KPD in der Bundesrepublik gründeten ihre eigene Jugendorganisation, die Freie Deutsche Jugend. Die West-FDJ und die KPD waren Teilorganisationen der SED, wurden also von der DDR bevormundet und finanziert.

Die FDJ hatte die Aufgabe, die Jugend kommunistisch zu erziehen und zu »klassenbewussten Sozialisten« zu formen. Im Westen blieb sie eine exotische Randerscheinung. In der DDR war die FDJ, in die Jugendliche ab vierzehn Jahren aufgenommen wurden, die einzige staatlich anerkannte und geförderte Jugendorganisation. Sie war konstruiert nach dem Modell des sowjetischen Komsomol. Und genau wie beim Großen Bruder, der Sowjetunion, gehörte zur FDJ auch eine Organisation für jüngere Kommunistenkinder, die Jungen Pioniere. Dass die FDJ und die Jungen Pioniere mit ihren Trommeln und Fanfarenzügen und Kampfliedern, mit all dem Schnickschnack und militärischen Firlefanz, so aussahen wie die Pimpfe der Hitlerjugend, scherte uns nicht. Es konnte mir nicht auffallen, weil es mir gar nicht einfiel. Ich band mir begeistert das gebügelte blaue Pionierhalstuch über dem steifgebügelten weißen Pionierhemd. An der Brust trug ich ein kostbares Abzeichen, original geliefert aus der DDR, mit zwei Buchstaben, einem J und einem P, über denen eine Flamme loderte. Dieses Symbol leuchtete mir ein, denn genau diese Flamme brannte auch in meinem Herzen.

Meine Mutter hatte seit den finsteren Zeiten nur ein Ziel: Ich sollte durchkommen, damit ich, wie sie es pathetisch nannte, später mal meinen Vater rächen kann. Und ich sollte den Kommunismus aufbauen. Wenigstens diesen kleinen Gefallen wollte ich meiner Mutter tun, und meiner Oma Meume erst recht. Wir wussten genau, dass bald in ganz Deutschland der Sozialismus aufblühen wird, so wie in der DDR. Wir verstanden uns als Vorhut im Kampf für ein geeintes Vaterland.

1949 wechselte ich von der Fritz-Schumacher-Grundschule an die Heinrich-Hertz-Oberschule für Jungen. Nur wir drei aus unserer Klasse, Helmut Salzmann, Hermann Graff und ich, hatten die Aufnahmeprüfung zum Gymnasium bestanden. Meine Mutter hatte keine Vorstellung, auf welche Schule sie mich am besten schicken sollte. Sie schloss sich einfach der Entscheidung der beiden anderen Langenhorner Eltern an. Es waren die wohlhabenderen oder auch die gebildeteren Leute, die ihre Kinder dort zur Schule schickten. Ich war das einzige Arbeiter- und Kommunistenkind in meiner Klasse.

Am Ende des Schultags ging ich manchmal in Winterhude auf verschiedenen Umwegen zum U-Bahnhof Hudtwalckerstraße. Ich ging allein in Spielzeugläden und nervte die Verkäuferinnen mit einer gestrengen Frage, die meine Mutter mir eingetrichtert hatte: »Warum verkaufen Sie, so kurz nach dem Krieg, schon wieder Panzer als Spielzeug?« Dabei wusste ich natürlich nicht, dass die DDR längst mit dem Aufbau einer regulären Armee begonnen hatte, kaschiert als kasernierte Volkspolizei. Als ich bei meiner Aktion eine freche Lippe riskierte, haute mir eine ältere Verkäuferin was aufs Maul. Das war mein Klassenkampf.

Unsere Straße, der Laukamp, schmiegte sich an den Bahndamm der Hamburger Hochbahn nach Ochsenzoll. Auf der anderen Seite des Damms menschenleere Wildnis – bis ans Ende unserer Welt ein Moor. Dort spielten wir Krieg im Frieden. Kokeln, Feuer machen, Spieße schnitzen. Der Torf brennt so schön. Das Feuer wird ausgetreten, frisst sich aber tiefer in den Boden und entzündet sich zwei Wochen später hundert Meter weiter. So schwelte unter den Grasinseln ein unlöschbarer Moorbrand.

Das UnkrautEx-Pulver kauften wir in der Drogerie. Daraus bastelten Kallemann und ich mit Löschpapier und Hanfband in der Küche die allerschönsten Bomben. Wir fanden eine alte Kiste Munition im Gebüsch am Bahndamm. Wir legten die Patronen ordentlich nebeneinander auf die Schienen der U-Bahn. Der Zug wurde unser Maschinengewehr. Es funktionierte! Ein Todesschreck! Die Bahn brüllte, bremste, blieb stehen. Und wir rannten und verkrochen uns im Bohnenkraut.

Ich baute die besten Katapulte, auch für die Nachbarkinder. Gute Astgabeln zurechtgeschnitzt, dann zwei dicke Gummis vom Autoschlauch. Dazu die Lederschlaufe, die dünnen Ringgummis vom Fahrradschlauch. Ich schoss Vögel, schnitt ihnen die Beinchen ab und sammelte die Krallen als Trophäe im Hohlraum meiner Fahrradlampe. Ich machte auch Nützliches, sammelte am Ufer der Tarpenbek saftiges Futter für unsre Kaninchen. Ich kratzte die stinkenden Karnickelställe sauber, aber lernte auch von Onkel Kalli das Kaninchenschlachten. Und ich baute mir aus drei kaputten Fahrrädern ein ganzes neu.

Zu Pfingsten 1950 organisierten Walter Ulbricht und seine Genossen ein Deutschlandtreffen der Jugend in Ost-Berlin. Im Propagandakrieg zwischen Ost und West wollte die DDR, genau wie die Bundesrepublik, das gesamte Deutschland repräsentieren, will sagen: Jeder Teil verstand sich als Modell für das Ganze. Die DDR sah sich als Hort des Friedens gegen die Kriegstreiber in Bonn, als Staat konsequenter Antifaschisten gegen die Hitlererben, als echte Demokratie gegen die falsche und als einzig richtiges Vorbild für die Wiedervereinigung unseres zerrissenen Vaterlandes. Der propagandistische Slogan des Deutschlandtreffens hieß dementsprechend: »Für Einheit, Frieden, nationale Unabhängigkeit und ein besseres Leben!« Für die SED war es wichtig, dass möglichst viele junge Friedensfreunde auch aus Westdeutschland in den Osten strömten. Das DDR-Motto: Ihr im Westen habt die alten Nazis, aber wir haben die deutsche Jugend gewonnen – und die unbesiegbare Sowjetunion an unserer Seite!

Ich fuhr mit einer Gruppe Gleichgesinnter von Hamburg mit der Bahn nach West-Berlin. Damit der Klassenfeind nichts merkt, fuhren wir in kleinen, unauffälligen Gruppen gen Osten und trafen uns erst am Rande von Ost-Berlin, in der »Pionierrepublik Ernst Thälmann« in der Wuhlheide. Das Pionierlager war grade zu diesem Zweck von DDR-Präsident Wilhelm Pieck gegründet worden. Pieck zitierte dabei Lenin: »Wer die Jugend hat, hat die Zukunft.« Das Lager beherbergte zwanzigtausend Pioniere.

Ich war grade noch Mitglied der Pioniere, aber schon dreizehneinhalb Jahre alt. In unserem Zwanzig-Mann-Zelt wurde ich zum Oberpionier gewählt. Damit meinen Rang auch jeder sehn konnte, durfte ich mein blaues und ein rotes Pioniertuch der sowjetischen Pioniere übereinanderlegen. So knotete ich mir das Doppeltuch schön um den Hals.

Schon am dritten Tag kam Besuch für mich in unser Zelt. Ein kolossaler Drei-Zentner-Funktionär, Jonny Löhr. Ich kannte ihn von seinen Besuchen bei Emma in Langenhorn. Ein alter Genosse meiner Mutter aus den zwanziger Jahren. Ein Hamburger Kommunist, ein Ingenieur, Mitkämpfer von Ernst Thälmann sogar, wie meine ganze Kommunisten-Familie. Jonny hatte Ende der zwanziger Jahre im Auftrag der Komintern in Rumänien Wirtschaftsspionage für die Sowjetunion betrieben und war erwischt worden. Er wurde zu zehn Jahren Haft verurteilt, die er bis 1940 in rumänischen Zuchthäusern absaß. Dann floh er in sein wahres Vaterland. 1945 kehrte er aus Moskau nach Deutschland zurück.

Inzwischen war Jonny Löhr das zweithöchste Tier in der National-Demokratischen Partei Deutschlands (NDPD), einer sogenannten Blockpartei, die er im Auftrag der SED 1948 gegründet hatte. Diese Pseudoparteien sollten aussehen wie echte Parteien in einer echten Demokratie. In Wirklichkeit waren sie Attrappen. Löhr fühlte sich dem Sohn seiner alten Freundin Emma in Hamburg väterlich verbunden. Das hatte sehr menschliche Gründe, denn er war nicht nur ihr Genosse, sondern seit 1921 auch ihr allererster Bettgenosse. Irgendjemand, also Emma, hatte ihm meinen Herzenswunsch auf die Seele gebunden: Wolf spielt Klavier, aber er möchte viel lieber Gitarre lernen. Jonny Löhr verstand sofort. Er brachte mir die schönste Gitarre der Welt. Bloß – ich konnte keinen einzigen Griff. Also spielte ich die sechs Saiten wie einen verschmutzten e-Moll-Akkord. Ich drosch in unserem Pionierzelt meinen Lieblingsschlager, die Ballade von den wilden Geisterreitern in Amerika: »Es war in einer Regennacht / Wind pfiff durch die Prärie / Die Cowboys saßen dichtgedrängt / Nur Whisky wärmte sie.«

Ach, war das schön! Und meine Pionierkameraden waren begeistert. Die kriegten den Hals gar nicht voll und grölten mit: »Yippi-haia-hyyy Yippi-hai-ho-hooo / Die Nachtgeister zieh'n vorbei-hei!« Als mir irgendein musikalischer Mensch dann die Finger so aufs Griffbrett setzte, dass ich wenigstens ein reines e-Moll spielen konnte, und dann sogar ein G-Dur, ein C-Dur und ein a-Moll, da erlebte ich in mir und in den anderen eine Begeisterung, wie ich es vom Klavierspielen nicht kannte. Nun wusste ich: Man müsste Gitarre spielen können!

Zur Eröffnungsveranstaltung der Pionierrepublik fand im Stadion der Wuhlheide der große Aufmarsch aller Pioniere statt. Ein fröhliches Gewimmel. Die Ränge übervoll, der Rasen und die Aschenbahnen sowieso. In einer Kurve auf halber Höhe die Tribüne für die Obrigkeiten: der Präsident der DDR Wilhelm Pieck, der Obergenosse Walter Ulbricht, FDJ-Chef Erich Honecker. Drei Losungen, von einem Vorsprecher in das Mikro gebrüllt, wurden von den Kindermassen skandiert: »Wir grüßen Wilhelm Pieck!« – »Es lebe unser Freund Stalin!« – »Es lebe der Komsomol!«

Auch unsere Gruppe war im Stadion angekommen. In diesem Gewusel schnappte mich eine fremde Frau und sagte, als ob sie mich schon lange kennt: »Schau mal, Wolf! Eine halbe Seite Schreibmaschinenschrift. Ich weiß, du bist ein kluger Junge. Das kannst du bestimmt sehr schön ablesen. Es sind nur ein paar Worte. Der Hans aus Köln sollte das eigentlich machen, aber der ist krank geworden. Du musst jetzt für ihn einspringen.« Und weil ich zögerte, sagte sie: »Darum heißt ja der Gruß unserer Jungen Pioniere: ›Seid bereit – immer bereit!‹« Das leuchtete mir ein.

Ich überflog die Worte und machte mich bereit. Ich übte meine Sätze: »Wir Jungen Pioniere aus Westdeutschland sind in die Deutsche Demokratische Republik gekommen, denn das Vorbild für das ganze friedliebende Deutschland ist die DDR!« Dann wurde ich im Eiltempo vor eins der Mikrophone bugsiert. Ich stolperte in der Hast gegen den Bauch von Wilhelm Pieck. Und schon hielt ich mir die rechte Hand zum Pioniergruß vor die Stirn, als wäre es ein Brett vorm Kopp. Ich rappelte den Text runter: »Achthundert Junge Pioniere und dreiundneunzig Pionierleiter aus Hamburg, Schleswig-Holstein, Niedersachsen, Nordrhein-Westfalen, Pfalz, Bayern und Bremen zur Eröffnung der Pionierrepublik angetreten! Die Jungen Pioniere geloben, dass für uns die Deutsche Demokratische Republik, an deren Spitze unser großes Vorbild, unser Präsident Wilhelm Pieck steht, die Grundlage für ein schöneres, besseres Leben ist. Wir kennen keine Zonengrenzen. Für uns gibt es nur ein Deutschland mit seiner Hauptstadt Berlin.« Reden Reden Reden. Und immer wieder Hoch! Hoch! Hoch! auf den besten Freund des deutschen Volkes, Genossen Josef Stalin.

Am nächsten Morgen war ein Foto von mir in einer Extraausgabe des FDJ-Zentralorgans *Junge Welt* zu sehn. Das war ein Gottesbeweis, dass ich es gut gemacht hatte! Und in einer anderen Zeitung las ich über mich: »An diesem blassen Arbeiterjungengesicht aus Hamburg sehen wir, wie das Proletariat in Westdeutschland ausgebeutet wird. Aber er spricht mutig für die ganze deutsche Jugend, wenn er sagt …«

Als Höhepunkt des Deutschlandtreffens war geplant, dass die siebenhunderttausend Jugendlichen, darunter dreißigtausend aus Westdeutschland, in einer Parade an der Ehrentribüne, die beim Lustgarten Unter den Linden aufgestellt war, vorbeimarschieren sollten. Die junge DDR wollte der Welt die vereinigte deutsche Jugend im Gleichschritt vorführen. Eine Manifestation. Wir wurden abkommandiert zum Exerzieren. Alle westdeutschen Pioniere raus! Alles raus auf den zentralen Wuhlheide-Platz! Auch wir Hamburger sollten das exakte Marschieren der Kolonne in Zehnerreihen üben. Besonders schwierig, wenn's um die Ecke geht! Und dabei sollten wir Losungen brüllen, die wir noch nicht kannten.

Mich überflutete eine Ich-weiß-nicht-wie-und-warum-Wut. Ich ging mit meinem blauroten Halstuch rüber in die Hauptbaracke und sprach einen höheren Funktionär der FDJ-Leitung an. Ich sagte ihm: »Wir machen nicht mit. Wir sind nicht aus dem Westen gekommen, um im Friedensstaat das Marschieren zu lernen. Ich hab in Hamburg gegen den Verkauf von Kriegsspielzeug protestiert. Wir kommen alle mit, aber marschieren – auf gar keinen Fall!«

Der Berufsjugendliche war entsetzt: »Ihr wollt euch doch wohl nicht blamieren, wenn ihr an der Tribüne der Partei- und Staatsführung vorbeilatscht wie eine Hammelherde! Da wird unser Präsident Wilhelm Pieck sein, und der Genosse Walter Ulbricht würde sich wundern, und unser FDJ-Vorsitzender Erich Honecker … und die Gäste aus aller Welt …« Ich blieb stur: »Marx und Engels sind auch nicht marschiert.« Er sagte: »Warte!« und telefonierte. Er schilderte einem wahrscheinlich höheren Genossen das Problem. Dem hörte er zu, er nickte ernst. Dann nickte er eifriger und legte wieder auf. Er lächelte mich nun an und redete mit süßer Zunge: »Wichtig ist, dass ihr aus Hamburg zu uns in das bessere Deutschland gekommen seid. Ob ihr auf allen vieren lauft oder marschiert – ha ha ha ha! –, das ist für uns in der DDR überhaupt nicht wichtig. Wichtig ist nur der Weltfrieden!« Und so kam es. Wir Hamburger trotteten brav mit, aber die anderen Friedenskämpfer marschierten stramm vorbei an der Führung. Wir fühlten uns prima, halb mutig, halb mulmig.

Als ich nach Hause kam, brachte ich zwei Trophäen von meiner Weltreise zurück: die Zeitungsausschnitte. Mein größeres Glück aber war die Gitarre. Doch das konnte ich damals noch nicht ermessen.

***

Ende Oktober 1951 kam es zu Unruhen im Hamburger Hafen. Die Gewerkschaft »Öffentliche Dienste, Transport und Verkehr« organisierte eine Urabstimmung mit dreißigtausend Hafenarbeitern. Die Arbeiter stimmten dem ÖTV-Vorschlag zu: Erhöhung ihres Stundenlohnes um neun Pfennige. Die KPD aber spekulierte darauf, dass neun Pfennige den Leuten zu wenig sind. Der Kampf ging auch gegen die Entlassung von Arbeitskräften, die wegrationalisiert werden sollten. Onkel Kalli tat, was die Partei verlangte. Er organisierte einen Streik. Sechstausend Hafenarbeiter folgten dem Aufruf der Kommunisten. Aber solch ein Streik galt als »wild«, weil die Gewerkschaftsfunktionäre nein dazu gesagt hatten. Er brach schnell zusammen. Obwohl Onkel Kalli in seiner Ewerführerei als Betriebsrat eigentlich unkündbar war, wurde er als wilder Streikführer von seiner Firma fristlos entlassen. Es blieb ihm nichts anderes übrig, als »im Stall« zu arbeiten. »Stall« hieß die offene Heuerstelle im Hafen, in der die Vorarbeiter der Firmen frühmorgens eine Anzahl von Arbeitern für jeweils nur eine Schicht anheuerten – zusätzliche Hände für einen größeren Auftrag, der von ihrer Hafenfirma an diesem Tag erledigt werden musste.

Mein Onkel kam nicht wie sonst an einem Sonntagnachmittag, sondern am Montagabend bei uns vorbei, am 24. März 1952. Natürlich spielte ich ihm wie immer auf meinem Lucky-Strike-Klavier seinen liebsten Schlager vor: »Wacht auf! Verdammte dieser Erde …« Er war zufrieden, und ich war froh. Am nächsten Morgen ging er zum ersten Mal in den Stall. Und hatte Glück, er wurde für eine Schicht angeheuert. Er hatte im Bauch eines holländischen Frachters zu arbeiten, der Zichorienwurzeln löschte, loses Schüttgut. Zichorienwurzeln wurden für die Produktion von Ersatzkaffee gebraucht. Die lose Ladung wurde von einem Kran mit einer »Spinne« aus dem Schiffsbauch hoch auf den Kai gehievt. Wenn solch ein Greifgerät mit seinen zwei mal fünf gespreizten Stahlfingern tief unten im Schiffsbauch ankommt, sieht der Kranführer oben die Spinne da unten nicht mehr. Deshalb steht auf Deck extra ein Decksmann, der beide zugleich im Auge hat, den Mann unten im Laderaum und den Mann oben in der Krankabine. Mit den Händen gibt er den Kollegen Warnzeichen – im Missingsch der Hafenarbeiter: Er warschaut. Genau diesen Decksmann hatte die Ewerführer-Firma eingespart. Als nun die Spinne wieder hoch kam, hing mein Onkel Kalli in den geschlossenen Stahlkrallen. Er starb auf dem Weg ins Hafenkrankenhaus. Da war er fünfundvierzig Jahre alt. Die Beerdigung in Ohlsdorf wurde eine politische Demonstration. Kränze, revolutionäre Trauerreden, Fahnen. Danach waren wir sehr allein. Oma Meume sagte auf Platt im sächsischen Zungenschlag zu einem Kollegen: »Min Jung weer de letzte. Nu is uns' Kalli ook noch dood bleebn!«

Dumm war ich nicht, aber ich war der Dümmste. Meine Leistungen wurden in der Heinrich-Hertz-Schule von Jahr zu Jahr schlechter. Nie ordentlich die Schularbeiten gemacht! Ich verlor im Lernstoff den Anschluss, langweilte mich und machte den Klassenkampf-Clown. Ein schwacher Trost: Ich war der beste Geräteturner. Musik und Sport, das waren die beiden Einser auf dem Trauerberg meiner Zeugnisse.

Meine Wochentage waren streng dreigeteilt. Den Unterricht saß ich geistesabwesend ab. Die Nachmittage verspielte ich im nahen Schwimmbad am Kiwittsmoor beim Bornbek, am Klavier oder mit der Gitarre. Erst am Abend begann mein wahres Leben: die unermüdliche Vorbereitung der Weltrevolution – Plakate kleben, Volkstanz üben, politische Quasselei, Lieder singen, Knutschen. An manchem Wochenende demonstrierten wir auf der Mönckebergstraße gegen die Wiederaufrüstung des »Spalterstaates«, so schimpften wir die »BRD«. Ich hielt Plakate gegen die Politik Bundeskanzler Adenauers am Besenstiel hoch. Der Kalte Krieg war noch jung. Aber die Fronten waren klar für mich.

Oma Meume, die wortgewandte Geschichtenerzählerin, war eine halbe Analphabetin und konnte mir bei den Hausaufgaben nicht helfen. Sie schrieb in ihrem Hallenser Sächsisch die allerschönsten Sätze – allerdings mit sinnigen Rechtschreibfehlern: »Ich hab dich Liep.« Das Wort schrieb sie groß, weil ihre Liebe so groß war, und mit »p« schrieb sie es, weil ihr der Schnabel in Halle an der Saale so sachsenanhaltinisch gewachsen war. Und meine kluge Mutter – ach, die kam erst abends und müde von der Arbeit. »Hast du deine Hausaufgaben gemacht?« – »Ja.«

Schon zum dritten Mal kam im Frühjahr ein »blauer Brief« vom Klassenlehrer Langbein: »Sehr geehrte Frau Biermann, wenn Ihr Sohn Wolf nicht noch entscheidende Fortschritte macht, ist seine Versetzung in die nächste Klasse gefährdet.« Das wiederholte sich Jahr für Jahr. Ich stank ab in der Schule, und die Schule stank mir. Sogar die Dumpfbacken lernten besser als ich. Meine Klasse war das, was man einen »starken Jahrgang« nennt: Mein Kamerad Eike Rollenhagen baute später die Philharmonie in München, den Gasteig. Mein Langenhorner Freund Helmut Salzmann wurde ein hochkarätiger Wasserbauingenieur in Hamburg. Der ernste Hermann Graff wurde Pilot und Trainingskapitän für angehende Piloten der Lufthansa. Das Modellbaugenie Karsten Hein wurde Professor und lehrte an der Fachhochschule »dreidimensionale Gestaltung«. Der lange, dünne Klaus-Michael Kühne baute später die traditionsreiche Spedition seines Vaters zu einem Weltunternehmen aus und sponsert seine Vaterstadt vom HSV bis zur Elbphilharmonie. Auch der Alstersegler Michael Neumann wucherte als Erbe mit dem Pfund seines Vaters. Er baute das Unternehmen zum weltweit führenden Rohkaffeedienstleister aus – immer mit dem Ehrgeiz, dass auch soziale und ökologische Aspekte nachhaltig respektiert werden.

Mit all diesen plietschen Jungs stritt ich damals auf dem Schulhof immer mal wieder über den Kommunismus. Und weil wir alle wenig Argumente hatten, argumentierten wir auch mal mit den Fäusten. Wir waren ja Klassenkameraden und Klassenfeinde zugleich. So kämpfte ich standhaft für »unsere große Sache«, aber die Schule schaffte ich nur mit Hängen und Würgen. Hängen ließ meine Mutter mich nie, aber sie hat mich gewürgt: Ihre ewigen Vorwürfe haben mich nicht angespornt, sondern mutlos gemacht. Meinen Mathelehrer Dr. Haupt mied ich. Ich bewunderte nur das »H« in seiner Unterschrift: so elegant. Diesen Großbuchstaben habe ich von ihm abgelernt – bis heute: ein Halbkreis offen nach links, einer offen nach rechts und dazwischen die elegante Brücke. Doch die Infinitesimalrechnung glaubte ich diesem Bourgeois nicht. Haupt war streng zu mir, und er meinte es gut. Er hatte mir, dem Jungen Pionier, mit seinem eleganten »H« mal wieder eine reaktionäre Quittung verpasst: Mathearbeit – Fünf! Und des Sadisten Druckmittel: Er verlangte die Unterschrift meiner Mutter unter diese schlimme FÜNF. Ich hatte leider nicht Chuzpe genug, Emmas Unterschrift zu fälschen. Also ersparte ich ihr nicht den heillosen Kummer. Sie sah die Zensur und unterschrieb. Sie schimpfte, sie drohte, sie klagte. Und schlimmer, sie weinte. Das hielt ich aus. Aber dann schwang sie eine Auschwitzkeule, die mich niederschmetterte: »Dafür ist dein Vater in Auschwitz gestorben, dass du jetzt eine Fünf in Mathe hast!« Ich hasste mich, und damit es nicht so weh tut, hasste ich sie.

Wer jung ist, sucht ein Vaterland

Gadebusch, das Internat in Mecklenburg

Es war damals unter Genossen in Hamburg Mode, die eigene Brut in die DDR zu schicken. Auch mein Cousin Kalle ging nach »drüben«. Er begann eine Lehre als Zimmermann in Halle. Seinen Wechsel von West nach Ost organisierte für Oma Meume Margot Feist, die Tochter eines alten Genossen und Rotfrontkämpfers aus der Saalestadt. Meine Mutter beriet mit mir, und wir beschlossen, dass auch ich in die DDR gehe. Emma bat ihren vertrauten Genossen Jonny Löhr um Hilfe. Er organisierte für mich einen Internatsplatz. Im Januar 1953 erhielten wir vom Rat des Kreises Gadebusch den Bescheid: »Karl-Wolf findet Aufnahme in der Oberschule.«

Es muss Mitte Mai 1953 gewesen sein, genauer: kurz nach Stalins Tod am 5. März und kurz vor dem Volksaufstand am 17. Juni. Hunderttausende Deutsche flohen in dieser Hoch-Zeit des Kalten Krieges von Ost nach West und hatten dafür vernünftige Gründe. Ich floh in umgekehrter Richtung, und auch ich hatte meine guten Gründe. Ich verließ mein Hamburg, denn ich wollte lieber in der DDR von den richtigen Leuten das Richtige lernen. Heute, ein langes Leben später, weiß ich: Nicht die Ostflüchtlinge, aber ich frommes Kommunistenkind brauchte die Flucht in den Osten, diese Lektion im Arbeiter- und Bauernparadies.

Für den Interzonenzug von Hamburg nach West-Berlin kaufte Emma mir eine Fahrkarte, einfache Fahrt bis Berlin. Dabei war ausgemacht, dass ich schon bald hinter der Zonengrenze aussteigen würde. Das rausgeschmissene Geld war gut angelegt, meine Flucht in den Osten sollte unauffällig sein. Die Genossin Emma hatte es mit Jonny Löhr so abgesprochen, der Junge wurde im Internat der Heinrich-Heine-Oberschule in Gadebusch bei Schwerin erwartet. Ich hatte nur einen Koffer dabei, bisschen Wäsche, paar Klamotten, denn es sollte nicht nach großer Reise aussehen, schon gar nicht nach einem Weltenwechsel. Im Zugabteil saßen vier ältere Frauen. Sie schimpften auf die Schikanen bei den Grenzkontrollen. »Alles Kommunistenschweine! Alles Russenknechte! Bautzen! Buchenwald! Sibirien!« Ich schwieg und starrte aus dem Fenster, die Landschaften flogen dahin. Der Schienenschlag ratterte: West-West! West-West! Weg-weg! Weg-weg!

Als der Grenzbahnhof Büchen erreicht war, verstummten die Weiber. Der Zug querte das Niemandsland. Halt in Schwanheide. Grenzpolizisten der DDR, die zugestiegen waren, klotzten den Gang lang. Sie durchkämmten den Zug. Immer zwei und zwei Mann von Abteil zu Abteil. Unsere Tür wurde aufgerissen. Ich zückte meinen Ausweis und sagte meinen Satz: »Ich möchte Ihren Genossen Vorgesetzten sprechen …« Blankes Entsetzen in den Gesichterscheiben der Frauen! Angewidert von diesem Bürschchen. Hasserfüllt starrten sie mich an, stummstarre Todesangst. Wahrscheinlich fürchteten sie, ich würde sie denunzieren. Bautzen! Buchenwald! Sibirien!

»Komm'se!«, sagte der Uniformierte. Ich zerrte meinen Koffer runter vom Gepäcknetz. Kein Gruß, kein Blick. Knuff! und raus, den Gang lang hinter ihm her. Der Zug hielt in Hagenow Land. Ich stieg mit den Grenzern aus. Der Uniformierte brachte mich zur Polizeiwache direkt neben dem Bahnhof. Ein Offizier begrüßte mich. Ich sagte meinen Spruch auf und merkte: Der wusste Bescheid.

Es dämmerte schon. Ich wurde in eine Zelle geführt. Bett, Pisseimer, Tischchen, Stuhl. Der Volkspolizist grinste: »Wir haben hier nix Bessres. Aber die Tür bleibt auf.« Mir wurde ein Abendbrot gebracht: drei Brotscheiben, ein Klacks Margarine, Muckefuck. Dann das erste menschliche Wort: »Die Genossen können dich erst morgen früh abholen. Die bringen dich mit dem Auto nach Gadebusch. Du kannst die Toilette hinten im Gang benutzen.« So lag ich unter der Wolldecke, war weder begeistert noch enttäuscht. Ich dachte: Die sagen hier du du du … ist das hier das Genossen-Du? Oder du, weil ich so jung bin? Immerhin bin ich schon sechzehn.

Am frühen Morgen brachten mich zwei Männer, beide in Zivil, mit einem schwarzen DDR-BMW nach Gadebusch. Der Fahrer vorn allein, der andere mit mir hinten. Kein Wort. Ich wollte etwas Nettes sagen: »Ist das 'n BMW?« Der Fahrer knurrte: »EMW! Nicht blau-weiß, sondern rot-weiß!« Schwerin vorbei, die Landstraßen, die alten Chausseebäume, die Felder. Und dann Gadebusch. Mit Karacho einen kleinen Berg hoch und auf den Hinterhof eines Schlosses. Dort empfing mich der Internatsleiter Rauhut. Er war noch kleiner als ich, und ich sah sofort: Glasauge! Er brachte mich in ein Vier-Mann-Zimmer, eine Treppe über der Internatsküche im Anbau. Zwei Doppelstockbetten. Das untere rechts frei für mich. Ein Schrankfach für jeden. Er gab mir einen Zettel, die Hausordnung mit dem Tagesablauf: Wecken über Lautsprecheranlage, Frühstück, Schule, Mittagessen, Schularbeiten bis vier, Abendessen, Bettruhe.

Gleich zum ersten Mittagessen kam der Schuldirektor Ewers und hielt im Speisesaal eine knappe Begrüßungsrede: »Wolf Biermann aus Hamburg … sein Vater als Widerstandskämpfer von den Faschisten ermordet … Wolf ist einer von den vielen, die aus dem reaktionären Westdeutschland, aus dem Staat der Krupps und Thyssens und Schlotbarone und der Adenauer-Clique zu uns in den Friedensstaat kommen … Bei uns im Arbeiter- und Bauernstaat gehen die Kinder der Arbeiter und Bauern zur Oberschule, die mit Stolz den Namen Heinrich Heine trägt. Die Kinder des Volkes wohnen hier in einem Schloss. So etwas gibt es nur in der DDR. Für den Sieg des Sozialismus in ganz Deutschland wollen wir hier fleißig lernen und arbeiten.«

Der gestelzte Ton war mir fremd, aber ich war froh. Jede Phrase in dieser Willkommensrede war für mich eine Herzenswahrheit. Ich war aus meiner Vaterstadt Hamburg endlich! in meinem Vaterland angekommen, in meinem eigenen Deutschland. Ich fühlte mich erwartet und willkommen. Alles war gut, alles anders, alles besser. Hier gehörte ich dazu. Hier galt ich als OdF, als ein »Opfer des Faschismus«, weil mein Vater als Widerstandskämpfer ermordet worden war. Die Zeile aus der DDR-Nationalhymne »Lernt und schafft wie nie zuvor« hatte Johannes R. Becher also für mich persönlich gedichtet. Ich kriegte einen DDR-Personalausweis. Paradies auf Erden! Ein Konto wurde für mich eingerichtet. Der Staat zahlte mir monatlich hundert Mark, eine Art Waisenrente für die Zeit der Ausbildung. Und über die Frage, wer das Internat bezahlte, dachte ich überhaupt nicht nach. Was für ein Leben! Allein schon das gemeinsame Mittagessen! Gemeinsam Schularbeiten machen. Und vor allem: die Mädchen aus der 9. Klasse!

Eine Woche nach meiner Ankunft fand eine Vollversammlung meiner neuen Schule statt. Weil es noch keine Aula gab, versammelten sich alle Lehrer und Schüler in der Gaststätte »Fortschritt« am Marktplatz vor dem alten Rathaus des Provinzstädtchens. Ein alter mecklenburgischer Tanzsaal. Es roch nach verschüttetem Bier, nach Schnaps und Zigarettenrauch und Parfum und Schweiß und Säuferkotz. Die kleine Bühne schulterhoch. Wo sonst die Bumskapelle zum Tanz aufspielte, war ein langer Tisch aufgestellt, geschmückt mit einem weißen Tischtuch und einer Blume. Vier Stühle. Die schwarz-rot-goldene Fahne der DDR und die blaue FDJ-Fahne mit der gelben aufgehenden Sonne kannte ich aus Hamburg. Die rote Fahne mit dem Emblem der SED war neu.

Links außen eine blonde junge Frau, die FDJ-Sekretärin der Stadt. Der Parteisekretär von Gadebusch neben ihr, daneben der Bürgermeister. Rechts außen der Schuldirektor, den ich ja schon kannte. Zwei Tagesordnungspunkte wurden verlesen. Erstens: »Wir Schüler und Lehrer der Heinrich-Heine-Schule protestieren gegen den geplanten Vollzug des Todesurteils auf dem elektrischen Stuhl im New Yorker Gefängnis Sing-Sing. Wir erheben unsre Stimme gegen den Justizmord an Ethel und Julius Rosenberg.« Das war schnell erledigt. Wir stimmten mit starker Kinderhand gegen den Mord in Amerika. Lehrer und Schüler beschlossen einstimmig, dass die beiden Friedenskämpfer in den USA keine Atomspione der Sowjetunion sind, sondern schuldlos.

Aber dann Punkt zwei: die Junge Gemeinde. Mir Neuling war noch nicht im Kopf, dass es in der DDR noch eine andere Jugendorganisation gab als die FDJ. Die Junge Gemeinde gehörte zur evangelischen Kirche. Und schon gar nicht wusste ich, dass die Partei seit Wochen eine Kampagne gegen diese jungen Christen durchpeitschte. Alles lief wie geschmiert. An die zwanzig Schüler sollten öffentlich abschwören von ihrem Verein. Ein Name nach dem andern wurde aufgerufen. Eine Zeremonie der Inquisition: Name. Aufstehn. Aufsagen: »Ich trete aus der Jungen Gemeinde aus.« Setzen. Danach der nächste Schüler mit dem gleichen Text: »Ich trete aus der …«

Ich verfolgte diese Inszenierung. Ich sah die Gesichter der Zuschauer, roch die Angst. Diese herzlose Demütigung hatte nichts, aber auch gar nichts mit dem kommunistischen Paradies zu tun, das ich auf Wunsch meiner Mutter nun aufbauen sollte. Gegen Ende der Reihe wurde eine Schülerin der 9. Klasse aufgerufen. Ihr Name: Margot Ullerich. Dieses kleine, schmale, blasse Mädchen! Sie stand damals nicht auf, um auf Befehl abzuschwören. Sie sagte mit leiser Stimme: »Ich glaube an Gott.« Und dann noch schlimmer und noch leiser: »Ich trete nicht aus der Jungen Gemeinde aus.«

Die Lehrer erstarrten. Es erstarrte eine Stille in dieser stinkenden Kiste – so was hatte ich noch nie erlebt. Verlegenheit. Es war todernst albern. Ein Schüler lachte hysterisch auf, und das machte den Schock noch brutaler. Die FDJ-Sekretärin im Präsidium erhob sich und keifte wie ein Maschinengewehr. Sie beballerte das junge Mädchen mit ideologischen Phrasen. Ihr Gesicht blubberte, ihr Geifer kochte. Alle duckten sich weg. Kein Aas stand der jungen Gläubigen bei. Kein Lehrer, kein Schüler, schon gar keiner aus ihrer Christengemeinde. Es war ekelhaft komisch.

Nicht ich, meine Hand meldete sich. Direktor Ewers erteilte mir das Wort. Ich stand auf. Ich stoppelte eine Rede: »Ich bin Kommunist … Ich bin gegen die Kirche … Ich weiß, Religion ist Opium fürs Volk! … Aber das, was hier gemacht wird, das ist … kein Kommunismus! … Dafür ist mein Vater nicht in Auschwitz gestorben, damit hier dieses Mädchen so unterdrückt wird!« In Wirklichkeit wusste ich weder, was Religion ist, noch was Volk und schon gar nicht was Opium bedeutet. Aber nun schwang ich selbst Emmas Auschwitzkeule! Als rhetorischen Höhepunkt blaffte ich die üppige FDJ-Lady an: »Sie haben jetzt diese Schülerin beleidigt und bedroht. Und wenn diese Versammlung vorbei ist, dann gehen Sie gemütlich zurück in Ihr Büro, als wäre nix gewesen, und sitzen sich dort zufrieden Ihren fetten Arsch breit!«

Der Direktor sprang auf. Er keuchte in tiefer Angst, aber Angst vor seiner Obrigkeit: »Dieser junge Mann hier ist erst vor ein paar

Tagen aus Westdeutschland zu uns gekommen, das ist gut so. Aber wie wir alle sehen, muss Karl-Wolf hier bei uns, in der Deutschen Demokratischen Republik, noch sehr, sehr viel lernen!« Dann entsicherte er eine erprobte rhetorische Waffe: »Aber wir wollen nicht jedes Wort hier auf die Goldwaage legen, denn wie unser großer Goethe schon sagte: ›Schnell fertig ist die Jugend mit dem Wort.‹ Genossen und Freunde, wir haben alle anstehenden Punkte besprochen. Ich schlage vor, die Versammlung ist jetzt beendet!«

Keiner widersprach. Auch ich ahnte nicht, dass das berühmte Goethe-Zitat von Schiller stammt. Egal, es half. Die Versammlung löste sich auf. Das war der Anfang in meiner schönen neuen Welt.

***

Vom Volksaufstand in Berlin am 17. Juni 1953 kriegte ich kaum was mit. Ich hörte in dieser Abgeschiedenheit nur das, was ich sollte. Kein Wunder, es gab im Internat nur die zentrale Radioanlage, die uns mit den offiziellen Informationen versorgte. Im ehemaligen Salon des kleinen Terrakotta-Schlosses war unser Clubraum. Da stand sogar ein lahmer Flügel. Das war mein Ding! Ich spreizte mich als »der Neue aus Hamburg«. Ich spielte den Landeiern den Boogie-Woogie »In the Mood« auf den schwarzen Tasten – und meine Glanznummer auf den weißen: »Der alte Seemann kann nachts nicht schlafen …«

Ein Junglehrer für Deutsch und Latein, Günther Woese, wurde schnell mein Lieblingslehrer. Ein feiner, ein stiller, ein blutjunger und zugleich altbackener Schulmeistertyp, ein bartloser Anfänger mit bürgerlichen Manieren, vierundzwanzig Jahre alt, ein Mecklenburger aus dem nahen Güstrow. Gadebusch war seine erste Anstellung nach dem Studium. Er redete kein Politkauderwelsch. Er trat nicht in die SED ein. Unser Direktor hatte den Parteiauftrag, Lehrer für die Partei zu werben, damit es im Kollegium endlich mehr Genossen gab als Nichtgenossen. Mein Woese war der ideale Kandidat. Er wurde unter Druck gesetzt, doch er widerstand ohne Konfrontation. Elegant trat er der LDPD bei, daraufhin ließ man ihn als Mitglied einer Blockpartei in Ruhe.

Woese leitete die Theatergruppe der Schule. Als ich dazukam, übten Schüler der 11. und 12. Klassen Szenen aus Schillers »Die

Räuber« ein. Ich wollte mitmachen. Zu haben war nur noch die Kurzrolle des Bösewichts: der Jude Moritz Spiegelberg. Diese machtgierige Memme lieferte ich mit Begeisterung.

Es war für mich trotz ungewohnter Widrigkeit eine goldene Zeit. Ich machte zum ersten Mal in meinem Leben richtig Schularbeiten. Nun war ich nicht mehr der Dümmste wie in Hamburg, sondern gehörte sogar zu den Besten. Für meine geplagte Mutter war das der schlagende Beweis für die Überlegenheit der DDR. Und ich liebte: Ina war für mich die Klügste und Schönste. Dreifach Mühe gab ich mir beim Lernen, denn die Liebe kann in diesem Alter eine pädagogische Himmelsmacht sein. Sie ging mit mir, ich ging mit ihr. Wir küssten uns besinnungslos. Aber nie ohne Besinnung. Wenn meine Hand tiefer über den Busen abwärtsrutschte, hörte sie auf mit der Knutscherei und sagte: »Nicht, doch!« Aber ich war so scheu und verstand das entscheidende Komma nicht: »Nicht … Komma … doch!«

Im neuen Schuljahr, für mich die 11. Klasse, begann Günther Woese ein ehrgeiziges Theaterprojekt. Er wollte mit uns Goethes »Urfaust« spielen. Ja, fast das ganze Stück! Mein bester Freund in der Klasse, Hans Schilar, schrieb seitenlange Gedichte. Er kalligraphierte in einer altmodischen Handschrift mit manierierten Unterlängen. Und er scherte schon einen starken Bart. Er hatte, anders als ich, mit seiner Freundin schon diese Sache gemacht, über die wir viel redeten. Und er sollte den Faust spielen. Was sonst, ich machte den Teufel! Meine schöne, zarte Freundin Ina spielte natürlich auch mit – aber nicht etwa das Gretchen, sondern die schlampige Kupplerin Frau Marthe Schwerdtlein. Ach! und die Rolle des Gretchens spielte unsere Mitschülerin Margarethe – von mir schmächtigem Jüngelchen aus gesehen ein imponierendes Wuchtweib mit schauderschönen Titten: die ideale Fehlbesetzung.

Wir bauten selber die Kulissen. Wir suchten uns die Kostüme zusammen. Wie im richtigen Theater! Und das Allerbeste: Mein Woese bewies Seelengröße und pädagogischen Verstand. Von Probe zu Probe mischte ich mich nämlich mehr und mehr in die Regie ein, so dass ich mir am Ende einbildete, ich sei der Regisseur. Woese freute sich an meinem Interesse und duldete gelassen meine Übergriffe. Am Ende führten wir das Stück auf. Und wo? Im stinkenden Tanzsaal der Gaststätte »Fortschritt«. Zwei Aufführungen. Emma kam extra aus Hamburg und bewunderte ihren kleinen Teufel bei der Premiere. Mich beseelte diese Arbeit. Am Ende hatte ich alle Dialoge im Kopf, ich hätte jede Rolle spielen können. Unser Laienspiel erwies sich später als eine Investition in meine Zukunft. Aber verstanden habe ich das Stück erst zwanzig Jahre später, als Fred Düren am Deutschen Theater den Faust spielte.

Eines Tages war bei »Glasauge« im Internat ein Zettel für mich abgegeben worden. Aufforderung zu einer Aussprache in der FDJ-Kreisleitung. Tag und Stunde, aber kein Thema, kein Grund. Ich ging am Nachmittag den Schlossberg runter, rechts über die Holzbrücke und stiefelte um den Stadt-See herum zu den Baracken der Freien Deutschen Jugend im Wäldchen. Vor der Büro-Baracke wartete ein Mann auf mich. Stirnglatze, vielleicht vierzig Jahre alt. Er sagte: »Die Aussprache findet nicht hier statt, wir gehen woanders hin.« Ich war irritiert, aber ohne Arg. Wir liefen weiter um den See in Richtung Bahnhof. Die Sonne schien. Ich fragte nun doch: »Worum geht es jetzt eigentlich?« Er: »Gleich.«

Wir erreichten eine alte Villa nahe den Schienen. Ich kannte das Haus nicht und konnte nicht wissen, dass da gelegentlich Schreie aus den Kellern drangen. Die meisten Leute in Gadebusch wussten sehr wohl, dass in diesem Haus die Staatssicherheit ihr Wesen trieb.

Eine massive Holztür, Hochparterre. Er ließ mich vor. Dunkler Flur, dunkle Tür. Nun er voraus. Ein großer Raum mit heller Kassettendecke, abgedunkelt, weil die Vorhänge zugezogen waren. Er knipste kein Licht an, er zog auch die Vorhänge nicht auf. Die Augen gewöhnten sich an das Dämmerlicht. Ein langer Versammlungstisch mit vielleicht sechs Stühlen an jeder Längsseite. Der Mann setzte sich auf den Stuhl am Kopfende und bot mir den Stuhl daneben an. Er legte eine Akte vor sich auf den Tisch, schaute aber nicht rein. Dann sagte er mit ruhiger Stimme: »Es ist aus mit dir.«

Pause, Pause, Pause. Er registrierte meine Reaktion. »Wir haben dich erwischt. Ich bin ein Offizier der Staatssicherheit. Du bist ein Agent unserer Klassenfeinde.«

Ich widersprach sofort: »Nein!« Er: »Doch!« Ich: »Wieso?«

»Das wollen wir von dir wissen.«

»Aber ich bin kein Agent.«

»Wir haben die Beweise. Du bist ein Agent unserer Klassenfeinde. Wir haben dich entlarvt. Es ist aus mit dir.«

Ich beteuerte: »Nein, ich bin doch Wolf. Wolf Biermann aus Hamburg …«

»Eben. Du bist ein Agent unserer Klassenfeinde. Wir haben dich entlarvt. Es ist aus mit dir.«

»Quatsch! Die Partei hat mich doch in die DDR gebracht!«

»Trotzdem! Du bist ein Agent unserer Klassenfeinde.«

Ich krümmte mich in immer neuen Verrenkungen und schwor, dass alles ein idiotischer Irrtum sein müsse. »Ich bin der Sohn meines Vaters Dagobert, ein Genosse. Er hat gegen die Nazis gekämpft und ist umgebracht worden. Im KZ Auschwitz. Ich bin doch kein Feind, Genosse …«

Er fiel mir ins Wort: »Ich bin nicht dein Genosse! Du bist ein Agent unserer Klassenfeinde. Aber damit ist jetzt Schluss!«

Ich lachte aus Angst, ich klagte. Ich klagte an. Ich schrie. Ich schwieg. Ich redete wieder. Alles ein irrer Alptraum. Er beharrte, ich beharrte.

Nach vielleicht einer halben Stunde was Neues. Er sagte: »Na gut. Du bist jung. Wir geben dir noch eine letzte Chance. Wir lassen dich laufen. Aber nur, wenn du für uns arbeitest. Du wirst jede Woche einen Bericht schreiben über die Schüler, über die Lehrer, über alles, was da so geredet wird im Internat. Republikflucht, Hetze gegen den Frieden, Hetze gegen die FDJ, gegen die Partei, gegen den Staat. Auch euer Deutschlehrer ist so ein Hetzer. Und deine Berichte steckst du unauffällig in einen Briefkasten, den ich dir noch zeigen werde. Du kriegst auch bezahlt dafür.«

Nun, endlich, kapierte ich. Es war kein Missverständnis! Es war infame Methode! Ich heulte vor Wut, sprang auf und ging auf den Menschen los. Aber lächerlich! Er war schneller und war stärker. Mit zwei trockenen Schlägen verteidigte sich der Mann, zeigte mir, wo der Hammer hängt. Ich sackte zurück auf den Stuhl. So saßen wir eine kurze Ewigkeit. Wortlos. Ratlos beide. Er sah wohl, dass seine primitive Taktik nicht verfangen hatte. Mich wie einen Hund auszutricksen und mit Verleumdungen zu peitschen, um mich dann gnädig an die Kandare zu nehmen und abzurichten als Schnüffler-Hund – das empörte mein Karl-Wolf-Herz.

Er sagte: »Na gut, dann eben nicht. Aber hier kommst du erst wieder raus, wenn du unterschreibst, dass du mit keinem Menschen darüber sprichst, dass du hier warst und wann und was hier geredet wurde.« Er schob mir ein Blatt Papier übern Tisch. Ich unterschrieb sofort. Wortlos stand ich auf, ging raus aus dem Raum, tappte durch den Flur, zog die Tür auf und taumelte ins Helle. Ich kreuzte am Bahnübergang die Schienen, lief die Bahnhofstraße lang. Marktplatz. Rathaus. Gaststätte »Fortschritt«. Rechts wieder den Schlossberg hoch zum Internat. Unser Zimmer war leer. Ich legte mich auf mein Bett und starrte auf die Matratze über mir. Und ich verstand nichts.

Meine Mitschüler fuhren jedes Wochenende zu ihren Familien in die umliegenden Dörfer. Hamburg war zu weit weg, also blieb ich allein im Schloss. Otto Gröllmann, ein Kommunist aus Hamburg, Genosse meiner Eltern, war inzwischen Bühnenbildner des großen Theaters in Schwerin. Er hatte in der Nazizeit als Bühnenmaler am Hamburger Thalia Theater gearbeitet und dort im Malersaal Anti-Hitler-Losungen für seine Genossen gemalt. Mit meinem Vater hatte er im Knast Fuhlsbüttel gesessen. Meine Mutter kannte er aus der KP vor 1933 und aus der Illegalität. Und er tat seiner Genossin Emma Biermann den Gefallen: Er lud ihren Sohn gelegentlich nach Schwerin ein. Otto schenkte mir Freikarten. So sah ich im Laufe der zwei Gadebuscher Jahre das ganze Repertoire im Staatstheater Schwerin. Und meine schöne Ina immer mit. Und die Liebesinsel neben dem Schloss! Und der Pfaffenteich! Und die zwanzig Kilometer Bahnfahrt zurück nach Gadebusch! Mir gingen Welten auf, nicht nur die Theatervorhänge. Und der Genosse Gröllmann hatte eine kleine, putzmuntere Tochter, »ne seute Deern mit een Appelsnuut«, die hieß Jenny.

Auch in Gadebusch fand ich einen kleinen extrafamiliären Halt. Georg »Schorsch« Schönberger, ein Kamerad von der »Vereinigung der Verfolgten des Naziregimes«. Er hatte die Aufgabe übernommen, den Jungen aus Hamburg bisschen zu betüddeln. So wurde ich jeden Sonntag zum Mittagessen in seine Wohnung in die Schweriner Straße eingeladen. Mit seiner Frau und einem Pudel lebte Schorsch dort. Ein handfester Genosse, der mir imponierte. Gelernter Maurer und kampferprobter Kommunist. In der

Nazizeit hatte er das Leben hinter Stacheldraht bestanden. Nun, nach einem juristischen Kurzlehrgang, arbeitete er als Staatsanwalt in Gadebusch. Noch heute denke ich: besser ein angelernter Widerstandskämpfer als ein qualifizierter Nazijurist!

Verstört, wie ich nach der Begegnung mit dem MfS-Offizier war, ging ich am nächsten Sonntag wieder zum Mittagstisch. Mein väterlicher Freund fragte: »Was hast du, Wolf? Du siehst so bedrückt aus.«

»Nein, Schorsch, nichts.«

Am nächsten Sonntag dasselbe: »Aber Wolf, ich kenn dich doch. Hast du was ausgefressen? Junge! Mit mir kannst du offen reden. Das regeln wir schon. Ich bin doch hier der Staatsanwalt. Habt ihr in der Schule irgendwas verbrochen? Lehrer geärgert? Oder was mit Mädchen, du?«

»Nein. Nichts.«

»Also, lieber Wolf, wir sind doch Kameraden … und Genossen … und Freunde … Du hast irgendeine Dummheit gemacht und willst es nicht sagen.«

»Ich darf nicht.«

»Unsinn! Mir kannst du alles sagen!«

»Schorsch, ich hab was unterschrieben … ich kann nicht … ich war … in dem Haus an den Schienen.«

Kaum hatte ich dieses Wort rausgestottert, irrte sein Blick seitwärts. Mein Staatsanwalt legte den Suppenlöffel neben den Teller. Er stand auf. Seine Frau hantierte in der Küche, um uns die Hauptmahlzeit zu servieren. Schorsch griff sich die Hundeleine, ging in den Flur und rief mit fahriger Stimme im Gehen: »Luise, ich geh noch mal mit Hundi Gassi.« Und weg war er. Ich spürte seine Panik, ich roch seine Angst, und ich verstand nichts. Dies war mein letztes Mittagessen beim Staatsanwalt von Gadebusch. Seine schlotternde Feigheit machte mir Angst und widerte mich an.

Wenn dieser Stasioffizier damals im Haus an den Schienen von Anfang an anders mit mir geredet hätte, wäre mein Leben vielleicht anders verlaufen. Er hätte nur sagen müssen: »Wolf, mein lieber Freund, wir sind so froh, dass du aus Hamburg zu uns in das bessere Deutschland gekommen bist. Du weißt doch, dass viele verblendete Menschen unsre DDR hassen. Verrat, Republikflucht, Diebstahl, Heuchelei, Sabotage und Hetze. Wir kennen dich, und deshalb bitten wir dich um Hilfe. Die DDR ist in Gefahr. Die Nazis haben deinen Vater und deine Familie umgebracht. Die allermeisten Menschen, die hier leben, waren Nazis, begeistert von Hitler. Und natürlich erziehen sie ihre Kinder gegen uns. Und auch nicht alle Lehrer an deiner Schule sind auf unserer Seite. Von vorne greifen sie nicht mehr an, aber sie hetzen die Schüler auf, so hintenrum mit schlauen Fragen ... Wolf, da müssen wir wachsam sein. Wolf, wir müssen all diese Feinde entlarven!«

Ja, wenn dieses Schwein mir so menschlich gekommen wäre, dieser Lügner mit solchen Wahrheiten, dann wäre vielleicht alles anders gekommen. Ich hätte keinen Hauch eines moralischen Vorbehalts gespürt. Ich wäre stolz auf das Vertrauen der Partei gewesen. Ich hätte mit Feuereifer jeden in die Pfanne gehaun, der wirklich oder eingebildet ein Wort gegen unsere, die beste DDR der Welt gesagt hätte. Ich wäre langsam, wie Tausende andere, in ein Spitzelleben hineingewachsen. Es hätte mir wahrscheinlich geschmeichelt und mich immer mehr korrumpiert.

Mein plietscher Verstand hätte immer ausgereicht, jede Niedertracht der Staatssicherheit zu rechtfertigen. Jede Denunziation hätte ich mir selbst als Heldentat im Klassenkampf verklärt. Und auch, wenn ich später Brecht gelesen hätte, wäre das keine Chance für einen Ausstieg aus dieser Karriere gewesen. Aus seinem reichen Werk hätte ich mir schon das richtige Falsche rausgefischt. Zum Beispiel die Gedichtzeilen, die er 1930 geschrieben hat: »Wofür wärest du dir zu gut? / Wer bist du? / Versinke im Schmutz / Umarme den Schlächter, aber / Ändere die Welt: Sie braucht es!«

Brecht, deine Nachgeborenen

Ost-Berlin, im Sog des Berliner Ensembles

Ach Wolf, die schaffen das hier nich, nich mit der Wirtschaft! Wenn es Badehosen nur im Winter gibt, ist alles verdorben. Das sind keine Kommunisten! Das sind alles Funktionäre! Und die meisten waren ja Nazis …« – so klagte 1955 meine Mutter. Sie war für drei Tage aus dem nahen Hamburg zu Besuch nach Gadebusch gekommen. Meine Abiturprüfungen standen an. Es war klar, ich würde bestehen. Ich sollte ein Formular ausfüllen: Bewerbung für ein Studienfach. Keine Idee, ich hatte keinen Plan. Ich wusste noch nicht mal, was ich *nicht* werden wollte. Ich wusste nur, dass ich den Kommunismus aufbauen sollte und die Menschheit retten. Aber in welchem Fach? Meine Mutter entschied – und ich nahm es gerne hin: Wirtschaftswissenschaften. Auf DDR-Deutsch hieß das Politische Ökonomie, und im engeren Fachbereich: Ingenieur-Ökonomik.

Irgendein Büromensch hätte mich 1955 mit Stempel und Unterschrift der Uni Leipzig zuteilen können. Und ich hätte mich dort ohne Murren eingeschrieben. Aber die Götter im Olymp des Zufalls meinten es gut mit mir: Mir wurde ein Studienplatz an der Wirtschaftswissenschaftlichen Fakultät der Humboldt-Universität in Berlin zugeteilt, also im Zentrum der DDR. Immatrikuliert wurde ich an der »WiWiFak« in der Spandauer Straße, nahe der Garnisonkirche, einer Kriegsruine hundert Schritte von der Spree, wo das Berlingewässer die Nationalgalerie auf der Museumsinsel umfließt, zweihundert Schritte vom Marx-Engels-Platz.

Eine Bleibe fand ich weit draußen in Berlin-Biesdorf. Ich lebte im Studentenheim, zweites Haus, zweiter Stock, Zimmer 232. Wir waren zu viert, zwei Doppelstockbetten, ein Tisch, vier Stühle, vier Wandschränkchen. In unserem Zimmer wohnte ein DDR-Jugendmeister im Motocross-Rennfahren, ein richtiger Kerl mit Schlag bei den Weibern. Ansonsten mein engster Freund aus Gadebusch, Hans Schilar, und ein Sigi Ransch. Die beiden waren besessene Brechtianer. Sie pilgerten regelmäßig ins Berliner Ensemble, aber nicht nur in die Aufführungen. Sie genossen ein Privileg: Vormittags durften sie als Zuschauer an den Proben teilnehmen. Sie schwänzten manche Vorlesung, manches Seminar, um in der zwanzigsten Reihe des Theaters zu sitzen. Von dort bewunderten sie Brecht, wie er in der neunten Reihe am Regiepult mit Erich Engel und gegen den eigensinnigen Ernst Busch den »Galilei« inszenierte.

Ich hatte für solche Extravaganzen keine Kapazitäten frei. Das Studium fesselte mich. Begeistert hörte ich Vorlesungen in Wirtschaftsgeschichte bei dem Mann von Anna Seghers, Professor Lorenz Schmidt, also László Radványi. Und bei dem universalgelehrten Partei-»Tui«, wie Brecht zu sagen pflegte, Professor Jürgen Kuczynski. Ansonsten wohnten im dritten Stock des Studentenheimes die Mädchen. Man traf sich am Wochenende zu Tanzvergnügungen in der Mensa. Und ich schleppte, wie ein Schmetterlingssammler, meine Beute ab. Brecht nannte so was das »Spiel der Geschlechter«.

Doch im vierten Semester wurde mir eine Freikarte für den »Kaukasischen Kreidekreis« geschenkt. Lieber als ins Berliner Ensemble gehen, wollte ich die Karte nicht verfallen lassen. So geriet ich zum allerersten Mal in das berühmteste Theater der Welt. Im Brecht-Jargon, den ich noch nicht kannte, müsste man sagen: Es war der Drehpunkt meines Lebens. Die Aufführung und das Stück, die manierierte Sprechweise, die exotischen Masken, der pädagogische Ton – das alles machte mich aggressiv. Ich merkte sofort, dass ich besser weiß, wie richtig Theater gespielt wird. Immerhin hatte ich zwei Jahre lang im Staatstheater Schwerin das klassische Repertoire mir einverleibt. Theaterfachmann, bildete ich mir ein, war ich auch nach all meinen Erfahrungen als Mephisto und als Co-Regisseur im Gadebuscher Urfaust. So vor-ver-bildet und solide ausgerüstet, erlitt ich nun den Kreidekreis im Theater am Schiffbauerdamm. Ich sah mit eigenen Augen an Helene Weigel und Ernst Busch, Angelika Hurwicz, Fred Düren und Heinz Schubert das falsche Spiel. Alles formalistisch, alles affig, künstliche Kunst, alles viel zu lehrerhaft und dekadent. Meine beiden Brechtianer wunderten sich nicht über meine Ignoranz, sie grinsten über meine provinzielle Anmaßung. Sie wussten alles genauer, ich wusste alles besser.

Mein Rochus trieb mich zurück ins Brecht-Theater. Ich kaufte mir selbst eine billige Karte für den zweiten Rang, dasselbe Stück noch mal. Nun wollte ich entlarven, wie falsch dort gespielt wird. Nach dem fünften Besuch hatte das »BE« mich umgedreht. Ich brechtelte mir zwar nicht die Haare nach vorn, aber ein Brechtianer wollte ich von nun an auch sein. Ich begriff meinen Irrtum und beknirschte mich ohne alle Demut vor meinen beiden Freunden. Ich bat sie, mich das nächste Mal zu den Proben mitzunehmen. Unbedingt wollte auch ich den Brecht von hinten sehen, ihn erleben bei der Arbeit im Theater. Aber die beiden lachten nur, und dann logen sie kalt: »Da darf nicht jeder rein!« Sie schmetterten mich ab: »Man muss vorher bei Frau Weigel in einem Gespräch beweisen, dass man *alles* weiß über Brecht – die Stücke, das kleine Organon, die Gedichte.«

Meine Leichtgläubigkeit erwies sich als ein guter Stern. Immer, wenn nun die beiden Brechtianer ins BE pilgerten und schön brechtelten, blieb ich schön zu Haus im Studentenwohnheim. Der Motocross-Gladiator trainierte und bestritt Wettkämpfe in den sozialistischen Bruderländern. So hatte ich das Zimmer 232 für mich. Ohne Weiber-Leiber-Zeitvertreiber schlang ich Brecht. Ich leckte, ich kaute, ich schluckte und genoss den großen Dichter. Ich fraß seine Stücke, ich studierte seine Theorie des epischen Theaters, ich analysierte seine Dialoge und bewunderte seine Poesie. Und merkte gar nicht, dass ich längst mehr Brecht intus hatte als meine Freunde. Ich besuchte regelmäßig die Vorstellungen. Viel Übung macht frech: Ich kaufte für fünfzig Pfennige die billigste Karte, Stehplatz zweiter Rang, und schummelte mich dann auf einen freien Platz im Parkett. Ich sah jedes Stück x-mal, kannte bald jeden Dialog, jede Bewegung und schärfte den Blick für die Extempores der eitleren Schauspieler. Ich war so vertieft in des Meisters Werk, dass ich seinen Tod kaum bemerkte.

Viel später erst und in kleinen Schritten begriff ich, woran der Brecht eigentlich gestorben war: am XX. Parteitag der KPdSU und an der zweiten deutschen Fassung seines Galilei-Stückes. Genauer: am Schauspieler Ernst Busch, weil der unbelehrbar die Rolle des Galilei aus der ersten Fassung spielte, wie Brecht sie vor der Hiroshima-Bombe geschrieben hatte, als ein Lob des Verrats, ein Lob der Feigheit, ein Lob des listigen Gelehrten Galilei.

Im Frühjahr 1957 war ich so weit. Ich beschloss, Theaterregisseur zu werden. Kein Wort darüber zu meinen beiden Brechtianern. Denen genügte der Blick hinter die Kulissen des wirkungsmächtigsten Theaters der Welt. Sie genossen es, in der Aura der Theaterkantine mit einem Kleindarsteller oder einem Regieassistenten ein Bierchen zu trinken. Ich aber wagte nun zum ersten Mal den Weg am Pförtner vorbei hintenrum ins BE, über den Hof direkt zur Weigel. Eine Treppe links, Vorzimmer, die beiden Intendanz-Sekretärinnen: Uli, die Beliebte, und Blacky, die Gefürchtete. Beide kannte ich nicht. Ich bat um einen Termin bei der Weigel. Uli notierte: Wolf Biermann, Humboldt-Universität, Ökonomiestudent, will ans BE. Ohne langes Gerede gab sie mir einen Termin: zehn Tage später, elf Uhr.

Als der Tag gekommen war, schwänzte ich die Vorlesung, überquerte die Weidendammer Brücke, links Schiffbauerdamm, links Pförtner, Hof, links Treppe. Im Flur vor der Intendanz eine lange Bank, wie in Brechts Gedicht »Die Erziehung der Hirse«: »Halt, ein Gast kommt noch! Rückt mit dem Hintern auf!« So rückte ich vor. Doch auch die nach mir gekommen waren, wurden vor mir hereingerufen. Ich war der Unwichtigste. Endlich bei der Weigel, in ihrem kleinen Büro, war ich der Einzige. Die Patronin residierte in einem antiken Gestühl hinter einem antiken Schreibtisch. Sie fragte: »Was willst du?« Und ich, genauso direkt: »Ich will Regisseur werden. Ich will hier lernen.« Sie: »Was machst du jetzt?« – »Ich studiere Politische Ökonomie an der Humboldt-Universität.« Die Weigel fragte dies und das, Familie, Nazizeit, Schule, Brecht. Nach einer halben Stunde sagte sie: »Ich nehm dich. Als Regieassistenz-Eleve mit Kleindarsteller-Verpflichtung, 430 Mark im Monat.«

Ich wunderte mich nicht über den Erfolg und war trotzdem so glücklich wie nie vorher in meinem Leben. Ich konnte damals noch nicht durchschauen, warum sie mir die Chance gab, in einem Theater zu arbeiten, an dem gestandene Regisseure aus aller Welt gerne als Anfänger gearbeitet hätten. Es war ihre Auffassung von der Eignung zur Theaterarbeit. Was Talent genannt wird, war für Brecht das Interesse an allen Dingen, die zum Theater gehören: die Requisiten, die Kostüme, die Schminke, die Sprache, die Bewegung und die Veränderung der Welt.

Später erst dämmerte mir, was mich bei diesem ersten Gespräch mit der Weigel ausgezeichnet hat. Sie spürte es, sie forschte nach und vergewisserte sich, dass ich wirklich nichts vom Theater verstand. Denn dies bedeutete damals in der DDR, dass ich noch nicht verdorben war von der offiziellen Theaterkultur der Sowjetunion, der Stanislawski-Methode, wie sie von Professor Armin-Gerd Kuckhoff, dem Stiefsohn der DDR-Notenbankpräsidentin, an der Theaterhochschule Leipzig gelehrt wurde. Das könnte die Nachgeborenen verblüffen: Die Kulturbonzen der Partei hassten den Brecht. Sie ertrugen ihn, weil sie sich in Konkurrenz zur westdeutschen Bundesrepublik mit dem weltberühmten Dramatiker schmücken wollten. Aber im Grunde fürchteten sie die subversive Wirkung seiner Werke und misstrauten seinem Stil, den sie für bürgerlich hielten und dekadent. Kurz: eine zweckschlaue Hassliebe.

Vom Weigel-Büro wurde ein Arbeitsvertrag aufgesetzt. Mit diesem vagen Rückhalt ging ich zum Rektorat der Humboldt-Universität und bat um meine Exmatrikulation. Der Staat hatte kein Interesse an verkrachten Studenten, die ihr Studium abbrachen, obwohl sie in der Volkswirtschaft gebraucht wurden. Erschwerend kam hinzu, dass ich ein guter Student war. Aber ich ließ mich von den Vorhaltungen, halbherzigen Drohungen und gesalbten Moralpredigten nicht einschüchtern.

Heute, tausend Jahre später, fällt mir etwas auf, was mir damals noch nicht mal als Unsinn in den Sinn hätte kommen können. Es sprach in den Augen der Weigel für mich womöglich auch, dass ich ein Judenkind bin, dessen Eltern im kommunistischen Widerstand waren. Die Weigel war mütterlich, eine harte, unsentimentale und zuverlässige Patronin. Sie war die fürsorgliche Mutter des Ensembles und gestrenge Intendantin des Theaters, sie war Chefin unter dem wirklichen Chef Brecht, sie war Kaderleiterin über der offiziellen Kaderleiterin Lilly Salm. Sie war der Star unter den Schauspielern und Mutter Beimlein mit dem Holzherzen. Verholzt war ihr Herz in den harten Jahren der Emigration.

Am ersten Arbeitstag ging ich den gleichen Weg: Pförtner, Hof, Treppe, Intendanz. Uli, die freundlichere Sekretärin der Weigel, ließ mich nicht lange warten. Schon saß ich im Zimmer der Intendantin. Sie sprach mit mir im Ton der bolschewistischen Befehlsausgabe der Roten Armee in den zwanziger Jahren, als der General noch brüderlich sprach mit den Rekruten: »Du fängst im Sezuan an. Besson ist in der Stellprobe, Tabakladen. Isot Kilian hilft dir.« Es ging alles so schnell, so selbstverständlich, wie nebenbei. Sie voran, Treppe runter, leise sein! – Blinklicht: Ruhe! Achtung, Probe! Vorbei an der Bühne, erste Tür ins Parkett.

Der kleine Tabakladen der Shen-Te auf der riesigen leeren Bühne im großen Licht. Das Regiepult im dunklen Zuschauerraum, die Pultlampe, Benno Besson, drei, vier Nebenköpfe, Regiebefehle, Durcheinander auf der Bühne. Der winzige Tabakladen vollgestopft mit den Schauspielern. Die Weigel schob mich behutsam in die neunte Reihe und bugsierte mich zum Regiepult, drückte mich in einen Sitz, beugte sich zum Regisseur und sagte: »Das ist der junge Biermann, du weißt schon.« Besson nickte, die Weigel ging wieder raus. Der Regisseur drehte sich dem neuen Regieassistenten kurz zu und machte weiter. Das war die ganze Zeremonie.

Ich war aufgeregt, unsicher, neugierig und glücklich. Was macht ein Neuer? Er schweigt und peilt die Lage. Das Sezuan-Stück kannte ich. Eine Szene vom Anfang. Die Schauspielerin Käthe Reichel spielte die Hauptrolle. Die Fabel der dramatischen Parabel: Eine Prostituierte, Shen-Te, will nicht mehr auf den Strich gehen. Sie will ihren Lebensunterhalt ehrlich verdienen mit dem Verkauf von Zigaretten und Zigarren und Tabak. Das Geld für den Kauf des Ladens gaben ihr drei Götter. Sie füllt in ihrem Winzlädchen die Regale mit der Ware. Plötzlich bricht wie ein Taifun eine ganze Familie bei ihr ein, Leute aus Shen-Tes Dorf, die nun auch in der großen Stadt leben wollen. Vater, Mutter, Großvater, Tante, Nichte, Onkel, eine Invasion. Die Metapher der dramatischen Situation liefert Brecht: Der kleine Kahn geht unter, weil zu viele Ertrinkende sich auf ihm retten wollen.

Besson arrangierte die extreme Enge in der Tabakladenkiste. Die kleine Shen-Te flatterte hilflos im Gewühl der Eindringlinge. Die stopften auch noch einen geklauten Riesenballen Tabak in die überfüllte Bude. Es war ein groteskes Gewusel, für die Schauspieler ein Heidenspaß. Im Textbuch ein Tohuwabohu kurzer Klappsätze. Ich staunte, ich beobachtete, ich glotzte romantisch, ich registrierte genau. Ich wunderte mich über die Sicherheit, mit der Besson Körper, Bewegungen und Wortwechsel choreographierte.

Auf einem Bänkchen gegenüber dem Ladentisch quetschten sich vier Schauspieler. Der Tabakballen krachte in die Auslagen, ein artistisches Vergnügen am Chaos. Der einstudierte Ablauf wurde wiederholt, wurde korrigiert, wurde abermals durchgespielt. Auf dem Bänkchen saß zwischen Tante und Vater die Nichte, gespielt von Barbara Berg. Ich kannte sie, weil sie genial die Hauptrolle in »The Playboy Of The Western World« spielte, und ich wusste natürlich, dass sie das Kind der Weigel war, Brechts Tochter.

Der Regisseur unterbrach den Ablauf und sagte: »Barbara, nach dem Klappsatz der Shen-Te, wenn dann der Großvater über den Tabakballen stolpert, stehst du auf und quetschst dich am Ladentisch vorbei nach vorne, damit der Großvater sich in deine Lücke fallenlassen kann. Also, alles noch mal von vorne.« Der Klappsatz kommt, der Großvater stolpert, aber Barbara steht nicht auf. Unterbrechung. Besson: »Also Barbara, noch mal. Wenn der Großvater stolpert, beim Klappsatz, stehst du auf und quetschst dich am Ladentisch vorbei, damit der Großvater in die Lücke kippen kann. Also noch mal!« Die Szene läuft, der Klappsatz kommt, der Großvater stolpert, aber die Schauspielerin bleibt sitzen. Ich kannte damals die Redensart noch nicht: »Die Geduld wird dadurch erschöpft, dass sie zu sehr in Anspruch genommen wird.« Der Regisseur wütete, die Schauspieler grinsten. Also alles noch mal von vorne. Nach dem vierten Mal wurde es schon komisch, nach dem fünften Mal lächerlich, nach dem sechsten Mal verrückt.

Und hier begann mein Einstieg in die Theaterkarriere. Ich dachte naiv, jeder soll das machen, wozu er gebraucht wird und brauchbar ist. In meiner neuen Funktion des Assistenten schob ich mich nun aus der neunten Reihe zur Seite, ging nach vorn, sprang das Treppchen zur Bühne hoch, lief über die leere Bühne zum vollgestopften Tabaklädchen, zwängte mich zur Schauspielerin durch und sagte ihr ohne einen Hauch von Wichtigtuerei: »Wenn der Klappsatz kommt und der Großvater stolpert, steht die Nichte auf und macht den Platz hier auf der Bank frei.«

Man muss kein Theaterprofi sein, um zu ahnen, wie ungeheuerlich mein Versuch war, mich nützlich zu machen. Ich war dermaßen zu weit gegangen, dass der Regisseur keinen Wutanfall kriegte, sondern indigniert schwieg. Ich begriff meinen Übergriff erst danach, in der Kantine. Benno Besson würdigte mich keiner Beschimpfung, keiner Belehrung. Ich hatte nicht nur meine Grenzen überschritten, nicht nur die Konventionen des Theaters verletzt, sondern die unantastbare und einflussreiche und komplizierte Tochter der Intendantin vorgeführt. Verziehn wurde es mir nur, weil jedermann sofort durchschaute, dass mein Fauxpas aus edler Einfalt gekommen war. So war des kleinen Anfängers vermasselter Einstieg in aller Munde. Die Bühnenarbeiter hatten was zu lachen, die Schauspieler was zu erzählen. Die altbackene Regieassistentin Isot Kilian verachtete mich für meinen Übereifer. Der Regisseur wunderte sich. Und der Weigel war's egal.

***

Männer oft indirekt, meist en passant – aber eigentlich haben mich Frauen geprägt. Am Berliner Ensemble traf ich 1957 auf Brigitt. Sie war schon eine richtige Frau von vierundzwanzig Jahren, ich mit zwanzig noch kein Mann. Ein Theatermensch wollte ich werden, sie war es schon, denn sie kam aus der berühmten Pantomime-Compagnie ihres Mannes Jean Soubeyran. Brecht hatte den »Soub« ans BE geholt als Inspiration für den alten Regisseur Erich Engel. Sie brauchten den phantastischen Pantomimen für ihre Galilei-Inszenierung, genauer, für die Erfindung einer burlesken Fastnachtsszene mit der großen Galilei-Ballade des Bänkelsängers auf dem Marktplatz.

Die Ehefrau dieses Franzosen, geborene Brigitte Worringen aus Köln, hieß inzwischen Brigitt Soubeyran und hatte einen französischen Pass. Sie war, wie ich, am BE engagiert als Regieassistenz. Ihr Meister Soubeyran, der bald schon ihr Mann geworden war, dieser Jean war ein Genie. Als Brigitt und ich uns trafen, lebte Soub mit einer Kebse aus seiner Compagnie und seinem kleinen Sohn

Gilles. Seine Exfrau und ich wandelten uns in einer wunderbar verrückten Situation in ein Liebespaar. Das passierte uns, grad als wir für die Dramaturgie des BE an einem Stück von Luigi Pirandello saßen. Die deutsche Übersetzung, die wir bearbeiten sollten, verwirrte uns. Da stand nicht etwa korrekt: »Sie schenkte ihm …« oder »Sie gebar ihm …«, sondern: »Sie machte ihm ein Kind.« War das nun die übliche italienische Redewendung oder eine seitenverkehrte Extravaganz des Dichters oder des Übersetzers?

Brigitt war eine aparte Schönheit, sah aus wie eine Colombina, nein, wie die Masina in Fellinis »La Strada«. Und meine kluge Kollegin hatte schon ein Kind, ein Baby, einen kleinen Manuel, zufällig grad so alt wie ich es war, als mir mein Vater weggerissen wurde. Manuel wurde mein Herzenskind.

Unsere Welt war Brecht Brecht Brecht. Wir sangen Brecht mit Eisler-Musik, Brecht mit Kurt Weill, Brecht mit Paul Dessau. Ich lernte besonders intensiv Eislers Lieder, das »Solidaritätslied«, ich krähte begeistert die Songs aus Brechts Agitprop-Stück »Die Mutter«. Keiner sang Eislers Lieder so stark wie der Schauspieler Ernst Busch. Er war ein Natur-Plebejer unter all den Kunstproletariern, er schmetterte wie keiner sonst den Klassenkampfton von Brecht und Eisler. Für uns war Busch die authentische Stimme der Weltrevolution, des Proletariats im Klassenkampf. Marx-Wahrheiten im Lenin-Ton. Ach! und seine herzzerreißenden Lieder aus dem Spanischen Bürgerkrieg!

Manfred Wekwerth inszenierte 1958 »Die Mutter« – bürokratisch exakt nach dem Modellbuch der Inszenierung aus dem Jahre 1951. Wieder die Weigel in der berühmten Hauptrolle, aber ohne Ernst Busch. Meine Begeisterung für Eislers Lieder zahlte sich aus. Ich Anfänger durfte im kleinen Arbeiterchor mitsingen. Das waren fünf Schauspieler, proletkultig vermummte Mimen der russischen Februarrevolution von 1905. So traten wir für jedes Lied aus der goldbarocken Seitenloge in das grau-in-graue Bühnenbild und schmetterten in der Manier des kommunistischen Agitprop-Stücks die Brecht-Kommentare zur laufenden Szene. Am Ende des Stückes eine bombastische Apotheose der Weltrevolution, quer über die Bühne. In der Mitte Helene Weigel in der Rolle der Pelagea Wlassowa, mit der theaterblutgetränkten roten Fahne. Und ich Kleindarsteller durfte neben ihr stehen, mit all den berühmten

Schauspielern und all den anderen Komparsen, in den kunstvoll altgemachten, zerlumpten, ölverschmierten Klamotten des Industrieproletariats im zaristischen Russland. Wir sangen das Lied »Lob der Dialektik«, und ich sang nicht nur aus voller Kehle, sondern auch aus vollem Kommunistenherzen, wie meine Mutter es mir von Anfang an eingepflanzt hatte. Ich sang für die 430 Mark im Monat, und ich sang für den Sieg der Weltrevolution:

Das Sichere ist nicht sicher
So wie es ist, bleibt es nicht
Wenn die Herrschenden gesprochen haben
Werden die Beherrschten sprechen …
Wer niedergeschlagen wird, der erhebet sich!
Wer verloren ist, kämpfe!
Wer seine Lage erkannt hat
Wie sollte der aufzuhalten sein?

Ich nahm jedes Wort wörtlich, jede Phrase heilig. Meiner politischen Phantasie mangelte es gnädig an bitterer Erfahrung. Später erst begriff ich, dass jeder revolutionäre Wunderheiler sehr wohl aufzuhalten ist – mit einer Kugel aus der Waffe vor allem der eigenen Genossen. Gegen den Tod im Gulag hilft schon überhaupt keine Erkenntnis.

Brigitts linker Pantomime hatte seine Kölnerin französisch kommunistifiziert. Bei ihr hörte ich zum ersten Mal die Schallplatten der Frères Jacques mit hochpoetischen Liedern von Jacques Prévert und dem Komponisten Kosma. Meine Brigitt übersetzte mir das Deserteur-Lied von Boris Vian. Ich lernte von ihr die Chansons des Georges Brassens, auch das legendäre Lied der Commune de Paris von Jean-Baptiste Clément, »Le Temps des Cerises«. Ich dichtete mir eine singbare deutsche Fassung dazu und sang zur Gitarre für meine Freunde »Die Zeit der Kirschen«.

Brigitt fand, dass ich mir ruhig mal paar eigene Lieder zur Gitarre machen sollte. Das leuchtete mir ein. Ich schrieb ein paar Songs und Balladen, dachte mir Melodien dazu aus und fingerte die Harmonien auf der Gitarre. Die Stücke gelangen erstaunlich gut. Aber dann wollte meine Schöne auch noch, dass ich mir einen Brassens-Schnauzbart wachsen lasse. Ich gab mein Bestes, doch die Haare unter der Nase waren noch zu mickrig und außerdem rotblond. Brigitt half auch darin nach. Sie färbte mir beherzt das Bärtchen schwarz mit einer Spezialpaste. Und ich ließ es mir gefallen, weil ich ihr gefallen wollte. Kaum vorstellbar, aber solch ein Schnauzbart provozierte damals die Aufmerksamkeit von Jung und Alt in Ost-Berlin, viel mehr als Jahrzehnte später der rotgrünblaue Hahnenkamm eines Punkers.

Mir war es gelungen, schön nah am BE ein Zimmer in einer großen Wohnung zu mieten. Brigitt schaffte es, die Wohnung nebenan zu beziehen. So lebten wir seit 1958 wie ein Ehepaar ohne Trauschein nebeneinander in der Chausseestraße 131. Meine Emma wurde im Handumdrehn Oma Emma. Sie holte den kleinen Manuel manchmal wochenlang nach Hamburg zu sich, Oma Meume wurde automatisch Uroma. Diese Kommunistenweiber dachten nicht und fühlten auch nicht in biologischen Abstammungskategorien. Ich spielte Gott und formte Manuel nach meinem Ebenbild. Wir sind bis heute ein Herz und ein Stammbaum. Er wuchs auf als Kind des Berliner Ensembles, er wurde dort Schauspieler und Regisseur.

Eines schönen Tages kam Brigitt von einem Besuch bei ihren Eltern in Köln zurück. Sie konnte mit ihrem französischen Pass leicht die Grenze passieren. Sie schleppte ein altes Fotoalbum ihrer Familie an. Die Eltern waren, das hatte Brigitt mir schon gesteckt, beide stramme Nazis gewesen, genauer, kulturell gehobene Goethe- und Schiller-Nazis. Wir blätterten durch die üblichen Schnappschüsse der Kinderzeit, lasen die Kommentare der stolzen Mutter in Köln. Ein hübsches Foto von Brigitt und ihrer Schwester Inge, darunter in Schönschrift: »Heute gab es Tränen. Die Oma hatte eine Fliege totgeschlagen. Darum weinte Inge um die arme, arme Fliege. Da sagte Brigittchen im schönsten Köllsch: Wat weinste denn, dat is doch grad so, as wenn unser Hitler ne fiese Jüd totschlagn tut!« Und gleich nach diesem Schreck der Schock: »Was ist unser Brigittchen mit ihren sechs Jahren doch schon für ein kluges Kind!« Das Jahr passte: 1938, die Zeit der Pogrome, als auch im Rheinland die Synagogen brannten.

Dass Brigitt und ich in dermaßen verschiedenen Nestern ausgebrütet und aufgezogen worden waren, trennte uns nicht. Im Gegenteil! Es ist ja auch die kontraideologische Erotik von Romeo und Julia. Liebe ist eben stärker als aller Hass verfeindeter Familien. Und wir hatten als gemeinsamen Nenner Brechts weiße Wolke im Liebeslied der Marie A. Brigitt war meine erste große Seligkeit. Ohne sie hätte ich wohl kein einziges Gedicht geschrieben, kein Lied komponiert, denn es war mir gewiss nicht in die kommunistische Wiege gelegt. Ohne Brigitt wäre ich niemals auf solch abgehobene Tollheit gekommen.

Nach zwei Jahren Arbeit am Berliner Ensemble hatte ich dort auch gelernt, dass ich noch lernen muss. Ich wusste endlich, was ich wirklich studieren möchte: Philosophie. Und hatte Glück, ich durfte am Philosophischen Institut in der Universitätsstraße 3b ins zweite Studienjahr einsteigen. Aber ich war auch verdorben im allerbesten Sinne. Ich wollte neben dem Studium weitermachen mit dem Theater.

Zum 150. Jahrestag der Humboldt-Universität 1960 schrieb ich für die geplante Festveranstaltung ein Agitprop-Stück über die Zwangskollektivierung in der Landwirtschaft: »Tu was! oder Der Widerspenstigen Zähmung«. Ich erfand die komische Figur eines stur-starken Bauern Marski, ein Schlitzohr. Ich hatte Marski in echt erlebt. Wir Studenten, der ganze Studienjahrgang, waren von der Universität in das Dorf Seelübbe bei Prenzlau gesendet worden. Wir wurden auf die letzten Bauern gehetzt, die sich noch immer gegen die Zwangskollektivierung wehrten. Mit unserem Einsatz, einem Gemisch aus Erntehilfe, brachialen Diskussionen und der Renovierung eines Tanzsaales, sollten wir die Bauern überzeugen, der Landwirtschaftlichen Produktionsgenossenschaft (LPG) beizutreten. Der Sonderling Marski war ein Till Eulenspiegel und mit manchen marxistischen Wassern gewaschen. Er bewies uns murxistischen Marxisten, dass die Zwangskollektivierung falsch war, ja sogar reaktionär, im Grunde ein Akt der Konterrevolution. All das war der Stoff für einen Schelmenroman, den Hartmut Lange mir geklaut hat. Und ich bin froh darüber, denn der Dramatiker veredelte meinen Agitprop-Schinken zu einer Komödie mit dem Titel »Marski«.

Ich wurde vom Rektor der Humboldt-Uni mit dem Aufbau und der Leitung eines Ensembles beauftragt. Da ich noch nicht Mitglied der SED war, bewarb ich mich als Kandidat zur Aufnahme in die Partei. Damals galt, dass Arbeiter in der Regel ein Jahr, aber Intellektuelle zwei Jahre Kandidatur absolvieren mussten, bevor entschieden wurde, ob sie aufgenommen werden.

Natürlich hatte ich für mein Agitprop-Stück in der angelernten Manier des Brecht-Theaters auch Lieder und Songs geschrieben. Die sollte ein junger tschechischer Komponist, Pavel Simei in Prag, in Musik setzen. Der aber wurde krank und die Zeit knapp, so komponierte ich die Musiken selber. Ein hochkarätiger Assistent der Musikwissenschaften an der Humboldt-Uni notierte die Noten, die ich ihm auf dem Klavier vorspielte und vorsang, genau so, wie ich ihm mein Arrangement – im Stil der Eisler-Lieder in Brechts Stück »Die Mutter« – vorhämmerte. Außerdem wollte ich in unserem Programm auch zwei Lieder von Eisler selbst vortragen: »Lob des Lernens« aus Brechts »Mutter« und das brutal agitpropige Lied »Lob der Partei« von Brecht und Eisler aus der Zeit ihres Honeymoons mit dem Kommunismus:

Der Einzelne hat zwei Augen
Die Partei hat tausend Augen
Die Partei sieht sieben Staaten
Der Einzelne sieht eine Stadt …
Der Einzelne kann vernichtet werden
Aber die Partei kann nicht vernichtet werden.

Dazu Eislers Musik, ein radikal-avantgardistischer Knüppel-Stumpfsinn. Von heute aus gesehen unfreiwillige Satire auf die totalitäre Diktatur.

Im Reiche der Musik an der Humboldt-Universität herrschte damals ein Dr. Rolf Lukowsky, Musikwissenschaftler, Komponist von zackigen FDJ-Schnulzen und dann Musikdirektor der HU. Dr. Lukowsky bedrohte mein Stück mit einem Verbot und mit einem Verbesserungsvorschlag. Die Musiken von Biermann seien nicht würdig für das Festprogramm. Und das Gedicht »Lob der Partei« habe der Lieblingskomponist der Partei, Ernst Hermann Meyer, viel besser komponiert. Dr. Lukowsky lieferte uns die Noten dazu, eine realsozialistische Bonbonmusik.

Wie sollte ich Anfänger mich verteidigen mit meinen Musiken? Die Auflage, nicht Eisler, sondern Meyer zu spielen, war unsere

Rettung. Ich besorgte mir im BE Eislers Telefonnummer, rief ihn an und bat ihn um Beistand. Als er hörte, dass ein Musikbürokrat der Universität uns nötigen wollte, Ernst Hermann Meyer zu spielen statt Eisler, war er ideal motiviert, uns eine Bresche zu schlagen. Ganz nebenbei erwähnte ich, dass alle anderen Musiken von mir komponiert waren und dass der Musikchef der Universität sie nicht dulden wollte.

Es wurde ein Vorspielen in der Pädagogischen Fakultät verabredet. Dort stand ein Flügel. Es erschien eine Delegation von Musikwissenschaftlern mit Dr. Lukowsky an der Spitze. Hanns Eisler, gestützt von seiner Frau Steffy, quälte sich die Treppe hoch. Wir fingen an mit »Lob des Lernens«: »Lerne das Einfachste! / Für die, deren Zeit gekommen ist, / Ist es nie zu spät! / Lerne das ABC, es genügt nicht / Aber lerne es! Lass es dich nicht verdrießen! / Fang an! Du musst alles wissen! / Du musst die Führung übernehmen.«

Die Sensation für Eisler waren die Musikanten. Es waren die Jungs von den Jazz Optimisten. Sie waren die beste Dixieland-Band der DDR, Kummer gewöhnt im Streit mit den Kulturbürokraten. Sie waren nicht nur Musikanten, sondern auch Musiker. Meinhard Lüning, Conny Körner, Hans Schätzke. Eisler war hingerissen. Dass seine Musik aus dem Jahre 1929 von den jungen Jazzern gespielt wurde und vor allem lebendiger, schöner und stärker, als er es je im Theater gehört hatte, war für ihn wie ein Jungbrunnen und ein revolutionäres Lebenselixier. So jung war Eisler seit 1933 nicht mehr, und es sah nicht gut aus für die Musikwissenschaftler. Sie hassten Eisler und fürchteten ihn. Und ihren Hofkomponisten Meyer ließen sie im Sack stecken.

Dann spielten wir dem Nationalpreisträger und Schöpfer der DDR-Nationalhymne die neuen Lieder des jungen Wolf Biermann vor. Ich kann nicht wissen, ob Eisler die Musikverwalter prügeln oder uns Junge streicheln und mich ermutigen wollte, aber er nannte mich von nun an mit böser Freude nur noch »Maestro«. Lukowsky & Co schluckten den Geifer, den sie nicht ausspucken konnten, mit devoter Aufmüpfigkeit. Lukowsky wetterte, dass »dieses Fis, an dieser Stelle, doch ein F sein müsste! Nach allen Regeln!« Doch damit lieferte er dem dicken, alten, kranken Komponisten nur das Stichwort für einen expressionistischen Wutausbruch. »Regeln?«, fauchte Eisler. »Wissen Sie, wie alt diese Regeln sind, Herr Doktor? Zweihundert Jahre! Zweihundertfünfzig Jahre und nicht länger. Sie sind dumm! Schweigen Sie! Sie sind ein Dummkopf!«

Wir standen stumm daneben und staunten, verstanden wenig und frohlockten. Die Musikwissenschaftler waren Eislers Kanonade nicht gewachsen, die Schlacht war geschlagen. Wir führten alles so auf, wie wir es wollten, im Gorki-Theater Unter den Linden, neben der Universität.

An die alten Genossen

Mauerbau. Die jungen Lyriker im Tauwetter.

Seit Monaten schon lag im Sommer 1961 etwas in der Luft. »So kann es nicht weitergehn«, sagten viele in Ost und West. Tausende realsozialistische Adams und Evas verließen jeden Tag das deutsche demokratische Arbeiter- und Bauernparadies. Sie ließen ihre Wohnungen und Häuser, ihre Freunde und Verwandten zurück, ihre Arbeit blieb liegen, unersetzbare Handwerker, Ärzte, Lehrer. Die Welle der Flüchtenden in den Westen schwoll dermaßen an, dass schon Hochrechnungen darüber angestellt wurden, wann das Land leer sein würde. Ein böser Spruch kursierte in Ost-Berlin: »Der Letzte macht das Licht aus!«

Grade weil »was in der Luft« lag, steigerte sich dieser Sog zur Torschlusspanik. Die Menschen flohen mit Kind und Kegel und vollgestopften Koffern. Einige wurden von der Transportpolizei und Stasi-Greifkommandos aus den Zügen gefischt, verhaftet und wegen »versuchter Republikflucht« verurteilt. Vorsichtige fuhren getarnt als Ausflügler ohne Zahnbürste und Rasierpinsel mit der Reichsbahn an die noch offene Grenze. Oder sie tuckerten mit ihrem Trabi nach Ost-Berlin, ließen den Wagen an irgendeiner S- oder U-Bahn-Station stehn und fuhren für zwanzig Pfennige Ost in den Westen.

Die Parteipropaganda versuchte den Bürgern einzublasen, all diese »Abhauer« seien asoziales Pack, das, den Rattenfängern folgend, nach der Westwurscht rennt. Dabei spürten wir doch die tiefere Wahrheit: Kein Mensch verlässt seine Heimat einzig und allein um fremder Fleischtöpfe willen. Die Westmedien zeigten mit triumphierender Kondolenzpose die überfüllten Notaufnahmelager. Das Zentralorgan der SED, *Neues Deutschland*, beschuldigte ominöse Abwerberbanden und dubiose Agenten des Menschenhandels. Jeder Tag brachte höhere Fluchtzahlen. Triumphgebrüll der Medien im Westen, Wutgeheul der Herrschenden im Osten.

Ich hatte den deutsch-deutschen Exodus in unserem Kiez beobachten können. In der Oranienburger Straße, gegenüber der ausgebrannten Synagoge, sah ich diese Szene: Da quoll eine Familie, Kinder wie die Orgelpfeifen, aus einem blitzblanken Wartburg. Alle in Wintermäntel gestopft, beladen mit Sack und Pack, so keuchten die Kids hinter Mutter und Vater die S-Bahn-Treppe runter. In dieser panischen Gangart fährt man nicht, und mitten im August, in irgendeine Sommerfrische. Ich dachte damals mehr hoch- als wehmütig: Kopflos retten sie ihren Hintern. Heute weiß ich, es war eher umgekehrt. Sie retteten mit Hilfe ihres Hinterns den Kopf.

In unserem Institut hing am Freitag, dem 11. August, ein unscheinbarer Anschlag, den aber kaum einer die Courage hatte zu übersehen: »Verbandsauftrag an alle FDJler! Sonntag früh 6 Uhr Appell im Hauptgebäude der Universität!« Tja, wenn der westliche Geheimdienst dieses eindeutige Signal als Mobilmachung im Kalten Krieg entdeckt und richtig decodiert hätte, dann wären der Kanzler Adenauer in Bonn und der Bürgermeister Brandt in West-Berlin am Morgen des 13. August wohl nicht so überrascht gewesen.

Ich marschierte an jenem regnerischen Sonntagmorgen brav von meiner Wohnung in der Chausseestraße die Friedrichstraße runter. Rechterhand ruhte das Berliner Ensemble von der Abendvorstellung aus. Auf weißem Tuch, wie ein großes Segel, an der Front des Brecht-Theaters die Ankündigung der Vorstellung. Ich überquerte die Spree auf der Weidendammer Brücke, lief das Geländer entlang, am preußischen Adler vorbei. In parteifrommer Herrgottsfrühe kam ich zum Hauptgebäude der Universität. Funktionäre der Uni-Leitung standen auf der Freitreppe im Foyer und brüllten mit der Flüstertüte Einsatzbefehle runter in die unausgeschlafene Studentenherde. Über uns flammte eine längst verloschene Schrift an der Wand. In ehernen Lettern stand da die berühmte 11. Feuerbachthese von Marx: »Die Philosophen haben die Welt nur verschieden interpretiert, es kömmt drauf an, sie zu verändern.« War das nun ein Menetekel für den Untergang? Oder ein Parteiauftrag zur Rettung der DDR?

Ja! Wir Studenten fühlten uns in diesem Moment als Retter des »ersten Arbeiter- und Bauernstaates auf deutschem Boden«. Uns wehte der Mantel der Geschichte vor den Augen, will sagen: Ich sah nichts. Wir wurden gedopt mit kämpferischen Phrasen, jeder hatte an seinem Platz ehrenvoll seinen Klassenauftrag zu erfüllen, die parteilosen FDJler so treu wie die Genossen der SED. Realsozialistisches Pathos. Es wehte uns der heiße Atem der Weltrevolution um die Nase, wir waren bereit zum Sturm auf das Winterpalais. Wir schluckten die Parolen wie Aufputschpillen.

Die Grenze war nun also zu! In der Nacht vom 12. auf den 13. August, Punkt 24 Uhr, hatten die Nationale Volksarmee, die Grenzpolizei, die Schutz- und die Volkspolizei sowie Betriebskampfgruppen die Straßen und Gleiswege nach West-Berlin abgeriegelt. Stacheldraht und eilig errichtete Mauern. Angestellte der Ministerien bewaffnet. Sofortiger Einsatz für alle Mitglieder des Philosophischen Instituts!

Mit etlichen Studenten meiner Seminargruppe wurde ich in die Ackerstraße und dann in die Brunnenstraße abkommandiert. Man drückte uns als Waffe im Klassenkampf einige Packen Flugblätter in die Hand, die sollten wir treppauf, treppab persönlich von Mensch zu Mensch in den Haushalten verteilen. Dabei sollten wir die »Aussprache mit der Bevölkerung« suchen und die neusten »Maßnahmen« offensiv verteidigen. Streng untersagt: Diskussionen unter uns oder mit Leuten in Pulks auf der Straße, bloß keine Zusammenrottung provozieren! Immer nur zwei und zwei. Alles sollte zivil aussehen. Wir trafen uns Ecke Invaliden-/Veteranenstraße, also nicht weit von meiner Wohnung. Unser Kampfauftrag hieß, formuliert im DDR-Kaderwelsch: »Ideologische Absicherung der Maßnahmen von Partei und Regierung zum Schutze der Staatsgrenze West«. In normales Deutsch übersetzt: Wir sollten die aufgeschreckten Ost-Berliner erst einmal besänftigen. Und so rannten wir aufgedreht in verrottete Mietshäuser, die nahe der Grenze zu West-Berlin lagen.

Wir klingelten an den Wohnungstüren und quasselten die misstrauischen Bürger zwischen Tür und Angel voll. Wir beteuerten im zweifelzerfressenen Brustton der felsenfesten Überzeugung die uns eingeblasenen Propagandaphrasen. Alles sei nur eine vorübergehende Maßnahme! In wenigen Tagen, wenn sich alles beruhigt habe, würde den Bürgern der Hauptstadt der DDR von der Volkspolizei gestattet werden, die Grenze normal wie eh und je zu überqueren. Es gehe nur darum, die West-Berliner Schmugglerhorden daran zu hindern, weiterhin in den Osten einzudringen und unsere volkseigenen HO-Läden rechtswidrig leerzukaufen. Die Versorgung der Bevölkerung mit subventionierten Grundnahrungsmitteln sei in Gefahr! West-Berliner Gaunerbanden sollten nicht länger zum Schwindelkurs von 1:5 das ohnehin schon spottbillige Brot und Fleisch und die sozialistische Butter »unseren Werktätigen« wegkaufen, um es »nach drüben« zu schleppen. Auch solle verhindert werden, dass umgekehrt die »Grenzgänger aus Ost-Berlin« weiterhin die sozialistische Wirtschaft ruinieren. Diese »Schmarotzer und Verräter« mit DDR-Ausweis sollten nicht länger im Westen für Westgeld arbeiten, aber im Osten für niedrige Mieten spottbillig wohnen dürfen. Sie sollten nicht unser Essen wegessen, sollten nicht die sozialen Errungenschaften der DDR parasitär missbrauchen.

Die ganze große Lüge war also geschickt in lauter kleine Halbwahrheiten eingewickelt. In der Parteipresse wurde der Mauerbau frechfröhlich als glänzender Sieg über »die Krupps und Thyssens und Schlotbarone« gefeiert, als Schlag in die Fratze der Bonner Kriegstreiber. Der SED-Propagandaapparat log das, was wir als vorübergehende Niederlage begriffen und erlitten, in einen glorreichen historischen Sieg um.

Zu den traurigen Tagen des August 1961 ist anzumerken: Ich begrüßte damals den Bau der Mauer als Rettung in höchster Not. Ich begrüßte »die Maßnahmen von Partei und Regierung« nicht begeistert, aber immerhin tieftraurig. Ich wollte nicht, dass mein Hoffnungsland DDR ausläuft wie ein durchgerosteter Eimer. Für mich war der Bau der Mauer ein Schmerz und eine Scham, denn der Stacheldraht gegen das eigene Volk war ein Beweis unserer eigenen Schwäche und Schande. Und wir waren bereit, aus der Niederlage zu lernen, wollten tapfer ganz neu anfangen und alles wieder gut – und alles besser machen. Wir wollten im Schutze dieser Menschenfalle endlich! demokratische Bedingungen schaffen, die es uns erlauben würden, die Mauer so schnell wie möglich wieder abzureißen. Die gefährlichen Wörtchen »uns« und »wir« erwiesen sich aber bald schon als schwammige Begriffe, kindische Verklärungen und Verkleisterungen der politischen Abgründe zwischen uns und den Bonzen der Partei.

Auch wenn ich bei diesem Mauerbau selbst keinen Stein bewegt, keine Stahlbetonplatte aufgerichtet, keinen Mörtel geschleppt, keine Wache mit der Kalaschnikow geschoben, keinen Pfahl eingerammt und keinen Stacheldraht gespannt habe – ich habe an diesem 13. August die verfluchte Mauer mitgebaut. Aber der Zusammenstoß mit der Wirklichkeit tut weh: Man lernt. Die Erlebnisse bei unserem Kampfeinsatz brachten mich schon schwer ins Grübeln.

Im *Neuen Deutschland* erschien eine Ulbricht-Rede zur neuen Lage. Darin verkündete der Diktator, dass die Errichtung des »antifaschistischen Schutzwalls« unsere Initiative erforderte. Wir jungen Kommunisten sollten die kulturellen Bedürfnisse »unserer Menschen« auf sozialistische, auf humanistische Weise zufriedenstellen, die sie vorher mit irgendwelchem kulturellen Schund des Klassenfeindes in Westdeutschland so falsch befriedigt hatten. Brigitt und ich nahmen diese Phrase wörtlich. Sie beflügelte uns, einen Plan zu verwirklichen, den wir sowieso hatten: ein eigenes Theater aufzubauen. Die Aufführung meines Agitprop-Stückes zur Feier der Humboldt-Uni war gut gelaufen, war von Freund und Feind beklatscht worden – eigentlich kein gutes Zeichen. Aber wir hatten Blut geleckt, das ganze Ensemble, wir wollten irgendwie weitermachen.

***

Ende 1961 fanden wir im Prenzlauer Berg ein ungenutztes Filmtheater, das so hart an der Mauer lag, dass es geschlossen worden war. Die ganze Ecke war durch den Mauerbau plötzlich tote Hose. Es wäre absurd gewesen, dort unser Theater zu installieren. Aber wir hatten ein Organisationsgenie, meinen Kommilitonen Ulrich Pietzsch. Er ging frech zum DDR-Fernsehfunk und verhandelte, als hätte er dafür einen Auftrag von höherer Stelle. Er tauschte unser

Filmtheater an der Mauer gegen ein stillgelegtes Schluffenkino, das vom DDR-Fernsehen als Proberaum genutzt wurde. Schluffenkino? In Berlin nannte man so kleinere Kinokisten, weil die Leute aus der Nachbarschaft mal schnell in Pantoffeln hinschluffen konnten. Der plietsche Pietzsch eroberte uns das kleine Kino im Hinterhof in der Belforter Straße, mitten im Gewusel des Prenzlauer Bergs.

Ich hatte inzwischen allerhand chansonartige Lieder geschrieben, es kamen immer neue dazu, die »Ballade vom Fernlastfahrer Bruno«, »Mein Vaterland, mein Vaterland« und die »Ballade von der weißen Sophie«, die über die Mauer in den Westen springen wollte. Ich sang die Lieder meiner schönen Brigitt in der Küche vor, den Freunden im Wohnzimmer, und wollte nun dem Meister, der mich Maestro genannt hatte, meine frischen Früchte kredenzen. Natürlich in der Hoffnung, Eislers Lob zu ernten. Seine Telefonnummer hatte ich noch, und so rief ich ihn in der Pfeilstraße 9 an. Er erinnerte sich an unseren Coup mit der Agitprop-Musik und lud mich ein. Er wohnte in dem Villenviertel, in dem auch Ernst Busch lebte, auch Stephan Hermlin. In unserem Ost-Berliner Jargon: »In Niederschönhausen, wo die Hohen schön hausen.«

Ich kam wie verabredet, nicht zu früh, nicht zu spät, mit meiner Gitarre im Sack. Ein früher Vormittag. Ich klingelte an der Gartentür. Es dauerte, dann stand der kleine, dicke Großmeister in der Haustür und winkte mich ran. Er führte mich in den Salon. Bücher, Plüschmöbel, dunkle Vorhänge, brauner Stutzflügel, Teppiche, Glasvitrinen. Alles unwichtig. Wir kamen gleich zur Sache. Ich stimmte meine Gitarre und begann mit einem Lied, mit dem ich bei meinen Freunden den größten Erfolg hatte. Die erste Strophe hörte Eisler sich interessiert an. Ich war aufgeregt, und er war wohlwollend.

Mein Lastzug hing am Baum
Es war sonst nix passiert
Ich nahm mein Zeug und wurde
Im Gasthaus einquartiert
Sie saß mir gegenüber
An einem andern Tisch
Ihre Lippen waren traurig
Aber sonst war sie noch frisch

Dann donnerte ich im Fernlastfahrer-Sound den Refrain:

Der Nebel steht, die Straße ist glatt
Streu mal Sand vor die Räder, Bruno!
Während der Fahrt

Und weiter durch die zweite Strophe:

Am nächsten Morgen brachte
Die Wirtin frisches Brot
Und sagte, als sie die Tassen abwusch
Das Mädchen von gestern ist tot.

Eisler zog die Brauen hoch. Ich sang die dritte Strophe, und während ich wieder den Refrain donnerte, beobachtete ich sein Gesicht. Eisler war irritiert. Ich kam zur letzten Strophe:

Am Mittag ging es weiter
War alles repariert
Bei Rostock dacht ich einmal:
Sie lebte und wär froh
Hätt sie mit mir … gesessen
Aber den Abend wars nicht so

Des Meisters Miene verdüsterte sich. Er fragte genervt: »Woran ist die denn gestorben?« Ich kopierte seinen harschen Tonfall: »Weiß ich doch nicht!«, und belehrte ihn: »Das ist doch unwichtig. Wichtig ist doch nur, dass der Fernlastfahrer sich einbildet, sie wäre nicht gestorben, wenn er was mit ihr gemacht hätte!« Eisler konterte blitzschnell: »Das ist ein Kitsch! Das ist ein ganz sentimentaler Kitsch!«

Ich knickte ein, war enttäuscht in falschem Hoffen. Ich hatte erwartet, dass Eisler mich wieder Maestro nennt und mich aufnimmt in seine höheren Regionen. Ich legte die Gitarre beiseite und überlegte, ob ich nicht lieber wieder gehe. Natürlich registrierte er meine Resignation. Nach einer langen, peinlichen Pause sagte er gequält: »Haben Sie noch ein Lied? Was anderes?« Ich taumelte zwischen Trotz und Rotz, griff nun doch wieder nach der Gitarre, C-Dur, die Armeleute-Harmonie, ein kleines Liebeslied.

Die grüne Schwemme

Jetzt wird mir leicht
Das Dunkel weicht
    aus unsrer warmen Scheune
Der Regen geht
Der Wind verweht
    die schwarzen Regenträume

Ich sing in Moll
Mein Herz ist voll
    von Spatzen und von Tauben
Der Tag wird schön
Du wirst schon sehn
    und meine Lieder glauben …

Wahrscheinlich merkte Eisler, dass der junge Mann nun endlich mit einem Pfund Erfahrungen wucherte, die er wirklich hatte. Und die harmonische Schaukel von C-Dur zur parallelen Moll-Tonart a funktioniert immer. Er schürzte die Lippen, als ob er Worte und Töne noch mal nachschmeckt, und knurrte: »Nicht schlecht. Haben Sie noch was?« Natürlich hatte ich. Ich sang die »Ballade von der Sehnsucht, die müde macht«, und nun leuchteten seine Augen schon. Er ermunterte mich: »Noch eins!« Ich sang ihm das deftige Lied über einen rabiaten LPG-Aktivisten, die »Ballade vom Traktoristen Kalle mit'm steifen Bein«. Als ich die zweite der acht Strophen gesungen hatte und in den Refrain pflügte:

Mensch, der zog 'ne Furche
einen halben Meter tief
so grade wie sein steifes Bein
er blieb nie länger als ein Jahr
die Sorte gibt es nur ein paar
– in Prenzlau gibt's nur einen

sang Eisler die letzte Zeile schon mit. Aber er korrigierte mich die folgenden Male mit lustiger Wut beim letzten Wort: »*Ein'*! In Prenzlau gibt's nur *ein'*! Auf steifes Bein reimt sich ein' und nicht:

gibt's nur einen!« So läuft das mit den Urheberrechten bei den Berühmten. An diesem Lied gehörten sie nun schon halb ihm. Genauso hatte er es gemacht mit dem Lied »Die Moorsoldaten« aus dem KZ Börgermoor. Wenn so ein Weltgenie bei einem Anfänger nur ein Wort verändert oder zwei, drei Töne, ist es schon seins.

Ich war glücklich, denn solche Inbesitznahme verbindet. Über seine Lippen kam ein noch schöneres Wort als der galante Ehrentitel Maestro. Er krächzte im Wiener Jargon und im wienerischen Sinn: »Schenial!« Dann quäkte er ins Treppenhaus: »Steefy! Steefy!« Und zum theatralischen dritten Mal rief er den Namen seiner Frau, die offenbar oben war. Als ich das nächste Lied gesungen hatte, erschien seine schöne, junge Frau mitten am Tag in einem wunderbar altmodischen Abendkleid. Und als kurz darauf ihre hübsche Tochter Michèle im gleichen Aufputz erschien, fühlte ich mich schon wie der Tenor in einer Wiener Operette. Mich foppte der ungehörige Gedanke an das frivole Gedicht von Heine, in dem er darüber räsoniert, ob er lieber mit der Tochter oder der Mutter sich hinlegen möchte.

Eisler geriet in Hochstimmung. Er machte den beiden Schönheiten den Maître de Plaisir. Er erklärte ihnen die politische Schönheit meiner Lieder. »Nicht der Westen, sondern wir! im Osten! Solch ein plebejisches Talent kann nur in der DDR wachsen und muss gefördert werden. Das ist die Überlegenheit des Sozialismus! Haben Sie noch ein Lied?« Ich sang ein politisches Liebeslied zum Bau der Mauer, das »Lied auf das ehemalige Grenzgänger-Freudenmädchen Garance«. Und weil ich diese Geschichte heute, also hundert Jahre später, aufschreibe, will ich nicht vergessen, dass ausgerechnet dieses kleine, verrückte Lied viele Jahre später das Lieblingslied meines Freundes Heiner Müller wurde. Warum? Wahrscheinlich darum.

Die beiden Damen im Salon registrierten mit Vergnügen das Vergnügen des Meisters. Der Alte lachte und redete, sprang auf und applaudierte. Nun führte er mich schon vor als seine Entdeckung. Und das war ja auch die Wahrheit. Er fragte mich nicht nach meinen Plänen, sondern bestimmte: »Sie kommen in zwei Wochen wieder. Ich lade die richtigen Leute ein, meinen Bruder Gerhart, meine Schwägerin Hilde, meinen Freund Wolfgang Langhoff, der Dr. Bunge muss kommen mit seinem Tonbandgerät. Und dann sehen wir weiter.« Ich wurde entlassen. Die paar Stufen von der Haustür in den Garten, die ich zwei Stunden vorher hochgelaufen war, schwebte ich nun runter in die Pfeilstraße. Es war entschieden: Wolf Biermann wird Liederpoet der Deutschen Demokratischen Republik.

Eisler hielt Wort. Das Treffen in seinem Haus fand statt. Wieder klingelte ich an der Pforte, der Summer wurde gedrückt, das Schloss sprang auf, und der Meister persönlich kam mir schwer atmend auf dem Gartenweg entgegen. Er zog mich beiseite und instruierte mich für unseren Coup. Bevor wir endlich rein ins Haus gingen, sagte er: »Übrigens, Ihr erstes Lied da, das mit dem Fernlastfahrer …« Verflucht, dachte ich, fängt er wieder mit diesem pubertären Kitschlied an. »Also«, sagte Eisler, »dieses Lied von dem Bruno und dem Mädchen … schenial! Wirklich scheeniaal!«

Ich wunderte mich nicht wenig. Heute denke ich: Eisler war bei unserem ersten Treffen auf dermaßen unpolitisches Zeug nicht vorbereitet gewesen. Aber weil es für ihn eine abgehobene, eine unpolitische Ästhetik gar nicht geben konnte, hatte er ganz offensichtlich auch die politische Funktion dieser ungewöhnlich subjektiven, dieser, so schwärmte er: französischen Haltung gespürt. Ihn entzückte, dass es die DDR war, in der solche neuen Menschenlieder wuchsen, nicht das verdorbene Westdeutschland.

Hans Bunge, der Begründer des Brecht-Archivs, erschien mit seinem kostbaren Tonbandgerät, ein West-Import der Akademie der Künste. Er zeichnete alles auf. Die Aufnahme existiert, ich habe sogar eine Kopie davon und kann mich schieflachen, wenn auch nur mit schiefem Maul, wenn ich höre, wie ein Feuilletonchef des *Neuen Deutschland* sich mit dem Chefpropagandisten des Ulbricht-Regimes, Gerhart Eisler, darüber berät, ob der junge Biermann zuerst im Radio, im Fernsehen oder bei Wolfgang Langhoff in einer Matinee des Deutschen Theaters vorgestellt werden soll.

Hanns Eisler spielte in diesem Hauskonzert für die Elite der DDR-Medien den Impresario. Er kannte ja die Lieder und kündigte sie an wie ein Zirkusdirektor die nächste Artistennummer. Ich wusste, dass ich am Beginn einer steilen DDR-Karriere stand, aber meine Phantasie reichte nicht aus für die fatalen Einzelheiten.

Eisler gab einem Professor für Gitarre an der Hochschule für Musik den Auftrag, mir Unterricht zu geben. Nach nur einer Stunde waren wir uns einig, dass ich schon zu weit fortgeschritten war auf dem falschen Weg und dass eine klassische Ausbildung mich nur lähmen würde. Wenn ich Meister Eisler nun gelegentlich in der Pfeilstraße besuchte, warf er mir Brocken musikalischer Bildung hin wie Knochen einem Straßenhund. Eine seiner Lektionen werde ich nie vergessen. Er spielte mir sein Brecht-Lied »Die haltbare Graugans« vor. Seine kurzen Wurstfingerchen hüpften über die breite Spanne der musikalischen Grundfigur, und er krächzte dazu die Melodie mit den Worten:

> Der Herr ist aufs Feld gegangen
> In der Luft hat er herumgeschossen
> Herunter kommen ist die Graugans
> Ja, ja!
> Sie ist sechs Jahr aus der Luft gefallen,
> Dein Weib und mein Weib
> Haben sechs Jahr daran rupfen müssen
> Ja, ja!

Eisler erklärte mir am Beispiel dieses Liedes das Fundament seiner Lied-Ästhetik: Die Musik soll den Text nicht nur servieren, sie soll ihn schon gar nicht kopieren oder nachäffen, sondern sie soll ihn interpretieren. Ich wusste viel zu wenig, war dieser hochkarätigen Belehrung nicht gewachsen. Weil ich aber nicht so dumm dastehen wollte, wie ich war, sagte ich: »Das Klavier ist aber sehr verstimmt …« Damit war Eislers Interesse erschöpft. Er blaffte mich an mit einem Wiener Schmäh, den ich mir gemerkt habe wie ein goldenes Wort: »Junger Mann, das Instrument des Komponisten ist der Bleistift!« So schickte er mich nach Hause.

Hanns Eisler starb schon 1962. Was aus mir und meinen Liedern dann wurde, konnte er also nicht mehr erleben. Und ich musste nicht erleben, ob er mir gegen unsere natürlichen Todfeinde im Politbüro beisteht oder mich im Stich lässt. Seine schöne Witwe Steffy Eisler hielt immer, ohne Wenn und Aber, zu mir. Ihre hübsche Tochter Michèle ging zugrunde, sie starb vor der Mutter, sie geriet nach Paris und brachte sich um.

***

Aus Moskau schwappten verführerische Neuigkeiten nach Ost-Berlin. Der junge Dichter Jewgeni Jewtuschenko und der Lyriker Andrei Wosnessenski veranstalteten rebellische Dichterlesungen am Majakowski-Platz. Ein Gedicht gegen Stalin machte die Runde, verdichtete Kraftworte gegen »den Stählernen«. Und ein andres: »Babij Jar« – das ist die sogenannte Weiberschlucht in Kiew. Dort hatten die Nazis beim Einmarsch 1941 über dreißigtausend Menschen an einem Tag zusammengetrieben, dann nackt erschossen und verschüttet. Sowjetbürger? Gewiss, aber eben Juden! In der Stalinzeit durfte es nach dem Krieg für Juden kein Gedenken geben, kein sowjetisches Denkmal.

Der totalitäre Diktator Stalin war 1953 gestorben. Sein Nachfolger, der zum Parteichef ernannte Nikita Chruschtschow, hatte 1956 auf dem XX. Parteitag der KPdSU eine spektakuläre Geheimrede gehalten, in der er zum ersten Mal die Verbrechen Stalins thematisierte. Er hob einen Zipfel des blutigen Tuches, das über der ganzen Sowjetunion lag: Millionen politisch Verfolgter und unschuldig ermordeter Menschen, die in sogenannten Säuberungen, in Schau- und Geheimprozessen gefoltert, verurteilt, durch Zwangsarbeit vernichtet oder gleich hingerichtet worden waren. Ganze Volksgruppen hatte Stalin in Gulag-Strafarbeitslager deportieren lassen. Chruschtschow leitete die »Entstalinisierung« ein mit einem Bündel von politischen, wirtschaftlichen und gesellschaftlichen Reformen, die auch zum Ziel hatten, den Personenkult um Stalin zu beenden. Nach dem Titel eines Buches von Ilja Ehrenburg nannten wir diese neue Politik »Tauwetter«.

Im Oktober 1961 folgte der XXII. Parteitag der KPdSU in Moskau, der die Entstalinisierung weiter vorantreiben und eine Liberalisierung im Umgang mit Schriftstellern einleiten sollte. Auf dem Majakowski-Platz wurden die neuen Gedichte von den Poeten selbst in die Lautsprecheranlagen reingeschmettert. Es war der behördlich verordnete »Tag der Dichtkunst«. Tausende junge Menschen hatten sich auf dem Platz zusammengerottet, der Verkehr auf der zentralen Straße Gorki Uliza wurde gestoppt. Junge sowjetische Lyrik. »Erhebt euch! Erhebt euch! Erhebt euch! Geht und brecht nieder den fauligen Kerker des Staates!« Das war der poetische Widerstand gegen die KPdSU-Nomenklatura, die Todesangst hatte vor jeder Liberalisierung. Auch Walter Ulbricht wehrte sich gegen diese Entstalinisierung.

Was da in Moskau geschah, ging auch uns an, da wurde auch unsere Sache verhandelt. Im Osten ging endlich mal wieder die Sonne der Freiheit auf. Der Dichter Stephan Hermlin gehörte zu den kritischen Geistern, die die DDR-Propagandaphrasen mit subversiver Eulenspiegelei beim Wort nahmen. Er wollte wirklich, was damals die propagandistische Losung verhieß: »Von der Sowjetunion lernen, heißt siegen lernen«. Hermlin, Leiter der Sektion Dichtung und Sprachpflege an der Akademie der Künste, sorgte dafür, dass in den Zeitungen junge Lyriker der DDR – solche, die noch im Verborgenen blühten – aufgefordert wurden, ins Offene zu kommen. Sie sollten an die Akademie ihre Gedichte schicken. Er wollte – das lag in der liberalen Luft – den Beweis antreten, dass sich auch in der DDR, im Sinne des sowjetischen Vorbilds, eine junge Lyrik entwickeln kann. Einsendeschluss: 1. Dezember 1962.

Verlockend! »O früher Morgen des Beginnens! O Hauch des Windes, der von neuen Küsten kommt!« heißt es im »Galilei«. Ich fühlte mich nicht gemeint, denn ich verfasste ja Lieder. Mein Freund Heinz Kahlau, der nicht teilnahm an dieser Ausschreibung, weil er schon als junger landproletarischer LPG-Dichter sich bekannt gemacht hatte, besuchte mich in der Chausseestraße. Er redete auf mich ein: »Deine Lieder sind doch Gedichte! Und Gedichte ohne Musik schreibst du ja auch. Du musst heute noch deine Texte zur Akademie bringen, weil – heute! ist Einsendeschluss.« Ich ließ es mir gesagt sein, tütete paar Texte ein. Wir liefen umme Ecke, die Hannoversche runter Richtung Charité. Akademie der Künste am Robert-Koch-Platz. Ein hochherrschaftliches Palais aus der Kaiserzeit. Die breite Marmortreppe hoch, da übergab ich einer Frau im Sekretariat mein Kuvert.

Das hatte sich rumgesprochen: Hermlin waren weit über tausend Texte zugeschickt worden. Der Staatspoet im Olymp wählte an die vierzig Texte aus, die er höchstpersönlich im großen Plenarsaal der Akademie vortragen wollte. Auch ich gehörte zu den Auserwählten – und sollte vorsorglich die Gitarre mitbringen.

Den großen Saal kannten wir alle, ein nobles Auditorium. Zuletzt hatte ich dort einen Liederabend mit dem »Barrikaden-Tauber« Ernst Busch gehört. Allerdings ohne Musiker und ohne Sänger. Busch stand auf der leeren Bühne zwischen vier mächtigen Lautsprechern. Immer, wenn der Künstler dem Tonmeister Richtung Seitenloge ein Fingerzeichen gab, donnerte eins seiner Kampflieder aus dem Spanischen Bürgerkrieg in den Saal. Busch lehnte an einem der Ton-Türme, hörte sich begeistert zu und kontrollierte aus den Augenwinkeln ungnädig das Publikum. Ich bewunderte ihn und seine Lieder, aber dies war eine unsympathische Selbstfeier mit Schellackplatten.

Nun jedoch, an diesem 11. Dezember 1962, wurden keine historischen Konserven serviert, sondern junges Gemüse, frisches Fleisch, nachgewachsene Worte. Es roch verführerisch nach neuer Zeit. Das Rund des Saales, gebaut wie ein steil ansteigendes Amphitheater, war voll besetzt mit Jungen und Alten. Ich hatte in der dritten Reihe einen Platz erobert, direkt hinter mir saß der Erfinder der politischen Fotomontage, Johnny Heartfield. Sein Bruder, der Malik-Verleger und Ex-Dadaist Wieland Herzfelde, saß weit oben. Da saß auch der große Bildhauer Fritz Cremer, ein Zwerg mit Riesenallüren. Allerhand Maler und Bildhauer, Filmleute, Studenten. Unter mir in der ersten Reihe Rainer Kirsch und seine Frau Sarah. Hinter mir ein dralles Mädchen, die Lyrikerin Micaela Lübke. Neben ihr ein knittriger Jüngling, Joachim Rähmer. Dessen drolliges Lobgedicht auf die Schönheit eines alten, zerbrochenen und wieder zusammengekitteten Salznapfs klang wie ein Selbstporträt.

Unser akademischer Großlyriker und Maître de Poésie, Stephan Hermlin, fühlte sich als Mitglied im noblen Club der modernen Dichter am Montparnasse in Paris. Aragon. Prévert. Éluard. Ihn umgab das Fluidum der Weltpoesie, die Aura des Poeta doctus. Und in genau dieser Tonart trug er unsere Anfängertexte nun vor, von jedem vielleicht ein, zwei oder sogar drei. Er servierte unsere schnellverderbliche Ware, als wäre er der Mundschenk Ganymed, der Schönste aller Sterblichen unter den Göttern des Olymp. Mit einer Mischung aus Neid und Bewunderung hörte ich zum ersten Mal die Verse von Volker Braun. Sie passten prima in die neue Zeit, die wir wohl alle herbeisehnten, denn die Liberalisierung in der Sowjetunion sollte eine Renaissance, eine Wiedergeburt des Kommunismus sein. »Kommt uns nicht mit Fertigem! Weg mit dem Rehbraten – her mit dem Wald und dem Messer!« Das war Brauns Kraftpoesie vom Arbeitseinsatz der FDJ-Brigaden bei der Trockenlegung des Rhin-Havel-Luchs. Mit Brauns Gedichten bewies Hermlin, dass wir in der DDR jetzt auch einen deutschen demokratischen Wladimir Majakowski hatten. Er hatte auch humoristische Ware im Angebot. Von Micaela Lübke las er pfiffige Berlin-Lyrik, ein drolliger Hybrid aus Kästner, Kaléko und DDR-Kabarett. Diese bunte Mischung genossen nicht nur die vielleicht dreihundert Leute, die einen Sitz ergattert hatten, sondern auch die noch mal dreihundert Besucher, die ganz oben im breiten Rundgang des Saales, dicht an dicht gepresst, die Hälse reckten.

In der Pause sonnten wir neu entdeckten Lyriker uns im ersten Ruhm. Die älteren Literaten und Künstler und Kulturfunktionäre fühlten sich jung mit uns, alles war gut. Nach der Pause forderte, so wie es Brauch war, Hermlin auf zu einer kritischen Diskussion über seine Entdeckungen. Er bat auch die anwesenden Anfänger zu sich auf die breite Bühne, denn er wollte dem einen oder anderen zum ersten Mal in die Augen sehn.

Ganz vorn in der Mitte der ersten Reihe saß Erhard Scherner – auf strategisch vorgeschobenem Posten. Scherner war ein ZK-Mitarbeiter, ein verkrachter DDR-Lyriker, ein chinaverliebter Germanist und persönlicher Sekretär des Chefs der Politbüro-Kommission für Kultur, Alfred Kurella. Wir nannten ihn »Murks das Schwein«. Der Apparatschik improvisierte gutgelaunt. Er hatte die Idee, dass der ein oder andere noch selbst ein Gedicht zum Besten gibt. Dieser Vorschlag fand Billigung, der Abend sollte so munter weitergehn. Aus dem Publikum kam ein Name, den ich gern hörte: »Biermann soll noch was singen!« Ich holte meine Gitarre aus der Garderobe. Etliche Lyriker fanden sich auf der Bühne ein. Die ersten Gedichte wurden vorgelesen. Dann kam ich an die Reihe. Ich sang irgendein Spottliedchen, das aber noch nicht an der Toleranzgrenze der Obrigkeit kratzte.

Hermlin hatte ein Sonett vorgetragen von Rainer Kirsch: »An einen alten Genossen«. Ich griff in meine Jacke und zog aus der Brusttasche überm Herzen drei zusammengefaltete DIN-A4-Blätter, das holzige Durchschlagpapier aus volkseigener Produktion. Was 'n Zufall! Mein Titel wie der von Kirsch, bloß im Plural. Das war nun rabiatere Poesie, getippt in der feinen Perlschrift meiner Erika-Schreibmaschine:

An die alten Genossen

Seht mich an, Genossen
Mit euren müden Augen
Mit euren verhärteten Augen
Den gütigen
Seht mich unzufrieden mit der Zeit
Die ihr mir übergebt

Ihr sprecht mit alten Worten
Von den blutigen Siegen unsrer Klasse
Ihr zeigt mit alten Händen auf das Arsenal
Der blutigen Schlachten. Voll Eifersucht
Hör ich Berichte eurer Leiden
Vom Glück des Kampfes hinter Stacheldraht
Und bin doch selbst nicht glücklich:
Bin unzufrieden mit der neuen Ordnung

Ihr aber steht enttäuscht
Verwundert
Verwundet
Bitter gegen so viel Undank
Streicht euch verlegen übers schüttre Haar

Die Gegenwart, euch
Süßes Ziel all jener bittren Jahre
Ist mir der bittre Anfang nur, schreit
Nach Veränderung. Voll Ungeduld
Stürz ich mich in die Kämpfe der Klassen, die neueren, die
Wenn schon ein Feld von Leichen nicht
So doch ein wüstes Feld der Leiden schaffen

Ach, viele süße Früchte falln
Uns in den Schoß
Und auf den Kopf noch immer

Ach, für die Brautnacht mit der neuen Zeit
Ach, für die riesigen Umarmungen

Auch für den tiefsten Liebesschmerz
Ist uns das Herz noch schwach und
Schwach noch sind die Lendenkräfte uns

So manchen schmalen Jüngling
Erdrückt die große schöne Frau
In hellen Liebesnächten. Ja
Riesen brauchts an Mut und Lust
Und Riesen auch an Schmerz
An Tatkraft Riesen. Und mein Herz:
Rot
Blass
Voll Hass
Voll Liebe
Ist euer eignes Herz, Genossen!
Ist das ja nur, was ihr mir gabt!

Drum seid mit meiner Ungeduld
Nicht ungeduldig, ihr alten Männer;
Geduld
Geduld ist mir die Hure der Feigheit
Mit der Faulheit steht sie auf Du und Du
Dem Verbrechen bereitet sie das Bett
Euch aber ziert Geduld –
Setzt eurem Werk ein gutes Ende
Indem ihr uns
Den neuen Anfang lasst!

Ich sang noch ein paar Lieder, der Abend ging lebendig weiter. Hermlins junge Garde trat der Reihe nach an die Rampe und trug neue Gedichte vor, natürlich nicht so wirkungsvoll wie Maître Hermlin. Es wurde dies und das abgelesen, vorgestottert, runtergerattert. Die Bühne wurde zur Arena und wir handverlesenen Toren zu Gladiatörchen. Hermlins Junge-Lyrik-Sammelsurium gefiel den Leuten. Er konnte sich bestätigt fühlen, das Publikum war zufrieden. So konnte jeder seinem Affen Zucker geben.

Doch dann entbrannte eine Maulschlacht! Hermlin, unser Mentor, beklagte sich darüber, dass seit zehn Jahren kein Gedicht mehr von ihm zu lesen war im *Neuen Deutschland*. Propagandapoesie werde abgedruckt, aber Dichtung nicht abverlangt. Die allgemeine Wut auf die Kulturpolitik entzündete sich an der Frage, ob diese jungen Lyriker auch eine Chance haben sollen in den Medien der DDR. Erhard Scherner gab sich moderat. Er würde im *ND* zwar nicht das Gedicht »An die alten Genossen« abdrucken, aber das ein oder andere Gedicht von Biermann oder Mickel schon.

Jetzt sprang oben der alte Genosse Fritz Cremer auf. Er schrie, spuckte und fauchte einen Wortschwall ins Auditorium: »Lasst euch nicht einschüchtern! Die Stalinzeiten sind vorbei!« Auch der alte, kranke Johnny Heartfield quälte sich hoch und kreischte. Seine Worte überschlugen sich, er forderte mehr Freiheit in der Kultur. Er fasste sich ans Herz und sank zurück auf seinen Sessel. Ich dachte sofort: Herzinfarkt. Zum Glück aber nicht. Und plötzlich ertönte in diesem vielstimmigen Gewirr ein Kriegsruf. Mit Stentorstimme schrie da wer aus der Menge, die oben auf der Balustrade sich drängte: »Hier! … entsteht!! … ein Petöfi- … Klub!!!«

Dieses Schreckenswort verstand ich nicht. Ich Ignorant kannte nichts von dem ungarischen Nationaldichter Sándor Petöfi. Peinlicher noch: Ich wusste nichts von der Bedeutung des Petöfi-Kreises 1956 beim Ungarn-Aufstand. Hermlin jedoch verstand sofort und übersetzte sich die Drohung in die banale Parteiprosa: Hier entsteht eine Konterrevolution!

Von der überfüllten Balustrade brüllte ein Mann: »Hier findet eine gelenkte Diskussion statt!« Es war Willi Köhler, die Canaille. Ein Betonkopf und Chef des Kulturteils vom *Neuen Deutschland*. Die Reizworte »Petöfi-Klub« und »gelenkte Diskussion« waren eine Drohung. Wir Jüngeren konnten es kaum ermessen. Manchem schwante die Gefahr womöglich, als wir sahen, wie unser nobler Poesie-Plebejer Hermlin sich zu erhabener Pose, wie ein Tier in Todesnot, aufblies und seine Ängste als Aggression kaschierte. Sein halbhoch gestreckter Lenin-Arm zeigte Richtung Zwischenrufer, hoch zum Plafond, und es ertönte wie in der griechischen Tragödie eine Götterstimme: »Ich *warne* Sie! Hier findet keine gelenkte Diskussion statt! Hier findet eine ganz sachliche! ruhige! lebendige! und parteiliche! Aussprache statt!«

Wir spürten, nun wird es ernst. Ich dachte: Er warnt ihn – und wusste nicht, wen genau er warnte, ahnte nicht den Grund und schon gar nicht, womit Stephan Hermlin dem Mann da oben drohte. Der ganze Abend, der so einmütig angefangen hatte, zermüdete sich im Hickhack der Widerworte. Das ideal gemischte Publikum ging mit sehr gemischten Gefühlen auseinander.

Das Nachspiel dieses Abends wurde ein Politkrimi für sich und hatte nicht nur für mein Leben gravierende Folgen. Die Konsequenzen dieser legendären Lyriklesung waren verwirrend. Hermlin, 1915 geboren als Rudolf Leder, verlor seinen Posten an der Akademie. Damit verlor er auch sein festes Gehalt. In den Anfangsjahren der DDR war sein Lyrikladen prima gelaufen. Posten, Ehrungen, Preise, Tantiemen als FDJ-Dichter. Er wurde der Leibpoet Erich Honeckers, aber seit seinem Schock über den XX. Parteitag der KPdSU 1956, über die Verbrechen der Stalinzeit, hatte Hermlin seine politpoetische Polygamie mit Bonzen und Musen beendet. Er schrieb keine Gedichte mehr. Genauer: Er schlug sich auf die Seite der Musen, aber sie küssten ihn nicht.

Die Parteiführung entschied, dass zwar eine politisch gesunde junge Lyrik in der DDR hochgezogen werden sollte, aber auf keinen Fall in der pädagogischen Verantwortung des Genossen Stephan Hermlin. Die Nachwuchsdichter wurden von der Partei zwangsadoptiert und in die strenge Heimerziehung des FDJ-Zentralrates eingewiesen. Mein Freund Heinz Kahlau hatte eine kolossale Frau, die dünne Gedichte schrieb: Gisela Steineckert. Dieser gebieterischen Matrone vertraute der Zentralrat unsere Betreuung an, sie sollte uns auf den richtigen Weg führen. Die FDJ veranstaltete nun Lesungen unter dem Titel »Junge Lyrik« und gab im eigenen »Verlag Neues Leben« unter dem Titel »Auswahl 66. Neue Lyrik – neue Namen« die Gedichte heraus.

Der Schaden des Skandals an der Akademie sollte kaschiert werden, deshalb erhielt der neue Chefredakteur der von der Akademie herausgegebenen Literatur- und Kulturzeitschrift *Sinn und Form*, Bodo Uhse, den Auftrag, immerhin die Texte, die Hermlin im Dezember ausgewählt hatte, abzudrucken. Der parteikonforme Teil des Abends sollte so bewahrt werden, der verunglückte vergessen. Als ein Brief der Redaktion kam, die um das Abdruckrecht für meine Gedichte bat, schickte ich meine Einwilligung, fügte aber hinzu, dass ich nur einverstanden sei, wenn auch mein Gedicht »An die alten Genossen« abgedruckt werde.

Die Antwort kam auf zwei wackligen Beinen. Chefredakteur Uhse besuchte mich und redete auf mich ein, es sei ausgeschlossen – leider, leider! –, dieses Gedicht zu drucken. Ich reagierte ohne politisches Kalkül: Dann eben gar nicht. Er predigte auf mich ein, er argumentierte, er klagte, er schimpfte, er bettelte, zitierte Brechts berühmtes Gedicht über die notwendige Schlauheit beim Schreiben der Wahrheit. Er sprach von Taktik und Strategie im Kampf gegen den Stalinismus, über die inneren Konflikte im Parteiapparat. Aber ich beharrte auf meinem trotzrotzigen Nein. Seine Argumente habe ich vergessen. Im Gedächtnis aber blieben mir seine Tränen. Er saß zusammengesunken in meinem ledernen Ohrensessel und weinte. Ich blieb hartherzlich bei meiner Meinung – und so kam es: Die Hermlin-Auswahl vom Akademieabend erschien ohne Biermann-Texte.

Mit meinem Gedicht »An die alten Genossen« hatte ich offenbar halbblind ins Schwarze getroffen. Es war in aller Munde, aber auch im Maul des Kurt Hager. Der Parteisekretär für Kultur hielt eine Rede, die Ende März 1963 im *ND* abgedruckt wurde: »Bei einer Reihe der jungen Dichter finden wir eine künstliche Aufbauschung des Generationenproblems. Die Alten werden als ›zurückgeblieben‹ betrachtet. Man solle nur einmal die ›ungeduldigen‹ zornigen Jungen heranlassen … Aber – das möchte ich als ›zorniger Alter‹ sagen – (Heiterkeit und Beifall) – es wird niemandem gelingen, bei uns künstlich ein Generationsproblem aufzubauschen. Väter und Söhne werden wie bisher gemeinsam unter der Führung der Partei der Arbeiterklasse für den Sieg des Sozialismus und die Sicherung des Friedens kämpfen. (Beifall)«

Dumm genug war ich, wie all die anderen im Rahmen der FDJ fortan bei einigen Lyrikabenden aufzutreten. Keiner von Hermlins jungen Lyrikern kam auf die Idee, sich zu verweigern. Keiner von uns kam auf die Idee, die Obrigkeit zu erpressen mit der Forderung nach Rehabilitation des geschassten Stephan Hermlin. Seine Enttäuschung darüber muss ihn tief geschmerzt haben. Aber Kunststück im Winter: Wie sollten wir Anfänger dem arrivierten Staatspoeten der Akademie beistehn, wenn er sich selber nicht beistand? Er selbst kroch eilfertig zu Kreuze.

Kurz nach Hagers Wutrede veröffentlichte das *ND* am 6. April Hermlins bolschewistische Selbstkritik. Über seine Maßregelung hatte er in einer Beratung des Politbüros mit Schriftstellern und Künstlern erklärt: »Diese Entscheidung war richtig, und ich stimmte mit allen anderen für sie. Ich war nicht der richtige Mann am richtigen Platz … Der wirkliche schwere Fehler, den ich beging, bestand darin, daß ich den zweiten Teil des Abends, eine Aussprache, schlecht leitete, daß ich diese Aussprache und weitere Gedichte, die einige Autoren vortrugen, nicht im Zusammenhang mit der Situation sah, in der der Abend stattfand …« Er wurde vom Genossen Hager unterbrochen: »Darf ich eine Frage stellen: Wie ist Ihre Beziehung zu Wolf Biermann?«

Hermlins Antwort: »Wolf Biermann habe ich an jenem Lyrikabend in der Akademie zum ersten Mal gesehen. Ich halte ihn für ein sehr großes Talent, und ich möchte darum bitten, daß man ihn nicht aus den Augen läßt und daß sich die Partei weiter um ihn kümmert.« Hermlin erwies sich als beides: schön tapfer und ganz schön feige, rebellisch und devot. Entsprechend stachelte er mich und lähmte mich zugleich.

Warte nicht auf bessre Zeiten!

Verbot des b.a.t. Das Diplom an der Humboldt-Universität.

Im Laufe des Jahres 1962 waren wir sehr viel weitergekommen mit unserem Theaterprojekt. Wir nannten es »Berliner Arbeiter- und Studententheater«, kurz b.a.t. Die Menschenmischung unsres Theaters war noch exotischer, als der Name klingt: verrückt, soll heißen weggerückt vom realsozialistischen Alltag, ein Märchen aus romantischen Illusionen und tatkräftiger Eigeninitiative. Wir, das waren Studenten der Humboldt-Universität, junge Arbeiter aus dem VEB Elektro-Apparate-Werke an der Spree in Treptow und drei ältere Arbeiter aus dem VEB Berliner Bremsenwerk in Lichtenberg. Wir, das waren die Jazz Optimisten Berlin, das war die Pantomimen-Gruppe von Eberhard Kube, das waren Schauspieler wie Manfred Krug und Elsa Grube-Deister, Regisseure wie Benno Besson, bildende Künstler wie Ronald Paris, der Bühnenbildner Reinhart Zimmermann von der Komischen Oper. Wir, das waren sogar, bis zu seinem Tod im September 1962, Hanns Eisler als unser Mentor und meine verehrte Freundin, Brechts Mitarbeiterin im Exil, Ruth Berlau, die uns beriet. Wir, das war meine Brigitt – und vor allen Dingen war ich selber dieses Wir, ohne alle Majestät. Ich war Student der Philosophie und Mathematik an der Humboldt-Uni, zugleich aber war ich der selbstgemachte Intendant ohne Ernennung, ohne Gage, ohne Parteiauftrag, ohne irgendeine Legitimation.

Wir waren ungefähr hundert Leute. Kein Einziger verdiente am b.a.t. Geld, ausgenommen unsere Sekretärin Brigitte Martin. Der

Verwaltungsdirektor der Humboldt-Uni, Herr Rosenhahn, war offenbar überzeugt und sogar entzückt von unserer Initiative, denn er zweigte uns aus dem Uni-Budget die Planstelle für eine Sekretärin ab, die wir brauchten, um im Sturm der Begeisterung nicht abzusaufen. Wir bauten in knapp zwei Jahren in das verrottete Kino ein richtiges kleines Theater ein. Zweihundert Plätze, kleine Bühne mit großer Vorbühne. Plüschbezogene Klappsitze aus den zwanziger Jahren. Das Geld für die Materialkosten bekamen wir vom Stadtbezirk Prenzlauer Berg und auch von der Humboldt-Uni.

Oben im Rang installierten wir ein Stellwerk, eine Tonkabine, Scheinwerfer. Das konnten wir, weil das kleine Gorki-Theater Unter den Linden – ein glücklicher Zufall – soeben ein neues Stellwerk und neue Scheinwerfer ergattert hatte. Die Theaterleute schenkten uns im Sinne solidarischer Naturalwirtschaft ihre ausrangierte Technik. Installiert wurde die Anlage von den Studenten der Ingenieurschule für Elektrotechnik in Lichtenberg. Sie verbuchten diese Riesenarbeit als Pflichtleistung im freiwilligen Arbeitseinsatz. Ihre Arbeit wurde in politischer Währung abgerechnet und nicht in Geld. Die Kabelmassen waren das Surplus-Geschenk eines Volkseigenen Betriebes, dessen Direktor Ulrich Pietzsch, Brigitt und ich heimgesucht hatten mit der erpresserischen Knüppelfrage, ob der Betrieb für den Weltfrieden sei und also für den Aufbau des Sozialismus in der entscheidenden Phase nach dem Mauerbau. Unsere Taktik war halb schlitzohriger Ernst, halb realsozialistische Schildbürgerei.

Ach! es war ein Märchen, eine Mischung aus Gaunerspaß und revolutionärem Übermut. Mit dieser Mischung kriegten wir sogar die Kupferbleche, die wir brauchten für das Pappdach unseres kleinen Theaters, das sich in voller Länge mit der verrotteten Brandmauer eines Wohnhauses in diesem Hinterhof traf. Wir rissen Wände runter und fraßen uns rein in zwei stillgelegte, unvermietbare Wohnungen im Nebenhaus. Dort richteten wir die Garderoben für die Künstler her. Es fanden sich Räume für die Kostümschneiderei. Drei ausrangierte elektrische Nähmaschinen wurden repariert. Die Komische Oper, bei der unser Freund Zimmermann angestellt war, zweigte eine Ladung Kostüme ab. Es funktionierte alles wie mit Zauberkräften. Die Erfolge spornten uns an. Es war für uns alle eine verblüffende Erfahrung, was für Kräfte frei werden, wenn man mit Gleichgesinnten seine eigene Sache betreibt. Fast zwei Jahre lang wurde gemauert und geputzt, gezimmert und gemalt, und gleichzeitig probten wir an drei Aufführungen, mit denen wir unser Theater 1963 eröffnen wollten.

Erstens mein neues Stück »Berliner Brautgang«, eine tragische Liebesgeschichte am 13. August 1961, dem Tag des Mauerbaus. Zweitens probte meine schöne Brigitt Soubeyran das Stück »George Dandin« von Molière. Pantomimen-Divertissements, Musik vom Hofkomponisten Ludwigs XIV., Jean-Baptiste Lully. Die Hauptrolle des reichen Bauern, der partout ein Adliger werden will, spielte ein Justiziar, der noch nie auf der Bühne gestanden hatte. Er war vielleicht der wunderbarste Schauspieler, den ich in meinem Leben sah, ein komischer Tragöde, ein Drei-Zentner-Sack, aber mit fünf Zentnern Talent. Und drittens war es uns gelungen, meinen ersten Meister, den Brecht-Regisseur Benno Besson, zu verführen, bei uns mitzuarbeiten. Er bereitete eine Inszenierung im b.a.t. vor. Es sollte ein verrücktes Varieté aus Liedern, Pantomime und Jazz werden, dazu ein Boxkampf mit dem echten DDR-Meister im Fliegengewicht Otto Babiasch auf der Bühne. Auch einen echten Radrennfahrer wollte Besson einbauen in seine Show, lauter Eskapaden. Nebenbei hatten wir eine Clique, die ein Kabarettprogramm liefern wollte, allerdings mehr Cabaret mit C.

Ich probte an meinem Mauer-Stück. Den Kern meiner Story hatte ich in einer Liebschaft erlebt. Meine selbsterlittenen Liebeskümmerlichkeiten hatte ich umgedichtet zum welthistorischen Liebeskummer zwischen Ost und West an der Nahtstelle des Kalten Krieges. Ein junger Arbeiter und eine Arzttochter in Ost-Berlin. Am letzten Sonnabend vor dem Mauerbau haut ein Chefarzt der Gynäkologie an der Charité mit seiner Familie ab, wie Hunderttausende DDR-Bürger von Ost- nach West-Berlin, einfach mit der S-Bahn zwei, drei Stationen. Am Sonntag wird die Grenze dichtgemacht. Am Montag springt der junge Arbeiter unter Lebensgefahr durch ein Schlupfloch im jungen Stacheldraht in den Westen. Er sucht und findet dort seine Liebste und versucht, das Mädchen mit Gewalt in die DDR zurückzuholen. Er landet blutig zusammengeschlagen in einer Mülltonne im West-Berliner Notaufnahmelager für Flüchtlinge in Marienfelde. Eine pädagogisch gebrechtelte Lehrstück-Konstruktion.

Die erste Fassung meines Stückes kursierte in vier Durchschlägen, ein Exemplar landete bei Erhard Scherner im ZK. Er hatte den Parteiauftrag, sich um das b.a.t. zu kümmern. Die verantwortlichen Genossen sahen unser ganzes b.a.t.-Projekt mit gemischten Gefühlen. Entzückt und besorgt. Es sah ihnen alles viel zu schön sozialistisch aus, als dass es hätte wahr sein können. Eine Explosion freigesetzter Phantasie, aber mit viel zu wenig Kontrolle. Und weil auch kein Geld floss, gab es wenig politische Einflusshebel. Kontrolle also nur über die Spitzel der Staatssicherheit. Beseelt waren wir, aber ganz so blauäugig und so rotgläubig, wie wir aussahen, waren wir auch nicht. Wir gründeten im Ensemble eine b.a.t.-Parteigruppe, eine b.a.t.-FDJ-Gruppe und sogar eine b.a.t.-Gewerkschaftsgruppe. Alles comme il faut. Für die oberste Gedankenpolizei muss es ausgesehen haben wie eine groteske Karikatur der DDR-Normen.

Der verkrachte Parteidichter und Funktionär Dr. Genosse Scherner kümmerte sich insbesondere um mein Mauer-Stück. Er entdeckte politische Fehler und ästhetische Schwachstellen, Stilbruch und Parteifeindlichkeit, konterrevolutionäre Tendenzen und dekadente Dummheiten. Ich verschlechtbesserte die erste Fassung und säuberte die zweite und polierte die dritte. In der sechsten Fassung war aus der fatalen Tragödie schon fast ein fataler Schwank geworden. Die endgültige Fassung, die wir dann im halbfertigen Theater zwischen Gerüsten und Bauschutt einstudierten, sollte zur Eröffnung des Theaters aufgeführt werden. Weil es aber beim Umbau immer wieder Pannen und neue Widrigkeiten gab, organisierten wir eine Generalprobe auf der Probebühne der Komischen Oper. Für unseren Bühnenbildner Reinhart Zimmermann war es ein Leichtes, vom Intendanten Walter Felsenstein die Erlaubnis für diesen Abend einzuholen.

Das Publikum war eine noch extremere Mischung als unser b.a.t.-Ensemble. Auch um sich selbst abzusichern, hatte Genosse Scherner als Gütekontrolleure kompetente Genossen eingeladen. Die Arbeiter brachten ihre Familien mit, die Künstler ihre Freunde, die Studenten ihre Kommilitonen, die zweckentfremdeten Jazzmusiker ihre Jazzer. Scherner war aufgeregt, denn nun sollten die übergeordneten Genossen entscheiden, ob er gut gearbeitet hatte.

Die Probeaufführung am 3. März 1963 endete mit einem Todesurteil. Das Stück sei zwar in der Tendenz für die Mauer, aber doch gegen die Partei. Biermanns falsche Grundposition: Nicht der Klassenfeind im Westen, nicht die faschistischen Kräfte in der BRD seien schuld am Bau der Mauer, sondern die falsche Politik der Partei. Das Stück war nicht zu retten, nicht zu verbessern. Es sei politisch unreif.

Nicht nur das Stück wurde politisch zerrissen, sondern das ganze b.a.t.-Projekt wurde liquidiert. Wir durften das Gebäude nicht mehr betreten. Hausverbot im eigenen Haus. Ich, der Wolf, schlich mich wie ein geprügelter Hund mit eingezogenem Schwanz zusammen mit Brigitt und Pietzsch durch ein Mauerloch im Hinterhof in unser kleines Theater. Ich klaute mir aus dem Fundus unserer Requisite ein kleines, abgenuddeltes Ledertäschchen. Das habe ich heute noch: die Reliquie dieser romantischen Eskapade.

Wenn ich an diese Tage denke, kann ich nicht fassen, wie es passieren konnte, dass wir alle, die wir zwei Jahre lang so tapfer, begeistert und phantasiereich für das b.a.t. gearbeitet hatten, nicht auf die Barrikaden gingen. Aber anscheinend reichte dafür unsere politische Phantasie nicht aus. Das b.a.t. wurde formal abgewickelt. Der erste Schritt war, dass die Parteigruppe auf einer Versammlung, die bis nachts um zwei sich hinzog, derart eingeschüchtert wurde, dass sie dafür stimmte, mich als Leiter des b.a.t. abzusetzen. Diese Formalie sollte wohl retten, was nicht mehr zu retten war. Pure Hysterie: Eine ganze Sonntagsausgabe wurde eingestampft und neu gedruckt, weil grad noch rechtzeitig ein Artikel entdeckt worden war, der den Biermann lobt und die Verbreitung seiner Lieder und Gedichte fordert.

Unser Parteisekretär Manfred Raquet kriegte von oben den Parteiauftrag, die Parteigruppe aufzulösen und unseren ganzen Theaterverein zu zerschlagen. Wir gingen auseinander, jeder Einzelne demoralisiert auf seine unverwechselbare Weise. Und die Konsequenzen, die jeder aus dieser Niederlage zog, waren so verschieden wie die Charaktere und Lebensumstände. Besson zog den Schluss, dass solche unprofessionellen Romanzen nichts bringen. Raquet begann eine Karriere als Westagent des MfS unter Markus Wolf. Der Bühnenbildner Zimmermann konzentrierte sich auf seine Karriere an der Komischen Oper. Ronald Paris verkroch sich in sein Atelier. Zwei Selbstmorde aus Liebeskummer mit der DDR – eine Arbeiterin und ein junger Student der Humboldt-Uni. Der Justiziar versenkte sich wieder in seine Akten. Die Arbeiter erfüllten ihre Norm in einer sozialistischen Brigade. Die Studenten lernten für ihre Examen.

Und ich zog aus diesem Desaster eine andere Lehre als meine schöne, kluge Brigitt. Für mich waren diese zwei Jahre eine Lehre im Spezialfach Opportunismus. Ich hatte mein Stück »Berliner Brautgang« von Fassung zu Fassung verstümmelt, fast bis ins zynische Gegenteil. Ich war bereit gewesen, mir vom Genossen Scherner helfen zu lassen, weil ich politisch hatte klug sein wollen. So war ich am Ende der Dumme.

Die allererste Fassung war zu rabiat und unvollendet, und die letzte zu schlau und zu feige. Aus Wut und Scham vernichtete ich sie alle, und so stand ich am Ende da wie einer, dessen Hände voll sind mit nichts. Verspottet von den besseren Leuten, verachtet von mir selbst. Aber, wie das Sprichwort behauptet: Es gibt nichts Schlechtes, aus dem nicht etwas Gutes werden kann. Die Erfahrung des b.a.t. verpasste mir den entscheidenden Schub, den ich brauchte, um der zu werden, der ich dann wurde. Ich hatte bannig viel Lehrgeld bezahlt, aber ich zog mir aus dieser Lektion eine Lehre, die womöglich doch noch mehr wert war. Und so machte ich am Ende ein gutes Geschäft. Ich beschloss, von nun an nur noch eigene Fehler zu machen und nie wieder die mir aufgepressten Fehler meiner falschen Freunde oder meiner Feinde. Eigene, selbstgemachte Fehler, will sagen echte Fehler haben einen entscheidenden Vorzug: Man kann sich korrigieren, sobald man es endlich besser weiß. Für diese Lebenswahrheit habe ich damals teuer bezahlt. Aber nur einmal im Leben.

Typisch Hammer und Sichel: Unser schönes b.a.t. in der Belforter Straße war zerhämmert, und nun rauschte die Sichel hinterher. Die Parteiführung hatte auch beschlossen, mich als Kandidat der SED zu streichen. Nix Schriftliches, versteht sich. Unser b.a.t.-Parteisekretär, mein Freund Manfred Raquet, überbrachte mir die Hiobsbotschaft. Auf Beschluss der Vollversammlung der Grundorganisation des Philosophischen Instituts der Humboldt-Universität wurde ich als Kandidat gestrichen. Womöglich wusste Raquet selber nicht, ob das große NEIN aus dem Institut für Philosophie stammte, sprich Professor Hermann Ley, aus der Universitäts-Parteileitung, sprich Dr. Werner Tzschoppe, aus der Bezirksleitung Berlin, sprich Paul Verner, oder aus dem ZK der SED.

Ganz so glatt jedoch, wie erwünscht, war diese Teufelsaustreibung nicht gelaufen. In der Diskussion am Tag zuvor hatte die große Mehrheit meiner Parteigruppe am Philosophischen Institut sich für meine Aufnahme in die SED ausgesprochen. 17 von 21 Studenten hatten bei der ersten Abstimmung mit Ja gestimmt. Tags darauf war die Parteileitung zahlreich angerückt, legte ihr Veto ein, und die Abstimmung musste so oft wiederholt werden, bis das Ergebnis konvenierte.

Für das Theater war es egal, unser Ensemble war ja zerschlagen. Sein Chef Biermann brauchte daher die Parteimitgliedschaft nicht mehr. Im Grunde waren diese Obergenossen realistischer als ich. Sie rochen meine überschlaue List. Dennoch traf diese Exkommunikation mein kommunistisches Kinderherz. Ich schrieb mir den Frust vom Herzen:

Antrittsrede des Sängers

Die einst vor Maschinengewehren mutig bestanden
fürchten sich vor meiner Guitarre. Panik
breitet sich aus, wenn ich den Rachen öffne und
Angstschweiß tritt den Büroelephanten auf den Rüssel
wenn ich mit Liedern den Saal heimsuche, wahrlich:
Ein Ungeheuer, eine Pest, das muss ich sein, wahrlich
Ein Dinosaurier tanzt auf dem Marx-Engels-Platz
Ein Rohrkrepierer, fester Kloß im feisten Hals
der Verantwortlichen, die nichts so fürchten wie
Verantwortung
Also
hackt ihr den Fuß euch lieber ab
als dass ihr ihn wascht?! Verdurstet ihr lieber
als dass ihr den Bittersaft meiner Wahrheit trinkt?!
Mensch!
Schnallt euch die Angstriemen von der Brust!
Und wenn ihr fürchtet das Herz möcht euch herausfalln
Mensch!
So lockert die Fessel um zwei drei Löcher zumindest
Gewöhnt die Brust an freies Atmen, freies Schrein!
Gepresst seid nur von innerm Druck und nicht von äußerm!

Mit offner Stirn lass uns dem Tag eins machen!
Nicht hinterhältig unsre großen Träume durchs Schnupftuch
in die Welt zu schneuzen, sind wir geborn, Idiot!
Des Aufruhrs und der Freiheit Kinder sind ja unsre Väter selbst
So lasst uns unsrer Väter wahre Söhne sein: respektlos
aufkrempeln die Schlotterhemden und singen!
schreien!
unverschämt
lachen!

Auch Emma war tief enttäuscht. Sie hatte Angst um mich, denn sie wusste: Ohne die Partei läuft gar nichts. Und gegen die Partei bist du auf verlorenem Posten. Sie sah realistischer als ich, was auf uns zukam, und schrieb an Brigitt und mich:

Meine lieben Kinder,
wie gern wäre ich jetzt bei Euch. Habe alles kommen sehen, denn ich weiß – es gab auch früher schon solche Vorkommnisse, daß Genossen anderer Meinung waren –, was mit denen gemacht wurde. Man wird Euch vollkommen kalt stellen. Das Schlimme ist, daß es mit dem Ausschluß nicht aufhört. Es hat keinen Sinn, jetzt zu jammern, was Ihr hättet unterlassen sollen. Wenn ich wüßte, daß mein Sohn zum Klassenfeind übergehen würde, wäre unser Verhältnis gestört, denn das würde ich auch meinem Sohn nicht verzeihen! Aber das Gegenteil ist der Fall, ich weiß, Ihr beide und viele Freunde, die jetzt wahrscheinlich auch schief angesehen werden, habt unermüdlich für unsere Sache gearbeitet, das heißt für den Sieg des Sozialismus und für die Erhaltung des Friedens. … Du wolltest nicht feige sein. Du glaubtest, Du müßtest Mut beweisen. Aber die Zeit war nicht danach. Nun ruhen die ›gütigen‹ Augen der alten Männer voller Zorn auf Dir – das hast Du nun davon. Sie lassen sich nicht ungestraft auf die Füße treten. – Ja, mein Junge, das ist hartes Lehrgeld. Brecht hat zwar den Galilei geschrieben, aber niemals selbst verkörpert. So leicht kann man nicht Geschichte machen.

***

Es begann für mich eine diffuse Zeit zwischen Verboten- und Erlaubtsein. Ich trat mit meinen Liedern in Studentenclubs und Kulturhäusern auf. In Halle traf ich nach einer Lyriklesung im Juni '63 den Ersten Sekretär der SED-Bezirksleitung Horst Sindermann. Immerhin konnten wir noch streiten! Ein paar Monate später aber, wiederum in Halle, wurde mein Auftritt vom zuständigen Kulturfunktionär vorsorglich abgesagt.

Der Zentralrat der FDJ organisierte über Gisela Steineckert im Juni 1963 einen weiteren Lyrikabend, an dem wir Hermlinlinge noch einmal auf der Bühne des Audimax der Humboldt-Universität zusammen auftreten sollten. Unser geschasster Entdecker war natürlich ausgegrenzt. An die zehn Jungdichter saßen im Halbrund quer über die breite Bühne. Neben mir Bernd Jentzsch, Volker Braun und Sarah Kirsch. Alle hockten brav wie die Hühner auf der Stange und warteten darauf, ihr Ei an der Bühnenrampe legen zu dürfen. Das Thema hatte der Zentralrat festgelegt: Nichts Politisches! Ausschließlich Liebesgedichte! Und weil die Steineckert auf Nummer sicher gehen wollte, musste jedes lyrische Hühnchen seine Eier vorher abliefern zur Genehmigung. Mich nahm sie besonders scharf unter Kontrolle, doch weil ich so gerne dabei sein wollte, beugte ich mich dieser Vorzensur.

Von uns aus gesehen links auf der Bühne saß die voluminöse Moderatorin an einem Tischchen mit Leselampe. Vor uns der Saal gerammelt voll. In der ersten Reihe saß, in modellhafter Sitzordnung, der Kontrollapparat des Regimes. Links der höchste Funktionär an diesem Abend, der Goethe- und Schiller-Stalinist Alexander Abusch. Er galt als der zweithässlichste Genosse in der Parteiführung. Neben ihm ein hoher Kulturfunktionär vom ZK der SED, daneben der Erste Sekretär für Kultur im Zentralrat der FDJ, neben diesem wiederum ein Funktionär der SED-Bezirksleitung. Dessen Sitznachbar ein zuverlässiger Genosse der SED-Kreisleitung Humboldt-Universität – und so ging das weiter bis zum Ende dieser komischen Reihe. Hinter der Obrigkeit, ab der zweiten Reihe, lümmelte in lebendiger Unordnung das Volk, also neugierige Studenten, der Lehrkörper, Kiebitze und allerhand kleine und größere Künstler.

Ein Liebesgedicht nach dem anderen sollte ins gemachte Nest gelegt werden. Die Steineckert rief ihre Liebeslyriker auf, sie staksten nach vorn an die Rampe und rezitierten schon im höheren Hermlin-Ton ihre Verse ins Mikrophon. Sarah Kirsch las Wald-Wiesen-Garten-Vögel-und-Bienen-Gedichte mit eingebauten politischen Vexierbildern, nach der Methode: Suche den Mörder! Suche die Wahrheit! Suche das unbotmäßige Widerwort! Bernd Jentzsch las feinziselierte Kleinstadtdichtung, Volker Braun mit leiser Monotonie grobschlächtige Großstadtpoesie.

Dann kam ich an die Reihe. Ein zweites Mikrophon für die Gitarre war vorbereitet. Ich stützte meinen rechten Fuß auf einen Stuhl und lieferte auf einem Bein meine drei Liebeslieder. Wir waren inzwischen schon kleine Profis, alles kam ganz lässig über die Rampe. Nach meinem ersten Liebeslied: freundlicher Applaus. Nach dem zweiten: freundlicher Applaus. Nach dem dritten: freundlicher Applaus. Die Liebe eben, in den Zeiten des Kalten Krieges und der brachialen Liebe zur Menschheit. Ich ging brav zurück zu meinem Stuhl. Aber der labbrige Applaus hörte nicht auf. Das bedeutete nicht etwa: Du hast so schön gesungen, sondern: Mensch Biermann, sing endlich was anderes, du Feigling! Es kursierten ja schon damals, besonders unter den Studenten, die Tonbandaufnahmen, die ich von meinen Liedern gemacht hatte, x-mal kopiert. Meine frechsten Lieder wollten die jungen Helden hören. Etwa mein realsozialistisches Sauflied über den guten Funktionär:

Wenn's mal keine Zwiebeln gibt
Lügt er nicht im Ganzen:
Zwiebeln wären ungesund
Sondern sagt: Wir können nur
Essen was wir pflanzen

Läuft der Laden wie geschmiert
Funktionär funktioniert
Keine Fragen? – Keine Frage!
Darauf noch 'ne Lage!

Schon solche harmlosen Keckheiten provozierten hohngeladenes Gejohle. Was die Leute an diesem giftigen Humor entzückte? In den HO-Läden und im Konsum war Butter grade mal wieder zur Mangelware geworden. Und Walter Ulbricht hatte auf dem VI. Parteitag verkündet: »Die Wissenschaft hat nämlich erkannt, dass ein zu hoher Butterverbrauch die Arteriosklerose begünstigt. Es ist nur gut, dass ich nicht so viel Butter esse, weil ich nicht nur die Adenauer-Regierung, sondern auch noch manche andere Regierung in Westdeutschland überleben möchte.«

Statt solche Spottlieder oder ähnliche Frechheiten zu liefern, führte ich nun eine kleine Pantomime auf. Mit aufgerissenen Augen starrte ich zur Steineckert und grinste. Jeder im Auditorium verstand: Der Biermann darf nicht. Die provokante Dauerklatscherei wurde lauter. Es war eine clowneske Nötigung mit den Mitteln des Stummfilms. Ich gestikulierte ein keckes Fragezeichen zur Steineckert, aber die dachte gar nicht daran, mir das Ok für eine Zugabe zu geben. Sie glubschte nun diagonal über die Rampe zu ihrem Auftraggeber vom Zentralrat der FDJ und schob so an ihn die Entscheidung weiter. Der aber wollte nicht die Verantwortung übernehmen. Und nun lief vor unseren Augen eine urkomische Pantomime ab, direkt in der ersten Reihe des Parketts. Der Unterfunktionär lenkte mit eleganter Wut das Problem weiter an seinen Vorgesetzten. Dieser machte es genauso mit seinem Nebenmann, eine stalinistische Stille Post der Apparatschiks. Auf diese Weise gelangte die heikle Frage »Darf er?« der Reihe nach endlich bis zum ZK-Mitglied Abusch. Neben dem saß kein noch höherer Genosse. Also musste Abusch entscheiden. Wollte er aber nicht, sondern lieferte seinem Nebenmann statt einer Antwort eine diffuse Geste. Er zog die Schultern hoch und zeigte seine Handflächen vor – und das konnte alles heißen: ja oder nein. Mach, wie du willst. Das musst du schon selbst entscheiden, Genosse!

Und mit dieser Geste, wie von einem Slapstick-Regisseur inszeniert, gab einer dem andern den Schwarzen Peter der Entscheidung die ganze lange Reihe zurück, und die heikle Frage landete wieder bei der Steineckert. Und weil die Leute ungnädig immer weiterklatschten, blieb unserer Moderatorin, wie man im DDR-Jargon spottete, nichts-walter-ulbricht, als selbst zu entscheiden. Sie gab mir resigniert das Ok für eine Zugabe. Nun erhob sich ein fröhliches Triumph-Geklatsche.

Ich nutzte die abgetrotzte Chance halb feige, halb frech. Ich spielte ein paar Takte in E-Dur, drosch den Rhythmus und sagte: »Ich habe jetzt genug von diesen ewigen Liebesliedern.« Aus dem

Saal gellte mir ein frohlockendes Geheul der frechen Feiglinge entgegen. Dann redete ich in das Gitarrenspiel rein: »Ich singe jetzt ein politisch' Lied!« Nun kochte im Auditorium eine heiße Skandalfreude hoch. Ich begann mit dem langen Prosatitel der Ballade. In brechtscher Manier wird die ganze Geschichte schon knapp ausgeplärrt, damit das Publikum sich dann darauf konzentrieren kann, nicht was, sondern wie die unerhörte Begebenheit passiert:

Die Ballade vom Briefträger William L. Moore aus Baltimore, der im Jahre '63 allein in die Südstaaten wanderte. Er protestierte gegen die Verfolgung der Neger. Er wurde erschossen nach einer Woche. Drei Kugeln trafen ihn in die Stirn.

Sonntag, da ruhte William L. Moore
von seiner Arbeit aus
Er war ein armer Briefträger nur
in Baltimore stand sein Haus

Montag, ein Tag in Baltimore
sprach er zu seiner Frau:
»Ich will nicht länger Briefträger sein
ich geh nach Süden auf Tour (that's sure)«
Black and White, unite! Unite!
schrieb er auf ein Schild
White and Black – die Schranken weg!
Und er ging ganz allein.

Und so geht es weiter, für jeden Wochentag eine Strophe mit einer markanten Episode. Am Ende liegt der Mann tot im Gras.

Ich habe nie im Leben von der Bühne aus beim Singen eines Liedes so viel gesehen und erlebt wie in diesen drei Minuten. Als ich mit dem Reizwort »ein politisch' Lied« aus Goethes »Faust« die Ballade ankündigte, sprang rechts vor mir der Sekretär der Kreisleitung auf. Er wollte wohl vor den Augen seiner höheren Genossen die ungarische Konterrevolution niederschlagen und mir das Mikrophon wegreißen. Aber er zögerte noch mit dem Tigersprung auf die Bühne. Die Gesichter der Funktionäre schreckverzerrt. Manche saßen nur noch mit der halben Arschbacke auf dem

Klappsitz. Als sie aber den Titel gehört hatten und merkten, es ist eine Ballade gegen die Verfolgung der Schwarzen beim amerikanischen Klassenfeind, wurden sie schon ruhiger. Aber sicher waren sie noch lange nicht, denn im Laufe der sieben Wochentage bis zum tragischen Heldentod des William L. Moore konnten sich ja noch einige politische Fallgruben auftun.

Als das lange Lied endlich zu Ende war und der Held den Märtyrertod erlitten hatte, die Gitarre schwieg und der Sänger sich verbeugte, hatte ich eine neue Fangemeinde erobert. Die erste Reihe klatschte nun frenetisch, und das hieß auf Deutsch: Unser Wolf! Er ist doch einer von uns! Die Studenten aber waren enttäuscht von mir. Die Feiglinge verachteten mich für meine Feigheit. Mancher Maulheld wäre an diesem Abend so gerne mit meinem Arsch durchs Feuer geritten.

Seitdem das b.a.t., meine kleine Theaterkanone, konfisziert worden war, konzentrierte ich mich auf kleinere Handfeuerwaffen, meine Lieder und Gedichte, und auf mein klingendes Holzschwert mit sechs Saiten. Ernst Busch hatte Brigitt und mich eingeladen zu sich in seine Villa in Niederschönhausen. Ich spielte ihm paar Lieder vor, er spielte mir im Gegenzug seine Klassiker auf dem Plattenspieler ab. Tucholsky und Eisler: »Wenn die Igel in der Abendstunde / Still zu ihren Mäusen geh'n …« Er klagte darüber, nein er wetterte, dass viele seiner Lieder in der DDR unterdrückt seien. Da staunte ich. »Zum Beispiel dieses Lied von der Jarama-Front im Spanischen Bürgerkrieg durfte ich nicht singen«, schimpfte er. Er legte die alte Schellackplatte auf: »In dem Tal dort am Rio Jarama / Schlugen wir unsre blutigste Schlacht …« Das Lied kannte ich. Es war, soweit ich wusste, nicht verboten. Die DDR schmückte sich gern mit Kämpfern aus dem Spanischen Bürgerkrieg. »Doch!«, sagte Busch, »das habe ich selber gedichtet, und es wurde mir verboten wegen der Zeilen: ›Ja, wir haben die Stellung verlassen / Denn es half auch kein: Oh, Herr – mon Dieu! / Kameraden der Inter-Brigaden / Unsern Toten ein letztes Adieu!‹ Dieses Lied wurde mir verboten, weil es eine Niederlage schildert! Und in Dessaus ›Spaniens Himmel‹ sollte ich nicht singen: ›Wir kämpfen und sterben für dich: Freiheit!‹, sondern immer schön siegen: ›Wir kämpfen und siegen für dich!‹«

Ernst Busch konnte ein eigensinniger Querulant sein. Darüber kursierten Anekdoten aus den Galilei-Proben am BE genug. Es kämpfte also auch unser unantastbarer Held, der Spanienkämpfer, der Zuchthaus-Häftling, der geniale Sänger und Schauspieler Busch seinen Kleinkrieg mit der Partei. Er hatte nach dem Krieg seine eigene private Plattenfirma gegründet und wollte sein riesiges Repertoire auf eigene Rechnung verkaufen. Diese kapitalistische Allüre wurde ihm vermasselt. Busch war kein Diplomat und auch kein Schleimscheißer. Er hetzte mich Hetzer noch auf. Parteichef Ulbricht schimpfte er nur den »Holzhauer«. Und unsere DDR-Regierung, ketzerte er mit bösem Vergnügen, dürfe man nicht verwechseln mit der Arbeiterbewegung! Er ermunterte mich zur Widerborstigkeit. Er würde vielleicht auch mal ein paar Lieder von mir singen. Das klang mir wie bolschewistische Zukunftsmusik. Wir nahmen etwas später zusammen in seinem Studio das Brecht-Lied »Legende vom toten Soldaten« auf, im Wechselgesang. Und ich fand, der Alte singt viel jünger als ich. Was will der mit mir? Vielleicht war es wie früher bei den Mädchen in der Kleinstadt. Da nahm immer eine Schöne eine hässliche Freundin mit auf den Tanzboden, damit die Schöne noch mehr wie eine Venus aufleuchtet.

Aber ich hatte in diesem lehrreichen Frühjahr auch noch andere Esel zu kämmen: Ich war Student im letzten Semester. Mein Zweitfach Mathematik hatte ich glücklich mit einer Eins abgeschlossen. Diese Eins erwarb ich mit den Lagrange'schen Gleichungen erster und zweiter Art in der Mechanik der speziellen Relativitätstheorie. Aus Daffke hatte ich Mathematik als Studienfach gewählt, denn mit der Genossin Emma Biermann hatte ich noch eine alte Rechnung aus dem Jahre 1952 offen: ihren Hammersatz zur Fünf unter der Mathearbeit bei Dr. Haupt. Nun, über zehn Jahre später, war meine Mathe-Eins ein Trostpflaster auf der wunden Seele meiner geliebten Mutter.

Meine Diplomarbeit im Hauptfach Philosophie hatte ich abgegeben. Für die Untersuchung über die »Informationsästhetik« des Philosophieprofessors Max Bense an der Technischen Hochschule in Stuttgart erntete ich eine Zwei. Bense hatte den Versuch unternommen, eine moderne mathematische Theorie der Ästhetik zu schaffen. Die mündlichen Prüfungen zum Diplom standen noch aus. Als die Termine dafür angesetzt waren, konspirierte unser einziger bedeutender Philosoph, mein verehrter und bewunderter Lehrer Professor Wolfgang Heise, im Philosophischen Institut mit mir in einem Gespräch im Vorübergehn auf der Treppe, auf der er mich abfing. Wir duzten uns inzwischen, er war nur elf Jahre älter als ich. Er sagte: »Wolf, du musst sofort krank werden. Und zwar etwas länger – und ernsthaft.« Und damit ich verstand, sagte er mir nur so viel: »Es gibt einflussreiche Leute, die dein Examen verhindern wollen. Das Klügste ist jetzt eine richtige Krankheit. Und dann warten wir ab, bis vom Politbüro eine andere Sau durchs Dorf gejagt wird.«

Ich fragte nicht lange nach und ging zu meinem Freund, einem Internisten mit dem georgischen Namen Tsouloukidse. Er war seit Jahren mein vertrauter Hausarzt, der noch mehr als an Medizin an Literatur interessiert war, und eigentlich nur an Sprachen, und noch eigentlicher ein Pianist hatte werden wollen. Er war wie besessen von einer fixen Idee: Er suchte nach den Elementen der Ursprache der Menschheit. Seine Arztpraxis lag gleich neben dem Berliner Ensemble am Schiffbauerdamm. Tsouloukidse machte keine Umstände. Er sah auf den ersten Blick, dass ich eine schwere Verengung der Herzkranzgefäße hatte, eine dramatische Vorstufe zum Herzinfarkt. Er lieferte mir das notwendige Gutachten mit Stempel und Unterschrift. Die Uni-Verwaltung musste mich als schwerkrank registrieren und den Fall Biermann beiseitelegen. Die Prüfungen fanden ohne mich statt.

Einige Monate später, der Sommer war längst vorbei, traf ich meinen Professor Heise wieder. Er lächelte und sagte: »Jetzt kannst du wieder gesund sein. Ich habe eine provisorische Prüfungskommission zusammengestellt, dazu auch den alten Besenbruch als zweiten Professor, den Hörz und den Hegel-Stiehler. Wir machen eine Sonderprüfung mit dir. Ich gebe dir diese Chance, aber die Prüfung musst du bestehen! Ich möchte mich nicht blamieren.«

Ich büffelte noch mal die Fächer durch: Logik, dialektischen Materialismus, Erkenntnistheorie, antike Philosophie, mehr Hegel als Marx, mehr Marx als Lenin. Die Prüfung im Januar 1964 war hart. Die Prüfer dachten bei diesem kleinen Coup wohl schon an die bohrenden Fragen der Inquisition, an die unvermeidlichen Parteiversammlungen. Ich bestand mit einer guten Note. So schlugen wir den Betonköpfen im Politbüro ein kleines Schnippchen. Doch die verantwortlichen Genossen im ZK waren wütend über dieses Husarenstück. Das Diplom wurde mir nicht ausgehändigt. Wolfgang Heise war den Dogmatikern ein Dorn im Auge. Er sollte zwei Jahre später die Rechnung für seine tapfere Tat zahlen.

Was verboten ist, das macht uns grade scharf!

Zwischen Mikrophon und Maulkorb

Anfang der sechziger Jahre gewann ich einen erfahrenen Freund, den Chemieprofessor Robert Havemann. Im berühmten Emil-Fischer-Hörsaal des Chemischen Instituts der HU, also in der Aura von Otto Hahn und Lise Meitner, bereiteten wir einen Biermann-Abend vor. Termin: 2. Dezember 1963. Die FDJ-Leitung lief Sturm. Der Auftritt wurde verboten. Havemann protestierte bei der Kreisleitung der Partei. Daraufhin wurde das Verbot verboten. Doch dann wurde von Paul Verner, dem Chef der SED-Bezirksleitung, das Verbot des Verbots abermals verboten. Havemann intervenierte nun bei Kurt Hager im ZK, so dass das Konzert schließlich von ganz oben endgültig erlaubt wurde. Mehr Werbung kann man nicht haben. Der Abend mit Liedern und Texten wurde munter, und Robert genoss unseren Triumph gegen die Maulkorb-Bürokraten. Die beiden Brecht-Schauspieler Fred Düren und Elsa Grube-Deister lasen meine Texte viel besser als ich. Und ich hielt mich an der Gitarre fest beim Liedersingen.

In diesem Wintersemester 1963/64 hielt Robert Havemann an der Humboldt-Universität fakultative Vorlesungen mit antitotalitärer Sprengkraft. Er war 1943 als Kommunist und Mitglied der Widerstandsgruppe »Europäische Union« mit seinem Freund, dem Arzt Georg Groscurth, vom Blutrichter Freisler im Volksgerichtshof in Berlin zum Tode verurteilt worden. Ganz nebenbei, das wusste die

Gestapo nicht, hatten die beiden Freunde etlichen Juden geholfen, sich als »U-Boote« in Berlin zu verstecken – Unterschlupf, gefälschte Ausweise, Lebensmittelkarten, Geld. Groscurth wurde von den Nazis im Mai 1944 im Zuchthaus Brandenburg guillotiniert, obwohl diese französische Form der Hinrichtung dem Führer eigentlich zuwider war: französisch dekadent, undeutsch.

In der Todeszelle gelang es Havemann, dem Tod fürs Erste von der Schippe zu springen. Einflussreiche Kollegen beim Giftgas-Projekt des Heereswaffenamtes redeten den Nazis ein, dieser Hochverräter könne als begnadeter Chemiker durch kriegswichtige Entdeckungen noch nützlich sein. Hitlers Krieg lief schon schön schlecht. So richteten die Nazis dem Häftling mitten im Gefängnis ein komplettes Labor ein. Havemann orderte alle Geräte, alle Materialien, Werkzeuge, eine Schreibmaschine sogar. Er schaffte es, sich einen Kurzwellenempfänger zu basteln, und so hörte er – hinter Gittern! – den Feindsender BBC London.

Die heimliche KP-Zentrale war in der Tischlerei des riesigen Knastes. Für seine Genossen im Gefängnis tippte Havemann die illegale Gefängniszeitung »Drahtlose Nachrichten« mit hochwichtigen Informationen über den Kriegsverlauf. Zudem entwickelte er ein Kampfgas und füllte es in kleinen Ampullen ab. Dafür wurden handliche Holzbehälter gedrechselt. Havemann tat dies vorsorglich zur Selbstverteidigung der Häftlinge, falls die SS-Wachmannschaften in der Panik des Endkampfes 1945 womöglich noch alle »Politischen« liquidieren wollten. An strategischen Punkten des Zuchthauses wurden diese Giftampullen versteckt, weich gebettet in Sägemehl.

Havemann gehörte zu den Insassen, die am 27. April 1945 von der Sowjetarmee befreit wurden. Bald nach dem Krieg war er von West-Berlin in den Osten gewechselt. Die Amerikaner hatten ihn gefeuert, nachdem er 1950 im *Neuen Deutschland* einen Artikel gegen die Wasserstoffbombe der USA veröffentlicht hatte. Es sah für den US-Geheimdienst so aus, als ob Havemann ein Atomspion des Ostens sei, der – besonders raffiniert getarnt in Form eines Zeitungsartikels! – den Sowjets das streng geheime Kochrezept für die Wasserstoffbombe verraten hatte.

Havemann war nach dieser Affäre DDR-Bürger geworden, und er avancierte, als alter KPD-Genosse seit 1932, automatisch zu einem SED-Kader der Nomenklatura. Er wurde sogleich Direktor des Instituts für Physikalische Chemie und Prorektor der Humboldt-Uni. Als Abgeordneter der Fraktion des DDR-Kulturbundes wurde er Mitglied der Volkskammer und funktionierte fortan für die DDR als antifaschistische Mehrzweckwaffe im Kalten Krieg. Er besuchte 1960 zusammen mit dem Fraktionsvorsitzenden der Ost-CDU Gerald Götting in offizieller Propagandamission die legendäre Kultfigur Albert Schweitzer in Lambarene. Er stärkte das Renommee der DDR auf Kongressen im Westen als einäugiger Friedenskämpfer und besuchte mit offiziellen Delegationen die Bruderländer. Nebenbei forschte er für die Stasi wichtige Westkollegen aus und lieferte dann der »Firma« seine Berichte. Er denunzierte politisch unzuverlässige Kollegen der Humboldt-Universität beim MfS. Und er exmatrikulierte auf Wunsch der Partei evangelische Studenten, weil sie zur Jungen Gemeinde gehörten.

Das hat er mir nie erzählt: Er war von 1953 bis 1955 zunächst Kontaktperson, dann ab 1956 bis 1963 »Geheimer Informator« (GI) der Staatssicherheit gewesen, sein Deckname war »Leitz«. Von 1946 bis 1952 hatte er zudem für die sowjetische Geheimpolizei gearbeitet. Er war stolz darauf, dass er sich seinen Befreiern von 1945 nützlich machen konnte mit einigen Erfindungen, etwa einer raffiniert einfachen Glaskugel, die sehr robust und zuverlässig in den riesigen unbewohnten Gebieten Sibiriens feindliche Atombombenexplosionen registrieren und lokalisieren konnte. Er rechnete fest damit, dass die sowjetischen Genossen ihn raushaun, wenn er mit den deutschen Quislingen in Kalamitäten geraten würde. Havemann genoss die standardisierten Privilegien der Diktatur. An den alten Fotos sehe ich es: Er sah in diesen fetten Jahren auch entsprechend aus.

Doch nach dem XX. Parteitag der KPdSU 1956 hatte sich Havemann zwar langsam, aber mehr und mehr verändert. Wie manche seiner alten Genossen war er entsetzt. Tief erschüttert waren wir alle über den Archipel Gulag, über Stalins Massenmorde, besonders an den eigenen Genossen. So erging es auch anderen erfahrenen Linken wie unserem Freund, dem Rechtsanwalt Götz Berger, oder dem Chef des Aufbau-Verlages Walter Janka, beide waren Spanienkämpfer. Sie erinnerten sich an das, was sie eigentlich mal mit sich und der Welt vorgehabt hatten. Diese nun aufgeschreckten Alten wurden im Sinne einer Renaissance wieder jung, wurden im ethischen Sinne wieder Kommunisten, also Rebellen. Aus Sicht des Parteiapparats waren sie allerdings Nestbeschmutzer, waren Verräter geworden, gekaufte Renegaten im Dienste des westlichen Klassenfeinds.

In diesem Winter '63/64 missbrauchte Robert Havemann seine Position als ordentlicher Chemieprofessor. Er hielt neben seinem normalen Pensum nun wöchentlich eine Vorlesung für Studenten aller Fakultäten. Sein Thema war ein Sack, in den allerhand reinpasste: »Naturwissenschaftliche Aspekte der Philosophie«. Dieser Titel erwies sich als ein Trojanisches Pferd vor den verrammelten Toren der Parteidiktatur. Der unbotmäßige Universitätslehrer transportierte – zum Entsetzen der ideologischen Kontrolleure – kommunistische Ketzergedanken in die heißhungrigen Köpfe. Zu jeder Vorlesung im ehrwürdigen Emil-Fischer-Hörsaal kamen Zuhörer aus der ganzen DDR extra angereist. Havemann sprach frei, er extemporierte provokant über echte Freiheit, echte Demokratie in einem revolutionär reformierten Sozialismus. Und dabei pries er nicht etwa das Modell der kapitalistischen Wohlstandsdemokratie an. Im Gegenteil! Er spottete über Walter Ulbrichts Propagandaphrase von 1957. Ulbricht wollte damals den reichen Westen pseudodialektisch »überholen, ohne einzuholen«. Unsere Bürokraten wollten mit einem »Gulasch-Kommunismus« dem Volk das Maul stopfen, also Machterhalt durch Zuckerbrot. Havemann drehte den Spieß dialektisch um: »Wir werden den Wettlauf mit dem Kapitalismus haushoch gewinnen, wenn wir endlich aufhören, in dieselbe Richtung zu laufen.« Da hatte er die Lacher auf seiner Seite: uns! Sein Manuskript auf dem Pult war nur ein DIN-A4-Zettel mit ein paar Stichworten. Hoch über seinem Kopf hing an der Wand die riesige Tafel mit dem System der chemischen Elemente. So lieferte der Chemiker, mit der Chemie-Nomenklatura im Rücken, geistige Waffen gegen die Partei-Nomenklatura – ein innovatives Fach: subversive Politchemie.

***

Mit dem Diplom in Philosophie und Mathematik war mein bequemer Status als Student mit Stipendium beendet. Ich hatte zwei, drei

Jahre zuvor für mich das Wort »Liedermacher« erfunden, natürlich in Anlehnung an Brecht, an seine unverschämt bescheidene Wortschöpfung »Stückeschreiber«. Ich tingelte mit diesem Titel durch DDR-Dörfer wie Weimar, Rostock, Leipzig, Dresden und Jüterbog. Meine Konzerte hatten sich im Laufe der Zeit rumgesprochen, ich verdiente damit kleines Geld. Nun musste der Mietkünstler Biermann den Liederdichter ernähren. Gelegentlich trat ich mit den Jazz Optimisten auf, mit Manfred Krug und Eberhard Esche, in den Veranstaltungen, die der Jazz-Moderator Josh Sellhorn für den Verlag Volk und Welt unter dem Titel »Jazz & Lyrik« organisierte. Es erschien sogar hier und dort über meine Auftritte ein kleiner Artikel. Ein großer sogar im beliebtesten Monatsblatt der DDR, *Das Magazin*. Dieses buntgemischte Heft war chronische Mangelware, ein neues Abonnement war nicht mehr zu kriegen, und an den Kiosken war es sofort ausverkauft. Der Grund: In jeder Nummer erschien das einzige saubersozialistische Nacktfoto der DDR. Hilde Eisler, die Schwägerin von Hanns Eisler, war die Chefredakteurin. Sie ließ von Hansgeorg Stengel im März 1962 den ersten großen Artikel über mich, den »Troubadour de Berlin«, schreiben. Immerhin mit einer Auflage von 500 000 Stück bei siebzehn Millionen DDR-Bürgern.

Erhard Scherner, der mir mein Theaterstück versaut hatte, arrangierte ein Gespräch zwischen mir und dem SED-Chefideologen Kurt Hager in dessen ZK-Büro. Der allmächtige Mann sollte den vorlauten Liedermacher auf'n Topp setzen, sollte mich zurückreißen vom Abgrund des Verrats. Und ich wollte ja! Ich war so harmoniesüchtig, dass ich von diesem Pack auch ganz gern hätte gerettet werden wollen. Ich hielt all die Querelen noch für ein Missverständnis, das aufgeklärt werden kann. Ich, der brave Wolf, beklagte mich bei Hager wie ein geprügelter Hund über den Maulkorb. Ich beschwerte mich ganz oben über das Verbot unseres Hinterhof-Theaters b.a.t. im Prenzlauer Berg.

Hager reagierte eloquent. Er gab gönnerhaft zu, dass manche »unteren Organe« noch an der alten bürokratischen Krankheit leiden. Er selbst aber, und die Genossen im Politbüro, seien sehr wohl auf der Höhe der neuen Zeit. Ein Risiko sei leider der Genosse Chruschtschow geworden, weil der mit seiner Politik der Liberalisierung die Kräfte der Konterrevolution aus den Löchern locke.

In der DDR habe es aber nie Personenkult gegeben. Wer also bei uns von Fehlern der Parteiführung redet, wolle den Kapitalismus wiedereinführen und müsse die geballte Faust der siegreichen Arbeiterklasse zu spüren bekommen.

Wir glitten nun tiefer ab in höhere Philosophie. Auch Hager hatte seinen Hegel gelesen. Er dozierte von der Partei als proletarischer Avantgarde des Hegel'schen Weltgeistes. So kamen wir schnell zu Hegels Kernsatz: »Was wirklich ist, das ist vernünftig«, und natürlich dann zu Heines Volte, der diesen konservativen Glaubenssatz ins revolutionäre Gegenteil uminterpretierte. So gerieten wir in einen Religionsdisput halbverfeindeter Halbwisser. Enttäuscht und ohne Ergebnis kehrte ich aus dem Parteipalast in meine Höhle zurück. Immerhin hatte die Aussprache eine angenehme Wirkung. Der Chefideologe erkannte: Der hungrige Wolf braucht einen Knochen mit noch bisschen Fleisch dran, damit er am Ende doch noch ein braver Hofhund wird.

In Ost-Berlin spielte das berühmte Staatskabarett »Die Distel«. Der Chef war kein Komödiant, sondern einer von den Genossen, über die man den Witz flüsterte: »Der Helm eines guten Bolschewisten hat viele Beulen. Und nicht alle stammen vom Klassenfeind.« Dr. Honigmann war ein entjudeter Intellektueller aus der englischen Emigration. Diese Art Westemigranten wurde von den stalin-gestählten Kadern aus der sowjetischen Emigration misstrauisch beobachtet. Genosse Honigmann erhielt den Parteiauftrag, er solle den bissigen Biermann domestizieren durch ein Engagement.

Das Kabarett Die Distel bot dafür die ideale Gelegenheit. Mit den Waffen der Satire wurden dort tote Hunde totgeschlagen, die vorher von der Propagandaabteilung des ZK angeliefert worden waren. Witzlose Witze unter Parteikontrolle. Für die staatlich lizenzierten Spaßmacher galt ein Aphorismus, den der polnische Dichter Stanisław Jerzy Lec erfunden hatte: »Ein feiger Satiriker erzeugt nur einen Witz: sich.« Die Distel war das Gegenstück zu den echten Ketzern in Leipzig, wo das Studentenkabarett »Rat der Spötter« schon 1961 die Ehre hatte, wegen konterrevolutionärer Spöttereien verboten zu werden. Der Witzkopf Peter Sodann wurde wegen »staatsfeindlicher Hetze« zu vierundzwanzig Monaten VEB-Knast auf Bewährung verurteilt und saß neun Monate in U-Haft.

In der Distel waren zwei verschiedene Programme geplant, Tag um Tag im Wechsel. In dem einen sollte ich – jedes Mal als letzte Nummer vor der Pause – meine Lieder singen. Dr. Honigmann bot mir einen Vertrag an, in dem vier harmlose Titel festgeschrieben waren, also nicht die polemischen Lieder wie »Warte nicht auf bessre Zeiten«, die »Opportunisten-Ballade« oder »Was verboten ist, das macht uns grade scharf« – alles Pasquille, die ich den Freunden in meiner Küche vorsang. Aber immerhin hundert Mark Abendgage. Am 4. März 1964 unterschrieb ich die Verpflichtung. So verdiente ich ein fettes Jahr lang jeden Monat mehr Geld, als ich brauchte.

***

Am Nachmittag vor meiner Vertragsunterzeichnung hatte ich hohen Besuch, Margot Honecker. Das verband uns: Ihr Vater war ein Kampfgefährte meines Großvaters gewesen. Wir waren beide Kinder des kommunistischen Proletarieradels. Margots Vater, der Schuhmacher Gotthard Feist, war ein Funktionär des Rotfrontkämpferbundes in Halle an der Saale, wo der RFB 1924 gegründet worden war. Sein Hallenser Genosse, mein Großvater, der Bauarbeiter Karl Dietrich, wurde ein führender Kader im Hamburger RFB. Wenn in den zwanziger und Anfang der dreißiger Jahre zentrale Rotfrontkämpfer-Treffen in Hamburg stattfanden, dann übernachteten die Sachsen aus dem roten Halle am liebsten bei ihren vertrauten Landsleuten im Arbeiterviertel am Hafen. Sie lagerten sich zur Nacht lieber auf dem nackten Fußboden in der engen Wohnung in der Lorenzstraße als im Bett bei den Hamburger Fischköpfen, deren plattdeutsche Fremdsprache nicht zu verstehen war. Auch nach Hitlers Machtergreifung hielt die Verbindung zu diesen sächsischen Genossen.

Im April 1943 besuchte uns in Hamburg ein Kurier der illegalen KPD aus Halle, Walter Ellrich. Er traf sich konspirativ in Hammerbrook mit Oma Meume und Tante Lotte und mit meiner Mutter Emma. Zur besseren Tarnung begleitete ihn ein junges Mädchen, Margot Feist. Ich selbst kann mich an diese Episode nicht erinnern. Margots Vater hatte mehrere Jahre im Zuchthaus gesessen und war 1939 aus dem KZ Buchenwald in die tote Freiheit unterm Hakenkreuz entlassen worden. Walter Ellrich und Margot trafen meine

Mutter und mich Sechsjährigen in einem schwarzen Moment. Wir hatten grade eben bei der Gestapo in Bremen erfahren, dass mein Vater tot ist.

Erst zwanzig Jahre später trafen Margot Feist und ich wieder aufeinander. Aus mir war inzwischen ein junger DDR-Lyriker geworden und aus ihr die Ministerin für Volksbildung der DDR. Seit 1963 hatte sie – kein Abitur, kein Studium, aber hochintelligent und unserer großen Sache treu ergeben – diesen Posten inne. Das Mädchen Margot Feist aus Halle hieß inzwischen Honecker. Ihr Mann Erich, Mitglied des Politbüros und Sekretär des ZK, war verantwortlich für die »bewaffneten Organe« NVA, Polizei, MfS. Er galt als Ulbrichts Kronprinz.

Den Anlass für unsere Wiederbegegnung verdankte ich Stephan Hermlin, genauer gesagt dem Skandal um die Dichterlesung in der Akademie. Meine Emma in Hamburg war nicht entzückt darüber, dass ihr Sohn als »junger Lyriker« im *ND* angegriffen worden war. Sie hatte die Hoffnung, dass Margot Honecker nicht zur Fraktion der Betonköpfe gehört, und schrieb im chaotischen Jahr 1963 einen besorgten Brief nach Ost-Berlin: »Liebe Genossin Margot, mein Sohn Wolf ist bei Euch ein junger Lyriker geworden. Wie ich höre, gibt es in der Partei Kritik gegen sein Gedicht ›An die alten Genossen‹. Ich mache mir Sorgen und habe eine Bitte. Diskutiere mit ihm ehrlich und offen, damit er nicht falsche Wege geht, mit falschen Freunden.«

Auf diesen Brief hin hatte Margot Honecker mich prompt in ihr Ministerium Unter den Linden eingeladen. Die Ministerin nahm sich die Zeit. Mit bolschewistischer Geduld und parteilicher Spucke gab sie sich Mühe. Sie wollte dem kleinen Biermann die richtige Linie der Partei im Kulturkampf verklaren. Der Streit ging um die heikle Frage, ob Chruschtschows mutiger Versuch, das blutige Tuch des Stalinismus zu lüften oder gar wegzureißen, ein Fehler war. Wir stritten darüber, ob kleine Freiheiten für die DDR eine Bedrohung sind oder eine Chance für die große Freiheit. Wir hörten einander geduldig zu, und ich widersprach gelegentlich mit argloser Schärfe. Wir konnten nicht immer einer Meinung sein, aber wir redeten ohne Falsch. Ich bin mir sicher, sie wollte beides: mir gut sein und zugleich der DDR. Ich hatte als junger Dichter Blut geleckt, wollte berühmt werden. Immer noch die Welt retten, aber auch Geld verdienen. Schöne Gedichte schreiben. Mich mit Liedern im Rampenlicht sonnen. Nebenbei in der Hauptsache den Vater rächen. Für Bananen und Apfelsinen, für Meinungsfreiheit, gegen die Privilegien der Funktionäre des Parteiapparats. Ich taumelte zwischen Karrierehoffnung und Drachentöter-Phantasien. Und wusste nicht: Streiten wir jetzt im Morgenlicht einer besseren Zeit oder im Abendlicht vor einer endlosen Nacht?

Inzwischen blühte das Frühjahr 1964. Wir hatten uns telefonisch verabredet. Margot Honecker lud mich diesmal nicht zu einem Gespräch in ihr Ministerium ein, sondern besuchte mich in meiner Wohnung. Ich wollte mit ihr Tacheles reden. Die Gründe waren klar. Alles stagnierte. Unser b.a.t.-Theater war verboten. Ich hatte bisher nur ganze drei Gedichte veröffentlichen dürfen in Lyrik-Anthologien. Und sicher war auch umgekehrt die Tatsache, dass ich mich inzwischen eng mit Robert Havemann befreundet hatte, für Margot ein Grund, mir ins Gewissen zu reden. Havemanns Vorlesungen empfanden die Herrschenden als eine Kriegserklärung.

Ich erwartete Margot vorm Haus an der stumpfen Ecke Chausseestraße/Hannoversche. Sie kam pünktlich, aber nicht mit der obligaten Tschaika-Limousine, die das Volk »Bonzen-Schleuder« schimpfte. Sie ließ sich kutschieren im Tatra, das war der tschechische Luxus-Flitzer für den privaten Gebrauch der Obergenossen. Wortlos gingen wir die zwei Treppen hoch. Ich nahm ihr den Nerz von den Schultern und wunderte mich, dass sie einen Pelz trug, und staunte, dass der so federleicht war. Sie trug ein grau-elegantes Kostüm. Sie setzte sich auf das verschlissene Polster meines riesigen alten Ohrensessels. Meine Besucherin hockte sehr unbequem auf dem dunkelbraunen Leder aus den Gründerjahren, so, als würde sie gleich wieder aufspringen. Genau das tat sie aber nicht. In dieser unbequemen Position hielt sie ungefähr zwei Stunden aus, diese Zeit brauchten wir für unser Gespräch.

Margot predigte auf mich ein. Sie appellierte an mein Klassenbewusstsein, sie mahnte meine Pflichten gegenüber meinem Vater an. Sie warnte besorgt und drohte kalt. Sie redete mit mir, aber ohne Ohren. Sie rieb mir, dem Brechtianer, den Spruch meines Meisters an einen kritischen Genossen unter die Nase: »Gehe nicht ohne uns den richtigen Weg, denn ohne uns ist er der falscheste«, und erinnerte mich an den Lyrikabend des Stephan Hermlin in der Akademie der Künste: »Wenn du so was schreibst wie dieses schreckliche Gedicht ›An die alten Genossen‹, dann muss es ja zum Bruch kommen. Das ist Konterrevolution: Abtreten, alte Genossen!« Ich widersprach: »Ach Margot, heiliger Bimbam! Dieses Gedicht war doch im Grunde ein kindliches Liebesgedicht an die alten Genossen!« Ich holte aus einem Ordner die drei DIN-A4-Seiten und fragte: »Darf ich's dir noch mal vorlesen?«

Endlich arrangierte sie sich im Riesensessel etwas bequemer und hörte zu. Als ich alles vorgelesen hatte, Wort für Wort, von Anfang bis Ende, sagte sie: »Das Gedicht ist schön … wunderbar. Da haste aber noch viel dran verbessert!« Ich dagegen: »Nein, Margot! Kein einziges Wort hab ich verändert! Keinen Punkt, kein Komma! Nichts hab ich weggelassen, nichts hinzugefügt! Es sind genau die originalen Blätter, die ich in der Akademie aus meiner Jackentasche gezogen und dann vorgelesen habe.«

Was war passiert? Hatte sie ihre Meinung geändert? Ein Mirakel? Nein. Oder hatte sie etwa damals eine von der Staatssicherheit gefälschte Fassung gelesen? Ganz gewiss nicht. Die banale Erklärung: Wir alle – auch sie – waren inzwischen einfach nur eine historische Umdrehung weiter. Der politische Konflikt, von dem dieses Gedicht erzählt, war längst rasant schärfer geworden. Ich hatte schon nicht mehr die Illusion, dass unsere DDR-Stalinisten wieder kommunistischer werden könnten, dass sie sich verändern im Prozess der Liberalisierung wie die großen Brüder in der Sowjetunion. Und: Ich hatte inzwischen viel aggressiver und radikaler, viel illusionsärmer neue Gedichte geschrieben.

Ich war nicht auf Krawall gebürstet, und Margot Honecker meinte es gut mit mir. Also blieben wir einander gewogen und wurden uns immer noch fremder. Schließlich lächelte sie resigniert: »Ach Wolf, wenn du weiter den falschen Weg gehst, werden wir Feinde. Aber wenn du den richtigen Weg gehst, mit uns, dann kannst du unser größter Dichter werden.« Ein großes Wort! Dieser Hammer- und Sichelsatz hat sich eingraviert in mein Gedächtnis. Was 'ne Hybris! Als ob irgendwelche Machtgestalten darüber bestimmen können, wer ein großer Dichter ist! Trotz alledem: Mich beeindruckte ihre neue Haltung zu meinem alten Gedicht. Ich hoffte nach diesem Gespräch, dass es doch nicht zum totalen Bruch kommen muss. Das war mein poetisches Wunschdenken. Die Prosa kam anders.

Da schwamm ich mit der Eisenbahn, hoch über die Mauer hin

Wintermärchen im Westen, Misstrauen im Osten

Kurz nach diesem Streitgespräch erschien am 11. März 1964 in der SPD-Zeitung *Hamburger Echo* ein Interview mit meinem Freund Robert Havemann. Er prangerte den DDR-Maulkorb an, den Mangel an Meinungsfreiheit, den Mangel an Information, noch deutlicher als in seinen Vorlesungen. Die Partei reagierte zuverlässig. Postwendend am Tag darauf wurde eine außerordentliche Mitgliederversammlung der SED-Parteiorganisation an der Humboldt-Uni einberufen. Havemann flog aus der Partei. Er habe sich des »Verrats an der Sache der Arbeiter- und Bauernmacht schuldig gemacht«. Auch seine Professur an der Hochschule verlor er von heute auf morgen. Der Staatssekretär für Hoch- und Fachschulwesen entzog dem Professor seinen Lehrauftrag.

Ich war eingeschüchtert. Havemann aber blieb unverwüstlich optimistisch und behauptete sogar, das sei das Beste, was ihm hätte passieren können. Meine Emma in Hamburg machte sich nun noch größere Sorgen. Sie hielt Havemann für gefährlich. Ihr bolschewistisches Mutterherz spürte, dass dieser eitle Knochen mich zu Kühnheiten verführen könnte, denen ihr Wölflein nicht gewachsen war. Und auch mein Weib Brigitt Soubeyran hielt meinen Freund für einen falschen Freund, für einen Vabanquespieler.

Robert bewohnte eine Dauer-Datscha am Möllensee, südöstlich von Berlin. Sein Motorboot, ein breiter Kutschenkahn für fröhliche Leute unten am Steg, hatte den launigen Namen »Kuddeldaddeldu«. Bei Havemann tummelten sich linke Ketzer, renitente Lüürikker wie Dieter Mucke, nicht-linientreue Genossen wie der Parteisekretär der Humboldt-Uni Werner Tzschoppe, eigensinnige Bloch-Schüler wie der Sprachwissenschaftler Manfred Bierwisch, verkrampfte Künstler wie die Bildhauerin Ingeborg Hunzinger, kauzige Literaten wie der Romancier Manfred Bieler. Und wenn Robert am Kaminfeuer alle Probleme der Menschheit geistreich geklärt hatte und eine halbe Flasche Weingeist im Blut, dann rezitierte er vollendet, mit nur halb gespieltem Lallen, seinen Lieblingsdichter. Das war nicht ich, sondern der Fischkopf aus Wurzen bei Leipzig, der reimende Klabautermann Ringelnatz.

Zur Freude der Herrschenden zerstritten wir uns manchmal. Und zu ihrem Kummer verbrüderten wir uns immer wieder. Havemann war damals vierundfünfzig Jahre alt, ich achtundzwanzig. Seine Furchtlosigkeit machte mir manchmal Angst. Ich fragte mich: Bin ich etwa feige? Oder bin ich vernünftig? Mein Freund Ronald Paris, auch seine Frau, die Fotografin Helga Paris, waren mit uns solidarisch, fanden aber auch, dass Freund Havemann zu eitel sei. Fritz Cremer, selbst immer wieder hin- und hergerissen zwischen Revolte und Kleinbeigeben, riet mir, ich solle mich lieber »auf die Kunst konzentrieren«. Aber Robert und ich waren ideale Komplizen. Alter Fuchs und junger Wolf. Als Gegensätze passten wir bestens zusammen. Seit Robert der Guillotine im Naziknast entronnen war, hielt er sich für unsterblich. Er begrüßte sich jeden Morgen im Spiegel und beglückwünschte die Menschheit dazu, dass er am Leben war. Ich das passende Gegenstück. Fast im Sinne einer Berufskrankheit: immer im Zweifel an mir selbst. Ich fand meinen Freund oft unerträglich. Aber ertrug ihn, weil er eine unbeirrbare Frohnatur war in der bleiernen Zeit. Er lebte mir Hölderlins berühmte erste Zeile vor, die oft zitierte, aus dem Gedicht »Der Gang aufs Land«: »Komm! ins Offene, Freund!«

Havemanns großmütige Selbstbegeisterung auch in der jetzigen Situation, wo er aus der Partei geflogen war und die Arbeit verloren hatte, ärgerte mich. Aber wenn man in einer Diktatur verzagt, weil die Herrschenden ihren Untertanen tagtäglich den Selbstzweifel einprügeln, kann die unverwüstliche Eigenliebe des besten Freundes ein Lebenselixier sein.

Auch Stefan Heym war eng befreundet mit Havemann, schon seit den frühen fünfziger Jahren. Ich hatte den Heym zufällig kennengelernt, als ich unseren alten Freund Jonny Löhr besuchte. Der lag in der Charité und machte mich bekannt mit dem Schriftsteller, der im Nebenzimmer lag. Es war das Jahr 1956. Der Ungarn-Aufstand war grade von der Roten Armee blutig niedergeschlagen worden. Ich studierte an der Wirtschaftswissenschaftlichen Fakultät. Sie schickte ihre Studenten, auch mich, in die Maulschlacht gegen die aufsässigen Kommilitonen bei den Veterinärmedizinern. Unser Auftrag war es, die rebellischen Studenten davon zu überzeugen, dass der Ungarn-Aufstand eine faschistische Konterrevolution sei. Dieser Meinung war auch Heym, und so wollte er den jungen Medizinern politischen Nachhilfeunterricht geben. Er bat mich, die renitenten Anführer bei ihm im Krankenzimmer anzuschleppen. Ich konnte ihm seine Gesprächspartner nicht einfangen. Aber er hielt mich gefangen, als er mir seine Lebensgeschichte erzählte.

Der deutsche Jude Helmut Flieg aus Chemnitz nannte sich seit der Emigration in die USA Stefan Heym und wollte vor allem ein amerikanischer Schriftsteller werden. Er war als Offizier der US Army nach Deutschland zurückgekehrt. Er lebte seit 1953 mit seiner Frau aus New York in einem Villenviertel für DDR-Intellektuelle in Berlin-Grünau, in der Rabindranath-Tagore-Straße. Im Sommer kam er mit einem eleganten Motorboot-Zweisitzer bei Robert angeflitzt. Immer dabei seine kluge Gattin Gertrude, eine scharfzüngige alte Schachtel. Sie gelangten auf einem Wasserweg von Grünau über Kanäle und märkische Seen bis nach Erkner, schipperten weiter und legten neben Kuddeldaddeldu an Roberts Bootsanleger an.

In diesen interessanten Freundeskreis in Grünheide am Möllensee war nun auch ich aufgenommen. In Roberts Datscha fanden gesellige Gespräche statt, Sommerfeste, Sauf-, Venus- und Fressgelage. Streitlust, Übermut, Appetit auf Widerworte, Hunger nach Wahrheit. Havemann und ich wurden, einer des andern, beste Zuhörer. Ich kannte bald alle seine Standardgeschichten, er meine neuesten Gedichte. Wir machten perfekte Tonbandaufnahmen meiner Lieder und stellten in Serie brauchbare Kopien her, alles auf Orwo-Tonbändern, später auch auf Kassetten. Ich lieferte für diese Freunde frisches Seelenbrot und erotisches Dessert im leckeren Sound der Gitarre.

Die Premiere des neuen Programms in der Distel war für den 24. März angesetzt. Ich freute mich über die Auftrittsmöglichkeit. Der Haken: Ich durfte nur die vier Lieder singen, die der Parteisekretär der Bezirksleitung Berlin und Mitglied des Politbüros der SED, der gefürchtete Paul Verner, persönlich ausgesucht hatte. Darunter ein Wirker, die frivole Ballade vom LPG-Traktoristen Kalle mit dem steifen Bein. Jedes Mal, wenn ich mich nun mit meiner Gitarre hinter der Bühne zum Auftritt bewegte, passierte ich den Beleuchter am kleinen Stellwerk. Jeder wusste: Stasi! Und dieser Engel mit der Lampe knurrte mir jeden Abend die gleiche Losung ins Ohr: »Herr Biermann, nur diese vier Lieder, sonst mach ich das Licht aus!« Es war vielen im Publikum klar, dass ich inzwischen ganz andere Lieder auf der Pfanne hatte. Mir kam damals nicht mal der Gedanke, dass ich ja auch im Dunkeln ein kritisches Lied hätte raushaun können. War ich klug? War ich feige? War ich geldgierig? Wahrscheinlich alles zugleich.

Im April des Jahres '64 fiel es mir auf: In der Chausseestraße vor meiner Tür lauerten die Lümmel der Staatssicherheit in einem zweifarbigen Wartburg mit Schiebedach. Ich notierte mir die Nummer IA 97-26. Alle Viertelstunde fuhr der Wagen einmal die Runde um den Häuserblock und parkte dann unter der Laterne im Parkverbot an einer Stelle, von der man meine Fenster und die Haustür zugleich sehen konnte. Die offiziellen Fahrzeuge der Verkehrspolizei fuhren achtlos an dem Wagen im Parkverbot vorüber. Ich stand stundenlang am Fenster und notierte die Durchlaufzeiten meiner Aufpasser. Die Partei führt. Das MfS führt aus. Die Aktion war offensichtlich so verdeckt, dass ich es merken sollte. Der Wartburg vor der Nase sollte mich in Furcht versetzen, und das gelang. Schlimm! Halb so schlimm! Denn noch hatte ich die Furcht, aber die Furcht hatte nicht mich. Seitdem parkte regelmäßig mal dasselbe, mal ein anderes Auto provokant vor meinem Haus. Das Signal war klar: Ich stand unter der Kontrolle der Staatssicherheit.

Dr. Honigmann und ein Vertreter der Bezirksleitung Berlin, Erich Selbmann, der auch schon in das b.a.t.-Verbot involviert gewesen war, luden mich zu einem Gespräch ins Büro von Honigmann ein. Selbmann warnte mich in einer Mischung aus Mitleid und Spott, dass was Schlimmes passieren würde, wenn ich weiterhin meine unverschämten Verleumdungen überall rumsinge, während ich in der Distel brav die vier harmlosen Liedchen trällere. Es sei erwiesen, dass Biermann Stimmung gegen die Partei macht, überall, wo er auftritt. Er hatte Recht. Ich hatte Recht. Wir kamen zu keiner Übereinkunft, das Gespräch endete ohne Ergebnis.

Kurz darauf erhielt ich von meinem Distel-Intendanten einen Brief. Es war die Anordnung, dass ich während der Tage des »Deutschlandtreffens der Jugend« im Mai '64 nicht in der Distel auftreten darf. Als ich von Honigmann eine Begründung forderte, lehnte er das als eine Provokation ab. Es war ja auch eine. Im Juni schrieb ich an das Ministerium für Kultur, diesmal an den stellvertretenden Minister Kurt Bork. Vier Punkte legte ich ihm vor, über die ich verhandeln wollte: 1. Meine Aufnahme in die Partei. 2. Die Organisation einer Tournee durch die DDR. 3. Auftritte im DDR-Fernsehen und 4. Die Produktion einer Schallplatte in der DDR. Prompt kam die Antwort: Es werde eine Antwort kommen. Das war's.

Ja, der Auftritt in der Distel war ein Kompromiss. Ein fauler? Ein kluger? Meine Brigitt spielte seit 1962/63 neben dem vielleicht allerbesten Schauspieler der DDR, Fred Düren als Trygaios, die kleine Rolle der Friedensgöttin in Benno Bessons glänzender Inszenierung der Komödie »Der Frieden« von Aristophanes – eine der großartigen (mehr artig als groß) Adaptionen des Literaten Peter Hacks. Wenn ich meine Brigitt »von der Arbeit« abholte, hatte ich jedes Mal zufällig die Gitarre dabei. Dann sang ich für die Schauspieler nach der Vorstellung – und oft bis tief in die Nacht – im Künstlerkeller des Deutschen Theaters in der Schumannstraße meine neuesten Lieder.

Einmal krähte ich auf diesem Misthaufen auch eine schmerzhafte Strophe über den Intendanten des Deutschen Theaters, Wolfgang Langhoff, den ich kannte und verehrte. Obwohl Langhoff als Kommunist im KZ Börgermoor gesessen hatte, obgleich er als einer der drei Schöpfer des Liedes von den Moorsoldaten galt und obschon er sich bewährt hatte als geduldiger Lastesel der Partei, war der alte Genosse auf Befehl des Politbüros als Intendant kalt abgesetzt worden. Diesmal zur Strafe für die Inszenierung eines keck-devoten Stückes über Arbeiter in einer volkseigenen Brikettfabrik, das der

Parteiführung aber nicht realsozialistisch genug war. Wegen dieses Stückes »Die Sorgen und die Macht«, geschrieben vom Jugendstil-Salonkommunisten Peter Hacks, hatte der gute alte Langhoff seinen Posten verloren.

Nun krähte ich im Künstlerkeller mein Pasquill keck in die offenen Münder seiner Schauspieler, eine Invektive über ihren abgestraften Chef: »Wolf Langhoff musste gehen, er wollt es machen recht, der Wahrheit und der Lüge, er machte beides schlecht.« Meine Zuhörer konnten nicht sehn, dass, während ich sang, hinter ihnen ihr geschasster Chef in der Tür stand und sich das Spottlied über seine Entlassung anhörte. Die ungewaschenen Verse rieb ich ihm in seine offene Wunde. Die Situation war brutal. Auch für mich, denn ich musste ihm den Spott ins Gesicht singen. Die Zuhörer merkten meine Irritation. Seine Schauspieler, einer nach dem andern, drehten sich zu Langhoff um. Alle starrten ihn betreten an. Er aber erlöste seine Kollegen souverän. Er lächelte traurig und schnarrte: »Recht hat er!« Und weg war er.

Der Studentenclub der Humboldt-Universität, bei mir umme Ecke in der Linienstraße, lud mich öfter ein. Einmal sang ich sogar im VEB Eisenhüttenkombinat an der Oder vor einer Brigade der sozialistischen Arbeit. Ich trat auf im Jugendklub Jüterbog, mitten im größten Kasernenareal der sowjetischen Armee mit den streng bewachten Truppenübungsplätzen im märkischen Sand. Und ich sang meine Lieder im überfüllten Audimax der Rostocker Universität. Dort verteidigte mich in einer anschließenden Maulschlacht eine alte jüdische Spanienkämpferin, als ginge es für sie auf Leben und Tod. Ihren guten Namen kann ich nicht vergessen: Ruth L. Hidden. Kein Wunder, denn die streitbare Alte bot mir an, mich schnell noch zu heiraten – damit ich dann, wenn sie stirbt, von ihrer 1500-Mark-Ehrenpension pro Monat als Kämpferin gegen den Faschismus leben kann.

Mein Liederladen lief. Im Laufe des Jahres 1964 hatte ich etliche Auftritte vereinbart. Allerdings von jedem Konzert, das ahnte ich nicht, fertigte die Stasi ein ausführliches Protokoll an, inklusive politischer Analyse. Wenn ich nach solch einer Singerei spät nachts oder gegen Morgen nach Hause kam, kroch ich ins Bett meiner Liebsten. Brigitt schlief halb weiter und fragte, wie im Traum, immer die gleiche Frage: »Durftest du heute Fredi Rohsmeisl singen?«

Die Ballade über den Drainageleger aus Buckow war damals die Nullmarke zwischen erlaubt und verboten. Heute kaum vorstellbar, in der DDR herrschte Anfang der sechziger Jahre ein erbitterter Kampf – nicht nur um die dekadente westliche Beatmusik, sondern auch um die Frage, ob Tanzpärchen auseinandertanzen dürfen oder nicht. Unsere herrschenden Volkserzieher sahen darin einen negativen westlichen Einfluss, einen Hang zum Asozialen, einen Verstoß gegen die Normen der soeben proklamierten »sozialistischen Menschengemeinschaft«. Meine Ballade über den renitenten Fredi Rohsmeisl, der trotz des Verbots auseinandergetanzt hatte, musste ich manchmal aus meinem Programm streichen, weil der Veranstalter Angst hatte. Im Lied nämlich heißt es: »Er ist für den Sozialismus / Und für den neuen Staat / Aber den Staat in Buckow / Den hat er gründlich satt!« Ich hielt mich strikt an solche Wünsche, denn ich war schon froh, dass ich überhaupt singen durfte. Ich wollte bei den Veranstaltern, die immerhin den Mut hatten, mich einzuladen, nicht in den schlechten Ruf geraten, dass ich ihnen rücksichtslos die Gedankenpolizei der Bürokratie auf den Hals hetze.

Mein Repertoire war ein Gemischtwarenladen von privat bis politisch. Und die besten Lieder waren beides zugleich. Ich hatte gewartet und gehofft und abermals mit bolschewistischer List gewartet auf eine Veröffentlichung meiner Gedichte und Lieder bei uns im Osten. Viel lieber wollte ich ein Guter sein, schon gar kein Verräter, der beim Klassenfeind im Westen veröffentlicht. Ich verhandelte mit dem Cheflektor des Aufbau-Verlags, Günter Caspar. Er ließ meine Texte prüfen und wollte, womöglich, eine Auswahl in einem Lyrikband veröffentlichen, der demnächst erscheinen sollte – also in drei bis vier Jahren. Ja, so lange dauerte es in der DDR im Normalfall. Erst Vorzensur, Rückfragen im Kulturministerium, dann Absprachen mit dem ZK, Hauptzensur und Nachzensur. Ja, und dann gab es noch eine politisch kontrollierte Notbremse, die Zuteilung des Papierkontingents. Nach der Genehmigung für das Setzen der Texte erfolgte die abschließende Kontrollprüfung zur Erteilung der endgültigen Druckgenehmigung. Es klingt wie kabarettistisch übertrieben. Aber es funktionierte genau so und war kalt kalkuliert: eine Orgie des Misstrauens und eine ausgeklügelte Kaskade der Sicherheitskontrollen.

Ich war bereit, dieses obligate Übel hinzunehmen. Aber als Herr Caspar mir im September 1964 einen Vertrag zur Unterschrift vorlegte, in dem stand, dass der Verlag alle Rechte an all meinen Texten, auch an den zukünftigen, erwirbt und entscheiden kann, ob und wann und was er druckt, da sagte ich nein. Mein Affekt gegen diesen Knebelvertrag war zum Glück noch heftiger als die Gier groß nach meinem ersten eigenen Gedichtebuch. Es gehörten weder Paranoia noch Phantasie dazu sich auszumalen, was passiert wäre: Ich hatte Angst vor der Schere im eigenen Kopf. Selbstzensur. Das ist der Weg in feige Keckheiten, in subaltern verbrämte Posen, in sklavische Sklavensprache, die höchstens der misstrauische Zensor versteht, aber nicht der Leser. Da hätten dann ja die Untertanen der Diktatur das demoralisierende Beispiel eines Drachentöters vor Augen, der dem Drachen in den Arsch kriecht und so tut, als würde er dem Machtmonster von innen die Gedärme zerbeißen. Das war aber nicht die Rolle, die meines Vaters Beispiel mir auferlegt hatte. Ich wollte haltbare Ware liefern, Poesie, die auch noch genießbar ist, wenn eines wirklich schönen Tages der echte, der freie Sozialismus gesiegt haben würde – gegen diese Parteiidioten. Meine Wut machte mich nicht blind, sondern scharfsichtiger.

***

Seit sechs Jahren lebte ich nun schon mit meiner Kölschen Französin und dem kleinen Manu. Brigitt und ich bemerkten es zuerst nicht im Hellen, sondern im Dunkeln: Wir drifteten unmerklich auseinander. Meine Lieder, zu denen sie mich doch ermuntert und gestachelt hatte, waren besser geworden, raffinierter, die Gedichte komplexer. Meine Kritik war genauer. Das gefiel meiner Brigitt – aber das ängstigte sie auch. Sie war ja nicht so ein Bohèmebolschewist wie ich. Brigitt trug in sich die Scham für ihre Heil-Hitler-Eltern und hatte, wie viele aufrichtige Kinder der Nazizeit, eine noble Scheu vor dem Konflikt mit den stalinstrammen Antifaschisten im Politbüro der SED. Die meisten Deutschen meiner Generation schämten sich für ihre Nazifamilie, egal ob Mörder oder nur Mitläufer. Die erwachsenen Kinder litten unter ihrer schuldlosen Schuld und wollten beweisen, dass sie aus der Geschichte gelernt hatten.

Ich aber reagierte genau umgekehrt. Ich war das geborene Kommunistenkind. Ich kritisierte inzwischen die Herrschenden mit der ganzen Anmaßung des rechtmäßigen Erben: Ihr seid Funktionäre und Parteibonzen! Ihr seid doktrinäre Apparatschiks und kleinbürgerliche Spießer! Ihr seid die Verräter an der Idee des Kommunismus! Große Worte. Auch wenn ich in meinen Liedern das Maul aufriss, im Streit der Welt hatte ich immer Angst genug. Und weil ich meine falschen Genossen allmählich besser durchschaute, hatte ich Todesangst. Ich brauchte erfahrenere, klügere Freunde wie den furchtlosen Robert Havemann, wie den frechen Angsthasen Stefan Heym und den stalinistischen Antistalinisten Walter Janka. Und ich suchte im Spiel der Geschlechter ein Weib, das mich anstachelt, wenn ich mutlos bin, und das mich ermutigt in Brechts »Mühen der Ebenen«.

Doch Brigitt war eine junge Mutter. Sie war mit ihrer Arbeit als Regisseurin abhängig von einem Theaterengagement. Sie arbeitete als Lehrerin an der Schauspielschule und war Mitglied des Ensembles des Deutschen Theaters. Sie machte sich Existenzsorgen, und die waren begründet. Ich aber war leichtsinnig und leider auch leichtsinnlich. Ich ging fremd. Ich war jung und noch wild genug. Ich wollte nicht die Kühe der LPG melken, sondern ein Drachentöter werden. Ich war ein gebranntes Kommunistenkind, und ich suchte das Feuer. Ich fürchtete ihn wohl, aber trotz alledem suchte ich den Streit. Nun, im siebten Jahr, als unsere Liebe schon müde geworden war, klappte es endlich mit der Biologie: Brigitt wurde schwanger.

Das Schicksal des armen Hölderlin warnte und stachelte mich zugleich. Ich wollte weder verfaulen in der privaten Idylle, noch verbrennen im Streit der Welt. Mir sind seit damals diese Worte von Hyperion tiefer im Kopf als meine eigenen Gedichte: »Voll Lieb' und Geist und Hoffnung wachsen seine Musenjünglinge dem deutschen Volk heran; du siehst sie sieben Jahre später, und sie wandeln, wie die Schatten, still und kalt, sind wie ein Boden, den der Feind mit Salz besäete, daß er nimmer einen Grashalm treibt; und wenn sie sprechen, wehe dem! der sie versteht, der in der stürmenden Titanenkraft, wie in ihren Proteuskünsten den Verzweiflungskampf nur sieht, den ihr gestörter schöner Geist mit den Barbaren kämpft, mit denen er zu tun hat.«

Ende 1964 besuchte ich Anfänger den arrivierten Peter Hacks. Er hatte mich eingeladen, denn er war mir wohlgesonnen und wollte mein Mentor sein. Hacks war ein hochgebildeter Literat, ein geschickter Flickschneider für gewendete Stoffe, aber kein Erfinder. Ich besuchte ihn in seiner großbürgerlichen Wohnung in der Schönhauser Allee. Ich kam mir vor wie in einem vollgestopften Salon für wohlhabende Schöngeister und gehobene Zahnärzte. Hacks schwebte durch seine Kulissen zwischen Jugendstil-Lampen, erlesenen Porzellanvasen, Rokoko-Uhren und Gobelins, kostbaren Perserteppichen und Kristallleuchtern, Plüsch-Canapés und seltenem Nippes in Barockvitrinen.

Ausgerechnet in diesem Antiquitätenladen hielt Hacks mir bis zum Morgengrauen einen Vortrag über die Weisheit des Klasseninstinkts des Proletariats. Er dozierte: Was wir Intellektuellen im Kopf nur unvollkommen verstehen können, das habe der klassenbewusste Arbeiter schon intuitiv im Herzen begriffen. Er outete sich als bekehrter Ulbricht-Fan: Unser gelernter Tischler und Erster Sekretär der Partei und Staatsratsvorsitzender, der Genosse Walter Ulbricht, sei der genialste Geistesriese in der Geschichte des deutschen Volkes. Und es seien die blasierten Intellektuellen der DDR, die diesen Menschen verkennen und verhöhnen, nur weil er sächselt und die Diktatur des Proletariats repräsentiert.

Bert Brecht, erklärte mir Hacks, sei mit seinen Theaterstücken ein Klassiker der Revolution. Kollege Heiner Müller sei mit seinen Fragmenten der Dramatiker des realen Sozialismus. Er aber, Peter Hacks, begreife sich selbst als den Klassiker des Kommunismus. Und weil er gut gelaunt war, versicherte er mir, dass ich mit meinen plebejischen Liedern auf dem besten Weg sei, in der DDR, nach Ernst Busch, nun der Sänger eines freien Volkes zu werden, wie Goethe es im »Faust« erträumte. Allerdings warnte er mich vor meiner lumpenproletarischen Eitelkeit, die mich zu einem billigen Spott gegen die Partei verführen würde, zu Liedern, die die Grenze von der Kritik zur Konterrevolution überschreiten. Ohne die Funktionäre funktioniere keine Partei! Und ohne Partei gäb's keinen Kommunismus! Unsere Klassiker Marx und Engels, belehrte mich Hacks, hätten eben 1848 nicht etwa das »Kommunistische Manifest« geschrieben, wie die Banausen denken, sondern wohlweislich »Das Manifest der Kommunistischen Partei«.

Ich hörte geduldig zu, bis zum Grauen im Morgengrauen. Hacks steckte genüsslich die Claims ab und verteilte sie. Ich kam mir vor wie der junge Mann in Goyas Radierung »Der Schlaf der Vernunft bringt Ungeheuer hervor«. Nach dieser Nacht war unsere falsche Freundschaft gestorben. Er war ja genau solch ein Proteus, wie Hölderlin ihn meinte in seinem berühmten vorletzten Hyperion-Brief.

Ein ganz anderer Proteus war in meinen Augen Heiner Müller. Ich durfte einer seiner Freunde sein. Seit Ende der fünfziger Jahre kannten wir uns. Das waren die Zeiten, als kein Theaterintendant von ihm einen Knochen nahm. Kein Job, keine Aussichten, kein Geld. Die paar Jährchen, die er älter war als wir Anfänger, machten sein Leben gefährlich. Er wusste damals schon realer als wir, wo im Sozialismus der Hammer hängt und wie die Sichel rauscht. Müller wusste um die Gefahren tiefer, und er war einsamer als wir alle. Seine Frau Inge Müller war selbst eine starke Dichterin. Und ich war stolz darauf, dass sie, und dann auch er, ein kleines Gedicht für mich schrieb. Die beiden lebten wie die immer wieder geprügelten Hunde am Rande der DDR-Literatur. Wir hockten in seiner ungeheizten Bude. An den Wänden Hunderte Zettelchen mit Zitaten, Skizzen, Wortfetzen, Versen, Entwürfen. Im Zimmer stand kalt die Luft ohne Lüftchen. Billiger Schnaps- und ätzender Tabakgestank, vermischt mit demütigstem Dichterhochmut. Im Munde dünner Tee und im Kopf große Rosinen. Zwischen Manuskripten lagen angetrocknete Stullen, belegt mit dem ranzigen Traum von der permanenten Revolution. Isaac Deutschers große Trotzki-Biographie schlangen wir damals alle. Auch das aus dem Westen eingeschmuggelte Buch von Trotzki selbst: »Die permanente Revolution«. Müllers nikotingelbe Finger, seine radikale Sicht, seine scharfen Formulierungen, die mich erschreckten und anstachelten, die politischen Witze, die haarsträubenden Anekdoten – das alles kann ich nie vergessen.

Von Anfang an bewunderte ich Heiner Müllers Sprachgewalt und liebte ihn wie einen älteren, kranken Bruder. In seiner Jugend hatte er in der Kirche der kommunistischen Heilsversprechung gekniet, wie die meisten von uns. Mit seinen frühen Stücken wollte er das, was auch ich wollte: nichts anderes als den kranken Sozialismus heilen und voranbringen. Als er seine Illusionen verlor, hat diese Ent-Täuschung ihn aber nicht niedergeschmettert wie so viele. Müller rettete sich in die sarkastische Prophetie kommender Weltuntergänge. Der Schritt vom Welterretter zum Zyniker und Apokalyptiker ist kurz.

Im Oktober 1964 erreichte mich eine Einladung vom Sozialistischen Deutschen Studentenbund aus München. Ich freute mich, war mir aber nicht schlüssig, ob ich wirklich in den Westen fahren sollte. Da es sich aber um eine linke Studentenorganisation handelte, stimmte ich schließlich zu und stellte einen Antrag auf Westreise. Nikita Chruschtschow war soeben in Moskau durch den Stalinisten Leonid Breschnew gestürzt worden. Nun rochen wir bis nach Berlin den Leichenhauch Stalins, der, aus dem Lenin-Mausoleum verbannt in ein Ehrengrab an der Kremlmauer, wieder lebendig wurde. Aber noch war der Kampf um eine Restalinisierung im Fluss und alles offen. Meine Reise wurde zunächst nicht genehmigt, der stellvertretende Minister für Kultur, Kurt Bork, lehnte ab. Fritz Cremer, empört über diese Entscheidung, intervenierte bei Borks Vorgesetztem, Minister Hans Bentzien, und bei Ulbrichts persönlichem Referenten Otto Gotsche. Wir hatten Erfolg. Am 2. Dezember fuhr ich mit meiner Weißgerber-Gitarre zum Singen auf die andere Seite der Welt.

Seit dem Bau der Mauer waren die Grenzen dicht. Kaum ein arrivierter DDR-Künstler wurde an den Westen ausgeliehen. Aber ich Anfänger genoss nun dieses unerhörte Privileg. Ich überquerte mit der S-Bahn die Berliner Mauer, hoch über der Spree, überwand die Grenze bequem mit der Eisenbahn Richtung Hamburg bei Büchen/Schwanheide. Für mich war's eine Expedition in das alte Deutschland – und war doch alles fremd. Es war ein perverses Glück, ein falsches Vergnügen, so elegant über Stacheldrahtverhau, Minenfeld, Hundelaufgraben, Panzersperren und Stolperdrähte zu schweben. In Hamburg, Frankfurt, München und Köln sang ich für die SDS-Studenten. Diese romantischen Linken genossen die Illusion, dass es vorangeht, nicht nur mit kleinen Freiheiten in der DDR, sondern auch mit der großen Freiheit. Und ich war der singende Bote dafür. Die Säle waren voll, angenehm überfüllt, das Interesse war größer, als ich erwartet hatte.

Nach dieser turbulenten Expedition kam ich zurück nach Ost-Berlin zu meinen vertrauten Freunden und Feinden. Ich kam mir vor wie ein Fabeltier aus einer anderen Welt. In der Westpresse, im *Spiegel* und in der *Welt*, war über meine Konzerte berichtet worden. Die Kritiken wohlgesonnen. Nur eines wurde attestiert und bemängelt: Hier trat ein Kommunist auf! Die Tatsache, dass ich in Ost-Berlin Schwierigkeiten hatte, dass mein Theaterstück »Berliner Brautgang« abgesetzt und das b.a.t. geschlossen worden war, hatte sich auch bei Westjournalisten rumgesprochen. Dass ich mich trotzdem sturtreu einen Kommunisten nannte und den Sozialismus aufbauen wollte, war für die meisten ein Mysterium. Sogar den Bau der Mauer verteidigte ich im Streitgespräch. Ich wollte auf keinen Fall irgendwelche Zweifel daran aufkommen lassen, dass ich ein loyal-kritischer DDR-Deutscher war.

Meine Tournee war also ein Erfolg, gewiss, und trotzdem war ich hin- und hergerissen zwischen Genugtuung und Gewissensbissen. Die SDS-Genossen interpretierten meine Reise als gutes Zeichen. Die Kabarettisten der populären »Münchner Lach- und Schießgesellschaft« boten mir ein längeres Gastspiel an. Ich rechnete mir die märchenhaft hohe Abendgage zusammen, und alles in Westgeld! Meine Tagträumerei: Die Mauer wird durchlässig! Die Welt wendet sich trotz alledem zum Besseren. Und im Osten geht die Sonne einer echten Demokratie auf! Aber mich beschämte zugleich die Peinlichkeit: Nur dieser eine Spielmann darf über die Mauer reisen, und alle Normalos werden auf dem Todesstreifen abgeknallt. Das stank nach Korruption. Ich hatte die Sorge, dass meine Freunde im Osten mich verachten, dass auch missgünstige Kollegen, die Worteproduzenten und Jazzer und Malerfreunde in der DDR, mich hassen würden aus Neid. Und ich hatte die noch tiefere Angst, dass die Musen mich nicht mehr küssen.

***

Kurz darauf, im Januar 1965, reiste ich zu einem Schriftstellertreffen im Schloss Dobříš in der Nähe von Prag. Dort traf ich den Kulturphilosophen und Literaten Ernst Fischer aus Österreich. Ich kannte sein Buch »Von der Notwendigkeit der Kunst«. Ein kritischer Kommunist, der brillanteste Redner des Parlaments in Wien nach dem Kriege. Er war verheiratet mit Lou, der früheren Frau meines Meisters Hanns Eisler. Die elegante Lou Eisler erzählte Geschichten aus dem Leben mit ihrem Komponisten in Kalifornien. Anekdoten und Bonmots, Begebenheiten und Charakterstudien aus dem Bestiarium des Exils. Wie sie ihrem versoffenen Genie die Schnapsflaschen aus seinen Verstecken stahl und wie sie Lion Feuchtwanger eine Szene machte, als der dem Freund Eisler mal wieder eine Flasche Whisky unter die Jacke schob. Ihre erstaunliche Nicht-Affäre mit dem Weiberfleischfresser Brecht. Im Wiener Schmäh krähte sie: »Ich war die Einzige, die Ein-zi-ge!, die nicht mit dem ins Bett gestiegen ist. Der staaaank!« Und Lous einstiger Schwager, Ulbrichts Propagandaschnauze Gerhart Eisler, der Komintern-Agent. Brechts lässige Schlauheit in den hochnotpeinlichen Anhörungen unter dem Antikommunisten McCarthy. Ach, und der weltferne Ernst Bloch, dem die Politkommissarin im Bett, seine scharfe Frau Karola, verbot, dem Freund Hanns Eisler auf der Straße Guten Tag zu sagen. Warum? Weil Eisler von der Parteilinie damals abwich, er war gegen den »Freundschaftspakt« Stalins mit Hitler. Dazu Lous böse Pointe: »Weißt du, wann unser schönster Tag war? Als Hitler dann endlich den Krieg gegen die Sowjetunion anfing. Am 22. Juni 1941 war unsere Welt wieder in Ordnung!«

»Und wie war der Einstein?« – »Der war ein Kind!«, lachte die schöne Lou. »Und der mit der geringsten Bildung war der Genialste unter all diesen Genies: der Chaplin …« Ich konnte mich gar nicht satthören an ihren Geschichten.

Ernst Fischer erzählte mir bis in manchen Morgen mit bedrückter Stimme von den Zeiten des großen Terrors in den dreißiger Jahren. Stalin hatte blutig die Kommunistische Partei gesäubert und Millionen schuldloser Menschen verurteilen und hinrichten lassen. Im Moskauer Komintern-Bestiarium, dem Hotel Lux, waren deutsche Exilanten untergebracht. Fischer berichtete mir atemlos von alten Genossen, die in Schauprozessen ihre besten Kameraden verrieten. Ihre Todesangst hielten sie für Parteidisziplin, ihre Verwirrung verklärten sie zu höherer Vernunft. So verrieten sie am Ende auch sich selbst. Diese blutige Herberge für die höchsten Funktionäre der kommunistischen Parteien hatte den internen Spottnamen »Absteigequartier der Weltrevolution«. In Wahrheit war es eine mörderische Menschenfalle. Fast alle Opfer waren auch Täter, die Täter Opfer. Walter Ulbricht, Wilhelm Pieck, Wolfgang Leonhard, der Generalsekretär der Komintern Georgi Dimitroff,

Herbert Wehner, Ruth von Mayenburg. Die Anekdoten der Lou aus Pacific Palisades in L.A. amüsierten mich, Ernst Fischers Geschichten aus Moskau zerrissen mir das Herz.

Ich fragte so kindlich, wie ich war: »Habt ihr denn nicht gemerkt, dass Genossen, die ihr aus dem Kampf gegen Hitler kanntet, in Moskau als Gestapospitzel diffamiert und weggeschleppt, gefoltert und erschossen wurden?« – »Ja«, sagte Fischer, »wir haben alles gemerkt und gesehen – aber wir konnten nichts machen. Jeder hatte Angst um sein Leben, um das Leben seiner Liebsten, der Kinder, aber noch mehr Angst um ›unsere große Sache‹. Wir dachten, diese Verbrechen sind tragische Irrtümer oder Verbrechen von Verrückten in der Führung, die bald vom Genossen Stalin durchschaut und mit starker Hand korrigiert werden.« Und als ich ihn mit mehr und mehr Fragen löcherte, lieferte dieser erfahrene und kluge und ehrliche Intellektuelle mir zum Schluss ein kindliches Schlüsselwort: »Ja, wir dachten: Wenn es so grauenhaft ist, wie es aussieht, dann kann es gar nicht so sein, wie es ist.«

Zurück in Ost-Berlin, schmiss ich mich in mein neues Projekt, denn Ernst Fischers Begeisterung dafür stachelte mich an. Ich versuchte, in Anlehnung an Heine ein eigenes Wintermärchen zu schreiben. Mich inspirierte die wohlfeile Ähnlichkeit der Situation: Heine war 1843 nach langer Zeit in Paris zum ersten Mal wieder in sein Heimatland gereist. Auch er besuchte seine Mutter in Hamburg. Seine berühmten Verse sind längst echtes Volkseigentum geworden:

> Im traurigen Monat November war's
> Die Tage wurden trüber
> Der Wind riss von den Bäumen das Laub
> Da reist ich nach Deutschland hinüber …

Und ich VEB-Barde, der volkseigene Biermann, schrieb nun:

> Im deutschen Dezember floss die Spree
> Von Ost- nach Westberlin
> Da schwamm ich mit der Eisenbahn
> Hoch über die Mauer hin

Mich besuchte in der Chausseestraße Freund Bunge, der Brecht-Bunge. Er schleppte einen populären Kabarettisten an, den West-Berliner Wolfgang Neuss. Ich kannte den nicht, weder seinen Film »Wir Wunderkinder« noch eins seiner legendären Kabarett-Programme. Egal Ost oder West – in meiner exklusiven Berliner-Ensemble-Welt kam dieser westdeutsche Witzbold nicht vor. Der »Mann mit der Pauke« erreichte uns über den Bahnhof Friedrichstraße per Tagespassierschein. Er kam ohne Pauken und Trompeten, aber mit seiner schwedischen Frau Margareta. Er erzählte uns ohne alle Witzelei, wie ihm beim Grenzübergang das kafkaeske Labyrinth im Bauch des Bahnhofs Angst gemacht hatte. Er schilderte, wie die »Vopos« ihn eingeschüchtert hatten. Er war mit seiner Schwedin durch das Loch im Eisernen Vorhang geschlüpft, von der Nachkriegsdemokratie in die Nachkriegsdiktatur. Für ihn eine Reise zum Mond.

Der Neuss brachte französischen Käse mit und Weintrauben, ich kochte ihm schwarzen Tee in meiner schweren Steingutkanne aus Finnland. Er hörte sich mein Wolfsgeheul zur Gitarre an, ihm gefielen meine Balladen mehr als die Liebeslieder. Aber stärker noch reizte ihn meine kommunistische Kritik am falschen Kommunismus. Er adaptierte witzig das berühmte Marx-Zitat aus den Feuerbachthesen: »Die Kabarettisten haben die Welt nur verschieden verwitzelt, es kömmt darauf an, sie zu verändern!« Neuss, dreizehn Jahre älter als ich, die große Berliner Schnauze, kam zu mir gepilgert wie ein Lehrling zum marxistischen Meister. Er quasselte was von seiner existenziellen Krise. Er wollte sein Leben ändern, wollte nicht länger nur der gutbezahlte Possenreißer der Bourgeoisie im westdeutschen Wirtschaftswunderland sein. Der geniale Wortespieler wollte nun endlich ernst machen, wollte ein Genosse ohne Parteibuch werden, wie Brecht. Er hatte sich auch schon kasteit, hatte seinen Jaguar, den exklusivsten Rennwagen, die »rasende Zigarre auf Rädern«, in die Garage vergattert und fuhr seit neuestem eine »Ente«, den Deux-Chevaux von Citroën. Und er wollte nun ausgerechnet bei mir jungem Spund in Ost-Berlin sich einen Intensivkurs in Marxismus einlöffeln.

Na ja, das war einleuchtend, und es schmeichelte mir. Auch ich war an einer existenziellen Wegscheide angelangt: Karriere machen als ein DDR-Kaisersgeburtstagsdichter und tolerierter

Hofnarr oder den Streit gegen die Tyrannen wagen. Dabei gab es in dieser Phase der DDR auch Kader im Machtapparat, die meine Lieder leise mitsangen und darauf spekulierten, dass sie mich durch Zuckerbrot und Peitsche doch noch zur Vernunft bringen können – zu ihrer Vernunft, versteht sich. Auch in der Parteiführung schien es Funktionäre zu geben, die meine Lieder gar nicht so verkehrt fanden. Und manche Obergenossen freuten sich über renitente Spottverse gegen alte Betonköpfe, gegen bürokratische Sesselfurzer. Manche jüngeren Genossen schwärmten hinter vorgehaltener Hand von dem kleinen Sänger mit dem großen Maul.

Im Februar 1965 ergab sich die Chance eines Gespräches mit dem Kulturminister Hans Bentzien. Zum einen sollte ich ihm von der Westtournee berichten, die er mir ja erlaubt hatte. Zum anderen wollte ich mit ihm über weitere Konzerte und vor allem Veröffentlichungen sprechen. Auch über die Möglichkeit, in Zukunft öfter mit Wolfgang Neuss zusammen aufzutreten, also eine Art künstlerischer Ost-West-Dialog. Bentzien schien mir aufrichtig zu sein. Ich ließ mich zu größerer Offenheit hinreißen. Ich trug ihm ein neues Gedicht vor, das ich Lou und Ernst Fischer gewidmet hatte: »Vier sehr verschiedene Versuche, mit den alten Genossen neu zu reden«.

Bentzien hielt auch nicht hinterm Berg. Er klagte, das verblüffte mich, dass die starke DDR im Grunde schwach sei, militärisch wie ökonomisch. Es sei allerdings auch schwer für die alten Genossen, ihre eigene Brut, solche eigensinnigen Querulanten wie mich, auszuhalten. Er stellte mir eine DDR-Tournee in Aussicht sowie einen Auftritt im DDR-Fernsehen. Er wollte auch mit den verantwortlichen Genossen im Schriftstellerverband reden, damit ich dort als Mitglied sozial eingebunden und politisch stabilisiert werde. Und er sagte mir zu, dass ich auch wieder in Westdeutschland eine Tournee machen könnte.

Kurz nach diesem Gespräch mit Bentzien wurde ich eingeladen, mit Wolfgang Neuss zusammen die zentrale Abschlussveranstaltung der westdeutschen Ostermärsche in Frankfurt am Main zu bestreiten. Dass diese Reise mir dermaßen schnell genehmigt wurde, wunderte mich nun schon weniger. Damals begriff ich diese Erlaubnis als gutes Zeichen, als eine Bewegung zum Besseren. Ich wusste nicht, dass die Rechnung der Obrigkeit intelligenter war. Sie ließen mich rüberfahren, weil sie sich in jedem Fall Vorteile errechneten: Wenn Biermann im Westen bleibt, ist die DDR einen Querulanten los. Wenn Biermann wiederkommt, würde er, so spekulierten sie, sich solche Genehmigungen für Westkonzerte nicht wieder verscherzen wollen und sich benehmen.

***

Noch vor dieser Reise nach Frankfurt besuchte ich Hans Bunge. Manchmal kam uns, Robert und mir, Freund Bunge zwielichtig vor, manchmal fast wie ein Agent provocateur. Bunge hatte als Offizier der Wehrmacht an den Blitzkriegen teilgenommen und war in sowjetische Kriegsgefangenschaft geraten, aus der er 1949 in die DDR entlassen wurde. Er studierte Germanistik in Greifswald. Brecht holte ihn auf Vorschlag von Ruth Berlau Anfang der fünfziger Jahre ans BE. Er begründete das Brecht-Archiv. Nach des Meisters Tod geriet Bunge in Streit mit Helene Weigel. Er wechselte an die Akademie der Künste. Seine vielleicht beste Tat: Er besuchte mit seinem französischen Tonbandgerät Hanns Eisler in der Pfeilstraße 9 und entlockte – wie der Zöllner in Brechts großem Gedicht über Laotse – dem genialen Komponisten der Brecht-Lieder einen Schatz. Aus diesen hochkarätigen und komplexen Gesprächen baute er das Buch »Fragen Sie mehr über Brecht« – für mich wurde es so lehrreich wie Hegels Ästhetik-Vorlesungen.

Bunge überstand, wie andre auch, gelegentliche ideologische Turbulenzen. Er biss und wurde gebissen im großen Bestiarium der DDR-Kulturpolitik, das auch tobte im Theater am Schiffbauerdamm. Bunge war das, was Brecht einen »Tui« nannte: ein Intellektueller im Stoffwechsel mit den Machthabern, im Kampf um sein Leben und sein Wohlleben. So wie ja auch Brecht selber und wir alle, mehr oder weniger. Bunge hatte Kontakt zu den Canaillen der Nomenklatura, war befreundet mit Wolfgang Neuss, verkehrte aber auch ungeniert mit Geächteten wie Robert Havemann und mir.

Ich besuchte Freund Bunge in seiner Ost-Berliner Wohnung im dritten Stock, tief in den Hackeschen Höfen, am S-Bahnhof Marx-Engels-Platz. Als ich dort in der Toilette auf dem versifften Thron der Kommunalen Wohnungsverwaltung saß, entdeckte ich vor mir, oben an der Wand, eine Art Holzkasten, dessen Funktion ich nicht erkennen konnte. Wasseruhr? Gashahn? Je länger ich das

Ding anstarrte, umso mysteriöser wurde es. Ich wurde unruhig. Was konnte das sein? Ich malte mir aus, das könnte womöglich …? Nein, das müsste … die Schaltzentrale! … für die Wanzen einer Abhöranlage sein, mit der Bunge unsere Gespräche aufzeichnete! Nun wurde ich sherlock-holmig. Ich kletterte auf die Klobrille und versuchte mich als Detektiv. Ich rüttelte sachte rum, wollte dahinterkommen, kam aber nicht hinter das Holz. Auch war ich zu klein und hatte kein Werkzeug.

Natürlich behielt ich die bösen Vermutungen für mich. Tauchte aber ein paar Tage später, zusammen mit Freund Robert, zu einem improvisierten Überraschungsbesuch bei Bunge auf. Wir kamen wie konspirative Einbrecher der Stasi. Schraubenzieher, Zange, Draht in der Tasche. Havemann war schön groß und vor allem technisch versiert. Wir klingelten an Bunges Tür. Seine schöne Therese öffnete, Bunge selbst war nicht da. Sie bat uns rein. Robert gab vor, schrecklichen Dünnschiss zu haben, und ging aufs Klo. Er verrichtete eine außerordentlich lange Notdurft. Ich sagte scheinheilig: »Sag mal, Therese, funktioniert eure Hausklingel eigentlich richtig? Sie hat eben gar nicht ordentlich geläutet! Ich guck mir das mal an.« Ich wollte sehen, ob es irgendeine Verbindung zu dem Kasten auf dem Klo gab. Die arglose Therese wunderte sich nicht.

Als Robert endlich zurückkam, merkte ich schon an seiner Miene: Er hatte nichts gefunden. Ich wollte mich damit nicht abfinden und sagte: »Mensch, ich glaub, ich hab auch was Schlechtes gegessen …« – und entschwand. Ich kletterte auf den Thron, hangelte mich hoch zum Kasten, aber der war auch mit meinem hektischen Rumgestocher nicht zu öffnen! Das stachelte meinen Argwohn noch mehr. Aber nix! Es war kein Rankommen, kein Reinkommen. Der Kasten blieb ein Rätsel. Wir verabschiedeten uns mit einem tückischen Grinsen und ärgerten uns über unsere missglückte Schnüffelei.

Ein paar Tage später besuchte Robert und mich von West-Berlin aus der populärste Redakteur der BBC, Erich Fried. Mein großer Respekt vor ihm stammt aus den Jahren, in denen er noch Kopf und Herz und Stimme einer täglichen Sendung in deutscher Sprache war, die vom englischen Sender in die DDR und in andere Länder hinter dem Eisernen Vorhang ausgestrahlt wurde. Jeden Morgen standen Millionen Menschen im Ostblock früh genug auf, um schnell noch vor der Arbeit diese eine bestimmte Sendung zu hören, die Erich Fried selbst in seinem leicht wienerischen Deutsch vortrug. Er informierte über Ereignisse in der ganzen Welt. Dabei beeindruckte er mit allen Tugenden einer britisch geschulten Journalistenkultur, und er würzte die Neuigkeiten mit seinem Wortwitz. Er lieferte vor allem wichtige Wahrheiten über vieles, was in der Sowjetunion und in der DDR los war. Denn was im Osten wirklich passierte, das war im Osten viel schwerer zu erfahren als die willkommenen Katastrophen aus der westlichen Welt.

Dann aber muss etwas mit Fried passiert sein, er schmiss den Job bei der BBC. Er wurde nun im Hauptberuf Gedichteschreiber. Millionen Ostmenschen, auch ich, bedauerten das Ende der BBC-Serie. Ich weiß nicht, ob es sein sehnlicher Wunsch war, eine zweite Karriere als professioneller Lyriker zu starten. Womöglich war es auch die Sorge, er könnte auf Seiten der westlichen Kalten Krieger gegen den Osten instrumentalisiert werden.

Fried passierte als britischer Staatsbürger die Grenze über den Checkpoint Charlie. Er kam zu mir in die Chausseestraße. Zu ihm hatten Robert und ich brüderliches Vertrauen. Wir sprachen mit ihm im Flüsterton – auch über unser Misstrauen gegen unseren gemeinsamen Freund Bunge. Es ist schade, dass wir heute davon keine Tonbandaufnahme der Stasi haben. Dieses Dokument würde wohl zeigen, was für'n wunderbarer und lebenskluger Kerl dieser Fried war. Er beschimpfte uns mit der Heftigkeit eines echten Freundes: »Seid ihr wahnsinnig geworden? Das ist ja Selbstverstümmelung! Egal, ob unser Freund Bunge ein Spitzel der Stasi ist oder nicht – wenn ihr dieses Gift des Misstrauens, der gegenseitigen Verdächtigungen, in eure Gefühle und Gedanken einlasst, dann ist alles verdorben! Gewiss mag mancher ein Spitzel sein, schlimm genug! Aber damit muss man eben rechnen.«

Wir schluckten schwer. Wir widersprachen ihm noch halbherzig und gaben ihm im Grunde Recht. Ich schämte mich für unser ängstliches Detektivtheater. Aber von diesem Wiener Weltbürger ließen wir es uns gesagt sein, denn er kannte mehr von der Welt als wir, und er musste es besser wissen. Das Eingeständnis unseres Fehlers hatte uns nicht exkulpiert, aber doch erleichtert. Wir beknirschten uns und wollten uns noch beraten, wie wir unsere Gemeinheit dem Bunge offenbaren – oder doch lieber nicht? Robert konnte unsere Schande nicht für sich behalten. Er gestand dem

Freund unser gemeines Misstrauen und berühmte sich mit seiner Zerknirschung. Bunge verstand, und er verzieh. Er zottelte uns bei Gelegenheit des nächsten Besuches ins Klo und riss den Kasten mit einem schweren Hammerschlag von der Wand. Nun sahen wir das verrottete Knie eines Zehner-Abflussrohres aus Steingut. Alles Verfolgungswahn und Spökenkiekerei! Wir lachten, wir schämten uns in Maßen. Und alles war wieder im Lot.

Verflucht und zugenäht! 1992 fand ich in meinen Akten der Stasi-Behörde, was ich nicht glauben wollte: Unser Freund Bunge war doch ein IM des MfS gewesen. Wir lagen mit unserer Vermutung richtig und falsch zugleich. Bunge war kurze Zeit, 1962/63, Spitzel im Auftrag der NVA. Mitte der sechziger Jahre aber wurde er selbst operativ bearbeitet vom MfS, verlor seine Arbeit als Redakteur und wurde aus der Akademie der Künste rausgeschmissen. Danach aber begann er für eine lange Zeit, von 1971 bis 1979, für das MfS zu arbeiten. Er war ein Top-Spitzel, denn er nutzte seine Verbindungen zu fast allen Kulturschaffenden in der DDR und in Westdeutschland, zu Grass, Enzensberger, Rühmkorf, Neuss, Peter Weiss, Wagenbach und dem Suhrkamp-Verlag. Im Auftrag der Stasi sollte Bunge dazu beitragen, mich zu isolieren, indem er meine Freunde dahingehend manipulierte, sich nicht mehr dafür einzusetzen, dass mein Zeug im Westen verbreitet wird.

Der Ostermarsch 1965 rückte näher, wieder fuhr ich in den Westen, nach Frankfurt zum Konzert. Neuss und ich hatten ein wirkungsvolles Arrangement unserer Nummern verabredet. Sein Kabarett in der Tradition des genialen Karl Valentin, meine Lieder in der Tradition von Brecht. Wir wirkten auf das Publikum wie zwei Vorboten der friedlichen Koexistenz mitten im Kalten Krieg. Und weil der Ostermarsch ein Protest gegen das Wettrüsten war, passte mein Lied »Soldat Soldat« wie die Faust aufs ostwestliche Militaristen-Auge. Ich weiß nicht, ob es all den fortschrittlichen Friedensfreunden, die da gegen die Nato demonstrierten, bewusst war, dass dieses schöne Lied in der DDR absolut verboten war. Die Ostermärschler klatschten begeistert, denn alle waren wir ja für den Frieden. Aber für welchen Frieden?

Das Propagandakalkül der DDR-Genossen war rational. Wer im Westen für Abrüstung eintrat, war ein Friedensfreund der DDR, wer im Osten für Abrüstung eintrat, war ein Kriegshetzer. Kurz und klar: Die sowjetischen Atombomben galten als Friedensbomben und die amerikanischen als Völkermordwaffen. Als kurz darauf in Hamburg bei Philips der Mitschnitt als Langspielplatte erschien: »Wolf Biermann Ost zu Gast bei Wolfgang Neuss West«, wurde mein »Soldat Soldat«-Lied populär und in jeder westlinken Studentenbude abgedudelt. Aber es verbreitete sich illegal durch Tonbandkopien und von Mund zu Mund auch in der DDR.

Es gab in der DDR seit 1964 eine staatlich akzeptierte Form der Wehrdienstverweigerung. Zum Wehrdienst gemusterte junge Männer, die kein Gewehr anfassen wollten, mussten stattdessen mit dem Spaten Schützengräben und Feldlatrinen für die Manöver der Nationalen Volksarmee ausheben. Das waren die eigentlich tapferen Bausoldaten in der NVA! Deren heimliche Hymne wurde mein »Soldat Soldat«. Und wenn der Politoffizier ihnen das Lied verbot und sogar mit Knast wegen Wehrkraftzersetzung drohte, dann argumentierten manche renitente Jungs: »Wieso, wir singen doch nicht Soldaten *sind* …, sondern Soldaten *sehn* sich alle gleich.« Aber mit solcher dialektischen Wortakrobatik kamen sie nur bei Offizieren an, die selbst schon angefressen waren vom Zweifel.

Nach dem gemeinsamen Auftritt in Frankfurt fuhren wir nach West-Berlin. In seiner Kabaretthöhle, dem berühmten Domizil-Keller am Lützowplatz, improvisierte ich mit meinem neuen Kollegen Neuss noch einen Abend. Diesmal ließen wir uns treiben, jeder servierte im Wechselspiel, was er im Sinn und auf der Pfanne hatte. Die Begeisterung der Zuhörer kam mindestens zur Hälfte aus der Freude darüber, dass ein Loch in der Mauer Wirklichkeit geworden war. Witze wurden gemacht über das kleine Wolfsrudel Wolfgang und Wolf, die jetzt gesamtdeutsch heulen. Es blühten die Illusionen auf. Wir fühlten uns wie ein deutsch-deutsches Liebespaar. Wie schön: West-Pauke und Ost-Gitarre! Der Spaßmacher und der Liedermacher! Das Publikum feierte den Frühling einer Wiedervereinigung – vier Jahre nach dem Bau der Mauer, also nur vierundzwanzig Jahre zu früh.

Ich traf in West-Berlin auch Ingeborg Bachmann und meinen späteren Verleger Klaus Wagenbach, Günter Grass und Hans Magnus Enzensberger. Wir schmiedeten schwärmerisch Pläne im wiedervereinigten Wolkenkuckucksheim. Da ich diese Westleute im

Grunde gar nicht kannte, überfluteten mich die Eindrücke. Ich erlebte viel mehr Menschen, als ich fassen konnte. Ich hatte das erste Kapitel meines Wintermärchens fertiggedichtet und gab Neuss die beste Blaupapier-Kopie, in die Perlschrifttasten gehaun auf meiner Erika-Schreibmaschine. Neuss gab ein satirisches Käseblatt heraus: »Neuss Deutschland«. Weil er ein Witzbold war, sah sein Witzblatt im Layout genauso aus wie das Zentralorgan der SED, *Neues Deutschland.* Auf den ersten Blick nicht zu unterscheiden. Statt »Proletarier …« stand in seinem Zeitungskopf »Komiker aller Länder, vereinigt euch!«. Und statt Karl-Marx-Nüschel im Sowjetstern ein Charlie-Chaplin-Kopf mit Melone.

Als ich wieder in Ost-Berlin war, veröffentlichte mein Freund, ohne zur Sicherheit bei mir nachzufragen, mein neues Gedicht kurzerhand auf der Titelseite seines satirischen Blattes. Das ganze ungehörige Pasquill erschien also in West-Berlin als eine Art Flugblatt auf Zeitungspapier.

WINTERMÄRCHEN. I. KAPITEL

Im deutschen Dezember floss die Spree
Von Ost- nach Westberlin
Da schwamm ich mit der Eisenbahn
Hoch über die Mauer hin

Da schwebte ich leicht übern Drahtverhau
Und über die Bluthunde hin
Das ging mir so seltsam ins Gemüt
Und bitter auch durch den Sinn

Das ging mir so bitter in das Herz
– Da unten, die treuen Genossen –
So mancher, der diesen gleichen Weg
Zu Fuß ging, wurde erschossen

Manch einer warf sein junges Fleisch
In Drahtverhau und Minenfeld
Durchlöchert läuft der Eimer aus
Wenn die MP von hinten bellt

Nicht jeder ist so gut gebaut
Wie der Franzose Franz Villon
Der kam in dem bekannten Lied
Mit Rotweinflecken davon

Ich dachte auch kurz an meinen Cousin
Den frechen Heinrich Heine
Der kam von Frankreich über die Grenz
Beim alten Vater Rheine

Ich musste auch denken, was allerhand
In gut hundert Jahren passiert ist
Dass Deutschland inzwischen glorreich geeint
Und nun schon wieder halbiert ist

Na und? Die ganze Welt hat sich
In Ost und West gespalten
Doch Deutschland hat – wie immer auch –
Die Position gehalten:

Die Position als Arsch der Welt
Sehr fett und sehr gewichtig
Die Haare in der Kerbe sind
Aus Stacheldraht, versteht sich

Dass selbst das Loch – ich mein' Berlin –
In sich gespalten ist
Da haben wir die Biologie
Beschämt durch Menschenwitz

Und wenn den großen Herrn der Welt
Der Magen drückt und kneift
Dann knallt und stinkt es ekelhaft
In Deutschland. Ihr begreift:

Ein jeder Teil der Welt hat so
Sein Teil vom deutschen Steiß
Der größre Teil ist Westdeutschland
Mit gutem Grund, ich weiß

Die deutschen Exkremente sind
Dass es uns nicht geniert
In Westdeutschland mit deutschem Fleiß
Poliert und parfümiert

Was nie ein Alchemist erreicht
– Sie haben es geschafft
Aus deutscher Scheiße haben sie
Sich hartes Gold gemacht

Die DDR, mein Vaterland
Ist sauber immerhin
Die Wiederkehr der Nazizeit
Ist absolut nicht drin

So gründlich haben wir geschrubbt
Mit Stalins hartem Besen
Dass rot verschrammt der Hintern ist
Der vorher braun gewesen

Wohlgemerkt, Neuss hatte mir einen Gefallen tun wollen. Nicht, weil er mich in die Pfanne haun wollte, nicht, weil er rücksichtslos rechnete, nein! arglos zündete er diese Bombe, als wäre es ein Knallfrosch. Die Wahrheit ist banal: Die Westphantasie dieses phantastischen Wortakrobaten reichte nicht aus, sich vorzustellen, wie teuer für mich sein Freundschaftsdienst wurde. Er wusste nicht, er dachte nicht im Traum daran, wie die Preise im Osten sind. Die Veröffentlichung dieser Verse über die mörderische Mauer in Berlin war der Casus Belli. Im Westen ein Spottgedicht, im Osten noch schlimmer als »staatsfeindliche Hetze«, es war Hochverrat mitten im Kalten Krieg.

Nun ging alles seinen sozialistischen Gang. Im Handumdrehn gelangte irgendein Exemplar in die Finger unserer Obrigkeit. Für sie war es eine Kriegserklärung, veröffentlicht beim Klassenfeind im Westen. Als meine Mutter mir kurz danach Neussens Witzblatt in den Osten schmuggelte, wurde mir mulmig zumute. Mit diesen Versen war ich nicht zu weit gegangen, sondern viel zu weit zu weit. Diese sechzehn Vierzeiler im Heine-Stil markierten auch für mögliche Sympathisanten im Politbüro das Ende der kritischen Geduld mit diesem wirren Wolf Biermann.

Und doch, die Hundeblume blüht…

Das 11. Plenum des ZK der SED

Dem West-Ostern folgte ein Ost-Sommer. Im Juni '65 kam unser Sohn auf die Welt. Der kleine Jonas sollte auch Biermann heißen. Da Brigitt und ich aber nicht heiraten wollten, hatte Robert Havemann eine elegante Idee: »Gebt ihm einfach als zweiten Vornamen den Namen Biermann, also: Jonas-Biermann Soubeyran.« Ich zweifelte: »Das wird niemals anerkannt im Standesamt am Alex.« Robert lachte: »Wenn die meckern, sagst du: Bier-Mann ist ein alter jiddischer Vorname! Die woll'n doch wohl keine Antisemiten sein! Bier hat gar nichts mit Bier zu tun, sondern kommt von ›bören‹, das heißt tragen, also plattes Mittelhochdeutsch-Jiddisch: der Börer, der jüdische Träger. Biermann ist also ein alter proletarisch-jüdischer Vorname. Und der muss doch in der DDR anerkannt werden!« Gesagt, getan. Es funktionierte, allerdings ganz anders als gedacht. Als wir der Standesbeamtin den ersten Vornamen Jonas sagten, stutzte sie: »Jonas? Was ist denn das für ein Name?« – »Na«, sagte ich, »Jonas! Der aus der Bibel, der im Bauch des Walfisches …«, und erzählte ihr die ganze lange Geschichte. Vielleicht etwas zu lang, vielleicht etwas zu bunt, denn nach einiger Zeit sagte sie ungeduldig: »Na gut, Jonas. Und weiter? Noch ein Vorname?« Und als Brigitt »Biermann« antwortete, trug die Beamtin den Namen ohne weiteren Kommentar prompt als zweiten Vornamen ein.

Mir war inzwischen immer klarer geworden, wie sehr mich ein Vertrag mit dem Aufbau-Verlag hätte anketten sollen. Ich hatte auch so keine Hoffnung mehr auf eine Veröffentlichung in der DDR, denn nichts hatte sich getan. Also gab ich dem linken Verleger Klaus Wagenbach in West-Berlin meine Gedichte. Immerhin hatte er grade seinen kleinen Verlag mit anerkannten Dichtern eröffnet: Johannes Bobrowski und Ingeborg Bachmann. Meine Gedichte erschienen im September 1965 als Quartheft unter dem Titel »Die Drahtharfe«. In der DDR wäre solch eine Auswahl nie akzeptiert worden und schon gar nicht gedruckt. Mein Buch enthielt Balladen, Gedichte und Lieder, darin auch eine gewagte Frontispiz-Zeichnung des Malers Ronald Paris. Sie zeigte einen Biermann als glatzköpfigen François Villon, der munter die Harfe auf dem klingenden Stacheldraht der Mauer spielt. Für diese Illustration kriegte Paris ein Parteiverfahren und wurde nicht Professor an der Hochschule für bildende Kunst in Weißensee.

Die Signale wurden immer deutlicher. Ein Mitarbeiter des Ministeriums für Kultur ließ mir machtbesoffen ausrichten, ob ich nicht mal für ein paar Jahre nach Westdeutschland emigrieren wolle, das sei doch für alle Beteiligten besser. Josh Sellhorn vom Verlag Volk und Welt rief an: Die geplante Schallplatte mit mir und den Jazz Optimisten, aufgenommen direkt neben der Reichstagsruine im Studio des VEB-Labels Eterna, durfte nun doch nicht gepresst werden. Mein fest verabredeter Auftritt zum Internationalen Schriftstellertreffen in Weimar wurde annulliert. Ein junger Kernphysiker aus dem Zentralinstitut für Kernforschung in Rossendorf bei Dresden rief an. Er murmelte mit schlechtem Gewissen in die Fernleitung, dass »nach schweren Kämpfen« seine Kulturveranstaltung mit Biermann am 29. Oktober von der Institutsleitung nun endgültig verboten worden sei. Er bat um Verständnis, dass er am Telefon nichts Genaueres sagen könne.

Zwei Tage später erreichte mich ein Absagetelegramm aus Weimar vom FDJ-Studentenklub »Kasseturm«. Ein Konzert in Frankfurt an der Oder wurde ohne Begründung schriftlich abgesagt. Besonders bedrohlich die Anmerkung: »Das vertraglich vereinbarte Honorar von 1500.– Mark wird Ihnen überwiesen.« In meiner Wut schrieb ich großmäulig zurück: »Besten Dank! Ich lass mich doch nicht bezahlen fürs Nicht-Singen-Dürfen.«

Vom Ministerium für Kultur kam ein Anruf. Nicht etwa der allmächtige stellvertretende Kulturminister fürs Verlagswesen selber,

Bruno Haid, sondern irgendeine Sekretärin aus seinem Büro rief an und fragte: »Herr Biermann?« – »Ja?« – »Ich habe hier ein Blatt aus West-Berlin, das heißt: ›Neuss Deutschland‹. Da steht ein Gedicht drin, Wintermärchen, I. Kapitel. Ist das von Ihnen?« – »Ja.« – »Ist das mit Ihrer Genehmigung gedruckt worden?« Und ich log: »Ja.« Sollte ich mich vor dieser Tippse da am Telefon winden wie ein Wurm? Sollte ich jetzt noch den Schwanz einziehen? Lächerlich! Der zusammengereimte Wortsalat war nun sowieso in der Welt. Ich war trotzig und fatalistisch zugleich. Mir schwante: Das wird teuer. Es wurde teurer als befürchtet. Aber es kam ganz anders als gedacht.

Kurz darauf, am 30. Oktober, sollte ich wieder auftreten im Konzert Jazz & Lyrik, das der umtriebige Josh Sellhorn organisierte. Angesagt war: Manfred Krug swingt, die Jazz Optimisten spielen, der Schauspieler Eberhard Esche rezitiert, Wolf Biermann singt ein paar seiner eignen Lieder. Ein Jahr zuvor hatten wir am selben Ort einen Abend geliefert unter demselben Titel. Doch Sellhorn rief an und lud mich für diesen Auftritt wieder aus. Dazu hatte ihn ein »Hinweis aus der Bevölkerung« gezwungen, also eine Anweisung von ganz oben, ohne genauere Begründung, aber doch so deutlich, dass dem Impresario Sellhorn nichts weiter übrigblieb.

Die Veranstaltung war restlos ausverkauft, sie sollte neben dem Haus des Lehrers in der Kongresshalle am Alex stattfinden, im Kuppelbau des Staatsarchitekten Henselmann mit der Glasfassade rundrum. Angesetzt waren sogar zwei Konzerte hintereinander, eins am Nachmittag, das zweite um halb neun. Mir wurde vom Verlag Volk und Welt kommentarlos, ich nehme an von Freund Josh, als Trostpflaster eine Freikarte für die Abendvorstellung zugeschickt. Ich ging mit gemischten Gefühlen hin. Vor der Halle sammelten sich schon die Zuschauer und warteten geduldig auf den Einlass. Die Eingänge waren geschlossen, es war noch Zeit genug. Mir kam die Idee, hintenrum zum Künstlereingang zu gehen. Ich wollte den Kollegen die Flosse drücken und war entschlossen, keinem ein schlechtes Gewissen zu machen. Doch beim Pförtner wurde ich angehalten und nach dem Ausweis gefragt. »Augenblick mal«, sagte ein Mann an der Pforte, »ich hole Herrn Esche runter, dann können Sie ihn sprechen.«

Ich wartete. Doch Esche kam nicht, stattdessen stürzten drei Herren in Zivil auf mich zu und versuchten, mich rauszudrängen. Ich wehrte mich und verlangte Eintritt. »Sie haben Hausverbot, Herr Biermann, gehn Sie hier raus!« Ich fragte: »Sind Sie der Chef des Hauses?« – »Nein.« – »Wie ist Ihr Name?« – »Geht Sie nichts an!« – »Dann können Sie auch kein Hausverbot aussprechen.« – »Doch.« – »Wer sind Sie also?« – »Wir sind von der K.« – »Was ist das?« – »Kriminalpolizei, raus hier!«, und schon stand ich auf der Straße.

Ich ging um den Bau rum, zurück nach vorn zum Haupteingang, und traf meinen Freund Jurek Becker. Als ich ihm von meinem Rausschmiss erzählte, sagte er nur: »Warte«, und eilte zum Künstlereingang. Nach wenigen Minuten kam er zurück, begleitet von Manfred Krug und Eberhard Esche. Krug im offenen weißen Hemd, durchgeschwitzt von der ersten Aufführung. Krug und Esche versuchten, mich durch einen Nebeneingang zu schleusen. Die Stasi dahinter öffnete uns nicht. Finster entschlossen nahmen meine Freunde mich in die Mitte, hakten mich unter und marschierten mit mir schnurstracks zum Haupteingang.

Der Einlass hatte inzwischen begonnen, es war aber nur eine einzige der vielen Einlasstüren in der Glasfassade geöffnet worden. Die Masse drängte sich durch diesen Bosporus. Krug und Esche drängelten sich mit mir vor, wir kamen gut voran. Doch als wir die Schwelle betraten, bemerkte ich, dass rechts und links stramme Genossen in Zivil standen, die sauberen, gesunden, die frischen und starken Jungs von der Staatssicherheit. Als wär's eine eingeübte Filmszene, schlossen diese Männer mit ihren Körpern den Einlass – wie die starken Tore einer Schiffsschleuse. Ein älterer Herr schrie: »Herr Biermann, Sie haben Hausverbot!« Und schon packten mich zwei kräftige Kerle, drehten mir die Arme auf den Rücken, zerrten und trugen mich halb und rammelten mit mir zurück gegen den Strom, quer durch die gaffende Menge über den Platz. Ich hörte noch Krugs mächtige Röhre: »Wir treten nicht auf!«

Sie stopften mich in einen bereitstehenden EMW-Polizeiwagen. Die Tür wurde zugeschlagen, ich saß zwischen zwei Polizisten eingeklemmt. Das Staatstaxi raste los, aber die Fahrt dauerte keine Minute. Einen Steinwurf entfernt die Keibelstraße, das Präsidium der Volkspolizei. Ein Rolltor ging hoch, im Hof stiegen wir aus. Die Polizisten führten mich in einen Raum, wo ein paar höhere

Offiziere mich erwarteten. Das Verhör begann mit Fragen, die mir absurd vorkamen. »Name? Geburtstag? Wohnort? Beruf? Was wollten Sie in der Kongresshalle?« Ich beantwortete alle Fragen. Allmählich merkte ich, die waren gar nicht so daneben. Die Polizisten leisteten offenbar nur Amtshilfe für die Staatssicherheit. Sie wussten nichts über mich und wohl auch nichts von den Hintergründen der Situation, in die sie eingegriffen hatten.

Als der Polizeioffizier nachfragte: »Sie wollten da doch Lieder singen?«, erzählte ich ihm dies und das und verwickelte ihn so in ein Gespräch über politische Lieder. Und fing auch schon mal an, zur Illustration die eine oder andere Strophe zu singen, mit bloßen Händen, versteht sich. Das Ganze wurde immer mehr zu einem Seminar über die Rolle von Liedern beim Aufbau des Sozialismus. Und als wir genügend weit vom Thema abgewichen waren, fielen mir die letzten Worte von Krug wieder ein. Ich sagte: »Jetzt verstehe ich, warum ich hier gelandet bin. Sie sollten dafür sorgen, dass ich nicht auf die Bühne springe, damit also das Konzert ungestört stattfinden kann.« – »Ja, natürlich«, antwortete der Polizeioffizier unverhohlen. Nun spielte ich den besorgten Staatsbürger: »Ich befürchte, Sie haben genau das Gegenteil bewirkt! Als ich festgenommen wurde, rief nämlich Manfred Krug: ›Wir treten nicht auf!‹« Der Offizier starrte mich an. Er sprang auf und rannte raus. Nach kurzer Zeit kam er in großer Erregung zurück: »Die treten nicht auf! Herr Biermann, wir fahren sofort mit Ihnen dahin. Sie müssen mit den Künstlern reden!« Mir war klar, dass mein Krug nicht zerbrochen war, er hatte nicht nur geblufft.

Nun also im Schnelllauf Film rückwärts: im selben Auto um drei Ecken, quietschende Bremsen vor der Kongresshalle. Im Eilschritt führten die Polizisten mich zur Eingangstür, hinter der, wie in einem hell erleuchteten Aquarium, die Stasimänner in Zivil rumlümmelten. Das Publikum saß offenbar im Saal hinter verschlossenen Türen. Als ich das Foyer betrat, stürzten die handfesten Jungs wieder auf mich zu, wahrscheinlich dieselben, die mich schon vorher abgefangen hatten. Der Polizeioffizier scheuchte sie wütend weg. Ein alter, müder Mann in einem zerknitterten Anzug mit Schlips kam auf mich zu und stotterte seinen Text: »Herr Biermann, Sie sind in der Kongresshalle unerwünscht.« Ich entgegnete: »Ich habe eine Karte. Sie wurde mir vom Verlag zugeschickt. Wenn

Sie mir das vorher gesagt hätten, wäre uns der ganze Zirkus erspart geblieben! Ich wäre gar nicht erst hergekommen …« Da klagte der zerknitterte Hausherr: »Ich hab das ja auch erst heute Nachmittag erfahren von der Abteilung Kultur beim Magistrat, dass Sie Hausverbot haben.« Und plötzlich hörten wir durch die Türen in gedämpfter Lautstärke die Musik, das Konzert hatte begonnen. Der Kriminaloffizier aus der Keibelstraße, dem ich so schön vorgesungen hatte, schüttelte den Kopf, grinste ironisch und sagte: »Herr Biermann, Sie können jetzt einfach nach Hause gehen.«

Was sich hier abgespielt hatte, war auch eine Lektion über einen Konflikt, den es in jeder Diktatur gibt, mehr oder weniger ausgeprägt. Die Mitarbeiter des Geheimdienstes verachten die normalen Polizisten, weil die letztendlich nichts zu sagen haben. Und die Polizisten verachten die Leute vom geheimen Sicherheitsapparat, weil die ihre Übermacht genießen und einen auf dicke Hose machen. Je mehr der Polizeioffizier begriffen hatte, dass ich ein politischer Fall war, der eigentlich von der Stasi hätte behandelt werden müssen, desto saurer war er geworden, dass man ihm diesen Fall zugeschoben hatte.

Ich tat, wie ich durfte, und lief nach Haus in die Chausseestraße. Ich informierte sofort Stephan Hermlin, Fritz Cremer, Konrad Wolf und Robert Havemann. Ich war gespannt, wann einige Freunde endlich aufwachen und sich solidarisieren würden, weil sie doch erkennen mussten, dass es nicht nur um mich ging. Ein paar Tage später saß ich mit Krug, Esche und Jurek Becker zusammen. Für uns alle war dieses Erlebnis ein Schuss vor den Bug. Ich hörte nun, was im Saal passiert war. Die Künstler hatten den Auftritt verweigert. Josh Sellhorn, der gewiefte Moderator, war auf die Bühne gegangen, hatte die Augen nach oben verdreht und dem wartenden Publikum verkündet: »Meine Damen und Herren, wir können leider nicht anfangen … wegen … einer … technischen … Schwierigkeit.« Weil aber genügend Leute meine Festnahme mit angesehen hatten, hatte sich die Wahrheit schnell rumgesprochen. Jeder verstand die falschen Worte des Josh Sellhorn richtig. Es gab keine Unruhe, keine Proteste. Der ganze Saal wartete stumm und stoisch auf die Lösung des Rätsels – das Publikum vor der Bühne, die Künstler hinter der Bühne, eine lange halbe Stunde. Plötzlich war der verantwortliche Einsatzleiter des MfS in die Künstlergarderoben gestürmt. Er kreischte: »Biermann ist frei! Wenn Sie jetzt nicht auftreten, wird es teuer!« – »Fragt sich, für wen«, grinste Krug. Und gab den Vorhang frei für die Vorstellung.

***

Am 5. Dezember 1965 erschien im *Neuen Deutschland* von Klaus Höpcke, dem zuständigen Redakteur für Kultur, Kunst und Literatur, ein Frontalangriff gegen Wolf Biermann. Sein Titel: »Der nichts so fürchtet wie Verantwortung«. Außergewöhnlich war, dass sich die Attacke ausschließlich gegen mich persönlich richtete. Da wurde nicht, wie sonst in Kampagnen üblich, en passant dem schwarzen Schaf ein Hieb versetzt. Der Verräter wurde diesmal beim Namen genannt, und der Scharfmacher Höpcke forderte: »Mehr Angriffsgeist gegen Positionen ideologischer Koexistenz ist erforderlich.«

Das 11. Plenum des ZK der SED, das vom 16. bis 18. Dezember tagte, war spektakulärer als andere Plenen, die unregelmäßig zwischen den SED-Parteitagen vom Politbüro angesetzt wurden. Auf Parteitagen wurde die Generallinie der Partei diskutiert und für die folgenden Jahre festgelegt. Auf Plenen wurde, wie der Name sagt, im versammelten Zentralkomitee über anstehende Einzelprobleme beraten – etwa über das Gesundheitswesen, den Außenhandel, die Schwerindustrie, die Landwirtschaft –, und es wurden Grundsätze dazu beschlossen.

Wenn man begreifen will, warum das berüchtigte 11. Plenum so hysterisch die Kulturpolitik der DDR erschütterte, muss man wissen, dass es im Dezember 1965 ursprünglich als ein Wirtschaftsplenum geplant und vorbereitet worden war. Es ging um das »Neue ökonomische System der Planung und Leitung« (NÖS). Diskutiert werden sollten die ruinösen Handelsbeziehungen der DDR mit ihrem wichtigsten Partner, der Sowjetunion. Die DDR brauchte Rohstoffe, die Sowjetunion hochwertige Industriegüter. Allerdings diktierte damals der übermächtige große Bruder dem kleinen die Preise. Ein Beispiel: Die DDR baute und lieferte an die SU hochwertige Handelsschiffe – im Parteijargon: »auf Weltniveau«. Die DDR machte bei diesem Geschäft aber nicht nur kein Geschäft, sondern lieferte die Ware weit unter den eigenen Produktionskosten. So bezahlten Ulbricht und seine Obergenossen für ihre geliehene Macht und verklärten es als Wiedergutmachung für die Verbrechen des Nationalsozialismus an der UdSSR. Günter Mittag und Erich Apel, die Wirtschaftsfunktionäre in der Parteiführung, ärgerten sich über diese perpetuierten Reparationsleistungen. Die beiden Neukommunisten organisierten für die alten Ideologie- und Betonköpfe Walter Ulbricht, Paul Verner, Erich Mielke und Erich Honecker den lästigen Wirtschaftskram. Sie kannten den Clinton-Slogan aus dem Wahlkampf 1992 noch nicht, aber sie dachten genauso: »It's the economy, stupid!« Und so kam es zum Knall.

Zwei Wochen vor dem angesetzten 11. Plenum erschoss sich Erich Apel in seinem Dienstzimmer, mitten in der Dienstzeit, mit seiner Dienstpistole, und zwar unmittelbar vor der Unterzeichnung eines neuen Wirtschaftsabkommens zwischen der DDR und der UdSSR. Wilde Gerüchte über die Ursachen und Hintergründe kursierten im Machtapparat, auch in der Provinz. Direkt neben dem Grundstück meines Freundes Robert Havemann am Möllensee besaß der Selbstmörder seit eh und je eine Datscha. Und in den Jahren, als der Naturwissenschaftler Prof. Dr. Robert Havemann noch zur Nomenklatura gehörte, traf er sich mit seinem Nachbarn Apel, feuchtfröhlich, zu Gesprächen über Weltpolitik, Wirtschaft, Wissenschaft, Weiber und Weinsorten.

Nachdem Robert den Bruch mit der Partei gewagt hatte und zum Staatsfeind ernannt worden war, hörten diese nachbarschaftlichen Besuche natürlich auf. Robert erzählte mir später von einem Besäufnis, bei dem Apel sich eine exotische Eskapade geleistet hatte. Er schoss mit seinem Revolver aus Übermut unten am Bootssteg rum und sagte, stocknüchtern im Suff: »Robert, wenn in meinem Laden mal einer über die Klinge springen muss, werde nicht ich es sein!« Und zur Bekräftigung schoss er den Vollmond ab über dem stillen Möllensee. Jetzt aber hatte sich gezeigt, dass der abgebrühte Apel doch ein Seelchen war. Er hatte sich nach der Entmachtung Nikita Chruschtschows geweigert, so das Gerücht, den neuen, langfristigen Handelsverträgen mit der Sowjetunion als verantwortliches Mitglied des Politbüros seinen Segen zu geben. Warum nun genau dieser hartgesottene Macher die Nerven verlor, kann einer wie ich nicht wissen. Ich weiß aber, was dieser Selbstmord auslöste: Panik in der Parteiführung.

In ihrer Wutangst beschlossen die Obergenossen, das geplante Wirtschaftsplenum nicht solide umzumodeln oder elegant zu verschieben, sondern ganz abzusetzen. Aber auch das ging offenbar nicht. Der Klassenfeind schläft nie! Darum beschlossen sie, das angekündigte Plenum trotzdem durchzuziehen – nun allerdings über ein weniger heikles Thema: die Kulturpolitik. Sie verprügelten aus Angst vor dem Ärger mit den sowjetischen Genossen lieber ihre hauseigenen Künstler und Schriftsteller. Die Hatz war natürlich schlecht vorbereitet. Die Kampagne war hektisch improvisiert. Nur so konnte es passieren, dass auf dem Plenum gleich die gesamte Jahresproduktion der einzigen DDR-Filmfabrik DEFA in die Tonne getreten wurde. Hysterie! Wir erlebten diesen Kahlschlag besonders dramatisch, weil der attraktivste Baum erst mal stehengelassen worden war, der Film von Frank Beyer über Konflikte auf einer sozialistischen Großbaustelle: »Spur der Steine«.

Außer den Filmschaffenden wurden Robert Havemann, Stefan Heym und Wolf Biermann in einer veröffentlichten Rede von Erich Honecker feudalfürstlich gewürdigt. Mir, also den Gedichten und Liedern, bescheinigte Ulbrichts Kronprinz nicht nur staats- und parteifeindliche Krankheiten, sondern auch die ästhetische Syphilis, genannt Pornographie. Die Propagandamaschine lief auf vollen Touren. Seitenlang im *ND* und in allen Bezirkszeitungen, von Schwerin bis runter nach Leipzig und Dresden, die gleichen Hasstiraden. Und dazu garniert, in kleinen, vergifteten Happen aufbereitet, die kochende Volksseele, also Zitate von empörten Aktivisten in den volkseigenen Betrieben und landwirtschaftlichen Produktionsgenossenschaften. Devote Ergebenheitsadressen der staatstreuen Künstler und parteiergebenen Schriftstellerkollegen.

Für mich war diese Kampagne eine Lektion für die Bedeutung eines neuen polemischen Begriffes, der durch Hannah Arendt populär geworden war: totalitäre Herrschaft. Was jetzt passierte, war etwas ganz anderes als die gelegentlichen kleinen Verbote vorher. Die totale Aburteilung hatte aber auch etwas Befreiendes, denn in solch einer existenziellen Katastrophe kann man nicht bleiben, wie man war. Entweder man knickt opportunistisch ein oder man radikalisiert sich so, dass man rabiater wird, als man eigentlich ist. Auch das kam nun in bilderbuchartiger Deutlichkeit zur Erscheinung.

Heym und Havemann und ich waren längst enge Freunde. Dem Heym fühlte ich mich auch zu Dank verpflichtet. Er hatte im April, als ich zwar noch nicht verboten war, aber doch schon geächtet, dafür gesorgt, dass ich Mitglied der DDR-Sektion des Internationalen PEN-Clubs wurde. Der PEN ist eine britische Erfindung. Nach der Satzung dieses noblen Literatenclubs kann man nur aufgenommen werden, wenn ein ordentliches Mitglied dazu den Vorschlag macht und in geheimer Wahl darüber entschieden wird. Heym erzählte uns stolz von seinem Coup. Er hatte mich vorgeschlagen, und ich war von den anwesenden PEN-Brüdern akzeptiert worden. Außer mir auch Hans Bunge und der Dramatiker Hartmut Lange. Mich freute diese Neuigkeit, weil solch eine Anerkennung nicht nur mein Prestige erhöhen würde, sondern auch den schützenden Palisadenzaun im täglichen Kleinkrieg mit der Obrigkeit. Dann aber erschien im Feuilleton des *Neuen Deutschland* eine Notiz, in der mitgeteilt wurde, welche Schriftsteller zu neuen Mitgliedern des PEN-Zentrums der DDR gewählt worden waren. Mein Name fehlte. Auf Anraten von Heym und Havemann schrieb ich an die Generalsekretärin des DDR-PEN, Ingeburg Kretschmar, und bat um Auskunft über diesen faux pas. Die Dame antwortete mit einem Briefchen, das ich gut aufbewahrt habe. Sie schrieb: Ja, ich sei zum Mitglied des PEN-Zentrums gewählt worden, sie habe aber diese Nachricht weder an mich noch an das *ND* weitergegeben, weil ich mit nur einer Stimme Mehrheit gewählt worden sei. Sie gehe von der Annahme aus, dass ich solch eine knappe Wahl ablehne. Ich schrieb ihr vergnügt zurück: »Sehr geehrte Frau Kretschmar, es ist für mich eine große Ehre und eine Freude, Mitglied des PEN zu sein. Die Tatsache, daß ich mit nur einer Stimme Mehrheit gewählt wurde, stört mich nicht. Im Gegenteil. Wenn ich diese Wahl nun annehme, wird der nächste Kandidat meiner Spezies mit wahrscheinlich zwei Stimmen Mehrheit gewählt werden!«

Dieses Witzchen kann man besser verstehen, wenn man weiß, dass die Bonzen systematisch ihre eigenen Kumpane als Mitglieder in den DDR-PEN reindrückten, um bei Abstimmungen sich die demokratische Mehrheit zu sichern. Die wirklichen Schriftsteller hatten oft keine Lust oder keine Zeit, zu den angesetzten Treffen zu erscheinen, während die parteitreuen Schruftstaller zuverlässig brav erschienen und beim Votum die Hand so hoben, wie man zwei Hände hochhält. Mit der Aufnahme in den PEN wurde ich nun eingeladen zu den gelegentlichen Versammlungen. Es trafen dort nicht nur die »richtigen« Schriftsteller auf die literarisierenden Canaillen der Obrigkeit. Mitglieder dieses PEN waren auch Literaten, die mal das eine waren und mal das andere. In meiner neuen Rolle als staatlich anerkannter Staatsfeind war ich der exotische Außenseiter. Kollegen wie Heiner Müller, Christa Wolf, Günter Kunert und Jurek Becker freuten sich. Ulbrichts persönlicher Referent Otto Gotsche und der selbsternannte Klassiker des Kommunismus, Peter Hacks, und der Zyniker Hermann Kant ärgerten sich. Der eigentliche Chef des PEN, Stephan Hermlin, war hin- und hergerissen. Wenn man bedenkt, dass der Geist der Charta des Internationalen PEN nur aus einem Punkt besteht: Freiheit des Wortes und Freiheit der Schriftsteller, war der DDR-PEN eine absurde Vereinigung von Todfeinden. Sie lähmten sich gegenseitig.

Als der große Kahlschlag des 11. Plenums die DDR erschütterte, spielte der PEN keine Rolle. Keine gute, keine schlechte. Havemann, Heym und ich wurden in diesen turbulenten Tagen ins Ministerium des Innern bestellt, zum Innenminister Generalmajor Dickel, alle drei an einem Vormittag im Abstand von einer Stunde. Havemann der Erste, ich der Letzte. Ich hatte den kürzesten Weg zum Ministerium in der Mauerstraße. An der Pforte meldete ich mich, legte meinen Ausweis vor, wurde eingetragen ins Besucherbuch, wartete eine Weile, dann kam eine prallgefüllte Uniform und holte mich ab. Eine Treppe hoch, dann ein Gang durch eine gläserne Brücke ins Nebengebäude. Ein dunkler Flur, und da kam mir nun Stefan Heym entgegen im Gegenlicht. Auch er eskortiert von einem Uniformierten.

Heym ging gebeugter als sonst, sein Mantel und sein Jackett offen, er sah aus wie ein gebrochener alter Jude, der seinen Leuten hinterherläuft auf der Rampe. Dieser Anblick machte mir Angst. Die Situation war klar, er kam offensichtlich von der Unterredung mit dem Innenminister, die mir nun bevorstand. Und weil ich meine Angst überspielen wollte, blieb ich stehen und sagte mit falschforscher Fröhlichkeit: »Hallo Stefan! Wie war's?« Aber er hielt den Kopf gesenkt, starrte vor seine Füße und murmelte ein Wort, das ich nicht verstand. Nun hatte ich keine Angst mehr, sondern die Angst hatte mich.

Wir gingen weiter. Mein Begleiter klopfte an eine Tür. Das Büro der Sekretärin. Von dort aus öffnete sich die gepolsterte Tür in einen saalartigen Raum mit hohen Fenstern und schweren Gardinen. Ganz hinten, in der Ecke, thronte der Minister an einem monumentalen Schreibtisch. Davor diagonal durch den Raum ein langer Konferenztisch mit Stühlen. Alles so arrangiert, dass der Besucher einen langen Weg laufen muss, bis er an den Mächtigen herantreten kann. Minister Dickel stand auf, gab mir nicht die Hand, sondern wies mir den ersten Stuhl an der Kante seines Tisches an. Er ratterte eine gestelzte Erklärung runter, die er vor mir, wie ich später erfuhr, wortwörtlich auch Robert Havemann vorgetragen hatte und, wie ich vermuten muss, auch Stefan Heym. Vermuten muss ich ja, weil Heym fortan sich verbarg vor uns. Das Statement des Ministers war eine standardisierte Drohung ins Blaue. Er warnte vor weiteren Interviews mit der Westpresse und drohte mit Konsequenzen. Der Anblick meines Freundes Heym hatte mich viel mehr erschreckt als der Sermon des Ministers. Und als ich mit Robert das Erlebte austauschte und verglich, lachte er und sagte: »Die sind ratlos, die wissen nicht weiter mit uns.«

Kurz darauf, es war ein paar Tage vor Weihnachten, klingelte Roberts Telefon in der Burgwallstraße 4 am Möllensee. Heym rief an – und mir stockte das Herz, als Robert mir das Telefonat kolportierte. Heym: »Hallo Robert.« Havemann: »Mensch Stefan, schön, dass du endlich anrufst, wir sind ja schon neugierig, was du erlebt hast bei dem blöden Dickel.« Heym: »Robert, ich möchte dir in aller Form mitteilen, dass ich jetzt den Kontakt zu dir abbreche. Und ich will auch nicht, dass du Gertrud und mich zu Hause besuchst, auch nicht unter dem Vorwand eines Weihnachtsgeschenkes.« Robert antwortete mit jovialer Unbekümmertheit: »Mensch Stefan, die sind doch ratlos, du musst dir keine Sorgen machen! Das mit Weihnachten ist doch albern, überleg's dir noch mal …« Heym darauf: »Danke. Ich hab's mir überlegt«, und legte auf. Das war das Ende einer langen, tiefen und munteren Freundschaft.

Die Folgen des 11. Plenums waren harsch. Ich durfte nun überhaupt nirgends mehr auftreten. Auch Havemann durfte keine Zeile mehr veröffentlichen und wurde von seiner letzten Anstellung als Leiter der Arbeitsstelle für Photochemie an der Akademie der Wissenschaften im Dezember fristlos entlassen. Und im März 1966 wurde er ganz und gar aus der Akademie ausgeschlossen.

Manfred Krug sollte sich von seiner Solidaritätserklärung mit dem Staatsfeind Biermann distanzieren. Weil er sich weigerte, sollte er nicht mehr auftreten dürfen, und sein Name sollte möglichst nicht mehr genannt werden. Und nun kam auch die Stunde der Rache für die tapfere Tat meines Philosophielehrers Wolfgang Heise. Am Philosophischen Institut herrschte damals ein Direktor Prof. Dr. Ley. Seit 1930 war er in der KPD, 1944 hatte er seine Dissertation geschrieben: »Die Erkrankungen der Zähne und ihre Beziehung zur Rasse. Eine statistische Untersuchung an 1955 Soldaten der Luftwaffe.« Er war Professor der Philosophie und Doktor der Zahnmedizin. Und weil er ein »Tui« war, verspotteten wir ihn als den größten Philosophen unter den Zahnärzten und den größten Zahnarzt unter den Philosophen. Dieser Opportunist und Quasselkopp konnte über jedes Thema ohne Vorbereitung eine halbe Stunde lang reden. Ley verlangte Heises Parteiausschluss, auch Heises Absetzung als Dekan und als Universitätsprofessor. Mein Lehrer blieb mit Ach und Krach Professor, durfte aber nicht mehr das gefährliche Königsfach Geschichte der Philosophie lehren. Er wurde in ein kleineres Fach gedrückt, wo ja der Geist auch nicht leben durfte: Ästhetik. Heise kämpfte mit Krankheiten und mit Karriere-Canaillen. Abgedrängt in die Wissenschaft des Kunst-Schönen, blieb er das geistige Zentrum für die Besten. Heiner Müller konnte es – und Volker Braun und Wolfgang Thierse können es noch heute bezeugen.

Über mich entleerten sich die vollen Nachttöpfe der Propagandisten. Wochenlang dauerte die Diffamierungskampagne gegen mich und meine Texte an, seitenlange Artikel im *ND*, im FDJ-Zentralorgan *Junge Welt*, auch im FDJ-Studentenblatt *Forum*, in der *BZ am Abend* sowieso. Das Verrückte daran: Dort wurden meine Werke zerrissen, die es nirgends zu lesen gab. Kafka pur. Es war ja in der DDR von mir kein einziges Buch gedruckt, keine einzige Schallplatte gepresst! Vorgeworfen wurden mir »Skeptizismus« und eine »anarchistische Philosophie«. Meine Dichtung sei »pornographisch«, ich sei »politisch pervers«, meine Verse »gehässig gegen den antifaschistischen Schutzwall«, gegen das Volk, gegen die Jugend, gegen »unsere Grenzsoldaten«. Meinem Schund fehle

»das Ja zum sozialistischen deutschen Staat«. Horst Sindermann wetterte: »Wir fragen: Könnte ein Volk den Absturz vertragen von Goethes ›Edel sei der Mensch, hilfreich und gut‹ zu Biermanns Reimerei ›Es war einmal ein Mann, der trat in einen Scheißhaufen‹? – Bei einem solchen geistigen Absturz müsste sich eine humanistische Nationalkultur den Hals brechen.« Gut beobachtet! Er zitierte eine Zeile aus meinem Spottlied über die Partei.

Alexander Abusch, stellvertretender Vorsitzender des Ministerrates für Kultur und Erziehung, warf sich mit besonderer Wut auf meine soeben im Westen erschienene »Drahtharfe« und steigerte sich zu der Aussage: »Welch eine Attraktion: ein junger Dichter, der seine Kloakenbegriffe benutzt zur Besudelung der Partei der Arbeiterklasse, für deren hohe Ziele sein eigener Vater von den Faschisten ermordet wurde.«

Im Westen meldeten sich Jean Améry, Heinrich Böll, Siegfried Unseld, Klaus Wagenbach und Peter Weiss zu Wort und kritisierten die Maßnahmen gegen mich. Die Westmedien reagierten, Marcel Reich-Ranicki feierte meine Gedichte unter der Überschrift »Der Dichter ist kein Zuckersack« in der *Zeit*. Hans Werner Richter, Begründer der Gruppe 47, lud mich demonstrativ ein, im April ’66 an einer Tagung in Princeton, USA teilzunehmen. In Ost-Berlin versicherte mir Stephan Hermlin leidenschaftlich, er werde sofort und ohne Rücksicht eine Erklärung im Osten und im Westen abgeben, sobald »sie noch weiter gehen« und mich verhaften sollten. Fritz Cremer verlangte in einer Stellungnahme: »Biermanns Talent und Begabung verdienen ernster genommen zu werden.« Günter Kunert forderte Platz für einen Gegenartikel und schrieb ans *ND*: »Die Geschichte der sozialistischen Literatur ist schon zu reich an hingeopferten Dichtern, als daß man die Gesetze von Sachlichkeit und Vernunft weiterhin verletzen könnte, wie dies Höpcke getan hat.« Auch Jurek Becker und Klaus Schlesinger protestierten mit ähnlichen Zuschriften an das *Neue Deutschland*.

Die Maschinenstrickerin, die Kommunistin, die Widerstandskämpferin, die Witwe, die Mutter – meine liebe Emma Biermann wäre 1953 am liebsten mit ihrem einzigen Kind von Hamburg in den Osten übergesiedelt. Aber die Partei »drohte mit den Pfoten«, der Mutter hatte sie’s verboten. Die bewährte Genossin sollte nicht aus den Klassenkämpfen desertieren, sich nicht von der vordersten Front in Hamburg-Langenhorn davonmachen in das Arbeiter- und Bauernparadies DDR. Sie sollte gefälligst im Westen die Weltrevolution vorbereiten. Emma galt als zuverlässiger Kader der Partei. Ich erinnere mich daran, dass sie Anfang der fünfziger Jahre mal als Kurier irgendwelche Dokumente zu Genossen nach Holland geschmuggelt hat. Und wie alle Mitglieder der 1956 verbotenen KPD wurde sie 1968 automatisch Mitglied der neugegründeten DKP. Emma klagte wohl über unsere Trennung, hatte aber eisern den Stalinisten gehorcht. Wie komisch diese tragische Treue: Sie ahnte nicht, welcher Kelch an ihr vorüberging. In der Menschenbrechmaschine DDR wäre grad eine Ungebrochene wie sie zerbrochen.

Als ich nun im Vaterland der Werktätigen von der Parteiführung zum staatlich anerkannten Staatsfeind gebrandmarkt wurde, wirkte im *Neuen Deutschland* als stellvertretender Chefredakteur ein Dr. Günter Kertzscher. Auch er lieferte in der Kampagne gegen mich seinen obligaten Hassartikel. Dieser B. habe sich verbündet mit den Faschisten, habe seinen Vater verraten, den Genossen Dagobert Biermann, der in Auschwitz ermordet wurde. So krachte wieder mal die Auschwitzkeule auf meinen armen Kopf. Mir hat es weh getan. Als ich diesen Artikel meinem Freund Havemann vorlas, übermannte mich das Selbstmitleid, mir kamen die Tränen. Aber Robert lachte: »Kertzscher? Das ist doch dieser Edel-Nazi! Den kenne ich! Einer von den ›Stalingradern‹! All diese umfunktionierten Offiziere und Soldaten der Wehrmacht und SS in der SED! Das sind die Heil-Hitler-Deutschen, die von Ulbricht, Pieck und anderen Propaganda-Idioten im ›Nationalkomitee Freies Deutschland‹ zu Stalinisten umgepolt wurden, umerzogen wie Erich Apel und Günter Mittag im Politbüro!«

Die Staatssicherheit scheute keine Drecksarbeit. Auch die Gestapoakten meines Vaters zogen sie heran und werteten sie genauestens aus. Sie hofften, pikante Schwachstellen zu finden, die man gegen mich hätte drehen können. Die Obergenossen wollten aber zugleich eine noch viel wirksamere Waffe gegen mich in Stellung bringen: meine Mutter, ihre Genossin Emma. Sie verlangten von den Kadern der illegalen KPD in Hamburg, dafür zu sorgen, dass Biermanns Mutter sich von ihrem missratenen Sohn distanziert.

Motto: »Ich schäme mich für meinen Sohn! Er hat unsere Sache verraten!«

Das, was Brecht, der konvertierte »Genosse ohne Parteibuch«, in seinen Texten als ästhetisches Wortmaterial verwendete: »unsere große Sache«, war für meine Mutter keine poetische Phrase. »Unsere Sache« war für sie wichtiger als jedes private Glück, jeder Kummer im Klassenkampf. Es ging uns Kommunisten immer um die ganze Menschheit, nie um einzelne Exemplare. Genau das ist die Kultur des ideologischen Kannibalismus: Man haut seine liebsten Menschen dem blutfraßgierigen Parteimonster in die Pfanne. Die Spekulation auf diesen Propagandacoup gegen mich war gar nicht so unrealistisch. Emma Biermann hatte ihre Treue zur Parteidisziplin in härtesten Zeiten bewiesen. Wenn die Kommunistin Emma 1965 der Meinung gewesen wäre, dass ihr Sohn ein Feigling ist, ein Lump wurde und ein Deserteur im Freiheitskrieg, dann hätte sie mich aus ihrer Menschheit ausgeschlossen. Es hätte ihr das Herz rausgerissen, aber aus Respekt vor all ihren unsterblichen Toten und aus Selbstachtung hätte sie mich geächtet. Doch: Emma war dieser Meinung nicht, und das war mein Glück. Drei markante Sätze knallte sie in der Versammlung in Hamburg ihren Genossen vor den Latz: 1. Mein Wolf ist ein Kommunist und ihr seid Antikommunisten. 2. Mein Wolf ist ein Revolutionär und ihr seid Konterrevolutionäre. 3. Mein Sohn ist ein junger Dichter und ihr seid alte Schweine.

Eine herzerfrischende Anekdote, aber in Wahrheit war es der todtraurige Galgenhumor einer verzweifelten und ratlosen Genossin. Es war der heillose Kummer über die verratene Revolution. Emma bezahlte einen hohen Preis für ihre drei goldenen Worte. Nach ihrem geliebten Mann Dagobert und ihrem treuen Bruder Kalli verlor sie nun auch ihre Schwester Lotte und deren Töchter Hilde und Ilse. Seitdem ging ein unheilbarer Riss auch durch unsere Familie.

Ihr macht mich populär!

Aufbruch ins neue Leben unter dem Totalverbot

Ich spürte den wachsenden Druck. Endlos klingelte das Telefon in meiner Wohnung, doch wenn ich ranging – wortloser Atem. Ich flüchtete mich auf die Insel Usedom, wohnte bei meinem Freund, dem Maler Otto Manigk, und seiner Frau Ingeborg mit ihrem Sohn Oskar. Ich hatte mich in Ückeritz am schönen Achterwasser mit einem Kreis von Malern befreundet, mit Matthias Wegehaupt, mit Susanne Kandt-Horn und ihrem Mann Manfred Kandt. Auch beim Häuptling dieser Künstlerkolonie, beim »Käptn« und Maler Otto Niemeyer-Holstein in »Lüttenort«, trafen wir uns mit Außenseitern, Eigenbrötlern und unangepassten Widersprechern.

Die Manigks hatten den Mut, mich auch in diesen bedrohlichen Zeiten zu beherbergen. Ich wollte ein paar Monate bleiben, fuhr nur gelegentlich für ein, zwei Tage, wenn es sein musste, nach Berlin. Doch auch auf Usedom waren die Genossen wachsam. Ich erhielt eine Vorladung beim Ratsvorsitzenden des Kreises Wolgast. Ich hatte Angst, fürchtete eine Verhaftung oder erweiterte Schikanen, etwa die Verhängung einer täglichen Meldepflicht. Zur »Klärung eines Sachverhalts« brachte mich Otto Manigk am Morgen des 19. Februar 1966 mit seinem Trabi in die Kreisstadt an der Peene. Wir verabredeten, dass er in einem Café auf mich warten und nach zwei Stunden im Rat des Kreises nach mir fragen sollte. Wir parkten den Wagen an einer Kirche und gingen zusammen die fünf Minuten bis zur Peenemünder Straße. Der Behördenbau eine Mischung aus Pferdestall und Gefängnis. Otto verabschiedete sich mit einer ratlosen Entschlossenheit. Er sah mir nach, wie mich das Gebäude verschluckte. Dann begann er einen Rundgang um den Gebäudekomplex, um nach Nebenausfahrten zu suchen, durch die man mich möglicherweise verdeckt wegschaffen konnte.

Im ersten Stock, im Vorzimmer des Kreisvorsitzenden, empfing mich dessen Sekretärin. Ich machte auf munter und bat sie um ein Blatt Papier und einen Bleistift, denn ich wollte mir Notizen von dem Gespräch machen, es eventuell im Nachhinein aus dem Gedächtnis protokollieren. Die Sekretärin war freundlich: »Wir haben hohen Besuch. Es ist auch noch der Erste Stellvertreter des Vorsitzenden vom Rat des Bezirks Rostock gekommen, Herr Dr. Sebastian. Brauchen Sie noch mehr Papier?« – »Danke«, murmelte ich, »so inhaltsreich wird das Gespräch wohl nicht werden.« Und Recht hatte ich. Der Chef aus Rostock sagte seinen Text auf: »Wir haben Informationen darüber, dass Sie Ihre in Westdeutschland gedruckten verbotenen Schriften an die Künstler von Usedom verteilt haben. Das wird ernste Folgen für Sie haben! Wir verlangen, dass Sie in Zukunft dergleichen unterlassen.« Als ich entgegnen wollte, »dass ich ja …«, unterbrach er mich, stand unvermittelt auf und sagte: »Auf Wiedersehen, Herr Biermann, die Unterredung ist hiermit beendet.« Beide gaben mir wackelkrampfsteif die Hand.

Ich fühlte mich wieder ein bisschen sicherer und schaute mir mit provozierender Ruhe ihre Gesichter an, zwei Visagen aus der Verbrecherkartei. Der Kreisfunktionär hatte sich wie ein Konfirmand aufgeputzt, schwarzer Anzug, weißes Hemd, grauer Schlips, zu enge und zu kurze Hose, großes Parteiabzeichen, schreckhaft aufgerissene Augen, taddrige Korrektheit. Nach vielleicht vier Minuten stand ich wieder auf der Straße. Otto hatte seinen Rundgang gerade beendet und traute seinen Augen nicht, als er mich aus der Höhle des Löwen so schnell und lebendig wieder rauskommen sah. Wir lachten und knufften uns im Übermut gegenseitig in die Rippen. Die Sonne knallte vom blauen Himmel in die Winterkälte, wir holten tief Luft, als wäre es ein erster Frühlingswind.

Auf der Rückfahrt machten wir kurz Halt bei einigen besorgten Freunden und zeigten ihnen lachend mein Gedächnisprotokoll, den weißen DIN-A4-Bogen, auf dem nichts stand als »1. Stellvertr. d. Vors. d. Rates d. Bez. Rostock, Dr. Sebastian«. Ja, wir haben gelacht – aber auch, um uns gegenseitig die Furcht wegzulachen. Wer so wenig Macht hat, darf den Mut nicht verlieren, sonst ist alles verloren. Das galt auch für die Maler. Eine Chance hatte unsereins nur durch Produktion: ein gutes Bild, ein starkes Gedicht, ein freches Lied. Ich arbeitete weiter an meinem Wintermärchen. Ich musste den Riesenberg meiner Ängste mit der Buchstabenschaufel abtragen. Man geht im Streit der Welt nicht nur an den Schlägen kaputt, die man einsteckt, sondern mehr noch an den Schlägen, die man leider nicht austeilt. Ich schrieb mir also die Populärballade, acht großmäulige Strophen aus großer Flatter in größerem Rochus. Meine Antwort auf den Shitstorm der Propaganda geriet mir von Vers zu Vers rabiater, als ich eigentlich war. Die Musen verführen zu Tollkühnheiten.

Populärballade

Warum die Götter grad Berlin
Mit Paule Verner straften
Ich weiß es nicht. Der Gouverneur
Ließ neulich mich verhaften
Das Kreuzverhör war amüsant
Auch für die Kriminalen
Ich wette: Dieses Kreuzverhör
Geht ein in die Annalen
Mit Marx- und Engelszungen sang
Ich bis sie Feuer fingen
– So brachten die im Kreuzverhör
Noch keinen Mann zum Singen
    Das ist der ganze Verner Paul:
    Ein Spatzenhirn mit Löwenmaul
    Der Herr macht es sich selber schwer
    Er macht mich populär

»Wenn Biermann solche Lieder singt
Dann wird ihm was passieren
Dann kommt mal statt des Milchmanns früh
wer anders zum Kassieren!«
– Die Drohung schrie Horst Sindermann
Der Gouverneur in Halle

Wie aber wird der Herr erst schrein
Im umgekehrten Falle:
Wenn eines schönen Morgens die
Bier- und Milchmänner quasi
Vor seiner Tür stehn, aber nicht
Die Jungens von der Stasi
    Ach Sindermann, du blinder Mann
    Du richtest nur noch Schaden an
    Du liegst nicht schief, du liegst schon quer!
    Du machst mich populär

Die Herren auf dem hohen Stuhl
Die brauchen keine Kissen
Ihr Bürokratenhintern ist
Verfettet und verschissen
Und trotzdem drückt noch dies und das
Sie sitzen gern bequem
Drum machten sie das Angebot
Ich dürft nach Westen gehn
(Ick hör dir trapsen, Nachtigall!)
Ach, wär das für die schön!
Wenn überhaupt wer abhaun soll
Dann solln die selber gehn
    Und schmeißt ihr heute raus den Biermann
    Dann ist er morgen wieder hier, dann
    Droht mit Knast ihr? – Bitte sehr!
    Auch das macht populär

Und sperrt ihr mich im Eisschrank ein
– Ich fühl mich wohl dabei
Ich spür bei jedem Kältegrad
Die Obhut der Partei
Bei jedem Kübel Dreck spür ich
Die Liebe des ZK
Zum ganzen 11. Plenum sag
Ich zwölfmal: Ja! Hurra!
Ihr habt ja euer Innerstes
Noch nie so schön gezeigt

Der deutsche Michel sah bei Licht
Ins Herze euch und ... schweigt
    Ihr löscht das Feuer mit Benzin
    Ihr löscht den Brand nicht mehr
    Ihr macht, was ihr verhindern wollt:
    Ihr macht mich populär

Im »Neuen Deutschland« finde ich
Tagtäglich eure Fressen
Und trotzdem seid ihr morgen schon
Verdorben und vergessen
Heut sitzt ihr noch im fetten Speck
Als dicke deutsche Maden
Ich konservier euch als Insekt
Im Bernstein der Balladen
Als Bernstein-Medaillon, als Ring
Als Brosche auf dem Kragen
So werden euch die schönen Fraun
Im Kommunismus tragen
    Und steht der Vers auf »Sindermann«
    Im Lesebuch der Kinder dann
    Wird er, was er gern heut schon wär
    – na was wohl? – populär

Verdammt, es kotzt mich trotzdem an
Es reizt mich nicht die Bohne
Wenn mir der deutsche Gartenzwerg
Verleiht die Dornenkrone
Wenn ihr mich wirklich schaffen wollt
ihr Herren hoch da droben
Dann müsst ihr mich ganz öffentlich
Nur loben loben loben
Ihr seid im Volk ja so beliebt
Ein Kuss von eurem Munde
Macht den Geküssten todeskrank
– So küsst mich doch, ihr Hunde!
    Küsst mich, besticht mich, liebt mich heiß
    Greift tief in eure Tasche

Gebt mir den Nationalpreis – und
Versteht sich – Erster Klasse!

Ich werd die hunderttausend Emm
Verfressen und versaufen
Ein Haus mit Kuh am Waldesrand
Werd ich vom Rest mir kaufen
Die Milch von eurer Denkungsart
Melk ich in Aufbau-Bände
Ich pflück euch Blumen, sing dabei
Ein Lied auf Mutterns Hände
Dann zieht in mich die Weisheit ein
Die Stirn wird licht und lichter
Ich sing im Chor und werde ein
Kaisers-Geburtstags-Dichter
Dann blas ich euch zu Riesen auf
Hoch oben auf dem Berge
Wenn ihr mich wirklich schaffen wollt
Dann nennt mich »groß«, ihr Zwerge

Ich habe diese Nacht geweint
Viel knochentrockne Tränen
Und hab die Fäuste wild geballt
Geknirscht auch mit den Zähnen
Ich habe diese Nacht geträumt
Von Hexen und von Drachen
Von alten Weibern, die mit mir
Parteiverfahren machen
Ich habe diese Nacht geglaubt
Die Sonne käm nie wieder
Und brächte nicht ans Tageslicht
All meine wahren Lieder

Heut morgen kam Marie zu mir
Mein allerliebstes Schmeicheltier
Das war ein Frühstück in der Früh!
Ein scharfes Brötchen hat Marie
Und Milch und Honig, weiche Knie

Und wenn mir jemand wehe tut
Dann macht Marie das wieder gut
    Die Art, wie sie das macht, ist sehr …
    – populär

Auch die Angst vor der eigenen Angst kann ein Ansporn sein. Ich war neunundzwanzig Jahre alt und wollte es wissen. Mein Mut nährte sich aus dem Hochmut gegen die lebenden Leichen im Politbüro bis runter zum devoten kleinen Parteisekretär. Und er wuchs aus der Achtung vor meinem Vater, der so lebendig tot war. Jeden Tag die ewige Frage, als wäre sie neu: Wer hat wen? Habe ich die Angst, oder hat die Angst mich? Wenn ich am Abkippen war, schwebte mein Vater unsichtbar von der Auschwitzwolke runter und sagte: »Wölflein, ich habe mit meinen Genossen das Leben aufs Spiel gesetzt – da wirst du ja nun wenigstens dein Wohlleben aufs Spiel setzen!« Recht hatte er.

***

Ich besuchte immer wieder meinen älteren Freund, den Dichter Peter Huchel. Er wohnte in einem verrotteten Haus am südlichen grünen Rande Berlins, in Wilhelmshorst. In einer romantischen Dachkammer mit nur einer Fensterluke, unter der mein Tischchen stand, suchte ich Halt am Schreiben. Immerhin modern: eine extra Telefonleitung mit Batterie. Huchels Frau Monica befahl: »Biermann, komm runter zum Essen!« – »Ja gerne, ja, danke!« Der alte Huchel litt wie ein Hund darunter, dass ihm der Posten als Chefredakteur der Literaturzeitschrift *Sinn und Form* 1962 von den verkrachten Literaten im ZK der SED endgültig weggerissen worden war. Huchel war haltbar wie seine Gedichte im märkischen Sand, aber kein harter Knochen im Streit der Welt. Immer, wenn ich ihn besuchte, las er erst einmal meine neuen Gedichte. Er las, las noch mal. Poetische Gütekontrolle ohne Politik. Er kritisierte – und hatte meistens Recht. Ich korrigierte und fand meistens was Besseres. Die neue Fassung tippte ich dann auf der alten Schreibmaschine seiner Frau Monica ins Reine. Das war schon fast ein Ritus.

Während solch eines Besuchs, im Frühjahr 1966, als ich selbst so sehr der Ermutigung bedurfte, drehte ich den Spieß um. Ich dichtete für ihn und mit leichter Hand, als wäre es schon immer da gewesen, ein neues Lied.

Ermutigung

Du, lass dich nicht verhärten
In dieser harten Zeit
Die all zu hart sind, brechen
Die all zu spitz sind, stechen
Und brechen ab sogleich

Du, lass dich nicht verbittern
In dieser bittren Zeit
Die Herrschenden erzittern
– Sitzt du erst hinter Gittern –
Doch nicht vor deinem Leid

Du, lass dich nicht erschrecken
In dieser Schreckenszeit
Das wolln sie doch bezwecken
Dass wir die Waffen strecken
Schon vor dem großen Streit

Du, lass dich nicht verbrauchen
Gebrauche deine Zeit
Du kannst nicht untertauchen
Du brauchst uns, und wir brauchen
Grad deine Heiterkeit

Wir wolln es nicht verschweigen
In dieser Schweigezeit
Das Grün bricht aus den Zweigen
Wir wolln das allen zeigen
Dann wissen sie Bescheid

Mein Leben war durchgeschüttelt, und auch in der Liebe stand ich an einer Weggabelung. Im Frühjahr 1966 gingen Brigitt und ich endgültig auseinander. Jonas war ein knappes Dreivierteljahr alt, Manuel neun. So eine Trennung ist wie Mord, wie Selbstmord auch. Aber so denkt und fühlt man nicht, wenn man im Spiel der Geschlechter – ohne es wahrhaben zu wollen – nach einer anderen Frau sucht. Es ist nicht leicht, gute Freunde zu bleiben, wenn die Liebe gestorben ist. Ich war inzwischen avanciert zum staatlich anerkannten Staatsfeind. Politisch stand Brigitt wohl auf meiner Seite. Und ich bin mir sicher, dass sie auch zu mir gehalten hätte in den schweren Jahren des Totalverbots. Aber was hatte die Französin aus Köln in Ost-Berlin schon von einer Amitié dangereuse ohne Liaison? Sie sagte in kaltem Deutsch: »Wenn ich schon nicht mehr mit dir im Bett liegen darf, will ich auch nicht unter deinen Hammer kommen.« So hielt sie mehr und mehr Distanz.

Schon vor unserer Trennung, im Sommer 1965, war mir die vielleicht populärste DDR-Venus, die Schauspielerin Eva-Maria Hagen begegnet. Nicht mal ihr hübsches Gesicht kannte ich, denn wir lebten im selben Land in verschiedenen Welten. Und auch den populären DEFA-Liebesfilm kannte ich nicht, mit dem sie ihre Karriere begann: »Vergesst mir meine Traudel nicht«, in dem sie ein wildes Mädchen spielt, das aus dem Erziehungsheim flüchtet und sich in einen anständigen Volkspolizisten verliebt. Nur gut, dass ich kitschresistenter Brechtianer diese realsozialistische Heimatschnulze nicht genossen hatte, denn dann hätte mein Vorurteil mich womöglich blind gemacht für Evas Reize.

Es passierte in Halle an der Saale, einer Stadt, die ich kaum kannte. Die Gelegenheit war uns gefährlich günstig. Beide waren wir für einen bunten Abend engagiert, beide Teil eines Estradenprogramms im traditionsreichen Steintor-Varieté. Auch die Hagen sollte ein paar Lieder zur Gitarre singen. Sie erledigte ihre Tonprobe mit einem alten, frivolen französischen Chanson, das Peter Hacks ihr zerdeutscht hatte: »Oh, komm, mein klei-hei-ner Schä-hä-hä-fer, mein ga-han-zes Glü-hück bist du …« Ich verstand mich mehr als Wolf, und sie war gewiss kein Schaf, aber ich fühlte mich direkt angesprochen. Nach ihr probte ich für den Tonmeister am Mischpult meine Ballade vom Drainageleger Fredi Rohsmeisl aus Buckow. Das rüde Lied beeindruckte die hübsche Soubrette. Nach der Tonprobe saßen wir Mietkünstler im versifften Konversationszimmer, dort haben wir uns leichtsinnlich ineinander verliebt. Sie kam schnell zur Sache: Sie kletterte mit weitem weißen Rüschen-Rauscherock aus dem Fenster auf die Feuerleiter. Das war natürlich verboten. Ich stieg ihr nach, als schnurrender Kater, den Blick nach oben, die luftige Wendeltreppe immer höher. Wir balancierten an der Fassade bis zur Spitze des riesigen Dachpappe-Daches. Den ersten Kuss gaben wir uns ganz oben, hoch über den Dächern von Paris an der Saale. Es war eine romantische Filmszene im deutschen demokratischen Abendlicht.

»Geld macht sinnlich«, schrieb der Brecht. Und ich habe es dem Meister snobrechtisch nachgeplappert, wenn ich in der Balz große Töne spuckte. Dabei funktionieren in einer Diktatur die Hahnenkämpfe ja eigentlich nicht über das Geld, sondern hauptsächlich über Privilegien. Nicht nur Geld – auch Macht macht sinnlich. Den Kampf zwischen Mann und Frau, das befand der Schrei-Maler Edvard Munch, kann man auch Liebe nennen. Aber auch der überlegene Geist eines Männels kann im Liebesspiel sinnlich machen, Charakter und Eigensinn, der Seelenton eines Liedes können eine Schöne verführen. Sogar die flüchtige Mode-Berühmtheit kann ein Liebeselixier sein. Und in Zeiten der Diktatur ist im Vergleich mit all den feigen Jasagern sogar ein Schwächling der Herkules, wenn er tollkühn Nein sagt. Als es sich in der DDR herumsprach, dass der Biermann mit der Filmdiva im Bett liegt, da fauchten die Oberen. Aber die Unteren frohlockten: Einer von uns hat die Marilyn Monroe der DEFA erobert!

Als ich in ihrer Wohnung in der Zelterstraße aufkreuzte, nahe dem S-Bahnhof Prenzlauer Allee, und meine Lieder sang, hörte ein Mädchen zu, die hübsche Nina mit kullernden Tollkirschaugen. Sie schätzte den neuen Kerl ihrer Mutter ab. Und plötzlich kreischte das kleine Monster mir mitten ins Lied: »Du sollst meinen Walter Ulbricht nicht ärgern!!!« Das war so exaltiert, wie Nina immer war und blieb. Sie war zehn Jahre alt, ein braver Junger Pionier. Sie fuhr mit ihrer berühmten Mama im weißen offenen Škoda-Flitzer zu Stippbesuchen ins Ghetto der SED-Elite, in das strengstens bewachte Wandlitz im Norden von Ost-Berlin. Auch die Frau des mächtigen Fernsehchefs Heinz Adameck war Eva-Marias Busenfreundin. Gewiss, der Wutschrei der Nina kam aus tiefem Kinderherzen. Aber weil das Kind klug war und schön widerspenstig, änderte sich das im Handumdrehn. Nina wurde mein Fan, ich zeigte ihr die ersten drei Griffe auf der Gitarre, und so wurden wir schon bald gute Kollegen.

Eva-Maria war damals genau das, was ich brauchte. Mit Politik hatte das wenig zu tun, mehr mit Lebenslust. Sie stachelte mich an, den Streit mit den Mächtigen zu wagen. Und als sie unter Druck gesetzt wurde, reagierte sie in diesem stalinistischen Schweinestall erbost und tapfer. Ihr drohte ein Karriereknick – na und?! Es war gar keine politische Opposition, sondern mehr der Stolz einer Frau, die sagt: Ich geh mit dem, der mir gefällt, ihr geilen Spießer! Freund Adameck vom DDR-Fernsehfunk Adlershof kündigte ihr. Die DEFA zog sich zurück. Die Rolle der Eliza Doolittle im Musical »My Fair Lady« durfte sie nicht in der Hauptstadt der DDR spielen, aber immerhin in Hitlers gigantischem Landestheater in Dessau.

Für mich ein Problem: niemand gefährdeter und nichts gefährlicher als eine vom Ruhm verwöhnte Diva, die kaltgestellt wird. Ich lieferte ihr meine singbaren Nachdichtungen von Liedern aus mancher Welt. Daraus machte sie feine kleine Liederabende zur Gitarre. Sie sang Altes und Neues aus dem Schwedischen, aus dem Englischen, aus dem Russischen, aus dem Französischen. So verdiente sie nicht nur Geld, sondern kassierte vor allem das lebenswichtige Seelengeld, das eine erfolgsverwöhnte Künstlerin braucht, wenn sie ihrem Affen Zucker geben will. Und mir gab sie doppelt Küsse, denn all diese Lieder, die ich ihr mehr oder weniger treu ins Deutsche gebracht hatte, durften nicht mit dem Namen Biermann unaufführbar gemacht werden. Das war ein günstiges Geschäft für uns beide.

Die Stasi ist mein Eckermann

Freedom, oh freedom!
Spur der Steine. Die Polenreise. Die Abhörwanze.

Wenn ich in Louis Fürnbergs kommunistischem Kirchengesangbuch aus dem Lied »Die Partei, die Partei, die hat immer recht!« eine Zeile richtig missdeute, dann gilt das ironisch auch für meinen Konflikt mit der Partei: »Sie hat uns alles gegeben ...« – wie in einem richtigen Judokampf, wenn man sich die Kräfte des Gegners zunutze macht. Was mir schaden sollte, nützte mir. Ohne den skandalösen Kahlschlag auf dem 11. Plenum des ZK der SED hätte die weltberühmte Joan Baez den Nobody Biermann in Ost-Berlin vielleicht gar nicht bemerkt. Am frühen Nachmittag des 1. Mai 1966 klingelte es an meiner Wohnungstür in der Chausseestraße. Joan Baez stand da, begleitet von zwei amerikanischen Freunden. Sie kam vom Soundcheck im Kabarett Die Distel am Bahnhof Friedrichstraße, wo sie an diesem Abend auftreten sollte. Ihren Besuch hatte mir am Tag vorher ein West-Berliner angekündigt, das Faktotum meines Freundes Wolfgang Neuss auf der anderen Seite der Mauer. Neuss hatte also die Finger im Spiel.

Die singende Venus aus Amerika sprach kein Wort Deutsch, mein Englisch holprig. Aber es ist immer noch besser, man hat nicht genug Worte für das, was man sagen will, als man hat alle Worte für nichts. Wir verstanden uns gut, am besten in der Sprache der Lieder: die »Preußische Romanze«, eine inständige Bitte an meine Gitarre, die sich wie eine Geliebte zu mir durch die Gitterstäbe zaubern soll, wenn ich – das war ja meine Furcht – in einer Stasizelle hocke. Der vertraute Flamenco-Sound im fremden Deutschland gefiel der Baez, denn sie selbst hat ja mexikanische Wurzeln. Was Wunder, ihr Besuch war für mich eine Ermutigung. Die legendäre Folksängerin aus den USA besucht den Liedermacher, den die Partei grade in die Tonne getreten hat! Als ich ihr dann mein »Barlach-Lied« vorsang, sägte die scharfe Melodie sich in ihre Seele. Die zwei Tränen im Auge der Besucherin waren mein Honorar. Nach der Propagandaschlacht, nach all den niederträchtigen Schmähungen im *Neuen Deutschland* genoss ich das Interesse der Schönen wie einen Kuss in die Seele.

Die Stunden flogen dahin. Meine Gäste mussten aufbrechen, weil Joan Baez um acht Uhr im Staatskabarett ihr kleines Konzert geben sollte, vor etwa zweihundert Menschen. Die Ikone des amerikanischen Folksongs hätte mit Leichtigkeit Tausende in die Werner-Seelenbinder-Halle locken können, in das Dynamo-Stadion. Aber die DDR-Obrigkeit hatte Angst vor solch einer Massenveranstaltung. Das Konzert sollte lieber unter kontrollierbaren Bedingungen erst aufgezeichnet und dann ohne Risiko vom DDR-Fernsehen gesendet werden. Motto: Seht her, wie offen wir sind! Bei Amiga erscheint eine Joan-Baez-LP! Jetzt tritt die weltberühmte Sängerin persönlich in der größten DDR der Welt auf!

Die meisten Karten waren verteilt an zuverlässige Kader. Ich hatte damit gerechnet, dass man mich – genau wie ein halbes Jahr vorher am Alex – trotz einer Eintrittskarte nicht reinlässt. Also hatte ich gar nicht erst versucht, eine Karte zu ergattern. Der Weg von meiner Wohnung zum Distel-Kabarett war ein Katzensprung. Als ich meine Gäste verabschieden wollte, lachte Joan Baez: »We go together!« Ich verklarte ihr, dass ich keine Karte hatte und auch mit Karte keine Chance sah, reinzukommen. Da zog sie aus der Tasche ein Billett und sagte nur: »Let's go!« Sie packte mich, zottelte mich Angsthasen resolut die Treppe runter. Wir schlenderten die Friedrichstraße runter, vorbei am preußischen Adler auf der Weidendammer Brücke, vorbei am Tränenpalast und dann rüber zur Distel. Dort warteten die verantwortlichen Fernsehleute und die üblichen auffällig unauffälligen Genossen des MfS. Ein Ziviler mit Kabelwurm hinterm Ohr sagte: »Herr Biermann, Sie können hier nicht rein!« Es war also genau so, wie ich es vermutet hatte. Ich zeigte schon halb resigniert meine Karte vor und widersprach kleinlaut: »Ich habe eine Karte ...« Es war wie im Film. Der Sachse mit grimmiger

Miene: »Drozdem gomm'se hier nich nei.« Die Sängerin drohte wie eine Athena im Zorn und natürlich auf Englisch, dass sie nicht auftreten wird, wenn ihr Freund Biermann nicht reinkommt. Skandal! Der verantwortliche Genosse konnte kein Hochdeutsch, aber genug Englisch. Er sagte in seinem breiten Leipzigerisch: »Blease waid a momend« – und verschwand in der Distel. Schon nach einer Minute kam er zurück. Er hatte sich über seine Teufelsmaske eine Engelsmaske gezogen und flötete: »Pitte sehr, Herr Piermann!«

Ich fand meinen Platz in der vorletzten Reihe des kleinen Zuschauerraumes und sah, an was für wasserdichte Kader die wenigen Karten verteilt worden waren. Das Konzert wurde von dem populären Schauspieler und Chansonsänger Gerry Wolff moderiert. Ein Jude, der aus der englischen Emigration nach Deutschland zurückgekommen war – in die DDR. Ein sympathischer und cleverer Allroundkünstler, mit allen englischen Wassern gewaschen. Joan Baez trat auf und lieferte ihr Programm zur Gitarre. Zwischen den Liedern kam Gerry Wolff auf die Bühne und transportierte brillant die wenigen Kommentare, die Joan Baez zwischen den Liedern sprach. So kam die Sängerin mit ihrem smarten Dolmetsch glatt durch. Der Ablauf war immer gleich: Sie sang, die Leute klatschten, sie sprach paar Worte, der liebe Gerry übersetzte. Plimm plimm … G-dur, a-moll, D-dur, e-moll, die Stahlsaiten-Gitarre im vertrauten American pickin' style. Doch dann der Break, eine politische Dissonanz. Joan sagte: »The next song, ›Oh freedom‹, is dedicated to my friend Wolf Biermann, whom I visited today in his flat.« Ein Schock. Freedom! Gerry Wolff konnte plötzlich kein Englisch mehr und biss sich auf die Zunge. Gemeinsam mit dem auserlesenen Publikum hörte ich das schöne Lied:

> Oh freedom, oh freedom, oh freedom over me
> And before I'll be a slave
> I'll be buried in my grave
> And go home to my Lord and be free

Mir schlug das Herz hoch zum Hals. Sie sang noch zwei, drei Lieder, aber der Abend war gelaufen. Nach dem Konzert verabredeten wir uns für den nächsten Tag. Sie verschwand mit ihren zwei Freunden zum Checkpoint Charlie, ich lief allein nach Hause.

Am nächsten Mittag holte ich sie mit meinem Auto nahe der Leipziger Straße ab – ich sollte ihr helfen, einen Laden zu finden, wo man möglichst teures Meißner Porzellan kaufen konnte. Sie hatte nämlich ein pikantes Problemchen: Die nicht gerade kleine Gage war ihr zur Hälfte in Westgeld ausgezahlt worden, aber die andere Hälfte in Ostmark. Das Ostgeld durfte sie nicht mit in den Westen nehmen, sondern musste es in der DDR ausgeben. Ich führte sie in den einzigen Ost-Berliner Laden, in dem es diese Export-Kostbarkeit geben sollte. Ich hab vergessen, ob es überhaupt geeignete Vasen oder Gedecke gab, ob sie irgendwas fand und erwarb, um es mit nach Amerika zu nehmen. Aber ich weiß, dass wir dann noch mal in meine Wohnung fuhren.

Ich lernte von ihr den alten englischen Folksong »I know, where I'm going« und begriff, dass er eine phantastische Umdeutung erfahren hatte, nachdem Auswanderer aus der alten Welt dieses populäre Lied in die neue Welt mitgenommen hatten. Der schwarze Johnny, nach dem sich eine junge Frau in dem Lied sehnt, war in England »schwarz« am Ende seiner Zwölf-Stunden-Schicht in den Steinkohlegruben. Aber später in den USA konnte das Schwarz auch echt sein: ein Schwarzer! Und schon wird das Liedchen eine brisante Romeo-und-Julia-Story.

Dieser Song passte mir wunderbar zu meiner Ballade über den Briefträger William L. Moore in Baltimore: »Black and White, Unite! Unite!« Mein Freund Manfred Krug hatte sie gelegentlich öffentlich gesungen, als ich noch nicht total verboten war. Er sang den Titel sogar auf einer Langspielplatte »Jazz und Lyrik« des DDR-Labels Amiga. Aber diese schöne Tonkonserve mit Gedichten und Liedern aus aller Welt wurde am Tag nach ihrer Auslieferung auf Befehl von ganz oben, durch Sonderkommandos der Staatssicherheit und Volkspolizei, in den Läden der DDR wieder einkassiert und vernichtet. Ein schildbürgerlicher Salto mortale der sozialistischen Planwirtschaft.

All solchen innersozialistischen Kleinkram konnte ich der schönen Klassenfeindin aus den USA nicht verklickern, dazu reichte weder die Zeit noch mein Englisch. Sie schenkte mir ein Set Stahlkrallen für die Finger der rechten Hand, mit denen die Folksänger ihre Gitarre picken. Ich gab ihr ein Tonband mit meinen Liedern. Besonders das »Barlach-Lied« wollte sie sich ins Englische transportieren lassen und singen.

Die Ansage von Joan Baez im Konzert, meinen Namen zu nennen, hatte ein groteskes Nachspiel. Natürlich waren die verantwortlichen Kulturfunktionäre des Fernsehens wütend über diesen Zwischenfall. Und gewiss gab es gelassene Obergenossen, die der Meinung waren, dass man die faule Stelle aus dem Apfel einfach rausschneiden und dann den Rest dem DDR-Volk im Fernsehn servieren könne. Aber es setzten sich die ängstlichen Apparatschiks durch. So wurde die gesamte Aufnahme des Distel-Konzerts nicht gesendet, sondern landete, als wäre es ein DEFA-Film, im großen Giftschrank. Damit entgingen die allmächtigen Gedankenpolizisten der Gefahr, dass der Klassenfeind diesen kleinen Schnitt bemerkt und dann in irgendeiner Hetzsendung mit Spott und Häme die Zensurpolitik der DDR anprangert.

Nur zwei Tage später hatte ich eine Verabredung mit Bruno Haid, dem stellvertretenden Minister für Kultur, verantwortlich für das gesamte Verlagswesen der DDR. Er hatte mich schriftlich zu einer »Aussprache in den Räumen der Hauptverwaltung« im Ministerium eingeladen. Er habe die Absicht, sich mit mir über meine Publikationen einmal persönlich zu unterhalten. Ich wusste, dass Haid ein Widerstandskämpfer der KPD im französischen Exil gewesen war, wusste aber nicht, dass er acht Jahre vorher wegen liberaler Schwächeanfälle im Prozess gegen Wolfgang Harich und Walter Janka als stellvertretender Generalstaatsanwalt abgesetzt und dann 1965 zum stellvertretenden Kulturminister begnadigt worden war.

Ich ging zu dem verabredeten Treffen ohne übertriebene Hoffnungen. Haids verbindlicher Ton irritierte mich. Fast väterlich besorgt, wie ein guter alter Genosse, fragte er mich: »Kommen Sie durch? Es ist bestimmt nicht einfach … nach alldem.« Ich log keck mit einer halben Wahrheit und haute dabei im Ton auf den Putz: »Ich komme sehr gut durch!« Dabei hatte ich seine Frage so verstanden, dass er nicht nach Geld fragte, sondern nach dem Seelengeld, von dem ich lebte. Ich prahlte mit lauter Fakten: »Mir geht's gut. Meine Freunde stehen mir bei. Meine Schöne liebt mich. Und die Musen küssen mich auch. Die neuen Lieder sind eher besser als die alten, für die ich verboten wurde! Das verdanke ich alles der Partei.«

Haid warnte mich, dass es illegal sei, mein Buch »Die Drahtharfe« zu verbreiten, wie ich es natürlich tat, indem ich es Freunden auslieh oder schickte. Auch Tonbänder mit meinen Liedern, die unter der Hand kursierten, seien illegal. Er bot mir an, bei der Suche nach einer Anstellung in einem kleinen oder mittleren Betrieb behilflich zu sein, aber ich lehnte schroff ab. In diese Falle wollte ich auf keinen Fall tappen. Es konnte ja nicht damit abgetan sein, mir irgendeine Arbeitsstelle zu besorgen. Die Frage war, ob ich meine Lieder und Gedichte verbreiten kann und darf. Ich wollte Konzerte geben, darauf bestand ich, und das forderte ich ein. Und natürlich ein Buch veröffentlichen, endlich in der DDR!

Haid sagte: »Ich will offen mit Ihnen reden. Ihre Lage ist doch ausweglos. Ich möchte mit Ihnen ehrlich darüber nachdenken, wie wir diesen Teufelskreis durchbrechen. Reden wir also offen! Es ist für keinen gut. Für Sie sowieso nicht. Aber es ist auch schlecht für die DDR. Der Westen reibt sich die Hände. Ich möchte mit Ihnen beraten, was Sie und ich tun können, damit wir einen Weg finden aus dieser verhärteten Konfrontation.« Ich nickte, mir gefielen seine Worte. Ich schlug ihm vor, für ihn ein Manuskript zusammenzustellen. »Gut«, sagte er, »ich werde es einem Verlag zum Abdruck anbieten. Natürlich müssen es Texte sein, die in der jetzigen Situation bei uns gedruckt werden können. Ich denke, Sie haben es selbst gut genug im Gefühl, wo die Grenzen sind.« So entließ er mich in die Clara-Zetkin-Straße.

Als ich Robert von Haids Avancen berichtete, frohlockte er: »Na siehste! Die wissen auch nicht weiter! Und natürlich stellst du ein ganz harmloses Manuskript zusammen, in dem höchstens zwei, drei Texte sind, die man dann im Gezerre mit den Verlagsidioten wieder rausschmeißen kann. Die wollen am Ende doch auch einen Fisch gefangen haben und ihren Erfolg vorzeigen können!« Robert hatte Recht. In meiner »Drahtharfe« stand schön deutlich und unzensiert drin, was ich dachte und fühlte. Wenn jetzt die DDR vom verteufelten Biermann ein Buch nur mit Engelszungen drucken wollte, mit lauter harmlosen Liebesgedichten, dann war dies die Schande der Genossen Zensoren, nicht die meine.

***

Das 11. Plenum hatte alle DEFA-Filme dieses verflixten Jahres ’65 im Panzerschrank landen lassen. Nur ein Film hatte überlebt: »Spur der Steine«. Deshalb verballerte die DEFA, gefangen in der Zwangs-

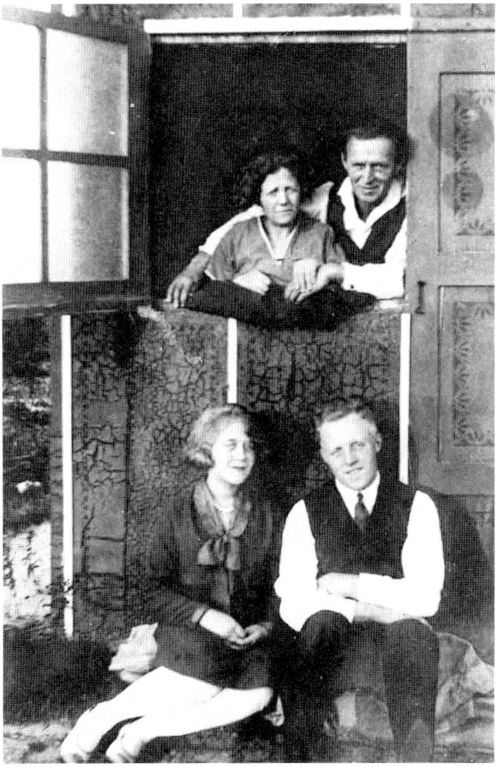

1 Proletarier-Idylle im Hamburger Schrebergarten an der Bille. Oma Meume und Karl Dietrich und ihr Sohn, der Hafenarbeiter »Kalli« Dietrich, mit Flamme.

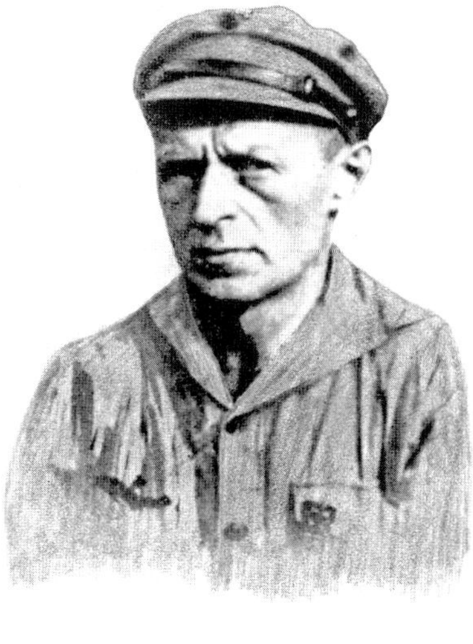

2 Bauarbeiter mit Glasauge, der Kommunist Karl Dietrich. Dieser Steineträger aus Halle mit Hamburger Schiffermütze als Rotfrontkämpfer.

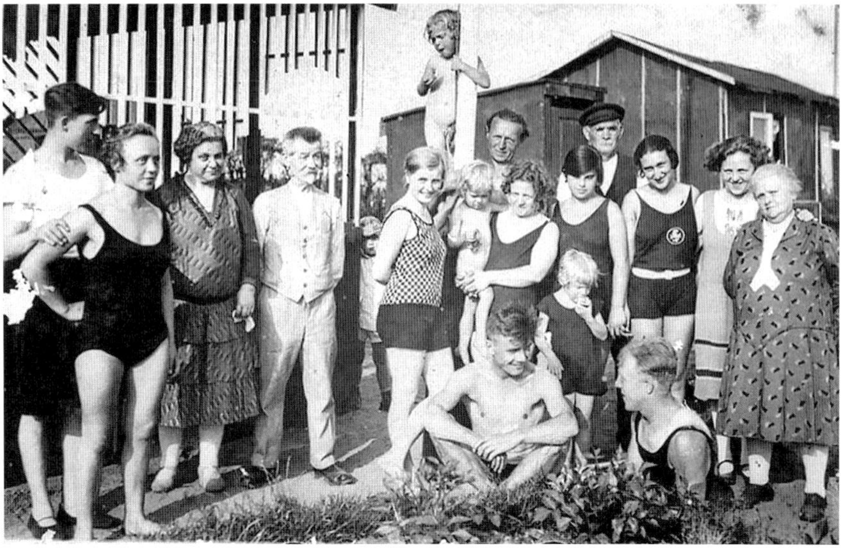

3 1928. Links das Liebespaar Emma und Dagobert, daneben Dagos Mutter Louise, geborene Löwenthal. Am Fahnenmast der alte Dietrich und Oma Meume mit Enkel Susi auf dem Arm. Rechts neben ihr die dunkle Rosi Biermann. Die zweite von rechts Emmas Schwester Lotte. Unten rechts Kalli Dietrich. Da denke ich an den Sack »Lucky Strike« von 1948.

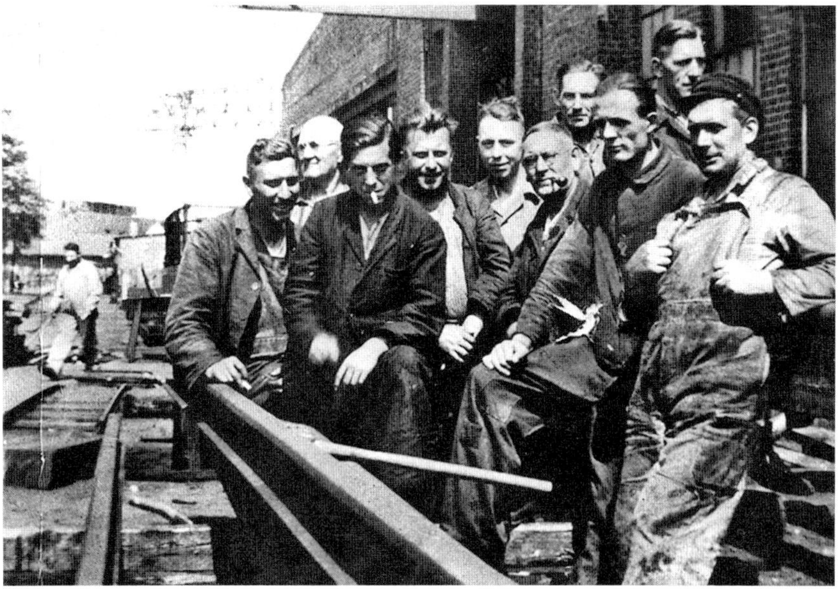

4 Mit Zigarette im Hals: der Schlosser-Maschinenbauer Dagobert Biermann 1936 mit seiner Laufkatzen-Gang auf der Deutschen Werft in der Mittagspause.

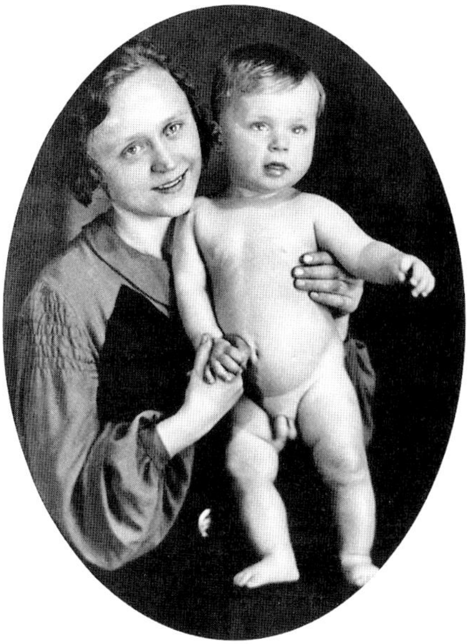

5 Mein Vater war der Glückspilz unter den Häftlingen im Gefängnis Bremen-Oslebshausen, weil ein bestochener Beamter ihm dieses Foto zusteckte.

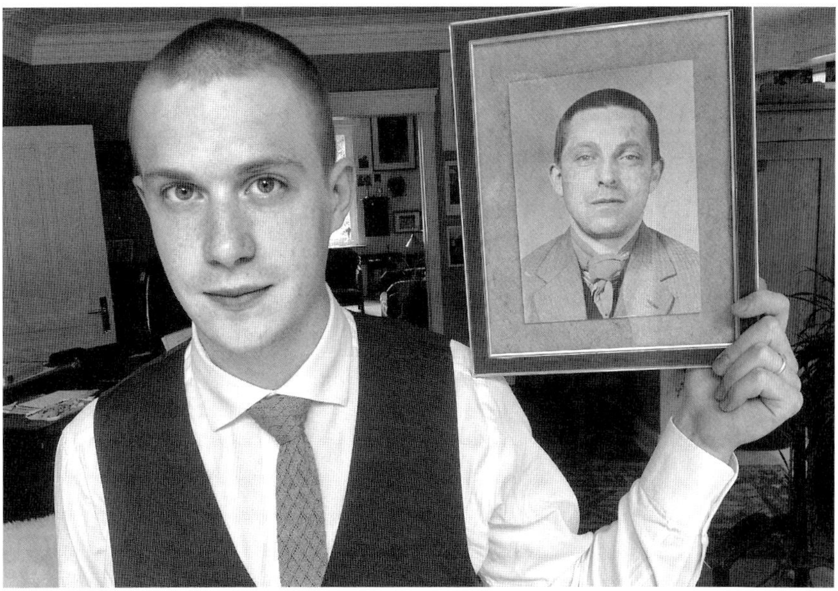

6 Unser Sohn Lukas Dagobert mit dem vergrößerten Knastfoto, das der Gefängnispfarrer aus der Akte von Dagobert für dessen junge Witwe stahl.

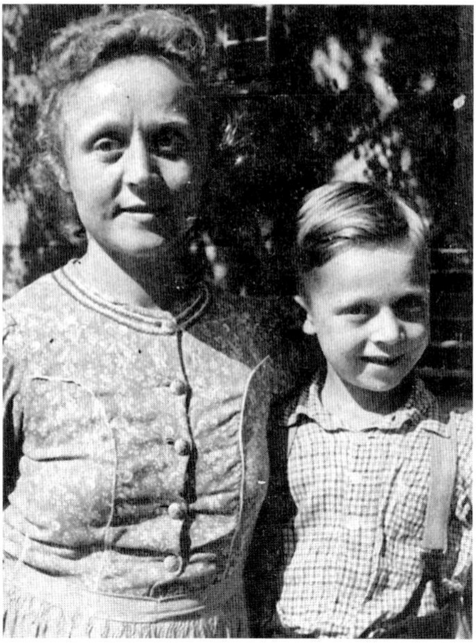

7 Das ausgebombte Kommunistenweib Emma aus Hamburg täuscht die Bayern in Deggendorf an der Donau mit raffinierter Mimikry im Dirndl-Kleid.

8 Eine Trophäe aus Ost-Berlin. Die FDJ-Zeitung »Junge Welt« prophezeite: Dieser Junge Pionier aus Hamburg spricht »für die ganze deutsche Jugend«.

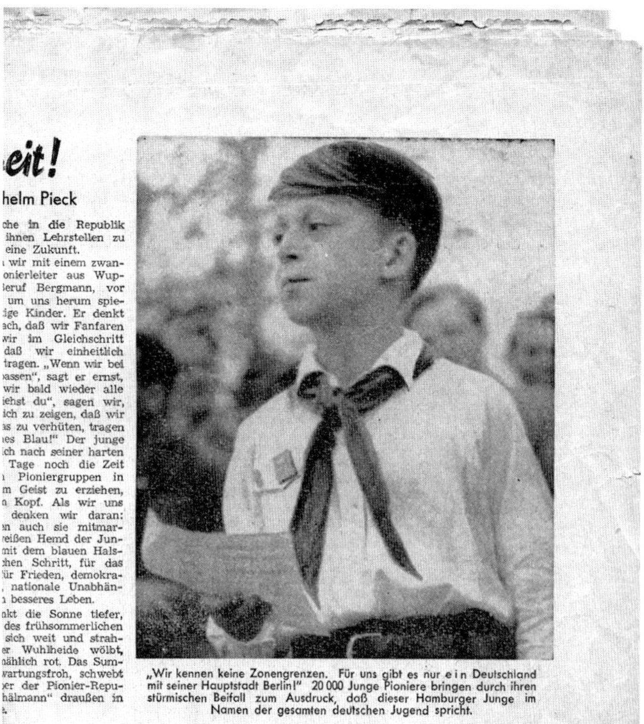

eit!

helm Pieck

che in die Republik
ihnen Lehrstellen zu
eine Zukunft.
wir mit einem zwan-
onierleiter aus Wup-
eruf Bergmann, vor
um uns herum spie-
ige Kinder. Er denkt
ach, daß wir Fanfaren
wir im Gleichschritt
daß wir einheitlich
tragen. „Wenn wir bei
assen“, sagt er ernst,
wir bald wieder alle
iehst du“, sagen wir,
ich zu zeigen, daß wir
as zu verhüten, tragen
es Blau!“ Der junge
ich nach seiner harten
Tage noch die Zeit
Pioniergruppen in
m Geist zu erziehen,
n Kopf. Als wir uns
denken wir daran:
n auch sie mitmar-
eißen Hemd der Jun-
mit dem blauen Hals-
hen Schritt, für das
ür Frieden, demokra-
, nationale Unabhän-
besseres Leben.
nkt die Sonne tiefer,
des frühsommerlichen
sich weit und strah-
er Wuhlheide wölbt,
ählich rot. Das Sum-
vartungsfroh, schwebt
er der Pionier-Repu-
hälmann“ draußen im

„Wir kennen keine Zonengrenzen. Für uns gibt es nur e i n Deutschland mit seiner Hauptstadt Berlin!“ 20 000 Junge Pioniere bringen durch ihren stürmischen Beifall zum Ausdruck, daß dieser Hamburger Junge im Namen der gesamten deutschen Jugend spricht.

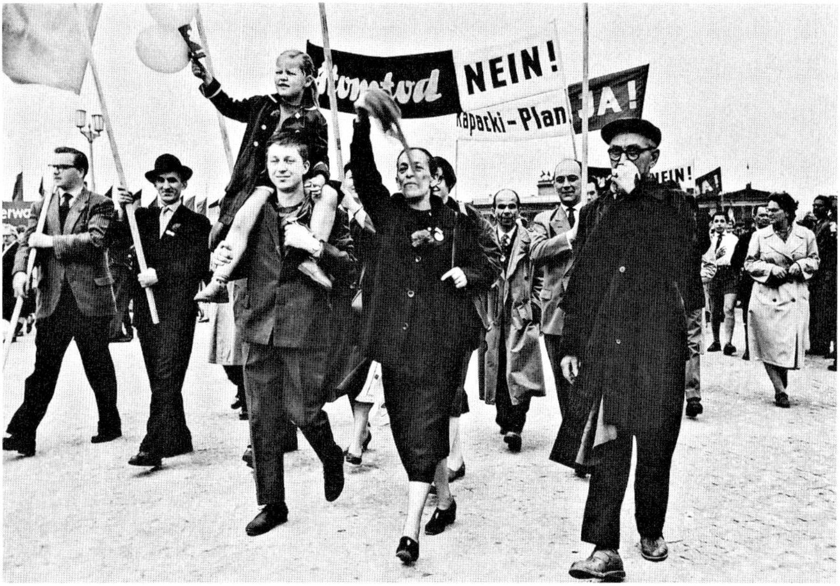

9 Helene Weigel bei der 1.-Mai-Demo 1958 in Ost-Berlin. Auf meinen Schultern reitet Kattrinchen, die Tochter des Wolfgang Harich mit der Brecht-Kebse Isot Kilian.

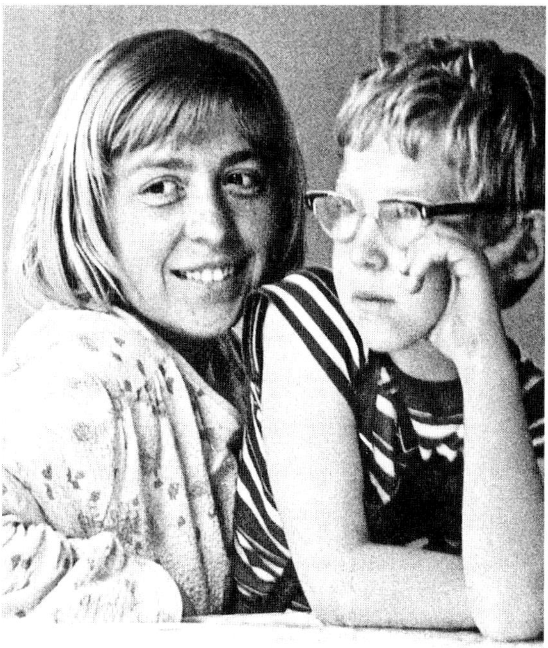

10 Brigitt Soubeyran mit meinem Sohn Manuel, der mir wunderbar geboren wurde, als er drei Monate alt war: ein Wunschkind am Berliner Ensemble.

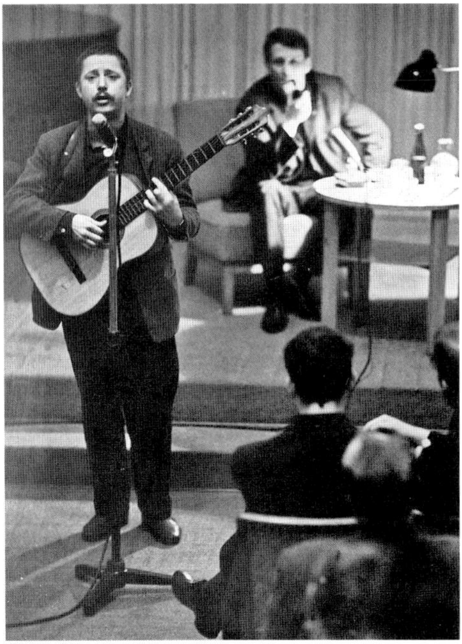

11 Stephan Hermlin, unser Spiritus Rector, im Hintergrund. Wir, seine »Jungen Lyriker«, an der Rampe, etwa Sarah Kirsch, Volker Braun, Bernd Jentzsch, hier: Wolf Biermann.

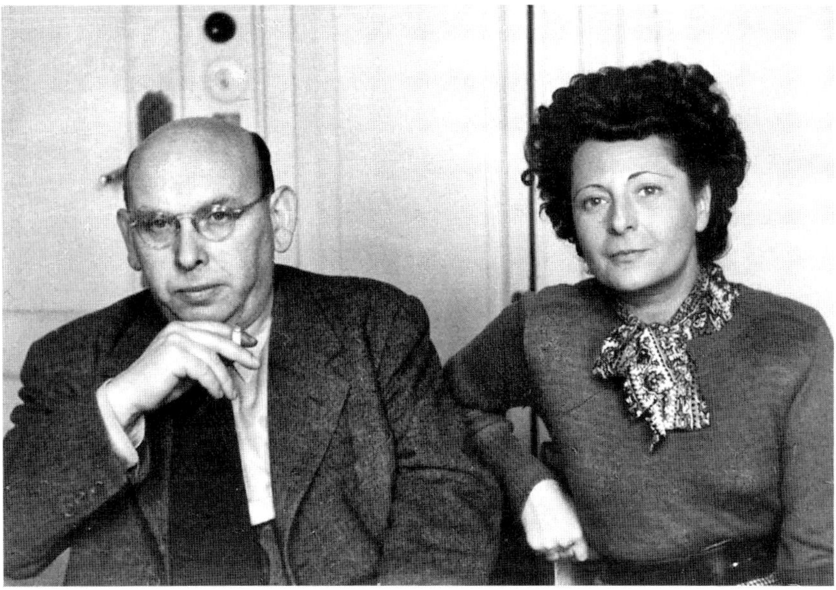

12 Als ich Hanns Eisler traf, hatte seine Frau Lou sich schon von ihm getrennt, lebte mit Ernst Fischer in Wien. Nach Lou hat unsere Tochter Louba Mollie ihren Vornamen.

13 Unser Hinterhoftheater, das b.a.t., wollte meine Liebestragödie aus den Tagen des Mauerbaus spielen. Sie war nicht verlogen genug – wir wurden verboten. Auf dem Foto zwei Schauspielschüler: Jürgen Gosch und Petra Hinze.

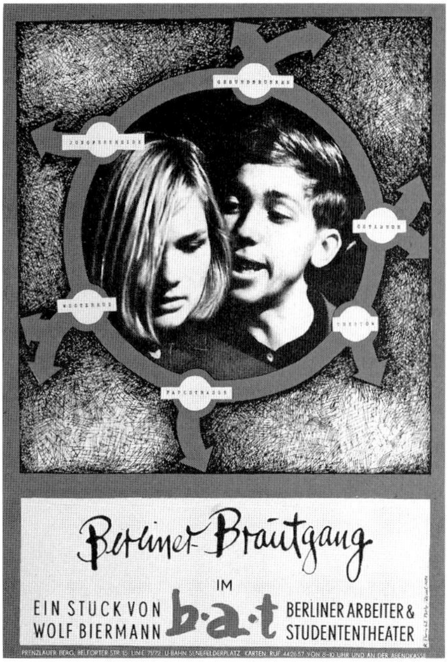

14 Die Aura des Emil-Fischer-Hörsaales für Chemie (Otto Hahn, Lise Meitner!), wo Robert seine spektakulären Vorlesungen hielt: »Dialektik ohne Dogma«. Die großen Brecht-Schauspieler Elsa Grube-Deister und Fred Düren am Experimentiertisch, mit Tee aus dem Erlenmeyerkolben überm Bunsenbrenner.

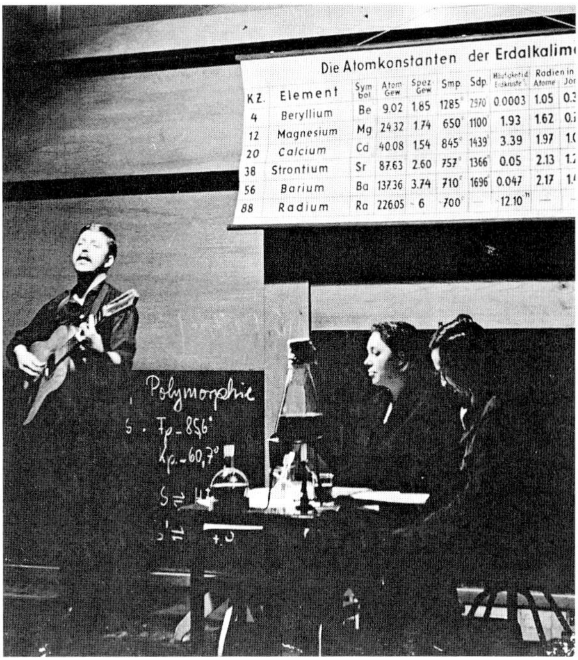

keine Ausnahme. Es gibt von seiner Sorte mehr als ein Dutzend. Aber leider bislang nur in Paris. Dort, an der Seine, hat das Volkslied Tradition und unverlierbare Heimstatt. Jacques Prévert, der Dichter, und Yves Montand, der Sänger, sind in Paris keine Einsamen, sie sind Tamboure einer Legion dichtender und singender Minne- und Balladensänger. Biermann hat eine Faser der Seele von Paris an die Spree überführt. Er macht hinreißende politische Chansons, besingt den Alltag, die Liebe, Zukunftswünsche, hat viel Humor und bisweilen einen Hauch verträumter Melancholie (aber, bitte sehr, natürlich positiver!). Ich möchte keinen Fehltip abgeben, doch bei Biermann scheint mir diese Prognose nicht zu riskant: Wenn seine erstaunliche Vielseitigkeit nicht in Multifunktionalismus

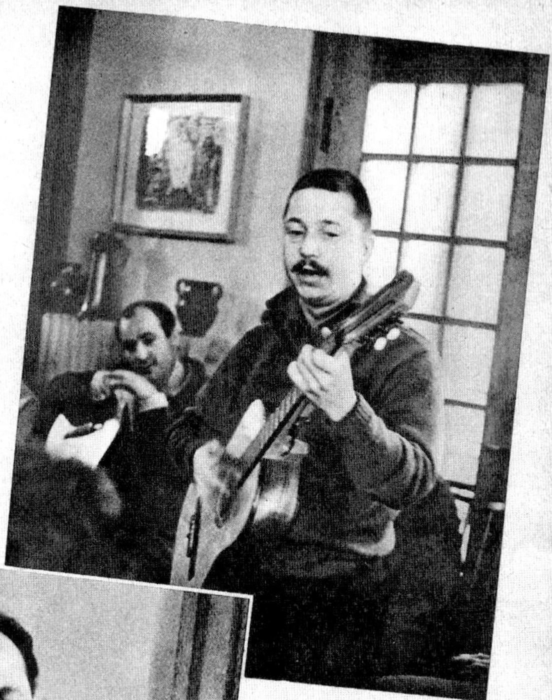

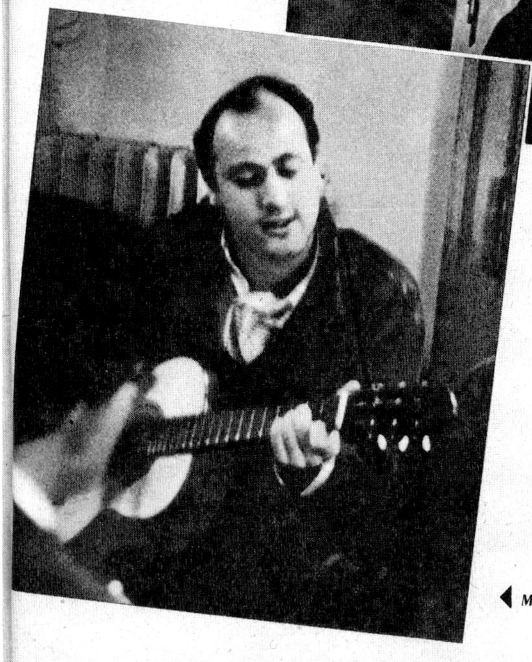

▲ ***Karl-Wolf Biermann — Troubadour de Berlin***

ausartet und seine Kräfte zu sehr strapaziert, dann wird sich des Sängers Flug in höchste Höhen erheben, und das Klein-Paris von morgen heißt Berlin.

Leider erfahre ich soeben, daß die Eröffnung eines Kammertheaters der Vokalkunst nichts anderes ist als ein verfrühter Aprilscherz der „Magazin"-Redaktion, die mich durch diese Mär geneigt machen wollte, das Hohelied des Liedes zu singen. Ich hätte es trotzdem getan.

◀ ***Manfred Krug — der singende Gitarrist***

59

15 Das begehrteste Monatsblatt der DDR war »Das Magazin«, geleitet von Hilde Eisler, der Schwägerin des Meisters Hanns Eisler. Zwei junge Talente mit Gitarre in Ost-Berlin: Manfred Krug und »Troubadour de Berlin« Wolf Biermann.

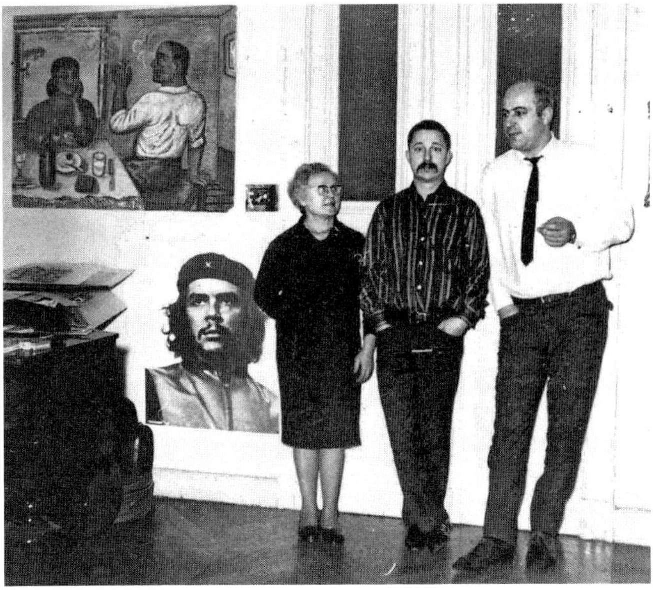

16 In meiner Wohnung in der Chausseestraße: Che Guevara > Emma > Wolf > Manfred Krug. Schön die Malerei: Ein Liebespaar, gemalt vom jungen Jürgen Böttcher alias Strawalde.

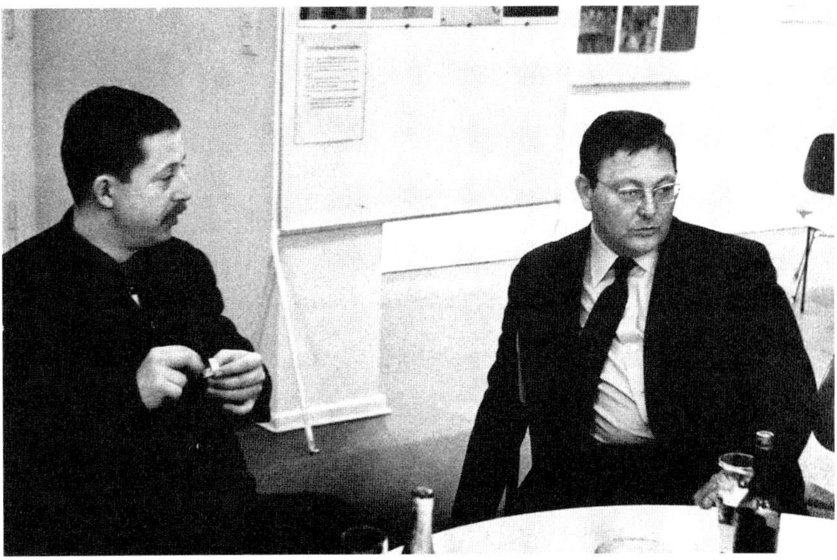

17 Wolfgang Neuss druckte sein Satireblatt »Neuss Deutschland« in West-Berlin mit dem Layout des SED-Organs »Neues Deutschland« und dem Slogan: »Komiker aller Länder, vereinigt euch!«

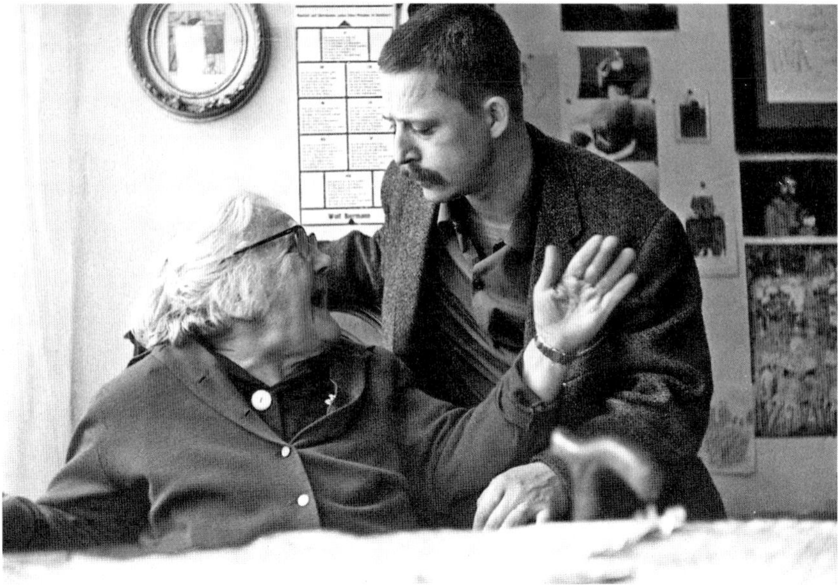

18 Oma Meumes letzter Besuch bei mir in Ost-Berlin. Die Alte war die stärkste Geschichtenerzählerin der Familie. Beweis: das hinter ihr an die Wand gepinnte Plakatchen: »Moritat auf Biermann seine Oma Meume in Hamburg«.

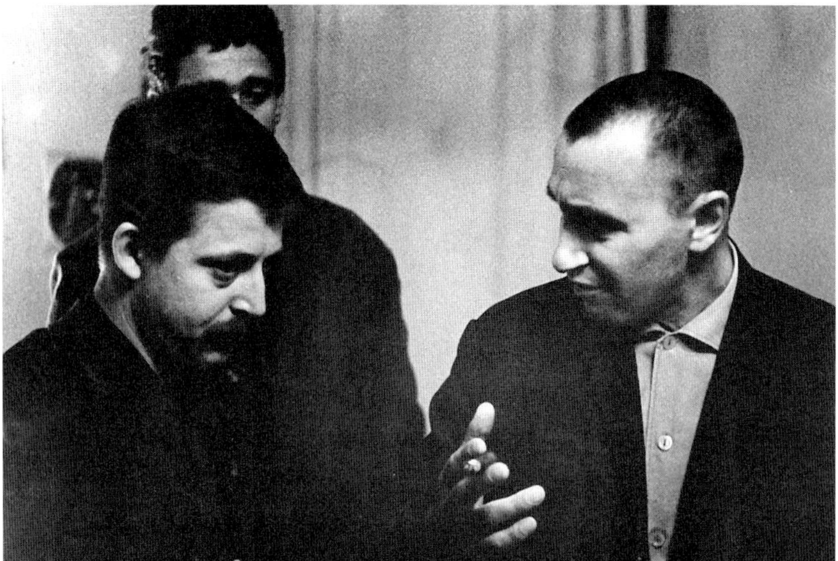

19 Jürgen Böttcher. Wenn die Apparatschiks seiner SED-Parteigruppe im DEFA-Dokfilmstudio ihn wegen Biermann unter Druck setzten, sagte er: »Ihr habt Recht, Genossen. Aber ich kann nichts machen, denn wir sind befreundet.«

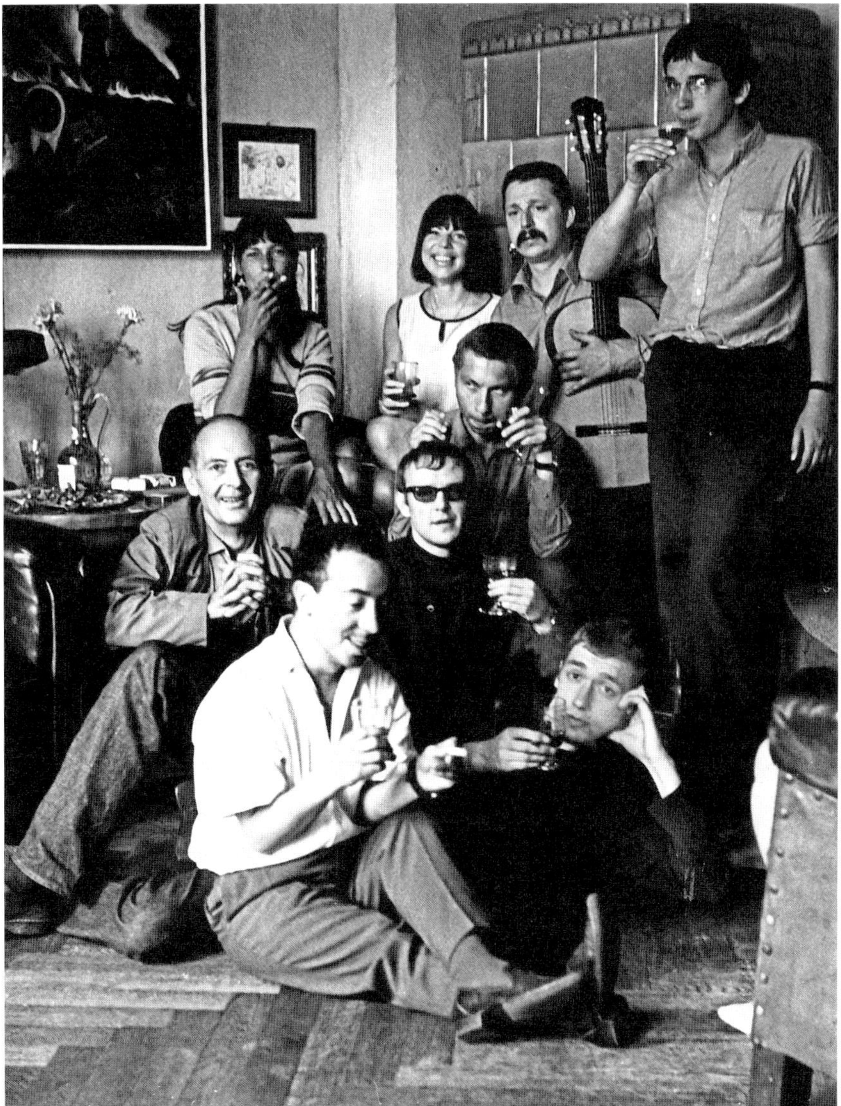

20 Zusammenrottung 1967 in der Chausseestraße 131: Helga M. Novak, Sarah Kirsch, Rainer Kirsch, Kurt Bartsch, Robert Havemann. Ach, und vorne Fritz Rudolf Fries alias IM »Pedro« seit 1972. In dem Kachelofen versuchte ich im Morgengrauen des 21. August 1968 meine Manuskripte zu verbrennen.

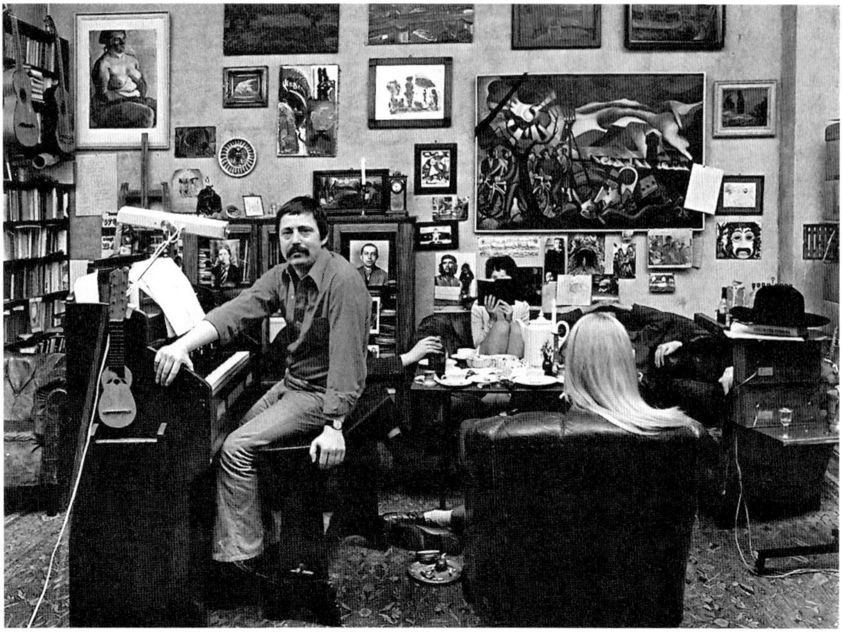

21 Plattencover für die CBS-LP »Warte nicht auf bessre Zeiten« mit den verbotenen Liedern. Der Fotograf hat uns in meiner Bude mit List und lustiger Tücke so arrangiert, dass kein Gast zu erkennen ist.

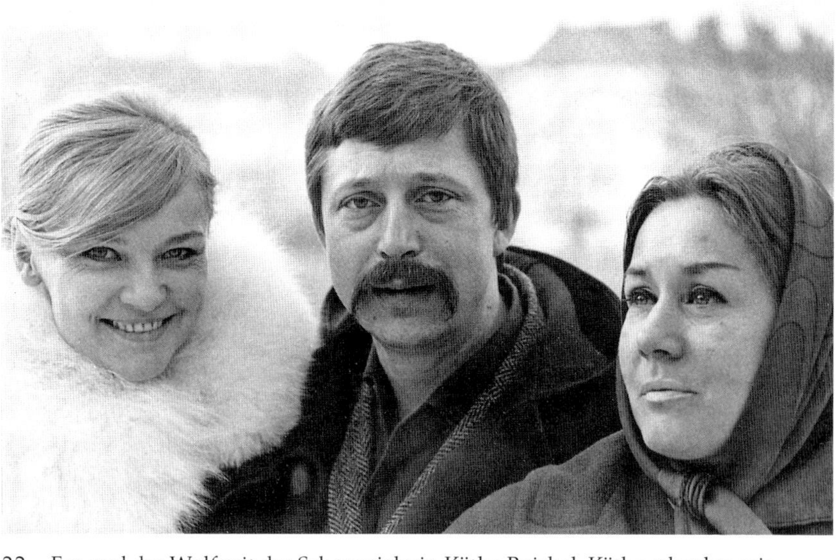

22 Eva und der Wolf mit der Schauspielerin Käthe Reichel. Käthe schenkte mir ein Seidenhemd von ihrem Brecht. Und forderte die Reliquie später wütend zurück, als sie merkte, dass ich die kommunistische Utopie verrate.

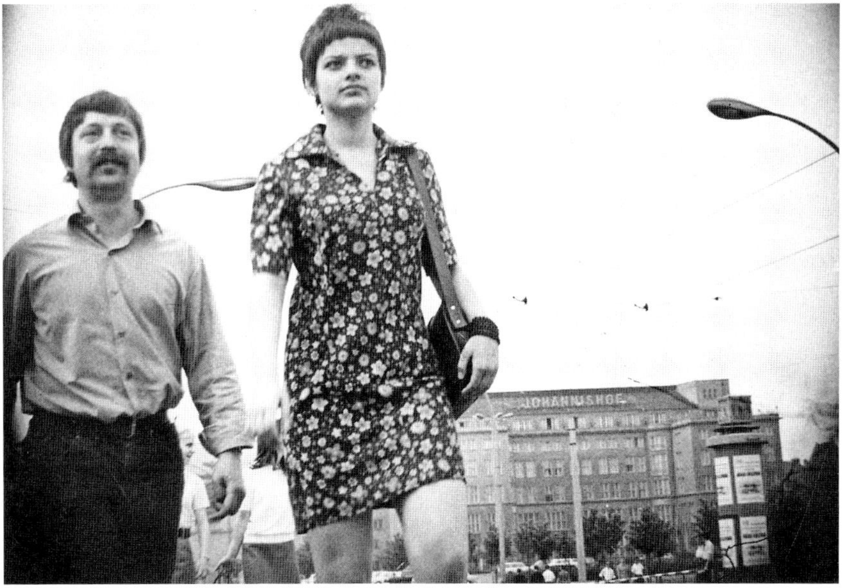

23 Die junge Nina Hagen, 1970, schnappgeschossen mit versteckter Kamera aus einem Loch in der Einkaufstasche eines MfS-Fotografen auf der Friedrichstraße.

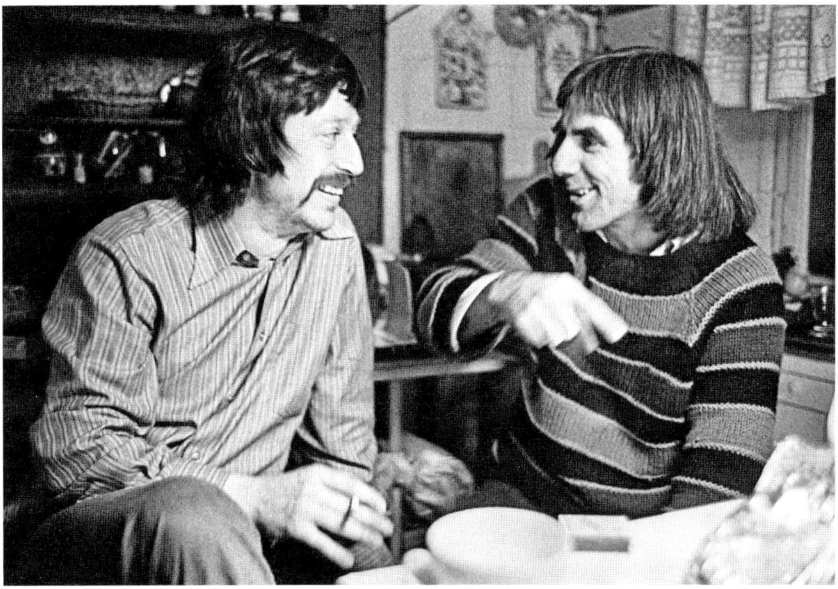

24 Küchenphilosophie im Jargon des Marxismus/Murxismus. Rudi Dutschke in der Chausseestraße 131, kurz vor dem Attentat des Nazis Bachmann auf'm Ku'damm.

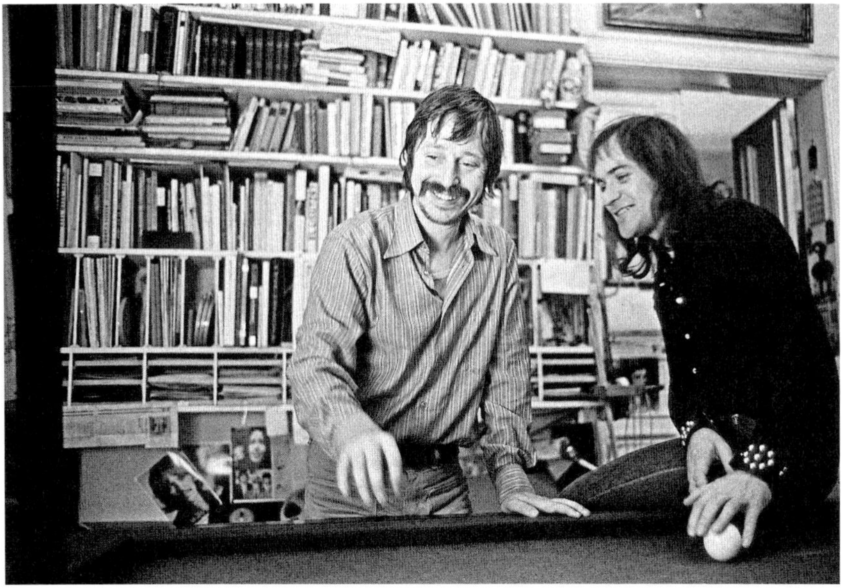

25 Der junge Udo Lindenberg an meinem Billardtisch in Kluft und noch ohne Hut. Ein Besuch nicht bei »Honey«, sondern beim verbotenen Kollegen in Ost-Berlin.

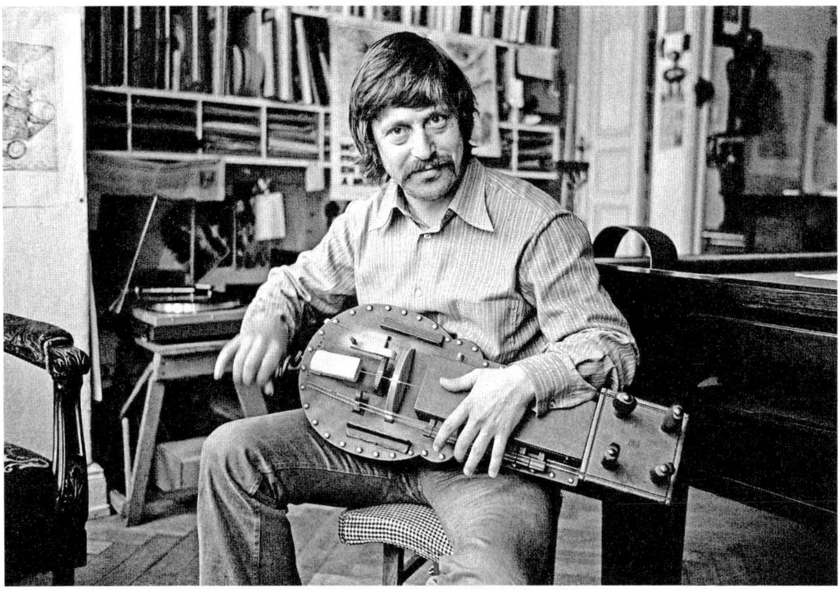

26 Die Drehleier baute mir Hans Zölch in Markneukirchen. Mit ihr begleitete ich das Hetzlied auf den »antifaschistischen Schutzwall«: »In China, hinter der Mauer«.

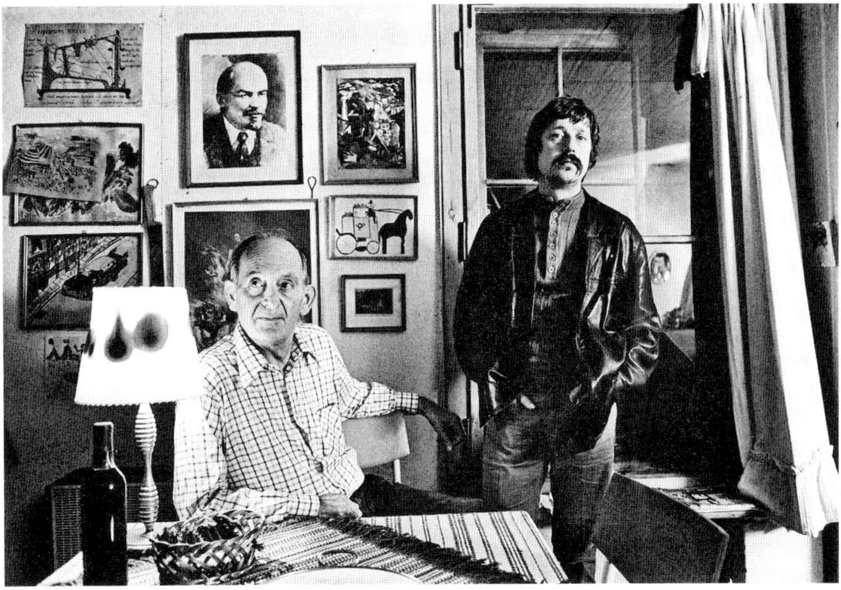

27 Mit Robert Havemann in der Burgwallstraße in Grünheide am Möllensee. Einer des andern Komplize, Elixier, Stütze und Stachel.

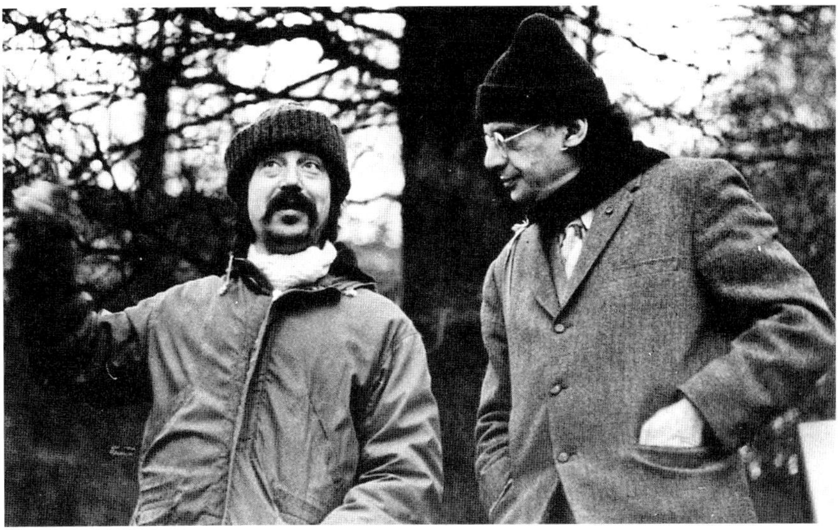

28 Eingemummelt gegen die Kälte mit Allen Ginsberg in Hamburg-Altona. In New York machte er 1983 Sightseeing mit mir durch Greenwich Village, zeigte mir seine heiligen Orte, auch Trotzkis Druckerei der russischen »Nowy Mir« und des jiddischen »Forverts« im Jahre 1917 – und einen Darkroom.

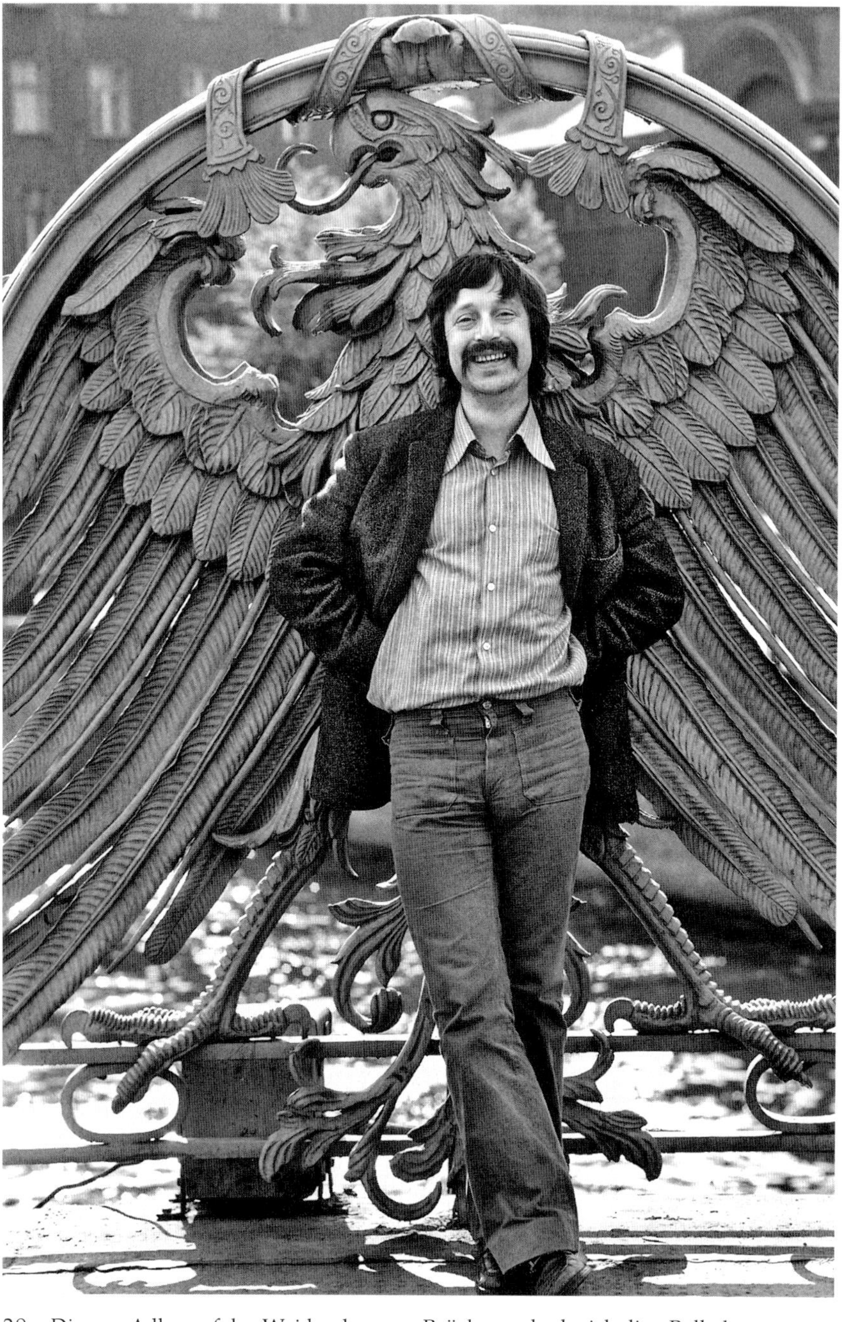

29 Diesem Adler auf der Weidendammer Brücke verdanke ich die »Ballade vom preußischen Ikarus«. Im gusseisernen Gefieder steckten nach der Ausbürgerung immer wieder provokant Schnittblumen – und wurden entsorgt vom MfS.

jacke der sozialistischen Planwirtschaft, im Frühsommer 1966 ihren gesamten Werbeetat, jede Mark für diesen einen Film. An mancher Scheunenwand eines gottverlassenen Dorfes klebte ein fünf mal acht Meter großes Plakat: das kernige Gesicht von Manfred Krug als Brigadier Balla unter einem schwarzen Zimmermannshut. Nie vorher, nie nachher wurde ein Film in der DDR so aufwendig angekündigt. Und jedem war klar, dass nicht nur die Werbekosten für diesen Film abgeregnet werden mussten, sondern auch die Nationalpreise für Schauspieler, Regisseure, Drehbuchautoren und Kameraleute. Es war abzusehen, dass sogar die kleineren Schauspieler im Gold-, Silber- und Bronzeregen stehen würden. Und selbst ich mit meinem Lied hätte vom Segen ein paar fette Tropfen abkriegen können, wäre ich nicht grad der vom Plenum Verfemte gewesen.

Frank Beyer, der Regisseur, hatte mich lange vor dem 11. Plenum beauftragt, und zwar offiziell über die DEFA, für seinen Film ein Lied zu schreiben. Ich kannte das Drehbuch, das radikaler und mutiger war als der Roman von Erik Neutsch. Heiner Müller hatte sich aus diesem Stoff ein Müller-Stück geschneidert und nannte es »Der Bau«. Beyers Film aber sollte genauso heißen wie die Romanvorlage: »Spur der Steine«. Ich hatte die bestellte Ware geliefert, die Filmleute waren begeistert und wollten den Film damit so anfangen lassen: Eine Kolonne schwarzer Tschaika-Limousinen, hinter deren Gardinen ein paar hohe Funktionäre der Partei und des Staates sitzen, nähert sich der Großbaustelle. Die lackierten Bonzenschleudern kämpfen sich durch den Dreck, über Schotterwege, durch tiefe Schlammlöcher im strömenden Regen. Dazu sollte im Hintergrund mein Lied erklingen, von mir gesungen wie ein Marktschreier und Bänkelsänger:

Sie sehen hier ein DEFA-Stück!
Bleiben Sie sitzen, Sie haben Glück!
Frank Beyer ist der Regisseur
Das Ding handelt vom Parteisekretär …

Hier ist nichts gelogen! Nichts grad gebogen!
Hier wird nix frisiert und blank poliert!
Hier ist das Leben krass und klar
Verrückt und wahr, verrückt und wahr!

Da ich aber schon vor dem 11. Plenum in informierteren Kreisen als einer gehandelt wurde, der demnächst ganz verboten wird, wurde Frank Beyer von der DEFA gedrängt, das Biermann-Lied vorsorglich rauszuschmeißen. Als er sich aus politischen Vernunftsgründen dem Druck beugte, um den Film zu retten, milderte ich sein schlechtes Gewissen, denn ich sah ein, dass dieser Film wichtiger ist als Biermanns Bänkellied. Aber Beyer besorgte seinem Freund Wolf als Trostpflästerchen wenigstens eine Freikarte für die Berliner Premiere seines Filmes im »International«, dem modernsten Kino der DDR in der Karl-Marx-Allee zwischen Alex und Strausberger Platz. Ich folgte seiner Einladung mit widerstreitenden Gefühlen. Vor der großen Glasfassade des Filmschuppens traf ich auf die Helden: Manfred Krug, Eberhard Esche und Frank Beyer. Sie alle waren in bedrückter Stimmung. Ich spottete: »Mensch Frank, warum so trübe? Ihr kriegt doch nun alle den Nationalpreis!« Da lächelte er säuerlich und sagte: »Von wegen. Das wird hier 'ne Beerdigung.« – »Wie bitte?«, fragte ich. »Unser Film wird verboten.« – »Aber er wird doch schon überall gefeiert!« – »Nicht mehr …« Und ich hörte den gestotterten Bericht über die Gründe.

Beyer war am Vortag ins ZK der SED zu einem Gespräch einbestellt worden. Dort hatte ihm der Chefideologe und Kulturverantwortliche, Genosse Kurt Hager, mitgeteilt, dass »Spur der Steine« nun doch, nach intensiven Diskussionen, als »partei- und staatsfeindlich« eingeschätzt werde. Weil der Film aber schon in aller Munde sei, werde die Partei, um Schaden abzuwenden, über ihn eine öffentliche, demokratische Diskussion wagen. »Na ja«, sagte Frank zu mir, »und wie diese Diskussion ausgehen wird, wurde mir drei Minuten später klar, als ich Hagers Büro im Labyrinth des ZK-Gebäudes verließ. In einem der langen Gänge kam ich durch Zufall an einer Tür vorbei, die eine Handbreit offen stand. Und was höre ich da? Einen Dialog aus meinem Film. Ich schlich zur Tür und schlinzte durch den Schlitz. Und sah: Die Kader proben den basisdemokratischen Aufstand. Der ZK-Kinosaal gerammelt voll mit Genossen. Die fraßen grade unseren Film, der aber immer wieder unterbrochen wurde. An geeigneten Stellen übten die Claqueure die vorformulierten Zwischenrufe ein: ›Schluss mit diesem Schund!‹ – ›Das ist nicht unsere Partei!‹ – ›Das ist nicht unser

Leben!‹ – ›Wir wollen nicht solche Lügen!‹ Da wurden ›qualifizierte Widersprecher‹ abgerichtet wie Kleindarsteller im Theater.«

Frank und ich gingen, halb beklommen, halb albern aufgekratzt, ins Gebäude. Die Filmcrew tappte rein wie Verurteilte zur Exekution. Ich zeigte meine Karte vor und fand schnell meinen Platz. Der Saal hat die Form eines riesigen Ovals. Vorn die Leinwand für Breitwandfilme. Der Zuschauerraum unterteilt in drei Segmente: in der Mitte ein quadratisches Hauptfeld, links und rechts jeweils ein Halbkreis. Diese äußeren Seitenblöcke hatten zusammen vielleicht genauso viele Sitze wie der Mittelblock.

Der Saal wurde abgedunkelt, die Leinwand flimmerte, der Vorspann, die ersten bewegten Bilder. Eine Kolonne schwerer Staatslimousinen schlängelt sich in strömendem Regen durch das Baugelände. Der erste Wagen stoppt an einer Baustelle. Eberhard Esche, verkleidet als Parteisekretär, im Wortduell mit Manfred Krug, verkleidet als Zimmermann. Parteiführung und Proletariat im Streit. Der Parteisekretär streng und beherrscht, der Brigadier Balla übermütig und provokant. Natürlich war der Dialog so inszeniert, dass der Filmproletarier die Lacher auf seiner Seite hatte. Das Geplänkel ging noch zwei, drei Klappsätze weiter, dann plötzlich ein Zwischenruf aus dem dunklen Zuschauerraum. »Aufhören! Wir wollen solche Filme nicht sehen!« Zustimmendes Geplärre aus dem Hauptblock in der Mitte. Es war für jeden klar, das konnten nur provokante Claqueure sein, denn in der DDR war es unüblich, dass im Publikum rumgegrölt wurde. Einige Filmsequenzen später kreischte wieder irgendein Demokrat vom Dienst: »Schluss mit dem Schund!« Nach dem vierten einstudierten Wutanfall brüllten endlich ein paar normale Berliner mit echter Spontaneität dagegen an: »Mensch, halt die Klappe! Wir wolln hier den Film sehn!«

Die Saalbeleuchtung flammte auf und man sah, wie die Schlachtordnung in diesem Stellungskrieg organisiert war. Alle Parteikader in der Mitte, das Premierenvolk links und rechts. Die präparierten Genossen sollten mit gesundem Volksempfinden den Film exekutieren. Und damit es schön normal aussah, hatten die falschen Filmbesucher – es waren, wie man später kolportierte, hauptsächlich Studenten der Parteihochschule – ihre Frauen mitgebracht. Alles brav sozialistisch aufgetakelte Genossinnen, die ihren Gatten in die Klassenschlacht gefolgt waren. Dann ging das Licht wieder aus. Und weil der Film endlich weiterlief, konnten wir nun die nächsten Szenen sehn. Aber nicht in Ruhe, denn immer wieder kreischten Rufe aus dem Mitteltrakt in den Saal: »Aufhören! Das ist nicht unser Leben! Hier wird die Partei verleumdet!« Die Gegenattacken kamen prompt. Vor mir saß zufällig Jurek Becker. Der schmetterte nun im Berliner Jargon: »Wat krichste eigentlich bezahlt für deine Zwischenrufe?!!« Damit provozierte er im Mittelteil eine erste spontane Reaktion: ein parteifrommes Hassgeheul. Dieser kollektive Wutanfall kam aus ehrlichem Herzen, denn es war klar, dass die Parteischüler im Klassenkampf keinen Pfennig extra für ihre revolutionäre Dienstleistung kassierten.

Das Licht ging wieder an, und der Film wurde unterbrochen. Wieder Licht aus, Film ab. Licht an, Film stopp. Auf diese nervige Art erreichten wir das Finale des Films mit Mühe und Not. Als das Licht endgültig wieder anging, sprang ein älterer Genosse im Kaderblock auf und kreischte, als irgendein Mann an ihm vorbeiging: »Fassen Sie mich nicht an!«, und fing sofort an, auf ihn einzuprügeln. Das war der inszenierte Beginn einer Politprügelei im Kinosaal.

Mich sprang die Angst an, denn ich war ja der Verbotene, der Geächtete, der Gebrandmarkte. Ich machte mich dünn und eilte mit schmalem Hintern, so schnell wie möglich, ohne zu rennen, in Richtung Ausgang. Ich blickte mich nicht um, egal Freund oder Feind, kein Blick zu Jurek Becker, kein Gruß an Frank Beyer. Ich lief ohne Halt in Richtung Scheunenviertel und zitterte noch, als ich in meiner Wohnung ankam.

Nach ein paar Tagen sickerten wilde Gerüchte von »ganz oben« durch: »Staatsfeind Biermann hat provoziert, er hat die Zuschauer aufgehetzt, die sich zusammengerottet haben, um alte, verdiente Genossen zu verprügeln. Aber als Biermann und seine Kumpane die Faust der Arbeiterklasse zu spüren bekamen, sind sie davongelaufen!« So, dachte ich, werden mir Schisser revolutionäre Großtaten angedichtet, frei erfunden und gratis. Die Angst der Herrschenden gebiert falsche Helden.

***

Ich arbeitete immer noch am Manuskript für Bruno Haid. Mich kränkte natürlich doch, dass mein Lied aus dem Film rausgeschmissen worden war. Und generell wollte ich mich auch nicht so sang- und klanglos in das auferlegte Auftrittsverbot des 11. Plenums fügen. Ich hatte grade ein neues Lied geschrieben, ein Lied gegen den Vietnamkrieg, der seit 1965 immer heftiger tobte. Ich nahm es auf Band auf, und aus Daffke legte ich es in einen Umschlag und versah es mit einem kleinen Brief:

> Sehr geehrter Genosse Ulbricht,
> hier sende ich Ihnen, auf Tonband, einen neuen Song gegen den Krieg in Vietnam. Nach meinen Erfahrungen und den Beobachtungen, die ich vor meinem momentan kleinen Publikum machen konnte, hat dieser Song Aussicht, zu einem zentralen Lied der internationalen Anti-Vietnamkrieg-Bewegung zu werden. Auch nach dem 11. Plenum des Zentralkomitees werde ich mich nicht dazu hinreißen lassen, trotz ernster Meinungsverschiedenheiten zu Fragen des sozialistischen Aufbaus wesentliche gemeinsame Positionen preiszugeben. Deshalb möchte ich, daß dieser Song so schnell und wirkungsvoll wie möglich in der DDR herauskommt. Bitte lassen Sie sich durch die schlechte Ton-Qualität dieser Bandaufnahme nicht irritieren.
> Hochachtungsvoll! Biermann, 4. Juli 66

Ich gab den Brief an der Poststelle des ZK ab. Auch Bruno Haid schickte ich so ein Tonband. Wie erwartet, reagierte Ulbricht überhaupt nicht. Bruno Haid antwortete mit einem kurzen Kommentar und dem Hinweis, er warte auf das Manuskript.

Nach drei Monaten Arbeit, im August, war die Gedichtauswahl fertig. Auf meiner kleinen Erika-Schreibmaschine hatte ich mit vier Durchschlägen auf holzigem Durchschlagpapier fünf zweifingerdicke DIN-A4-Leseexemplare zusammengetippt, über hundert Gedichte. Und mit hinterlistiger Harmlosigkeit: Keines meiner Hetzlieder, keines meiner politischen Pasquille sollte einer Veröffentlichung bei uns im Osten im Wege stehn. Mein Freund mit dem Holzbein, der alte Chefbuchbinder der Universitätsbibliothek, band mir von heute auf morgen die Manuskripte. Das beste

Exemplar dieser Sonderausgabe, solide zum Buch gebunden mit festem rötlichen Leinenrücken und starken Pappdeckeln, brachte ich in Haids Büro. Ich war gespannt, wie seine Antwort ausfallen würde. Doch ich sollte sehr lange auf eine Antwort warten ...

Die Sowjetunion, mit all ihren Satellitenstaaten hinter dem Eisernen Vorhang, nannte sich selbst offiziell das »sozialistische Lager«. Der Westen gebrauchte im Kalten Propagandakrieg das Schlagwort »Ostblock«. Für einen kritischen Witzbold lauerte im Wort »Lager« immer eine unfreiwillig böse Wahrheit. »Lager« stank nach Hitlers Konzentrationslagern und nach dem sowjetischen Lager-Archipel »Glawnoje uprawlenije isprawitelno-trudowych lagerej«, also Stalins Gulag. »Lager« war eine unbewusste Selbstentlarvung unserer rotgetünchten Fürsten. Auch kommode Normalbürger der DDR lebten ja wie Lagerinsassen eingepfercht hinter Stacheldraht, Elektrozaun und Todesstreifen, Stolperdraht, Wachtürmen, Suchscheinwerfern, Minengürtel, Hundelaufgräben und seit 1970 auch noch Selbstschussanlagen.

Die DDR war – aus russischer Sicht – ein vorbildliches Lager: deutsche Wertarbeit. Und aus unserer Ost-Berliner Innenperspektive galt im sozialistischen Weltlager die polnische Baracke, also unser Bruderland Polen, als die rebellischste, die ungarische als die lustigste und die ČSSR als die gemütlichste Baracke. Unsre DDR-Baracke aber hatte einen miesen Ruf als die sauberste und ordentlichste. Ulbrichts Fürstentum DDR galt als realsozialistischer Mustergarten, in dem jedes Radieschen nummeriert an seinem Platz stand.

Im Frühsommer 1966 traf ich einen kleinen Glatzkopf, Władysław Przybylski. In meinem Briefkasten hatte ich seinen Brief gefunden. Er war grade in Ost-Berlin und wandte sich an mich, weil er in der *Frankfurter Allgemeinen Zeitung* die Marie-Strophe aus meiner Villon-Ballade gelesen hatte. Verse über meinen junggestorbenen »Cousin« aus dem 15. Jahrhundert, der übermütig auf dem Stacheldraht der Berliner Mauer die Harfe spielt. Ich lotste den alten Polen in meine Höhle in der Chausseestraße, sang ihm paar neue Lieder und las ihm Gedichte vor. Er war ein uralter Warschauer Intellektueller, der nicht nur in Paris studiert hatte, sondern auch in Wien. Ein Jurist, der seitenlang Heinrich Heine zitieren konnte. Auch andere Verse hatte er in seinem Kopf, der bis an den Rand gefüllt war mit europäischer Dichtung. Sein Leben lang, sagte er mir, sei er dem Heine nachgejagt. 1931 habe er dessen Wohnung, sie stand leer, in Paris aufgesucht. Er habe also die legendäre Matratzengruft mit eigenen Augen gesehen und auch den Balkon, auf den der Todkranke bei gutem Wetter geschoben wurde. Jetzt, am Ende seines Lebens, sei es ihm also vergönnt, wie er meinte, »Heines Nachfolger« persönlich kennenzulernen. Er sei dem Schicksal dankbar und wolle sich Mühe geben, noch so lange zu leben, dass er mich in Warschau begrüßen könne.

Ich wusste, was Wunder, dass er romantisch übertreibt, aber was Wunder, es gefiel mir. Wenn man in einer Diktatur lebt, in der die Herrschenden dir jeden Tag einbrüllen und einflüstern, dass du ein Nichts bist, ein Dummkopf, ein Versager, dann kann man ein bisschen Schmeichelei ganz gut vertragen. Er wollte zudem versuchen, meine Gedichte ins Polnische zu übersetzen. Na klar, auch das gefiel mir. Als wir wieder unten an der Haustür standen und zur Sprache kam, dass ich nebbich Jude bin, weinte der Alte. Er zog meinen Kopf zu sich herunter – so klein war er! –, küsste mich beim Abschied dreimal auf die Stirn und sagte: »Ich bin ein meschuggener Mystiker, ein skeptischer Pantheist. Ich kann an Gott nicht glauben, aber das weiß ich, Er wird Sie beschützen!«

Für Privatreisen nach Polen galt Visumzwang. Ich beantragte sogleich bei der Volkspolizei eine Reisegenehmigung. Die Chancen waren, das ahnte ich, gering, aber ich machte den Versuch. Prompt kam eine Postkarte, eine Standard-Aufforderung der Volkspolizei. Ich wurde einbestellt ins Polizeipräsidium Keibelstraße, Abteilung Auslandsreisen. Die übliche Floskel: »Zur Klärung eines Sachverhalts«. Das konnte dies bedeuten oder das oder wer weiß was.

Ein junger Vopo holte mich im Pförtnervorraum ab und geleitete mich fünf Treppen hoch in einen endlos langen Gang. Türen Türen Türen. Lysolgeruch. Leichenlicht. Er bugsierte mich in einen kahlen Büroraum. Auf dem leeren Schreibtisch eine Papierblume. An der Wand das obligate Ulbricht-Bild. Es erschien ein korpulenter Offizier mit geflochtenen Schulterstücken, zwei oder drei Sternchen drauf, ein höheres Tier. Einen Rest weißer Haare hatte er sich über die Stirnglatze geschniegelt, er schniefte sich die Luft in die Wampe und schwitzte vor Anstrengung. Er baute sich vor mir auf, starrte schräghoch ins Leere und rappelte los: »Herr Biermann, ich habe Ihnen eine Mitteilung zu machen! Sie sind nicht würdig, die Deutsche Demokratische Republik im sozialistischen Ausland zu vertreten.«

Ich tat überrascht: »Das versteh ich nicht ...« Er antwortete: »Ich wiederhole: Herr Biermann, Sie sind nicht würdig, die Deutsche Demokratische Republik im sozialistischen Ausland zu vertreten.« – »Aber inwiefern muss ich würdig sein? Nicht würdig ... ja, Würde. Friedrich Schiller schrieb einen Aufsatz: Über Anmut und Würde. Bei Würde geht es immer auch um den freien Willen des Menschen ...« Er fiel mir ins Wort: »Herr Biermann, ich bin nicht befugt, mit Ihnen hier politische Diskussionen über Schiller und Goethe zu führen, also wiederhole ich: Sie sind nicht würdig, die Deutsche Demokratische Republik im sozialistischen Ausland zu vertreten.«

Mir kam das Muster bekannt vor. Es erinnerte mich an meine Begegnung mit dem Stasioffizier in Gadebusch. Ich sagte: »Ja. Ich verstehe. Aber ich wollte auch gar nicht die DDR vertreten. Was heißt überhaupt ›vertreten‹? Kann ich das schriftlich von Ihnen haben?« – »Herr Biermann, dies war eine rein mündliche Belehrung. Das Gespräch ist jetzt beendet. Also ein letztes Mal: Sie sind nicht würdig, die Deutsche Demokratische Republik im sozialistischen Ausland zu vertreten.« Ich beharrte: »Ich habe ein Recht darauf, nach Polen zu fahren! Ich wollte einmal im Leben ... nach ... Auschwitz fahren, wo mein Vater ... ermordet wurde!« Er: »Herr Biermann, das tut mir persönlich leid für Sie, aber das gehört nicht zur Sache! Ich kann Ihnen nur wiederholen: Sie sind nicht würdig, die Deutsche Demokratische Republik im sozialistischen Ausland zu vertreten.«

Ich geriet ins Berlinern: »Wissense wat? Als mein Vater im Februar 1943 im Viehwaggon aus'm Gefängnis in Bremen Richtung Osten in das KZ Auschwitz jefahren ist, da hatte der auffer Reise nach Polen *überhaupt*!!! *keene*!!! Reisepass-Schwierigkeiten!« Da grinste der dicke Mann und blaffte munter im gleichen Tonfall zurück: »Na sehnse, Herr Biermann, det warn ebn jaanz andre Zeitn!«

Mit so viel Ehrlichkeit hatte ich nicht gerechnet. Dieser Berliner-Schnauze-Witz schockte mich. Seine grinsende Antwort war mir ein Biss ins Genick. Der war'n echterer Franz Biberkopf als ich. Mir schossen die Tränen aus dem Gesicht. Meine flotten Widerworte blieben mir im Hals stecken. Nur meine Beine wussten die passende Antwort, sie bewegten sich steif unter mir weg. Raus! Treppenhaus runter und raus auf die Straße! Mir war elend.

Ich stakste übern Alex, vorbei am S-Bahnhof, traurig weiter zum Roten Rathaus. Komische Metamorphose: Mit breiter Brust war ich gekommen. Nun tappte ich eingeknickt über den öden Platz, vorbei an Fritz Cremers Aufbauhelden, den Skulpturen eines Bauarbeiters und einer jungen Aktivistin.

Als ich den Marx-Engels-Platz querte, ging's mir schon besser, allmählich kam mir wenigstens die Wut wieder. Die Straße Unter den Linden runter, Humboldt-Uni vorbei, rechts in die Friedrichstraße. Auf der Weidendammer Brücke hielt ich an. Ich starrte auf meine wichtigste Universität, das Berliner Ensemble. Die lebenskluge Weigel, die hätte ich vielleicht um Rat fragen können. Den Meister Brecht gar nicht, denn der suppte längst auf dem Hugenottenfriedhof, der offiziell der Dorotheenstädtische heißt, vor sich hin – im luftdichten Sarg, so die Legende, aus sieben Schichten Edelstahl. Ja, diesem Brecht hätte ich gern die böse Frage eines Nachgeborenen an den Kopf geknallt, ob dieser »Baliner« in der Keibelstraße wohl ein ehemaliger KZ-Häftling gewesen sein könnte oder doch eher ein antifaschistisch umerzogener KZ-Aufseher. Ich verkroch mich wie ein zerbissener Wolf in der Höhle Chausseestraße und leckte meine Wunde. Aber bald rappelte ich mich auf, denn ich hatte meinen Freunden eine tolle Geschichte zu erzählen, den Bericht über eine Bildungsreise nach Polen, die schon in der Keibelstraße zu Ende war.

Nach Auschwitz bin ich nie gefahren, auch später nicht. Als ich nach dem Fall der Mauer zu Beginn der neunziger Jahre zu Konzerten nach Warschau und Krakau fuhr, sagte eine Diplomatengattin in der deutschen Botschaft zu mir: »Herr Biermann, wenn Sie morgen in Krakau singen, sollten Sie unbedingt! einen Ausflug nach Auschwitz machen! Das ist von dort ein Katzensprung. Und: Das ist ein Muss!« Ich dachte: Woher will diese deutsche Dame in Polen wissen, was für mich ein Katzensprung ist … und was erst »ein Muss«? Und als ich 1992 in Darmstadt die Laudatio für meinen Freund George Tabori zum Büchner-Preis hielt, wollte auch er mich zotteln: »Komm mit, wir beide! Ich war auch noch nie an diesem Ort! Wir fahren zusammen mit Georg Büchner nach Auschwitz! Natürlich mit einem Kamerateam. Das könnte ein starker Film werden. Zwei verlorene Söhne suchen nach ihren Vätern in Polen und machen sie miteinander bekannt …« Doch ich sagte meinem todernsten Faxenmacher und Schicksalsbruder

Tabori: »Ich will da nicht hin. Nicht mal mit dir. In Auschwitz bin ich schon mein Leben lang.«

***

Für Robert und für mich war es überlebensnotwendig, nicht gelähmt zu werden aus lauter Vorsicht: bloß keine Stasiparanoia! Auch mit begründeten Ängsten wendet man keine Not. Das hatten wir auch aus der Bunge-Geschichte gelernt: Hinter jedem Strauch ein Strauchdieb der Stasi, hinter jeder Ecke ein Mörder der Firma Mielke, hinter jedem Freund ein Feind – das ist der Weg in die Klapsmühle. Auch wenn die Wahnvorstellungen gar kein Wahn sind, machen sie wahnsinnig. Aber wer ist schon trainiert auf solch ein bewachtes Leben rund um die Uhr, wie wir es inzwischen lebten? Wir mussten eben dazulernen! Ferdinand Freiligrath, den Heine als Tendenzpoeten verspottete, prägte unser Motto. Aus »For a' that, an' a' that« des Robert Burns dichtete er ins Deutsche: Trotz alledem und alledem!

In meinen Akten fand ich im Frühjahr 1992 beim ersten Überfliegen der rund fünfzigtausend Seiten an die siebzig verschiedene Spitzel, deren IM-Decknamen zum größten Teil enttarnt sind. Permanente Leibspitzel, die mein Leben in allen Details ausspionierten, die mich im Osten intensiv, aber später dann auch im Westen betreuten, gab es an die fünfzehn. Inzwischen wurden weit über zweihundert Kämpfer an der unsichtbaren Front in meinem »Zentralen Operativen Vorgang«, dem ZOV »Lyriker«, identifiziert. Die meisten dieser IMs, das versteht sich, kreuzten zufällig meinen Weg, berichteten anschließend aber gewissenhaft ihrem Führungsoffizier.

Dazu die »Hauptamtlichen Mitarbeiter«: Tag und Nacht die vertrauten Fressen vor meiner Tür in der Chausseestraße, die überwachen sollten, was ich machte und, mindestens so wichtig: wer mich besuchte. Rothose, Blaujacke, Schiefmaul, Mehlhose, Triefauge und welche Spottnamen diese Canaillen sonst noch hatten. All diese Namen waren Erfindungen der Berliner Rotzgören aus unserem Hinterhaus, denn alle kannten diese Gestalten. Bei jedem Wetter drückten sie sich im Treppenhaus rum und lungerten auf dem Bürgersteig an der großen Kreuzung Willempieck, Friedrichstraße,

Hannoversche, Chausseestraße. Auch wenn ich mit dem Auto mitten in der Nacht zu meiner Flamme fuhr, begleiteten mich meistens ein oder zwei, drei Autos von »der Firma«, wie die Stasi allgemein genannt wurde. Im Laufe der Jahre ein vertrautes Spiel. Man kriegt ein Auge dafür. Ich fuhr im Wechsel viel zu schnell oder viel zu langsam. Wer diesen Idiotenrhythmus mitmachte, gehörte zu mir.

Anfang Oktober '66 besuchte ich Robert in Grünheide. Am Morgen war der Strom abgeschaltet worden, deshalb stellte er sein kleines japanisches Transistorradio an. Er hatte sich angewöhnt, fast manisch, stündlich Nachrichten zu hören. Als er plötzlich einen Rückkopplungspfeifton hörte, ahnte er sofort den Sachverhalt. Und richtig, nach einer halben Stunde Suche hatte er die Ecke und, auf den Zentimeter genau, den Punkt gefunden, wo der Sender lag: links hinter der Sitzbank, hinter den Isoliermatten, das Mikrophon mit Haftmasse von hinten in die Scheuerleiste geklebt. Bevor Robert die Anlage rausriss, probierte er erst mal – das war nun der Naturwissenschaftler – die Leistungsstärke des Mikros aus. Selbst Gespräche im Garten vor dem Haus waren einwandfrei zu verstehen. Jeder Mucks im Raum sowieso.

Robert freute sich diebisch über seine Entdeckung und sagte immer wieder verzückt: »Das ist eben Physik!« Er schätzte den Wert der Anlage auf ein paar tausend Mark. Wir schütteten uns aus vor Lachen über diesen Coup. Der geniale Fund erstaunte uns nicht. Dass wir abgehört wurden, war uns immer klar gewesen. Nun malten wir uns schadenfroh aus, dass die Genossen mit anhören mussten, wie ihre kostbare Wanze entdeckt und eingefangen wird. Was wir dachten, wusste ja jeder sowieso. Aber, so überlegten wir, war es ratsam, unseren verängstigten Freunden von dieser Neuigkeit Mitteilung zu machen? Würden sie nicht zittern und keinen Fuß mehr in Roberts Haus setzen? Würden sie nicht überhaupt den Kontakt abbrechen, weil sie fürchten mussten, bei ihrer zweiten Seele ertappt zu werden?

Für uns hatten so Abhörwanzen, wer weiß, einen Vorteil. Die Herrschenden waren bestens informiert über alles, was uns trieb und was wir trieben. Trotzdem hatten sie uns noch nicht in den Knast gesteckt. Daraus zog Robert den Schluss, dass sie Schiss hatten. Der freche Kerl erwog sogar, die teure Anlage für zwanzigtausend Mark an die Stasi zu verkaufen – oder für fünfzigtausend darüber zu schweigen. Aber das war natürlich übermütiger Quatsch in einer prekären Lage. Robert spielte die Knetmasse, mit der die Wanze festgemacht worden war, einem befreundeten Professor für anorganische Chemie an der Humboldt-Universität zu. Er wollte den Grad der Aushärtung feststellen lassen, um zu wissen, wie lange etwa die Wanze da schon steckte. Das Ergebnis: fast ein Jahr. Mich animierte diese Abhörwanze zu einem Spottlied:

Die Stasi-Ballade

Menschlich fühl ich mich verbunden
mit den armen Stasi-Hunden
die bei Schnee und Regengüssen
mühsam auf mich achten müssen
die ein Mikrophon einbauten
um zu hören all die lauten
Lieder, Witze, leisen Flüche
auf dem Klo und in der Küche
– Brüder von der Sicherheit
ihr allein kennt all mein Leid

Ihr allein könnt Zeugnis geben
wie mein ganzes Menschenstreben
leidenschaftlich zart und wild
unsrer großen Sache gilt
Worte, die sonst wärn verscholln
bannt ihr fest auf Tonbandrolln
und ich weiß ja: Hin und wieder
singt im Bett ihr meine Lieder
– dankbar rechne ich euchs an:
die Stasi ist mein Ecker
        die Stasi ist mein Ecker
                die Stasi ist mein Eckermann

Komm ich nachts alleine mal
müd aus meinem Bierlokal
und es würden mir auflauern
irgendwelche groben Bauern
die mich aus was weiß ich für

Gründen schnappten vor der Tür
– sowas wäre ausgeschlossen
denn die grauen Kampfgenossen
von der Stasi würden – wetten?! –
mich vor Mord und Diebstahl retten

denn die westlichen Gazetten
würden solch Verbrechen – wetten?! –
Ulbricht in die Schuhe schieben
(was sie ja besonders lieben!)
dabei sind wir Kommunisten
wirklich keine Anarchisten
Terror (individueller)
ist nach Marx ein grober Feller
die Stasi ist, was will ich mehr
mein getreuer Leibwäch
  mein getreuer Leibwäch
    mein getreuer Leibwächter

Oder nehmen wir zum Beispiel
meinen sexuellen Freistil
meine Art, die so fatal war
und für meine Frau ne Qual war
nämlich diese ungeheuer
dumme Lust auf Abenteuer
– seit ich weiß, dass die Genossen
wachsam sind, ist ausgeschlossen
dass ich schamlos meine Pfläumen
pflücke von diversen Bäumen

denn ich müsste ja riskiern
dass sie alles registriern
und dann meiner Frau serviern
sowas würde mich geniern
also spring ich nie zur Seit
spare Nervenkraft und Zeit
die so aufgesparte Glut
kommt dann meinem Werk zugut

– kurzgesagt: die Sicherheit
sichert mir die Ewig
    sichert mir die Ewig
        sichert mir Unsterblichkeit

Ach, mein Herz wird doch beklommen
solltet ihr mal plötzlich kommen
kämet ihr in eurer raschen
Art, Genossen, um zu kaschen
seis zuhaus bei meinem Weib
meinen armen nackten Leib
ohne menschliches Erbarmen
grade, wenn wir uns umarmen
oder irgendwo und wann
mit dem Teufel Havemann

Wenn wir singen oder grad
Konjak kippen, das wär schad
ach, bedenkt: ich sitz hier fest
darf nach Ost nicht, nicht nach West
darf nicht singen, darf nicht schrein
darf nicht, was ich bin, auch sein
– holtet ihr mich also doch
eines schwarzen Tags ins Loch
ach, für mich wär das doch fast
nichts als ein verschärfter
    nichts als ein verschärfter
        nichts als ein verschärfter Knast

Nachbemerkung und Zurücknahme

Doch ich will nicht auf die Spitze
treiben meine Galgenwitze
Gott weiß: es gibt Schöneres
als grad eure Schnauzen

Schönre Löcher gibt es auch
als das Loch von Bautzen

In Prag ist Pariser Commune

Einmarsch in die ČSSR

Im Laufe der folgenden Jahre erreichten mich etliche Einladungen aus dem westlichen Ausland. Sehr verschiedene APO-Aktivisten luden auch Havemann und mich zusammen ein. Der Grenzübergang Bahnhof Friedrichstraße war nur ein Katzensprung entfernt von meiner Wohnung. Echte und falsche Trotzkisten, alternative Revoluzzer und alternaive Literaten und gutgläubige Sozialdemokraten gaben sich in der Chauseestraße 131 die Klinke in die Hand. Auch Rudi Dutschke kam. Sie wollten, dass Robert im Westen linke Reden schwingt, und ich sollte meine linken Lieder singen. Wir schrieben an Walter Ulbricht einen Brief mit der Bitte um Reisegenehmigung – aber nix. Wir sollten vertrocknen, verbittern, verblöden und vor allem: vergessen werden. Und unter uns: Ich hätte als verantwortlicher Genosse im DDR-Machtapparat solche staatsfeindlichen Typen wie Havemann und Biermann auch nicht in den Westen reisen lassen, damit die da ihrem Affen Zucker geben und dann frecher als vorher aus der freien Welt zurückkommen ins realsozialistische Lager.

Die Studentenbewegung war im vollen Gang. Im Juni '67 wurde auf einer Demonstration in West-Berlin gegen den Besuch des Schahs von Persien ein junger Mann, Benno Ohnesorg, erschossen. Die studentische Anti-Springer-Kampagne forderte die Enteignung des Zeitungsverlegers Axel Springer, dem man vorwarf, ein Presse- und Meinungsmonopol zu besitzen. Brandstiftungen, Molotow-Cocktails.

Ich sollte – so wie 1965 mit Wolfgang Neuss – wieder bei den Ostermärschen auftreten. Die Situation war schizophren: Wir schwammen im Strome der bewegten Zeiten, aber trotzdem saßen wir im Osten auf dem Trocknen. Robert in seiner Idylle am Möllensee, ich in meiner Höhle in der Chausseestraße. Die meisten seiner Chemie-Kollegen hatten sich aus Angst um die eigene Karriere rar gemacht. Das Jahr 1967 war bleiern. Sicher, ich schrieb Gedichte und Lieder. Meine »Drahtharfe« hatte sich im Westen sensationell gut verkauft. Im Osten aber nur Samisdat, nur heimliche Tonbandkopien, private Konzertchen für zehn Freunde, Rotwein, Liebschaften, Schmalzbrot, Schokolade und Kaffee aus'm Intershop – und ansonsten tote Hose.

Die Welt passte mir nicht, weder vor noch hinter der Mauer. Ich wusste nicht mal, wer von uns wirklich vor und wer hinter der Mauer verblödet. Wo, fragte ich mich, ist die Utopie, die uns vor dieser heillosen Alternative Ost oder West rettet? Meine ideologische Brille war zerbrochen, und nun sah ich überhaupt nicht mehr durch. Von einigen Gästen aus mancher Welt konnte ich etwas mehr Welt lernen. Uns besuchte der amerikanische Guru der West-Berliner Studenten, Herbert Marcuse. Mit marxistischen Argumenten polemisierte er gegen unseren Steinzeit-Marxismus. Er erklärte Robert und mir, dass es überhaupt keine Arbeiterklasse mehr gibt. Ich – mit Verlaub – glaubte dem deutschen Juden aus Amerika nicht. Und Robert, unser DDR-eigener Geistesriese, widersprach ihm von oben herab. Marcuse lieferte mir zumindest einen Zipfel postmarxistischer Weltsicht. Aber ohne meinen uralten Kinderglauben an den Kommunismus wäre ich im Krieg gegen diese Altmänner-Diktatur zusammengebrochen.

Im Frühling 1968 kam eine Einladung von Bruno Haid zu einem weiteren – und letzten – Gespräch. Immer noch hatte ich kein Zeichen von ihm. Gut eineinhalb Jahre war es nun her, dass ich ihm mein Manuskript abgegeben hatte. Auch ein Genosse Dietzel von der Hauptverwaltung Verlagswesen nahm an der »Aussprache« teil. Für meine diversen Einladungen zu Konzerten in Westdeutschland, Dänemark und Österreich hatte ich Reiseanträge gestellt. Es ging also auch um die Frage, ob ich reisen dürfe. Haid teilte mir mit, dass der Minister für Kultur und der Innenminister ihre Zustimmung nicht geben könnten, solange ich meine Haltung zur DDR nicht im positiven Sinne – also in ihrem – ändern würde. Sie forderten mich auf, für den im April anstehenden Volksentscheid über die neue Verfassung eine positive Stellungnahme abzugeben.

Der stellvertretende Kulturminister Haid log elegant mit einer mageren Wahrheit, die eine fette Lüge war. Er habe mein Manuskript – mit kleiner Empfehlung – mehreren DDR-Verlagen angeboten. Zuerst natürlich dem Aufbau-Verlag. Aber alle Verlagsleiter hätten ihm das Manuskript mit einer Absage zurückgeschickt. Sie weigerten sich, diese Gedichte zu drucken. »Tja«, sagte der Minister und grinste, »da kann man eben – leider, leider – nichts machen.« Das sei eben der Fortschritt in der weiteren Demokratisierung unseres Lebens in der DDR. Nach den brechtschen Mühen der Gebirge kämen nun die Mühen der Ebenen. Es sei eben nicht mehr wie in der Stalinzeit, wo die Verlage druckten, was von oben bestimmt wurde. Doch könne sich das eventuell ändern, wenn ich eine Erklärung abgäbe ... Mit diesem Spott übergossen, trottete ich nach Haus. Ich verfluchte diesen Hund, der selbst ein geprügelter Hund war, bis in alle Ewigkeit.

Der Volksentscheid über die neue sozialistische Verfassung war angesetzt für den 6. April. Das Wort »sozialistisch« sollte bedeuten, dass die führende Rolle der SED nun auch verfassungsmäßig festgeschrieben werden sollte. Kurios: Zum ersten Mal konnten die DDR-Bürger nicht nur mit Ja stimmen wie bei den Volkskammerwahlen für die Kandidaten der Nationalen Front, also SED plus Blockparteien, sondern mit Ja oder Nein. Der Propagandaapparat lief auf Hochtouren. Monatelang wurden erpresserische Volksaussprachen inszeniert, damit es keinem Bürger in den Sinn kam, sein Kreuzchen in den Nein-Kringel zu krakeln. Die Stasi schob Überstunden. Tag für Tag marschierten Lehrer mit ihren Schülern singend durch die Straßen. Die Kinder schwenkten Fahnen, auf denen ein Ja angekreuzt war. Fahnen hingen aus allen Fenstern der Büros, aus den Platten-Neubauten. Alle Mieter waren schriftlich ermahnt worden: »In der Annahme, dass Sie ebenfalls dazu beitragen wollen, dem Tag des Volksentscheides zu einem vollen Erfolg zu verhelfen, würden wir Sie sehr bitten, das Haus mit Fahnenschmuck zu versehen.« Diese Idiotenwahl ohne Wahl sollte ein siegreicher Schritt zur weiteren Demokratisierung der totalitären Diktatur werden.

Die Staatsdichter mit der feuchten Hand machten ganze Zeitungsseiten voll mit ihren genialen Ja-Gedichten. Alles reimte sich auf Ja: ... geschah! Ich sah! Wir sind schon nah! Unser Leben ist wunderbaa! Treu der Partei auf immerdaa! Hier und da! Blablabla, lalala, jajaja! Die ganze DDR wurde eine monumentale Satire, ein JA-Poem! Der Betrug war so offensichtlich, dass die Klügeren mit dem Kopf schüttelten. Sie begriffen aber nicht, dass grade die Plumpheit der Kampagne beabsichtigt war. Solche offenbare Lüge schüchtert viel mehr ein als die raffinierte Lüge, denn sie signalisiert: Mit dir feigem Untertan können wir so umspringen!

Auch Eva-Maria hatte, so wie die anderen Schauspieler-Kollegen, das obligate »Ja« im *ND* geliefert, damit sie wenigstens noch in irgendeinem Posemuckel-Dorf ihre Lieder singen konnte. Doch am Abend vor dem großen Volksentscheid standen bei ihr in der kleinen Zelterstraße plötzlich zwei finstere Gestalten vor der Wohnungstür. Es waren Stasileute, die sich als kochende Volksseele mit den blauen FDJ-Hemden verkleidet hatten. Eva keifte sie an: »Was wollen Sie!« – »Frau Hagen, machen Sie sofort das NEIN an Ihrem Balkon weg!« – »Da gibt's überhaupt kein NEIN!«, schimpfte Eva zurück – und hätt's auch singen können nach der Melodie von Kurt Weill. Der Mann im FDJ-Hemd beharrte aber. »Doch! Da steht ein NEIN auf Ihrem Balkon! Es steht geschrieben mit weißer Kreide auf der Außenseite zur Straße hin. Deutlich!« – Eva schaute nach. Es war nichts zu sehn von irgendeinem NEIN. Dann aber doch: Als sie sich noch weiter über die Balustrade beugte, stand da ein NEIN, ein handtellerklein gekritzeltes NEINchen. Und außerdem: Die vier Buchstaben waren offenbar vom Balkon aus geschrieben, denn von der Straße her gesehn stand das NEIN auf dem Kopf. Wo es herkam? Die kleine Nina hatte es mal dahin geschrieben, als die Kinder zu ihr hochriefen: Kommst du runter zum Hinkekasten spielen? NEIN. Die FDJler, zwei feiste Kleiderschränke, trauten Eva nicht. Sie ließen sich gleich einen Schwamm geben, quetschten sich auf den Balkon und wuschen die Kreide eigenhändig ab.

Ich ging sowieso nicht zur Wahl. Ich hatte das Affentheater nicht mehr nötig, hatte ja bei dieser Pseudowählerei nichts zu gewinnen und nichts mehr zu verlieren. Wenn die Schafe gezählt werden, muss der Wolf nicht Mäh sagen. Normalerweise lief die Wählerei so: Von sieben Uhr morgens bis sechs Uhr abends waren die Wahllokale geöffnet. Übereifrige Bürger wählten gleich um sieben, sie jieperten nach dem Blumenstrauß für den Ersten. Acht Uhr war die große Zeit der vorbildlichen Hausgemeinschaften, die sich öffentlich verpflichtet hatten, gemeinsam zu wählen. Um neun, nach dem Frühstück, kamen die höheren Funktionäre, sie wählten immerhin sich selber. Um zehn kamen die mittleren Angestellten mit aufgeputztem Nachwuchs. Auch die Arbeiter in gehobenen Stellungen schlenderten um zehn los. Wer erst um elf zum Wahllokal kam, war schon ein Wahlmuffel. Gegen zwölf Uhr kamen Asoziale angehetzt, die eigentlich schon um sieben hätten da sein sollen. Mit gesenktem Blick betraten sie das Wahllokal wie Schüler, die zu spät kommen. Ab ein Uhr hätten die Lokale eigentlich schon geschlossen werden können. Über Mittag essen alle Mittag, auch die, die noch nicht gewählt hatten. Die waren schuld daran, dass die Wahllokale noch geöffnet bleiben mussten. Eins war klar: Wer nach dem Mittagessen bis zwei Uhr nicht seiner Wahlpflicht nachgekommen war, den sollte man sich vormerken, der gehörte nicht zu den Guten beim Aufbau des Sozialismus.

Mein Freund, der private Fleischermeister aus der Linienstraße, hat es mir gebeichtet, und der private Glasermeister Ecke Schlegel-/Eichendorffstraße, der mir manche Bilderrahmen machte, hat sogar damit angegeben, dass er erst gegen drei wählt. Ab vier Uhr handelte es sich schon um eine unverhohlene Form der Sabotage. Da schlug die Stunde der massiven Rollkommandos freiwilliger Genossen im Kiez, die solche Bürger, die vorgaben, nicht laufen zu können, in ihre Personenwagen verfrachteten und kostenlos zum Wahllokal kutschierten. Auch die fliegenden Wahlurnen, extra eingerichtet für bettlägrige Untertanen, die auch ihr Ja für Wohlstand, Glück und Sozialismus abgeben wollten, waren inzwischen im Wahllokal eingetroffen. Punkt sechs Uhr war klar, wer zu den etwa 2,3 Prozent Gesindel oder zu den 1,4 Prozent Feinden des Weltfriedens gehörte.

Den ganzen Tag über fuhren Polizeiwagen mit »zivilen Genossen« und FDJlern vor unser Haus und parkten gegenüber. Sie glotzten zu meinen Fenstern im ersten Stock hinauf. Das vertraute Spiel. Ich war auf ihren Besuch gefasst, wie die Franzosen sagen: Un homme averti en vaut deux – ein gewarnter Mann ist doppelt stark. Wenige Minuten vor sechs klingelte es. Ich hatte mir genau überlegt, was ich mit diesen penetranten Wahlhelfern machen würde. Ich wollte den Spieß umdrehn, wollte sie in meine Wohnung zotteln und mit ein paar Liedern quälen. Nun also klingelte es an meiner Tür, ich öffnete – aber da stand Emma, mein einziges Mütterlein aus Hamburg, unerwartet gegen Abend! Wir umarmten uns. Und meine Genossin fragte streng: »Und, mein Junge, bist du wählen gegangen?«

***

1968 – das Jahr der Revolten! Die West-Berliner Studentenunruhen, der Pariser Mai. Und im gleichen Jahr der Prager Frühling, als gäbe es kommunizierende Röhren zwischen Ost und West. Armer Rudi Dutschke! Ein blutjunger Neonazi, der Malerlehrling Josef Bachmann, schoss ihm ein Auge blind und riss ihm mit einer zweiten und dritten Kugel auch die halbe Sprache aus dem Hirn. Dutschke lernte mühsam wieder die Fundamente des Sprechens. Bisschen komisch war sein Elend außerdem: Der sprachmächtige Studentenanführer konnte nach dem Attentat noch fließend über den Fetischcharakter der Ware in Marxens »Kapital« reden. Aber die Wortschätze der Kindheit waren ausgelöscht – Brot, Flasche, Mama, Stuhl, Ball, Milch, Sonne, Kuss. Er konnte nicht mehr sagen: Ich hab Hunger.

Ich sang zu Haus mein neues Lied »Drei Kugeln auf Rudi Dutschke«: »Ach Deutschland, deine Mörder!« Wir schmuggelten das Tonband in den Westen, dort wurde es mit Lautsprecherkanonen in die Studentendemos gedonnert. Schlag auf Schlag, von Ost nach West, von West nach Ost. War diese historische Koinzidenz etwa Zufall? Es fühlte sich an, als ob auf beiden Seiten des Eisernen Vorhangs in Europa eine unterirdisch verbundene Renaissance der Revolution sich Bahn bricht. Ein Erdbeben, das sich nicht um Grenzen kümmert.

Auch in Polen kam es im Frühjahr 1968 zu studentischen Unruhen, die vom Militär blutig niedergeschlagen wurden. In der ČSSR hatten die Häuptlinge des ZK einen neuen Parteichef aus dem Hut gezaubert, einen Funktionär ohne Namen: Alexander Dubček. Dieses Häschenkrokodil der Nomenklatura verkündete etwas Unglaubliches. Der neue Slogan hieß: Sozialismus mit menschlichem

Antlitz. Im ersten Moment spotteten wir über diese offensichtliche Tautologie, wir witterten einen liberalistischen Maskenball der Stalinisten. Doch bald dämmerte auch mir und beseelte uns alle, dass dieser junge Parteisekretär Dubček das Paradoxon offenbar kindlich ernst meinte. Nicht etwa kleine Freiheiten sollten gnädig gewährt werden, nicht also Freiheit als Falschgeld im Plural, sondern *die* Freiheit im Singular! Konkret: Meinungsfreiheit, Pressefreiheit, Versammlungsfreiheit. Die neue Maske war ein Menschengesicht!

In der DDR-Presse kein Wort darüber. Nur über Radio Prag hörte ich, dass die Opfer der Prager Schauprozesse des Jahres 1952 rehabilitiert wurden. Rudolf Slánský war auf einmal kein hingerichteter Konterrevolutionär mehr, sondern ein Märtyrer. Das konnten keine Propagandatricks sein, keine stalinistische Entstalinisierung à la Chruschtschow, denn es ging viel tiefer als die halbherzige Liberalisierung nach dem XX. Parteitag der KPdSU 1956. Dubček betrieb offenbar eine echte Demokratisierung. Als uns klar wurde, dass der große Bruder Breschnew tobte und der kleine Bruder Ulbricht Galle spuckte, als die Brüder des Warschauer Pakts immer hysterischer geiferten, da ahnten wir, dass eine neue Zeit angebrochen war. Allerdings – was Wunder! – fand in Prag eine Revolution von oben statt, also eine Art guter Staatsstreich echter Kommunisten im Apparat der Partei.

Unser DDR-Herz lachte, und wir spekulierten auf einen noch unbekannten Dubček auch bei uns in der DDR, im Politbüro der SED. Wir lasen im Kaffeesatz der Gerüchte und orakelten in den Eingeweiden der Parteipresse. Wir suchten, wir fanden zwischen den Zeilen des *Neuen Deutschland* die enigmatischen Signale. Es blühte die hohe Kunst der Wahrsagerei. Und weil wir dialektisch trainiert waren, rechnete unser Kalkül auch immer die Möglichkeit mit ein, dass sich diejenigen Funktionäre in unserer Parteiführung, die die gleichen freiheitlichen Interessen hatten wie ihre Genossen in Prag, wahrscheinlich noch tarnen müssten mit der Maske des verbohrten Dogmatikers. Und dass umgekehrt die wirklichen Betonköpfe listig die Freiheitsmaske tragen.

Kein Land im Ostblock war mir so nah wie die Tschechoslowakei. Ich bin seit ewig befreundet mit dem tschechischen Liedermacher Jiří Suchý, der das Prager Theater Semafor gegründet hat und noch heute leitet. Er hatte mein Lied »Soldat Soldat« übersetzt, auch das Liedchen »Kunststück«, auf Tschechisch Maličkost. Ich brachte als Gegenleistung einige seiner Lieder in ein singbares Deutsch für die Soubrette Hana Hegerová, zum Beispiel »Student mit den roten Ohren«.

In den Jahren vor meinem Totalverbot hatte ich in Prag auch den Spiritus Rector der Kafka-Konferenz von 1963 getroffen, den Germanisten Eduard Goldstücker. Ein Kommunist und Jude nach meinem Herzen. Er hatte, wie Artur London, in den fünfziger Jahren die Folterkeller der stalinistischen Mörder überlebt. Die Literaturverwalter im ganzen Ostblock hassten und fürchteten den tschechischen Deutschen, den Juden Franz Kafka. Sein Werk galt ihnen als bürgerlich dekadent, als reaktionär, als gefährlich. Goldstückers Konferenz empfanden die Stalinisten als einen Affront, denn Kafkas unvollendeter Roman »Der Prozess«, seine Erzählungen »Das Urteil« und »In der Strafkolonie« sind realistische Porträts der stalinistischen Diktatur. Dementsprechend heftig waren die Diskussionen auf der Konferenz. Der Kulturphilosoph Ernst Fischer sagte: »Kafka bedeutet den Kampf gegen Dogmatismus und Bürokratismus.«

Das erzählte mir Goldstücker, als wir in Prag über die Karlsbrücke schlenderten: Der ungarische Philosoph und Literaturpapst Georg Lukács war zur Zeit des Ungarn-Aufstands 1956 Minister und ZK-Mitglied. Er wurde vom KGB verhaftet und mit anderen Rebellen in ein Flugzeug gepfercht. Nach ein paar Stunden landeten sie auf einer Piste im verschneiten Nirgendwo in Rumänien, wurden rausgeschmissen und interniert in einem zerfallenen Schlösschen. Da sagte der geprügelte Parteiliterat Lukács, dieser dialektische Dogmatiker und stalinistische Antistalinist, zu seinen Leidensgenossen: »Genossen, jetzt hier im Schloss begreife ich endlich, dass dieser Kafka, den ich immer als bürgerlich dekadent geächtet hatte, doch ein realistischer Schriftsteller ist!«

Die Tschechen hatten schon all die Jahre vor dem Prager Frühling ein liberaleres politisches Wetter. So auch die Polen. In der DDR stand jeder Gartenzwerg nummeriert und bewacht an seinem Platz im stacheldrahtumgürteten Schrebergarten. Im Laufe dieses Sommers '68 schwankte die Amplitude unserer Gefühle zwischen begeisterter Hoffnung auf Dubček und lähmender Angst vor einer Niederschlagung dieses Prager Frühlings. Rudi Dutschke erzählte mir von seinem Streitgespräch mit Studenten in Prag im April des Jahres und wunderte sich über deren »hysterische Angst« vor einem sowjetischen Einmarsch. Die tschechischen Studenten verstünden seine Auffassung von Marxismus nicht, für sie sei Marxismus gleichbedeutend mit Unterdrückung.

Die Raubtiere im Politbüro der SED waren wirklichkeitsnäher als Dutschke. Sie zitterten vor dem lächelnden Menschengesicht ihres Genossen Dubček. Und uns kam er vor wie ein kommunistischer Messias. Ich schrieb das Gedicht »In Prag ist Pariser Kommune, sie lebt noch!« und wollte es veröffentlichen in meinem neuen Gedichte- und Liederbuch, das der West-Berliner Wagenbach-Verlag unter dem Titel »Mit Marx- und Engelszungen« vorbereitete.

Im *Neuen Deutschland* lasen wir von hektischen Beratungen, von den abermals allerallerletzten Versuchen der besorgten Bruderländer, diesen Dubček vom Abgrund der Konterrevolution zurückzureißen. Angst hatten wir alle. Doch die Ängste der Macht-Canaillen fanden ihr Ende in der Nacht zum 21. August 1968. Im Morgendämmer dieser schwärzesten Nacht riss mich das Telefon aus dem Schlaf. Eine Stimme sagte nur einen Satz: »Wolf, steh sofort auf und mach das Radio an!« Schon hörte ich es klicken, Ende des Anrufs. Ich stellte das Radio an. Schmissige Marschmusik. Dann wurde die offizielle Verlautbarung der sowjetischen Nachrichtenagentur TASS zum Einmarsch der fünf Warschauer-Pakt-Mächte in die ČSSR verlesen, alle fünf Minuten. Ich hörte es drei Mal und begriff allmählich: »TASS ist bevollmächtigt zu erklären, daß sich Persönlichkeiten der Partei und des Staates der Tschechoslowakischen Sozialistischen Republik an die Sowjetunion und die anderen verbündeten Staaten mit der Bitte gewandt haben, dem tschechoslowakischen Brudervolk dringend Hilfe, einschließlich der Hilfe durch bewaffnete Kräfte, zu gewähren. Dieser Appell wurde ausgelöst, weil …«, und so weiter, und so weiter. »Die Bruderländer stellen jeder beliebigen Bedrohung von außen fest und entschlossen ihre unerschütterliche Solidarität entgegen. Niemals und niemandem wird es gestattet sein, auch nur ein Glied aus der Gemeinschaft der sozialistischen Staaten herauszubrechen.«

Die Stimme meines Anrufers hatte ich sofort erkannt. In meinem Ohr konnte das nur Manfred Raquet gewesen sein, der mit uns im Prenzlauer Berg das b.a.t. aufgebaut hatte. Ein Rätsel bis heute: Warum warnte einer, der inzwischen beim MfS gelandet war, jetzt ausgerechnet mich? Das bilde ich mir bis heute ein: Mein verlorener Freund rief mich aus sentimentalen Gründen an. Er hatte Angst um mich. Er konnte sich ausrechnen, dass in der DDR in diesem welterschütternden Riesenchaos alle kleinen Querulanten, die von der Dubček-Krankheit infiziert sind, vorsorglich eingesammelt und in Mielkes Spezialkrankenhaus, im VEB Knast Bautzen, behandelt werden. Oder im Eifer des Gefechts besser gleich totgeschlagen.

Mir graute. Wenn wieder deutsche Panzer die tschechoslowakische Grenze durchbrechen, dann gibt es keine Schändlichkeit mehr, mit der nicht zu rechnen wäre. Wenn fünf Armeen ein so wehrloses Ländchen plattmachen, geht morgens keine Sonne mehr auf. Nun war auch auf die reaktionären Vernunftgründe der Diktatur kein Verlass mehr. Ich geriet in Panik. Ich zerrte aus meinem Glastürenschrank die Aktenordner mit allerhand Briefwechseln und diversen Manuskriptbündeln. Und versuchte, die Papiere zu verbrennen. Idiot! Mein Kachelofen hatte eigentlich immer gut funktioniert, mit Kleinholz und »Rekord«-Briketts. Nun aber merkte ich zum ersten Mal, dass Papier nicht brennt. Genauer: dicke Papierbündel. Ich stocherte mit dem Feuerhaken panisch in den glimmenden Papierpacken herum. Idiot! Es war wie verhext, der Wortsalat wollte nicht brennen. Dabei schlugen mir aus dem verstopften Kachelofen immer wieder Flammen und Qualm entgegen. Idiot! Ich sah aus wie die Menschenbestie Jean Gabin als Lokomotivführer in dem Film von Jean Renoir. Nach etlichen Versuchen gab ich es auf und kippte ab in fatalistischen Trübsinn.

Ich ging ins Klo zum Waschbecken, wusch mir den Ruß weg. Und als ich mein bleiches Gesicht im Spiegel sah, rasierte ich mir den Bart ab. Eins kam zum anderen. Als ich den entbarteten Biermann nun so brechtisch verfremdet anglotzte, kam die nächste Idee: Wenn ich dem Bubi ein Kopftuch umbinde, sieht er aus wie eine Frau. Inzwischen war der Morgen da, ich zog mir einen Mantel über, stopfte ein paar Manuskripte und mein Tagebuch in eine große Einkaufstasche und verließ die Wohnung verkleidet als alte Frau. Die vertrauten zwei Treppen runter. Diesmal aber nicht vorne zur Straße raus, sondern mit einem Extraschlüssel hinten durch die Hoftür in den riesigen Innenhof. An den Ascheimern vorbei tappte ich leicht gebeugt mit langsamen Schritten weiter ins Nebenhaus 129. Als Oma humpelte ich durch die Toreinfahrt raus auf die Chausseestraße.

So ganz von der Rolle im Rollenspiel war ich nicht, denn nun kam mir eine prima Idee. Als ich den Brecht-Friedhof passierte, kreuzte ich die Straßenbahnschienen und bog ein in die vertraute Tieckstraße. Warum sollte man in diesem Chaos den Weltuntergang nicht mit dem Angenehmen verbinden? Hundert Meter links war eine Privatbäckerei, und Sigrid, die dralle Tochter des Bäckers, meine heimliche Flamme. Sie hatte mir in mancher Mittagspause frische Schrippen hochgebracht in mein Bett. Ihr kleines Zimmer kannte ich auch, mit separatem Eingang neben der Wohnungstür der Eltern, eine Treppe hoch über dem Laden. Wie praktisch!

Dabei quälte mich der Zweifel. Was, wenn irgendwelche Genossen von der Firma Horch und Guck meinen Mummenschanz womöglich von Anfang an beobachtet hatten und sich nun auf die Schenkel schlugen und spotteten über den rasierten Drachentöter, der, als Oma verkleidet, in ein warmes Bett kriecht! Schon stieg mir der Duft der frischen Schrippen in die Nase, und ich freute mich auf meine knackige Freundin. Aber als ich leise an ihre Tür klopfte, kam keine Reaktion. Ich klopfte lauter, damit sie vielleicht aufwacht. Aber nix. Noch lauter … Schließlich tappte ich die Treppe wieder runter und humpelte in kurzen Altweiberschritten zurück. Ich passierte meine Lieblingskneipe, das »116«. Tot, der Kiez. Kein Kohlen-Otto, keine blonde Gerdi, kein vertrauter Mensch dermaßen früh. Als ich am Berliner Ensemble vorbeitappte, kam ich mir lächerlich vor wie ein kostümierter Kleindarsteller. Ich zerrte mir das Oma-Kopftuch runter, ging wieder aufrecht und trug mein nacktes Gesicht offen. Biermann ohne Biermannbart, das funktionierte ja wie eine Theatermaske.

Mich ärgerte, dass ich dermaßen unvorbereitet gewesen war, so hilflos und überrumpelt von der Situation. Ich drückte mich in eine der beiden öffentlichen Telefonzellen an der Ecke Schiffbauerdamm und rief meinen Freund Reimar Gilsenbach im Prenzlauer Berg an. Der begriff sofort. Wir verabredeten uns am S-Bahnhof Lichtenberg.

Gilsenbach war ein Sonderling und ein herzensguter Naturschrat, ein stilltreuer Menschenfreund mit Bierflaschenböden vor den kurzsichtigen Augen. Sein Buch »Der Ewige Sindbad« über phantastische Reisen zum Mond stand in manchem DDR-Kinderzimmer. Und: Mein Gilsenbach kannte alle Sinti- und Romafamilien in Lichtenberg und in Rummelsburg und im Prenzlauer Berg. Das kam so: Eines schönen Tages klingelte es an seiner Tür. »Ich bin Zigeuner. Sie sind doch Schriftsteller …« – »Ja, bin ich.« – »Könn' se mir helfen? Ich muss hier Formulare ausfülln.« – »Ja, worum geht es denn?« – »Wissense, die Juden im Magistrat, die wolln nicht globn, det diese Nummer hier uff meim Arm von Auschwitz is. Die Judn da haben wat gegn die Zigeuner. Die sagen, ick hab det jefälscht wegen die Rente. Jetzt soll ick allet jenau uffschreiben üba damals, unsre Familie inner Nazizeit, allet beweisn wegn unsre Sippe …« Gilsenbach formulierte den Brief an den Magistrat, Abteilung Wiedergutmachung. Seine Mühe hatte Erfolg, dieser Mann wurde anerkannt als »Opfer des Faschismus« und kriegte die 550 Mark Monatsrente. Das sprach sich rum.

Mit der S-Bahn fuhr ich zum Bahnhof Lichtenberg. Reimar nickte ernst, als er mein nacktes Gesicht sah. Wir liefen die große Straße runter, vielleicht fünf Minuten, und erreichten ein stinkendes, baufälliges Mietshaus. Er klingelte, und im dunklen Flur öffnete uns ein großer Schatten. Bei Flurlicht war es ein überüppiges Weib, Lena. Gilsenbach nannte diesen Koloss Lenchen, eine Sintiza. Sie führte uns ins Wohnzimmer. Gilsenbach sagte ihr: »Das ist mein Freund. Er ist ein Dichter. Die Bullen wollen ihn einsperren. Ihr müsst ihn einige Zeit verstecken, sonst kommt er ins ›Stillepenn‹. Verbrochen hat er nichts.« Die Tür ging auf, die Tochter der Frau brachte uns Kaffee. Die beiden Weiber lebten allein in der Wohnung, offenbar kein Mann. Die junge Frau nannte Gilsenbach Mienchen, sie war genauso eine Wuchtbrumme wie ihre Mutter. Nur ein Unterschied: Sie hatte keine Auschwitznummer auf dem linken Unterarm. Ich sagte, als wenn man eine günstige Empfehlung vorlegt: »Mein Vater hatte auch so eine Nummer auf dem Arm.« Mir nicht, dem Gilsenbach antwortete die Alte: »Dein Freund kann hierbleiben.«

Der Kaffee war schnell getrunken, ein Keks. Gilsenbach bedankte sich und sagte: »Ich geh mal los, ich besorge ein bisschen Wäsche, Zahnbürste. Er hat ja nix mit. Morgen komm ich vorbei. Oder übermorgen.« Die Alte zeigte mir mein Bett in der Kammer neben der Küchentür, redete aber sonst kein Wort mit mir. Also schwieg ich auch. Ich setzte mich im Wohnzimmer ans Radio und hörte leise die Nachrichten aus Ost und West über den Einmarsch. Die Frauen saßen in der Küche. Sie fragten mich nichts, nicht nach meinem Leben, nicht nach meinen Gedichten. Ich überlegte, was wohl mit Robert in Grünheide sei. Sie werden ihn nicht verhaften, dachte ich. Den nicht. Er saß in der Nazizeit in der Todeszelle im Zuchthaus Brandenburg. An den traun sie sich jetzt nicht ran. Rede ich mir das ein? Schlechtes Gewissen? Bin ich ein Feigling?

Freund Gilsenbach erschien am zweiten Tag mit frischer Unterwäsche. Die Alte starrte aus dem Fenster und sagte: »Herr Gilsenbach, es geht nicht, es ist zu gefährlich. Du musst ihn doch wieder mitnehmen.« Gilsenbach zuckte mit den Schultern und sagte: »Verstehe.« Wir verabschiedeten uns, ich bedankte mich, und wir liefen zum S-Bahnhof Lichtenberg. Gilsenbach sagte: »Ich hab mir schon so was gedacht. Ich bring dich jetzt zur alten Pauly nach Friedrichshagen. Lenchen und Mienchen haben eben Angst.« Ich sagte: »Kein Wunder, das versteh ich doch.« Aber Gilsenbach grinste: »Du verstehst gar nichts. Vor der Stasi haben die keine Angst. Angst haben Lenchen und Mienchen vor ihren eigenen Leuten. Wenn rauskommt, dass sie mit einem Mann, einem Gadsche, einem Nicht-Zigeuner in einer Wohnung leben, dann sind diese beiden Frauen ›infam‹. Sie haben Angst, dass sie verachtet werden von ihrer Sippe!«

Während der langen Fahrt in der S-Bahn drehte ich mein Gesicht zur Seite, wenig Leute im Zug. Wir liefen die Bölschestraße runter. In einer Nebenstraße ein Mietshaus, zwei Treppen hoch unters Dach. Eine schrumpelige kleine Hexe öffnete: Frau Dr. Charlotte E. Pauly. Die Alte schien uns erwartet zu haben. Die Mansardenwohnung gemütlich versifft, schön vollgestopft mit Souvenirs aus aller Welt. Ein exotischer Wandteppich, eine Staffelei, Bücherberge, verschlissene Sesselchen, Zeichnungen, angepinnt an die schrägen Wände. In der Abseite eine Küchennische mit einem wackligen Elektrokocher, Abwaschgerümpel. Es war die wildromantische Bohème-Bude einer greisen Weltenbummlerin.

Die Pauly hatte sich schön gemacht, sich ein exotisches Tuch über die Schulter geworfen. Auf dem weißen Haar klemmte eine osmanische Fes-Kappe. Aber das Schönste war ihr scharf geschnittenes, zerknittertes, mageres Greisengesicht mit den flinken Vogelaugen. Sie hatte offenbar eine Lähmung im rechten Augenlid und hielt das Auge offen mit einem Pflaster, mit dem sie das gelähmte Lid hochzog und das sie an die Stirn pappte. Weil aber der Klebestreifen sich immer mal wieder löste, drückte sie ihn nach drei, vier Sätzen mit einer eleganten Handbewegung wieder fest. Diese Geste war die Interpunktion in einem Vortrag, den sie mir und meinem Freund Gilsenbach über den Dilettantismus hielt. Auch erzählte sie uns, dass sie die allererste Übersetzerin der Gedichte von García Lorca sei, und rezitierte Lorcas berühmte Romanze »Die untreue Frau«: »Und ich nahm sie mit zum Flusse / Glaubte, sie sei noch ein Mädchen.« Kein Wort über den Einmarsch, kein Wort über Panzer in Prag, über den Grund unseres Besuches. Gilsenbach registrierte die exotische Absurdität der Situation und ging in Sorge. Die Pauly zeigte mir das Sofa in ihrer Dachkammer und sagte: »Das räum' ich gleich ab, da können Sie schlafen. Ich habe mein Bett nebenan in der Abseite.«

Es war eine surreale Welt mitten im Prager Weltuntergang. Was interessierten mich Lorcas Romanze und arabische Kostüme, was ihre eigenwilligen Zeichnungen von Zigeunern in Spanien? Auch in dieser Bude verschlang ich Stunde um Stunde die Radio-Nachrichten aus Ost und West. Die modernsten Luftlandepanzer der sowjetischen Armee hatten Prag unter den Ketten. Stahlkolosse gegen unbewaffnete Menschen.

Ich zermarterte mir das Herz mit der Frage, ob ich mit meiner Flucht nun Robert im Stich gelassen hatte oder mich selbst? War ich desertiert aus dem Freiheitskrieg oder war es klug, lieber mal ängstlich zu sein? Meine Furcht war: Im Kulminationspunkt eines Machtgemetzels ist die Wahrscheinlichkeit extrem groß, dass die Herrschenden in ihrer Panik leichtfertig Leute totschlagen, die sie bei kalter Überlegung lieber nur einsperren würden. Ich wollte in diesem politischen Erdbeben den Exzessen meiner gereizten Feinde entgehen.

Das Beste an den drei Tagen, die ich bei Charlotte E. Pauly blieb, waren – Ironie der Wiederholung – die frischen Brötchen. Die brachte jeden Morgen eine Freundin der Alten, die Frau des privaten Bäckers Erwin Liebig in Friedrichshagen. Dieses »Emmchen« war ein fröhliches Faktotum. Sie sagte am dritten Tag: »Herr

Biermann, das ist nix für Sie hier. Und ist auch nix für unsere liebe alte Frau Charlotte. Sie könnten für einige Zeit bei uns wohnen. Wir haben unterm Dach, nur drei Straßen weiter, eine kleine Wohnung, die steht leer. Und mein Mann wäre auch einverstanden.« So zog ich weiter in die Dachkammer über der Bäckerei. Eigentlich waren die Liebigs zutiefst unpolitische Leute, Christen ohne viel Jesustümelei. Frau Emmchen verpasste mir den Namen Herr Lindemann, damit der Geselle in der Backstube oder zwei, drei zufällige Besucher in der Küche hinter dem Laden nicht misstrauisch wurden. Bernd, der Sohn der Bäckersleute, schlich sich in die Wilhelm-Pieck-Straße und steckte meiner Eva-Maria ein Zettelchen in den Türschlitz. Darauf stand nicht meine neue Adresse, aber der Vorschlag, dass sie sich in zwei Tagen auf den Weg nach Friedrichshagen machen sollte, in einem Zickzack-Slalom per Auto, Straßenbahn, S-Bahn und zu Fuß, damit irgendwelche Stasispitzel hoffentlich ihre Spur verlieren. Ein Dilettantenkrimi.

Am verabredeten Tag lief ich auf gut Glück in der Abenddämmerung zum Spreetunnel. Ich unterquerte den Fluss und lief auf der anderen Seite am Müggelsee entlang Richtung Rockerkneipe Rübezahl. Dort am Waldrand sollte unser Treffpunkt sein. Wir fanden uns, wir lachten und weinten, wir schwiegen und quasselten, waren uns vertraut und ratlos. Nun erfuhr ich die wichtigen Neuigkeiten. Roberts Söhne, Florian und Frank, verhaftet! Flori hatte eine winzige selbstgemalte tschechische Fahne aus dem Fenster gehängt. Auch andere aus ihrer Clique, meist renitente Kinder der Nomenklatura, waren verhaftet worden. Thomas Brasch und Sanda Weigl hatten Flugblätter verteilt. Thomas hatte mein Gedicht »In Prag ist Pariser Commune« kopiert und an Hauswände geklebt, ein Exemplar sogar keck an ein abgestelltes Polizeiauto. Ich erfuhr, dass meine Mutter veranlasst hatte, offenbar aus Angst um mich, dass genau dieses hoffnungsfrohe Illusionspamphlet aus dem Manuskript, das im Wagenbach-Verlag in der Mache war, rausgerissen wurde. Das ärgerte mich.

Ich hörte, dass Robert mit dramatisch verschärfter Bewachung in Grünheide eingekesselt war. Von ihm brachte Eva mir eine Woche später die Nachricht, dass sich das Blatt gewendet habe. Der glänzende militärische Sieg der Warschauer-Pakt-Armeen gegen die kleine Tschechoslowakei sei gekippt in eine schon fast komische Niederlage. Robert hatte Recht. Natürlich war es der sowjetischen Armee gelungen, mit ihrer Kriegsmaschinerie die Hauptstadt Prag zu besetzen, auch die anderen Städte und vor allem die Westgrenze nach Österreich und zur Bundesrepublik. Trotzdem verwandelten die Tschechen und Slowaken in ihrer absoluten Unterlegenheit den Sieg der alliierten Paktbrüder in eine Niederlage. Die Geheimwaffe des braven Soldaten Schwejk? Sie mobilisierten die Wunderwaffen des Volkes: Schraubenzieher, Schraubschlüssel und Kneifzange. Sie bauten im ganzen Land und in allen Städten sämtliche Straßenschilder ab, an allen Kreuzungen die Richtungsschilder, so dass die Paktbrüder mit ihren gewaltigen Panzerwagen wie blinde Hühner herumirrten.

Und noch ein größeres Wunder war geschehen. Zum ersten Mal in der Weltgeschichte gelang es einem übermächtigen Okkupanten nicht, wenigstens eine Handvoll Kollaborateure zu finden. Kein einziger Tscheche oder Slowake ließ sich erpressen oder kaufen als Kriegspropaganda-Attrappe, die sagt: »Ich bin es, der die Genossen aus der Sowjetunion, aus Polen, der DDR, Bulgarien und Ungarn gerufen und um militärischen Beistand im Kampf gegen Dubčeks Konterrevolution gebeten hat!« Breschnew und seine Kumpane konnten deshalb auch keine neue Regierung präsentieren, keine gesäuberte Kommunistische Partei installieren, die das verlogene Spiel mitmachte. Der totalitäre Sieg wandelte sich in eine peinliche Schlappe. Diese Niederlage war allein der Grund, warum Ulbricht und seine Canaillen den Prozess, den sie gegen Havemann und mich vorbereitet hatten, schnell wieder abblasen mussten. Doch das erfuhr ich erst viele Jahre später durch die Öffnung der Stasiakten.

Eine Woche später erreichte mich wieder eine Nachricht von Robert. Eva kam nach Friedrichshagen und lockte mich aus dem Versteck. Als ich endlich wieder draußen in Grünheide bei meinem Freund saß, schämte ich mich für meine Flucht in die Friedrichshagener Backstube. Robert tröstete mich mit dialektischer Finesse: »Es sieht wirklich so aus, als ob Mielkes Genossen schlecht gearbeitet haben und nicht wussten, wo du dich versteckt hältst. Und wenn sie im ersten Rausch ihres Sieges die Absicht hatten, uns beide einzusperren, um einen Schauprozess zu inszenieren, dann hätten sie sich lächerlich gemacht, wenn sie den alten Havemann gefangen halten und es nicht schaffen, den jungen Biermann auch zu finden. So hast du wahrscheinlich uns beiden genützt.«

In den kommenden Wochen sprach sich herum: Viele Bürger in der ganzen DDR hatten gegen den Einmarsch protestiert, weit über tausend Menschen landeten im Gefängnis. Die allermeisten von ihnen waren Jugendliche. Es ereignete sich in unserer unmittelbaren Nähe eine Tragödie, die für uns in den folgenden Wochen zur Hauptsache wurde. Roberts Söhne, der neunzehnjährige Fränki und der sechzehnjährige Flori, zudem weitere Freunde, darunter Thomas Brasch und Sanda Weigl, saßen immer noch in der Untersuchungshaft des MfS. Bald wurde klar, was dahintersteckte. Die Kids hatten präpariert werden sollen für eine juristische Ouvertüre. Es sollte vorgeführt werden, dass diese Jugendlichen leider, leider für staatsfeindliche Verbrechen verurteilt werden mussten, zu denen sie von Havemann und Biermann angestiftet worden waren. Im Klartext: Es sollte bewiesen werden, dass wir sie politisch verführt und missbraucht hatten. Für die jungen Rebellen war diese Konstruktion eine doppelte Demütigung, denn sie hatten autonom gehandelt. Im Oktober '68 kam es zum Prozess, die Strafe für ihre »staatsfeindliche Hetze« lag bei über zwei Jahren Gefängnis. Zwar wurden die meisten nach einigen Monaten auf Bewährung entlassen, aber weiter schikaniert und ihre Lebenswege verbaut. Florian Havemann floh 1971 auf – so schätzten wir es ein – dubiosen MfS-Wegen in den Westen. Damals schrieb ich für meinen Freund Robert mein großes Kummer-Lied »Enfant perdu«.

In Prag fanden die Russen im April '69 endlich einen Kollaborateur, Gustáv Husák, dem nun formell die ganze Macht übertragen wurde. Politiker, die unter Alexander Dubček ins Amt gekommen waren, wurden systematisch und auf allen Ebenen hinausgesäubert. Menschen, die im Prager Frühling kurz aufgeblüht waren, mussten sich auf Hochverratsprozesse und eine ewige Eiszeit gefasst machen. Und wir? Hatte ich, hatte Robert nun endlich den alten Kinderglauben an den Kommunismus verloren? Viele linke Zeitgenossen: ja. Aber wir nicht. Wir kamen ja schon von weiter her und brauchten noch etwas Zeit. Robert und ich, wir konstruierten uns aus dieser Niederlage eine neue Illusion: Der Prager Frühling hat eine Chance, aber erst dann, wenn er nicht in Ost-Berlin oder Budapest oder Warschau ausgerufen wird, sondern wenn er im Machtzentrum ausbricht, in Moskau!

Für meine niedergeschlagenen Freunde, im Grunde für mich selbst, schrieb ich ein Trostgedicht:

Kleines Lied von den bleibenden Werten

Die großen Lügner, und was – na, was
Wird bleiben von denen?
Von denen wird bleiben
  dass wir ihnen geglaubt haben
Die großen Heuchler, und was – na, was
Wird bleiben von denen?
Von denen wird bleiben
  dass wir sie endlich durchschaut haben

Die großen Führer, und was – na, was
Wird bleiben von denen?
Von denen wird bleiben
  dass sie einfach gestürzt wurden
Und ihre Ewigen großen Zeiten – na, was
Wird bleiben von denen?
Von denen wird bleiben
  dass sie erheblich gekürzt wurden

Sie stopfen der Wahrheit das Maul mit Brot
Und was wird bleiben vom Brot?
Bleiben wird davon – na, was? –
  dass es gegessen wurde
Und dies zersungene Lied – na, was
Wird bleiben vom Lied?
Ewig bleiben wird davon
  dass es vergessen wurde

Die hab ich satt!

Maßnahmepläne zur Zersetzung

Mein neues Gedichtebuch »Mit Marx- und Engelszungen« erschien im Herbst 1968 in West-Berlin. In der Universitätsstadt Aarhus in Dänemark wurde ich zum »Ehrenkünstler des Jahres« ernannt und zu einem Konzert an der Uni eingeladen. Natürlich wurde mir die Reiseerlaubnis verwehrt.

Im März 1969 wurde mir aus heiterem Himmel, dem geteilten, der West-Berliner Fontane-Literaturpreis verliehen. Die Ehre war das eine, das Geld was andres. Gern hätte ich das harte Westgeld behalten. Aber ich hatte Angst vor dem Vorwurf, der Menschheitsretter Biermann lasse sich vom Senat der Frontstadt West-Berlin Geld ans Verräterbein schmieren. Also spendete ich in einem Anfall von dummer Schläue das Preisgeld der Außerparlamentarischen Opposition. Mein Verleger Wagenbach druckte ein kleines Plakat mit Foto und einem Brief in meiner Handschrift. Darin zu lesen: Der Ost-Berliner Fontanepreisträger stiftet die zehntausend Mark den tapferen Studenten der APO. Und damit so linke Anwälte wie Otto Schily oder Kurt Groenewold oder Hans-Christian Ströbele die APO-Aktivisten besser verteidigen konnten, ließ ich über meinen Verleger die zehn Riesen West-Berliner Steuergelder dem Rechtsanwalt Horst Mahler überweisen. Jahre später dämmerte mir, dass ich mit dem Preisgeld ein Monster gefüttert hatte. Revolutionsromantischer Biermann auf der Ost-West-Schaukel!

Es war klar, dass ich wohl noch bis zum Sankt-Nimmerleins-Tag warten musste, um meine Lieder in der DDR auf einer Eterna- oder Amiga-Schallplatte veröffentlichen zu dürfen. Also wollte ich nun wenigstens im Westen meine Tonkonserven rausbringen. Aber wie? Ich konnte im Osten ja kein Studio anmieten, denn die waren alle unter staatlicher Kontrolle. Ich beschloss, mir ein eigenes kleines Studio zu Hause einzurichten, professioneller als Ernst Busch. Meine Mutter schmuggelte mir durch die Kontrollen im Bahnhof Friedrichstraße ein superteures Sennheiser-Mikrophon, als Banane kaschiert. Sie hatte in Hamburg für ihren einzigen Sohn natürlich das allerallerbeste Mikro gekauft. Dieses hochempfindliche Kondensatormikrophon erwies sich als eine Katastrophe, der ich dann allerdings auch einen innovativen Sound verdankte. Das kleine, feine Gerät hatte eine sogenannte Kugel-Charakteristik. Das bedeutete: Es nahm rundrum im gesamten Raum und hochempfindlich auch den Husten einer Fliege auf. Die Aufnahmen, die ich damit nun machte, waren brillant, aber leider unbrauchbar. Trotz der geschlossenen Fenster quietschte mir die Straßenbahn, die unten vorbeifuhr, mitten in die Lieder rein, sie spielte in der Kurve ihren brutalen Geigenton. Dazu kamen Kindergeschrei und Lastwagenkrach, die Sirene des Rettungswagens auf dem Weg zur nahen Charité, Hundegebell, Autohupen, die ganze Polyphonie der Großstadt. Mein Tonmeister nagelte dreifach Wolldecken vor die Fensterscheiben – aber es nützte nix! Die große Straßenkreuzung spielte in voller Lautstärke mit.

So ist es oft: Grad in der Nähe der Widrigkeiten wachsen die besten Erfindungen. Nach diversen Aufnahmeversuchen, auch in der stilleren Nacht, riss ich entnervt die Fenster auf: Dann sollten sie eben alle voll mitspielen! Der Straßenkrach wurde nun meine Big Band! Echter DDR-Free-Jazz! Die Erfindung in der Not war keine modische Masche, sondern zeigte schön aggressiv, was Sache war. Dieser verbotene Liedermacher in Ost-Berlin hat eben kein Tonstudio!

Die DDR bereitete sich 1969 auf den nächsten Nationalfeiertag vor, den 20. Jahrestag der Staatsgründung. Natürlich stand für den 7. Oktober eine Militärparade an. Schon tagelang vorher rollten die T-55-Panzer durch die nächtlichen Straßen und probten für die Vorbeifahrt an der Ehrentribüne. Sogar um Mitternacht zitterten unsere großen alten Mietshäuser unter der Wucht der Friedenskampf-Kolosse. An jeder Kreuzung stand eine Gruppe von Polizisten und Soldaten. Auch die Kämpfer an der unsichtbaren Front in ihren typischen Windjacken patrouillierten durch den Kiez. Der Marx-Engels-Platz war im Umkreis von gut einem Kilometer hermetisch abgeschirmt. Alex, Strausberger Platz, Leipziger Straße, Linden bis zum Brandenburger Tor, Friedrichstraße bis Willempieck – alles wie leergefegt. Die ganze Stadt war vollgeklebt mit ein und demselben Propagandaplakat, darauf ein Gesicht, das mich an jeder Straßenecke anlächelte – eine blühende, lebensfrohe DDR-Frau mit lachendem DDR-Kussmund und sonnigen DDR-Wangen. Der sinnige Untertitel: »Ich bin 20!«

Das Logo des XX. Jahrestags, zwei X-Kreuze, provozierte manchen Berliner-Schnauze-Spott: »Nach zwanzich Jahre DeDeEr zwee Kreuze, da werdn wa bald drei Kreuze machn!« Es gibt witzige Witze, über die kann man auch dann nicht lachen, wenn man Witz hat. Allein die blöde Zahl zwanzig hatte schon etwas Lähmendes. Mensch, zwanzig Jahre! Das ist schon fast ein ganzes halbes Leben!

In der DDR grassierte eine Seelenseuche, der sogenannte Knastkoller. Manche Ärzte nannten ihn die Mauerkrankheit. Es gab einen Standardtraum, natürlich bei jedem Menschenexemplar etwas anders, aber im Grunde doch gleich: leicht rüber – und schwer zurück. Eine Variation des uralten und ewig erotischen Traums vom Fliegen. Besonders die Ost-Berliner träumten, dass sie über die Mauer fliegen oder schweben oder schreiten oder wunderheil durch die Stolperdrähte kriechen konnten, dass sie kinderleicht den Minengürtel überspringen, den Hundelaufgraben überwinden, ohne zerbissen zu werden – in tausend Variationen, versteht sich. Aber dann, im selben Traum, schafften sie es nicht zurück in den Osten. Sie fielen vom Himmel, wurden abgeschossen, verbluteten im Stacheldraht. Darüber habe ich die »Ballade vom Traum« geschrieben. Paradox: Wirklich gesund waren hinter der Mauer nur jene, die diese verfluchte Mauer kränkte und krank machte. Und fast täglich begegneten mir Schicksale, die einem Hassgefühle und Todesangst machten.

Ich traf eine junge Frau, die hatte flüchten wollen. Ihr Vater betrieb in Pankow eine kleine private Glaserei. Weil der als Selbstständiger nicht zur Arbeiterklasse gehörte, gab es für sie keinen

Studienplatz. Seit ihrem kopflosen Fluchtversuch an der Pankower S-Bahn-Brücke hatte sie einen zerschossenen Arm und, das versteht sich, Knasterfahrung. Die erwarb sie sich im Frauengefängnis Hoheneck. Danach war sowieso nix mehr mit Studium. Dabei hatte sie das Abitur mit Auszeichnung bestanden und Medizin studieren wollen. Jetzt arbeitete sie für zweihundertvierzig Mark im Monat als Putzfrau in der Charité.

Sie wollte einen zweiten Fluchtversuch wagen. Die zerschossene Frau hoffte, dass sie dann entweder voll getroffen wird oder es rüberschafft. Sie fand mich sympathisch, aber politisch dumm. Sie mochte meine Lieder, aber sie konnte nicht fassen, dass ich mich immer noch einen Kommunisten nannte, einen richtigen gegen all die falschen. Wir stritten. Sie nannte sich eine Antikommunistin. Mich schreckte dieses Wort. Sie kam mir vor wie verrückt geworden aus Verzweiflung. Sie faselte von einer »Kampfgruppe Antikommunisten«, zu deren Kopf sie gehöre und die hier losschlagen wollte, und zwar »noch ganz anders als in Ungarn oder in der ČSSR«. Ich sagte: »Wenn du abhaust, kannste doch nicht mehr hier kämpfen.« – »Ja«, sagte sie kalt, »deshalb versaufe ich ja auch mein ganzes Geld und habe nichts zu fressen. Aber bald …!« Sie zitterte, wenn sie von den Verhören der Stasi erzählte. »Die haben mich geschafft, komplett«, sagte sie. Ich dachte: Diese Operetten-Guerilleros der APO auf'm Ku'damm mit ihren Militärstiefeln gegen Schlangenbiss im Dschungel des Kapitalismus, diese Westlinken haben keine Ahnung von unserem VEB Luxusknast. Und doch einte mich mit den Westlinken eines: Ich hoffte immer noch, genauso wie diese Träumer, auf eine DDR, die im besten Sinne des Wortes deutsch ist und demokratisch – und eine Republik.

In der Nacht vor dem 20. Jahrestag der DDR schlenderte ich auf dem Heimweg die Friedrichstraße rauf. Als ich die Weidendammer Brücke erreichte, sah ich plötzlich unten am Brückenpfeiler etwas schwimmen. Eine Leiche! Rücken nach oben, schwarzes Kleid, Kopf unter Wasser, dunkle Haare, das schwamm da ruhig die Spree runter. Ein Fuß mit einem schwarzen Hackenschuh, eine Frau also. Drei satte Schwäne kreuzten in der schwarzen Brühe.

Vor mir patrouillierte ein Volkspolizist am Kai. Ich war aufgeregt und sprach ihn ein bisschen forsch von hinten an: »Sind Sie im Dienst?« Der große Kerl mit massigem Körper im grünen Uniformmantel, zusammengehalten von einem starken Gürtel, drehte sich um und knallte mir einen Standardsatz entgegen, den er im Stoffwechsel mit der Bevölkerung flott auf der Zunge hatte: »Ihren Ausweis bitte!« Jeder Mensch in der DDR war per Gesetz strengstens dazu verpflichtet, immer seinen Ausweis dabeizuhaben. Ich raunzte zurück, als wäre ich sein Vorgesetzter: »Sie sollen hier nicht meinen Ausweis kontrollieren, sondern die Leiche! Dahinten im Wasser, die Leiche!« Wer weiß, was ihn verdutzte, mein verrückter Ton oder das Wort Leiche. Ich schnarrte weiter im Befehlston: »Dort, auf der anderen Seite der Brücke, schwimmt in der Spree eine Leiche!« Der Vopo starrte mich an. Er drehte sich um, ging gemessenen Schrittes weiter, ging dann aber doch etwas schneller, und schließlich rannte er schon. Auf der anderen Seite beugte er sich über das Geländer. Er riss die Arme halb hoch, offenbar hatte auch er nun die Leiche im Dunkel erkannt. Er rannte zu einer der beiden Telefonzellen an der Ecke Schiffbauerdamm und telefonierte.

Ich lehnte mich übers Geländer. Dass die Leiche immer noch an derselben Stelle schwamm, nahe der Kaimauer hinter dem Brückengeländer, wunderte mich. Sie kam gar nicht voran, trotz der Strömung. Wahrscheinlich war sie in einen Strudel geraten, einen kleinen Wasserwirbel hinter dem Vorsprung des Brückenpfeilers. Alles nur Physik, dachte ich. Aber wenn die Tote jetzt Fahrt aufnimmt, überlegte ich, und mit der Strömung weiterschwimmt, da hinten unter den S-Bahn-Brücken durch Richtung Grenze, dann muss sie an der Marschallbrücke noch mal sterben. Dort hatten die Grenzorgane der DDR knapp unter der Wasseroberfläche ein enges Stahlnetz durch den ganzen Fluss gespannt. Nicht jeder wusste das. Die Sperre konnte mechanisch gesenkt werden, wenn ein Lastkahn mit einer Sandlieferung die Grenze nach West-Berlin passieren sollte. Das Stahlnetz wurde aber immer sofort wieder hochgezogen. Der Zweck war klar: Es gab verzweifelt Verrückte, die sich Taucherausrüstungen besorgten. Mit Gummianzug und Sauerstoffflasche stiegen sie in der Dunkelheit irgendwo am Monbijou-Park oder weit genug vorher in die Spree. Wenn solch ein Taucher es bis zur Grenzbrücke vor dem Reichstag geschafft hatte, dann sollte er hängenbleiben mit seiner Ausrüstung in den Maschen des Stahlnetzes. Mein Freund Fredi Rohsmeisl, der einstmalige Boxmeister und Drainageleger aus Buckow, der eineinhalb Jahre lang als Grenzsoldat in Berlin-Mitte gedient hatte, hat es mir erzählt. Die Republikflucht-Taucher wurden rausgefischt und verurteilt, oder sie blieben erschöpft hängen und erstickten wie ein Delphin im Fischernetz.

Ich stand also neben dem gusseisernen Preußenadler und glotzte auf meine Leiche. Wie in einem Kriminalfilm kamen zwei zivile Stasi-Wartburgs angerast und stoppten mit quietschenden Bremsen quer auf dem Bürgersteig. Ein Polizei-Barkas mit Blaulicht spuckte Vopos aus. Sie verteilten sich. Mit Tatütata kam eine Feuerwehr. Die Männer zogen mit geübten Griffen ein Schlauchboot vom Dach des Einsatzwagens. Sie fierten es runter auf der Ostseite der Brücke, stiegen über die Eisenleiter für Flussschiffer ins Boot. Sie ließen sich unter der Brücke treiben, bis zur Leiche auf der anderen Seite. Mit einem Stahlhaken zogen sie den Körper ins Boot. Tatsache! Eine junge Frau. Jetzt war es zu sehn, sie sah aus wie »Ich bin 20«.

Neben mir drängte sich ein Ziviler ans Brückengeländer. Ohne Vorwarnung knuffte er mich mit dem Ellbogen treffsicher, kurz und hart in die Rippen. Mir blieb die Luft weg. Ich sackte zusammen und krallte mich ans Geländer. Dann brüllte er mich bedrohlich leise von der Seite an: »Gehen Sie weiter! Das ist kein guter Anblick!« Ich begriff ohne Widerrede, dass dieser Ellbogen der Staatssicherheit besser wusste als ich, welche Anblicke gut sind für einen jungen Dichter in der DDR.

Die Parade am 7. Oktober, das entschied ich auch ohne Hilfe eines Stasibeamten, war in der Tat kein guter Anblick für mich. Ich hatte keine Lust, mir diesen Dressurakt anzusehen. Militärparade, Panzer, Kanonen, schwere Laster mit den modernsten Raketen. Danach die obligate Massendemonstration. Die Marschkolonnen strömten nach genauen Ablaufplänen aus den Stadtbezirken auf die Linden, Richtung Tribüne auf dem Marx-Engels-Platz, also genau dorthin, wo später der Palast der Republik stand. Hunderttausende, geordnet nach Betrieben, eingepfercht von Männern der Bereitschaftspolizei, kontrolliert von den Genossen der Kaderleitung und den Spitzeln der eigenen Brigade, die über jeden Kollegen Berichte schrieben, der unentschuldigt fehlte. Vorbeimarschieren, vorbeidefilieren oder vorbeischlurfen an den verdorbenen Greisen mit ihrem »weisen Glotzen« – ein böses Wort der DDR-Dichterin Helga M. Novak –, das kam für mich sowieso nicht in Frage. Es war deprimierend, so eine Herde zu beobachten, junge Leute, lebenserfahrene Alte, kluge Bürger, fleißige und normale Menschen, die jedes Jahr wieder die Schande ertrugen. Diese Demütigung stabilisierte von Jahr zu Jahr den Untertanengeist. Direkt hinter dem letzten jubelnden Marschblock krochen unaufhaltsam die Kehrmaschinen der Müllabfuhr über die ganze Straßenbreite, gestaffelt wie Mähdrescherkolonnen. Sie ernteten innerhalb einer Stunde all die senfbeschmierten Bockwurstpappen, die zerknickten Bierbecher und Vita-Cola-Flaschen, die weggeworfenen »Winkelemente«, zertrampelten Papierfähnchen und zermanschten Girlanden. Großsaubermachen nach dem Geburtstag der Republik.

***

Zufällig pünktlich zum 20. Geburtstag der DDR kam im Westen meine Langspielplatte raus. Ich hatte also das richtige Geburtstagsgeschenk auf den Gabentisch der Republik gelegt, die LP »Chausseestraße 131«. Mein Geschenk war für die SED-Bonzen eine einzige Provokation. Das »Barlach-Lied« – »Was soll aus uns noch werden / Uns droht so große Not / Vom Himmel auf die Erden / Falln sich die Engel tot« – war kafkaesker Geschichtspessimismus. Aggressive Fröhlichkeit mein Pasquill

DIE HAB ICH SATT!

Die kalten Frauen, die mich streicheln
Die falschen Freunde, die mir schmeicheln
Die scharf sind auf die scharfen Sachen
Und selber in die Hosen machen
In dieser durchgerissnen Stadt
– *die* hab ich satt!

Und sagt mir mal: Wozu ist gut
Die ganze Bürokratenbrut?
Sie wälzt mit Eifer und Geschick
Dem Volke über das Genick
Der Weltgeschichte großes Rad
– *die* hab ich satt!

Was haben wir denn an denen verlorn:
An diesen deutschen Professorn
Die wirklich manches besser wüssten
Wenn sie nicht täglich fressen müssten
Beamte! Feige! Fett und platt!
– *die* hab ich satt!

Die Lehrer, die Rekrutenschinder
Sie brechen schon das Kreuz der Kinder
Sie pressen unter allen Fahnen
Die idealen Untertanen:
Gehorsam – fleißig – geistig matt
– *die* hab ich satt!

Die Dichter mit der feuchten Hand
Dichten zugrund das Vaterland
Das Ungereimte reimen sie
Die Wahrheitssucher leimen sie
Dies Pack ist käuflich und aalglatt
– *die* hab ich satt!

Der legendäre Kleine Mann
Der immer litt und nie gewann
Der sich gewöhnt an jeden Dreck
Kriegt er nur seinen Schweinespeck
Und träumt im Bett vom Attentat
– *den* hab ich satt

Und überhaupt ist ja zum Schrein
Der ganze deutsche Skatverein
Dies dreigeteilte deutsche Land
Und was ich da an Glück auch fand
Das steht auf einem andern Blatt
 – ich hab es satt

Meiner Oma Meumes Stoßgebet: »Oh Gott, lass Du den Kommunismus siegen!«, empfanden die Parteibonzen als eine konterrevolutionäre Gotteslästerung gegen die Halbgötter im Politbüro. Und dass ich ihnen das erste Kapitel aus meinem »Wintermärchen« nun auch noch in der Tonkonserve servierte, empfanden sie als einen besonders niederträchtigen Anschlag. Mein Lied »Wie eingepfercht in Kerkermauern« über das Arbeiter- und Bauernparadies hinter Stacheldraht strapazierte ihre Geduld vollends. Nur das lebenslustige Liebespaar Eva und der Wolf auf dem Mont Klamott im Friedrichshain fanden sie verführerisch schön. Aber dieses Vergnügen behielten sie für sich.

Studenten im Westen kauften beim Verleger Klaus Wagenbach die Platte und waren begeistert. Meine Straßenkrach-Arrangements feierten die Fans als den geilen neuen Sound. Natürlich waren die SED-Genossen nicht begeistert von meinem Geschenk. Es zeigte ja auch, dass ihre Taktik, mich zu verbieten und totzuschweigen, nicht erfolgreich war. Ihr gesetztes Ziel: den Biermann auslöschen! Doch als im Dezember 1965 das Totalverbot exekutiert worden war, da war ich schon zu bekannt. Dialektik der Berühmtheit: Der Knebel im Mund des populären Sängers verwandelt sich in ein Mikrophon. Die Tonbandkopien meiner Aufnahmen mit verbotenen Liedern, die ich all die Jahre schon gemacht hatte, vermehrten sich in geometrischer Reihe: 2-4-8-16-32-64 … Beim analogen Kopieren eines Tonbandes verdoppelt sich jedes Mal das Grundrauschen der Aufnahme. Es kursierten im Osten kopierte Kopien von Kopien, bei denen das Rauschen so laut wurde, dass das Lied selbst nur noch mühsam zu erlauschen war. Nervig? Gewiss – aber eine brisante Information: Du, der du jetzt die Fenster zum Hof geschlossen hast und leise in deinem Zimmer dieses verbotene Lied hörst, bist nicht so einsam auf verlorenem Posten, wie du denkst. Tausende Menschen wie du kennen genau diese Töne und Worte auch! Das galt auch für die Handabschriften von Gedichten: Die Worte des verbotenen Dichters verbreiten sich hundertfach, wenn die gereimten Wahrheiten nicht fünf Mark kosten, sondern fünf Jahre VEB Knast.

Vier Jahre dauerte das Verbot nun schon. Ich sollte entfremdet werden von DDR-Schriftstellern wie Stephan Hermlin, Stefan Heym, Günter Kunert, Heiner Müller, Reiner Kunze, Volker Braun, Christa Wolf, Franz Fühmann oder Peter Huchel. Ich sollte als Dichter kleingeredet und als Mensch schlechtgeredet werden, ein leckeres Hundefutter für die Medienmeute im Westen. Mein Telefon ein Stasiohr. Meine Post, wie die aller Staatsfeinde, wurde automatisch in eine Warteschleife gelenkt zur jeweiligen MfS-Abteilung im Postamt. Manche Briefe kamen nie an. Meine Wohnung war vom Klo bis in die Küche verwanzt. Robert hatte sich einen hochempfindlichen Metalldetektor aus West-Berlin besorgen lassen. Damit gingen wir wie politische Kammerjäger auf Wanzenjagd und merkten schnell: Das war das Entrée in die Klapsmühle! Jeder rostige Nagel unter dem Putz in der Wand schrie: »Hier!« Also Hammer und Meißel her! Am Ende waren alle Wände von Wunden übersät. Dieser technische Wettlauf war von uns nicht zu gewinnen.

Ich merkte es aber auch so: Ich hörte das Kratzen und Klopfen und Bohren, wenn Handwerker des MfS unter meiner Wohnung arbeiteten. Im Jargon der »Firma«: »Durchführung operativ-technischer Maßnahmen«. Direkt unter mir lagen im ersten Stock die Büro- und Lagerräume des Berliner IFA-Verkaufsladens für Wartburg-Ersatzteile, der wiederum ganz unten im Parterre war. Man kennt sich, man hilft sich. Der Lehrling Stefan Seidel grinste: »Herr Biermann, die ham sich wieder den Schlüssel fürs Büro beim Chef ausjeliehn.« – »Ach, schon wieder?«, wunderte ich mich. Was war passiert? Mein Freund Horst Mölke, der Alleskönner, hatte sich eine Spezialmaschine besorgt. Damit hatte er in meinen zwei Zimmern den völlig verwüsteten Parkettfußboden abgezogen. Die honigbraune Fläche wurde mit einem Speziallack gestrichen, den meine Emma mir aus'm Westen rangeschleppt hatte, teurer Epoxidharz. Für die Stasi war diese kleine Renovierung eine echte Herausforderung – Emmas Westlack war durch die Ritzen in die Mikros der Abhörwanzen in den Scheuerleisten gelaufen.

Der neue Lackpanzer hatte noch einen Vorteil. Ich gewöhnte mir an, wenn ich für ein paar Tage wegfuhr, eine Handvoll feines Mehl in der Luft meiner Wohnung zu zerstreuen, so wie früher der Bauer beim Säen das Korn auf den Acker schmiss. Dann schloss ich die Tür ab. Das Mehl senkte sich auf den Fußboden als feine Puderschicht, die man nicht sah, jedenfalls nicht im Stehen. Wenn ich nach paar Tagen zurückkam in meine Wohnung, ging ich an der Tür erst mal auf alle viere. Aus dieser Perspektive ließen sich die Fußspuren der Stasi-Mitarbeiter in der hauchdünnen Pulverschicht erkennen. So konnte ich sehen, wo sie sich aufgehalten hatten.

In meinen Stasiakten finden sich zahlreiche Maßnahmepläne gegen mich. Als ich die zum ersten Mal sah, erkannte ich einiges, was ich erlebt hatte, wieder. Aber so schwarz auf weiß erschreckte mich vieles doch wie ein Alptraum ohne Träumerei: falsche ärztliche Behandlung ... Biermanns Aufnahmegeräte und Mikrophone so professionell außer Funktion setzen, dass der Fehler schwer zu finden ist ... Biermanns Pkw beschädigen! Im Sommer 1967 war ich mit meinem Sohn Manuel im Wartburg ungebremst auf einen Bahnübergang zugerast, als die weißroten Schranken sich grade senkten. Das passierte uns auf einer schnurgeraden Landstraße, zwischen Pasewalk und dem Dorf Jatznick in Mecklenburg. Wir haben den Anschlag knapp überlebt. Als ich merkte, dass mein Bremspedal keine Wirkung mehr zeigte und wir einfach weiterrutschten wie nix, brüllte ich so panisch, als wäre es mein letzter Schrei in einem Actionfilm. Mein kleiner Manuel war tief erschrocken. Ich brüllte weiter und lenkte dann, wie ein Slalom-Akrobat, zwischen zwei Chausseebäumen rechts raus. Zum Glück war da weder ein Straßengraben noch ein Wall. Auf der Kuhwiese einer LPG kamen wir wunderbar gerettet zum Stehn. In der Panik war mir nicht eingefallen, dass so ein Auto ja auch noch eine Handbremse hat. Mit der fuhr ich dann die letzten hundert Kilometer komisch langsam auf die Insel Usedom zu meinen Freunden.

Im Katalog der Maßnahmen findet sich auch die uralte Waffe des Rufmords aufgelistet. Also Biermann ist ein Heuchler, Dilettant, ein konzeptionsloser Spinner, ein chronischer Lügner, ein schäbiger Verleumder, ein Feigling, kurz gesagt: ein typischer Thersites – Stinktier im Trojanischen Krieg der Klassen. Es fanden sich hübsche und sogar schöne Frauen, die im Auftrag der Stasi mit mir sich hinlegten und mich ausspionieren sollten. Die hatten es damals – leider keine Lüge – leicht mit mir. Auch Kriminalisierung durch den Gebrauch von Rauschgift war eine Methode der Zersetzung. Das sollten Bohème-IMs aus West-Berlin erledigen, die mich in meiner Ost-Berliner Bude mit einem Gastgeschenk beglücken sollten: harten Drogen. Auch dieser Kelch ging an mir vorüber – meine Angst vor dem Zeug war noch größer als meine Neugier. Alkoholexzesse – keine Chance, denn ich werde seit je eher trunken, wenn ich nüchtern bleibe. Noch perverser: mit Minderjährigen ins Bett locken. Ich frage mich, welche Minderjährigen die Stasi da wohl in Gebrauch nehmen wollte.

Aber auch mit poetischen Waffen wurde gekämpft. Es sollten im Auftrag der »Firma« kritische Lieder und Gedichte im Biermann-Stil neu geschrieben und in der oppositionellen Szene in Umlauf gebracht werden. Es sollten typische Biermann-Texte sein, aber so hysterisch hassgeladen, dass die wohlmeinenden Biermann-Fans sagen: Jetzt isser leider durchgedreht … Meine Zersetzer hatten tausend Möglichkeiten, aber doch schlechte Karten. Mich totzuschweigen funktionierte genauso wenig wie mich zu isolieren. Ich wusste, eine Chance zu widerstehen hatte ich nur, wenn meine Wohnung kein Mauseloch wurde, sondern ein offenes Haus blieb.

In all den Jahren suchten mich wildfremde, oft schwärmerische Fans aus der West-Berliner Studentenbewegung heim, aber eben auch Schüler, Studenten, junge Arbeiter aus Dresden und Rostock und Jena. Wenn es klingelte, sah ich durch die raffinierte kleine Spiegelscheibe, die ich in meine Wohnungstür eingebaut hatte, die Gesichter der Besucher draußen im Treppenhauslicht, ohne dass sie mich sehen konnten. An ihren ersten Worten konnte ich erkennen, woher sie kamen. Westler redeten mich mit »Du« an, plump vertraulich. Ostler sagten »Sie«. Warum? Die APO-Linken, die Antiautoritären, die Antibürgerlichen in West-Berlin hatten sich gegen die etablierte, gutbürgerliche Gesellschaft das plebejisch-alternative Du erobert. Ein Erkennungszeichen, ein Signal: Ich bin fortschrittlich! Du auch? Im Machtapparat der DDR redeten sich die verachteten Parteigenossen alle mit Du an. Also sagten wir, die wir uns abgrenzen wollten, demonstrativ erst mal Sie zueinander.

Es kamen Westjournalisten, die mehr wollten als nur Karriere machen. Peter Laudan vom WDR, Manfred Spliedt aus Dänemark oder das ideale Pärchen für Bild und Wort vom *Stern*, Thomas

Höpker und Eva Windmöller. Groß- und Kleinschriftsteller wie Max Frisch, Johannes Schenk, Günter Grass, F. C. Delius, Heinrich Böll, Natascha Ungeheuer, Allen Ginsberg, Peter Weiss liefen die paar Minuten vom Bahnhof Friedrichstraße bis in meine Wohnung. Sie brachten mir die verbotenen Bücher über den Gulag, den Slánský-Prozess, den Ungarn-Aufstand, den Prager Frühling, auch Solschenizyns »Ein Tag im Leben des Iwan Denissowitsch«. Sogar ein kostbares Revox-Tonbandgerät und professionelle Dolby-Geräte für meine Tonaufnahmen erreichten mich durch solche verdeckten Hobby-Spediteure.

Manchmal kam ein Schweizer, mein einziger Franz Hohler aus Zürich, immer bewaffnet mit seinem schwer verdächtigen Cello. Dieser sanftmütige Witzbold verblüffte mich gleich mit der ulkigen Fangfrage im Interview für eine Schweizer Zeitung: »Herr Biermann, können Sie schwimmen?« Und Walter Mossmann, ein Barde aus der Burg-Waldeck-Bewegung. Er war von allen Liedermachern der alten Bundesrepublik der Einzige, der meinem Herzen gefiel, rein menschlich, unrein ästhetisch und schmutzpolitisch.

Nachdem Klaus Wagenbach, weil er die Biermann-Gedichte herausgebracht hatte, selbst nicht mehr in die DDR einreisen durfte, schickte er seine Frau Katja, dann seine taffe Lektorin Ingrid Krüger. Revoluzzer und Revolutionäre aus beiden Welten stapften die zwei Treppen hoch zu meiner Tür. Russen, Polen, Tschechen. Dutschke und sein exotischer Schatten Gaston Salvatore saßen bei mir in der Bude. Rudi kam rüber im klapprigen Haifischflossen-Mercedes. Meine Wohnung kam mir vor wie die Wartehalle für die Weltrevolution zwischen den Welten. Klaus Rainer Röhl, der dubiose Herausgeber des Hamburger Magazins *Konkret,* besuchte mich und band es mir natürlich nicht auf die Nase, dass sein Blatt von der SED finanziert wurde. Und auch seine Ex, die Journalistin Ulrike Meinhof, besuchte mich, kurz bevor sie zur Terroristin mutierte. Sie redete wie eine Schülerin des unglücklichen Ernst Niekisch. Als sie folgerichtig mit der RAF in den Untergrund ging und ihre dauergeparkten Kinder in einem Flüchtlingslager in Sizilien von Stefan Aust wiedergefunden wurden, kümmerte sich wer? Na, Wolf Biermanns Mutter Emma natürlich! Sie bemutterte die Zwillinge Bettina und Regine in Hamburg und erzählte mir von ihren Sorgen um die armen reichen Kinder in der Blankeneser Villa des Vaters Röhl.

Mich besuchte in Uniform! ein junger Soldat der Grenztruppen an der Berliner Mauer, der mir mein Lied »Soldat Soldat« auf Sächsisch vorsang und sich selbst Leipziger Allerlei zusammendichtete, Gerulf Pannach. Auch der beste Kohlenträger von Berlin-Mitte, der »Kohlen-Otto«. Die hübschen Kellnerinnen Gerdi und Bärbel, die blond und schwarz gefärbten Schwestern aus der Studentenkneipe »116« gegenüber, nach denen alle jungen Kerle jieperten, wenn sie ihre Erbsensuppe für sechzig Pfennige löffelten. Auch der ungebrochene Regisseur Frank Beyer hatte keine Angst, mich zu besuchen. Mein DDR-Herzensbruder Jurek Becker kam vorbei. Wir spielten am alten Carambolage-Billardtisch. Und wenn Jurek wieder gewonnen hatte, musste ich ihm sein Lied vorspielen: »Es senkt das deutsche Dunkel …«

Siegmar Faust – ein harter Schelmenroman für sich. Der Sonderling Ralf Winkler alias A.R. Penck – ein irrer Krimi für sich. Sein Lehrer Jürgen Böttcher, der beste Dokumentarfilmer der DDR – als Maler nannte er sich später Strawalde. Böttcher und seine Frau Dobsy blieben in den Jahren des Totalverbots neben Havemann meine allerengsten Freunde. Wenn Böttchers neidische Bewunderer im DEFA-Dokfilm-Studio ihm drohten, weil er mich nicht verleugnen wollte, verteidigte er sich mit einer entwaffnenden Volte: »Ihr habt in allem Recht, Genossen. Aber ich kann nichts machen, denn wir sind befreundet!« Die Malerin Nuria Quevedo, das katalanische Kind aus dem Bürgerkrieg gegen den Faschisten General Franco. Die Bildhauerin Sabina Grzimek. Die Dramaturgin Babu Honigmann. Der skurrile Zeichner Horst Hussel. Der ideenreiche Buchgestalter Lothar Reher. Peter Herrmann und Peter Graf aus Dresden, beide Maler wie meine tapferen Freunde auf der Insel Usedom, der schroffe Einzelgänger Otto Manigk und sein Sohn Oskar, ein bildender Galgenhumorist. Der minimalistische Purist Matthias Wegehaupt, die üppige Bilderschwelgerin Susanne Kandt-Horn und ihre rothaarige Tochter Ricarda, die ungezähmte Theologiestudentin, der gewiefte Maler-Häuptling Otto Niemeyer-Holstein.

Musiker und Musikanten wie die Jazz-Sächsin Uschi Brüning, wie der Allesbläser Ernst-Ludwig »Luten« Petrowsky, Nina Hagen, die sich schon zur Sängerin entwickelte, Jazzer wie der Trommler Günter »Baby« Sommer und der Pianist Uli Gumpert und der Bassist Hans Schätzke. Etliche halfen mir bei meinen Tonaufnahmen, aber ihre Namen durften dann auf dem Plattencover nicht zu lesen sein. Der genialste Schauspieler damals, Fred Düren, der verrückteste Mime, Rolf Ludwig, der kleine große Heinz »Schubi« Schubert, die nervige Brecht-Kebse Käthe Reichel, Martin Flörchinger, alles populäre Schauspieler vom BE und vom Deutschen Theater. Der Theologiestudent Ekke Maaß. Der Physiker Gerd Poppe, den ich Poppoff taufte. Meine Turmspringerfreunde und Olympiateilnehmer Dieter »Pofi« Pophal und seine Frau Heidi, genannt Nixe. Mein Freund Manfred Krug und seine Frau Ottilie sowieso. Auch der geniale Schüler des Argentiniers Atahualpa Yupanqui, Daniel Viglietti, der stärkste Cantautor aus Uruguay, besuchte mich. Eingeladen von den FDJ-Kastraten des Ost-Berliner Oktoberklubs, solidarisierte Viglietti sich auf einem der Propaganda-Konzerte öffentlich mit der Unperson Biermann. Es trafen sich in meiner Bude echte und falsche Freunde aus mancher Welt, die einander normalerweise nie begegnen. Und es ist die groteske Wahrheit: Ausgerechnet in den elf Jahren meines Totalverbots war ich der wohl am wenigsten isolierte Mensch in der DDR.

***

All diese sehr verschiedenen Freunde kannten natürlich auch Emma – sie war ihnen mindestens so interessant wie meine Gedichte und Lieder. Eine Arbeiterin wie aus dem marxistischen Bilderbuch, eine echte Widerstandskämpferin in der Hitlerzeit, eine lebenskluge Frau, die dem Philosophen Ernst Bloch in aller Bescheidenheit gelegentlich die Welt verklarte. Zusammen mit seiner einstigen Frau Karola besuchte der gute alte Renegat meine Mutter immer mal wieder in Hamburg und redete mit ihr auf Augenhöhe. Für mich war Emma aber auch im Sinne meines Handels mit Wortsalat und Musik wichtig, denn sie regelte den Stoffwechsel mit Verlagen und Plattenfirmen, die Lizenzrechte hatte ich ihr übertragen. Dadurch war sie für die Stasi eine eigenständige Feindperson – und zugleich Mitglied der DKP. Heikel!

Wenn Emma mich besuchen wollte, ergaben sich immer wieder Widrigkeiten. Bürger Ost-Berlins konnten eine befristete Aufenthaltsgenehmigung für familiäre Westbesucher erbetteln. Wenn die aber nicht rechtzeitig von mir beantragt oder nicht genehmigt worden war, reiste meine Mutter von Hamburg mit dem Zug schnell mal nach West-Berlin. Von dort aus blieb ihr nichts-walter-ulbricht, als mit einem Tages-Passierschein für Bürger der Bundesrepublik jeden Morgen in die Hauptstadt der Deutschen Demokratischen Republik neu einzureisen – und über Nacht wieder auf die hellere Seite der geteilten Stadt zurückzukehren. Sie passierte dazu den Tränenpalast – das war der gängige Spottname für die neue große Glaskiste am Grenzübergang Bahnhof Friedrichstraße. Beim Abschied weinten die zerrissenen Familien so trocken und die Königskinder des Kalten Krieges so tränenreich. Bei Liebespaaren war allermeistens, wie in dem schönen Lied von Udo Lindenberg »Wir wollen doch einfach nur zusammen sein«, der Kerl aus'm Westen, das Mädchen aus Ost-Berlin.

Meine liebe Alte war morgens immer die Erste, wenn der Vopo vom Dienst die DDR mit einem Sicherheitsschlüsselchen aufschloss. Sparsamkeit und Mutterliebe gemischt: Brav zahlte sie beim Grenzübertritt jeden Morgen die obligaten Westmark. Aber sie wollte das Eintrittsgeld, im Zwangsumtausch 1:1, dann auch voll ausnutzen! Und aus dem gleichen Geiz war Emma am Abend, wenn die DDR Punkt Mitternacht wieder zugeschlossen wurde, immer auch eine von den Allerletzten. Sie übernachtete meistens, das war schon ein billiges Gewohnheitsrecht, bei Freunden in West-Berlin, in der linksradikal-verlotterten WG des Berufsrebellen Rudi Dutschke und seiner amerikanischen Frau Gretchen. In die einstmalige Gesindekammer der großbürgerlichen Wohnung, zwischen Küche und Bad, passte grad ein schmales Gästebett. Das war meiner Mutter Platz genug. Den Dutschke schätzte Emma, aber sie machte sich auch unbeliebt. Ihre Gretchenfrage: »Gretchen, warum bringst du nicht mal all die vollen Müllsäcke vom Balkon runter in den Hinterhof? Die stinken schon!« Der Genosse Rudi verteidigte seine angeheiratete Theologin mit einem murxistischen Witzchen: »Genossin Emmi, meinst du den Vorwurf jetzt politisch oder sexuell? Wieso Gretchen? So viel Sozialismus muss sein, auch schon vor dem Sieg der Revolution! Nicht unsere Frauen müssen immer die Drecksarbeit machen!« Aber Emma blaffte ihn nur an: »Dann bring die Säcke endlich selber runter!«

Es muss Anfang der siebziger Jahre gewesen sein, meine alte

Emma war mal wieder für eine Woche in West-Berlin. Sie verließ morgens halb sechs die Dutschke-WG, um sich auf den Weg zu machen in die Chausseestraße 131. Diese tagtäglichen Achtzehn-Stunden-Besuche waren schön – was Wunder! –, will sagen ganz schön nervig. Welcher ausgewachsene Mann wird schon gern kurz nach sechs von seiner Mama aus'm Schlaf gerissen, egal ob Schlaf oder Beischlaf.

Am ersten Abend, als Emma wieder nach West-Berlin zurückwollte, wurde sie im MfS-Labyrinth unter dem Bahnhof Friedrichstraße in eine Zelle geführt. Sie musste sich vor den wachsamen Augen einer Frau in Volkspolizei-Uniform nackt ausziehn. Ich glaube, meine Mutter ahnte gar nicht, dass fast alle unteren Dienstgrade in diesem hochsensiblen Nadelöhr zwischen Ost- und Westwelt in Wirklichkeit Offiziere der Staatssicherheit im Einsatz waren. Die verkleidete Stasipolizistin gab der Siebzigjährigen den Befehl, sich zu bücken. Dann bohrte die Kontrolleuse der alten Genossin mit dem Zeigefinger im Arschloch rum. Anschließend suchte sie routiniert auch in allen Klamotten nach eingenähten Kassibern, nach geistiger Konterbande für den Klassenfeind. Fand aber nichts! Emma durfte sich wieder ankleiden und fuhr mit der U-Bahn in ihre Westidylle.

Diese After-Schikane musste Emma auch in den folgenden Tagen auf der Rückreise nach West-Berlin über sich ergehen lassen. Und natürlich erzählte sie mir jeden Morgen von der mitternächtlichen Sonderbehandlung. Dabei verkraftete sie die Gemeinheit offenbar mit Gelassenheit. Sie machte Witzchen über »diese Trottel« und gab ein bisschen an mit schlimmeren Schreckensgeschichten aus der Nazizeit. Emma war ja geübt. Gelegentlich hatte sie die Gestapo bei ähnlichen Leibesvisitationen überlisten können, wenn sie zum Sprecher in den Knast Fuhlsbüttel kam, zu meinem Vater. Mich aber machte diese Schikane gegen eine alte Kommunistin von Tag zu Tag hilfloser und wütender. Zudem war die Leibesvisitation absurd, denn meine Mutter erledigte solche Schmuggelgeschäfte in den siebziger Jahren schon längst nicht mehr. Die Grenze passierten ja missbrauchbare Freunde aus dem Westen genug!

Als Mielkes Gummifinger meine arme Mutter zum ersten Mal penetrierte, war's mir noch zum Lachen. Ihre Tortur am zweiten Abend fand ich nur noch ekelhaft, die dritte zum Fürchten, die vierte zum Kotzen. Das fünfte Mal hatten sie mich so weit, es war zum Verrücktwerden. Als Emmas letzter Tag in dieser irren Woche kam, war ich angefressen. Wutblind rief ich in Grünheide bei Robert an. Der Anruf war kalt kalkuliert, denn – doppelt hält besser – unsere Telefone wurden natürlich abgehört. Ich lieferte dem Freund Emmas Story mit allen peinlichen Details. Und dann sagte ich: »Robert! Heute Abend fährt meine Emma das letzte Mal wieder rüber nach West-Berlin. Robert! Ich sage dir …, wenn diese Stasischweine meiner Mutter heute noch ein ein-zi-ges Mal … den DDR-Gummifinger! … ins Arschloch stecken! … dann, Robert! … dann mache ich genau das! … worüber wir neulich gesprochen haben! – Du weißt schon!«

Natürlich hatten wir gar nichts abgesprochen. Doch mein Schlitzohr am anderen Ende der Leitung verstand den fake sofort und keuchte mit letzter Luft in den Hörer: »Oh, Wolf … oh nein! … Das ist ja … schrecklich! … Nein, Wolf, bitte …« Aber ich brüllte: »Oh doch, Robert … genau das mach ich!!!« Und nach diesem Kasperltheater fürs Politbüro knallte ich den Hörer auf.

Wir verbrachten Emmas letzten Tag vergnügt in Ost-Berlin. Und es dauerte wie immer bis Mitternacht. Ich trug ihr die Tasche, so liefen wir den vertrauten Weg die Friedrichstraße runter und rüber über die Weidendammer Brücke. Ich melodramatisch aufgeladen, meine alte Klassenkämpferin gelassen. Mir war klar, dass Emma mich nicht würde anrufen können, denn seit 1952 hatte die DDR alle Ost-West-Telefonleitungen gekappt. Also band ich ihr auf die Seele: »Emma! Wenn du kannst, schick mir bitte! sofort! ein Telegramm! Telegramme kommen an. Ich will wissen, ob die Stasi meinen Anruf bei Robert heute richtig kapiert hat. Und wenn nicht, Emma, dann … dann denk ich mir wirklich was aus … was Schlimmes!« Die Mutter lächelte müde, sie durchschaute ihr altes Kind. Was konnte ich schon Schlimmes gegen diese Allmächtigen machen! Mit welchem Stachel konnte ich rotangelaufene Pimpernelle schon diese Dickhäuter stechen! Die Glastür an der Stirnseite des Tränenpalastes trennte uns. Ich glotzte, die Nase an der Scheibe, der Alten nach. Sie verschwand im Kontroll-Labyrinth mit ihrer schweren Tasche. Dem Brecht hätte es vielleicht gefallen, in seinem guten Sinn: eine unwürdige Greisin.

Am nächsten Abend erreichte mich ein Telegramm aus Hamburg. Wie damals üblich, das Standard-Formular der Post aus holzigem Papier, die hellen Textstreifen grad so abgerissen und untereinandergeklebt, wie sie endlos aus der Telegramm-Maschine in Großbuchstaben herausgetackert kamen: »LIEBER WOLF +++ STRIPTEASE HEUTE AUSGEFALLEN +++ STOP +++ BIN WOHL ZU ALT +++ STOP +++ DEINE EMMA.«

Die großen Lügner – und was wird bleiben von denen?

Moskau 1971

Im Frühjahr 1970 hatte das DDR-Volk die Aufgabe, den hundertsten Geburtstag des Genossen Iljitsch Lenin zu feiern. Im Kreml wurde eine bombastische Haupt- und Staatsaktion mit Breschnews Staats-Harlekinen und Partei-Hofnarren aufgeführt. Die Inszenierung wurde komplett im DDR-Fernsehen übertragen. Die einbalsamierte Leiche im Mausoleum auf dem Roten Platz alive! Glockenspiel, Böller, vier Steinway-Flügel, fünf Harfen, Leningrader Ballett mit sterbenden sozialistischen Schwänen. Das Ganze eine monumentale Kleinbürgerei, garniert mit vervolkstümelten Accessoires aus jeder einzelnen Sowjetrepublik. Kirgisische Staatstenorknödler, dralle ukrainische Matrjoschkas mit geflochtenem Weizenhaar als Volkstanzgruppe. Die lettische Bildhauerin Vera Muchina anwesend im Werk ihrer Hände: dem Monument »Arbeiter und Kolchosbäuerin«. Am gleichen Abend in der Westglotze: Fußball.

Lenin Lenin Lenin Lenin. In jedem HO- oder Konsum-Schaufenster neben den Konservendosen ein Bild vom Genossen Lenin. Eine Flut von Lenin-Witzen kursierte in Ost-Berlin. Frage: Wie ist der Leninismus entstanden? Antwort: Seine Mama Marija Alexandrowna Uljanowa fragt ihn: »Musst du noch mal aufs Töpfchen?« Und Klein-Wladimir Iljitsch antwortet: »Nee, Lenin-nis-muss!« – Ein anderer Witz: »Stellste det Radio an, hörste Lenin! Stellste'n

Fernseher an, hörste Lenin. Man hat in diese Tage ja schon Angst, det Bügeleisn anzustelln!« – Und der kürzeste Lenin-Witz: »Lenin? Ick Lenin ab!«

Ich hatte mit Hilfe des Übersetzers Manfred Spliedt ein Buch mit meinen Liedern und Gedichten in Dänemark veröffentlichen können. Obwohl verboten, gehörte ich ja immer noch dem DDR-PEN an. Ich ging – schon aus Daffke – auch dieses Mal im April '70 zur Vollversammlung. Sie fand im aristokratisch-großbürgerlichen Ermelerhaus statt, das grade abgerissen und am Märkischen Ufer wieder aufgebaut worden war. Ganz besonders Hermann Kant, aber auch der plagiatorische Professor Heinz Kamnitzer und Bruno Apitz griffen den Wink von Ulbrichts Leibromancier Otto Gotsche auf und stürzten sich auf mich wegen einer Lenin-Sendung, die am Vorabend im Westfernsehn gelaufen war. Es war bedrohlich und komisch zugleich, denn ich wusste von nichts! Ich hatte diese Sendung offenbar als Einziger gar nicht gesehen. Mein Lied »Soldat Soldat« war darin gespielt worden. Irgendein Redakteur hatte anscheinend aus Anlass von Lenins Geburtstag eine Sendung zusammengeschnitten und das Lied, eine Aufnahme von meinem letzten Besuch im Westen 1965, verwendet.

An diesem schwachen Haken sollte der Scharfmacher Hermann Kant mich, den antileninistischen Hecht, hochziehn aus dem Karpfenteich des DDR-PEN. Kant setzte mit einem Antrag durch, dass das Präsidium des PEN beauftragt wird, die näheren Umstände, unter denen Biermann an dieser konterrevolutionären Hetz-Sendung beteiligt war, hochnotpeinlich zu untersuchen. Der gewitzte Bruno Apitz, Autor des Romans »Nackt unter Wölfen«, merkte theatralisch an, dass er nicht mehr mit mir an einem Tisch sitzen wolle, sollte sich bestätigen, dass ich mich antileninistisch geäußert habe. Ich sagte nur: »In meinem Soldat-Lied kommt kein Lenin vor!« Aber das half nichts. Die Inquisitionsgenossen hatten ihren Auftrag von ganz oben. Es ärgerte sie, dass sich meine Verbindungen in den Westen nicht total verhindern ließen. Schon paar Tage später kam wieder ein Journalist, diesmal Dieter E. Zimmer, und machte mit mir in meiner Wohnung ein Interview für die ARD-Sendung »Titel, Thesen, Temperamente«. Der Beitrag lief unter dem Titel: »Wolf Biermann – Deutschland in Liebe und Wut«.

Kurz darauf bestimmte das PEN-Präsidium drei Kollegen, die den Wolf als schwarzes Schaf nun also verhören sollten. Stephan Hermlin erhielt den Auftrag, mich anzurufen, um einen Termin für ein Treffen festzulegen. Aber ich dachte gar nicht daran, mich diesem Verhör auszusetzen. Ausgerechnet von den Kollegen im PEN-Club wollte ich mir nicht einen Maulkorb anlegen lassen. Ich lehnte das Ansinnen ab, bot aber Hermlin an, mit ihm ganz offen über alles zu reden. Ich schätzte ihn ja und wusste um seine heikle Lage. Aber ein Vieraugen-Gespräch lehnte Hermlin ab. Seine Begründung war plausibel: Dies sei keine Privatangelegenheit, sondern ein Auftrag des PEN-Präsidiums.

Der PEN saß nun in der Klemme mit mir. Da es ein Beschluss des Präsidiums war, konnten sie die Angelegenheit nicht einfach fallenlassen. Ein Schriftstück, in dem sie mich offiziell maßregelten, wollten sie mir nicht liefern. Sie hatten Angst, ich könnte es im Westen veröffentlichen, und das hätte dem internationalen Ansehen der DDR-PENner geschadet. Kants Versuch, mich aus dem PEN zu kanten, ging in die Hose. In meinem nächsten Interview, diesmal mit dem *Stern*, schilderte ich diesen schäbigen Versuch des PEN-Präsidiums. Damit war dann aber auch die Beziehung zum PEN endgültig ruiniert. Und leider auch zu Stephan Hermlin, der sich, nebbich, nicht gern als Inquisitor gebrandmarkt sah.

Unser Jahr 1971 begann mit einer Rekordleistung: Stromausfall in ganz Ost-Berlin. Eine fast schon symbolische Apokalypse. Irgendein Klassenfeind hatte die Hauptstadt der DDR ausgeknipst. Keine Straßenbeleuchtung, alle Wohnhäuser hatten schwarze Glasaugen. Die Theater spielten nicht. Die realsozialistische Dunkelheit war noch toller als die böse Metapher in dem Spottgedicht von Reiner Kunze: »Und es war schön finster«. Und ganz schön kalt, sechs Grad. Die Friedrichstraße gespenstisch dunkel, ab und zu die Scheinwerfer eines Autos. Es hatte für mich etwas von Verdunkelung im Bombenkrieg. Mich beschäftigten, auch ohne Radio und Fernsehen, der Arbeiteraufstand in Polen, der grade abgewürgt worden war, die Werftarbeiter in Stettin, die radikalen Arbeiterräte und Streikkomitees. Der neue Parteichef Gierek musste mit den Arbeitern der Lenin-Werft in Danzig verhandeln. Die Demonstranten sangen ein Lied: »… für Hunger, Blut und Tränen ist die Stunde der Rache gekommen.« Sie waren von Polizei und Militär blutig niedergeschlagen worden. Die Arbeiterklasse im Bruderland war aufgewacht. Und wir Ost-Berliner Schlafmützen lagen in bleierner Ruhe und absoluter Finsternis. Einzig unsere elend lange Berliner Mauer mit dem Todesstreifen war trotz alledem die ganze lange Nacht taghell erleuchtet.

Im Frühjahr 1971 wurde mein Theaterstück »Der Dra-Dra« in München uraufgeführt. Das Stück wurde mehr zerrissen als gelobt. Die Rechten fanden es linksradikal, die Linksradikalen revisionistisch. Das Tohuwabohu um mein Stück erweiterte das Angebot der Stühle, zwischen denen ich saß. Mein verehrter Freund Fritz Cremer klassifizierte mich in einem Interview mit einer skandinavischen Zeitung als einen »Anarchisten« und »Super-Revolutionär«. Das tat mir weh, war aber auch zum Lachen, denn er lieferte sein Selbstporträt.

Ich war befreundet mit Vera und Ilja Moser, sie lebten in der Schillingstraße nahe dem Alex. Zwei deutsche Judenkinder aus dem sowjetischen Exil. Beide arbeiteten als Übersetzer. Ihre Eltern waren, wie die meisten deutschen Kommunisten, die sich in der Nazizeit in die Sowjetunion geflüchtet hatten, dort zugrunde gerichtet worden. Neun von zehn deutschen Exilanten wurden von Stalin & Co ermordet. Durch Vera und Ilja hörte ich von einer außergewöhnlichen Frau, Mischka Slavutzkaja, geboren 1905, eine deutsche Jüdin aus Riga, Dolmetscherin für zwölf Sprachen in der Komintern, 1935 Sekretärin von Kominternchef Georgi Dimitroff. Als Kommunistin war sie schon früh nach Moskau gekommen. Auch Mischka wurde Opfer der Stalin'schen Säuberungen in der Zeit des Großen Terrors, als täglich bis zu tausend Menschen ermordet wurden. 1936 wurde sie vom KGB als Gestapoagentin »entlarvt« und in die gefürchteten Moskauer Untersuchungshaftanstalten Lubjanka und Butyrka verschleppt. Dort blieb sie drei Jahre eingekerkert. Die Anklage: trotzkistische Tätigkeit. Schließlich wurde sie zu acht Jahren Haft verurteilt und verbüßte diese in Lagern in Kasachstan und im UstwymLag. Bis 1946, also zwei Jahre länger als die eigentliche Strafe, »studierte« sie an der »Fernöstlichen Akademie für Gesellschaftswissenschaften« – das war der sarkastische Spottname in der Sowjetunion für die Stalin-Lager.

Die zarte, zähe Frau musste Bäume fällen und im Gleisbau arbeiten. Sie aß Gras und Baumrinde und kaute Schnee. Vera kannte sie, weil ihre Mutter mit ihr befreundet gewesen war.

Ein Jahr zuvor war es Katja, der neuen Frau von Robert Havemann – die damals noch Annedore Grafe hieß, ein Bauernmädchen aus dem Schweinestall einer LPG im Oderbruch -, gelungen, über das staatliche Reisebüro der DDR für eine Woche nach Moskau zu reisen. Sie besuchte Mischka Slavutzkaja. Sie überbrachte ihr von mir ein Konvolut Gedichte und brachte mir zum Dank Grüße und russischen Wortsalat zurück. Was Katja zu berichten hatte, faszinierte mich. Ich wollte unbedingt auch diese Mischka und ihren Mann Naum in der Profsojusnaja Uliza in Moskau besuchen. Aber wie? Katja sagte: »Du musst dich einfach in eine stinknormale Pauschal-Reisegruppe einschreiben. Das merken diese Bürokraten vielleicht gar nicht. Du machst da brav eine Touristen-Woche Moskau mit, Hotelzimmer und Reiseleiter und Besuch auf dem Roten Platz im Lenin-Mausoleum, Bootsfahrt auf der Moskwa, Besuch des Bolschoi-Theaters, Besichtigung der berühmten Metro, Allunionsausstellung, Pelzmütze einkaufen im Kaufhaus GUM, Visite in der Basilius-Kathedrale und mit großen Filzpantoffeln durch den Kreml schlurfen. Und am Abend, wenn die andern sich besaufen, besuchst du die Mischka und ihre Kameradin aus dem Lager, die berühmte Jewgenia Ginsburg.«

Zu unserem Erstaunen: Es klappte. Im Mai 1971 flog ich nach Moskau. Das Zimmer im Hotel teilte ich mir mit einem redseligen Sachsen. Ich besuchte brav mit meiner Reisegruppe alle Museen, wir aßen im »Peking« am Majakowskiplatz, einem Reisegruppen-Abfütterungsschuppen. Wir standen in der Sechs-Stunden-Schlange, für Touristen auf dreißig Minuten privilegiert verkürzt, vor dem Mausoleum am Roten Platz. Im Heiligtum aus dunkelrotem Granit für den Führer des Weltproletariats tappte ich in einer langen Reihe zusammen mit anderen Revolutionstouristen an Lenins einbalsamiertem, gehirnlosem Schädel vorbei. Ich starrte im Dämmerlicht en passant vom Fußende her auf seine Arbeiterfaust, verglich sie mit seiner anderen, geöffneten Hand – und war schon wieder draußen. Beide Hände waren Panoptikum-Kunst.

Aber jeden Abend, nach dem Pflichtprogramm, machte ich mich auf die Socken zu meinen neuen Freunden. Ich besuchte Mischka und Naum in ihrer Wohnung. Sechzig Rubel Rente im Monat. Ihr Bücherschrank europäisch. Ich lernte, wie in Moskau der legendäre Samisdat funktionierte, also die massenhafte Selbst-Herausgabe (sam-isdat) von verbotenen Büchern. Eine Frau wird angemietet, die zu Haus ihr Geld verdienen muss, vielleicht wegen der Kinder, vielleicht wegen Krankheit, vielleicht, weil sie keinen legalen Status hat. Ein dickes Buch abschreiben kostete circa hundert Rubel, man lässt paar Kopien machen, die stabil gebunden werden. Jeder Leser legt dann in die Seiten einen Rubel oder zwei und gibt das Buch weiter. Wenn eine Runde absolviert ist, kommt das Buch gespickt mit Geldscheinen zurück, so dass genug Geld angesammelt wurde für einen weiteren Kreislauf der Verbreitung. Auf diese Weise kamen sie in Riesenauflagen unters Volk.

Ich traf Jewgenia Ginsburg, deren Buch »Marschroute eines Lebens« ich schon verschlungen hatte. Ich traf ihren Sohn, Wassili Axjonow, dessen Roman »Apfelsinen aus Marokko« in der DDR gedruckt worden war. Er nahm mich mit, ich erlebte mit ihm die wohl komischste Dichterlesung meines Lebens, im Moskauer Dom Pisatjel, dem Haus des sowjetischen Schriftstellerverbandes. Ich besuchte auch den populären Barden Bulat Okudschawa und sang ihm meine deutsche Fassung seines berühmten Liedes »A kak perwaja ljubow« vor: »Ach die erste Liebe / Macht das Herz mächtig schwach / Und die zweite Liebe / Weint der ersten nur nach / Doch die dritte Liebe / schnell den Koffer gepackt / schnell den Mantel gesackt / und das Herz splitternackt …«

Ich traf den unerschrockenen Historiker Alexander »Sascha« Nekritsch, der in seinem Buch »Genickschuss« den Beginn des Krieges zwischen Deutschland und der Sowjetunion am 22. Juni 1941 analysiert hatte. So wurde deutlich, dass Stalin nicht nur ein banaler Massenmörder und antikommunistischer Konterrevolutionär war, sondern im Sinne der sowjetischen Staatsinteressen auch ein Hoch- und Landesverräter, ein Feigling dazu. Das Buch war 1965 in der Sowjetunion offiziell veröffentlicht, dann aber 1967 wieder aus dem Verkehr gezogen worden. Wacklige Zeiten, gewiss. Aber immerhin wackelte der Beton schon!

An einem dieser Moskauer Abende sang ich in der großen, dunklen Wohnung von Raissa und Lew Kopelew meine Lieder. Ich kannte den Germanisten nur als literarische Persona in Alexander

Solschenizyns Roman »Der erste Kreis der Hölle«, in dem er als das Sprachfetzen-Decodierungsgenie Lew Rubin dargestellt war. Es kamen zu meinem kleinen Konzert mindestens vierzig Gäste, auch die vielleicht beliebteste Dichterin ihrer Generation, Bella Achmadulina, das wunderbar weibliche Pendant zu ihrem Kerl, dem Sibirjaken Jewgeni Jewtuschenko. Diese Frau sah mir aus wie die kapriziöse Tochter eines zaristischen Generals, die mit den Bolschewiki 1916 in Sankt Petersburg kollaboriert und immer ein parfümiertes Bömbchen für ein Attentätchen auf Zar Nikolai II. im Schminktäschchen bei sich trägt.

Dostojewski! Puschkin! Tolstoi! Russische Intelligenzija im verschlissenen Dissidentensalon. Ich sang an diesem Abend einen ganzen Sack voll Lieder und sonnte mich in den leuchtenden Augen meiner Zuhörer. Lew verblüffte mich mit seinem Genie. Wenn ich meine Texte vortrug, hörte er sich das Ganze an, konnte es fast auswendig und übersetzte alles freihändig und niederschmetternd korrekt den Russen ins Russische. Er schleppte die Wortesäcke mit traumhafter Leichtigkeit. Als Axjonow witzelte: »Wolf, woher weißt du so genau, wie es bei uns ist?«, da lachten wir. Bei aller Verschiedenheit der Tradition und trotz des Grabens, den die Sprache bildet: Die Grundprobleme der Menschen in all den rotgetünchten Diktaturen des Ostblocks waren uns gleichermaßen vertraut. Wir waren eben politische Familie.

Jedoch diese fröhliche dissidentische Sternstunde verdüsterte sich unverhofft. Die elegante Bella Achmadulina explodierte plötzlich selbst wie eine parfümierte Bombe. Sie lieferte einen bühnenreifen Wutanfall. Die zarte Dame blitzte wie eine Rachegöttin der reinen Kunst. Es war herzerfrischend und verwirrend. Lew sprang auf, packte sie und zerrte sie in den Flur. Dort redete er auf sie ein, ich verstand kein Wort. Als sie endlich nach Luft schnappen und Toilette machen musste, verklarte mir Kopelew die Bedeutung ihrer Attacke: »Weißt du, lieber Wolf, so ist eben unsere Bella …« Sie, die ja kein Wort Deutsch verstehe, könne es nicht ertragen, dass dieser Barde da, dass dieser Deutsche die Sprache von Goethe und Schiller tagespolitisch beschmutze mit so vergänglichen Unworten wie Sozialismus, Konsum, HO, wie Partei, Volkspolizei, Kommunismus, wie Stasi und LPG und DDR, wie dasدreckswort Genossen.

Als Bella sich wieder hergerichtet hatte und im Sessel thronte, lieferte Lew der bunten Gesellschaft eine poetologische Exkursion. Er sprach nun jeden Satz simultan deutsch-russisch. Er erklärte Bella und den anderen, dass dies ja nun grade der Reiz, das Moderne an meinen Liedern sei! Die ewigen menschlichen Themen von Liebe und Hass, Verrat und Treue, Tapferkeit und Todesangst, all diese erhabenen Menschheitsprobleme würden in meinen Liedern eben immer auch am allerniedrigsten Material abgehandelt. Das sei die moderne deutsche Dichtung, der knallharte Brecht-Stil, hohe Sprache und vulgäre gemischt, die plebejische Tradition. »Der Wolf, liebe Bella, hat keine Scheu vor dem Schmutz der Vergänglichkeit. Wir haben so einen auch, denk an unseren Wyssozki.« Die Dichterin beruhigte sich immerhin so weit, dass sie mit finsterer Miene zuhörte. Aber sie glaubte dem guten Kopelew kein Wort.

Ich sang leicht verunsichert weiter. Nun wählte ich allerdings Lieder aus, in denen keine LPG und auch keine PGH der Fischer aus Brechts Buckow vorkamen. Na klar wollte ich grade diesem schönen Biest gefallen. Ich sang ein paar Liebeslieder, sang die »Kleine Ermutigung« und dazu die »Große Ermutigung« mit der Strophe: »Meine Liebe, meine Schöne / Du mit deinen warmen Armen / Hieltest du mich all die Nächte / Die nur kält're Kälten brachten / Ach, mein Herz ist krank / Von all der Politik und all dem Schlachten.« Und als ich dann auch noch mein populäres Lied »Ermutigung« sang: »Du, lass dich nicht verhärten / In dieser harten Zeit …«, da hatte ich den erhofften Erfolg. Bella Achmadulina sprang begeistert auf, sie revanchierte sich: »Und jetzt rezitiere ich zu Ehren unseres Gastes aus Berlin ›Die Bartholomäusnacht‹.«

Alle kannten offenbar das Gedicht, todernste Gesichter. Lew flüsterte mir ihre Wortkaskaden ins deutsche Ohr. Die Dichterin zelebrierte in einem dramatisch-pathetischen Tonfall ihr langes Gedicht über die Schrecken der »Bluthochzeit« von 1572 in Paris. Die Grausamkeiten, die wir aus dem Gemälde von François Dubois kennen, schildert Bella Achmadulina in monumentalen Nahaufnahmen. Tote über Tote über Tote im Wohnhaus einer Pariser Hugenottenfamilie. Der rote Protestantensaft fließt in Bächen über Betten, Teppiche und Salonmöbel. Ein triefendes Kolossalgemälde. Und als Apotheose: An der blutüberströmten Brust nuckelt ein

Baby, das im mörderischen Durcheinander dem Blutbad entging, die letzte Milch seiner niedergemetzelten Mutter. Jeder neue Vers dieses elend langen Gedichts komplettiert die Orgie des Massakers. Doch plötzlich wird die Monotonie der Gräuel durchbrochen, und es folgt, als letzte Strophe im Sinne einer unerwarteten Pointe, der lapidare Satz: »Dieses Gedicht schrieb eine, die im Jahre 1937 geboren ist.« Punkt, Schluss, Ende, aus. Sieh einer an, dachte ich, du also auch, verehrte Dame Bella. Du bist ja mindestens so brutal politisch wie ich, nur verkleidet im romantischen russischen Puschkin-Kostüm!

Das war in Moskau, am intellektuellen Rand des Zentrums der sowjetischen Weltmacht. Hier, so dachte ich damals, sehe ich endlich mit eigenen Augen, dass eine kommunistische Gesellschaft überhaupt nicht das als Voraussetzung braucht, was von den bürgerlichen Gesellschaften jeweils als Wohlstandsstandard kreiert wird. Bei der kapriziösen Bella, bei dem gütigen Lew, bei dem scharfsinnigen Sascha, bei dem rührseligen Bulat, bei der tapferen Mischka – bei all diesen Desillusionierten fühlte ich mich verstanden, bestätigt und geborgen. Dichter wie Juli Daniel, Rüpel wie der Barde Wyssozki waren mir näher als die ganze Gruppe 47 in Deutschland, als Wolfgang Neuss und Horst Mahler und Ulrike Meinhof, als Rudi Dutschke und seine 68er-Rebellen in West-Berlin, als die linksradikal-konvertierten Kids der Nazizeit auf beiden Seiten der Berliner Mauer. Diese Überlebenden der Stalin-Epoche waren genau wie ich gebrannte Kinder des Kommunismus. Sie wollten nicht mehr mit Marx und Lenin die Menschheit retten, sondern tapfer und treu nur noch Menschen.

Mir dämmerte: Das! sind eigentlich meine Leute, die Getäuschten, die tief Ent-täuschten. Radikal beraubt der kommunistischen Illusionen. Uns verband die Abwendung von allen ideologischen Heilsversprechungen, uns verband die leidenschaftliche Besinnung auf das verpönte und verhöhnte Ewigmenschliche. »Ach, mein Herz ist krank von all der Politik und all dem Schlachten« – diese sehr unbrechtische Refrainzeile meines Liedes traf die Grundhaltung dieser Dissidenten in Moskau. Aber ich brauchte noch ein paar lehrreiche Jahre, ein paar Menschen und ein paar Schicksalsschläge, bis ich wirklich begriff, was mir damals dämmerte auf dem guten Weg, ein treuer Verräter am Kommunismus zu werden, ein tapferer Renegat.

Als ich nach dieser Touristenreise zurück nach Ost-Berlin kam, zu Robert und Katja, zu all meinen lieben Freunden, hatte ich einiges neu begriffen und noch mehr zu erzählen. Seit der Lektion des Prager Frühlings 1968 wussten wir, dass unser Schicksal sich entscheiden würde im Land des Großen Bruders. Nur dort, im Machtzentrum der Diktatur. So jieperten wir nach jeder Schwalbe und nach jedem warmen Windhauch, der einen Moskauer Frühling ankündigen könnte.

Wir wunderten uns immer noch, dass sie mich hatten fahren lassen. Hatten sie es wirklich nicht bemerkt? Erst zwanzig Jahre später fand ich es durch meine Stasiakten heraus: Die Genossen von der Sicherheit hatten meine Moskaureise von Anfang an unter Kontrolle. Sie haben diese Reise nicht nur geduldet, sondern sogar befördert. Das MfS wollte den Genossen im Politbüro die »legale« Handhabe geben, mich für viele Jahre aus dem Verkehr zu ziehen, sobald die politische Kosten-Nutzen-Rechnung es opportun erscheinen ließ. Im Strafgesetzbuch der DDR stand der berüchtigte Gummiparagraph 106, Tatbestand: »staatsfeindliche Hetze«. Ein Wutausbruch gegen Ulbricht, ein Wort gegen den »antifaschistischen Schutzwall«, eine Kritik an der realsozialistischen Justiz reichte aus, um in den VEB Knast zu geraten. Aber das war mir neu: Den gleichen Straftatbestand der Hetze gab es auch im folgenden Paragraphen 108: »Staatsverbrechen, die gegen ein anderes sozialistisches Land gerichtet sind«, also gegen die sozialistischen Bruderländer und besonders gegen den Großen Bruder Sowjetunion. Ich wurde durch diese Reise ge-upgradet. Um auch Paragraph 108 gegen mich zur Anwendung bringen zu können, ließen die Genossen mich fahren, denn diese grenzüberschreitende Hetze, die sie wohl von mir erwarteten, verstärkte den zu zahlenden Freiheitspreis. Dabei ist klar: Nicht die Stasi herrschte und entschied. Sie war wirklich und ohne Falsch das, was sie offiziell sein sollte: Schwert und Schild der Partei. Wen aber das Schwert traf und wann und wie, das entschied ausschließlich die SED, manchmal der Kreissekretär oder Bezirkschef, zuweilen die Parteiführung oder der Generalsekretär persönlich.

Erich Honecker löste 1971 Walter Ulbricht als SED-Generalsekretär ab. Honecker war also von der vergänglichen Macht an die sehr vergängliche Allmacht gekommen. Seine Frau Margot hatte ich seit dem 11. Plenum 1965 nie wieder gesehen, noch auch suchte ich das Gespräch mit dem Hallenser Kommunistenkind. Es war alles gesagt. Wir waren einer des anderen Klassenfeind. Meiner Oma Meume tat das weh. Aber sie stand mir bei. Als die Alte mich ein allerletztes Mal in der DDR besuchte, kroch sie auf allen vieren die Treppen hoch. Ganz langsam und ohne Klagen. Sie hörte inzwischen sehr schlecht und redete deshalb etwas laut. Oma Meume tröstete mich in ihrem unverwüstlichen Sächsisch mit einem wunderbaren Satz: »Mei Junge, 's jibt schon widder Gommunistn erster, zweeter und tridder Glasse! Und mir sind nu tridder Glasse! Aber mir sind doch erster Glasse, mei Wolf!«

Oma Meume kam auch ihre Urenkel besuchen. Mein Sohn Manu war ihr der liebste, wohl auch, weil sie ihn am besten kannte. Und der kleine Jonas entzückte sie, weil er so herzerfrischend frech war. Ich sah, so oft es nur ging, meine beiden Brigitt-Söhne. Jeden Sommer fuhr ich mit ihnen auf die Insel Usedom zu meinen Freunden dort. Beiden brachte ich das Schwimmen bei, das Zanderschlachten und auch das Schachspiel. Als Jonas fünf war, setzte er schon seinen Bruder schachmatt. Manuel ertrug es gelassen, denn er hatte ganz andere Stärken. Mein Großer schrieb mit zwölf Jahren schon einen Roman über sein langes Leben als weltberühmter Dompteur einer gemischten Raubtiergruppe im Zirkus Sarrasani: Löwen, Tiger, Bären, Robben und Schweine und Hunde. Manuel spielte uns das ganze Stück »Der Frieden« von Aristophanes vor. Eine Show mit allen Rollen, er spielte alle Dialoge und Lieder, wie Benno Besson sie am Deutschen Theater in der Schumannstraße inszeniert hatte.

Ich schnitzte in zwei Sommern ein komplettes Schachspiel aus drei mal drei Zentimeter starken Weidenholzstäben, die mir ein Tischler in der versunkenen Stadt Lassan am Achterwasser zurechtgesägt hatte. Ich schnitzte die Figuren nur mit einer krummen Hippe, meinem scharfen Gärtnermesser. Und jeder Läufer, jedes Pferd, jeder Turm anders, jeder Bauer eine eigene Person, zu der ich den beiden Jungs wüste Lügengeschichten erzählte. Als ich grad die weiße Königin in der Hand hatte, war ihre Gegenkönigin schon fertig, nur noch nicht schwarz gebeizt. Jonas schaute zu. Ich sagte: »Wenn das ganze Spiel fertig ist, dann spielen wir damit, ja?« – »Ja!« – »Willst du dann lieber mit den Weißen spielen oder mit den Schwarzen?« Jonas sagte: »Weeß ick nich.« – »Na ja«, sagte ich, »die schwarze Königin ist schon fertig, du siehst es ja, sie ist böse und hässlich, aber sehr schlau! Und die weiße, der schnitze ich grade den schönen Hintern und den schönen Busen, kannst sehn? Die weiße Königin ist aber dumm. Mit welcher willst du dann gegen Manu und mich spielen?« – »Ick nehm die Schöne!« – »Wieso denn die dumme Schöne?«, fragte ich. »Na«, haute diese Berliner Rotzgöre raus, »schlau bin ick alleene!«

Wer sich nicht in Gefahr begibt, der kommt drin um!

Berichte aus dem sozialistischen Lager

Bis Ende 1965 hatte ich meine gelegentlichen Honorare als Liedermacher regelmäßig in der DDR versteuert. Aber seit dem Totalverbot verdiente ich in der DDR keine müde Mark mehr. Ende 1968 kam ein Schreiben. Für das Zentralreferat Steuern im Ost-Berliner Magistrat war ich bereits eine Karteileiche: »Ihr Steuerkonto ist per 31.12.1968 gelöscht worden, da Sie zur Zeit keine Einnahmen in der DDR erzielen.« Für die Staatssicherheit war ich umso lebendiger: Das MfS kontrollierte meinen Geld-Stoffwechsel genau, immer auf der Suche nach Möglichkeiten, die pekuniäre Waffe gegen den Biermann einzusetzen. Hat der Staatsfeind illegale Geldquellen im Osten? Unterstützen ihn etwa dubiose DDR-Schriftsteller und unehrliche Staatskünstler heimlich? Oder lässt er sich in West-Berliner Wechselstuben über Mittelsmänner Westgeld zum kriminellen Wechselkurs 1:5 in Ostgeld umtauschen? All diese Mutmaßungen provozierten die hochinteressante Frage: Wovon haste eigentlich gelebt, Biermann, all die Jahre bis zur Ausbürgerung 1976?

Grade die penetrante Gretchenfrage nach dem Geld eignet sich gut zum Zeichnen eines DDR-Sittenbildes. Woher kam genug Geld, wenn ich doch elf Jahre des Verbots keinen Pfennig verdienen konnte? Woher hatte ich die Kohle für die Kohlen, für die Miete, für Benzin, Telefon, für neue Gitarrensaiten, Alimente? Geld Geld

Geld und andere Herzensdinge! Das hab inzwischen auch ich gemerkt: In jeder Gesellschaft geht es seit eh und je darum, den Reichtum so ungerecht wie irgend möglich zu verteilen. Allerdings immer grad so maßvoll ungerecht, dass es keinen allzu großen Ärger gibt. Die Grenze dabei ist variabel, und genau das nennt man dann historisch. Im Westen regelte sich diese soziale Balance hauptsächlich übers Geld. In der DDR-Diktatur, im ganzen Ostblock waren aber die Privilegien die wahre Währung, um sämtliche Mittel zum Leben so ungerecht wie möglich zu verteilen. In unserer realsozialistischen Mangel-Ökonomie blühte ein hochkultivierter geldloser Austausch von Leistungen. Wir nannten es ironisch den »zweiten Kreislauf der Volkswirtschaft«. Konkret: Steinbeil getauscht gegen Bärenfell. Oder auch: irreguläre Leistung im Tausch gegen irreguläre Vorrechte. Im DDR-Volksmund: »Privat geht vor Katastrophe.«

Mein Freund, der Autoschlossermeister Horst Mölke, Berliner Schnauze mit politisch provokanter Heinrich-Zille-Zunge, betrieb seine private Reparaturwerkstatt in der Chausseestraße und hatte sich spezialisiert auf eine exklusive Mangelware: Er regenerierte ausgeleierte Kurbelwellen aus dem Zweitaktmotor des Wartburgs. Für fünf Kurbelwellen kriegte er nicht nur das Geld. Er bekam dazu noch eine Lieferung Bananen von der HO-Handelsfirma, denn die brauchte für ihre Barkas-B-1000-Kleinlaster diese kunstvoll geformten Herzstücke des Motors, die nun mit neuen Buntmetall-Lagern von Mölke wieder funktionstüchtig wurden. Mit fünf Kisten Bananen, nicht etwa geklaut, sondern korrekt bezahlt, fuhr mein Mölke dann im Lada mit kleinem Anhänger in die Provinz und konnte dort für seine Bananenernte über einen vertrauten Kollegen im VEB Barkas-Werke Karl-Marx-Stadt die passenden Buchsen für sich abzweigen, an die er sonst nie und nirgendwo rangekommen wäre. So wusch eine realsozialistische Hand die andre.

Ein Wochenend-Maurer wurde bezahlt mit einem japanischen Transistorradio. Der Nebenbei-Klempner wurde gelockt mit einem Kasten original Budweiser-Bier aus der ČSSR. Zement und Ziegelsteine, Dachpappe für die Datscha, eine neue Mischbatterie fürs Bad. Du brauchst dringend einen Führerschein? Oh pardon, in der DDR-Sprache korrekt antifaschistisch: eine Fahrerlaubnis? Da konnte unter der Hand ein Fahrlehrer der Volksarmee helfen, der als Unteroffizier in Strausberg nicht mit dem Sold auskam.

Kohlenträger Novak erwarb für Küchenkacheln aus Boitzenburg einen schnellen Termin in der Charité für seine Bruch-Operation.

Berühmt auch die »Bückware«. In meinem vertrauten Laden anner Ecke – man kannte sich – lief ich an den vollen oder leeren Regalen lang, griff mir dies und das, paar Eier, Graubrot, Milch, eingeschweißt im Plastikschlauch, Stück Butter, 'ne Mettwurst, 'ne Flasche Nordhäuser Doppelkorn. Aber manchmal plumpste plötzlich in meinen Einkaufskorb irgendwas Eingewickeltes. Die Verkäuferin grinste verschwörerisch, hob konspirativ den Zeigefinger und machte weiter. Wenn ich an der Kasse stand, bezahlte ich dieses eingewickelte Ichweißnichwas, und zwar ohne nervige Nachfragerei. Zu Haus in der Küche wickelte ich den Surplus-Profit aus: Delfter Blauschimmelkäse, seltener Import aus Holland! Ware, die nicht offen im Regal lag, sondern unter dem Kassentisch, also Bückware, für die sich die nette Verkäuferin extra bückte – aber natürlich nur für die richtigen Kunden. Auch ich war also ein Privilegierter!

Mein täglich Graubrot, drei Pfund, kostete nur sechzig Pfennige. In der subventionierten Volkswirtschaft war das Brot viel zu billig, entsprechend war die Freiheit viel zu teuer. Auch machte Eindruck, dass in der DDR die Wohnungen traumhaft billig waren. Mein erstes Zimmer in der Chausseestraße 131 war dreißig Quadratmeter groß, der »Salon« einer verrotteten, aber einstmals gutbürgerlichen Wohnung. Für das Zimmer zahlte ich 29,50 Mark Monatsmiete. Freilich gab's da für vier Parteien nur ein Klo, keine Badewanne und keine Dusche. Auch die Küche teilten sich vier verschiedene Mieter. Keine Katastrophe! Paar Jahre später haute mein Nachbar ab nach Westen, ein Tänzer an der Komischen Oper, und ich kriegte sein Zimmer zugesprochen, ein Hauptgewinn! Endlich Platz für einen altersschwachen Bösendorfer Flügel und einen gebrauchten Carambolage-Billardtisch, auf dem ich immer gewann, außer wenn mein Freund Jurek Becker kam. In diesen zwei Zimmern lebte ich bis Ende 1973, dann ergatterte ich mit Hilfe einer mir wohlgesonnenen Sachbearbeiterin der Kommunalen Wohnungsverwaltung sogar noch ein weiteres Zimmer der Wohnung. Ich zahlte nun insgesamt fünfundachtzig Mark.

Auch die Mieten waren in der DDR natürlich subventioniert. Für so wenig Geld kann man Wohnungen weder erhalten noch neu bauen. Doch wenn die Mieten angemessen hoch gewesen wären, dann hätten auch die Löhne entsprechend höher sein müssen. Im Klartext: Die niedrigen Mieten waren im Grunde nur die indirekte Form einer angemessenen Lohnzahlung. Ebenso idiotisch waren die Subventionen für Grundnahrungsmittel. Im staatlichen Supermarkt Konsum kauften Frauen die viel zu billigen Hühnereier für zwölf Pfennige das Stück – und verkauften die volle Kiepe dann sofort nebenan in der staatlichen Eier-Aufkaufstelle für vierundzwanzig Pfennige pro Ei. Die LPG-Bauern, also die enteigneten Landarbeiter, kauften im Dorf-Konsum in geplanten Übermengen angeliefertes Brot, das unter dem Preis verkauft wurde, den das benötigte Getreide gekostet hatte. Also fütterten die entbauerten Bauern mit Brot ihre zwei erlaubten Privatschweine fett, billiger als mit normalem Getreidefutter. Der Staat kaufte ihnen diese Schweine teuer ab und verwurstete sie für den Sieg des Sozialismus.

Auch die Preise für Strom, für Wasser, für Briketts – alles subventioniert. Das klingt für Menschen im Kapitalismus besonders verführerisch. Aber auch ich Ostmensch habe damals erst sehr spät durchschaut, dass diese Politik der Subventionen nicht nur eine propagandistische Schildbürgerei war. Die Subventionen bedeuteten darüber hinaus doppelte Ausbeutung, denn die höheren Kader des Machtapparates, also unsere Ausbeuter, bereicherten sich über diese Subventionen doppelt. Wieso? Weil die privilegierten Vielverdiener ja auch in den Genuss der künstlich niedrig gehaltenen Preise kamen. Das war die konkrete DDR-Version von Orwells »Animal Farm«: Alle Tiere sind gleich.

Trotzdem brauchte auch ich Geld. Geld mag manchmal stinken, aber die Frage nach dem Geld bestimmt nicht. 1966, im ersten Jahr meines Verbots, sang ich die »Bilanzballade im dreißigsten Jahr«: »Nun bin ich dreißig Jahre alt / Und ohne Lebensunterhalt / Und hab an Lehrgeld schwer gezahlt / Und Federn viel gelassen …« Lassen wir die ausgerupften Federn mal beiseite und reden weiter über die Geldfrage. In Europa funktionierte, auch in den Zeiten des Kalten Krieges, auf beiden Seiten des Eisernen Vorhangs das gutbürgerliche internationale Geflecht der Urheberrechtsgesellschaften. Das ist heute noch so. Im geteilten Deutschland hatte der Westen die GEMA. Der Osten hatte die AWA (Anstalt zur Wahrung der Aufführungsrechte). Deren ordentliches Mitglied war ich schon ein paar Jahre vor meinem Totalverbot geworden.

Jede nationale Gesellschaft sammelt für jedes ihrer Mitglieder sämtliche Tantiemen ein, ob Komponist oder Textautor. Mit einem aufwendigen Apparat werden im eigenen Land alle Konzertmanager kontrolliert, alle Theater, alle Platten- und Filmfirmen, alle Radio- und Fernsehsender. Diese Verweser der Royalties tauschen weltweit im Sinne kommunizierender Röhren ihre Einnahmen gegenseitig aus, von Land zu Land, wenn der Künstler, dem die Tantiemen zustehen, in einem anderen Land wohnt. Meine Lieder wurden – was Wunder! – seit dem Totalverbot 1965 ausschließlich vom westlichen Klassenfeind verbreitet. Meine Goldesel hießen WDR, NDR, Deutsche Grammophon, Wagenbach-Verlag und CBS. Also überwiesen die westdeutsche GEMA oder ihre westlichen Pendants regelmäßig an die ostdeutsche AWA die Tantiemen für den inzwischen staatlich anerkannten Staatsfeind Wolf Biermann.

In den Jahren des Verbots wuchsen meine Einnahmen kontinuierlich, denn für mich arbeitete – natürlich unfreiwillig – der ganze DDR-Propagandaapparat wie eine Public-Relations-Firma, und zwar kostenlos. Das Verbot hatte mich überhaupt erst, auch über die Grenzen Deutschlands hinaus, bekannt gemacht. Mit meiner Ballade »Das macht mich populär« hatte ich aus dem absurden Skandal des Verbots erst poetisch meinen Honig gesogen, aus der Verbreitung des Pasquills dann wiederum das goldene GEMA-Geld. Eine Art Perpetuum mobile künstlerischer Geldvermehrung. Aber die Gesetze der Thermodynamik gelten universal, umsonst ist nix! Auch ich musste zahlen. Ich zahlte in der teuersten Währung, in Seelengeld. Und das waren die gerupften Federn aus dem Lied »Bilanzballade«.

Die AWA in Ost-Berlin kassierte also vom Westen munter meine West-Valuta. In den West-Berliner Wechselstuben tauschte man damals DDR-Mark gegen BRD-Mark etwa 5:1. Die AWA zahlte mir die Summe meiner Tantiemen aber zu dem von der DDR festgelegten offiziellen Wechselkurs 1:1 in DDR-Mark aus. Nach Abzug von zwanzig Prozent AWA-Bearbeitungsgebühr kassierte ich dann für tausend Westmark genau achthundert Ostmark. Kein gutes Geschäft? Für meinen Staat immerhin.

Doch diese Geschäftsbeziehung war auch ein Vorteil für mich, ein kleiner und ein großer. Der kleinere: Einen Teil des Geldes musste die AWA, das war nun mal geltendes DDR-Recht, an ihre Mitglieder, wenn die es wünschten, in Form von Valutaschecks auszahlen. Zwar kein bares Geld, aber Schecks im Wert der harten Westwährung. Nach dem Mauerbau wurde in der DDR eine spezielle Handelskette eingerichtet: Intershop. Zweck dieser exklusiven Läden war es, möglichst viel Westgeld oder Dollars von Transitreisenden oder Besuchern abzuschöpfen. Mit meinen AWA-Schecks konnte auch ich dort einkaufen – Schweizer Schokolade, italienischen Campari, Lindt-Pralinen, amerikanischen Kaugummi, Jacobs-Kaffee aus Bremen, Nivea-Creme von Beiersdorf, Omo-Waschpulver und Luxus-Lavendelseife von Henkel, englische Lucky-Strike-Zigaretten und dänischen Schlabber-Schnickschnack. Für Jürgen Böttcher kaufte ich dicke Zigarren aus Kuba. Holländischen Tabak, Javaanse Jongens, fand ich für meinen Freund, den Kohlenträger Novak in der Invalidenstraße. Echte Jeans für meinen heimlichen Tonmeister vom BE und Nylonstrümpfe für seine Frau, für Heiner Müller zwei Flaschen schottischen Whisky und für meinen Freund Havemann immer gleich drei Kartons à sechs Flaschen französischen Cognac Hennessy. Und für diese und jene Flamme ein Flakon Chanel N°5. Der Geruch in diesen Intershop-Läden war ein stinkendes Parfum aus Westschweiß und Ost-Jieper. Rückgeld gab's natürlich nicht, also hatte ich eine sublime Qual: Ich musste so einen Dreihundert-D-Mark-Scheck, auch wenn ich eigentlich gar nichts mehr brauchte, auf den Kopf hauen.

Mir war diese ganze Idioten-Konstruktion willkommen, denn durch die AWA hatte ich eine korrekte, eine staatlich anerkannte Einnahmequelle. Und das war mehr wert als jedes Geld. Es gab in der DDR auf dem Papier der Verfassung nicht nur ein Recht auf Arbeit, sondern es terrorisierte viele Menschen zugleich eine gesetzliche Pflicht zur Arbeit nach dem Mehrzweckparagraphen 249 »Gefährdung der öffentlichen Ordnung durch asoziales Verhalten«. Ein Lehrling, der unentschuldigt morgens nicht erschienen war oder manchmal bummelte, konnte verhaftet werden. Ein junger Facharbeiter, der lieber auf alternativer Sparflamme sein Leben leben wollte und das womöglich auch noch als ein Menschenrecht einforderte, wurde durch einen willkürlich angeordneten Verwaltungsakt und ohne irgendeinen Gerichtsprozess aus dem Verkehr gezogen. Für solch einen Bürger war die DDR nur noch eine strenge Erziehungsanstalt. Halbe Kinder landeten mit fließender Haftzeit für zwei bis fünf Jahre im »Jugendwerkhof« oder im Knast. Und wohlgemerkt:

alles ohne Gerichtsurteil! Wer aber das Maul aufriss, für den galt auch kein Recht auf Arbeit mehr. Er flog sowieso aus dem Betrieb. Auch das Recht auf Bildung galt für diese Lehrlinge, Schüler, Studenten nicht mehr. So gerieten besonders viele junge DDR-Bürger in die Falle. Ohne Arbeit, ohne Lehre, Schule oder Uni galten sie als »asoziale Elemente« – gebrandmarktes Freiwild des Regimes.

Meine staatlich anerkannte Einnahmequelle schützte mich also vorm Status als »Assi«. Ich war, wie alle Mitglieder der AWA, verpflichtet, jedes einzelne Lied genauestens anzumelden, damit für genau diesen Titel eine Lizenz abgerechnet werden konnte. Diesem Verfahren liegt die Tatsache zugrunde, dass es oft nur ein einziges Lied, ein genialer Wurf wie »Happy Birthday to You« oder »White Christmas« ist, mit dem sich ein Komponist oder Texter eine goldene Nase verdient. Um korrekt abrechnen zu können, war die AWA in den elf Jahren meines totalen Verbots pingelig darauf erpicht, dass der Staatsfeind seine neuesten Hetz- und anderen Liebeslieder ordentlich anmeldete. So konnte ich kontrollieren: Für das kirchen-rebellische Lied »Ermutigung« kassierte die DDR in diesen finsteren Zeiten viel mehr harte Währung als für das leicht versaute Lied »Von mir und meiner Dicken in den Fichten«.

Ein entlarvendes Dilemma der Obrigkeit: Die DDR kassierte Valuta von West nach Ost für die Ware des wahren Biermann, und gleichzeitig versuchte die Stasi zu verhindern, dass meine neueste Ware von Ost nach West gelangte. Wer schmuggelte die Manuskripte und Tonbandaufnahmen durch die Mauer? Alles, was ich veröffentlichte im Westen, jedes Manuskript, jede Schallplatte, jedes Foto für ein Cover, jede Zeichnung wie etwa die von Ronald Paris zu meinem Buch »Die Drahtharfe«, jedes Interview und jede Note mussten irgendwie den Eisernen Vorhang überwinden. Und umgekehrt: Auch mich erreichten in Ost-Berlin meine im Westen verbreiteten Bücher und Schallplatten oder Artikel nur auf illegalen Wegen. Mein Freund Abel Teyang aus Kamerun, ein junger Chirurg in Ost-Berlin, schmuggelte mir mal einen kleinen Sony-Kassettenrecorder aus West-Berlin mit rüber in den Osten. Für diese arglose Freundschaftstat sollte er schwer bezahlen, allerdings erst nach meiner Ausbürgerung. Die Stasi verhaftete ihn und sperrte ihn lange ein. Schließlich wurde er in den Westen geschmissen, seine Frau und seine Kinder konnte er Jahre nicht wiedersehn.

Über meine Veröffentlichungen im Westen, meine Lieder und Gedichte, auch über Interviews ließ die Stasi durch Juristen und Professoren der Germanistik seitenlange Gutachten und Analysen anfertigen. Sie dienten der Einschätzung meiner strafrechtlichen Verantwortlichkeit. In einem Bericht der Hauptabteilung IX von 1972, der den Herrschenden vorgelegt wurde, heißt es: »Im Ergebnis der vorliegenden Veröffentlichungen ist einzuschätzen, daß BIERMANN mit dem Ziel der Schädigung der sozialistischen Staats- und Gesellschaftsordnung insbesondere die politischen Verhältnisse in der DDR und in der Sowjetunion durch die Herstellung entsprechender Schriften diskriminierte und dadurch, sowie durch deren Veröffentlichungen im Zusammenwirken mit westlichen Publikationsorganen, mehrfach den Tatbestand der staatsfeindlichen Hetze gemäß § 106 Abs. 1 Ziffer 1, Abs. 2 StGB erfüllte.«

Die DDR kassierte also für meine »Machwerke« das Westgeld vom Klassenfeind. Eingesperrt aber wurde ich selbst nicht, wohl aber jüngere Leute, die meine verbotenen Lieder durch Handabschriften oder Tonbandkopien in der DDR verbreiteten. Da dies nicht meine Schande war, sondern die meiner Obrigkeit, machte ich diese Doppelmoral im *Spiegel* öffentlich mit einem Dokument der AWA. Für die *Spiegel*-Leute war das Faksimile dieses Briefes vom 5. Dezember 1974 ein Leckerbissen:

> Betr.: »Aah-Ja«, »Das Hölderlin-Lied«, »Die Stasi-Ballade«, »In China hinter der Mauer«
>
> Sehr geehrter Herr Biermann,
> von der westdeutschen Urhebergesellschaft werden uns für o. g. Werke Anteile gutgeschrieben. Da uns hierfür bisher keine Werkanmeldungen vorliegen, bitten wir um Anmeldung auf beiliegenden Formularen. Sollten Sie als Urheber der betr. Werke nicht in Frage kommen, wären wir Ihnen für jeden zweckdienlichen Hinweis, der zur Ermittlung des tatsächlichen Autoren führt, dankbar.
>
> Mit freundlichen Grüßen
> Pfannschmidt, Komm. Hauptreferent

Drei von diesen vier Liedern waren nach DDR-Normalpreisen mindestens zehn Jahre Bautzen wert. Sogar das Hölderlin-Lied konnte als ein Fall von »staatsfeindlicher Hetze« gelten. So, wie der antifaschistische Schutzwall nicht Mauer genannt werden durfte, so war allein schon der Gebrauch des Spottnamens Stasi ein Straftatbestand. Aber was sollte der kleine Genosse Hauptreferent Pfannschmidt machen! Der genaue Titel des Biermann-Liedes musste im offiziellen DDR-Brief an den sehr geehrten Staatsfeind Biermann korrekt getippt werden, sonst hätte die AWA die Westkohle von der GEMA nicht kassieren dürfen.

***

Meine Freunde »Pofi« Pophal und seine Frau Heidi, genannt Nixe, waren Hochleistungssportler. Pofi war, zur Freude seiner Frau, mehrfacher DDR-Meister im Kunstspringen vom Dreimeter-Brett und zur Genugtuung der Staatsführung sogar Vize-Europameister. Aber zum Kummer der Partei eroberte er bei den Olympischen Spielen 1964 in Tokio nicht die Goldmedaille, sondern belegte gegen den Todfeind USA »nur« den vierten Platz.

Ich suchte ein Schwimmbad, für mal so. Unser kleines altes Stadtbad Gartenstraße war viel zu selten geöffnet für Normalbesucher. Deshalb nahmen Nixe und Pofi mich mit zum Training der Kunstspringer in ihre Betriebssportgemeinschaft (BSG) der Berliner Transportbetriebe. Seit einem Jahr besuchte ich, winters zweimal die Woche, die riesige Dynamo-Schwimmhalle Weißensee. Sommers trainierten wir im Schwimmstadion Friedrichshain. Der Dreieinhalb-Auerbachsalto und ein Fliegender Eineinhalb-Delfinsalto wurden da unermüdlich geübt, und alles auf Kosten der volkseigenen Verkehrsbetriebe, also der Straßenbahn, der U-Bahn, der Linienbusse und der Weißen Flotte auf der Spree. Natürlich war ich im Vergleich zu den Leistungssportlern ein nasser Sack. Aber die Geselligkeit machte Spaß, und Anfänger machen leicht schnelle Fortschritte. Den Könnern war es ein Vergnügen, mir was beizubringen, und natürlich hatte es für die Athleten den Kitzel: Der Staatsfeind Biermann geht bei uns baden …

Im Januar 1972 fand der jährliche Wettkampf Alte Meister statt. Pofi erklärte mir den Sinn. Aktive DDR-Leistungssportler von gestern, die Schwimmer und die Kunstspringer, messen locker ihre Kräfte, aus Freude am Sport und, das versteht sich, eigentlich nur für den Sieg des Sozialismus und für den Weltfrieden. Ich sollte mitmachen, denn es ging um gar nichts, genauer, es ging darum, genügend Mitglieder der BSG zusammenzutrommeln, damit der Sozialfonds des Trägerbetriebes für Sport nicht im nächsten Jahr gekürzt wird. Jeder Teilnehmer musste drei Sprünge anmelden. Ich natürlich einfache Sprünge mit bescheidenem Schwierigkeitsgrad. Mein bester Sprung hatte den fischigen Namen »Eineinhalb-Salto rückwärts gehechtet«. Sein vergleichsweise niedriger Wert wurde dann multipliziert mit der jeweiligen Note des Kampfgerichts für die Ausführung.

Da saßen also in der größten Schwimmhalle der DDR, die dem Stasi-Club Dynamo gehörte und von Häftlingen gekachelt worden war, die Kampfrichter am Beckenrand. Der Name des Springers wurde aufgerufen und der Sprung beim Namen genannt. Nach dem Sprung zeigte jeder Kampfrichter eine Zahl von Null bis Zehn. Auch ich absolvierte in drei Durchgängen meine drei angemeldeten Sprünge.

Die Stimmung in der Schwimmhalle war heiter und gelassen, denn es ging ja um nichts. Die Zuschauerränge waren voll bis unters Dach mit den gutgelaunten Freunden und chronisch begeisterten Verwandten der Alten Meister. Dann kam die Siegerehrung. Die Gewinner wurden über die Lautsprecheranlage ausgerufen, erst die Schwimmwettbewerbe, dann die Turmspringer vom Zehnmeter-Turm, zuletzt die Brettspringer vom Dreimeter-Brett. Und plötzlich donnerte die Stimme des Sprechers durch die Riesenhalle: »Sieger in der Klasse Herren B: WOLF!!! BIERMANN!!! MIT 87,3 PUNKTEN!« Ich traute meinen Ohren nicht. Aber gleich noch mal schallerte es: »Ich wiederhole, Sieger in der Klasse Herren B: WOLF!!! BIERMANN!!!« Mein geächteter Name tönte über die Lautsprecheranlage durch die große Halle, als hieße ich Meier, Müller oder Honecker. Ich zog den Bauch ein, ging zur Siegerehrung und nahm meine kleine Urkunde und die vergoldete Plastikmedaille entgegen. Rein sportlich lachhaft! Und politisch eine irre Nummer, diese Szene in der monumentalen Badewanne der Staatssicherheit. Ich wandte mich zu Pophal: »Pofi, wie kann das sein? Ihr seid doch alle viel besser gesprungen als ich!« – »Na klar«, grinste Pofi, »haste nich jehört? Herren Gruppe B, das sind die über Fünfunddreißigjährigen. Und da warst du heute ja der Einzige!«

***

Für Joan Baez hatte ich 1966 eine »Preußische Romanze« geschrieben – einen Cante jondo für das Gefängnis in Bautzen. In der letzten Strophe sang ich mit flamenco-angehauchtem Eisler-Ton: »Gitarre / wenn meine Brüder / wenn diese Brüder / mich gefangen haben werden / komm du! Dann komme du / Schwester, in meine Zelle.« Die Gitarre ist meine ewige Geliebte. 1964 war ich in ein Städtchen im südlichsten Zipfel der DDR gefahren und hatte mir beim Gitarrenbauer Martin Jacob für vierhundert Mark meine erste Weißgerber-Gitarre gekauft. Sie stammte aus dem Nachlass seines weltberühmten Vaters Richard Jacob. Dieser Meister hatte sich Weißgerber-Jacob genannt, weil zu viele Instrumentenbauer in Markneukirchen mit Nachnamen Jacob heißen – oder Meinel oder Hoyer. Der Weißgerber-Sohn Martin redete wortlos wie ein Stein. Ich nannte ihn Jacob Apfelböck nach Brechts Moritat »Apfelböck oder Die Lilie auf dem Felde«. Ein Fremder in der Welt! Aber mir wohlgesonnen. Im Laufe der Jahre verkaufte er mir noch drei kostbare Gitarren seines Vaters.

In Markneukirchen werden nicht nur Streichinstrumente gebaut, sondern auch Blechblasinstrumente. Deshalb fuhr ich auch mal mit meinem Freund Manfred Krug dorthin. Der Antiquitäten-Maniac suchte nach einem Handwerker, der ihm dünnwandige Schalltrichter für seine kostbare Sammlung von alten Edison-Phonographen nachbauen konnte, denn die meisten originalen Trichter waren längst auf irgendeinem Dachboden verrostet und verrottet.

Ich freundete mich auch mit einem unberühmten Gitarrenbauer an, Max Hoyer. Er war arm, ein Geselle ohne Meisterbrief, und ein Eigenbrötler. Ein Leben lang hatte er als Selbstständiger in seiner Werkstatt vor sich hin geschuftet und die Instrumente beim Großhändler für einen Hungerlohn verkauft. Er war das plebejische Gegenstück zu den angesehenen Meistern, zu denen auch mein Freund, der Gitarrenbauer Meinel A., gehörte. Für mich entpuppte sich der alte Hoyer als Familie, denn er war ein alter Kommunist, der als einer der wenigen Markneukirchener im März 1933 gegen Hitler gestimmt hatte.

Seitdem ich verboten war, hatte ich schön viel Zeit. Ich wohnte etliche Wochen bei Max Hoyer und seiner verhutzelten Frau im Häuschen auf dem Oberen Berg über der Stadt. Hoyer und ich wurden politisch ein Herz und privat eine Seele. Von diesem Mann wollte ich ablernen, wie man eine Gitarre baut – nur so, um besser würdigen zu können, was diese Könner können. Er lächelte über mich und stimmte zu. In seiner warmen Küche hingen an den kleinen Fenstern Vogelbauer mit geblendeten, blinden Sängern. Dort stand im Winter auch seine kleine Instrumentenbauer-Werkbank, an der ich mir eine Gitarre baute. Ich hatte den romantischen Ehrgeiz, absolut jeden Handgriff selbst zu machen. Zum Glück war Hoyer geduldig. Er machte mir jeden Handgriff an seinem Instrument vor, das er parallel für seine Zwecke baute. Er hatte mir aus seinen Vorräten die Hölzer rausgesucht. Nicht aus Geiz, sondern aus Vernunft gab er mir nur minderwertiges Material, weil er ja wusste, dass sein verrückter junger Freund aus Berlin das Ding sowieso nicht zu Ende bringt. Dann aber ärgerte er sich wunderbar. Meine Gitarre war nämlich gelungen, so gut immerhin, dass er im Nachhinein mir lieber etwas wertvolleres Holz für Boden und Zargen und Decken spendiert hätte.

Wer weiß das schon: Das Instrumentenbauer-Städtchen an der Grenze zu Böhmen schmückte sich schon 1932 als Hochburg der NSDAP im Deutschen Reich mit 69 Prozent Stimmanteil. Hoyer war ein Einzelgänger, er sprach wenig mit den Leuten im Ort und auch mit der Frau nur das Nötigste. Mir aber vertraute er eine irre Geschichte an, und die, sagte er, kennt kein Mensch. Nach dem Krieg war er in Markneukirchen Volkspolizist geworden. Und weil nur echte Nazis vor ihm Angst haben mussten, zitterte das halbe Kaff vor ihm. Als 1950 die Volkspolizei mit den sowjetischen Freunden den Jahrestag der Großen Sozialistischen Oktoberrevolution feierte, hatte ihm ein sympathischer russischer Offizier im Suff die Wahrheit ins Ohr geflüstert: »Genosse, die ganze Sowjetunion ist ein einziges Konzentrationslager. Und Stalin ist ein Massenmörder.«

Im Dezember 1950 stand Stalins 72. Geburtstag an. Alle Volkspolizisten sollten dem Führer des Weltproletariats eine persönliche Glückwunschkarte schreiben. Hoyers Vorgesetzter, ein entnazifizierter Offizier der Wehrmacht, wollte vom Genossen Hoyer die obligate Karte einsammeln. Aber der alte Kommunist weigerte sich. Sein Vorgesetzter sagte: »Genosse Hoyer, du musst Stalin schreiben! Genosse Josef Wissarionowitsch Stalin wird denken: Warum schreibt der Genosse Max Hoyer aus der DDR mir nicht?« Und als Hoyer zum dritten Mal nur knurrte: »Ich habe meine Gründe«, durfte er kein Vopo mehr sein und wurde wieder, was er war: Instrumentenbauer. Als er mir diese Geschichte erzählt hatte, kroch er halb in einen tiefen Schrank rein, löste eine Holzblende und zog ein schweres Bündel raus. Er faltete den öligen Lappen auf. Darin lag ein schwerer Armeerevolver, Kaliber neun Millimeter. »Wenn sie mich irgendwann mal hier abholen wollen«, sagte er, »dann schieß ich. Und der letzte Schuss ist für mich!«

In Markneukirchen freundete ich mich auch an mit dem alten Hans Zölch, dem besten vogtländischen Gambenbauer. Er baute für mich eine mittelalterliche Drehleier. Mit diesem bäuerlich-groben Bordunsaiten-Dinosaurier begleitete ich mein Hetzlied gegen die Berliner Mauer: »In China hinter der Mauer«. Von Zölch in der Wernitzgrüner Straße hörte ich, dass sich in seiner Nachbarschaft, also an der Ausfallstraße nach Osten, 1968 etliche ältere Bürger erhängt hatten, bevorzugt im Dachboden ihrer Häuser. Die Panzer der NVA waren in den Tagen vor dem Einmarsch in Richtung tschechische Grenze gerattert, um den Prager Frühling plattzumachen. Heute wissen wir es genauer: Sie stoppten wenige Meter vor der Grenze. Sie gruben sich dort ein und wurden getarnt mit Grünzeug. Als der Einmarsch in der Nacht zum 21. August begann, kam aus Moskau der Befehl, dass die NVA als Reserve in Stellung bleiben, aber noch nicht die Grenze überschreiten solle. Nur die etwa zweitausend Panzer der sowjetischen Besatzungsarmee in der DDR durchbrachen die Grenze.

Viele alte Leute in Markneukirchen waren panisch gelähmt von der Erinnerung. Sie dachten, als ihre windschiefen Häuschen im Rhythmus der Stahlkolosse zitterten: Nun geht wieder ein großer Krieg los, so wie beim Einmarsch der Wehrmacht in die Tschechoslowakei im März 1939. Und während Zölch mir solche schrecklichen Schnurren erzählte, schmauchte er seine billigen Zigarren und baute mir an einem einzigen Tag, nur so aus Spaß an der Freude und aus Freundschaft, eine winzige Gitarre. Dieses Gitarrchen ist so klein wie eine viersaitige Ukulele, hat aber sechs Saiten. Ideal zum Rumfummeln und Ausprobieren neuer Griffe. Zölch baute mir diese Quartgitarre im Handumdrehn aus einem Rest Kirschbaumholz. Und statt einer Mechanik zum Stimmen der Saiten setzte er das ein, was er sowieso da liegen hatte: Geigenknebel.

In der Werkstatt dieses Gambenbauers traf ich in jenem Sommer '72 einen Freund des Meisters, Claus Voigt, ein Lehrling für Gitarrenbau, Spross einer seit 1690 verbürgten uralten Instrumentenbauerfamilie aus Böhmen, Flüchtlinge vor der katholischen Gegenreformation. Aber was nützt solch ein Stammbaum in der neunten Generation? Der junge Mann fühlte sich in Markneukirchen verloren wie ein Fremdling in der eigenen Heimat. Unsere Begegnung ermutigte ihn. Er war wach und neugierig und offen. Ich schenkte ihm meine neue Langspielplatte. Tausend Jahre später, als seine Haare schon grau wurden, trafen wir uns wieder. Er lebte inzwischen in Wasserburg am Inn. Dort baute er mir in seiner Meisterwerkstatt meine liebste Gitarre. Auf dem Boden des Korpus der eingeklebte Zettel: Claus C. Voigt, Luthier. Auf diesem Modell »Caprice« spiele ich seither alle Konzerte und CD-Aufnahmen. Es ist eine Gitarre, wie sie sein soll, sie spielt fast von selber. Und den Laien macht das Instrument Eindruck, weil es statt des gewöhnlichen Schallloches zwei kleinere Schalllöcher hat, die als launiges Pärchen nebeneinanderliegen wie die Augen im Gesicht einer Schönen.

***

Robert Havemann hatte sich Anfang 1972 in meiner Wohnung verabredet zu einem Interview mit einem Journalisten, ein Jan Mosander von der Stockholmer Boulevardzeitung *Expressen*. Wer weiß, was mich ritt. Der Schwede gefiel mir nicht. Ich hielt also den Mund und machte nur den Service – Kaffee und Tee, Saft und Wasser. Und kämmte derweil in der Küche andere Esel. Das Interview erschien paar Tage später am anderen Ende der Welt in Schweden. Die deutsche Rückübersetzung des Textes erzeugte einen Sturm im westdeutschen Pressewald. Als ich den Wortsalat las, fand ich besonders einen Satz gar nicht gut. Das Interview wurde der Grund zum tiefsten Zerwürfnis zwischen Robert und mir in all den Jahren, zur Freude unserer Feinde. Es ging dabei nur um ein böses Wort. Robert hatte mal wieder den Mangel an Demokratie in der Deutschen Demokratischen Republik kritisiert, aber in Rage die DDR mit dem Hitlerstaat gleichgesetzt. Das war für mich eine Selbstbesoffenheit, die ich für gefährlich hielt. Und nebenbei die Hauptsache: Es war falsch und für mich zudem eine moralische Todsünde.

Ich rief Robert an und drängte ihn, diese Unwahrheit schleunigst zu korrigieren. Aber mein Freund hatte die Ruhe weg. Er, mein väterliches Bruderherz, weigerte sich. Mein lupenreiner Antifaschist aus der Todeszelle im Naziknast Brandenburg gab mir den Rat, nicht die Nerven zu verlieren. Alles, was er bisher von diesem Interview gehört habe, sei zwar in manchen Punkten ungeschickt übersetzt, finde aber inhaltlich seine volle Billigung. Wir stritten am Telefon wie Verrückte in zwei Gummizellen einer Irrenanstalt. Beide wussten wir, dass unser Gespräch abgehört wird, und trotzdem quasselten wir in diesen finsteren Zeiten, als wäre es ein Gespräch über Bäume. In meiner Aufregung drohte ich ihm: »Wenn du das nicht korrigierst, diese Gleichsetzung der DDR-Diktatur mit der Nazidiktatur, dann werde ich meinen Komplizen Robert öffentlich verteidigen gegen den Dampfplauderer Havemann. Komm! Bitte sofort! Ich hab grade einen Vogel hier, dem ich deinen Zettel in den Schnabel stecken könnte.«

Doch Robert verlor seine gute Laune nicht. Wahrscheinlich waren ihm die vierzig Kilometer Autofahrt zu mir in die Chausseestraße noch lästiger als der Gedanke an so eine Widerruferei. Wütend, wie ich war, setzte ich mich hin und hämmerte in meine Erika-Schreibmaschine ein Statement, mit dem ich versuchte, Robert aus einem Feuer zu reißen, an dem er sich wärmte. Meine Emma schmuggelte den Wortsalat nach West-Berlin und übergab ihn am nächsten Tag der Presse in Hamburg.

Robert kam schließlich doch tags darauf zu mir. Von meiner Erklärung, die schon im Westen war, sagte ich ihm kein Wort. Er erklärte mir mal wieder die Welt: »Ich hab doch nicht gleichgesetzt, sondern nur verglichen!« Er lachte: »Was ich in Wirklichkeit denke, ist noch viel schlimmer.« Diese Volte kannte ich schon von ihm aus Situationen, wo sie mir besser gefiel. Wir redeten uns in die Sprachlosigkeit. »Wir bleiben keine Freunde, Robert, wenn du die Gleichsetzung von Nazizeit und DDR nicht zurücknimmst!«

Robert fand mich penetrant und hysterisch. Er hielt einen Vortrag darüber, dass in der Weltpresse jeden Tag alles Mögliche von allen möglichen Leuten über alle möglichen Leute veröffentlicht wird. Er belehrte mich darüber, dass nichts älter sei als eine Zeitung von gestern. Schon deshalb sei es eitel, irgendwas richtigstellen zu wollen. Ich beharrte. Robert bockte. Dann lenkte er jovial ein, ohne seine Meinung zu ändern. Er sagte: »Mensch Wolf, jetzt lass uns erst mal das schwedische Original lesen, und dann können wir ja zusammen was dazu schreiben.« Er fuhr mit Katja wieder raus nach Grünheide. Inzwischen war meine Erklärung in der Öffentlichkeit. Robert hörte sie im RIAS. Er beschimpfte mich dafür, dass ich ihm den Text nicht vorher gezeigt hatte. Und er bedankte sich ansonsten für genau diesen Text. Ach, die Freundschaften unter uns blessierten Kommunisten waren nicht immer einfach im Streit gegen die blasierten Kommunisten des Machtapparates! Manès Sperber schrieb mal einen Satz, den ich damals noch gar nicht kannte: »Auch wer gegen den Strom schwimmt, schwimmt im Strome.«

***

In der Sowjetunion waren die Strafen für vorlaute Landeskinder, die des Kaisers neue Kleider nicht erkennen können oder partout nicht sehen wollen, noch höher als in der DDR. Ich war seit 1965 »nur« verboten. In Moskau aber wurden genau in dieser Zeit zwei Schriftsteller meiner Provenienz zu Arbeitslager mit verschärftem Arrest verurteilt: Andrej Sinjawski zu sieben, Juli Daniel zu fünf Jahren. Die beiden hatten im Samisdat unter den Pseudonymen Abram Terz und Nikolai Arschak satirische Texte in Umlauf gebracht. Erwischt wurden sie mit Hilfe eines importierten IBM-Computers. Mit der avancierten Technik des amerikanischen Klassenfeindes konnte der KGB durch linguistische Textanalysen die beiden sowjetischen Landeskinder aus etwa fünfhundert Kandidaten der Moskauer Literatenszene identifizieren, eine schuldlos digitale Denunziation. Der eine, Juli Daniel, verbüßte seine Strafe in einem Lager der Sowjetrepublik mit dem sinnigen Namen Mordwinien. Bleistift und Papier waren ihm dort verboten, also schrieb er erschütternde Gedichte, aber alle nur im Kopf. Gedächtnis-Gedichte.

Eine liberale Neuerung der Chruschtschow-Zeit war, dass am Rande der Straflager eine Besucherbaracke bereitgestellt wurde. In so einem Stacheldraht-Hotel konnte, wenn die Sondergenehmigung erteilt war, ein Verwandter, der einen Häftling ein paar Mal sehen durfte, übernachten – wegen der riesigen Entfernungen in der Sowjetunion manchmal sogar eine ganze Woche. Juli Daniels Sohn Aleksandr, »Sascha«, war siebzehn Jahre alt und nutzte die sechs Tage. Er lernte die neuen Gedichte seines Vaters auswendig. Er schmuggelte sie im Kopf nach Moskau und schrieb die Texte nieder. Eine Kopie landete als Kassiber im Westen beim Verlag Hoffmann und Campe in Hamburg. Der Verleger war der Meinung, dass unbedingt Wolf Biermann diese Lagerpoesie ins Deutsche dichten muss. Und so wurde eine Kopie der Kopie zurück durch den Eisernen Vorhang zu mir nach Ost-Berlin geschleust. Ilja Moser, mein jüdisch-russischer Freund, war ein sanftmütiges, nein ein sanftes und mutiges Sprachgenie. Er lieferte mir eine wortwörtliche Rohübersetzung mit allen Konnotationen als Grundlage für meine Nachdichtung.

Ich dachte mir einen doppeldeutigen Titel für mein Daniel-Buch aus: »Berichte aus dem sozialistischen Lager«. Und dessen war ich mir sicher: Wenn ich diese russischen Gedichte auf Deutsch in Hamburg veröffentliche, dann war das in den Augen des Politbüros noch schlimmer als die Veröffentlichung meiner DDR-Poesie. Solche Gulag-Gedichte waren ein Angriff auf den Großen Bruder! Das hatte eine andere strafrechtliche Brisanz. Die Obergenossen würden womöglich die Nerven verlieren. Mir war klar, dass ich bei dieser Veröffentlichung mit meiner Verhaftung rechnen musste. Und aus diesem Grund wollte ich im Herbst '72 zugleich auch noch zwei eigene Bücher veröffentlichen. Wagenbach hatte natürlich Recht, es war verkaufstechnisch eine Schildbürgerei. Man wirft nicht drei Titel gleichzeitig auf den Buchmarkt und macht sich selber Konkurrenz. Aber ich musste nach meiner östlichen, rabenschwarzen Ökonomie des Zweckpessimismus rechnen. Sollte ich im VEB Knast Bautzen verfaulen, dann war es besser, dass ich wenigstens zuvor noch all meine Munition verballert hatte in diesem ungleichen Krieg. Ich veröffentlichte also neben den Daniel-Gedichten zugleich mein Poem »Deutschland. Ein Wintermärchen«, dessen erstes Kapitel ich schon sieben Jahre vorher geschrieben hatte, und ein weiteres Buch unter dem Titel »Für meine Genossen«. Und damit im Getümmel gleich klar wurde, worum es sich dabei handelte, stand dick im Untertitel mit vorauseilender Frechheit: »Hetzlieder, Gedichte, Balladen«.

Ich hatte mal wieder Glück. Als die Bücher erschienen, ging der Kelch an mir vorüber. Keine Verhaftung. Kein Knast. Nur der Maulkorb drückte mir härter aufs Maul beim Singen und Reden und Küssen und Essen. Die Texte im »Wintermärchen« und im Band »Für meine Genossen« gingen nicht nur, wie es im Spottlied heißt, »ein bisschen zu weit«, sondern viel zu weit zu weit. Und genau das provozierte im Westen bei manchen Lesern ein gefährliches Missverständnis. Die naiveren Linken dachten: Wenn einer im Osten dermaßen radikal die Herrschenden kritisiert und trotzdem nur einen Maulkorb trägt, aber nicht hinter Gittern sitzt, dann ist es mit der Unterdrückung der Meinungsfreiheit in der DDR doch nur halb so schlimm! Dann kann es gar nicht mehr so total totalitär sein, wie im ost-westlichen Propagandakrieg behauptet wird! Dabei wusste in der DDR auch der letzte Träumer, dass nur ein einziges handgeschriebenes Flugblatt mit einer Binsenwahrheit Knast kosten konnte, und eine abweichende Meinung den Arbeitsplatz. Ausgerechnet mein prekäres Beispiel wirkte im Westen fast wie ein Beweis dafür, dass die neue Ostpolitik von Willy Brandt und seinem Machiavelli Egon Bahr unter dem Motto »Wandel durch Annäherung« keine links-alternaive Kapitulation vor der Diktatur im Osten war.

Wer sich nicht in Gefahr begibt

An Bitternis mein Soll hab ich geschluckt
Und ausgeschrien an Trauer was da war
Genug gezittert und zusammgezuckt
Das Kleid zerrissen und gerauft das Haar
Ach du, ach das ist dumm:
Wer sich nicht in Gefahr begibt,
– der kommt drin um!

Mein Freund, wir wolln nicht länger nur
Wie magenkranke Götter keuchen ohne Lust
Von Pferdekur zu Pferdekur
Mit ewig aufgerissener Heldenbrust

Du, wir gehören doch nicht zu denen
Und lassen uns an uns für dumm verkaufen
Es sind ja nicht des Volkes Tränen
In denen seine Herrn ersaufen

Wir wolln den Streit und haben Streit
Und gute Feinde, viele
Von vorn, von hinten, und zur Seit
Genossen und Gespiele

Es ist schön finster und schön licht
Gut leben und gut sterben
Wir lassen uns die Laune nicht
Und auch kein Leid verderben
Ach du, ach das ist dumm:
Wer sich nicht in Gefahr begibt,
– der kommt drin um!

Wie nah sind uns manche Tote, doch wie tot sind uns manche, die leben

Weltjugendfestspiele. Oma Meume. Realsozialistische Liebe.

Der Kulturredakteur des WDR, mein Freund Peter Laudan, hatte mir den Text und das Tonband des Liedes »Hasta siempre, Comandante« von Carlos Puebla aus Kuba in die Chausseestraße geschmuggelt. Ich fingerte mir die lateinamerikanischen Harmonien in die Gitarre und reimte mir eine sehr freie Übersetzung zusammen, die viel mit der DDR zu tun hatte und wenig mit Kuba: »Comandante Che Guevara« – »Und bist kein Bonze geworden …« Dass der revolutionsromantische Schwärmer Che ganz nebenbei ein Schwadroneur und Mörder war, kam mir damals nicht in den Sinn.

Ende Juli 1973 sollten in Ost-Berlin die X. Weltjugendfestspiele stattfinden. Millionen Besucher aus der DDR wurden erwartet, aber auch 25 000 Besucher aus hundertvierzig anderen Nationen der Welt. Neun Veranstaltungstage waren angesetzt, alle, auch die gefährlichen Musikdrogen auf fünfundneunzig Bühnen plötzlich erlaubt: Beat- und Rockmusik! Und als ideologisches Gegengift die rotlackierten Propagandagesänge der DDR-Singebewegung. Über der Haupttribüne auf dem Marx-Engels-Platz hing ein riesiges Spruchband mit den Worten: »Die Jugend der DDR grüßt die Jugend der Welt«. Auch Westdeutschland stellte eine Delegation von achthundert Teilnehmern, Auserlesene aus den verschiedenen linksorientierten Jugend- und Studentenorganisationen bis hin zu den Jusos und dem DGB. Das Walter-Ulbricht-Stadion, Ort meiner revolutionstouristischen Reise 1950 als Junger Pionier aus Hamburg, war kurzerhand von Ulbrichts Nachfolger Honecker umbenannt worden in »Stadion der Weltjugend«.

Ich nahm mein DDR-deutsches Che-Guevara-Lied auf Tonband auf und schickte es dem Minister für Kultur, Hans-Joachim Hoffmann. Und ich schickte es zugleich an die Liedkommission des Organisationskomitees der Weltjugendfestspiele. In meinem Begleitbrief stand, dass ich mich mit diesem Lied an den Weltfestspielen beteiligen möchte. Ich schlug vor, es selbst zu singen, womöglich dazu aus meinem Repertoire einige andere geeignete Lieder. Aber ich bot auch an, dass statt meiner jemand anderes dieses Lied singen könnte. Natürlich wollte ich bei dieser günstigen Gelegenheit nach acht Jahren Totalverbot den Maulkorb abreißen.

Stefan Heym war nach dem Verbot 1965 längst wieder raus aus der verschärften Quarantäne. Er bot sich als Vermittler an und wollte sich bei einem Treffen mit Hoffmann für mich einsetzen. Das Gespräch verlief enttäuschend. Der Kulturverwalter erklärte Heym, dass »nicht die DDR mit Biermann Krieg habe«, sondern vielmehr »Biermann mit der DDR Streit sucht«. Biermann sei derjenige, der die Repräsentanten der DDR seit Jahren beleidige und in den Schmutz ziehe. Daher sei »nicht Biermann der Gefangene der DDR«, sondern er sei »sein eigener Gefangener in seinem eigenen Gefängnis«. Es liege also nur an Biermann selbst, wie er in der DDR lebe. Auch Heym kriegte bei der Gelegenheit noch eine Lektion verpasst. Es könne nicht die Aufgabe von Schriftstellern sein, beim Aufbau des Sozialismus von einer Abseitsposition her diejenigen nur zu kritisieren, die täglich am Sozialismus arbeiteten. Die Schriftsteller sollten sich gefälligst aktiv und schöpferisch einsetzen, um an der Gestaltung der sozialistischen Gesellschaft mitzuwirken.

Unmittelbar nach diesem Gespräch zitierte Erich Honecker höchstpersönlich Heym ins ZK. Dass er sich einen Tag vor Eröffnung der Weltfestspiele die Zeit nahm, so dringend und kurzfristig Heym um ein Gespräch über allgemeine Fragen der Kulturpolitik zu bitten, begriff dieser als panische Prophylaxe. Heym sollte verhindern, dass Biermann zu den Weltfestspielen irgendeinen spektakulären Ballon steigen lässt. Der Parteifürst gab sich liberal und einsichtig. »Reden wir nicht mehr über den Bitterfelder Weg«, sagte er jovial. Und des Obergenossen Botschaft an Heyms Freund Biermann: »Wir sind gerne bereit, mit ihm wieder zu sprechen.«

Die peinliche Wahrheit: Es gab leider gar keinen Ballon, den ich hätte steigen lassen können. Aber es konnte sich ja noch was ergeben! Ich hatte einige Verabredungen für die Zeit der X. Weltfestspiele getroffen. Ein schwedisches TV-Team sollte mich besuchen, die Zeitung *Le Monde* aus Paris wollte mit mir ein Interview machen. Und mein Freund Dutschke wollte rüberkommen und für mich eine Art Auftritt im Rahmen der westdeutschen Juso-Delegation durchsetzen. Doch als Dutschke an der Grenze stand, ließ die DDR ihn nicht einreisen.

Die Herrschenden hatten Angst vor Explosionen beim geistigen Stoffwechsel. Aus diesem Grund waren Tausende hauptamtliche Mitarbeiter der Stasi an allen Diskussionspunkten in Berlin-Mitte im Kampfeinsatz. Die jüngeren als FDJler kostümiert, die älteren als »unsere Menschen«. Auch Studenten der Humboldt-Universität in organisierten Einsatzgruppen. Sie sollten die Lufthoheit in jeder Streitdiskussion auf der Straße absichern, sie sollten die Positionen der DDR in jeder Maulschlacht verteidigen mit schlagenden Argumenten oder, wenn es sein muss, mit Schlägen. Die zivilen MfS-Genossen waren angewiesen, gefährliche Flugblätter einzukassieren und »negative Personen«, die störten, unauffällig aus dem Verkehr zu ziehen und möglichst ohne Aufsehen zu verhaften. Bloß keine Prügelszenen für die Fernsehkameras des Klassenfeinds liefern! Keine Bilder à la Benno Ohnesorg im Blut, keine Polizeiknüppel, keine Dutschkes im Strahl der Wasserwerfer.

Auch wenn wir damals noch nicht die genauen Fakten und Zahlen kannten, spürten wir die Anspannung. Die Nationale Volksarmee hatte ihre Eliteeinheit, das Mot-Schützenregiment 1, ein Pionierbataillon und eine Hubschrauberstaffel in erhöhte Alarmbereitschaft versetzt. Über zweitausend DDR-Bürger waren »vorsorglich« verhaftet worden, gegen fast dreitausend wurden bereits im Vorfeld staatliche Kontrollmaßnahmen wirksam. Gegen rund zweieinhalbtausend Personen wurden Maßnahmen eingeleitet wie die Überwachung der Wohnung oder die Verkürzung der Meldepflicht. Achthundert Bürger mussten Ost-Berlin verlassen,

477 wurden in die Psychiatrie eingewiesen. Über fünfhundert Personen wurden mit Urlaubssperre belegt, mit fast zwanzigtausend führte das MfS Gespräche, um sie von einer Reise zu den Weltfestspielen abzuhalten. So abgesichert, kam es »nur« zu vierundzwanzig Verhaftungen von Festivalbesuchern. Der Kontroll- und Sicherungsapparat lief auf Hochtouren und funktionierte bestens. Die X. Weltjugendfestspiele waren eine staatlich verordnete Jugendfröhlichkeit, bewaffnet bis an die Zähne.

Den Rudi Dutschke fürchteten die Parteibonzen, denn er war ein Naturtalent für improvisierte Provokationen. Die Medienmeute lauerte gierig, Rudis Einreiseverbot wurde immer mehr zum Skandal. Nach drei Tagen des Protestes direkt am Grenzübergang wurde Dutschke plötzlich doch abends um 22 Uhr reingelassen. Er kam sofort zu mir, und wir zogen mit ein paar Freunden los, die Friedrichstraße runter mitten ins Getümmel. Unter den Linden sangen wir aus vielleicht zehn Kehlen, mit wachsender Textsicherheit und aggressivem Vergnügen, mein neues Che-Guevara-Lied. Auf dem Marx-Engels-Platz am Rande des Lustgartens hörten wir in eine Diskussionsgruppe rein. Ein Arbeiter empörte sich in stockenden Sätzen darüber, dass »Arbeiter so wenig verdienen im Vergleich zu den Funktionären«. Ich drängelte mich dichter. Ich sah seine zerschundenen schweren Hände und wusste Bescheid. Ein verfetteter Endvierziger im blauen FDJ-Hemd schüttete den Mann mit eingetrimmten Phrasen zu. Wer mehr Verantwortung hat, müsse auch mehr verdienen!

Nun mischte sich Rudi ein. Er tippte dem drallen FDJler ans Hemd und palaverte mit seinem manieriert-slawischen Akzent im Soziologen-Jargon auf ihn ein. Rudis Argumente klangen wie Kabarett, wie eine Persiflage auf den Funktionärston: »Genosse! Hier stehn doch zwei Fragen in dialektischer Verflechtung: Was ist der Grundwiderspruch im Kapitalismus? Und was ist der Grundwiderspruch im Sozialismus?« Daraufhin hackten die FDJ-Komparsen von allen Seiten auf ihn ein und redeten ihn stumm. »Du bist also Rudi Dutschke. Was tust du konkret drüben überhaupt im Sinne unserer Festivallosung? Sie heißt doch: Für Frieden, Freundschaft und antiimperialistische Solidarität!« – »Ok, Genossen, ok, reden wir auch über mich, obwohl meine Person unwichtig ist. Wichtig ist die Sache, Genossen, ok?« antwortete Rudi.

»Du bist nicht mein Genosse, sonst wärst du ja bei uns in der DKP!«, knallte ihm ein junges, dickbrilliges Mädchen vor'n Latz. »Ok, ich bin Kommunist!« Das Mädchen keifte: »Kommunisten sind keine Schwätzer und keine Schöngeister. Echte Kommunisten organisieren sich in der Kommunistischen Partei! Bist du gegen die Partei?« – »Nein«, sagte Rudi, »aber als Marxist kann ich doch verschiedene Positionen im Klassenkampf beziehen.« – »Du beziehst ja seit Jahren keine Position im Klassenkampf, weil du eben kein Marxist bist!« – »Ok«, sagte Rudi, »in den letzten Jahren hatte ich mit meiner Sprache zu tun, aus Gründen, die ihr ja kennt. Die Schüsse auf dem Ku'damm in meinen Kopf war'n ja kein Kinderspiel.« – »Gut, das wird von uns allen anerkannt, das war eine Sauerei, das mit dem Nazi-Attentat. Aber was hast du vorher getan?«, fragte das westdeutsche KP-Mädchen. »Na, immerhin haben wir die Proteste gegen den Vietnamkrieg initiiert. Wir haben die Studentenbewegung begonnen, als von der Kommunistischen Partei nichts zu hören war!« – »Wir waren verboten!«, schnarrte die DKPlerin. »Ok, aber ohne uns wäret ihr nie aus der Illegalität rausgekommen«, sagte Rudi. Und plötzlich drehte er sich zu mir um und sagte: »Aber wisst ihr überhaupt, wer hier vor euch steht? Das ist der Genosse Wolf Biermann! Wolf hat für die Weltfestspiele ein Che-Guevara-Lied geschrieben und darf es bis heute nicht öffentlich singen!« – »Das wissen wir selber, dass das Biermann ist. Das ist der Kriegshetzer, der vietnamesische Soldaten mit den Amis gleichsetzt, das ist nicht unser Genosse! Und du bist auch kein Genosse!«

Wir kamen nicht weiter. Etwa sechs von zehn Umstehenden waren dienstlich dort, alles Kader im Einsatz. Sie redeten ohne Ohren – genauso ohrenlos wie Rudi, dachte ich, das passt. Rudi war mein vertrauter Freund, ein herzensgütiger Mensch, aber er redete im murxistischen Jargon der DDR. Und der Arbeiter? Der echte Prolet, der zu Anfang die einzige vernünftige Frage in die Runde geworfen hatte? Der stand längst nicht mehr neben mir im Quasselpulk. Hatte der sich getrollt? War er weggezerrt worden und dann unauffällig verhaftet? Alles war zerredet. Ich hab vergessen, wie dieser Abend ausging. Wahrscheinlich hab ich den Genossen ohne Parteibuch dann im Tränenpalast abgeliefert, so wie sonst meine alte Emma, die ein Parteibuch hatte und die niemals redete wie ein Funktionär.

Tagelang quollen die Menschenmassen durch die Hauptstadt. Die DDR präsentierte sich als weltoffenes Land hinter Stacheldraht. Bunt, frei, menschenfreundlich. Die panafrikanische Aphrodite Miriam Makeba lieferte auf dem Alex ein Konzert. Da schien die Sonne Afrikas über Preußen auch im Regen. Und dazu schien die FDJ-Sonne, wie es in der Becher-Hymne heißt, »schön wie nie«. Manfred Krug, unser DDR-Sinatra, durfte seine jazzigen Schlager singen und amerikanische Hits. Die Jazz Optimisten mit ihrem Trompeter Meinhard Lüning eilten von Mucke zu Mucke. Uli Gumpert rockte das Klavier, Luten Petrowsky saxophonisierte. Meine liebste Jazzsängerin Uschi Brüning röhrte ihren sächsischen Blues sogar in der Lindenoper!

Donnerndes Leben in neunzig Hallen, Theatern, Clubs und auf allen Plätzen. Sogar die unangepassten Rocker der Renft-Combo durften auftreten. Die Puhdys spielten Ulrich Plenzdorfs »Wenn ein Mensch lebt …«. Die drei kastrierten Liedermacher der DKP traten auf, zusammen mit den DDR-Eunuchen des Oktoberklubs quäkten sie ihren parteifrommen Hammer-und-Sichel-Kitsch in die Mikrophone. Ich weiß nicht, ob die kanadische Heulboje Perry Friedman schon wieder aus Kanada zurück war. Amerikanische Folklore, russische Barden. Chilenische Cantautores waren eingeflogen, revolutionsromantische Exoten waren angemietet worden, dazu Volkstanzgruppen und Knödelchöre aus der Sowjetunion. Alle Schleusen zur Welt waren geöffnet. Jeder dressierte Hund durfte mit den gebändigten Löwen und Tigern durch den Feuerreifen springen. Nur der Wolf nicht.

Wenigstens das frisch importierte Che-Guevara-Lied hätte ich gern auf irgendeiner der Bühnen in die Meute geheult. Am vorletzten Abend des Festivals trieb es mich wieder ins Getümmel, natürlich ohne Gitarre. Einem Besucher aus Frankreich bei mir zu Haus hatte ich paar Lieder vorgesungen. Er bezahlte das Konzertchen in meiner Küche mit seinem breitkrempigen Bohème-Hut à la Aristide Bruant. Den setzte ich mir aus Daffke auf. So zog ich los. Warum alleine? Ich hab's vergessen. Wenn die Blasmusik losgeht und das Scheinwerferlicht lockt, dann zieht es auch den geschassten Clown aus dem Zirkuswagen in die Arena.

Ich schlenderte die Linden runter, vorbei am Fernsehturm, »Ulbrichts Zeigefinger«. Ich stand auf'm Alex neben der Weltzeituhr, auf der die DDR-Bürger sehen konnten, was die Stunde in den Ländern geschlagen hat, in die sie nicht fahren durften. Ich nahm den schwarzen Hut aus Paris ab. Vielleicht war das der Grund, nun sprachen mich Blauhemden an, zwei Mädchen, ein Junge, echte FDJler. »Bist du der Biermann? Du, saache ma, warum …« Sachsen also. So begann ein Gespräch. Ein Pulk von immer mehr jungen Leuten hörte zu. Auch Ältere drängten sich rein. Die Stimmen wurden automatisch lauter. Man will auch in der vierten Reihe verstanden werden. Das Straßenpflaster unter meinen Füßen verwandelte sich in eine Bühne. Ich sang ihnen mein Che-Guevara-Lied, mir zitterten die Knie. Es formte sich ein festgekeilter Kreis von Menschen um mich. Heftige Wortwechsel. Dann wieder ein Lied, begleitet mit bloßen Händen. Im Straßentheater kommt auch a cappella ein Lied gut rüber! Der starke Sound des Authentischen. Ich wurde auch sicherer.

Ein Mann attackierte mich: »Biermann, dein schlechtes Beispiel richtet nur Schaden an bei uns im Westen. Du hetzt gegen die DDR!« Wie wohltuend, meine jungen Sachsen verteidigten mich: »Dem seine Lieder sind keene Hetze, die sind de Wahrheet!« Ein Rentnertyp mit übergroßem Parteiabzeichen an der Jacke zeterte: »So fängt immer die Konterrevolution an, so war es in Ungarn und in Prag. Was wir brauchen, das ist Kritik, aber keine Hetze!« – »Ja, ja«, spottete ein junger Mann, » …und Weltfrieden!« Aber der Alte gab nicht klein bei: »Wenn wir Biermann auftreten lassen würden, dann hätte das Folgen für die ganze DDR!« – eine rhetorische Vorlage für mich. »Ja!«, höhnte ich, »Folgen hätte es allerdings!« – und hatte die Lacher auf meiner Seite. Der Alte klang so niederschmetternd ehrlich. Das verführte mich zu einer Witzelei: »Das Schlimmste an euren Lügen ist, dass ihr wirklich glaubt, was ihr lügt.« So verhöhnte ich den Alten und redete ihn an den Rand. Er zwängte sich wütend raus aus dem Gedränge und war weg.

Mein improvisiertes Straßentheater dauerte an die zwei Stunden. Um mich herum ein harter Kern von vielleicht fünfzig, sechzig Menschen, die so dicht gedrängt standen, dass von außen niemand mehr an mich rankommen konnte. Ein DKP-Mann: »Herr Biermann, Sie fallen den fortschrittlichen Kräften in der BRD in den Rücken.« Die DKP-Delegierten waren offenbar sorgfältig mit Argumenten zum Fall Biermann gespickt worden. Sie hielten mir das

Lied »Soldat Soldat« vor. Ich sagte: »Dieses Lied schrieb ich auch für euch, für die Ostermarschbewegung. Mit diesem Lied wurde ich 1965 offiziell nach Westdeutschland auf Tournee geschickt. Es bezieht sich auf die Gefahr eines Ost-West-Atomkrieges, der nicht die kapitalistische Reaktion vernichten würde, sondern die ganze Menschheit. Es ist die Sorge um die Existenz der Gattung Mensch. Dieselbe Sorge hatte doch wohl auch Leonid Breschnew, als er dem US-Präsidenten Nixon beim Empfang die Backe leckte! Dabei war ich nie Pazifist. Ich kenne den Unterschied zwischen einem SS-Soldaten und einem Rotarmisten und einem Soldaten der US Army!«

Ich kämpfte mich durch das Gestrüpp der Argumente. Eine Frau von der DKP zeterte: »Und wie ist Ihre Stellung zur Nationalen Volksarmee, Herr Biermann? Sie schaden der DDR!« Da blökte ein DDR-Langhaariger: »Beweisen! Beweisen! Det kannste nämlich nich! Und außadem is Biermann DDR, der schreibt für uns inner DDR und wir vastehn ihn.« – »Warum veröffentlicht er dann beim Klassenfeind im Westen?«, schimpfte die Westfrau. »Weil wir ihn sonst im Osten überhaupt nicht hören könnten!«, schrie ein Ostler. »Und wenn du Biermann seine Sachen nicht verstehst, dann halt doch die Klappe, Mensch!« – »Nu lass den Biermann ma redn, wir wollen det Che-Guevara-Lied noch mal hörn!« Die Diskussion war grob, offen und verquer. Am Schluss krähte ich noch mal das ganze Che-Guevara-Lied und ging nach Hause, wie ich gekommen war, allein mit Hut. Ich war heiser und zufrieden. Nach acht Jahren mein erster öffentlicher Auftritt in der DDR, immerhin zwei Stunden lang.

Der Pulk an der Weltzeituhr hatte sich als erstaunlich stabil erwiesen, die kritischen Geister waren eben in der Überzahl. Jetzt erst, mehr als vierzig Jahre später, traf ich einen Berliner Professor für Quantenchemie und freundete mich mit ihm an. Dieser Joachim Sauer war damals ein Doktorand der Humboldt-Uni und war mit seinen Kommilitonen abkommandiert worden – wie ich einst beim Mauerbau. Sie sollten darüber wachen, dass der Klassenfeind im Getümmel der Weltfestspiele keinen ideologischen Schaden anrichtet. Er stand direkt hinter mir im Pulk, die ganze Zeit, ist mir aber nicht, wie es sein Auftrag war, übers Maul gefahren.

Am nächsten Mittag ging ich umme Ecke auf meinen Hugenottenfriedhof, den Dorotheenstädtischen. Vorbei am Grab des Dichters der DDR-Nationalhymne Johannes R. Becher. Seit dem Treffen von Bundeskanzler Willy Brandt mit DDR-Ministerpräsident Willi Stoph 1970 in Erfurt schmeckte die Becher-Hymne den SED-Führern überhaupt nicht mehr. Warum? Wegen der einen, gefährlich gewordenen Zeile »Deutschland einig Vaterland«. Die Nationalhymne wurde fortan nur noch als Melodie ohne Worte runtergespielt. Für mich war es immer ein böser Trost, dass meine Lieder in einem Staat verboten waren, in dem nun sogar die eigene Hymne totgeschwiegen wurde.

Ich ging zum Hegel und schwadronierte von meinem Konzertchen auf'm Alex. »Verehrter Dreiliter-Hofphilosoph«, frozzelte ich im Übermut. »Ich war gestern betrunken, aber ohne Alkohol. Ich spielte auf dem Alexanderplatz den Weltgeist zu Pferde!« – »Nun ja«, knurrte der Philosoph, »Sie übertreiben. Ich nannte den Napoleon allerdings nicht den Welt*geist,* sondern notabene *Seele*! Ich nannte den Kaiser die Welt*seele* zu Pferde.« – »Na gut«, beschied ich mich, »dann war ich gestern neben der Weltzeituhr eben nur die Weltseele zu Fuß.«

***

Mitte August 1973 erhielt ich von Emma Nachricht über Oma Meume. Kein Wunder, dass eine Frau in ihrem neunzigsten Jahr zum Tode geht. Aber Oma Meume ging nicht mehr, sie lag in Hamburg in einem Altersheim, sie hatte sich den krummen Rücken durchgelegen. Oma Meume wartete nicht auf den Tod, sie wartete ohne einen Hauch Hoffnung auf ihren Enkel Wolf. Und diesen Kummer, den ihren, den meinen, klagte ich in der Rabindranath-Tagore-Straße meinem Freund Stefan Heym. Er war nie so fatalistisch wie ich. Er sagte: »Frag den Honecker einfach, ob er dich noch ein letztes Mal zur Oma fahren lässt! Schließlich hast du der alten Arbeiterfrau und Kommunistin in deiner Meume-Moritat versprochen, dass du sie vor'm Tode noch mal besuchen wirst. Und versprochen ist versprochen, besonders, wenn es so plebejisch im Moritatenstil zusammengereimt ist. Der Genosse Honecker wird sich doch wohl nicht an einer alten Genossin und an der deutschen Literatur versündigen wollen!« Wir lachten uns schief über Stefans Witz. Aber seine schöne Frau Inge sagte: »Im Ernst: Du solltest auf Stefan hören!« Aber ich konnte mich weder an Honecker, noch wollte ich mich an seine Frau Margot wenden, obwohl ich wusste, dass sie Oma Meume verehrte als alte Kommunistin aus Halle an der Saale. So bot mir Heym an, bei Honecker direkt anzufragen.

Den langen Text hatte ich für Heym bequem parat, sogar nobel gedruckt, denn Günter Grass hatte beim Luchterhand-Verlag dafür gesorgt, dass mein Lied als ein Plakatchen in den Handel kam. So fängt die Moritat an: »Als meine Oma ein Baby war / Vor achtundachtzig Jahrn / Da ist ihre Mutter im Wochenbett / Mit Schwindsucht zum Himmel gefahrn …« Heyms Spekulation ging auf. Zu meiner großen Verblüffung erhielt ich auf meinen Antrag hin vom Präsidium der Volkspolizei, Abteilung Pass- und Meldewesen, die Genehmigung, vom 29. August bis 3. September nach Hamburg zu fahren, als sei es das Normalste in der DDR-Welt.

Im Tränenpalast eine lange Rentnerschlange. Gleich der erste Posten sagte: »Ach ja, Herr Biermann!« Ich war also avisiert. Der Offizier mit einem Stern an der silbernen Schulterklappe bahnte mir den Weg, damit ich mich vordrängeln konnte. Peinlich. Die Gitarre hatte ich dabei und wollte lügen: »Ich will meiner Großmutter ihr Lied vorspielen.« Aber kein Grenzwächter fragte danach.

Meine Mutter holte mich am Hauptbahnhof ab, wir fuhren gleich zur Alten. Ihre Freude war noch größer, als ich gedacht hatte. Ihr kleiner Körper kaputt, aber der Kopf kam mir lebendig vor wie eh und je. Ich erzählte ihr von Heyms Idee mit Honecker. Und ich krakelte mir ihren Kommentar auf einen Zettel: »Der Honecker hat dich fahrn lassen? Is also doch e Mensch, das Schwein!« Sie krächzte ihre Worte viel zu laut, weil sie so schlecht hörte. »Wir wollen alle Kommunisten sin. Aber jeder anders! Das wird immer verrückter.« Sie intonierte ihre Worte in einer phantastischen Mischung aus Hamburger Missingsch und sachsen-anhaltinschem Gebabbel. »Min Jung, min Jung … dass du nochemal jekommen bist! Da taut mei Herze auf, von all dem Eis-Rost, den ich da drinne hatte.« Ich hörte die vertraute Sprachmusik meiner Kinderzeit. »Mei Wölflein, ich habe een tragisches Leben hinter mir.«

Die Alte taute nun wirklich auf und kam, wie in ihren besten Zeiten, stockend zwar, ins Erzählen: »Deine Oma hat immer jeholfen, mei Junge. Du verstehst mich. Ich hab für de Partei jearbeitet. Ich hab mei Geld hinjegeben. Aber um mein' Kopp hat sich keen

Genosse je jekümmert. Habe immer jrad so viel vadient, dass ich mei Logis bezahln konnte. Bis ich mich so jung an mein Karl jehängt habe. Da fing mei Unglück an. Er war groß und schlank. Da war ich sechzehn, wie ich mit dem zusammenjejangen bin. Und von sechzehn bis heute bin ich immer unglücklich jewandert. Hab mich nur in dich verliebt, mei erstes Enkelkind, mei Wolf, bis heute.« Da musste ich lachen: »Mensch Oma Meume, ich bin doch dein viertes!« Aber rechnerisch war die Alte nie.

»Ich kann dir ploß das eene sagen, mei Jung, wenn du mei ganzes Leben so nimmst, da kannste ein' Roman traus machen!« Ich sagte: »Zwei Balladen hab ich ja schon über dich geschrieben!« Und sie: »Ich hab aber immer den Mut nicht verloren. Bin immer wieder mit'm Kopp hochjekommen. Ich war ja erst achtzehn Jahr, wie ich meine Emmi kriegte. Auf deine Oma ihr Leben kannste dir nix druff einbilden, des ist Schande und Elend.« Ich widersprach: »Ach was! Im Gegenteil!« – »Aber meine Kinder, die hab 'ch jeliebt. Und die Kindeskinder. So jeht een Proletarierlebn zukrunde. Pass mir ploß uff deine Jungs uff!« Und dann stöhnte sie: »Ach, das Bette, das macht mich kaputt. Ich bin gesund hier reingekommen. Das is hier Knast!«

Ich besuchte Oma Meume drei Tage. Beim letzten Mal lieferte sie mir eine Einstein'sche Lebensweisheit: »Mei Wolf! Ich hab heut Nacht jeträumt, die Welt geht unter! … Aber die kann ja janich unterjehn.« – »Was?«, widersprach ich wie im Kindergarten, »wieso denn nicht, Oma Meume?« – »Na«, schrie sie mich an, »denk doch ma' nach! Wo sollse denn hin?«

Am letzten Tag meiner Reise fuhr ich mit der Bahn nach Frankfurt am Main. Ich wollte das Visum auch nutzen, um endlich mal professionelle Aufnahmen zu machen. Mein Verhältnis zu Wagenbach war gestört. Der Verlag hatte interne Schwierigkeiten und hatte sich gespalten. Über wen, habe ich vergessen, vielleicht über meinen Freund, den Rechtsanwalt Kurt Groenewold in Hamburg, der Emma bei der Vertretung meiner Lizenzrechte im Westen half, oder über die Lektorin Ingrid Krüger – jedenfalls hatte ich mit der amerikanischen Plattenfirma CBS Kontakt aufgenommen. Ich suchte vor allem nach einer Plattenfirma, die nicht durch die Gewährung von Lizenzvergaben der DDR erpresst werden konnte. CBS stellte mir ein Tonstudio zur Verfügung, und ich machte die Aufnahmen für eine Langspielplatte unter idealen technischen Bedingungen. Die Zeit war knapp, ich sang einfach alle Titel in einem Rutsch durch, ohne eine einzige Wiederholung. Rein sportlich eine Höchstleistung, rein künstlerisch kein Nachteil. Die ganze Aufnehmerei dauerte kaum länger als die kurze Spielzeit einer Langspielplatte. Es war wie ein Blindflug durchs Feuer. Und meine vertraute Freundin aus West-Berlin, die schöne und clevere Ingrid Krüger, stand mir bei.

Am Tag, als meine Frist ablief, saß ich brav im Zug nach Ost-Berlin. Ich hatte nun zwei LPs auf Lager. »Warte nicht auf bessre Zeiten« erschien im Winter '73. Die Aufnahmen hierfür hatte ich schon in meiner Wohnung gemacht und die Bänder rübergeschmuggelt. Und die Aufnahmen im CBS-Studio erschienen im folgenden Jahr unter dem Titel »aah-ja!«. Aber kein Wort auf dem Cover über meinen Seitensprung in das Tonstudio beim westdeutschen Klassenfeind.

***

Ich hatte eine Kaffeemaschine, deren gläsernes Innenteil zerbrochen war. Also ging ich in den Konsum-Elektroladen bei mir umme Ecke. Die junge Verkäuferin wollte mir in einem Anfall von unplanmäßiger Kundenfreundlichkeit – Ersatzteile gab es nicht – für die Scherben meiner Kaffeemaschine nun einfach ein nagelneues Glas aus einer nagelneuen Maschine rausbauen und dann meine sauber geputzten Scherben an die Handelszentrale zurückschicken, deklariert als ein Transportschaden. Wir gingen in den hinteren Geschäftsraum, ein kleines Büro. Die Frau fingerte die neue Kaffeemaschine aus der Verpackung. Aber die verflixte Glaskanne war nicht abzukriegen, weder sanft noch grob, weder mit der Haarklemme noch mit dem kleinen Schraubenzieher, noch mit der Feile, noch mit einem Nagel. Tücke des Objekts! Die nette Verkäuferin, mit wachsender Wut, ließ nicht locker. Es hatte schon was von einem Buster-Keaton-Slapstick. Als das Gerät schon deutlich zerwichst war, saß das verflixte Glas noch immer fest. Da griff die junge Frau ein spitzes Messer und zerfetzte in einem Anfall von Ersatz-Vandalismus die Plastikbezüge ihres Bürostuhls. Sie schrie: »Ich hasse diese Arbeit! Ich bin abends, wenn unser Kind abgefüttert im Bett liegt, zu kaputt für die Liebe! Ich verdiene zu wenig! Ich will in den Westen! Wozu Liebe, die Frauen sind doch nur sexuelle Mülltonnen! Ich bin hier eingesperrt! Wenn ich das Maul aufmache, lande ich in Bautzen!« Ich sagte: »Nein, in Hoheneck. Aber egal, eigentlich schmeckt Kaffee aufgebrüht viel besser.«

Im politischen Streit der Welt sind die privaten Verletzungen die tieferen. Die Wunden im Spiel der Geschlechter, die Blessuren im Krieg am Küchentisch, das Weltende des Jakob van Hoddis im Bett: die Liebe. Der Kuss mit falscher Zunge. Was ist schlimmer, Kopf ab oder Herz raus? Die politischen Todfeinde sind noch zuverlässiger als manch eingeschüchterter Freund. Noch heilloser als die politischen Wirren der DDR-Geschichte war für mich unser kleines Menschenleben.

Von Eva-Maria hatte ich mich 1972 getrennt. Sie war Lebenselixier für mich und Wundertüte auf zwei Beinen. Kabale und Liebe in der DDR. Ich log mir das Elend der Seitensprünge in Lehrgedichte um: »Mach das! Lass das!« Mit Wortspielereien wetterte ich gegen die Leibeigenschaft unserer Leiber. Jede mit jedem! Inflation der Liebschaften. Spießige Antispießereien. Ich plapperte die Bohème-Blödelpoesie der West-Berliner Achtundsechziger nach: »Wer zweimal mit derselben pennt, gehört schon zum Establishment.« Das Beispiel Brecht mit all seinen Kebswitwen, von denen ich als grüner Junge am BE acht oder neun begegnen durfte, missdeutete ich als Generalabsolution für uns Brechtianer. Ein Schnitzler'scher Reigen aus Doppelmoral und zwieschlächtigen Lebensweisheiten. Eifersuchtsdramolette als Ersatz für das Drama mit der Obrigkeit. Aufgeklärte Freizügigkeit bei festen Paaren à la Sartre und Madame de Beauvoir. Im Behördenjargon »häufig wechselnder Geschlechtsverkehr«, der »HWG« in Ulbrichts Erziehungsdiktatur – all das findet sich in den Protokollen des MfS. In der Wut über den Einmarsch der Warschauer-Pakt-Staaten 1968, als nach dem Prager Frühling plötzlich ein ewiger Winter anbrach, brüllte der Mackie Messer des BE, der Brecht-Schauspieler Wolf Kaiser, in Lütow am Achterwasser im Tone eines abgewrackten Mimen am Wiener Burgtheater: »Jetzt kann man … ja nuuur noch … fiiicken!«

In der Stasi-Unterlagenbehörde fand ich konfiszierte Liebesbriefe, verjährte Denunziationen. Ach!, dachte ich, Biermann, du warst auch so ein kleiner Weiber-Leiber-Zeitvertreiber! Und beruhigte mich mit Goethes universal einsetzbarer Halbwahrheit: »Den Dummheiten seiner Epoche entgeht kein Mensch ganz.« Ich kann nicht wissen, was uns mehr kaputtmachte – die erotischen Eskapaden oder der Nutzen, den die Stasi daraus für ihre Intrigen zog. Es war auch schon ohne die raffinierten Zersetzungsmaßnahmen des Machtapparats kompliziert genug, stabil zu leben. Mir gingen aber die Augen über, als ich im »Maßnahmeplan des MfS zur Zersetzung« meiner Person den wundesten Punkt fand: »Alle Liebesverhältnisse zerstören.« Da schwante mir, dass Mielkes Menschenvernichter klüger gewesen waren als ich. Die Genossen sollten stabil abgepackt leben, aber wir vogelfreien Windbeutel sollten uns gegenseitig zerfleddern.

Meine Brigitt war von der Staatssicherheit genauso unter Kontrolle genommen wie ich in all den Jahren, die wir zusammenlebten. Sogar ihr Arzt in der Charité berichtete geflissentlich über sie. Und er nahm Aufträge an, wie er sie im Sinne der »Firma« manipulieren könnte. Dann meine neue Flamme Eva-Maria. Die wollten sie gleich löschen. Dass dieses populäre Sexsymbol der DDR mit dem Staatsfeind im Bett lag, verwandelte den teuren DEFA-Star über Nacht in eine Investitionsruine. Die Genossen versuchten, sie zurückzureißen, zu retten, einzuschüchtern. Lügenmärchen sollten sie kirre machen. Die Hoffnung auf neue Filmrollen sollte sie korrumpieren. Erpressung mit allem, was ihr lieb und wichtig war. Allerdings hatten sie die Rechnung ohne diese Frau gemacht. Eva war eine hysterische Diva, aber zugleich stabil wie ein rabiates Fischweib.

Jede Frau, mit der ich in der DDR eine Liaison begann, nahm die Stasi ins Visier. Peinlich genau notierten die Genossen meine Abenteuer mit »Intimfreundinnen«, so hieß es im MfS-Jargon. Diese bürokratische Beamtenprosa liest sich beim Studium der Stasiakten wie die Zeilen einer zynischen Poesie:

»Biermann macht Geschlechtsverkehr mit einer Dame.
Es ist Eva-Maria Hagen.
Danach fragt er sie, ob sie etwas trinken möchte.
Aber die Dame hat Hunger.
Danach ist Ruhe im Objekt.«

Am 15. September 1973 feierte meine Emma ihren 69. Geburtstag bei mir in der Chausseestraße. Halb zwölf gingen die letzten Gäste nach Haus. Freund Havemann hatte die Alte nicht eingeladen. Sie sah meinen Spiritus Rector mit Argwohn. Sie hielt mich weiß Gott nicht für einen Doktor Faustus, aber Robert doch für einen Mephisto, der ihren gutwilligen Jungen immer nur noch tiefer in den gefährlichen Streit lockt. Ich begleitete meine Mutter gegen Mitternacht zum Grenzübergang. Sie war gezwungen, mal wieder in West-Berlin zu übernachten. Auf dem Rückweg schlenderte ich dann aber an meiner Wohnung vorbei, lief weiter geradeaus die Chausseestraße runter bis zur Invalidenstraße, links umme Ecke. Meine Freundin Waltraud, eine feinsinnige Gelegenheitsdichterin, wohnte dort mit ihrem Mann. Bei ihnen sollte irgendeine Fete steigen. Waltraud hatte mir mal drei, vier zauberschöne Zeilen geschenkt, die ich in ein Liedchen eingebaut hatte. Ihre stillen Worte sangen sich wie von selber: »Bin mager nun und fühle mich / Noch können Blicke mich verletzen ...« Und ich hatte mir einen stabreimigen Refrain dazu gedichtet, der schön zu meiner melancholischen Melodie passte: »Das ist mal so mit mir / Und bin halb froh mit mir.«

Ich selbst war in dieser Nacht nicht froh mit mir, nicht mal halb. Im Hinterhof lockten mich die hell erleuchteten Zimmer oben im zweiten Stock. Ein Altweibersommerabend. Die Fenster standen offen. Gläserklirren, Lachsalven, Stimmengewirr. In der Wohnung hatten sich ein paar junge Leute getroffen, sie feierten ihren gemeinsamen Feriensommer auf der Ostseeinsel Hiddensee. Ich kannte da nur die alte Freundin und ihren Mann, einen Lehrer für Mathematik. Im Gewimmel der Gäste elektrisierte mich eine junge Schöne. Sie erschien mir wie das blühende Urweib. Sie balancierte Gläser auf einem Tablett durch das Gewusel, schwenkte den Hintern durch das Gelächter. Sie schenkte den süßen Rosenthaler Kadarka ein, räumte ab und scherzte links und rechts. Meine Augen krallten sich fest an ihr. Sie verteilte Knabberzeug und flüchtige Blicke. Ich kam weder zum Trinken noch zum Knabbern. Gemessen an einer antiken Venus war ihr Busen übertrieben bäuerlich. Ich starrte wie hypnotisiert: Titten – Gesicht, Gesicht – Titten. Mir war so realsozialistisch zumute, das Weib erinnerte mich an das Fotomodell des Propagandaplakats zum 20. Jahrestag der DDR vor vier Jahren: »Ich bin 20!« Dieses Mädchen vor meinen Augen sah nun wirklich aus wie ein lebender Gottesbeweis für den Sieg des Sozialismus in der DDR. Ich ergatterte wie beiläufig den Namen dieser Schönheit: Christine Barg.

Mit Phantasie und Geduld gelang es mir, diese Tine neugierig zu machen. Sie studierte Medizin. Ich lockte sie ins Berliner Ensemble und spreizte mich als Kenner. Ich kann es nicht wissen – meine Lieder vielleicht, die sie noch nie gehört hatte, wer weiß, meine Hände auf der Gitarre verführten ihr Herz. Bald zog sie zu mir in die Höhle und war nun meine volkseigene DDR. Ich schmierte ihr morgens eine Stulle für das Seminar. Kochte Tee. Ich fütterte Verse und Melodien und ketzerische Gedanken in sie ein. Ihr begegneten in meiner Höhle Menschen aus anderen Welten. Wir fuhren jede Woche raus nach Grünheide, und sie freundete sich mit der gleichaltrigen Bylle Havemann, deren Vater Robert und seiner Frau Katja an. Wir genossen unser Glück ohne Arg mitten in Berlin-Mitte. Mein Frühstückslied von damals erzählt genug, ich dichtete ihr auf den drallen Leib: »So ist meine Tine / am Morgen noch Traube / am Mittag Rosine / am Abend schon Wein.«

Meine Schöne war neunzehn, ein lebenshungriges Kind aus der Nomenklatura. Ihr Vater war Bauingenieur, Projektleiter des Palastes der Republik auf dem Marx-Engels-Platz, des Prestigebauwerks der DDR, vom Volk als Palazzo di Protzo verspottet. Ein peinlich hoher Prozentsatz der Materialien, so wurde gemunkelt, wurde vom Klassenfeind importiert. Betonmischer, Asbestbeschichtung auf westlichem Weltniveau für die gewaltige Stahlkonstruktion. Liebe macht blind? Fragt sich für was! Sie macht auch scharfsinnlich scharfsinnig für archaische Raubzüge: Ich erobere von meinen Feinden das schönste Weib!

Der Genosse Baumeister Barg war auch politisch ein hohes Tier, Mitglied der SED-Bezirksleitung in der Hauptstadt Berlin. Im Januar 1974 fand eine Aussprache statt. Im »Vermerk über die Aussprache mit dem Vater der Barg, Christine« heißt es im Stasi-Deutsch: »Genosse Barg wusste um das Verhältnis seiner Tochter mit Biermann und hat sich deshalb schon mehrfach mit ihr auseinandergesetzt. ... Genossen Barg wurde die Empfehlung gegeben, sich weiterhin sachlich mit der Tochter über das Verhältnis und die damit im Zusammenhang stehenden politisch-ideologischen

Unklarheiten auseinanderzusetzen, um sie gleichzeitig unter Kontrolle zu halten.« Und weiter: »Genosse Barg brachte abschließend zum Ausdruck, daß ihn das geführte Gespräch befriedigt habe und er bemüht sein wird, auf die Tochter weiterhin Einfluss zu nehmen, um eine politische Entgleisung zu verhindern. Er war bereit, im Verlauf weiterer Gespräche Unterzeichner über seine Tochter und die Fakten, die sich aus der Biermann-Verbindung ergeben, zu informieren.« Unterzeichner war ein Oberleutnant Günther Heimann der Hauptabteilung XX/7 der Staatssicherheit. Es folgten weitere Aussprachen, die nächste sollte gleich im Februar sein. Auch Tine wurde zu einer Aussprache zitiert, an der Medizinischen Fakultät der Humboldt-Universität. Über das hochnotpeinliche Gespräch mit ihrem Dozenten und vermutlich einem Parteisekretär wurde ihr Stillschweigen auferlegt. Aber daran hielt sie sich natürlich mir gegenüber nicht.

Wir bauten unser Nest in der Chausseestraße 131 aus. Das Glück dauerte, so lange es dauerte, also ewig, will sagen ein goldenes Dreivierteljahr. Aber dann verließ meine Schöne mich im Sommer '74. Mein Vöglein flatterte davon. Nicht, wie ich sofort vermutete, zurück in ihr Familiennest in der Karl-Marx-Allee, sondern in den Prenzlauer Berg, zu einem anderen Mann. Als sie meine Wolfshöhle verließ, verstand ich aus all dem, was sie mir sagte, nicht das, was ich sofort verstanden und auch akzeptiert hätte: Ach Wolf, ich liebe dich nicht! Oder: Ach mein Liebster, ich liebe dich nicht mehr. Oder aber: Ach mein Allerliebster, ich liebe diesen oder jenen anderen noch viel mehr … Das alles wäre normales Leben und banal. Ich verstand sie so, wie ich es später auch in den Stasiakten in einem Spitzelbericht hatte lesen können. Auch dem IM hatte Tine erzählt, dass es bei ihr zu Hause große Auseinandersetzungen um unsere Liebe gegeben habe, weshalb sie wieder die Bindung zu dem anderen Freund eingegangen sei, in der Hoffnung, »die Zuneigung« zum Biermann zu überwinden.

Ich versuchte, meinen Kummer zu betäuben, indem ich nicht meiner Schönen die Schuld gab, sondern ihrem bedrängten Vater. Dabei irrte ich mich in einem Punkt. Ich hatte es mir gar nicht anders erklären können, als dass der Vater von seinen Genossen erpresst worden war, im Grunde also auch ein Opfer der Stasi. Ich hatte mir nicht vorstellen können, dass ein Vater freiwillig der Stasi über seine Tochter berichtet. Ich wusste auch nicht, dass der Vater schon 1956, zusammen mit seiner Frau Käthe, handschriftlich eine Verpflichtung unterschrieben hatte, in der sie ihre Zusammenarbeit mit der Stasi festlegten. Doch der als »Gesellschaftlicher Mitarbeiter Sicherheit« (GMS) geführte Dr. Manfred Barg war wohl nicht erpresst worden, sondern, wie der Bericht der Hauptabteilung XX/7 dokumentiert: »Genosse Barg berichtete vereinbarungsgemäß und auf freiwilliger Grundlage über das Verhältnis seiner Tochter zu Biermann.« So lehren mich ausgerechnet die Stasiakten: Wir sollten auch im berechtigten Zorn nicht jede Untat den Schergen der Stasi in die Schuhe schieben. Es war eben nicht so schlimm, wie ich dachte, es war schlimmer. Und wenn ich heute mit dem Abstand von bald fünfundvierzig Jahren an diese Episode meines Lebens denke, dann dämmert mir das, was ich im Liebeskummer nicht hatte wahrhaben wollen: Wenn meine Liebe mit dem schönsten Menschenkind der DDR-Nomenklatura damals mehr gewesen wäre als mein blindes Wunschfühlen, dann wäre die DDR-Venus wahrscheinlich auch bei mir geblieben.

Ich floh zu meinen vertrauten Freunden nach Usedom. Am Achterwasser weinte ich meiner Tine mehr Tränen nach, als ich hatte. Ich verkroch mich im ausgebauten Dachboden der verrotteten Kate einer drallen Fischerwitwe in Warthe, direkt am Peenestrom. Das Leben ging weiter. Wir räucherten heimlich Aal in einer rostigen Stahltonne. Die Buchenholzscheite qualmten unter den Holunderbüschen bei meinen beiden Fischer-Freunden, den Gebrüdern Wolff. Ja, heimlich mussten wir das machen, denn auch den Fischern selbst war das Aaleräuchern verboten. Auch die privaten kleinen Fischer sollten ihre Aale abliefern in der Produktionsgenossenschaft der Fischer, direkt gegenüber auf dem Festland in dem alten Städtchen Lassan. Die DDR exportierte alles, was auf den Namen Aal hörte, für Valuta nach Westdeutschland. Das Übertreten solcher schikanösen Verbote schmeckte selbst schon so gut wie ein geräucherter Aal. Und immer die begründete Angst vor den angelockten Schnorrern oder vor neidischen Denunzianten in der Nachbarschaft.

Aber auch mit Aalfresserei und selbstgebranntem Johannisbeerschnaps konnte ich meinen Kummer nicht betäuben. Und da halfen auch nicht die Gespräche bei »Käptn« Otto Niemeyer-Holstein in Lüttenort über die Ton-in-Ton-Malerei von Tizian oder Picassos Blaue Periode bis zu den Bildern des Otto Manigk in Ückeritz. Der Juli war ein Wundenlecken, der August ein wütendes Selbstmitleid. Lachen musste ich, als uns der Überlebenskünstler Niemeyer-Holstein im Atelier erzählte, wie er seine jüdische Frau in der ganzen Nazizeit im Labyrinth aus verschachtelten Zimmern und angebauten Buden und Schuppen rund um den ausrangierten Eisenbahnwaggon, in dem er wohnte, zwischen Achterwasser und Ostsee hatte versteckt halten können. Und wie er trotzdem gute Heil-Hitler-Geschäfte machte mit Wernher von Brauns Wunderwaffen-Ingenieuren im nahe gelegenen Peenemünde. Inzwischen kauften kunstinteressierte SED-Adlige wie Karl-Eduard von Schnitzler bei ihm die wohltemperierten Landschaften und Porträts, die Aquarelle und Zeichnungen. Sein schlitzohriges Geschäftsmotto hat er mir anvertraut: »Geld lügt nicht!«

Im September zog es mich zurück nach Berlin. Ich fuhr gleich am nächsten Tag raus zu meinem Freund Robert an den Möllensee. Wir aßen, wir tranken Wein, wir schmiedeten neue Pläne. Und mir ging es nun besser, denn mich wärmte meine vertraute Sibylle Havemann.

Es gibt ein Leben vor dem Tod

Ausreise-Angebot. Siegmar Faust. Anti-Franco-Kongress in Offenbach.

Von wegen »ex oriente lux«! Im Osten ging für uns nach jedem Tag ja auch die Finsternis auf. Das fiel uns Lichtsuchern mal wieder auf, als im Februar 1974 Alexander Solschenizyn verhaftet, am nächsten Tag des Landes verwiesen und sofort nach Frankfurt am Main ausgeflogen wurde. Ausbürgerung! Für ihn persönlich, wer weiß, ein Glück. Wenn ein Staat seine unbotmäßigen Landeskinder nicht nur einsperrt, sondern aussperrt, dann ist das eine noch schändlichere Willkür. Die Bücher des Solschenizyn kursierten in Ost-Berlin auf Deutsch, kein Samisdat, sondern Tamisdat. Das russische »tam« bedeutet »dort« – also dort im Westen übersetzt und gedruckt und dann zurückgeschmuggelt in den Ostblock. In den Chruschtschow-Jahren war Solschenizyn in Moskau kurz gedruckt worden, dann aber gleich wieder verboten. In der DDR blieb er immer tabu. Sein erstes und dünnstes Werk war das vielleicht wirksamste, der Kurzroman »Ein Tag im Leben des Iwan Denissowitsch«. Sein dickstes und wichtigstes Buch ist »Der Archipel Gulag«, eine Enzyklopädie der Barbarei im Lagersystem der Sowjetunion. Heinrich Böll machte dem Verbannten bei sich zu Hause in Köln das erste Westbett.

Im März wurde mir der Jacques-Offenbach-Preis der Stadt Köln zugesprochen. Meine dritte Langspielplatte »aah-ja!« war grade erschienen. Darauf Lieder des sanften Widerstands wie »Ermutigung«, aber ich haute den Bonzen der DDR auch rabiate Pasquille um die Ohren wie die »Stasi-Ballade«, »Das macht mich populär« oder »In China hinter der Mauer«. Grade das Spottlied über die Chinesische Mauer war ein übermütiges Monumentalgemälde über die größte DDR der Welt hinter der Mauer in Ost-Berlin. Aber in der Schlussstrophe war Schluss mit lustig! Da kommt die gute Humorlosigkeit, die abgrundtiefste Trauer durch:

In China hinter der Mauer

Wo wird das Volk wie Vieh regiert
Verdummt, entmündigt und kastriert
Damit es schuftet und pariert
und wo liegt auf der Lauer
Der Bürokratenschutzverein
Sperrt gute Kommunisten ein
Wenn sie nicht halleluja schrein??
  In China! In China!
    In China, hinter der Mauer

Sag bloß mal einen wahren Satz
Dann kriegst du einen vor den Latz
Die Freiheit ist ein toter Spatz
verfault im Vogelbauer
Und wo, mein Freund, wirst du geschasst
Hat mal ein Spitzel aufgepasst
Und wo verfaulst du dann im Knast??
  In China! In China!
    In China, hinter der Mauer

Wo glotzt des Führers Fratze, wo
Dich an in jedem Dreckbüro
In Kneipen, Straßen und im Zoo
und lächelt süßlich sauer??
Sein Foto findest du en gros
In jeder Zeitung sowieso
Und darum auch auf jedem Klo
  In China! In China!
    In China, hinter der Mauer

Wo herrscht die In-qui-si-ti-on
Der Revolution zum Hohn
Auf mittelalterlichem Thron
und lügt tagtäglich schlauer
Den weisen greisen Volkspapa
Wo preist man ihn und sein ZK
(das immer seiner Meinung war)??
In China! In China!
In China, hinter der Mauer

Wo pinkelt sich der Kunstverein
Selbstkritisch an das linke Bein
Muss dabei Hosianna! schrein
wo blaut der Himmel blauer?
Und wo, in welchem Trauerstaat
Ist in den Künsten süß und fad
Der Optimismus obligat??
In China! In China!
In China, hinter der Mauer

Karl Marx, der Revolutionär
Hat großes Glück: Er lebt nicht mehr
Denn wenn er heut am Leben wär
– Genosse meiner Trauer –
Dann lebte er nicht lange mehr
Man zöge ihn aus dem Verkehr
Nun rat' mal – WO?? – das ist nicht schwer:
In China! In China!
In China, hinter der Mauer

Ich stellte mal wieder einen Reiseantrag, dieses Mal, um über diese Mauer nach Köln zur Preisverleihung zu reisen. Ein Staatssekretär Kurt Löffler lud mich ins Ministerium für Kultur ein. Er bat mich, Platz zu nehmen, und las mir eine Mitteilung vor: »In Beantwortung Ihres Antrages auf eine Reise nach Köln, anlässlich der Entgegennahme des Jacques-Offenbach-Preises, teilen wir Ihnen Folgendes mit: Wir können Ihnen diese Reise nicht gestatten, da Sie seit Jahren systematisch mit Gedichten und öffentlichen Äußerungen den real existierenden Sozialismus in der DDR verleumden und sich gegen führende Persönlichkeiten in hetzerischer Weise geäußert haben. Ihre Äußerungen beliefern die antikommunistische Propaganda reichlich mit Material, wofür Ihnen jetzt auch von einer Institution der BRD der Offenbach-Preis zuerkannt wurde. Sollten Sie aber die Absicht haben, die DDR zu verlassen, so sind wir gern bereit, Ihnen ohne Umstände und unverzüglich Ihre Staatsbürgerschaft der DDR zu streichen und Ihnen die Möglichkeit zu geben, in die BRD zurückzukehren.«

Ich sagte: »Und diese Mitteilung kriege ich natürlich nicht schriftlich.« – »Natürlich nicht.« – »Dann«, erwiderte ich, »lesen Sie mir das bitte noch einmal vor!« Staatssekretär Löffler wiederholte das Bürokratendeutsch. Ich war baff. So ein unmissverständliches Angebot, die DDR zu verlassen, hatte ich nicht erwartet. Ich sagte: »Dass diese Reise nicht genehmigt wurde, halte ich für falsch.« Löffler hielt dagegen: »Wie es nun gekommen ist, das ist ausschließlich eine Folge Ihres langjährigen Verhaltens.« Ich wollte widersprechen, und weil mir nichts mehr einfiel, zitierte ich meine »Populärballade« in plumper Prosa: »Es sind schon genug abgehaun. Wenn überhaupt noch wer abhaun soll, dann sollten Sie selber gehen!« Doch Genosse Löffler ersparte mir seine Antwort. Er drückte mir meinen eingereichten Reisepass in die Hand und sagte: »Worte sind nicht so wichtig. Wichtig sind Taten!«

Ich rätselte: Was meint er mit »Taten«? War das ein verstecktes Angebot meiner Obrigkeit? War es ein enigmatisierter Liebesantrag? Eine feindselige Aufforderung zur Freundschaft? Hatten die Genossen die Nerven verloren? Ich schrieb in der Aufregung gleich unten in meinem Auto vor dem Kulturministerium alles so genau wie möglich auf. Zu Haus tippte ich den hingefetzten Wortsalat in meine Erika-Schreibmaschine und schickte eine Kopie des Gedächtnisprotokolls an Staatssekretär Löffler mit der Bitte, das Protokoll zu bestätigen und gegebenenfalls meine Fehler zu korrigieren. Ich wollte den Spieß umdrehn und die Lumpen festnageln.

Ich wartete auf Antwort. Sollte ich keine Antwort erhalten, wollte ich das brisante Protokoll auf der Preisverleihung ohne Preisträger in Köln am 20. Juni 1974 verlesen lassen. Als ich davon meinem Freund Jurek Becker erzählte, geriet er in Panik. Er riet mir dringend ab. Jurek rief sofort beim obersten Ideologiewächter Kurt Hager an. Er machte Hager den Vorschlag, als Vermittler zu helfen, falls die Genossen mit der Unperson Biermann nicht direkt verhandeln wollten. Das gefiel mir. Und obwohl sich nichts tat, hörte ich auf meinen Freund.

Was trieb Jurek? Die Sorge um mich, um sich, um die DDR? Wir waren ja so was wie Herzensbrüder und Schicksalsgenossen. Jurek, das polnische KZ-Kind, ärgerte sich, wenn er auf seine Jüdischkeit angesprochen wurde. Er wollte Kommunist sein und Literaturlieferant. Er war das, was die Jidden so nennen: »a mensch« – und das heißt auf gut Deutsch nicht etwa: ein Mensch, sondern nur und nur: ein guter Mensch. Wir waren Kameraden mit und ohne Partei. Für Freunde wie ihn hatte ich in meinem »Gesang für meine Genossen« solche Verse geschrieben:

Und ich singe all meine Verwirrung
Und alle Bitternis zwischen den Schlachten
Und ich verschweige dir nicht mein Schweigen
– Ach, in wortreichen Nächten, wie oft verschwieg ich
Meine jüdische Angst, von der ich behaupte
Dass ich sie habe – und von der ich fürchte
Dass einst sie mich haben wird, diese Angst.
Und ich singe laut in den dunklen Menschenwald
Und schlag mir den Takt dazu mit den Knochen
Auf dem singenden Bauch der Gitarre

Ich singe den Frieden mitten im Krieg
Aber ich singe auch Krieg in diesem
Dreimal verfluchten mörderischen Frieden
Der ein Frieden ist vom Friedhoffrieden
Der ein Frieden ist hinter Drahtverhau
Der ein Frieden ist unter dem Knüppel.
Und darum singe ich auch den revolutionären Krieg
Für meine dreimal verratenen Genossen
Und noch auch für meine Genossen Verräter:
In ungebrochener Demut singe ich den Aufruhr

***

Die staatsfeindliche Wirkung meiner Lieder sollte schrumpfen, aber sie wuchs. Die illegalen Tonbandkopien und Gedichte-Abschriften vermehrten sich unter Studenten, Soldaten, Lehrlingen und sogar im Staats- und Parteiapparat. Es kamen zu mir immer mehr junge Leute aus der DDR, wollten Rat, suchten Ermutigung, Lob und Kritik, brauchten Hilfe. Ein junger Liedermacher, Gerulf Pannach aus Leipzig, war Grenzer an der Berliner Mauer. Er hatte es geschafft, mit dem Diensttelefon auf seinem Wachturm ins normale Telefonnetz zu kommen, und wählte mit frecher Arglosigkeit meine Nummer. Er besuchte mich dann in Uniform. Mir blieb das Herz stehn! Mich besuchte auch Jürgen Fuchs, ein junger Dichter, mit seinem Freund Utz Rachowski. Fuchs studierte in Jena zusammen mit dubiosen Kommilitonen das Fach Sozialpsychologie. Es waren Offiziere des MfS, die sich die Waffen der Psychologie aneignen sollten. Die Liedermacherin Bettina Wegner kannte ich aus dem linken Bohème-Milieu in Ost-Berlin. Die Sängerin Sanda Weigl, die Malerin und Schriftstellerin Barbara Honigmann, der junge Dichter Thomas Brasch – kein Wunder: Viele renitente Kinder der Nomenklatura erlebten die Heuchelei des Systems anschaulich im Schoß ihrer eigenen Familie. Solchen war's schon egal, dass sie auf die schwarze Liste kommen, wenn sie den Verräter Biermann besuchen.

Einer von denen hatte einen Namen, den ich leicht behalten konnte: Faust. Er war als Student 1966 exmatrikuliert worden. Begründung: »Disziplinlosigkeit und politische Unzuverlässigkeit«. Er wurde zu schwerer Hilfsarbeit in einer volkseigenen Papierfabrik verurteilt. Im Mai '74 wurde dieser Siegmar Faust direkt am Arbeitsplatz verhaftet. Er war ein Sonderling, ein renitenter junger Schriftsteller aus dem Kaff Heidenau bei Dresden. Moderat im Ton, aber radikal in der Haltung. Ein Sanftmütiger, der es auf Biegen und Brechen wissen wollte und der sich weder biegen noch brechen ließ. Ich hatte einige Texte gelesen und fand seine Arbeiten stark, verrückt, klug, widerborstig, tapfer. So gerieten wir in freundschaftlichen Kontakt.

Am Abend seiner Verhaftung rief eine verzweifelte Martina an, die Frau des Faust. Ihre Wohnung war durchsucht und diverse Manuskripte waren beschlagnahmt worden. Was war Fausts Staatsverbrechen? Er hatte unter Verweis auf die Mitgliedschaft der DDR in den Vereinten Nationen eine Petition »Gegen die Verweigerung der Menschenrechte« verfasst und hatte fünfundvierzig DDR-Bürger gewonnen, sie zu unterzeichnen. Götz Berger, Havemanns Anwalt, riet mir, mich an den Rechtsanwalt Vogel zu wenden. Das war heikel aus meiner Sicht, denn ich wollte alles Mögliche tun, damit Faust schnell aus dem Knast kommt, aber nichts, dass er aus der DDR raus in den Westen verkauft wird. Doch Berger war der Meinung, ich solle es bei Vogel versuchen. Der sei nebenbei »auch ein ganz normaler Rechtsanwalt« mit einem guten Draht nach ganz oben.

Seit Ende 1962 florierte zwischen der DDR und der Bundesrepublik ein stiller innerdeutscher Handel mit frischem Menschenfleisch. Gefangene wurden aus den Gefängnissen der DDR freigekauft. Ein gutes Geschäft für beide Seiten: Image gegen Valuta. Die DDR kassierte als Menschenverkäufer von der Bundesrepublik im Durchschnitt vierzigtausend D-Mark Kopfgeld. Akademiker, je nach Marktwert, kosteten das Vielfache. Der Westen schmückte sich als humanistischer Menschenretter. Der Termin für den Verkauf der Häftlinge wurde meist ohne Vorankündigung festgelegt. Das heißt, ohne die Chance, sich vorher von Zellenkameraden, geschweige denn von Verwandten verabschieden zu können. Aber es gab bei diesem glatten Geschäft einen formaljuristischen Haken: Alle Gefangenen mussten im Antrag eigenhändig unterschreiben, dass sie auf eigenen Wunsch in die Bundesrepublik ausgebürgert werden.

Der Rechtsanwalt Vogel spielte bis 1989 den Haupthehler bei diesem innerdeutschen Handel. Er sah sich selbst wohl als eine Mutter Teresa, er stand wie Brechts Vater- und Muttermörder Jakob Apfelböck im milden Licht. Er firmierte ab den siebziger Jahren offiziell als »Beauftragter des Staatsratsvorsitzenden Erich Honecker für humanitäre Fragen«. Helmut Schmidt und Hans-Dietrich Genscher verteidigten nach dem Ende der DDR seine Tätigkeit zwischen den Fronten des Kalten Krieges. In der Regel eskortierte der Menschengroßhändler im Mercedes seine lebende Ware, die Busladung freigekaufter Häftlinge, bis an den Grenzübergang zur Bundesrepublik. Ein Halt vor dem Niemandsland. Vogel stieg dann in den Bus der Häftlinge und hielt seine Standard-Ansprache. Darin ermahnte der innerdeutsche Händler die

Freigekauften zur Verschwiegenheit, damit nicht durch bösartige Berichte in der westlichen Skandal- und Lügenpresse in Zukunft dieser humanitäre Häftlingsexport zum Erliegen kommt. Zwischen 1964 und 1989 wurden auf dieser innerdeutschen Handelsroute fast 34 000 politisch Verurteilte freigekauft. Das Kopfgeld war ein fest eingeplanter Posten der DDR-Volkswirtschaft. Ein Teil der so erwirtschafteten West-Valuta kam dem DDR-Volk zugute: Import von Bananen und Apfelsinen, begehrte Bückware vom Weltmarkt, lauter Leckerli für die eingemauerten Landeskinder »zur immer noch besseren Befriedigung der Bedürfnisse unserer Menschen«.

Auch der Geldgangster Schalck-Golodkowski lieferte, über den geheimen »Bereich Kommerzielle Koordinierung« (KoKo), Devisen für begehrte Westwaren, mit denen die Nomenklatura extra beliefert wurde. In Wandlitz konnten Lotte Ulbricht und Margot Honecker Importe vom Klassenfeind preisgünstig erwerben. Volkseigene Betriebe brauchten das harte Geld dringender für den Erwerb von westlicher Spezialtechnik. Und das MfS selbst brauchte auch Valuta für die Anschaffung moderner Abhörtechnik und für den Sold der Kämpfer an der unsichtbaren Front im kapitalistischen Operationsgebiet – also für die Lohn- und Betriebskosten all der hauptamtlichen Mitarbeiter der Staatssicherheit im westlichen Ausland.

Unser Freund Faust wurde im September 1974 vor Gericht gestellt. Ich rief am Freitag vor dem anberaumten Prozesstermin bei Rechtsanwalt Vogel an, aber Vogels Vertreter riet mir ab, zum Termin nach Dresden zu fahren: »Diese Art Prozesse sind ja nie öffentlich …« Da hatte er leider Recht. Sogar Fausts Ehefrau Martina durfte bei der Verlesung der Urteilsbegründung nicht im Saal anwesend sein. Und so waren die Preise: Faust wurde zu viereinhalb Jahren VEB Knast verdonnert.

Günter Gaus konnte mir seit 1974 aus seinem Büro direkt gegenüber in die Fenster schaun. Der erste Ständige Vertreter der Bundesrepublik in der DDR kam gelegentlich rüber zu mir. Er überquerte einfach die Hannoversche Straße. Ein nettes Gespräch, eine Tasse Kaffee. Er erzählte begeistert von seiner Einladung zur DDR-Staatsjagd für hohe Diplomaten in der Schorfheide, und ich servierte meinem Gast ein paar neue Lieder. Als Ost-West-Schmuggler von Manuskripten oder tontechnischem Gerät oder irgendwelchen

Kassibern ließ sich dieser Chefdiplomat leider nicht missbrauchen. Mir ist nie klargeworden, die Räson welches deutschen Staates den Ständigen Vertreter Gaus zu dieser Korrektheit zwang. Ich klagte meinem neuen Nachbarn die neuesten Leiden des jungen Werther Faust im Knast Cottbus und hoffte auf seine Hilfe. Faust war womöglich der widerspenstigste Häftling in Mielkes Kerkern. Und seine Kerkermeister wehrten sich gegen ihn durch Folter. Die DDR hatte im August '75 mit ihrer Unterschrift unter die Schlussakte der Konferenz für Sicherheit und Zusammenarbeit in Europa (KSZE) die Beachtung der Menschenrechte zugesichert. Aber nicht mal Gaus konnte nun helfen.

Ich schrieb einen Bittbrief an Stephan Hermlin, vielleicht konnte der ein gutes Wort einlegen bei Honecker, seinem allmächtigen Jugendfreund aus sonnigen FDJ-Tagen. Ich sammelte Geld für die Ehefrau Martina und für das Kind. Und ich besuchte die Kanzlei des Wolfgang Vogel in der Reiler Straße 4 in Berlin-Friedrichsfelde. Ein popliges Häuschen am Rande der Stadt, aber aufgedonnert mit schlechtem Geschmack und zu viel Geld, aufgemotzt zum protzigen Spießerpalast. Auf Naturstein getrimmte Mauern ums Grundstück, am kleinen Gartentor ein monumentales goldschimmerndes Messingschild, groß genug für ein Staatsgebäude in Berlin: Dr. jur. h.c. Vogel. Und als idealer Gegensatz dazu an der Haustür eine kleinkitschige bayrische Holzschnitzerei: Haxen abkratzen! Der Mercedes mit Ostnummer vor der Tür. Im Büro ein Marx als Schrumpfkopf und das dicke westdeutsche Bürgerliche Gesetzbuch im wilhelminischen Eichenschrank mit Löwentatzen. In der Vase mit Zettelchen ein Blumengruß aus Stuttgart.

Rechtsanwalt Vogel überraschte mich mit einer Neuigkeit. Es sei entschieden, dass Faust in den Westen kommt. Allerdings erst, nachdem die Hälfte der Strafe abgesessen sei. Und bis dahin müsse alles ruhig bleiben! »Weder Sie noch ich, noch ein Dritter kann helfen … Nur der Staat kann!«, sagte Vogel. »Aber keine Öffentlichkeit! Stille hilft dem Betroffenen am besten!« Vogel wusste, was er forderte. Ich sagte: »Was Sie machen, ist vielleicht im Interesse Ihrer Mandanten – aber vom Staat her gesehen ist das Menschenhandel.« Und zu meiner Verblüffung erwiderte Vogel kalt: »Ja.« Log er nun mit einer Wahrheit? Ich fragte: »Warum wird Faust verurteilt, wenn schon entschieden wurde, dass er gehen darf?« – »Tja«, sagte

Dr. Vogel, »das ist eben Staatsräson!« Ich starrte ihn verwundert an. »Herr Biermann«, sagte er, »ich achte ja Ihre Motive, aber Faust ist nun mal fest entschlossen, die DDR zu verlassen.« Und dann lächelte er und sagte: »Wir beide, Sie und ich, Herr Biermann, sind vielleicht diejenigen, bei denen am sichersten auszuschließen ist, dass sie in den Westen wollen« – und lachte sich über diesen Witz in den eigenen Hals. Vogel arbeitete dafür und lebte davon, dass er Faust und andere in den Westen verkaufte, und ich dichtete dafür und lebte ja mit den Tantiemen der AWA auch davon, dass Menschen wie Faust in der DDR blieben. In meinem Lied mit dem Refrain: »Ich möchte am liebsten weg sein und bleibe am liebsten hier«, ist das Dilemma, in dem wir alle lebten, auf den dialektischen Punkt gebracht: beides am liebsten! Abhaun und dableiben.

Auch Volker Braun bewunderte diesen plebejischen Nachfahren des Doktor Faustus, und er wollte gern helfen. Er versprach, sich beim Rechtsanwalt des Schriftstellerverbandes in Dresden für Faustens Rehabilitierung einzusetzen. Aber, wie es salopp heißt: Das Ding war gelaufen. Und Faust saß in der Falle.

***

Im Ersten Programm des Westfernsehens lief im Mai 1974 Peter Laudans Film »Wolf Biermann – Dichter und Sänger«. Das erste Mal eine große Sendung über mich zu einer Uhrzeit, zu der DDR-Bürger noch wach waren. Es hagelte nach der Sendung Anrufe. Wildfremde Menschen waren so mutig oder naiv, klingelten mich an und drückten mir ihre Zustimmung aus. Mich freute das natürlich, aber den Herrschenden konnte es nicht gefallen.

Der Offenbach-Preis war mir inzwischen in Abwesenheit in Köln verliehen worden. Das PEN-Präsidium hatte Staatssekretär Löffler zu einem Gespräch über Biermann eingeladen, Stefan Heym erzählte mir davon. Auch das Präsidium des Schriftstellerverbandes sollte sich mit dem Fall Biermann beschäftigen. Mein Freund Günter Kunert war beauftragt, mit Kollegen im Mitteldeutschen Verlag eine Anthologie zum Thema Chile herauszubringen. Er wollte darin meine »Ballade vom Kameramann« aufnehmen. Beim Putsch des Militärs in Chile 1973 hatte ein schwedischer Kameramann seinen eigenen Mörder gefilmt. Die Filmsequenz zeigt:

Der Mann mit seiner Kamera wird von einem Soldaten ins Visier genommen. Der Soldat zielt mit dem Gewehr, der Kameramann mit der Kamera – dann reißt der Film ab. Aus dieser unerhörten Begebenheit baute ich mir eine lupenreine antifaschistische Ballade. Aber auch dieses Lied wollten die Verantwortlichen nicht in der DDR veröffentlicht wissen. Genosse Hager im Politbüro und der Minister für Kultur Hoffmann stimmten darüber demokratisch und einstimmig ab, dass die Biermann-Ballade nicht in die Anthologie aufgenommen wird. Allen Schriftstellern sollte damit klargemacht werden: Biermann, no way! Christa Wolf hatte die Schnauze voll. Empört trat sie aus dem Redaktionskollegium der Anthologie aus. Da die Entscheidung außerhalb des Gremiums gefallen war, schrieb sie, sehe sie keinen Sinn mehr darin, ihre Meinung einzubringen.

Die Küsse meiner Bylle hatten eine Folge, sie war schwanger. Wir erwarteten unser Kind im nächsten Mai. Ich dichtete mir mein altes Herzeleid mit der Nomenklatura-Tochter von der Seele, ich baute mir meine große »Bibel-Ballade«. Ein Zitat aus dem Buch des Propheten Micha, eine böse Warnung vor der Liebe: »Bewahre die Tür deines Mundes vor der, die in deinen Armen schläft«, und ein Gegenzitat zur Verteidigung der Liebe aus dem Prediger Salomo: »Darum ist ja besser zwei als eins. … Auch wenn zwei beieinander liegen, wärmen sie sich; wie kann ein Einzelner warm werden? Einer mag überwältigt werden, aber zwei mögen widerstehen.« Ich wollte mit solchen liebesbrandneuen Liedern eine LP über das ewige Thema herausbringen. Heute würde ich spotten: Liebe in den Zeiten der stalinistischen Cholera.

Der Winter kam, der Frühling. Ich lebte nun für ewig mit Bylle. Und wie im Grimm'schen Märchen vom Machandelbaum wuchs unser Sohn unter ihrem Herzen: »… een Kind so rood as Blood un so witt as Snee!« Alles sollte gut werden. Doch plötzlich kam Tine zu mir zurück und wollte nun doch mit mir leben. War das nun die Liebe? Die ihre? Die meine? War ich der abgelegte Liebhaber, der die Trophäe im Kampf gegen die Bonzenkaste zurückerobert hatte? Ging unsere Tragödie als Farce, als sozialistisches Volksstück weiter? Ich kann es nicht mehr auseinanderhalten. Ich weiß nur die prekäre Wahrheit: Wir fielen wieder ineinander. Nun stand ich und lag zwischen den beiden Frauen, denn ich konnte, wollte, durfte auch Bylle nicht im Stich lassen.

Im Mai 1975 kam unser Sohn Felix zur Welt. Was'n schöner Zufall: Genau dreißig Jahre nach dem Tag der Befreiung, am 8. Mai, befreite er sich selbst. Und er kam nicht zerknautscht und gedetscht ins Offene, so wie andre Neugeborene. Felix hatte von Anfang an ein feingeformtes Menschenantlitz, sanft und großäugig blickte er in die Welt. Der Frühling stand in großer Blüte, und ich brachte der jungen Mutter einen blühenden Apfelzweig ins Krankenhaus. Ich dachte, sagte es aber nicht: Wir feiern das neue Leben, doch aus diesen weißen Blüten in der Vase der Klinik in Rüdersdorf werden keine Äpfel mehr wachsen.

Für die Liebeslieder-Platte übte ich meine neuen Lieder zur Gitarre und sang sie dann über die Sennheiser-Mikrophone aufs 38er-Tonband der Revox-Maschine. Im Programm auch ein liebeskümmerliches Kuckuck-Lied für Tine. Grad als ich das aufnahm, besuchte mich mein Freund Reiner Kunze aus Greiz. Er hörte sich interessiert dies und das an. Als er das Lied vom Kuckuck gehört hatte, in dem es heißt: »Der Kuckuck hat gelogen / und du hast mich betrogen / und dich, mein Lieb, dazu«, sagte er komisch weihevoll: »Schön, Wolf, sehr schön deine neuen Lieder. Wirklich schön.« Und dann mit sächsischem Pathos: »Aber dein Guggugsliet, tas pleipt!« Ich überlegte: Und was ist mit meiner Bibel-Ballade? Bleibt die etwa nicht? Und du, Kunze, was pleipt von dir? – Inzwischen weiß ich, dass von Kunze mehr bleibt, als ich mir damals einbildete. Allein schon sein scharfsinniger Aphorismus pleipt: »Der Dichter duldet keine Diktatoren – neben sich!«

Auf der Liebeslieder-Platte, die Ende 1975 bei CBS veröffentlicht wurde, findet sich auch ein praktisches Mehrzweckliedchen für Liebespaare, das »Einschlaf- und Aufwache-Lied«. Es stammte noch aus der Zeit unseres Honeymoons vor der Trennung. Tine sang es nun mit mir zusammen, als wäre nix gewesen. Wir lebten in der Chausseestraße, eine wieder zusammengeflickte Liebe. Und Bylle lebte mit unserem kleinen Felix in Jena. Nicht einfach, für keinen von uns.

Einfach auch nicht für Tines Vater, denke ich. Er berichtete in Aussprachen mit seinen Genossen in der Staatssicherheit über seine Tochter, er besprach seine nächsten Schritte, er schöpfte Tine ab nach Informationen über unser viel zu kompliziertes Leben. Im MfS-Maßnahmeplan vom Mai 1975 heißt es: »Zielrichtung: Laufende offensive politisch-operative Einflussnahme im privaten Bereich durch IM der KD Pankow und Friedrichshain, an der HU durch die Verwaltung Groß-Berlin, Abt XX und IM der HA XX/1 mit dem Ziel, sie politisch und persönlich von Biermann zu trennen. Dazu Einbeziehung des Vaters der Barg über die Abt. XVIII der Verw. Gr.-Bln.« Tine sollte unter Druck gesetzt werden. In einer Seminar-Versammlung an der Humboldt-Uni wurde ihr schärfstens untersagt, »Machwerke von Biermann« unter die Studenten zu bringen. Die Genossen der Medizinischen Fakultät bestellten ihre politisch verdorbene Studentin ein. Das hieß im Klartext, ihr drohte die Exmatrikulation. Das Disziplinarverfahren endete mit einem Verweis.

Robert Havemann machte sich Sorgen, nun aber nicht um seine Tochter, sondern um Tine. Und er hatte Recht. Ich geriet in eine Kreidekreis-Konstellation mit den Herrschenden, in der nicht ein Kind zerrissen wird, sondern diese junge Frau. Robert gab mir den Rat, Tine schnellstens zu heiraten. Er war der Meinung, dass wahrscheinlich der Name Biermann sie beschützen würde. Bylle, fand er, sei durch den Namen Havemann genug geschützt. »Du wirst es sehn, die lassen Tine in Ruhe! Diese Trottel im Politbüro rechnen sich das aus, die haben Schiss vor dem Skandal drüben. Das wäre politische Sippenhaft, ein Fressen für die Westpresse!« Das leuchtete mir ein. Tine und ich heirateten im Standesamt am Alexanderplatz. Und auch in Tines Bauch wuchs inzwischen ein Kind. Roberts Rechnung ging auf – so prompt, dass wir lachen mussten. Fortan ließ man uns in Ruhe.

In Jena studierte Bylle 1975 zusammen mit Jürgen Fuchs und dessen Frau Lilo das Fach Sozialpsychologie. Bylle wohnte mit unserem Söhnchen Felix in der Dachkammerbude Lutherstraße 25, für die eigentlich Jürgen Fuchs einen Mietvertrag hatte. Immer, wenn ich für'n paar Tage nach Jena kam, spielte die örtliche Stasi noch verrückter als in der Hauptstadt. Provinzlerpanik. Ich notierte mir zehn originale Autonummern der »Firma« und baute mir daraus einen Refrain für ein aggressives Spottlied auf den allmächtigen Boss vom VEB Carl Zeiss Jena, Kombinatsdirektor und Mitglied des ZK der SED, Genossen Wolfgang Biermann. Der Titel:

»Jenaer Memfis-Fanclub-Blues«. Memfis war der lautmalerische Spottname für das MfS, das Ministerium für Staatssicherheit. Ich hatte auch in Jena immer zufällig die Gitarre und neue Lieder dabei, denn ich traf nirgendwo sonst ein so widerspenstiges Völkchen wie in dieser thüringischen Provinz – renitente junge Arbeiter aus dem Zeiss-Jena-Kombinat, neugierige Studenten, dekadente Maler und widerborstige Dichter wie Lutz Rathenow.

Jürgen Fuchs wurde in diesem Jahr wegen seiner kritischen Texte aus der SED ausgeschlossen. Seine Diplomarbeit war bereits mit »sehr gut« bewertet, trotzdem wurde Jürgen auch noch vom Disziplinarausschuss der Friedrich-Schiller-Universität Jena zum »Ausschluss von allen Universitäten, Hoch- und Fachschulen der DDR« verurteilt. Damit war er zwangsexmatrikuliert. Eine Arbeit als Psychologe war ihm also verwehrt. Jürgen und Lilo wollten aus Jena weg. Ich lieh mir aus der Werkstatt meines Freundes Mölke einen einachsigen Anhänger aus, der Umzug ging ruckzuck, mit Sack und Pack. Ich transportierte Jürgen und Lilo und das Töchterchen Lili und die vielen Bücher, die wenigen Klamotten und den studentischen Hausrat in einem Rutsch von Jena nach Berlin, genauer: nach Grünheide. Robert hatte der gebrandmarkten kleinen Familie das alte Holzhäuschen im Garten als Bleibe angeboten. Dieser Coup war von Vorteil auch für uns. Der junge Fuchs war nun mit Robert und mir der Dritte im Bunde. Die politische Botschaft war: Hier verbünden sich drei Generationen.

***

In Spanien ging's im Herbst 1975 mit dem alternden General Franco und seinem faschistischen Regime zu Ende. Was die Revolution nicht geschafft hatte, erledigte die Biologie. Die DDR wollte auf Teufel komm raus als souveräner deutscher Staat anerkannt werden, auch durch westliche Staaten. Also hatte das SED-Regime schamlos fix, sogar noch vor dem Bonner Klassenfeind, mit dem bis dato geächteten faschistischen Spanien unnormal normale diplomatische Beziehungen aufgenommen. Allerhand verschiedene bundesdeutsche Linke wollten der verhassten Franco-Diktatur nun auch noch einen eleganten Todesstoß aus gesicherter deutscher Entfernung verpassen, schnell bevor der greise Mörder sich gemütlich im Sterbebett davonstahl. In Spanien waren gegen mehrere politische Gegner Francos Todesurteile verhängt worden. Jakob Moneta, Chefredakteur der IG-Metall-Zeitungen, auch ein paar Freunde des Club Voltaire organisierten das »Solidaritätskomitee für die spanischen Antifaschisten« in Frankfurt am Main. Das Komitee lud mich zu einer Veranstaltung am 19. Oktober '75 ein, die als Protestkundgebung gegen die Terrorurteile geplant war. Rudi Dutschke sollte dabei sein, der DKP-Barde Dieter Süverkrüp und eine baskische und eine spanische Singegruppe.

Ich rechnete damit, dass die DDR-Bonzen mich nicht fahren lassen würden. Dennoch beantragte ich aus Daffke beim Ministerium für Kultur in der Moltkestraße eine Reisegenehmigung. Und zu meiner Verblüffung traf mich von oben prompt das feudalsozialistische Ja. Am 13. Oktober wurde ich telefonisch aufgefordert, zur Ausstellung meiner Reisedokumente ins Ministerium zu kommen. Sofort informierte ich Jakob Moneta telegraphisch, rief Ingrid Krüger in West-Berlin an. Rudi Dutschke kam zu mir rüber nach Ost-Berlin, er war völlig aus dem Häuschen vor Freude. Wir besprachen den Ablauf des geplanten Abends. Der Journalist Jörg Mettke wollte eine Ankündigung im *Spiegel* bringen. Am Tag darauf rief Daniel Cohn-Bendit an. Die Veranstaltung sei in die größere Stadthalle in Offenbach verlegt worden. Es habe eine offizielle Pressekonferenz gegeben, in der das Komitee mitgeteilt habe, dass Biermann nach Offenbach kommen würde. Innerhalb von fünf Stunden seien tausend Karten verkauft worden. Das Geld für die Übertragung im westdeutschen Fernsehen, für die mein Freund Peter Laudan vom WDR zuständig war, sollte auf ein Solidaritätskonto gehen.

Ich war überrumpelt, war überglücklich und ansonsten in höchster Verlegenheit. Was denn sollte, was konnte ich als gelernter DDR-Dissident Brauchbares liefern zum exotischen Thema Spanien und Franco-Faschismus? Bis zum Auftritt blieben mir noch vier Tage Zeit. In zwei Tagen wollte ich aber bereits in den Westen reisen. Ich kannte und liebte natürlich die herzzerreißenden Kampflieder aus dem Spanischen Bürgerkrieg, gesungen von Ernst Busch. Gewiss, ich hatte ein Lied über den spanischen Kommunisten Julián Grimau geschrieben, der 1963 von Francos Schergen hingerichtet worden war. Ich hatte auch meine neue Ballade in petto über den Kameramann in Santiago de Chile. Nicht schlecht, aber zu wenig für einen Auftritt in Offenbach! Also setzte ich mich hin und reimte und komponierte mir in einem Furor poeticus, ja, wie ein »Held der sozialistischen Arbeit«, noch zwei neue Lieder und erarbeitete mir ein spanisches Liedgut-Programm. Doch als ich am 17. Oktober im Ministerium meinen Reisepass mit dem Visum für die Dienstreise nach Frankfurt abholen wollte, eröffnete mir ein Beamter: »Herr Biermann, ich habe den Auftrag, Ihnen mitzuteilen, dass Ihre Reise nicht genehmigt werden kann. Mehr kann ich dazu nicht sagen.«

Bestürzt, vor den Kopf gestoßen, lief ich nach Haus und rief bei Rudi an. Und wieder kam er sofort, zusammen mit Thomas Höpker, dem Fotografen vom *Stern*. Ich verfasste eine Erklärung. Meine Freunde wollten dafür sorgen, dass wenigstens diese Erklärung rechtzeitig in Offenbach ankam. Sie wurde auf der Veranstaltung verlesen. Darin schrieb ich unter anderem:

> Ich halte dieses neuerliche Verbot für eine provokante Brüskierung aller Kommunisten und Antifaschisten, die diese Großveranstaltung in Offenbach gegen das Franco-Regime vorbereitet haben. Diese grobe Missachtung wird viele Sozialisten in der DDR und in Westdeutschland erbittern. Anderseits werden die für diesen Willkürakt Verantwortlichen gezwungen sein, ihre Maßnahme vor sich und der Öffentlichkeit zu rechtfertigen, indem sie die Diffamierungen gegen mich neu aufkochen lassen. Und sie werden sich womöglich gezwungen sehen, den Protest gegen diesen kalten Kulturkrieg durch Maßnahmen niederzuhalten, vor denen ich allen Grund habe, mich zu fürchten. Ich halte es für angebracht, bei dieser traurigen Gelegenheit öffentlich zu machen, dass mir vor gut einem Jahr, am 4. Mai 1974, der Staatssekretär Löffler im Ministerium für Kultur das üble Angebot übermittelte, ich solle die DDR verlassen. Ich habe die feste Absicht, in der DDR weiterzuleben, mein Verhältnis zu diesem Staat ist gekennzeichnet durch kritische Solidarität … Ich halte die DDR trotz aller Widrigkeiten und trotz aller Schwierigkeiten in meinem persönlichen Schicksal für den besseren deutschen Staat. – Berlin, Chausseestr. 131, Wolf Biermann.

Was war passiert? Wie sollte ich mir diese hektische Kehrtwende erklären? Doch nur so: Die Oberen hatten gehofft, dass ich mit meinen normalen DDR-Liedern in den Westen fahre und ausgerechnet auf dem antifaschistischen Spanien-Kongress antistalinistische Spottgesänge gegen den roten Drachen in Ost-Berlin grölen würde. Das wäre ein idealer Anlass gewesen, mich – wie auch immer – zu ächten. Viele Linke im Westen, auch die Freunde im Osten hätten beschämt zugeben müssen, dass es nicht grade taktvoll und tapfer ist, ja sogar eine Infamie, den westdeutschen Friedensfreunden und Kämpfern gegen den spanischen Faschismus in den Rücken zu fallen mit meinem familiären DDR-Streit. Nun aber hatte ich ein lupenreines Anti-Franco-Liederprogramm auf der Pfanne. Für solch einen sauberen Antifa-Auftritt konnten sie mich, schon aus ideologischen Zweckmäßigkeitsgründen, nicht öffentlich maßregeln. Meine Reise wäre für die DDR-Obrigkeit ein propagandistischer Rohrkrepierer geworden.

Die Wunden wollen nicht zugehn, unter dem Dreckverband

Volker Böricke. Konzert in Prenzlau. Einladung nach Köln.

Siegmar Faust saß nun schon gut eineinhalb Jahre im Gefängnis. Im Februar 1976 steckte uns seine Frau Martina über einen Boten seinen brisanten Kassiber zu: »Tina! Wenn mich nicht bald etwas rettet, kratze ich ab. Ich möchte mit jedem Polit-Häftling Chiles oder Spaniens tauschen. Terror, Folterungen, Repressalien, Schikanen werden immer schlimmer. Warum läßt sich hier keine Uno-Kommission sehen? Laßt alle Glocken läuten! Ich friere, muß hungern, habe Seh-, Herz-, Kreislauf- und Schlafstörungen und verblöde langsam, aber sicher. Habe ja nun schon über 23 Monate Einzelhaft und 63 Tage Folterarrest kennengelernt. Was noch? Wofür? Entreißt mich diesen Menschenmördern. Euer Faustus.«

Als ich von ihr hörte, was Siegmar in der »Sonderbehandlung« durchlitt, merkte ich mal wieder, was für'n Glückskind ich bin. Robert und ich ließen diesen herzzerreißenden Hilferuf nach Westdeutschland schmuggeln und sorgten dafür, dass er veröffentlicht wurde. So einflussreich waren wir. Und doch waren wir machtlos.

Ich schrieb mir eine lebensdralle Ballade vom heimlichen Aaleräuchern am Achterwasser auf der Insel Usedom. Eine fröhliche Fress- und Sauf- und Liebesidylle im Stile des schwedischen Dichters Carl Michael Bellman mitten im Realsozialismus, aber als unerwartet brutale Pointe baute ich den gefolterten Freund Faust in das Gedicht ein. Und Robert schrieb an seinen einstmaligen Knastkameraden im makellosen Parteiton: »Lieber Genosse Erich Honecker ...« Es wirkte. Siegmar Faust wurde, wie Anwalt Vogel vorausgesagt hatte, nach fast zwei Jahren Haft im März '76 entlassen, aber – und zu meiner Freude – in die DDR. Etliche Freunde kümmerten sich um ihn. Er wohnte erst mal bei mir in der Chausseestraße. Und er brauchte eine Arbeitsstelle, damit er nicht mit Zwangsarbeit bedroht werden konnte als »asoziales Element«. Ausgerechnet ich, der arbeitslose Staatsfeind, stellte den Faust nun pro forma an als meinen Privatsekretär – verdrehte Welt!

In diesen bewegten Tagen kam im April '76 Benjamin, Tines und mein Sohn, zur Welt. Hinter einer Scheibe zeigte mir die Hebamme in der Charité unser Kunstwerk. Das liebe Knautschkind wurde von Tag zu Tag schöner. Der Kleine schlief in meiner alten Bauernwiege aus dem Vogtland. Als unter unseren Fenstern auf dem Weg zur 1.-Mai-Militärparade die Friedenspanzer vorbeidonnerten, da klirrten die Gläser in der Küche. Das mächtige alte Eckhaus zitterte so stark, als ob es sich erinnerte an die Bombardements der Alliierten im Zweiten Weltkrieg. Mehr Inspiration kann man nicht verlangen! Ich dichtete für meinen vierten Sohn ein subversives Morgenliedchen:

> Gutn Morgen, gutn Morgen, gutn Morgen Erster Mai!
> Wir sind froh, alle drei! Benjamin schluckt Busenbrei,
> Tine löffelt Haferbrei, Wolf sein Vierminutenei,
> Panzer, Bier und Blechschalmei, da unten rollt der Krieg vorbei.
> Gutn Morgen! Wir sind froh, alle drei!

Im Mai 1976 besuchte mich eine Frau, eine Augenärztin aus Dresden. Sie hatte sich irgendwie meine Telefonnummer besorgt, wir kannten uns nicht. Gebündeltes Elend. Die Frau weinte. Es weinte wütend und weinte ratlos aus ihr raus. Sie berichtete von ihrem Sohn, der für ein einziges Biermann-Gedicht teuer bezahlen musste. Am sechsten Jahrestag des Einmarsches der Warschauer-Pakt-Armeen in die Tschechoslowakei, genau am 21. August 1974, hatte der siebenundzwanzigjährige Augenarzt in Dresden mein Hoffnungsgedicht aus der Zeit des Prager Frühlings abgetippt: »In Prag ist Pariser Commune«. Volker Böricke hatte zwei mal fünf

Durchschläge in seine Schreibmaschine gehämmert und diese als Flugblätter auf der Straße und in der Akademie für ärztliche Fortbildung verteilt. Er hatte offensichtlich den Ehrgeiz, einigen Untertanen in Dresden auch politisch die Augen zu öffnen. Zu dieser Tat angestachelt hatten Böricke seine Erlebnisse als Lagerarzt im Zivilverteidigungslager Wilhelmsthal bei Eisenach, wo er an die fünfhundert Studentinnen zu betreuen hatte.

In der DDR wurden junge Männer zum obligaten Wehrdienst und während des Studiums als Reservisten eingezogen. Für Frauen gab es die ZV-Lager, die Teil einer militärischen Ausbildung zur Zivilverteidigung waren. Alle Studentinnen im zweiten Studienjahr mussten sich dieser Schulung unterziehen. Das ZV-Lager war ein Kasernenhof. Streng militärisches Grußreglement, Betten bauen, Essen fassen. Ausbildung in Erster Hilfe und Evakuierungsmaßnahmen. Bis zu zwölf Stunden Drill am Tag, inklusive Marschieren in Gasmasken und ABC-Schutzanzügen. Lückenlose Tagesordnung. Den jungen Arzt empörten nicht nur die hygienischen und medizinischen Bedingungen, sondern auch die preußischen Kommiss-Rituale.

Zehn Zettelchen in Dresden, im düsteren »Tal der Ahnungslosen«, wie die Elbestadt und ihre Umgebung spöttisch genannt wurden, weil dort kein TV oder Radio aus dem Westen, sondern nur DDR-Wellen zu empfangen waren. »In Prag ist Pariser Commune, sie lebt noch!« – mein Jubelgesang auf den Prager Frühling wurde teuer für den jungen Mann. Mielkes Menschenfänger stürzten sich mit Jagdeifer in die Hatz. Die Genossen schnüffelten unermüdlich nach dem Verbrecher. Ganz so einfach fanden sie Böricke allerdings nicht, der junge Arzt geriet erst spät in den Kreis der Verdächtigten. Dann aber wurde er durch eines seiner Haupthaare sowie durch einen Fingerabdruck identifiziert. Ein gutes halbes Jahr nach der Tat, am 3. März 1975, wurde er verhaftet. Erst am 6. November desselben Jahres kam es – wie immer unter Ausschluss der Öffentlichkeit – zur Urteilsverkündung. Böricke kassierte dreieinhalb Jahre Gefängnis wegen staatsfeindlicher Hetze nach Paragraph 106 sowie nach Paragraph 108, also auch wegen staatsfeindlicher Hetze im besonders schweren Fall, Hetze gegen ein sozialistisches Bruderland. Seine Schreibmaschine und sein Trabant wurden, wie üblich, als »Tatwerkzeuge« konfisziert.

Auch Häftling Böricke sollte 1976, nach dem Absitzen seiner halben Haftzeit, an die Bundesrepublik verkauft werden. Aber dieser Sturkopf verweigerte in seiner Zelle die Unterschrift unter den Antrag auf Entlassung aus der Staatsbürgerschaft der DDR. Übermütig war er nicht, wohl aber sanft-mutig, er war eben ein tapferer kleiner Zwei-Meter-Riese. Er bestand darauf, nur in die DDR entlassen zu werden. Ein unerwarteter Sonderfall, eine ungewohnte Provokation. Ein doppelter Schaden drohte den Obergenossen: Viel schlimmer noch als der Verlust des Kopfgeldes war die Unruhe, die das verführerische Beispiel solch eines halsstarrigen Dableibers verursachte. Seine Bewacher steckten den Querulanten zur Belehrung für einundzwanzig Tage in den nassen Keller. Das war im DDR-Knast Standard: Holzpritsche, eine dünne Armeedecke, mittags eine lauwarme Wassersuppe mit keinem Fettauge und zwei Nudeln, dazu trocken Brot. Und als Nachtisch den sächsischen Spott: »Herr Pörigge, mir sin hier keen Luxushoddell!«

Nach dieser Einundzwanzig-Tage-Lektion durfte der Häftling für einen Tag zurück in die Zelle, mit normaler Knast-Vollverpflegung. Da dem jungen Arzt diese Sonderbehandlung offenbar noch nicht geholfen hatte, geriet er gleich noch mal für drei Wochen in den verschärften Arrest – in die Kälte, in die Finsternis, in den Hunger. Bei der Urteilsverkündung, erzählte mir nun Böríckes Mutter, hatte sie dabei sein dürfen, nicht aber bei der Urteilsbegründung. Ihr Sohn wiege nur noch knapp über fünfzig Kilo. Sie sagte: »Ich kenne mein Kind, Volker wird nicht nachgeben.« Die Frau bat mich um Hilfe, und hilflos, wie ich war, versprach ich ihr Hilfe.

Ich beriet mich mit Freunden. Ich hatte der Frau gegenüber den Mund zu voll genommen. Was konnte ich schon helfen? Ich dachte über eine Selbstanzeige nach. Immerhin war ich ja der Verfasser des Gedichtes. Ich beschloss, an den Generalstaatsanwalt Dr. Josef Streit zu schreiben, in Form einer sogenannten Eingabe. Eingaben sollten eine Möglichkeit für Bürger sein, eine Beschwerde oder einen Hinweis bei der Obrigkeit einzureichen, sei es im volkseigenen Betrieb, sei es bei den Behörden. Nach dem Gesetz über die Bearbeitung solcher Eingaben, kurz Eingabengesetz, waren die zuständigen Stellen zu einer Antwort verpflichtet. Entscheidungen waren gemäß Paragraph 7 spätestens innerhalb von vier Wochen vorzunehmen. Also hämmerte ich in meine Erika-Schreibmaschine einen Brief:

> Sehr geehrter Herr Generalstaatsanwalt!
> Am 3. März 75 wurde der junge Arzt Volker Böricke in Dresden verhaftet und am darauffolgenden 6. November in einem Prozeß unter Ausschluß der Öffentlichkeit zu 3 ½ Jahren verurteilt. Diese Strafe wurde für eine Tat verhängt, die nach Artikel 27 der DDR-Verfassung (Recht auf freie Meinungsäußerung) unmöglich eine Straftat sein kann. … Vollends als eine Verletzung der sozialistischen Gesetzlichkeit erweist sich dieses Urteil aber, wenn Sie bedenken, daß ich, der Autor, dieses inkriminierte Lied 1968 in meinem Buch »Mit Marx- und Engelszungen« veröffentlicht habe. Bis heute wurde ich deswegen strafrechtlich nicht verfolgt.
> Ich wende mich an Sie mit der Bitte um die sofortige Freilassung des Volker Böricke. Betrachten Sie bitte diesen Brief als eine Eingabe, mit der ich darüber hinaus die Aufhebung des gegen Volker Böricke erlassenen Urteils fordere. Sollten Sie aber, Herr Generalstaatsanwalt, zu der Auffassung kommen, daß Volker Böricke zu Recht verurteilt wurde und seine restlichen 2 ½ Jahre absitzen muß, so werde ich Sie öffentlich auffordern, gegen mich ein Strafverfahren zu eröffnen. Bei dieser Gelegenheit kann dann geklärt werden, ob die Verbreitung meines Liedes in der DDR strafwürdig ist.
> Hochachtungsvoll, Wolf Biermann

Immerhin hatte Josef Streit den Ruf eines alten Kommunisten, der im KZ gesessen hatte. Das Schreiben wollte ich lieber gleich selbst abliefern und bei dieser Gelegenheit ein Gespräch mit dem hohen Herrn versuchen. Ich fand im Telefonbuch die Adresse der DDR-Generalstaatsanwaltschaft. Wie bequem, dachte ich, gleich umme Ecke in meinem vertrauten Kiez! Ich setzte mich mit dem Brief ins Auto, fuhr kurz die Chausseestraße lang, dann links in die Invaliden-, gleich wieder links in die Hermann-Matern-Straße, Richtung Unter den Linden. Ich fuhr vorbei an der Akademie der Künste, dann weiter am Zaun der Charité entlang, links die alte Volkskammer, rechts der Künstlerclub »Die Möwe«. Und immer hinter mir, wie gewohnt, ein Auto der Staatssicherheit. Ich sah drei Typen in einem grauen Mercedes mit Ost-Berliner IA-Nummer. Für mich war diese Begleitung normal.

Der Brief lag rechts neben mir auf dem Beifahrersitz. Ich fuhr jetzt immer langsamer, suchte die Nummer 34. So fand ich das Staatsgebäude, ein Granitkoloss aus der Kaiserzeit links vor der Spree. Keine Passanten, auch nicht am Schiffbauerdamm, kein Lastauto, kein Fahrrad, kein Personenwagen vor mir, kein Mensch. Es war halt tote Hose, so direkt am Todesstreifen nah der Mauer. Ich fuhr lässig rechts ran. Auf der anderen Straßenseite am Portal das gesuchte Behördenschild: Generalstaatsanwaltschaft. Ich stellte den Motor ab, griff nach dem Brief, öffnete die Wagentür. Und als ich mit einem Bein schon halb auf der Straße stand, zwischen Tür und Angel, da raste an mir der graue Mercedes so nah vorbei, dass er den Stoff meiner Jacke touchierte. Wäre ich zehn Zentimeter weiter gewesen, ach was! drei Zentimeter, wäre ich weggeschmettert und zermatscht worden.

Im Schock sackte ich zusammen. Ich hatte dieses Auto, das sich in ein Blechgeschoss auf vier Rädern verwandelt hatte, in der Aufregung einfach vergessen. Jetzt sah ich nur noch die Bremslichter der Stasikiste aus der Produktion des Klassenfeinds, die – wie in einem Hollywood-Krimi – etwas abgehoben über den Katzenbuckel der Marschallbrücke Richtung Brandenburger Tor flog.

Ich hatte mir auf der kurzen Autofahrt ein paar starke Worte für die Intervention beim Staatsanwalt zurechtgelegt, frei nach Friedrich Schiller à la Don Carlos: »Sire, geben Sie Gedankenfreiheit!« Doch nun hing ich, mit der Linken an die Autotür gekrallt, wie ein angstschweißnasser Sack. Der Brief zerknüllt in meiner rechten Faust am Lenkrad. Langsam rappelte ich mich auf, ging über die Straße, drückte das schwere Portal auf, betrat den dunklen Vorraum und ging zur Pförtnerloge. Ein Uniformierter hinter der Glasscheibe. Ich legte den zerknitterten Brief in die Durchreiche, tappte wie ein taubstummer Bote zurück zu meinem Shiguli.

In gleichmäßiger Zeitlupe fuhr ich jetzt wie ein angesoffener Anfänger ohne Fahrerlaubnis links die Linden runter, dann am Alex rechts in die Karl-Marx-Allee und von da ab immer gradeaus über Lichtenberg, immer raus aus der Stadt. Ich brauchte lange für die vierzig Kilometer nach Grünheide. So kam ich aufgewühlt bei

Robert Havemanns Bungalow in der vertrauten Burgwallstraße an. Mein Freund saß gutgelaunt mit einem Glas Wein auf der Terrasse hinterm Haus. Der Kuckuck aus meinem Kuckuckslied, er rief und rief in die märkische Landschaft am Möllensee. Robert holte für mich ein Glas aus der Küche: »Was gibt's Neues?« Ich antwortete, als käme ich aus der Unterwelt: »Du, Robert ... die wollten ... mich eben grad ... umbringen!« Der alte Witzeerzähler nahm es wie einen Witz und lachte: »Na, na, wieso, Wolf? Was war denn?« Ich rappelte ihm die Kurzfassung runter: meinen Brief an den Staatsanwalt, die Horrorszene mit den drei Stasileuten im grauen Mercedes, die mich nur um eine Handbreit verfehlt hatten. »Stell dir vor, Robert, wenn ich beim Aussteigen auch nur zwei Sekunden weiter gewesen wäre, dann hätten die mich zermatscht mit hundertzwanzig Sachen. Die hätten ja gar nicht mehr ausweichen können bei dem Affenzahn! Was, sage mir, soll ich jetzt machen?«

Robert füllte die Gläser, wir tranken einen Schluck. Der Kuckuck prophezeite – wie zum Spott – eine endlose Zahl von Lebensjahren. Und Robert sagte zwei Sätze, die ich mir gemerkt habe: »Erstens: Du darfst die Geschichte mit dem Mercedes keinem erzählen, die Leute haben sowieso schon Schiss genug. Und zweitens: Du musst eben besser aufpassen!« Damit war das Problem gelöst. So, liebe Freunde, war mein bester Freund Robert Havemann: freundlich, kaltherzlich, furchtlos. Für ihn waren die Tragödien und Komödien und Farcen mit Freund und Feind und auch in der Liebe wie die Analyse einer Brown'schen Molekularbewegung. Im Privaten wie im Politischen war er unsentimental. Auch das Verrückteste ist rational erklärbar. So wie die Gesetze der Thermodynamik, die er seinen Studenten erklärte, sah Havemann das Hin und Her der einzelnen Menschenexemplare im Streit der Welt. Je heißer die Flüssigkeit im Versuch wird, desto unregelmäßiger die Zickzack-Bewegung der Quanten im Medium. Tja, so einfach! Es gelten die Gesetze der physikalischen Chemie auch im ewigen Freiheitskrieg der Menschheit. Ich ließ es mir gesagt sein, ich brauchte diese Nüchternheit. Ich wusste aber auch, dass diese total rationale Grundhaltung einen kleinen Makel hat: Man kann damit kein einziges gutes Gedicht schreiben.

Ein paar Tage später besuchte ich Stefan Heym und seine neue Frau Inge in Grünau. Häuschen mit Gärtchen für die privilegierten

Intellektuellchen der DDRchen. Ich wollte seinen Rat in der Sache mit Böricke. Heym lag martial-malerisch hingestreckt mit einer Patronentasche aus mexikanischen Armeebeständen vorm Bauch in der Hollywoodschaukel, wie ein pensionierter Sheriff, der sich nicht von seinem Colt trennen kann. Ich war gewappnet gegen seine Schüsse aus der Hüfte, gegen seine ersatzväterlichen Attacken, und hielt ihn mir mit fröhlicher Aggressivität vom Leib. Gegen Roberts Rat erzählte ich ihm von dem Mordversuch in der Matern-Straße, erzählte von dem Dresdner Arzt Volker Böricke und zeigte ihm meinen Brief an den Generalstaatsanwalt.

Heym wieherte vor sich hin und krächzte: »Verhaaaaftet mich! Jaaaa, verhaaaaftet mich!« Ich knurrte: »Das ist die gemütliche Grünauer Lesart.« Inge stand mir bei. Sie beschimpfte ihren Sheriff: »Das steht doch nun wirklich nicht da drin, Stefan! Im Gegenteil! Das find ich sehr mutig und richtig von dem Wolf. Du würdest dich doch genauso verhalten, wenn einer wegen deines Textes eingesperrt wird, oder etwa nicht?« – »Ja, ja, natürlich«, lenkte Heym ein. Und ich dachte: Der Heym ist nur sauer, weil er wohl niemals in eine solche Lage kommt. Wenn irgendein junger DDR-Mensch irgendwas Geeignetes aus einem seiner Romane abgeschrieben und öffentlich verbreitet hätte, dann würde dieser Heym sich sofort distanzieren und bedauern, dass das Zitat aus dem Zusammenhang gerissen sei und missbraucht. Heym ist eben immer beides: etwas zu mutig und viel zu feige. Aber seine Haltung ist in unserem Scheißland schon ein Lichtblick, so dunkel ist es.

Einen Monat später erreichte mich ein Brief aus Dresden. Die Mutter des Volker Böricke schickte mir die Kopie ihres Gnadengesuchs zugunsten des Sohnes, das sie Josef Streit geschickt hatte. Da auf meinen Brief bisher keine Antwort vom Olymp gekommen war, schickte ich eine weitere hilflose Drohung, diesmal mit der Post. Ich setzte den Staatsanwalt davon in Kenntnis, dass ich die Ungesetzlichkeit der Generalstaatsanwaltschaft, mir auf meine Eingabe nicht zu antworten, bis jetzt hingenommen hatte, weil ich den Versuch der Mutter nicht behindern wollte, ihren Sohn auf dem Weg eines Gnadengesuches aus der Haft zu befreien.

Oh Gnade, Gnade, Gnade! Du Mauseloch im Bestiarium des Unrechtsstaates! Unsere Interventionen hatten Erfolg. Die Angst vor dem Skandal im Westfernsehn rettete den jungen Arzt. Er wurde entlassen, vier Monate später, im November 1976. Vor allem aber wurde er so entlassen, wie er es verlangt hatte: Böricke blieb in seiner hassgeliebten Heimat. Seine Geschichte zeigt, wie hochpolitisch, wie gefährlich solche Sonderlinge sind in jedem totalitären Regime. Lästig sind sie – und den Allmächtigen ein Gräuel.

***

Im Sommer 1976 traf ich mal wieder die widerspenstige Sängerin Bettina Wegner. Auch sie hatte allerhand Schikanen der Obrigkeit zu ertragen, aber man ließ sie trotzdem noch ihr bestes Rührstück singen: »Sind so kleine Hände«. Bettina erzählte mir von einem Jugendpfarrer in Prenzlau, dem sie ein Konzert geliefert hatte und der auch mich zu einem Konzert einladen wollte. Ich wehrte ab: »Nur weil ich Streit habe mit meinen reaktionären Genossen, krieche ich doch nicht der reaktionären Kirche unter den Rock!« Bettina ärgerte sich über meine Dummheit – und zu Recht. Sie schimpfte: »Wenn der junge Pastor Schubach den Mut hat, sogar dich auftreten zu lassen, wäre es ja falsch und sogar feige, nicht in der Kirche zu singen. Das sind prima Leute da!« Ich stimmte schließlich zu.

Mein Auftritt war im Rahmen des »Uckermärkischen Kirchentages« für den 11. September angesetzt. Im Programmheft hatte der Pastor das Konzert als »Werkstattabend-Jugendtreff« getarnt. Die politische Wetterlage war gewitterschwül. Blitz-Donner-Wolkenbruch. Kurz zuvor, am 18. August, hatte sich der Pfarrer Oskar Brüsewitz in Zeitz auf dem Marktplatz vor der Kirche verbrannt. Er wollte mit diesem Zeichen seiner devoten Kirchenobrigkeit ein Licht aufstecken. Doch das Gegenteil passierte: Die offizielle Leitung der evangelischen Kirche distanzierte sich umgehend von Brüsewitz. Im *ND* war zu lesen, er sei »ein abnormal und krankhaft veranlagter Mensch, der oft unter Wahnvorstellungen litt. Ihm wurde daher von zuständigen kirchlichen Leitungen mehrfach nahegelegt, einen Wechsel in seinem Amt vorzunehmen.«

Ich wunderte mich damals, dass mich niemand daran hinderte, die hundert Kilometer hoch nach Prenzlau zu fahren. Und ich staunte nicht schlecht, als ich in den riesigen alten Backsteinbau kam. Die St. Nikolai-Kirche gerammelt voll! Ich sang mein Flori-

Have-Lied, ich las Gedichte vor. Ich redete gegen das Abhaun, predigte für das Dableiben. Ich warb für einen wahren Sozialismus, und ich wetterte gegen den realen Antikommunismus unserer unrealistischen Kommunisten in der Parteiführung – na ja, unsere Position damals. Auf den Stufen unter mir hockte eine junge Frau, die mit einem kleinen Kassettenrecorder den ganzen Abend aufnahm. Ich lernte sie erst viele Jahre später kennen: Marianne Birthler. Kopien dieses Mitschnittes kursierten in Kirchenkreisen.

Ich setzte nach dem Konzert noch einen drauf und veröffentlichte im *Spiegel* einen langen Brief an meine Mutter Emma, in dem ich ihr über das Konzert in der Kirche berichtete. Die Ideologiewächter des Regimes waren aufs höchste alarmiert. Das katholische Polen war ein warnendes Beispiel direkt vor unserer Haustür. Die verdorbenen Greise im Politbüro fürchteten eine Verbrüderung zwischen christlichen und marxistischen Träumern, eine explosive Mischung!

Als ich zwei Jahre später eine junge Frau traf, die zur Prenzlauer Gemeinde gehört hatte, erzählte sie mir die Hintergründe des Konzertes. Dem mutigen Pastor hatten nach meiner Singerei drei Stasigenossen eine Lektion erteilt. Sie schlugen ihn im Dunkeln unter einer Brücke zusammen. Und nun erfuhr ich auch noch den kuriosen Grund, warum die Stasi mein Kirchenkonzert damals nicht einfach verhindert hatte. Eine falsche Autofalle auf der Autobahn hätte doch gereicht! Paar Stiche in mindestens zwei Reifen meines Autos – just in time – hätten doch genügt! Die Lösung des Rätsels ist zum Schieflachen: Es gab einen in dieser Kirchengemeinde aktiven Musiker Biermann. Dieser ihnen vertraute Name hatte die Wachsamkeit der Genossen in Prenzlau eingeschläfert.

In jenem Sommer besuchte mich in meiner Höhle Chausseestraße der Dichter Allen Ginsberg. Zusammen mit seinem Lebensgefährten stand er plötzlich vor der Tür. Was 'ne Freude und was 'ne Ehre! Der berühmteste Poet der Beat-Generation aus New York in Berlin-Mitte. Ich erzählte ihm vom Besuch der Joan Baez, fragte ihn nach seinem Freund Bob Dylan. Und ich sang ihm zwei, drei Lieder vor. Er hörte höflich zu, aber dann zog er ein uraltes Tischorgelchen aus der Leinentasche. So'n Instrument hatte ich nie gesehn. Winzig! Mit der Linken presste er das keuchende Blasebälgchen, mit der Rechten fingerte er auf den abgenuddelten Tasten der einen Oktave rum. Zu den Fieptönchen krächzte er sonderbare Dada-Töne. Ich verstand nichts. Und sein Gefährte Peter Orlovsky hörte ihm so tief ergriffen zu, als ob er grade in der Thomaskirche bei Gottes Kantor Johann Sebastian Bach den Blasebalg der großen Orgel treten dürfe. Ein ideales Liebespaar!

Allen Ginsberg war noch ichbesessener als ich. Er kannte mein »Barlach-Lied«. Ich kannte immerhin den Anfang seines berühmtesten Gedichtes »Howl«: »I saw the best minds of my generation destroyed by madness …« Wir waren uns herzlich nah und von Herzen fremd. Welten! Ich schlenderte mit den beiden die Friedrichstraße runter – eine kleine Sightseeing-Tour zu Fuß. Als wir auf der Weidendammer Brücke am preußischen Adler vorbeikamen, machte ich dem Gast aus New York den Mocking-bird. Ich stellte mich direkt vor den gusseisernen Vogel und engeldeutschte: »Look, Allen, when I stand vor diesem Eagle, dann wachsen mir seine Wings aus den Shouldern raus … and you see, I am the Prussian Ikarus!«

Allen war begeistert: »Great!« Er zückte seine Wegwerfkamera und knipste mich in dieser Pose. Dann drückte er mir den Apparat in die Hand und sagte: »Me too!« Also machte ich für ihn den Schnappschuss. Dann drückte er seinem Freund den Apparat in die Hand, der sollte nun uns beide vor dem eisernen Adler fotografieren. Es war ein munteres Happening: Great! Great! Ginsberg und Biermann als Doppeladler auf der Brücke. Ich hatte eine Idee, die war noch greater. Ich schlug ihm vor, dass wir beide einen Poesie-Contest machen. Welches Gedicht wird besser: Prussian Icarus oder Preußischer Ikarus? Auch das fand Ginsberg great. Ich wüsste gern, ob er sein Ikarus-Gedicht damals auch versucht hat. Ich gewiss. Als Allen wieder auf der anderen Seite der Welt war, schrieb ich meine »Ballade vom preußischen Ikarus«. Und ahnte nicht, dass dieses Gedicht mir zu einer self-fulfilling prophecy missriet.

Anhand meiner Stasiakten ist erkennbar: Schon seit Honeckers Machtantritt gab es die Überlegung – und seit 1974 den festen Plan –, mich bei einer herbeizuführenden propagandistisch günstigen Gelegenheit in den Westen zu entsorgen. Mich einfach so stickum einzusperren, das wussten die Genossen, war schwierig geworden. Alle Versuche, mich auszulöschen, hatten nur meine Popularität befördert. Ich war nicht, wie sie gehofft hatten, verdorrt und isoliert, war nicht verbittert, verbiestert und vergessen, im Gegenteil. Das Politbüro schätzte nach Honeckers Machtantritt die Lage realistischer ein. Wer weiß, wie's wirklich war? Ich hatte im Zentralkomitee ja keine Abhörwanzen installiert. Aber Günter Schabowski, der schwer verspätete Verräter, kolportierte mir bei der Vorstellung des Buches »Die Ausbürgerung« im Jahr 2001, dass mit zwei Stimmen Mehrheit, und zwar, notabene, mit den Stimmen der beiden Erichs, beschlossen worden war, mich nicht endlich ein-, sondern doch lieber auszusperren. Sie spekulierten darauf, mit der Ausbürgerungsvariante billiger davonzukommen. Doch auch Honecker und Mielke waren korrekte Bürokraten und hielten sich an Gesetz und Ordnung. Der Ausbürgerungscoup musste nach geltendem DDR-Recht abgesichert sein.

An der Ruhr-Universität in Bochum hatte sich, besonders um die junge Politologin Carla Boulboullé, eine Initiative gegründet, die Unterschriften sammelte, um sich für meine Reisefreiheit einzusetzen: »Freiheit der Meinung! Freiheit der Reise für Wolf Biermann – Biermann nach Bochum!« Im Spätsommer 1976 besuchten mich in Ost-Berlin Jakob Moneta und der Jugendsekretär Bernd Wurl aus dem Vorstand der mächtigen IG Metall. Der Trotzkist Jakob Moneta war damals bekannt als Kopf der »Vierten Internationale« in der Bundesrepublik. Sie war die Fortführung der von Leo Trotzki initiierten »Internationalen Linken Opposition« gegen die Weltfirma Stalin & Co. Damit war Moneta der genuine Todfeind auch der DDR. Doch nach dem Fall der Mauer wurde derselbe Moneta Vorstandsfunktionär der SED-Nachfolgepartei PDS. Nach meiner Erfahrung kann aus einem waschechten Trotzkisten, egal aus welcher sektiererischen Gruppierung, alles werden: ein SPD-Mann, ein CDU-Mitglied, ein fundamentaler Moslem, ein RAF-Terrorist, ein Banker, ein Immobilienhai oder ein Sozialfall, er kann sich sogar umoperieren lassen zur Frau – aber ein Mitglied der stalinistischen Bande wird er nur dann, wenn er es im Grunde immer schon heimlich war.

Moneta und Wurl luden mich zu Konzerten ein, das Ganze im Rahmen eines »Monats der Jugend« der IG Metall. Trotz der enttäuschenden Erfahrungen der letzten Jahre reichte ich wieder einen

Reiseantrag im Kulturministerium ein. Am 25. Oktober rief mich ein hoher Offizier vom Ministerium des Innern, Abteilung Personen- und Ausländerangelegenheiten, an. Er teilte mir mit, dass ich selbstverständlich in den Westen reisen dürfe. Übermorgen solle ich bitte meinen Pass abholen. Ich war baff und angenehm überrascht. Aber auch zutiefst misstrauisch. Eingeladen war ich zu Solokonzerten und nicht, wie im Jahr zuvor, als eine Programmnummer. Was, fragte sich jeder, konnte diese unerwartete Genehmigung meiner Konzerttournee Gutes oder Schlechtes bedeuten? Wollten sie mich wieder reinlegen und erst hoffen und dann doch nicht fahren lassen? Wo lag die Chance? Wo die Gefahr? Natürlich waren wir alle gebrannte Kinder und skeptisch bis an den Rand der Feigheit.

Wir analysierten und spekulierten und kamen zu dem Schluss: Der geschichtliche Wind hatte sich inzwischen mal wieder günstig gedreht. Seit den Ereignissen des Prager Frühlings hatten westeuropäische kommunistische Parteien sich zunehmend vom Kommunismus sowjetischer Machart distanziert und eine Symbiose zwischen Demokratie und Sozialismus auf ihre Fahnen geschrieben. Diese neue Bewegung nannte sich ab Mitte der siebziger Jahre »Eurokommunismus«. Die drei stärksten eurokommunistischen Parteien aus Frankreich, Italien und Spanien hatten gegen die KPdSU durchgesetzt, dass ihre Vertreter an der im Juni 1976 stattfindenden »Konferenz der kommunistischen und Arbeiterparteien« in Ost-Berlin nicht nur teilnehmen und dort frei reden durften. Das Unglaubliche war geschehen: Sie hatten Breschnew und seinen Satrapen abgepresst, dass alle ihre Reden ohne Verfälschung, ohne verächtlichen Kommentar und ohne Kürzungen im SED-Zentralorgan *Neues Deutschland* abgedruckt werden.

Wir trauten unseren Augen kaum, als wir plötzlich im amtlichen Lügenblatt unserer Obrigkeit unerhörte Wahrheiten aus dem Munde von Enrico Berlinguer und PCE-Chef Santiago Carrillo lasen. Sogar der parteifromme Nudnik Georges Marchais aus Frankreich riskierte plötzlich eine Lippe. Wahrheiten, für die ein normaler DDR-Bürger Jahre im VEB Knast einquartiert worden wäre. Und plötzlich standen all diese eurokommunistischen Ketzereien schwarz auf weiß in der Parteipresse! Solche kommunistische Kritik kostete jetzt nur noch die fünfzehn DDR-Pfennige für 'ne Parteizeitung – statt acht Jahre Knast.

Man verstehe, es roch verführerisch nach Prager Frühling. Mut wurde billiger. Freiheit ist seit je die einzige Ware, deren Preis sinkt, wenn endlich die Nachfrage steigt. Wir dachten: Vielleicht könnte meine genehmigte Reise in den Westen eine Art provokanter Versuchsballon sein, eine Leuchtrakete der reformerischen Opposition innerhalb des Politbüros gegen die Betonköpfe Honecker, Mielke und Paule Verner. Und einer wie ich, durch Geburt zur Menschheitsretterei verurteilt, darf doch nicht kneifen! Mancher Mut kommt ja auch aus der Angst vor dem Ängstlichsein.

Wir dachten an das infame Angebot von Staatssekretär Löffler, ich könnte jederzeit in den Westen abhaun. Robert Havemann sagte sibyllinisch: »Du musst es wagen, Wolf. Aber auch klug sein!« Das hieß, zu weit gehen, aber nicht zu weit zu weit. Also keines der allerschlimmsten Lieder singen, allerhöchstens so was wie »Die hab ich satt!«, aber nicht die »Stasi-Ballade«. Eine Schwalbe, dachte ich, macht noch keinen eurokommunistischen Sommer, aber wenn ich in Köln zwitschere, kündigt das vielleicht einen Prager Frühling auch in der DDR an.

Ganz so blauäugig, wie manche Klugscheißer im Nachhinein uns attestierten, waren wir nicht. Die Frage, ob unsere Obergenossen mich wieder reinlassen, stellte sich natürlich umso mehr, als das jüngste Beispiel, Solschenizyn, uns warnend vor Augen stand. Robert war sich sicher. Er sagte: »Na klar lassense dich wieder rein! Wenn nicht, dann würde es zu teuer werden für sie. Wolf, die wissen das. Unser Honnakow ist ein Schwein, aber kein Idiot! Nur die Lieder, Wolf, die sprechen für sich, nur die Gedichte! Die sind ja auch schon veröffentlicht. Wichtig ist, dass du während dieser Tournee am besten kein einziges Interview gibst. Denn da provozieren dich dann irgendwelche Fuzzis mit reißerischen Fragen, auf die du dann in der Rage reinfällst.«

Der preußische Ikarus

Kölner Konzert. Ausbürgerung. Proteste. Hamburg.

Der Tag meiner Konzertreise kam. Im DDR-Pass der kostbare Stempel mit dem Reisevisum. Kein Anruf, kein Widerruf aus dem Ministerium. Am 11. November ging ich mit meiner kleinen und meiner großen Weißgerber-Gitarre, in jeder Hand eine, dazu über die Schulter ein Reisetäschchen gehängt, aus dem Haus. Niemand begleitete mich. Ich lief tatsächlich wie Hänschen klein ging allein in die weite Welt hinein – die knapp dreihundert Meter Friedrichstraße runter, vorbei an meinem Gusseisenadler, dann die letzten Schritte rüber zum Tränenpalast. Die Kontrollen durchlief ich ohne Schikanen. Als ich aus dem Gängelabyrinth dieser Menschenreuse oben rauskam, geriet ich auf den scharf abgeschotteten Teil des Bahnhofs und fuhr mit der S-Bahn Richtung Westen los.

Biermann tritt im Westen auf! Das Unfassbare lief ab, als wäre es das Normalste von der Welt. Elf Jahre nach meinem letzten Konzert im Westen drückte ich mir wieder die Nase platt an einer S-Bahn-Scheibe. Gleich links die Reichstagsruine, rechts das Areal der Charité, so unwirklich in echt ratterte ich auf die andere Seite der Welt in Richtung Bahnhof Zoo. Ich dachte an die feierlichen Worte von Jurek Becker. Er hatte mich noch am Tag vorher besucht und gesagt: »Falls diese Reise irgendeine Falle ist, wie und was auch immer, wir werden uns das nicht gefallen lassen! Also, ich jedenfalls nicht.« Von solchen Ängsten ahnte ich noch nichts, als ich nun mit der S-Bahn hoch über die Mauer fuhr – und wie ich heute weiß: billig für zwanzig Pfennige Ost in ein neues Leben, in eine fremde Welt.

Der West-Berliner Filmemacher Carsten Krüger holte mich am Bahnhof ab. Er hatte alles vorbereitet, in irgendeiner Privatwohnung war schon die Kamera aufgebaut für ein Interview. Dem *Spiegel*-Korrespondenten Jörg Mettke konnte ich trauen. Dass er dieses Interview nur mit meiner Zustimmung und natürlich erst veröffentlichen würde, wenn ich wieder sicher in der DDR gelandet war, das war klar zwischen uns ausgemacht. Ich sprach über meine Pläne: sechs Konzerte von Köln über Bochum und München bis Hamburg. Und keine Quasseleien mit Zeitungen oder Fernsehsendern. Nur die klingende Ware Konzert wollte ich liefern und dann am Ende des Monats nix wie zurück.

Am Abend besuchte ich meinen Freund Günter Grass. Mit seinen Werken war ich nicht so vertraut, wie es sich für einen Freund gehört hätte, aber ihn selbst mochte ich ganz und gar. Heute argwöhne ich manchmal, ihm sei es, wer weiß, mit mir und meinen Liedern genau umgekehrt gegangen. Er hatte mich für diesen ersten Abend in sein Berliner Haus eingeladen. Es sollte eine Generalprobe fürs Kölner Konzert sein. Das war vernünftig, denn ich brauchte ja Übung. So eine Singerei hat neben aller Ästhetik ja auch eine sportliche Seite. Elf Jahre immer nur klein-klein, nach Laune für ein paar Freunde singen, ist nicht grade ein gutes Spezialtraining für die straffe Ökonomie eines professionellen Konzerts vor siebentausend zahlenden Besuchern.

Grass hatte einige seiner Leute eingeladen, ein erlesenes Publikum. Die schönen Frauen sahen mir alle so klug aus, die klugen Männer so schön – will sagen: Ich hatte keinen geübten Westblick. Als ich mein Programm durchgesungen hatte und mich sonnte in der Gewissheit, dass es so gut auch in Köln klappen könnte, entschwand Grass in seine Küche und kam mit einem Hühnerei zurück. Er stellte sich in unsere Mitte, balancierte mit clownesker Pierrot-Pose das Ei hinterm Rücken hervor und zeigte es zwischen Daumen und Zeigefinger in die Runde. Dies sei, sagte nun der Literatur-Kaschube, eine alte kaschubische Sitte. Es komme dabei auf das Kunststück an, solch ein rohes Ei im Ganzen zu verschlucken! Und schon hatte er sich das Ei unter Fontanes Bismarckschnauzer durch die Zähne geschoben und zermalmte nun krachend die

Schale. Nach dieser gelungenen Zirkusnummer stand er lächelnd da und freute sich diebisch. Die Damen stöhnten oh!, ah! und iiigitt!, weil ihm der gelbe Dotter über die Unterlippe lief.

Nachdem er mir dermaßen die Schau geklaut hatte, fragte er mit einem frozzelnden Blick, den ich nun für kaschubisch hielt, ob ich dies Kunststück auch wagen würde. Mit Todesverachtung bat ich um ein Ei. Er brachte es mir sogleich. Aber entsetzlich! Das Ding war zu groß! Er hatte für mich ein Ei gebracht, das ein bisschen sehr groß war, für mich jedenfalls viel zu groß. Hatte der Schuft für mich womöglich ein Gänseei präpariert? Ich riss den Rachen auf, ich verrenkte mir den Kiefer, versuchte noch mal und noch mal. Es half nichts. Die eleganten Damen kicherten, die Kerle wieherten vor Vergnügen. Da schlug ich mir das Ei einfach mit der flachen Hand – ratsch! – durch das östliche Gebiss. Der Glibber schwappte mir über die Lippen, das Eigelb hing mir am Kinn, dann kaute ich die ekelhafte Schale und würgte den Klumpatsch runter. So hatte ich das Ei zum Ei des Kolumbus gemacht und das Kunststück des Rivalen egalisiert.

Als Grassens Gäste gegangen waren, nahm mich der Freund beiseite und redete Tacheles: »Bist du wahnsinnig? Mit diesem Liederprogramm kannst du unmöglich auftreten in Köln!« Das Verdienst meines einstmaligen Freundes will ich nicht durch groteske Vergrößerung kleinreden. Aber es ist wahr, an diesem Abend hat er mich aus einer Gefahr gerettet, die mir nicht einmal dämmerte. Ich Neuling hatte in dieser einzigen Generalprobe fast ausschließlich neuere Lieder gesungen, die noch keiner im Westen kennen konnte. Ich hatte mir in den Kopf gesetzt, das Publikum in Köln nicht mit ollen Kamellen zu langweilen. »Unsinn!«, schimpfte Grass, »du musst wenigstens die Hälfte des Abends solche Lieder singen, die jeder von deinen Platten kennt. Mensch! Deswegen kommen die Leute doch! Und wie können sie überhaupt deine neuen Lieder genießen, wenn sie sich der vertrauten Lieder nicht vergewissert haben!«

Am nächsten Tag, dem 12. November, flog ich von Tegel nach Köln. Im Flieger über beiden Deutschländern krakelte ich mir nun ein neues Programm zusammen. In Köln holte mich Peter Laudan ab. In der Nacht zum 13. November, an dem das Konzert stattfinden sollte, brach eine Erkältung über mich herein. Hohes Fieber, Heiserkeit, Halsschmerzen. Es ging mir am Morgen des großen Tages so elend, dass es zum Weinen war und für meine Feinde zum Lachen. Aus Sicht der DDR-Bonzen ein ideales Timing. Und zudem wie lächerlich: Der Drachentöter hat Husten! Einmal im Leben die Chance, öffentlich zu leuchten, und dann scheitert alles an einer Rotznase. Vom Bett aus, verschwitzt und verschnupft, diktierte ich Peter Laudan mein neues Programm vom Zettel in die Tasten. Ich seh noch dieses Bild, wie Peter am Tischchen neben meinem Bett sitzt, sehe, wie der supermoderne Kugelkopf seiner IBM-Schreibmaschine lustig übers Papier tanzt. Am frühen Nachmittag, als wir fertig waren, erlebte ich ein Mirakel. Plötzlich war die ganze Erkältung wie weggezaubert. Es kam mir vor wie eine wundersame, ja, eine gradezu walter-benjaminitische Rettung – und das soll heißen: Ich kuschelte mich unter die berühmten Fittiche des Angelus Novus im scharfen Wind, der vom Arbeiter- und Bauern-Paradies von Osten her an den Rhein wehte.

Den Soundcheck auf der riesigen Bühne der traditionellen Radsporthalle in Köln erledigte ich wie nix. Siebentausend Leute passten da rein. Das Konzert war ausverkauft. Die Tonanlage war hochmodern, der letzte Zuhörer, hundert Meter entfernt von der Bühne, konnte mich so gut hören, als säße er mir gegenüber. Das technische Wunder vollbrachte eine elektrische Zeitverzögerungsmaschine der Tonsignale. Egal die Technik – ich merkte, dass ich in der Halle so normal singen konnte wie in meinem Wohnzimmer. Und alles schön warm im November, die Sitze bequem. Jung war ich, und das bedeutet, ich war noch der Alte. Ich verstand mich noch immer als den wahren Kommunisten gegen die falschen. Die hassgeliebte DDR war mir noch, trotz all ihrer lebensbedrohlichen Krankheiten, eine verbissene Hoffnung.

Ich war mir darüber im Klaren, dass ich auf einem extrem schmalen Pfad zu balancieren hatte. Ich wollte meine – wie wir es damals euphemistisch nannten – solidarische Kritik an der DDR unverblümt singen und sagen. Aber meine allerschärfsten Attacken, insbesondere auch gegen einzelne namentlich an den Pranger gestellte Parteibonzen, wollte ich ausgerechnet in der westlichen Arena nicht liefern. Die allerschärfsten Pasquille hatte ich ja schon all die Jahre im Osten an Ort und Stelle gesungen und massenhaft genug verbreitet, dort also, wo es mehr Mut brauchte als auf der westlichen Seite des Eisernen Vorhangs.

Und nebenbei die Hauptsache: Ich wollte ja nicht nur zurück, sondern auch so zurück, dass ich nicht an der Grenze einkassiert und gleich in einem noch tieferen Loch lande als vor der Tournee. Ich wollte vermeiden, dass meine linksalternaiven Sympathisanten im Westen womöglich giften: »Selber schuld! Solche Lieder wie die ›Stasi-Ballade‹, die ›Populärballade‹ oder ›In China hinter der Mauer‹ hätte der Wolf bei uns im Westen lieber nicht singen sollen.« Und ich habe in Köln – hör mir zu, lieber Heiner Müller – diesen Fehler wohlweislich und beweisbar vermieden.

Trotzdem tappte ich in die Irre. Ein Zwischenrufer fiel mir ins Wort. Er schoss im günstigen Moment eine Verbalrakete ab wie eine Leuchtkugel. Er forderte mich auf, meine Haltung zum 17. Juni 1953 zu erklären. Ich machte eine dialektische Volte: Der Volksaufstand habe einen politischen Januskopf! Schon halb eine Arbeiterrevolution gegen die Stalinisten und noch halb ein Rollback-Versuch alter Faschisten, so kurz nach dem Kriege. Die Wahrheit ist: Ich wusste es damals nicht besser, denn ich kannte Hermlins Novelle »Die Kommandeuse« und hatte seiner literarisierten Propagandalüge geglaubt. Ich kannte außerdem die zwiespältigen Erzählungen meines Freundes Robert Havemann, der damals als Genosse der Nomenklatura in der ungleichen Maulschlacht vor dem Haus der Ministerien gegen die Bauarbeiter der Stalinallee mitgemischt hatte. Ich kannte auch die verschiedenen Versionen des Romans von Stefan Heym über dieses gefährliche Tabuthema. Und vor allem kannte ich in der Kölner Arena noch lange nicht die knallharte Rabbinerweisheit: Eine halbe Wahrheit ist eine ganze Lüge.

Mein Vater hatte an diesem 13. November Geburtstag. Seine Auschwitzwolke kreuzte grade das Rheinland, und so kam er, als Äffchen verzaubert, heruntergesprungen und saß neben mir auf dem Harmonium wie das Äffchen eines Leierkastenmannes. Nur ich konnte ihn sehen. Wenn ich ein zu bissiges Lied spielen wollte, womöglich aus Eitelkeit, dann bleckte er die Zähne und schüttelte den Kopf: »Nicht jetzt in Köln! Nicht hier im Westen!« Immerhin sang ich etliche ruppige Spottlieder wie »aah-ja!« und »Die hab ich satt!«, denn ich hätte mich lächerlich gemacht, wenn ich aus dummschlauer Klugheit den ganzen Abend nur meine unpolitischen Liebeslieder runtergeleiert hätte. Dabei ahnte ich natürlich nicht, dass ich auch den ganzen Abend nur brav »Hänschen klein ging allein« hätte singen können. Die Ausbürgerung war ja längst, und zwar vor Antritt meiner Reise, von der SED-Führung beschlossen. Nur: Das wusste freilich noch niemand.

Ich griff an diesem Abend die DDR gewiss radikal an, aber im gleichen Atemzug verteidigte ich sie mit meiner bolschewistischen Nibelungentreue. Ja, so zerrissen dachte ich damals. Und nicht nur ich – in Ost-Berlin die meisten meiner Freunde unter den Kollegen, wie der todtraurige Witzbold Jurek Becker und der sanftsarkastische Heiner Müller oder der zerbrechliche Kraft-durch-Kummer-Poet Volker Braun. So dialektisch fühlten damals auch noch der kreuzfidele Pessimist Günter Kunert und bestimmt der parteitreue Stephan Hermlin und die tapferfeige Christa Wolf, auch der kecke Angsthase Stefan Heym und der unverwüstliche Optimist Robert Havemann sowieso. Sie alle, dermaßen verschiedene Charaktere – wir alle dachten und fühlten zu dieser Zeit im Grunde sehr ähnlich.

Als alles geschafft war, stand ich da, wie der *Spiegel* mich dann als Foto von hinten mit Blick auf das hochgestimmte Publikum zeigte: die Arme ausgebreitet, in der einen Hand die kleine Weißgerber-Gitarre, in der anderen Hand ein riesiger Strauß roter Nelken vom IG-Metaller Bernd Wurl. Und die Arme in der schönsten Schwebe, zu tief für eine Triumphgeste und zu hoch für die Pose des Schmerzensmannes am Kreuz. Genauso war mir zumute. Ich hatte auch mir selber bewiesen, dass die vielen Jahre des Totalverbots mich nicht ruiniert hatten – im Gegenteil! Der Druck hatte mich gestachelt und eher gestärkt. Die Lieder und Gedichte waren der klingende Beweis. Und dass ich mein Programm – ungeübt, wie ich ja war – scheinbar aus dem Handgelenk geschüttelt und auf die Bretter hatte bringen können, war nebenbei auch ein artistisches Wunder. Ich war, wie man heute salopp sagt, gut drauf. Die Texte saßen sicher im Kopf, die Finger wussten auf der Gitarre schlafwandlerisch, wohin. Von nix kommt nix! Dieses Wunder war kein Wunder. Es gelang nur, weil ich in all den Jahren des Verbots fast jeden meiner Besucher erst mal zwei, drei Stunden missbraucht hatte zum Anhören der neuesten Lieder. Nun hatte ich also verrückte viereinhalb Stunden gesungen, und das zeigt: Mir fehlte die Erfahrung für die Ökonomie eines normalen Konzertes.

Aber normal war an diesem Abend gar nichts – und alle, die dabei waren, spürten es, auch ohne was zu wissen.

Ich schwamm im Glück und fühlte mich. Zwei Tage später, am 15. November, feierte ich mit ein paar Freunden in Köln meinen Geburtstag, den vierzigsten. Der berühmte Cantautor Daniel Viglietti aus Uruguay war dabei, mein neuer Kumpan Günter Wallraff, mein neuer Verleger Reinhold Neven DuMont, die rheinische Frohnatur Monika Hörter, Peter Laudan und Heinrich Böll. Die Kölner Freunde fuhren mit mir über eine Rheinbrücke, dann am Ufer entlang bis Zons, ein mittelalterliches Städtchen am Niederrhein. Die postkartenkitschige Schönheit gefiel mir. Bis heute bilde ich mir ein, dies war der ungetrübteste Glückstag meines Lebens. Ich genoss unvergällt meinen Erfolg. Dort, an den Gestaden von Vater Rhein, begriff ich plötzlich, dass ich mich in ein Zeugnis auf zwei Beinen verwandelt hatte, Zeugnis dafür, dass es trotz alledem vorangeht mit der Menschheit. Ich, der Sohn, war an diesem Tag älter geworden als mein Vater. Die Toten bleiben eben jung.

Ich sammelte wunderbar gezeichnete Handschmeichler-Steine am Strand, zwanzig Stück genau, und stopfte sie mir in die Taschen. Und wenn ich einen noch schöneren fand, schmiss ich einen schlechteren weg dafür. Ich wollte ein paar Vertrauten in Ost-Berlin solch einen echten Rhein-Stein schenken. Hingerissen war ich vom Anblick der Lastkähne auf dem mächtigen Strom. Als Anfänger hatte ich mal eine moralkitschige Ballade geschrieben:

> Ach mit dem Strom fahrn die Schiffe so schnell
> Auf dem Rhein dahin, dahin
> Und gegen den Strom geht es langsam zurück
> Ich weiß nicht, wie traurig ich bin …

Als ich mir das Lied 1964 so schön naiv zusammenreimte, hatte ich den Rhein noch nie gesehn. Nun aber stand ich zum ersten Mal an seinem Ufer und sah mit eigenen Augen, wie die Lastkähne ankämpfen gegen den Strom. Ich dachte an die Loreley meines frechen Cousins Heinrich Heine, und ich dachte an meine Liebsten in Ost-Berlin. Ansonsten wusste ich immer noch nicht, wie traurig ich bin.

***

Am Tag darauf, dem 16. November, saß ich im Mercedes-Dienstwagen von Jakob Moneta neben dessen Fahrer Schorsch. Der sollte mich nach Bochum zum zweiten Konzert dieser kurzen Westtournee transportieren. Ein Sticker vorn am Armaturenbrett, für den Fahrer die Warnung: »Reifen runderneuert! Achtung! Nicht schneller als 160 km/h.« Das freute mich: »Sieh an, auch im reichen Westen werden Reifen runderneuert!« Wir rauschten über die Autobahn, ich fummelte am Autoradio und suchte nach dem Deutschlandfunk. Nachrichten. Erste Meldung: »Biermann ausgebürgert«. Der Sprecher zitierte aus der offiziellen Verlautbarung: »Die zuständigen Behörden haben Wolf Biermann, der 1953 aus Hamburg in die DDR übersiedelte, das Recht auf den weiteren Aufenthalt in der Deutschen Demokratischen Republik entzogen …« Diese sogenannte Maßnahme von Partei und Regierung wurde offiziell damit begründet, dass der DDR-Staatsbürger Biermann die Deutsche Demokratische Republik in seinem Kölner Konzert verleumdet und verraten habe.

Ich war wie in die Tonne getreten. Mir wurde elend vor Angst, dunkel vor Augen. Aus! Alles aus! Biermann hinüber! Ausgesungen! Ausgedichtet! Aus der Traum! Ich weinte in tiefer Bekümmernis ein paar echte Tränen und hatte keine Ahnung, welche Bäche von gesalznen Zähren und was für Abwässer aus Krokodilstränen in Ost und West sich nun über mich ergießen würden. Aber eines wusste ich: Auch Tageshelden sind nur Staub im Wind der Weltgeschichte. Ich sagte sofort in Bochum das Konzert ab. Oder wollte ich nicht doch, aus Daffke? Konnte ich wirklich nicht? Rudi Dutschke war extra gekommen und schlug vor, wenigstens ein Hearing zu improvisieren. Nein! Kein Konzert, kein Hearing. Als fast alle Organisatoren des Konzertes weg waren, sang ich doch noch für paar Freunde ein paar Lieder, wie zu Haus in der Chausseestraße. Schorsch fuhr mich zurück nach Köln.

Ich schlief bei Günter Wallraff im subversiven Chaos seines Hauses in der Thebäerstraße. Die Medien spielten verrückt. Wir hielten uns die Meute der *Bild*-Zeitung vom Hals, die Tag und Nacht vor der Haustür lauerte. Wir spielten wie durchgedreht Tischtennis, als ginge es um Leben und Tod. Wallraff organisierte ein großes *Spiegel*-Interview. Gespräche mit dem WDR-Chef Werner Höfer, mit Peter Laudan. Was tun? Was lassen? Ich wusste es nicht. Auf mich passte nun die Anmerkung Brechts zum Galilei: »Der vielleicht übertriebenen Hoffnung folgt die vielleicht übertriebene Hoffnungslosigkeit.« Ich war so niedergeschlagen, dass ich glaubte, mein Leben sei vorbei. Weniger melodramatisch gesagt: Ich hielt mein Leben als »der Biermann und Liederdichter« für beendet.

Ich war fassungslos. Und auch ratlos. Ich hoffte, die DDR-Führung würde sich besinnen und mich doch wieder reinlassen. Wir hatten in Ost-Berlin tausendmal hin und her überlegt und hatten die Gefahr einer Ausbürgerung am Ende doch als zu drastisch verworfen. Solche Methoden waren Nazi-Methoden. Ich war im tiefsten Sinne des Wortes ent-täuscht. Meine Landesfürsten waren also noch abgebrühter, als wir gedacht hatten. Was würden jetzt meine Freunde tun? Was konnte, sollte ich nun machen?

Feuilletonistisch flott formuliert höre ich gelegentlich: Die Ausbürgerung des Wolf Biermann war der Anfang vom Ende der DDR. Das ist gut getroffen, aber eben doch falsch. Keine DDR konnte kippen, weil sie irgendeinen jungen Mann mit Gitarre ins deutsch-deutsche Exil jagt. Was Deutschland damals erschüttert hat, am meisten die DDR selbst, war nicht die Ausbürgerung, sondern der unerwartete Protest gegen sie. Auf den wütenden Medienkrach im Westen waren die SED-Oberen gefasst, aber nicht darauf, dass zum allerersten Mal eine Gruppe von anerkannten Schriftstellern und Künstlern aus der DDR einen Protest, als Bittbrief kaschiert, öffentlich macht.

Am 17. November 1976 war es kein Geringerer als Stephan Hermlin, der die Geistesgegenwart hatte, die tief verunsicherten Kollegen zu sich in seine Villa nach Niederschönhausen einzubestellen. Was für eine phantastische Konstellation! Chronisch auf sich fixierte Einzelkämpfer treffen sich bei Hermlin und beschließen, zum ersten Mal gemeinsame Sache zu machen. Ihr gemeinsamer Nenner: Sie fühlten sich selbst bedroht. Stefan Heym formulierte es lapidar: »Wir haben Angst, dass sich das Ausbürgern in der DDR einbürgern könnte.« Der Wortlaut ihrer Petition:

> Wolf Biermann war und ist ein unbequemer Dichter – das hat er mit vielen Dichtern der Vergangenheit gemein. Unser sozialistischer Staat, eingedenk des Wortes aus Marxens »18. Bru-

> maire«, demzufolge die proletarische Revolution sich unablässig selbst kritisiert, müßte im Gegensatz zu anachronistischen Gesellschaftsformen eine solche Unbequemlichkeit gelassen nachdenkend ertragen können. Wir identifizieren uns nicht mit jedem Wort und jeder Handlung Wolf Biermanns und distanzieren uns von den Versuchen, die Vorgänge um Wolf Biermann gegen die DDR zu mißbrauchen. Biermann hat selbst nie, auch nicht in Köln, Zweifel darüber gelassen, für welchen der beiden deutschen Staaten er, bei aller Kritik, eintritt. Wir protestieren gegen seine Ausbürgerung und bitten darum, die beschlossene Maßnahme zu überdenken.
> 17. November 1976, Christa Wolf, Sarah Kirsch, Volker Braun, Gerhard Wolf, Rolf Schneider, Stephan Hermlin, Erich Arendt, Franz Fühmann, Stefan Heym, Jurek Becker, Günter Kunert, Heiner Müller

Zu meiner großen Überraschung und noch größeren Freude schlossen sich in den kommenden Tagen nahezu hundert DDR-Kulturschaffende der Petition an, darunter Katharina Thalbach, Ulrich Plenzdorf, Günter de Bruyn, Thomas Brasch, Hans Joachim Schädlich, Bettina Wegner, Angelica Domröse, Hilmar Thate, Uschi Brüning, Ernst-Ludwig Petrowsky, Jürgen Böttcher, Eberhard Esche, Adolf Dresen, Hans Bunge, Horst Hussel, Ulrich Gumpert, Karl-Heinz Jakobs, Armin Mueller-Stahl, Thomas Langhoff, Frank Beyer und Katja Lange. Es wurden immer mehr, und viele meiner Freunde, vor allem Eva-Maria und Nina, sammelten emsig Namen ein. Manfred Krug machte mit seiner Unterschriftenliste eine Hausierer-Runde. Sie alle hofften, dass es so eine Chance auf meine Rückkehr gibt.

Jeder Einzelne der zwölf ursprünglichen Petitionsinitiatoren wurde sehr bald, und auf sehr verschiedene Weise, unter Druck gesetzt. Honecker rief seinen Jugendfreund aus ungetrübten FDJ-Tagen zu sich, Stephan Hermlin. Dass Hermlin sich vor uns Jungen im literarisch verklärten Licht einer kommunistischen Heldenlegende mit seinem Buch »Abendlicht« gesonnt hatte, muss für ihn selbst eine lebenslängliche Pein gewesen sein. Solche Schminkversuche sind eigentlich eine allzu menschliche Schwäche. Aber unsere Machtbürokraten hatten Hermlins biographische antifaschistische Schönfärberei kaltkleinlich registriert. Solch Herrschaftswissen wurde in diesen gnadenlosen Verhältnissen zu einer Kandare in den Händen von Mielke, Ulbricht, Honecker und Konsorten.

Honecker überredete nun Hermlin, seine Unterschrift zurückzuziehen mit der Begründung, dass westliche Medien die Petition politisch gegen die DDR missbrauchen würden. Hermlin ließ sich dummreden. Honecker versicherte ihm, dieses von Hermlin unterzeichnete Dokument nur innerparteilich, also geheim, und nur in höchster Not nutzen zu wollen. Doch schon am nächsten Tag wussten es alle, Honecker hatte Hermlins Rückzieher sofort triumphierend publik gemacht. Das entsetzte den ehr-geizigen Ehrenmann Hermlin dermaßen, dass er sofort und wütend seine heimlich unterschriebene Zurücknahme zurücknahm, diesmal allerdings in einer öffentlichen Erklärung. Die Volte nach der Volte.

Auch um meinen Freund Heiner Müller kämpfte die Parteiführung wie der Teufel um jede Seele. Zuckerbrot und Peitsche. Viele widerspenstige Intellektuelle wurden im Laufe der kommenden Jahre mit einem permanenten Reisepass gezähmt und paralysiert, der sie vom Alltag der eingesperrten DDR-Menschen isolieren sollte. Sie durften fortan ungeniert in der Welt herumreisen. Dieses fundamentalste Menschenrecht setzten die Herrschenden seit dem Schock der Ausbürgerung immer geschickter als Köder für prominente Querköpfe ein. Die Bonzen der Partei hatten gelernt, dass die lange Leine oft besser hält als die kurze Kette.

Andere Unterzeichner der Hermlin-Petition ließen sich, nach dieser neuesten Lektion, an gar keine Leine irgendwelcher Privilegien mehr legen. So auch der Dichter Franz Fühmann. Der nahm kein Blatt mehr vor den Mund. Der umerzogene Faschist wagte zum ersten Mal eine öffentliche Kritik an den stalinistischen Antifaschisten. Dabei war Fühmann im tiefsten Grunde einer, der sich nie geändert hatte – und ich sage: zum Glück! Er blieb sich mit einer Sturheit treu, die bewundernswert war, denn aus immer derselben idealistischen Grundhaltung war er Nazi geworden und wurde dann Antinazi und Demokrat. Fühmann hatte sich schon früh wirklich und radikal abgewandt von jeglichem totalitären Denken und Handeln. Seine Wandlung war den Ewigwendigen zu konstant. Und was er schrieb, war für die Herrschenden als Instrument der Herrschaft kaum zu missbrauchen. Seiner Novelle über den Bildhauer Ernst Barlach verdanke ich mein »Barlach-Lied« von 1963.

Auch mein verehrter Professor Wolfgang Heise schrieb am 18. November 1976 an Kurt Hager: »Ich halte die Maßnahme seiner Ausbürgerung in Inhalt und Form für schädlich. Sie hat nach innen Vertrauen zerstört, eine Kluft aufgerissen, die zu überwinden wir uns doch bemühten … Die jetzt für Biermann eintreten, treten nicht für sein Programm in dessen Verworrenheit ein. Ihre Sorge gilt der möglichen Dominanz polizeilich-militärischen Denkens … Ich sehe ein Zunehmen der Kluft zwischen Oben und Unten, zunehmenden Widerspruch zwischen Ideologie und Wirklichkeit, öffentlichem Rollenspiel und privatem Verhalten, zwischen dem, was alle wissen, und dem, was sie sagen, Müdigkeit und Subjektivismus in kulturellgeistigen Bereichen, was nicht aus diesen selbst zu erklären ist.«

Die SED-Führung kam in Zugzwang. Mit so viel Protest hatte sie nicht gerechnet. Nur Peter Hacks machte ihr Freude. Er veröffentlichte ein Pamphlet über den Verräter Biermann in der *Weltbühne*. Dieser Prosatext ist vielleicht das Einzige, was von diesem Salonbolschewisten in hundert Jahren als Poesie noch von Interesse sein wird. Höhnisch warnte er mich in seinem Hassanfall, mir nicht bei der Übernachtung in Köln im Haus von Heinrich Böll, dem »Herbergsvater für dissidierende Wandergesellen«, die Flöhe des verjagten Russen Solschenizyn einzufangen.

Die Propagandamaschine lief zur Höchstleistung auf und überdrehte. Unter der Überschrift »Angemessene Antwort auf feindseliges Auftreten gegen die DDR« attestierte mir Parteigenosse Günter Kertzscher im *Neuen Deutschland*: »Was er dort sang, rezitierte und zusammenredete, das waren massive Angriffe gegen unseren sozialistischen Staat, gegen unsere sozialistische Gesellschaftsordnung. Es enthielt die Aufforderung, diese Ordnung in der DDR zu beseitigen. Er beleidigte aufs gröbste die Bürger der DDR, von den Arbeitern in den Betrieben bis zur Führung der Partei und des Staates.«

Ein paar Tage später veröffentlichte das *ND* unter der Überschrift »Überwältigende Zustimmung der Kulturschaffenden der DDR zur Politik von Partei und Regierung« Hunderte der obligaten Devotionserklärungen. Einige taten mir weh. Neben den dumpfbackigen »Stellungnahmen von Werktätigen«, etwa einer aus dem Hut gezauberten Straßenbahnfahrerin, einer Dialyse-Krankenschwester und einer Jugendbrigade vom VEB Tiefbau, fanden sich auch die raffinierten Bankrotterklärungen der Präsidentin des Schrifstellerverbandes Anna Seghers und meines alten Ernst Busch. Seghers distanzierte sich von dem Gerücht, sie habe die Petition unterschrieben, und endete mit dem sibyllinischen Satz: »Die DDR ist seit ihrer Gründung das Land, in dem ich leben und arbeiten will.« Das hieß im Klartext: Ich bin zu alt, tut mir nichts, lasst mich in Ruhe. Und Ernst Busch schrieb: »Jedermann mag sein eigenes Land kritisch betrachten. Aber wenn er sich mit Text und Stimme an den Klassenfeind verkauft, ist das eine ganz andere Sache« – und verschanzte sich hinter einem Gedicht von Brecht.

Dass Heinz Kamnitzer, der Präsident des PEN-Zentrums der DDR, seinen obligaten Senf abgab, wunderte mich genauso wenig wie die Standardfloskeln vom Oktoberklub Berlin und den Tanzmusik-Komponisten. Wieland Herzfelde, der Ex-Dadaist, sonderte sogar ein Gedicht über mich ab. Konrad Wolf sinnierte, dass ich nicht der Unbequeme und auch nicht der »Zu-weit-Gehende« sei, sondern der, der »einen anderen politischen Weg geht als wir«. Sehr scharfsinnig! Und meinen verehrten Freund Fritz Cremer hatten sie im Krankenbett auf der Intensivstation weichgekocht, er zog seine Unterschrift unter der Petition zurück und veröffentlichte zusammen mit seinen Künstlerkollegen Theo Balden und Herbert Sandberg einen weichgespülten Ergebenheitsgruß an die Partei. Aber seine tapfere Tochter Trini sprang für den Vater in die Bresche und solidarisierte sich mit mir.

Jürgen Fuchs wurde drei Tage nach der Ausbürgerung in Erkner aus dem Auto von Robert Havemann gezerrt und verhaftet. Zwei Tage später folgte die Verhaftung der jungen Liedermacher Gerulf Pannach und Christian Kunert. Auch Havemann sollte, das war bereits vor der Ausbürgerung angeordnet worden, verhaftet werden. Die Stasi analysierte eiligst den Gesundheitszustand des Sechsundsechzigjährigen. Sie wussten um das Risiko, dass der Antifaschist, der Hitlers Todeszellen überlebt hatte, im Gefängnis sterben könnte. Die Herrschenden entschieden sich für die Alternative: Hausarrest. Diese besondere Haftform wurde per Schnellgericht vollstreckt. Alles in allem zweihundert Stasibeamte bewachten fortan bis zum Mai 1979 das Haus von Katja und Robert Havemann in Grünheide rund um die Uhr.

Aber nicht nur berühmte Künstler, vor allem auch namenlose Untertanen des Regimes schlossen sich der grassierenden Insubordination an. Anders als die berühmteren Widersprecher wurden viele der Namenlosen mit Knast belohnt. Unzählige DDR-Bürger starteten Aktionen auf eigene Faust. Arbeiter im VEB Carl Zeiss Jena protestierten und wurden eingesperrt. Flugblätter kursierten. Junge Leute wie Utz Rachowski und seine Freunde in Reichenbach im Vogtland druckten auf einer im Schrott gefundenen und wiederbelebten Druckmaschine Texte von Biermann und Kunze. Mauerinschriften mussten hektisch überpinselt werden. Selbstmörderische Protestbriefe mit echtem Absendernamen und Adresse landeten im ZK und beim Staatsrat – Fast Food für die Stasi. Die Autobahn zwischen Ost-Berlin und Leipzig wurde einen Tag lang gesperrt, weil irgendwelche Tollkühnen in der Nacht alle paar Kilometer BIERMANN mit riesigen Versalien auf die Schlaglochpiste gepinselt hatten – und zwar mit einer Farbe, die nicht so leicht zu entfernen war.

Millionen Schüler, Studenten, Arbeiter und Intellektuelle wurden aufgefordert, sich von Biermann zu distanzieren. Schön absurd, denn die allermeisten kannten den Biermann gar nicht. Manche renitente Witzbolde sagten: »Ich will mich ja gerne distanzieren, aber erst will ich selber die Gedichte lesen und die Lieder hören.« Wer so provozierte, stank schon nach Staatsfeind. An den Universitäten herrschte hysterische Wachsamkeit. Studenten, zum Beispiel Roland Jahn, wurden exmatrikuliert, weil sie sich mit Biermann solidarisierten. Das hieß: nie wieder in der DDR studieren. Verbaute Lebenswege. Zwei kindliche Sätze kosteten Jahn die berufliche Laufbahn: »Biermann ist Sozialist. So kann man doch nicht mit ihm umgehen!«

Von Grünheide aus rief Jürgen Fuchs am 17. November die Theologiestudentin Doris Liebermann in Jena an. Er diktierte ihr am Telefon die Protesterklärung der Berliner Schriftsteller. Daraufhin trafen sich in den Räumen der Jungen Gemeinde in Jena etwa fünfzig junge Leute und beschlossen eine Unterschriftenaktion, initiiert von Liebermann und ihrem Freund, dem Wehrdienst-Totalverweigerer und Diakon Thomas Auerbach. Noch in derselben Nacht informierte ein IM die MfS-Kreisdienststelle. Ab sechs Uhr morgens begannen die von der Bezirksverwaltung verordneten Festnahmen. Vierzig junge Jenenser wurden verhaftet, etliche tagelang verhört. Acht blieben in Haft, sieben wurden 1977 nach West-Berlin abgeschoben. Hätten sie sich geweigert, in den Westen zu gehen, drohte ihnen eine Haftstrafe bis zu zwölf Jahren.

Ich denke an einen jungen Elektriker in Halle an der Saale, der erwischt wurde – aber erst zwei Jahre nach seiner Heldentat. Er hatte in den Tagen des Protestes gegen meine Ausbürgerung eine Losung in blauer Ölfarbe in achtzig Zentimeter großen Buchstaben an eine Mauer geschrieben. Schreiben hatte er wollen: »Biermann hat Recht«. Geschrieben hatte er aber nur: »Biermann hat Re« – er war weggelaufen, weil Passanten kamen. In die Falle der Menschenfänger geriet er durch einen idiotischen Zufall 1978. Die Stasi überführte ihn durch eine chemische Analyse der blauen Farbe. Er verfaulte im Knast. Seine Ehefrau stand unter Druck und reichte die Scheidung ein. Als er die drei Jahre VEB Knast fast abgesessen hatte, wurde er direkt in den Westen verkauft und landete in Hamburg bei seiner kranken Mutter. Elend einsam war nun seine Freiheit. Das gemeinsame Kind war nur noch eine anonyme Kontonummer für die Zahlung der Alimente.

Meine Ausbürgerung erschütterte das ganze Land. Die Neuigkeiten aus dem Osten verblüfften uns alle. Es war offenbar doch noch nicht das letzte Wort über meinen Fall gesprochen. Je mehr publik wurde, dass dermaßen viele Menschen in der DDR mein Rückkehrrecht forderten, desto weniger konnte ich mir vorstellen, dass die Bonzen diesem unerwarteten Druck widerstehen. Sie mussten doch überrumpelt sein und ins Grübeln geraten, schon aus machtpolitischen Rücksichten! Aber bei meinen Wandlitzer Feudalfürsten zeigte sich mehr und mehr, dass sie noch schwächer waren, als ich gehofft hatte. Sie brachten nicht den Mut auf, sie hatten offenbar nicht mal die zynische Kraft, ihren »Fehler« souverän zu korrigieren.

Am 19. November organisierte mein Verlag eine Pressekonferenz mit Heinrich Böll, Günter Wallraff und unserem Verleger Reinhold Neven DuMont. Ich hatte mir folgende Stellungnahme notiert:

> Die gegen mich verhängte Ausbürgerung ist der panische Schwächeanfall des SED-Politbüros, eine konterrevolutionäre

Tollheit. Meine Ausbürgerung aus der Deutschen Demokratischen Republik wurde offiziell so begründet: Ich soll bei meinem Konzert in der Kölner Stadthalle mein Land verraten und die Arbeiter der DDR diffamiert haben. Ich bin froh, dass nun meine Mitbürger sich selbst ein Urteil bilden können. Ich möchte deutlich sagen, dass alles, was ich an dem langen Abend gesungen und gesagt habe, nichts anderes ist als kritische Solidarität mit dem Sozialismus in der DDR, mit den Menschen, die dort leben … Die Solidarität so vieler aufrichtiger Menschen im Westen hat mich getröstet. Aber die wachsende Solidarität meiner Freunde und Genossen in der DDR selbst hat mich ermutigt, denn wer sonst könnte mein Recht auf Rückkehr in die DDR durchsetzen? Jeder soll dort leben, wo's ihm passt. Nicht im Exil und nicht im Knast. Keiner wird ein- oder ausgesperrt.

***

Nicht sofort, wie manche denken, sondern erst drei Tage danach, also in der Nacht vom 19. zum 20. November, wurde das Kölner Konzert ungekürzt vom Westfernsehn gesendet. Der Bayerische Rundfunk hatte sich geweigert, ausgerechnet zur besten Sendezeit, nach den 20-Uhr-Nachrichten, »kommunistische Propaganda« zu verbreiten. Um auch die Bayern im Boot zu haben, einigten sich die Fernsehanstalten der ARD auf eine Ausstrahlung von Mitternacht bis in den frühen Morgen. Und erst durch das Massenmedium verbreitet, wurden diese viereinhalb Stunden zur historischen Tatsache. In dieser durchwachten Nacht waren die Städte der DDR bis in die frühen Morgenstunden hell erleuchtet – nicht durch Straßenlaternen, sondern durch Wohnungsfenster. Volk und Obrigkeit, alle saßen vor der Glotze. Nur im »Tal der Ahnungslosen«, in Dresden und Umgebung, blieb alles ordentlich dunkel. Aber auch dort blieb keiner mehr ahnungslos. Für die NVA wurde Alarmstufe ausgerufen. Die Absicht: Kein Soldat sollte aus Urlaubs- oder anderen Gründen die Kaserne verlassen können. Man wollte so verhindern, dass einer sich zu Hause oder an irgendeinem privaten Fernsehapparat das Gift des Klassenfeindes ins Gemüt zieht und womöglich eine Wehrkraftzersetzung erleidet.

Auch im Westen solidarisierten sich die wacheren Geister mit der Protestbewegung in der DDR gegen meine Ausbürgerung. Der SPD-Vorsitzende Willy Brandt erklärte am 22. November: »Die Freiheit des Andersdenkenden ist für die SPD das wichtigste Moment im Zusammenhang mit Wolf Biermann ... Wir sind uns der Absurdität bewußt, daß die SED-Führung den einen nicht zurückkehren lassen will, während sie vielen anderen die Ausreise verweigert ... Wir treten ein für das Recht Wolf Biermanns, unbequem zu sein, in der Bundesrepublik nicht weniger als in der DDR ... Es ist leicht, in der Bundesrepublik gegen Entscheidungen der DDR zu protestieren; wir wissen, mit welchem hohen persönlichen Einsatz die Freunde Wolf Biermanns in Ost-Berlin dafür eintreten, daß Biermann nach dem Recht der DDR behandelt wird und in diesen Staat zurückkehren kann.«

Zahlreiche Jungsozialisten, Bundestagsabgeordnete und Gewerkschafter protestierten gegen den Willkürakt der SED-Führung, so auch in Dänemark, der Schweiz und Italien viele Intellektuelle und Künstler. Über fünfzig Schriftsteller in Frankreich, darunter Louis Aragon, Simone de Beauvoir und Jean-Paul Sartre, appellierten an die DDR-Regierung, ihre Entscheidung zurückzunehmen. Joan Baez und Yves Montand wandten sich gemeinsam an den Kulturminister der DDR. In Schweden verfassten sowohl der PEN-Club als auch der Schriftstellerverband eine Protestresolution. Und in Spanien solidarisierten sich die besten katalanischen Liederdichter, unter ihnen die Cantautoren Pi de la Serra, Lluís Llach und Raimon – und auch die stärkste Sängerin aus Mallorca, Maria del Mar Bonet. Es erreichten mich zahlreiche Solidaritätstelegramme, auch der Deutsch-Rocker Udo Lindenberg schrieb mir. Er hatte mich drei Jahre vorher in der Chausseestraße besucht, und ich hatte im *Spiegel* einen Essay zu seiner berührenden Rockballade über das FDJ-Mädchen in Ost-Berlin veröffentlicht.

In West-Berlin gründete sich im Dezember das »Schutzkomitee Freiheit und Sozialismus«, das sich für die Freilassung der politischen Häftlinge Fuchs, Kunert und Pannach einsetzte. Mitglieder waren der Publizist Hannes Schwenger, die Journalistin Margret Frosch, der Historiker Manfred Wilke, der Theologe Heinrich Albertz sowie die Schriftsteller Heinrich Böll, Friedrich Dürrenmatt, Hans Magnus Enzensberger, Max Frisch und Robert Jungk. Auch der Rechtsanwalt Otto Schily war dabei. Romy Schneider unterstützte dieses Schutzkomitee auch finanziell und lockte zwei ihrer Schauspielerfreunde, Yves Montand und Simone Signoret, zur Solidarität.

Die letzten vier Konzerte meiner Westtournee absolvierte ich wie in einer Schocktrance. Ein verdrehtes Konzert in der Basketballhalle in München, ich allein in der Mitte des leeren Spielfelds, das Publikum rundherum in den Rängen, die Hälfte also absurd hinter meinem Rücken platziert. Dann aber das letzte Konzert im überfüllten Congress Center Hamburg. Sechseinhalb Stunden sang ich wie im Rausch. Mir kam es vor wie ein Schwanengesang der schwarzen Spottdrossel, der Merle moqueur aus dem Kirschenlied der Pariser Commune.

Innerlich war ich wie gelähmt, wusste nicht, was ich tun, was ich lassen sollte. Am 24. November erreichte mich Jurek Becker am Telefon und richtete mir eine Neuigkeit aus. Wir glaubten ja damals wirklich, es gäbe noch eine Chance auf Wiederkehr. Wir wussten nicht, dass längst vor meiner Reise alles entschieden worden war. Aber die Genossen hatten sich anscheinend doch noch mal beraten, denn Jurek sagte, am Vortag sei im Politbüro entschieden worden, dass Biermann nicht in die DDR zurückdarf, trotz all der Proteste. Woher er das hatte? Ich weiß es nicht. Jurek bat mich inständig, nicht den vergeblichen Versuch zu machen, bewaffnet mit Kameras westlicher Fernsehteams im Rücken in die DDR zurückzukommen. Meinen Freund packte die Angst, ich könnte in meiner Wut einen Skandal an der Grenze provozieren. Aber für solch ein Medienspektakel war ich viel zu entmutigt.

Es war aus mit meinem Leben in der DDR. Wir waren desillusioniert. Für einige der Petitionsverfasser und Unterstützer war das Maß übervoll. Seit diesen Tagen begann ein Exodus, der sich über einige Jahre hinzog. Jurek wanderte gen Westen ab und wurde in der freieren Welt so jüdisch, wie er immer gewesen war. Auch Sarah Kirsch stellte einen Ausreiseantrag und schmerzwandelte künftig in schleswig-holsteinischen Gärten. Hans Joachim Schädlich, seines Postens an der Akademie der Wissenschaften enthoben und zunehmenden Schikanen ausgesetzt, verließ 1977 mit seiner Frau Krista und den Kindern die DDR. Der geniale Goldverseschmied

Günter Kunert dachte nicht mal im Alptraum daran, sich jemals wieder an eine – egal rostige oder goldene – Kette legen zu lassen. Er wurde aus der SED ausgeschlossen. Auch er und seine Frau Marianne verließen für immer die DDR. Bernd Jentzsch schrieb einen offenen Brief an Honecker und blieb im Exil in der Schweiz, wo er sich zufällig grade in den Tagen der Ausbürgerung im Auftrag des DDR-Verlages Volk und Welt aufgehalten hatte. Manfred Krug, der sich nicht beugte, wurde ein Teilberufsverbot auferlegt, und das bedeutete, er wurde arbeitslos. Auf die gleiche Art und Weise straften sie Armin Mueller-Stahl. Beide Schauspieler verließen mit Frau und Kindern später die DDR.

Allerdings zeigte mein Freund Manne den Herrschenden zuvor noch mal, was 'ne Harke ist. Er organisierte in seinem Haus in Pankow eine Aussprache mit dem Mitglied des Politbüros Werner Lamberz. Krug lud dazu etliche Kollegen ein, alles Unterzeichner der Biermann-Petition – Schriftsteller, Film- und Theaterleute wie Jurek Becker, Christa Wolf, Stephan Hermlin, Stefan Heym und Heiner Müller, Hilmar Thate, Angelica Domröse, auch Frank Beyer und Ulrich Plenzdorf. Der freche Manfred Krug drehte jedoch den Stasispieß um – er ließ beim Gespräch heimlich ein Tonband mitlaufen. Lest diesen tollkühnen Coup nach in seinem Buch »Abgehauen«!

Ich telefonierte, sofern die Leitungen nicht gekappt wurden, mit meinen liebsten Menschen. Meine kurze Ehe mit Tine war in eine Sackgasse geraten, wir lebten Hals über Kopf in Scheidung. Aber auf Anraten unseres alten Rechtsanwalts Götz Berger zog Tine den Antrag auf Ehescheidung zurück. Dadurch war meine Wohnung in der Chausseestraße geschützt, denn die Stasi konnte nicht an der Ehefrau vorbei die Wohnung okkupieren. Mein großer Sohn Manu, Bylle und Felix, Eva-Maria und viele meiner engen Freunde konnten sich so in der Wohnung treffen. Als klar war, dass sich nichts bewegte, entschloss sich auch die lebenshungrige Nina Hagen, die DDR zu verlassen. Sie schrieb einen wunderbar kindlichen Brief direkt an Honecker und bat um ihre Entlassung aus der Staatsbürgerschaft. Schon am 9. Dezember kam sie in Hamburg an. Ich nahm sie mit nach Italien, wo ich mehrere Konzerte auf Einladung der italienischen KP spontan zugesagt hatte. Wir hörten, dass Katharina Thalbach mit ihrer Tochter Anna und Thomas

Brasch auch Ausreiseanträge gestellt hatten und noch im Dezember die DDR verließen. Nina zog es bald weiter – nach London und New York und in noch wildere Welten.

Im Februar 1977 kam meine Bylle mit unserem einjährigen Felix-Kind. Wir wollten, wie in den letzten Monaten vor meiner Ausbürgerung, zusammen unser Leben machen. Mein Verleger Neven DuMont in Köln nahm uns freundlich auf, wir wohnten provisorisch in seinem noblen Glashaus. Aber es zog mich, wenn schon im Westen, zurück in meine Vaterstadt Hamburg, wo ja auch Emma lebte.

In Ost-Berlin waren die Parteiköpfe inzwischen noch kopfloser geworden. Alles, was nach Biermann stank: bloß weg damit! Im März '77 landete auch meine Ehefrau Tine mit unserem Sohn Benjamin in Hamburg, wenig später folgte Eva-Maria Hagen. In einer Boulevardzeitung spottete ein Lästermaul: Was die SED in all den Jahren des Verbots nicht geschafft hat, den Biermann fertigzumachen, das schaffen jetzt die Weiber! Sexualneid stachelt die Phantasie. Und es gab Häme gegen den Hamburger SPD-Wirtschaftssenator Wilhelm Nölling, weil er mir heimgekehrtem Sohn mit großem Medienrummel in der Hansestadt eine freie Wohnung und ein Stipendium angeboten hatte. Ich bedankte mich brav und schlug alles aus. Das fiel mir leicht, denn ich verdiente jetzt zum ersten Mal richtige Konzertgagen. Ich nahm von meiner Vaterstadt also nichts direkt, nichts indirekt. Doch die giftige Lüge, der Kommunist Biermann verdiene jetzt Unsummen Geld und lasse sich auch noch alimentieren von dem Staat, den er ablehnt – dieses Gerücht blieb jahrelang in Umlauf.

Die kommenden Monate, nein, die kommenden Jahre war ich unterwegs in mancher Welt. Ich veröffentlichte neue LPs, allen voran natürlich das Kölner Konzert. Ich tourte durch Deutschland, die Niederlande, die Schweiz, Italien, Frankreich, Schweden, Portugal, Dänemark, Norwegen, Spanien, Griechenland und Österreich. Ich traf viele Menschen und gewann neue Freunde, aber ich sehnte mich nach Ost-Berlin. Meine großen Söhne, Manu und Jonas, und ihre Mutter Brigitt waren hinter der Mauer geblieben. Manu schrieb mir einen todtraurigen Brief. Würden wir uns jemals wiedersehen? Immerhin durfte Emma die Kinder in der DDR besuchen.

Meine Möbel, mein ganzes Inventar und mein Haushalt wurden mir von der DDR hinterhergeschmissen mit der Staatsspedition Deutrans. Aber in unserem neuen Haus, das wir in Hamburg bezogen, hängte ich zwei Jahre lang kein einziges der vielen schönen Bilder meiner Malerfreunde auf. Es dauerte Jahre, bis ich im Westen wirklich angekommen war.

Verdrehte Welt, das seh ich gerne

Die Linke im Westen. À Paris!

Im August '77 wurde Jürgen Fuchs aus der Haft entlassen. Er hatte sich monatelang geweigert, einen Ausreiseantrag zu stellen, er wollte in der DDR bleiben. Als ihm klar wurde, dass er eine jahrelange Haftstrafe würde absitzen müssen, hatte er schließlich eingewilligt. Seine Frau Lilo und die kleine Tochter Lili mussten sofort ausreisen. Auch die jungen Leipziger Liedermacher Gerulf Pannach und Christian Kunert wurden aus der Haft in den Westen entlassen. Ich flog sofort nach West-Berlin. Wir machten zusammen ein Konzert in der Deutschlandhalle. Jürgen zermarterte sich mit Selbstvorwürfen, weil er nach neunmonatiger Haft im berüchtigten Stasigefängnis Hohenschönhausen doch den verfluchten Ausreiseantrag unterschrieben hatte. Er verfasste sofort ein Buch über seine Haftzeit mit dem Titel »Vernehmungsprotokolle«.

Ich wollte im Westen nur noch zwei Bücher drucken lassen. Der Verlag Kiepenheuer & Witsch sollte mir das literarische Beerdigungsunternehmen machen. Neven DuMont bündelte sämtliche bei Wagenbach erschienenen Gedichtbände in einem dicken Sammelband, dem ich den todtraurigen Titel »Nachlass 1« verpasste. Danach sollten die noch unveröffentlichten Lieder und Gedichte drankommen, ein schmales Buch unter dem ebenso trübsinnigen Titel »Nachlass 2«. Ich dachte damals allen Ernstes, ich würde nie wieder etwas schreiben.

Den westdeutschen Reisepass wollte ich über ein Jahr lang partout nicht annehmen. Ich reiste immer mit meinem noch gültigen

DDR-Pass von einem Konzert zum anderen durch Europa. Das gefiel meinem gekränkten Herzen, aber es war umständlich. Die Beschaffung der Visa nach Spanien und Frankreich und Skandinavien kostete Zeit und Nerven und Gebühren. Die immer neuen Stempel fraßen sich in die kostbaren freien Blätter des DDR-Passes rein. Ewig konnte das nicht so weitergehn. Ich spielte mit dem Gedanken, Staatsbürger der Niederlande zu werden. Die Vorsitzende der holländischen Sozialdemokraten »Partij van de Arbeid«, Ien van den Heuvel in Amsterdam, bot mir das an. Ich liebäugelte mit dieser Volte, weil ich damit rein rechtlich zugleich meine DDR-Staatsbürgerschaft hätte behalten können. Doch der niederländische Außenminister verhinderte diesen Coup, und das war gut so.

Ich lehnte die bundesdeutschen Papiere nicht etwa deshalb ab, weil ich diesen Status verachtet hätte, keineswegs! Ich wollte vielmehr die Bonzen der SED nicht so locker über'n Hocker aus meiner DDR-Staatsbürgerschaft entlassen, wie sie mich aus der ihren. Nicht nur sie hatten mich verbissen, sondern auch ich war verbissen in meine vertrauten Feinde. Ich wollte diese schändliche Ausbürgerung nicht durch die automatische Einbürgerung als Bundesbürger formell akzeptieren. Als ich meine alte Freundin Lou Eisler in Wien wiedertraf, sagte sie: »Wolf, die Ausbürgerung ist das Beste, was dir passieren konnte! Jetzt kannst du endlich in die Welt!« Aber ich schüttelte den Kopf und verstand sie nicht. Es ist die verrückte Wahrheit: Wenn ich es mir 1976 hätte aussuchen können, wäre ich lieber in die stalinistische Sowjetunion verbannt worden als in den kapitalistischen Westen. Dort hätte ich das Problemchen mit der fremden Sprache gehabt, aber die Grundstrukturen der totalitären Gesellschaft waren mir familiär vertraut, es herrschte halt der totalitäre Drache. Ich wollte die ersten Jahre nichts als zurück in den Osten.

Das breite Publikum lümmelte in den Logen, glotzte durch die Röhre in das Getümmel unten in der politischen Arena und dachte: »Was denn! Der Biermann ist nicht froh, dass er jetzt in der Freiheit ist? Der will zurück, wo Millionen Landsleute nichts lieber wollen als in den Westen? Der muss ein Heuchler sein oder ein Dummkopf. Wahrscheinlich beides.« Heinrich Böll begriff schneller als ich, er hatte die Realitäten schon in unserer Pressekonferenz 1976 in Köln auf den Punkt gebracht: »Wolf Biermann ist ab jetzt ein In-die-Heimat-Vertriebener.«

Die Linken im Westen waren damals herzlich-heillos zerstritten. Die bunte Studentenbewegung hatte sich aufgespalten in sauber kommunistische Splittergruppen, die »K-Gruppen«. Sie hassten einander mehr als den Klassenfeind. Jede einzelne dieser linksradikalen Welterlöser-Sekten, ausgenommen die SED-Filiale DKP, wartete nun ungeduldig darauf, dass der rote Barde sich begeistert ihren Reihen anschließt und dann mit der Zauberkraft des politischen Liedes den größeren Rest aus Maoisten und Spartacus-Trotzkisten, anarchistischen Abweichlern, RAF-Terroristen und anderen Linkischen hinter sich herlockt.

Ich fabrizierte nun doch neue Lieder, in denen ich ein marxistisch fundiertes, ein linkes Nein zum Terrorismus der Roten Armee Fraktion formulierte, also gegen das Nein der Springer-Presse und der Rechten à la Franz-Josef Strauß. Der Meinung bin ich und bleibe es: Auch Mörder mit hehren Motiven sind Mörder. Aber damals stolperte ich in eine Zeitgeistfalle. In meinem neuen Lied gegen die Hatz auf RAF-Sympathisanten sang ich: »Ach das, was grad gestern der Jud war / – das wird hier der Sympathisant.« Als mir diese fatale Dummheit zum Bewusstsein gekommen war, habe ich sie korrigiert. An dieser Zeile erkenne ich mit Entsetzen, wie tief mich die Ausbürgerung verwirrt hatte.

Ich war aus allen Angeln gehoben, war nicht mehr Ost, war noch nicht West, und versuchte im ideologischen Drahtverhau zwischen den Fronten des Kalten Krieges mich zu orientieren. Die rechte Presse hetzte gegen mich. Die *Bild*-Zeitung titelte, Kommunist Biermann habe innerhalb weniger Tage schon dreihunderttausend Mark verdient. Weil ich widersprach, geriet ich mit Wallraffs Hilfe in einen absurden Gerichtsprozess. Dem war ich emotional überhaupt nicht gewachsen. Mir kamen diese westlichen Anfeindungen vor wie das Pendant zu den östlichen Kampagnen gegen mich.

Im ersten Schock schrieb ich ein viel zu langes Lied für meinen Philosophen des Prinzips Hoffnung – die »Bloch-Ballade«. Da lamentierte ich zur Gitarre einen skandalösen Vers über Deutschland West und Deutschland Ost: »Hier fallen sie auf den Rücken / Dort kriechen sie auf dem Bauche / Und ich bin gekommen, ach, kommen bin ich / Vom Regen in die Jauche.«

Mensch! Was haben die Kalten Krieger in den Westmedien mich

damals zerbissen wegen dieses lästerlichen Reimwortes Jauche! »Wie ungerecht!«, wetterten die Edelfedern im Feuilleton. »Was`n hochmütiger Spinner, dieser Biermann!«, geiferten bayrische Politiker. »Was für ein undankbarer Ost-Idiot!«, dachte mancher Kommunistenfresser. Ach! ich muss es gestehn: All diese Geiferer und Wadenbeißer, all diese antikommunistischen Anpisser und Kalten Krieger, sie hatten ja leider Recht mit ihrem Wutgetöse! Zum Glück merkte ich, dass nicht nur die Macht des Reimes, sondern auch die Macht der Dummheit mich verführt hatte zu diesem Unwort. Ich korrigierte mich schnell und öffentlich genug. Allerdings – das versteht sich – nahm ich nicht das Schmähwort Jauche zurück, sondern den Euphemismus Regen. Ich brauchte noch ein paar Jahre, um zu begreifen, dass auch das Wort Jauche ein Unwort war.

Die alternativen und die alternaiven Linken im Westen strömten zwar in meine Konzerte, aber wir sprachen nicht immer dieselbe Sprache. Liberale, SPDler, linke Schwärmer, Friedensfreunde kamen. Nur die Apparatschiks der DKP blieben meine zuverlässigen Feinde. Darüber frohlockte ich natürlich: Es hatte sich im Streit um meine Ausbürgerung nach dem Kölner Konzert die Mitgliederzahl der DKP halbiert.

Ich fühlte mich wie ein Gestrandeter in der Fremde. Und auch in der Liebe ging wieder alles durcheinander. Nicht wie gedacht mit Bylle, sondern ich lebte in Hamburg nun doch mit Tine und unserem Sohn Benjamin. Für Bylle und Felix mietete ich nicht weit entfernt eine Wohnung. Und im November des Jahres 1977 kam unsere Tochter Nelli Havemann zur Welt. Für meine erste Tochter, meine seute Deern, schrieb ich ein plattdeutsches Willkommenslied:

Nelli, min Appelsnut
Keem aut ehr Modder rut
Is mit uns anner ut
Oosten her strandt
Nelli, ik sägg di wat:
Wi hefft noch Swin bi hatt
Is jo min Vadder-Stadt
int fremde Land

Wenn du erst lopen kanns
Un Vadder ropen kanns
Un Woter supen kanns
– wat schall di schern!
Büst all in' Westen boorn
Hest een lütt Neesken vorn
Büst as de annern worn:
Hamburger Deern

Der Dichter ist eben kein Prophet: Mein erstes Töchterchen wurde keine »Hamburger Deern«. Aber plietsch und seelenstark wie meine Oma Meume und meine Mutter Emma blieb Nelli immer. Und als junge Frau, gleich nach dem Schulabschluss, ging sie genau dorthin, woher wir kamen: zurück nach Berlin.

***

Ja, ich lebte wieder in meiner Vaterstadt. Aber mir fehlte mein Freund Robert. Ich vermisste meinen Freund Jürgen Böttcher. Wir waren in alle Winde verstreut. Jürgen Fuchs lebte nun in West-Berlin, auch Jurek Becker und Manfred Krug hatten sich dort festgesetzt. Ich konnte die unmittelbare Nähe West-Berlins zum Osten nicht aushalten. Ich wollte – wenn schon in den Westen verbannt – ein mir wirklich fremdes Land kennenlernen. Deshalb lebte ich in den folgenden Jahren in der Regel vierzehn Tage in Hamburg und quinze jours à Paris. Anner Elbe schön Familie füttern und Familie futtern, aber endlich auch an der Menschheit lecken in la douce France. Zu solch doppelbödiger Konstruktion passte das Bonmot des New Yorker Komikers George Burns: »Happiness is having a large, loving, caring, close-knit family – in another city.«

Als singender Mietkünstler mit der Gitarre, der wie Hänschen klein in die weite Welt hineinwanderte, brauchte ich für die Organisation meiner Konzerte und für mein Büro in Hamburg Hilfe. Ich fand eine junge Bibliothekarin, die als Germanistik-Studentin in irgendeiner maoistischen K-Gruppe sich aufgerieben hatte. Freya Rickert half mir, mein Leben in der schönen neuen Welt zu ordnen, wir arbeiteten viele Jahre gut zusammen. Sie erzählte mir manchmal von ihren frühen Erfahrungen, wie sie als junges Ding bei Schichtbeginn in klirrender Kälte im dünnen Mäntelchen vor einem Fabriktor stand und Flugblätter an die Arbeiter verteilte. Die Proletarier sollten darüber aufgeklärt werden, dass sie im Kapitalismus ausgebeutet sind und deshalb als Klassenkämpfer die Macht im Staat erobern müssen. Diese kluge Frau war für mich eine West-Lektion. Etliche dieser ehemaligen linksradikalen Kopftänzer stehen heute fester auf dem wackligen Boden der Demokratie als allerhand laue Linke, die immer brav den goldenen Mittelweg am äußersten Rand des Schlachtfeldes entlangschlenderten.

In Paris freundete ich mich mit Gisou Bavoillot an, einer noblen Schönheit, einer Dame de lettres, Lektorin im Verlag Flammarion. Sie kannte die französischen Spielregeln, die sozialen Hierarchien und die geistigen. Von ihr lernte ich, dass es Rive-Droite-Pariser gibt, die niemals im ganzen Leben auf den Rive Gauche geraten. Als ich eines schönen Tages im Jahre 1979 mit der distinguierten Madame Gisou im Quartier Latin in der Rue des Écoles in der Brasserie Balzar déjeunierte, brachte mir der Kellner die Visitenkarte von Jean-Paul Sartre. Was'n Zufall! Drei Tische weiter saß der Guru der Existentialisten mit zwei, drei Jüngern. Durch seine Flaschenböden vor den kurzsichtigen Augen konnte er mich unmöglich erkannt haben, also hatte man ihm wohl gesteckt, dass der Poète-Chanteur aus der DDR am Tisch nebenan sitzt. Ich las seine Krakelschrift auf der Rückseite der Karte. Auf Deutsch stand da die Einladung, ob ich ihn mal besuche. Diese Chance wollte ich nutzen.

Sartre empfing mich und Madame Gisou – auch meine kleine Weißgerber-Gitarre hatte ich dabei – ein paar Tage später in seiner dunklen Bücherhöhle. Er bat uns, Platz zu nehmen. Eine Frau servierte Tee. Sein Deutsch kam mir viel besser vor als seine Aussprache. Er wolle einige meiner Texte im Literaturmagazin *Les Temps Modernes* veröffentlichen. Das Sprichwort »Wer viel redet, erfährt nicht viel« musste dem Sartre keiner beibringen. Er fragte nach meiner Familiengeschichte in der Nazizeit, er wollte alles wissen über meine Existenz als Staatsfeind in der DDR. Ich erzählte und erzählte wie ein Kind. Warum ich als Jugendlicher 1953 mit meinem kommunistischen Kinderglauben von West nach Ost gegangen war und von meiner alles entscheidenden Zeit am Brecht-Theater. Wie ich allmählich kritischer wurde und warum radikaler kritisch als all die Nazikinder meiner Generation. Mein ganzer Stoffwechsel mit den Stalinisten.

Sartre hörte mir zu und sagte dann: »Ja, ja, Monsieur, wir beurteilen die Menschen nicht danach, was aus ihnen gemacht wurde, sondern danach, was sie aus dem gemacht haben, was aus ihnen gemacht wurde.« Da musste ich grinsen und juxte: »Bekannt! Bekannt! Ein typischer Satz von Ihnen, den kenne ich schon lange! Im Grunde ein Hegelwort.« Mein kecker Kommentar ärgerte ihn. Er schnarrte mich an: »Monsieur, Sie singen ja wohl auch immer wieder dieselben Lieder, weil Sie keine besseren haben.« Damit traf er ins Schwarze und hatte mich als Lacher auf seiner Seite.

»Also singe ich Ihnen ein paar Lieder?« Ich packte meine Gitarre aus und stimmte die Saiten. Wieder kam die Frau herein, schenkte uns Tee nach, servierte Biskuits und verschwand in der Küche. Ich sang dem Homme de lettres als Erstes ein Lied, dessen Text er schon kannte: »Und als wir ans Ufer kamen« – mein Lied über ein Liebespaar im Boot auf einem Ost-Berliner See im zerrissenen Deutschland, also unter dem geteilten Himmel. Nach der letzten Zeile »Ich möchte am liebsten weg sein / Und bleibe am liebsten hier« sagte Sartre: »Das drucken wir!« Er suchte sich noch paar andere Texte raus.

Aber dann hielt er mir noch eine kleine Vorlesung über Hegel: »Sie müssen Französisch lernen, nicht wegen der Franzosen, sondern damit Sie den Hegel auf Französisch lesen können! Das Deutsche ist zu vieldeutig, zu poetisch, davon lebt ja Heidegger im hermeneutischen Zirkel mit seiner Hammer- und Nagel-Philosophie des Seins. Und Nietzsche, der eigentlich ein Dichter war. Und Ernst Bloch mit seinem Prinzip Hoffnung. Alles verkappte Poeten. Aber in Wirklichkeit ist Französisch die ideale Sprache für Juristen und Philosophen!«

Ich verstand wenig und konnte nichts erwidern. Der Tee war kalt und die Visite beendet. Sartre stemmte sich aus dem Sessel hoch und verabschiedete uns an der Wohnungstür. Unten im Treppenhaus fragte ich: »Pardon, Gisou, wer war eigentlich die alte Frau, die uns den Tee serviert hat?« Meine Freundin lachte erschrocken auf: »Mon Dieu! Mon petit gentil loup … meinst du das im Ernst? Das war doch Madame Simone de Beauvoir!«

Christa Wolf, ausgestattet mit einem West-Visum, stieg zwei

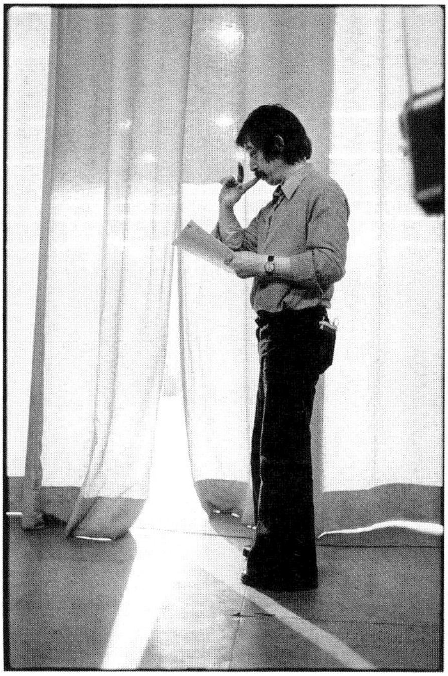

30 Herzflattern! Und kalt-konzentriert in der Kulisse, vor dem ersten Schritt in die Kölner Arena. Der Sender vom Kopfmikrophon steckt hinten in der Hose.

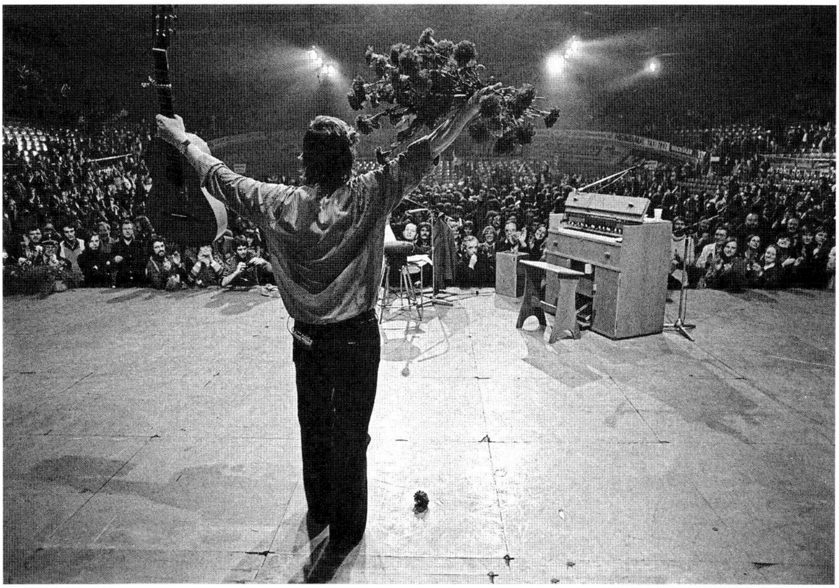

31 Dieses Foto wählte ich fürs Plattencover zum Köln-Konzert 1976. Die Arme schön niedrig, also kein Triumph! Und bisschen zu hoch, also kein Schmerzensmann.

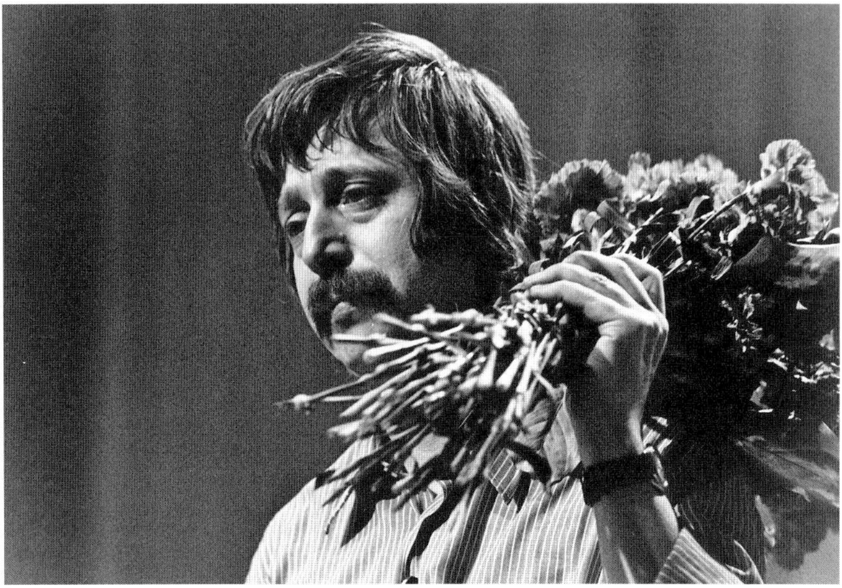

32 Erschöpftes Glückskind in der Kölner Riesenhalle, nach zwölf Jahren Singen nur zu Hause für paar Freunde. Die obligaten roten Nelken vom Jugendsekretär der IG Metall, Bernd Wurl.

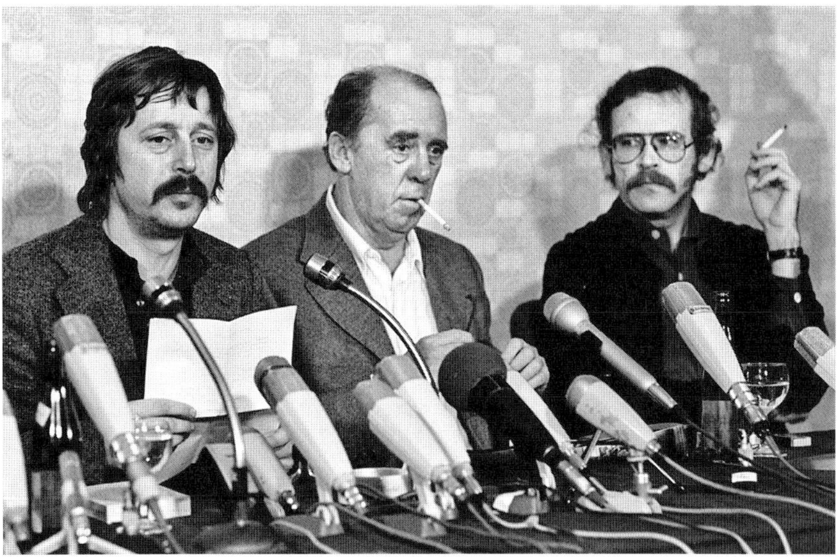

33 Heinrich Böll schoß den Vogel ab auf der Pressekonferenz nach dem Köln-Konzert. Er lieferte das Bonmot: »Der Biermann ist jetzt ein In-die-Heimat-Vertriebener.« Günter Wallraff denkt an unser nächstes Tischtennis-Match.

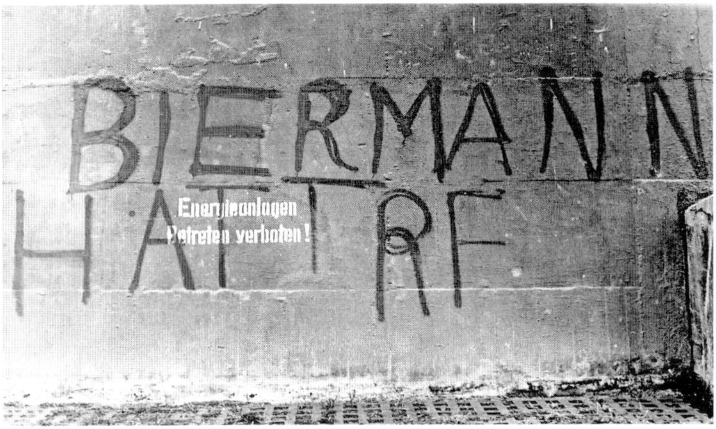

34 In den MfS-Akten fand sich das Foto von der unvollendeten Mauerinschrift »Biermann hat Re- cht«. Mit dem Mediengeschrei im Westen hatten sie gerechnet, aber nicht mit dem Widerstand in der DDR.

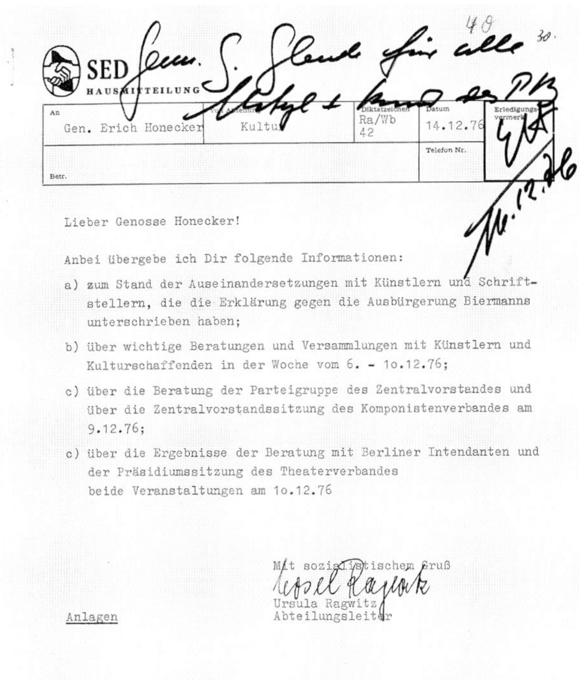

SED HAUSMITTEILUNG

An	Abteilung	Diktatzeichen	Datum	Erledigungsvermerk
Gen. Erich Honecker	Kultur	Ra/Wb 42	14.12.76	
Betr.			Telefon Nr.	

Lieber Genosse Honecker!

Anbei übergebe ich Dir folgende Informationen:

a) zum Stand der Auseinandersetzungen mit Künstlern und Schriftstellern, die die Erklärung gegen die Ausbürgerung Biermanns unterschrieben haben;

b) über wichtige Beratungen und Versammlungen mit Künstlern und Kulturschaffenden in der Woche vom 6. - 1o.12.76;

c) über die Beratung der Parteigruppe des Zentralvorstandes und über die Zentralvorstandssitzung des Komponistenverbandes am 9.12.76;

c) über die Ergebnisse der Beratung mit Berliner Intendanten und der Präsidiumssitzung des Theaterverbandes beide Veranstaltungen am 1o.12.76

Mit sozialistischem Gruß
Ursula Ragwitz
Abteilungsleiter

Anlagen

35 Parteifürst E.H. entscheidet persönlich, dass diese frischen Informationen über die Rebellion der DDR-Schriftsteller gegen Biermanns Ausbürgerung seinen Genossen im Politbüro, den »verdorbenen Greisen«, weitergegeben werden.

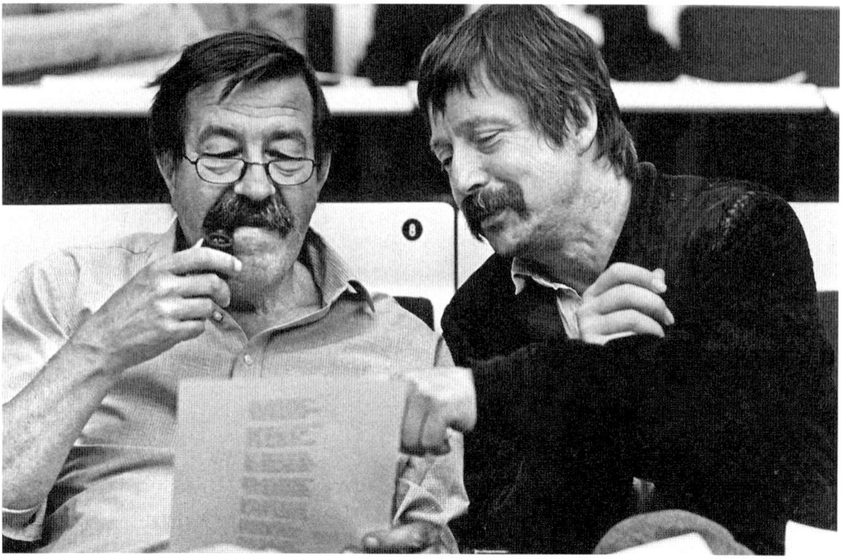

36 Günter Grass begutachtet beim PEN-Kongress in Hamburg 1986 mein neues Gedicht. Nur bis zur Wiedervereinigung blieben wir ein Herz und ein Schnauzbart. Und das freute mich: Christa Wolf gab mir beim Schriftsteller-Treffen immerhin die Hand.

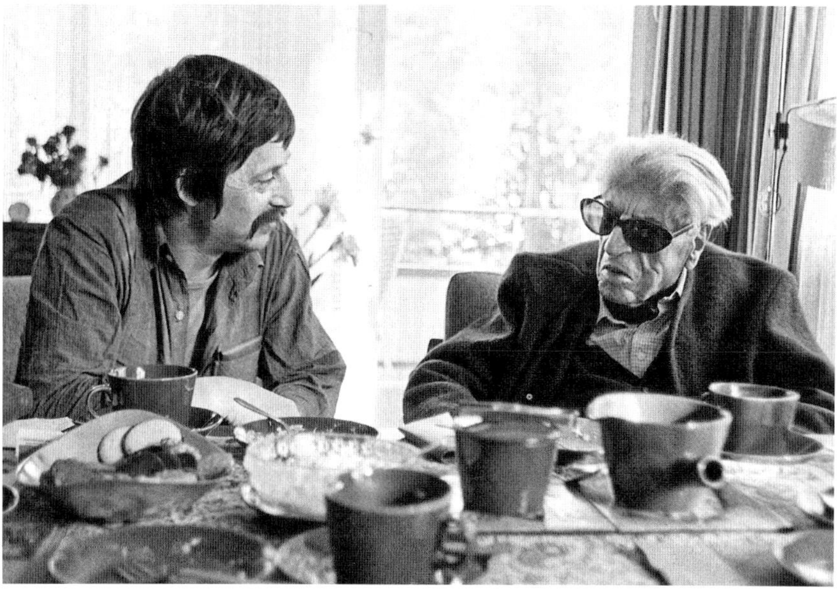

37 In Tübingen kam er mit Frau Karola zur Gütekontrolle in meine Konzerte. Besuch in Blochs Haus »Im Schwanzer«. Die Gasse heißt inzwischen »Ernst-Bloch-Straße«.

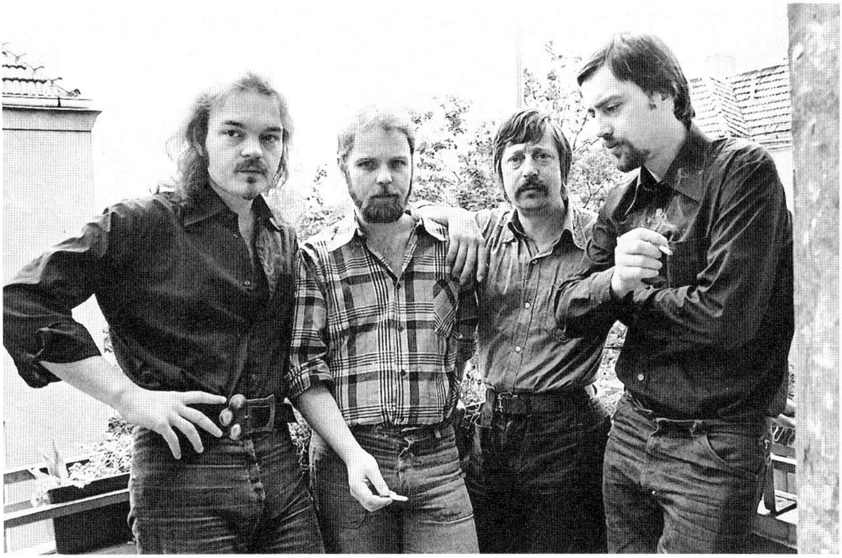

38 Mit Christian Kunert, Gerulf Pannach und Jürgen Fuchs 1977. Sie wurden im VEB Knast erpresst, um der vorzeitigen Entlassung in die Bundesrepublik zuzustimmen. So sahen wir uns endlich wieder – in West-Berlin.

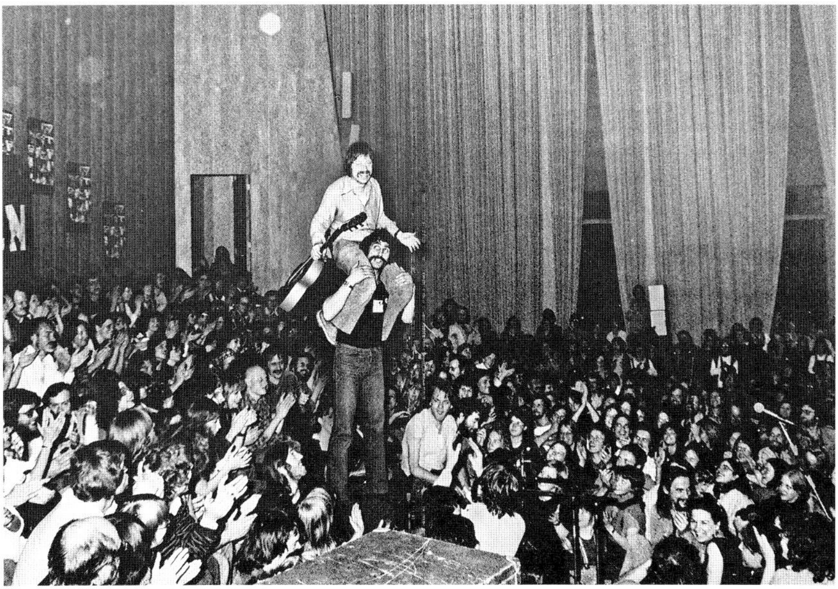

39 Etwa dreihundert Leute fanden noch Platz neben mir auf der Bühne beim Konzert im Audimax der FU Berlin. Am Ende hob mich ein echter Herkules auf seine Schultern: ein griechischer Druckereiarbeiter.

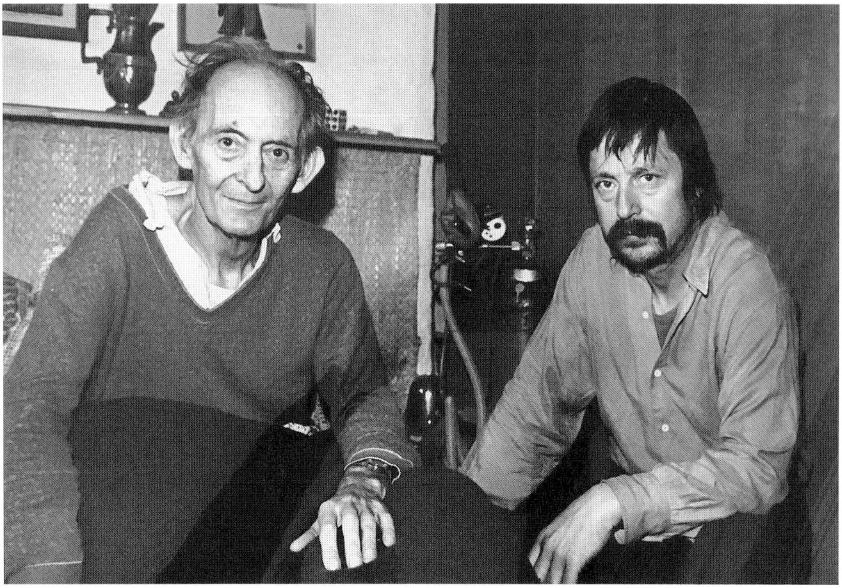

40 Robert, drei Tage vor seinem Tod 1982 in Grünheide am Möllensee. Hinter ihm hockt »Freund Hein«, verkleidet als Sauerstoff-Flasche.

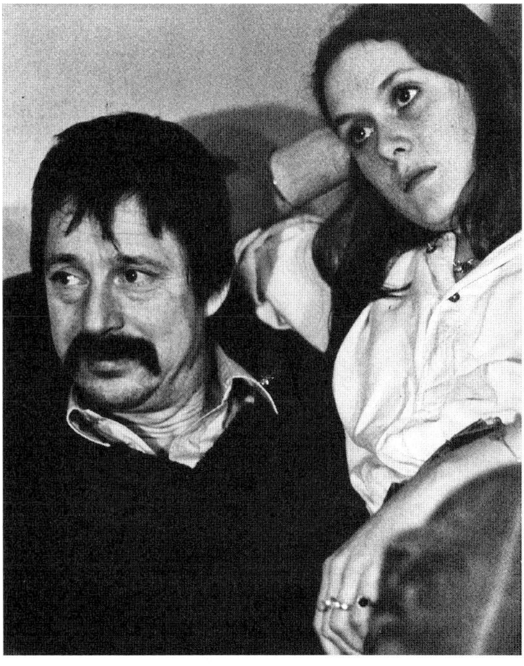

41 Junges Glück: Pamela und Wolf im alten ledernen Ohrensessel aus der Chausseestraße, in dem Robert all die Jahre in geselliger Runde residierte und auf dem einmal auch Margot Honecker hockte: unbequem.

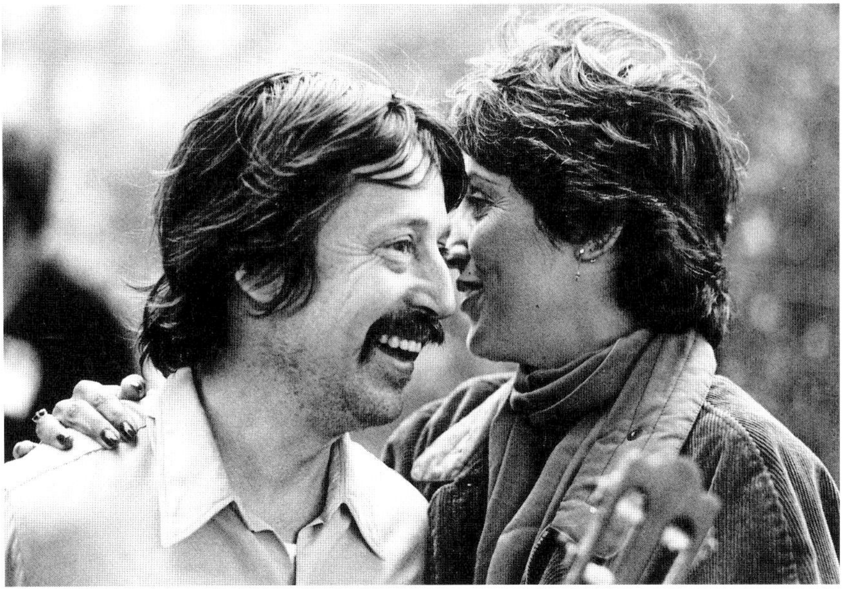

42 Joan Baez bei unserem Open-Air-Konzert für den Weltfriiiieden im Stadion des FC St. Pauli, Sommer 1983.

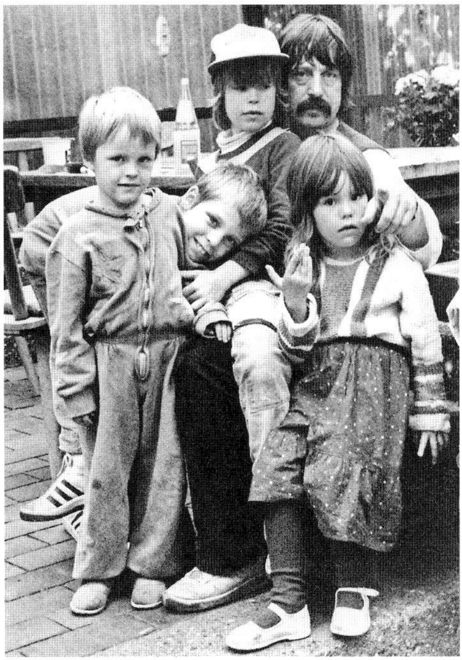

43 Die Zwillinge Til und Marie sind schon drei Jahre alt, Felix neun, Benjamin acht und Wolf erst 47.

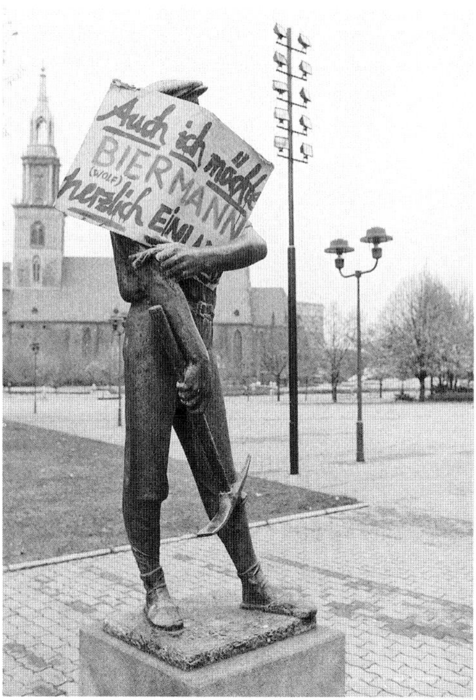

44 Fritz Cremers Bronze-Proletarier »Aufbauhelfer« vorm Roten Rathaus in Berlin. Der wollte, dass Biermann ihm nebenan auf'm Alex am 4. November 1989 das Spottlied gegen Krenz & Co. vorsingt.

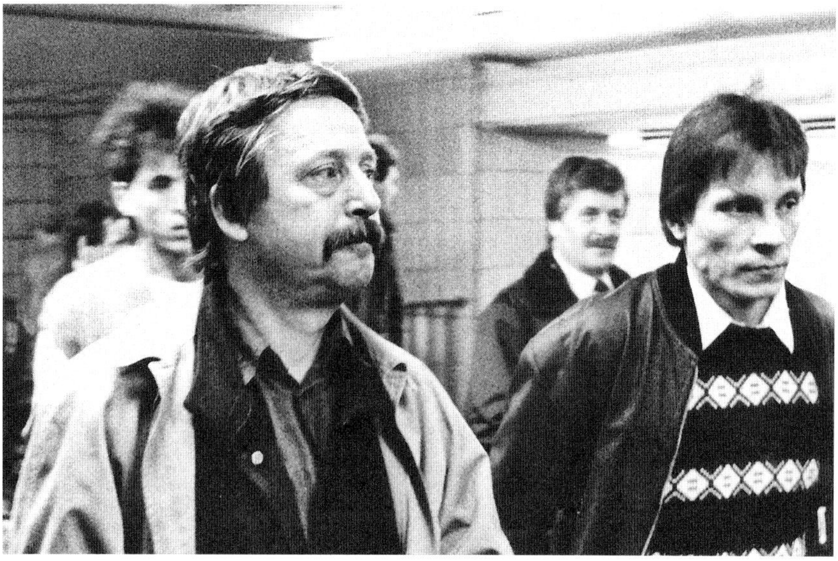

45 Auf Ja oder Nein gefasst, die Lippen geschürzt, die Augen offen. Mit Ralf Hirsch im gekachelten Labyrinth des Grenzübergangs, unten im Bauch des Bahnhofs Berlin-Friedrichstraße, am Tag der Großdemo auf dem Alex am 4. November 1989.

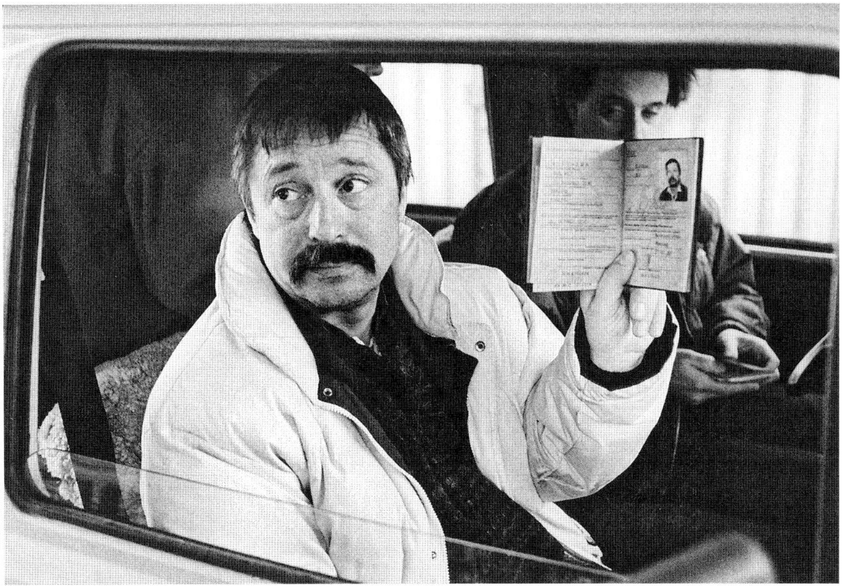

46 Real-absurder Grenzübertritt im Dezember 1989: pro forma Ausweis zeigen. Nicht mal Blickkontrolle, wo sonst DDR-Bürger mit einer Salve aus der Kalaschnikow kontrolliert wurden.

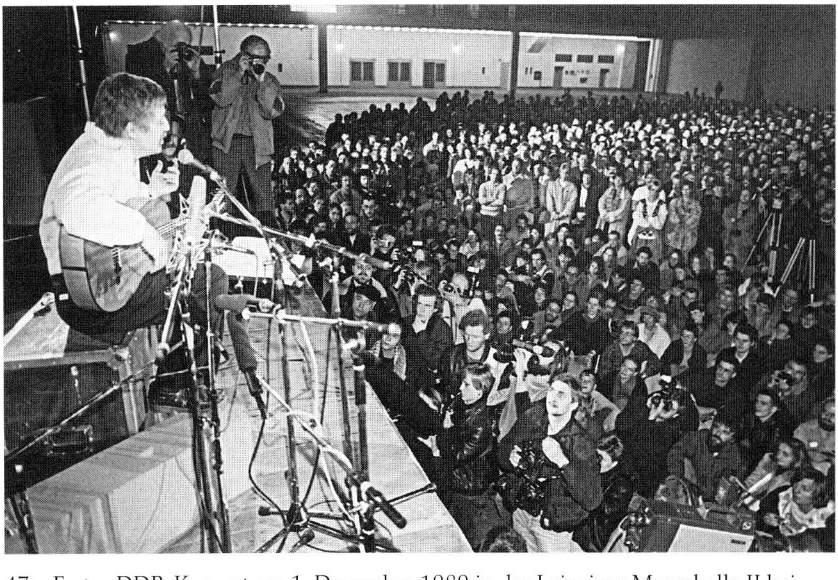

47 Erstes DDR-Konzert am 1. Dezember 1989 in der Leipziger Messehalle II bei minus fünf Grad Celsius und Smogalarm Stufe 3. Tausende DDR-Bürger, dreieinhalb Stunden im Stehen. Eine Crew des DFF mit fünf TV-Kameras im Einsatz.

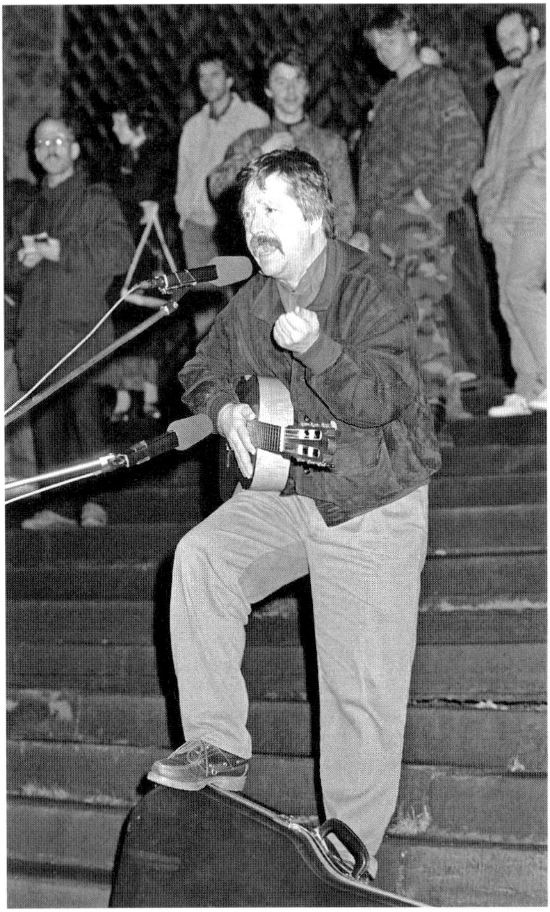

48 Wacklig, wacklig! 1990 auf der großen Treppe am Erfurter Dom. Das linke Bein auf der Stufe, das rechte auf dem wackligen Gitarrenkasten. Das Mikro wackelt. Das Wir-sind-das-Volk wackelt und der heimgekehrte Sänger auch.

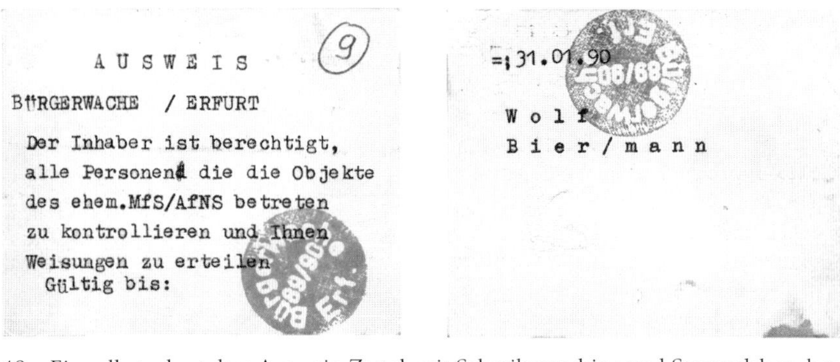

A U S W E I S (9)

BÜRGERWACHE / ERFURT

Der Inhaber ist berechtigt,
alle Personen, die die Objekte
des ehem.MfS/AfNS betreten
zu kontrollieren und Ihnen
Weisungen zu erteilen
Gültig bis:

=31.01.90

W o l f
B i e r / m a n n

49 Ein selbstgebastelter Ausweis-Zettel, mit Schreibmaschine und Stempelchen, hat plötzlich mehr zu sagen als alle gefürchteten Stasioffiziere. Für die Apparatschiks ein Dokument vom Ende ihrer ewigen Allmacht.

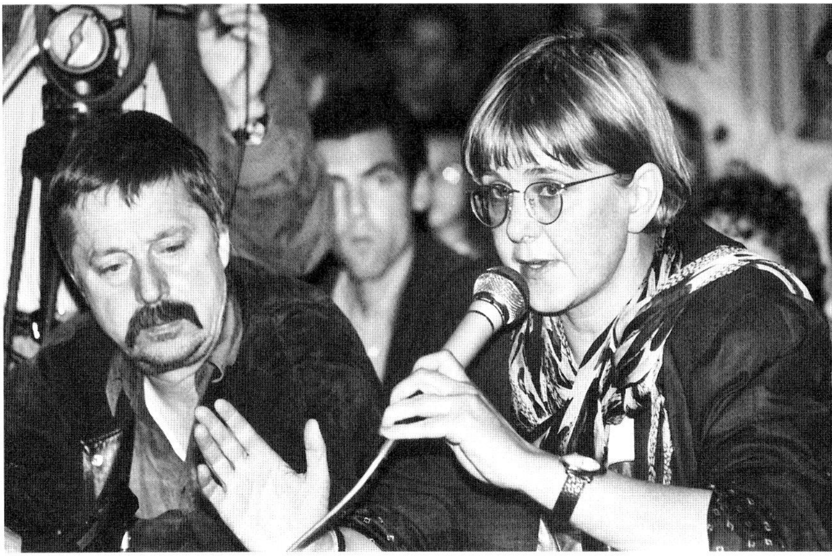

50 Marianne Birthler bemerkte ich vor meiner Nase nicht 1976 bei meiner Predigt mit Liedern in der Prenzlauer Kirche. Erkannte sie aber wohl an der Glotze als Rednerin am 4. November 1989 auf'm Alex. Nun kam sie als Mitglied der Volkskammer auf unsere Pressekonferenz zum Hungerstreik der Bürgerrechtler in der MfS-Zentrale.

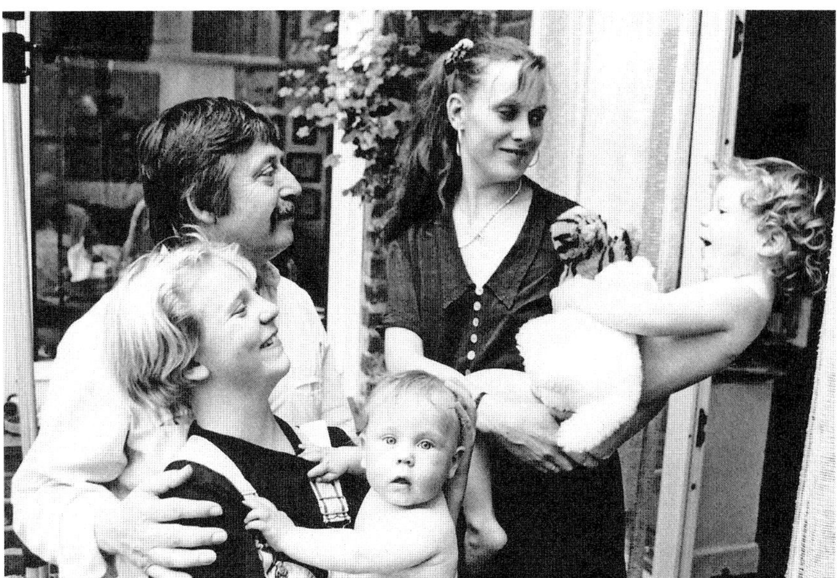

51 Ich halte Nelli, min Appelsnut. Nelli hält David. Pamela hält Lukas, und Lukas seinen kleinen Tiger. 1990.

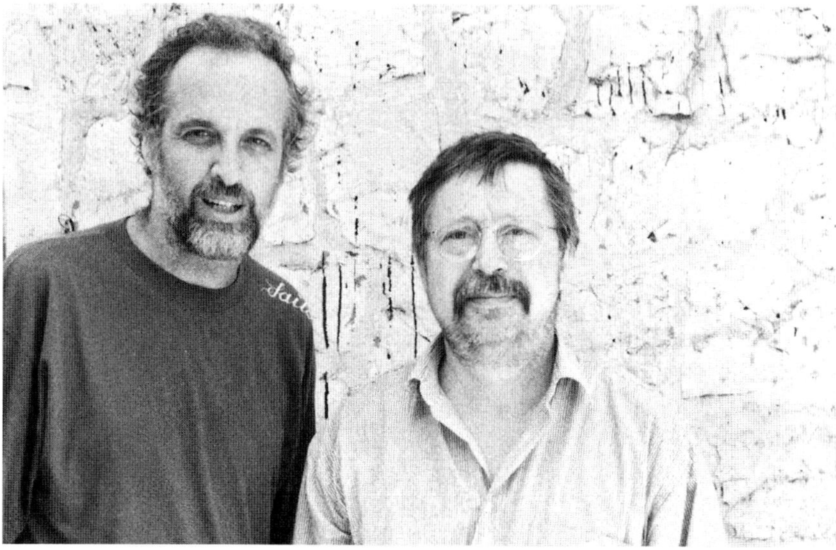

52 Im Mishkenot Sha'ananim: Eran Baniel, der Regisseur und Intendant des Khan-Theaters in Jerusalem, lockte mich, im Streit um den Golfkrieg 1991, zu ersten Konzerten nach Israel.

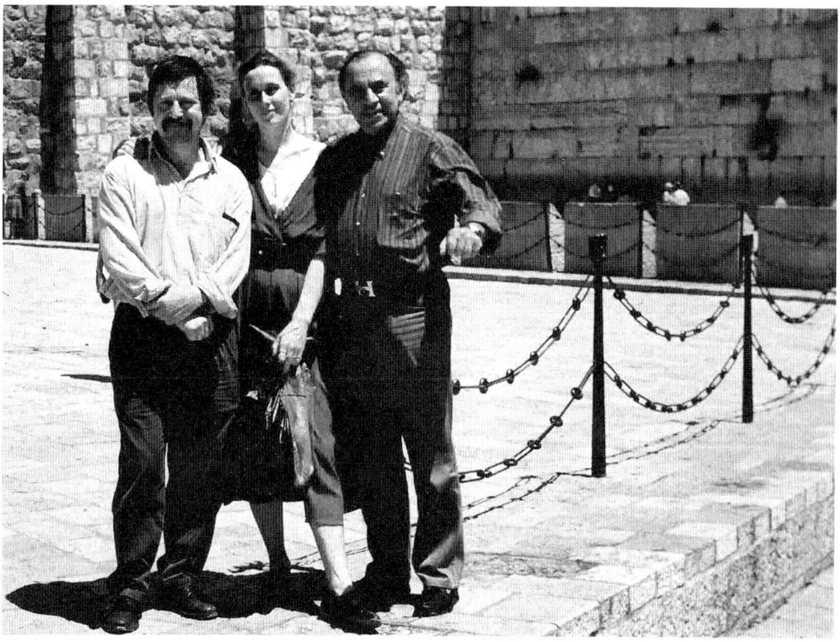

53 Mit Pamela und Arno Lustiger 1991. Kein Gebet. Aber ich sang leise mit meinem Freund an der Klagemauer das jiddische Lied aus dem Ghetto Wilna: »Mir lebn ejbig!«

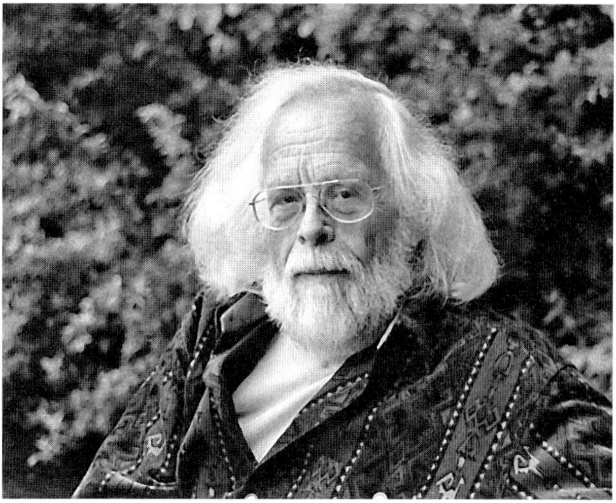

54 Reimar Gilsenbach. Todesmutiger Deserteur in der Wehrmacht. Nach dem Krieg widerstand er tapfer der Stasikrake. Tatkräftiger Freund der Sinti und Roma in der DDR. Meine Tagebücher hat er treu für mich versteckt bis Ende 1989.

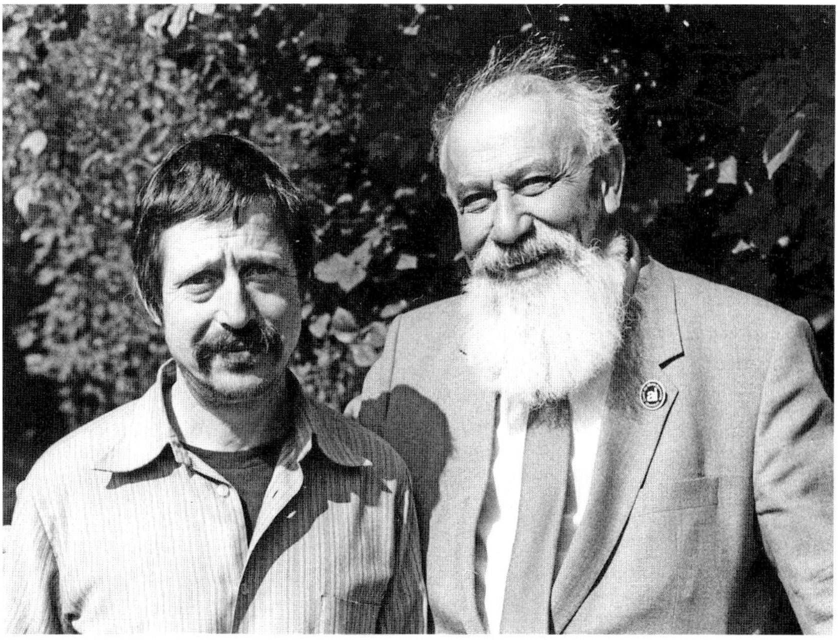

55 Lew Kopelew in Köln. Wir bewunderten einander in Moskau, wir stritten uns wegen IM »Margarete« Christa Wolf, wir versöhnten uns rechtzeitig vor dem Tode.

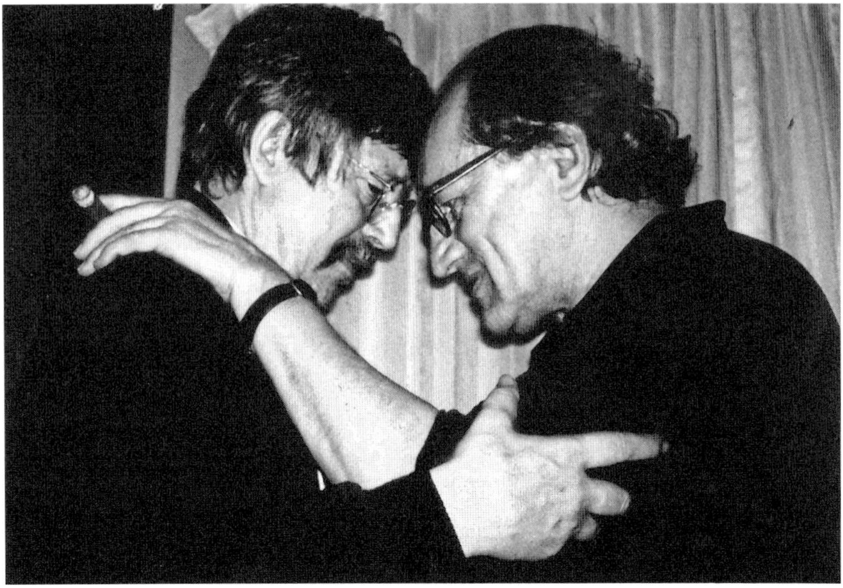

56 Mit dieser kurios langen, dieser wortlosen Umarmung im Trubel der Frankfurter Buchmesse 1992 beim Verlag unsres Freundes Helge Malchow war alles zwischen Heiner Müller und mir enigmatisch ausgesprochen.

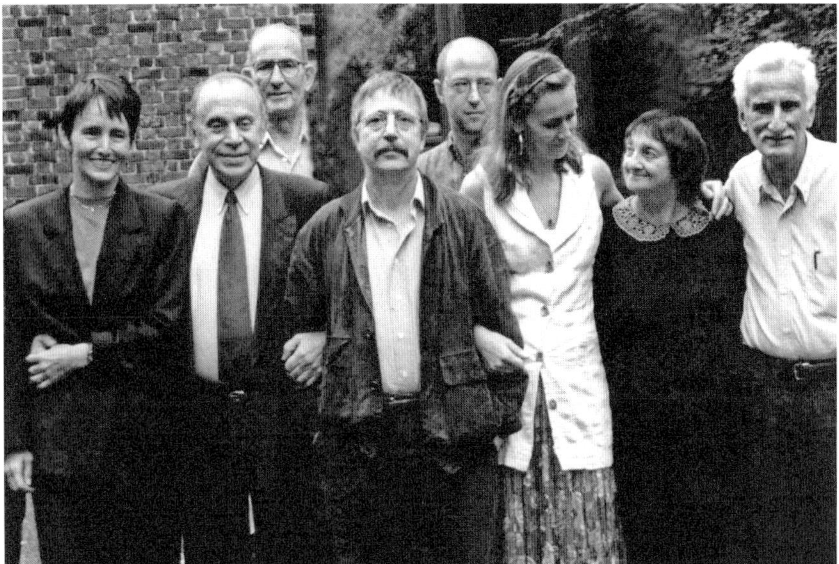

57 Nach der Katzenelson-Premiere 1994 im Hamburger Schauspielhaus: nun im Garten von links Erika Banse, Arno Lustiger, Uri Aloni, Wolf, Manu, Pamela, Ruth Adler und Benny Katzenelson.

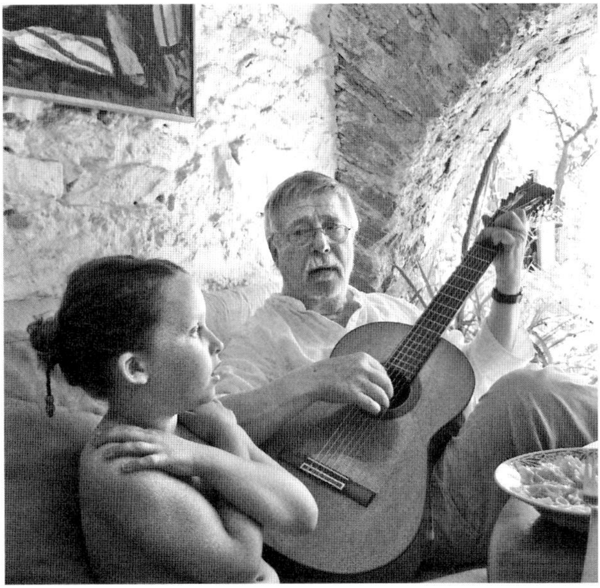

58 Im uralten Patio des Mas Joaquim beim Flamenco-Virtuosen Pedro Soler in Banyuls-sur-Mer singt unsre Mollie für Madeleine, mit ihrem Papa El Lobito, den Cante jondo Alemán.

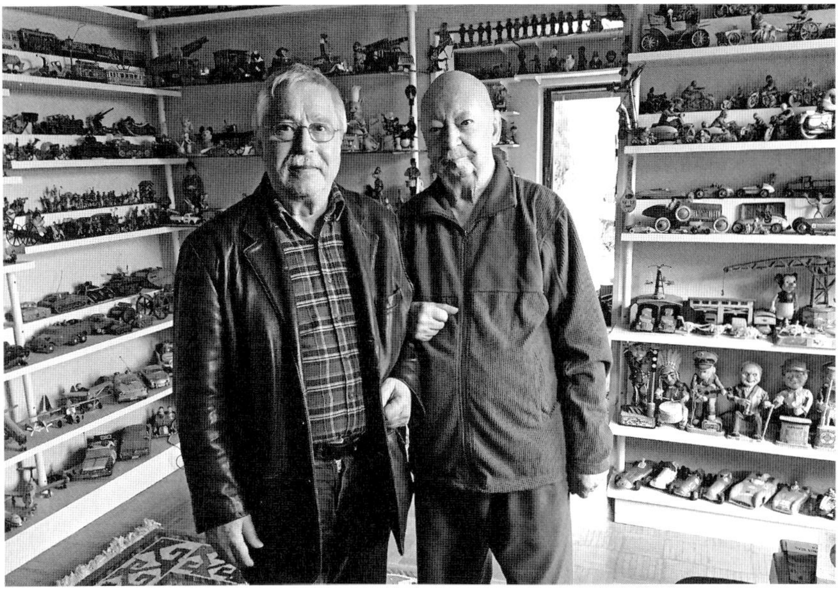

59 Zwei komische Kameraden im ewigen Freiheitskrieg der Menschheit: der kreuzfidele Pessimist Günter Kunert vor seiner Blechspielzeug-Sammlung – und sein melancholischer Optimist Biermann.

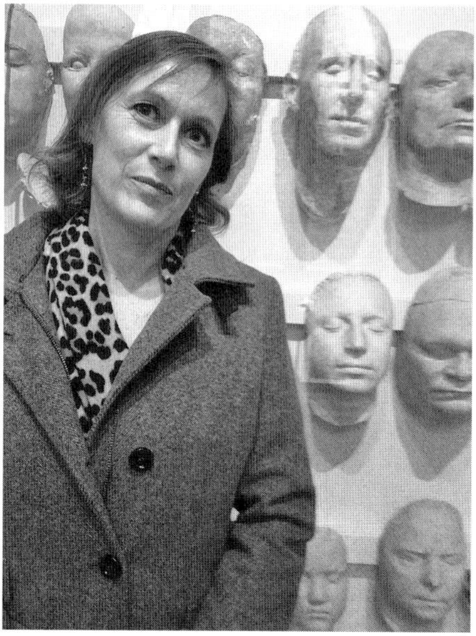

60 Das Weigel-Zimmer mit den hundert Gipsmasken aus der Anfangszeit des Berliner Ensembles. Nach unserem ersten gemeinsamen Konzert dort 2012 knipste ich meine neue Kollegin. Brechts Kopf schön neben ihrem Kopf, darunter Biermanns Bubigesicht ohne Bart.

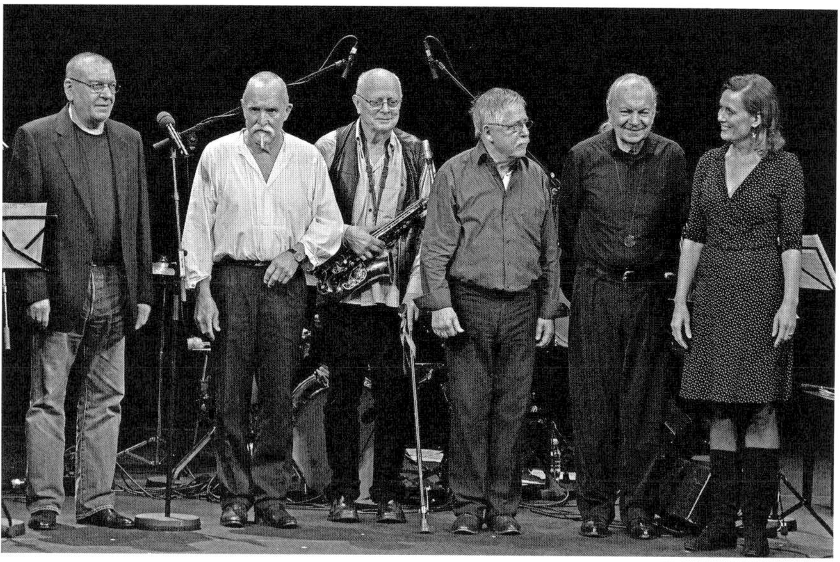

61 2014, Konzert zum 25. Jahrestag des Mauerfalls. Pamela und Wolf im BE mit den unangepassten Free-Jazz-Helden des DDR-Zentralquartetts: Uli Gumpert, Baby Sommer, Luten Petrowsky, Conny Bauer.

Jahre nach meiner Ausbürgerung in Frankreich ans westliche Land und missbrauchte ihren – wie man ihn in Ost-Berlin giftig nannte – »Arierpass«. Sie besuchte mich in meiner Wohnung. Die hohen Wogen hatten sich beruhigt, die DDR stand längst wieder wie ein Fels trotzig im westöstlichen Sturm. Christa tröstete mich: Im Grunde sei meine Ausbürgerung für alle in der DDR ein Segen gewesen. Endlich hätte man wieder gewusst, wer auf welcher Seite steht. Und vor allem wäre wieder klarer geworden, wer man selber war. Mancher hätte das ja schon fast vergessen gehabt vor lauter realsozialistischer Taktiererei. Vielleicht hatte sie Recht. Nur ich, der Ausgebürgerte, war noch orientierungslos und wusste zeitweilig nicht mehr, wer ich war. Christa Wolf segelte mit ihrem ewigen Kapitän Gerhard gegen den kalten Ostwind wieder nach Hause. Ich aber blieb wie ein Schiffbrüchiger in der französischen Fremde. Und natürlich lebte ich in diesen Jahren von der Hoffnung aller Exilierten, dass »wir« eines Tages doch gewinnen und dass ich dann mit starkem Rückenwind zurückschippern könnte nach Ost-Berlin.

Ich Freundefresser fand aber auch, links der Seine, genug Franzosen für meinen neuen Stoffwechsel mit der Menschheit. Gisou Bavoillot zeigte mir das Musée Victor Hugo an der Place des Vosges. Nun begriff ich, was Yves Montand gemeint hatte, als er mir nach der Ausbürgerung den Ehrennamen »Gavroche Allemand« gab. Mich freute die Solidarität des großen Sängers. Er hatte mein Konzert in Saint-Denis besucht. Das war kein Zufall. Er hatte sich schon 1968, bei der Niederschlagung des Prager Frühlings, auf unsere Seite gestellt.

Meine DDR-Augen staunten über den französischen Antifaschismus – das Mahnmal für die während der NS-Zeit ermordeten Juden Frankreichs an der hochgemauerten Spitze der Île de la Cité. Ich stieg die lange, schmale Steintreppe hinab in dieses ewig offene Grab und las die eingemeißelten Verse von Louis Aragon an einer Kerkerwand, spürte mit Haut und Haaren die monumentale Steingruft. Weltenhungrig schlang ich Geschichten aus der französischen Geschichte. Aber malheureusement schnappte ich nur ein paar französische Worte auf und knabberte an den Wortspielen. Ich kaute, auch in der Fremde, an meinem Deutsch am allerschwersten.

In der Rue d'Ulm traf ich den marxistischen Tiefdenker und Spezialisten für unseren Hölderlin, Jean-Pierre Lefebvre. Für ihn hielt ich einen Vortrag vor seinen Studenten an der École normale supérieure. Dieses französische Superhirn hatte eine Enigma-Maschine im Kopf, mit der er den blöden deutschen Germanisten die Gedichte von Paul Celan endlich mal entschlüsseln und ins plattere Deutsch übersetzen wollte. Ich freundete mich mit dem Heine-Forscher Michael Werner und seiner Frau Eva an. Mit ihnen besuchte ich den Lieblingsdichter meiner Eltern auf seinem Friedhof am Montmartre, und ich reimte mir ein kleines Lied dazu. Ich las nun an Ort und Stelle auch Heines Hassattacke gegen seinen deutschen Kollegen im Exil, Ludwig Börne. Eine heikle Schmähschrift, in der unser Champagner- und Austern-Kommunist Heine dem stinkenden Volk attestiert, dass es insbesondere in den erhabenen Zeiten der Revolution ein ekelerregender »souveräner Rattenkönig« ist.

Der Germanist Jean-Pierre Hammer hatte mich schon zu DDR-Zeiten besucht und meine Gedichte in seiner *Revue Allemagne d'Aujourd'hui* abgedruckt und kommentiert. Er kam mir immer vor wie Heinrich Manns Professor Unrat im Film mit Marlene Dietrich. Ja, Deutsch konnte er besser als alle Germanisten in Frankreich. Aber wie er meine lebendigen Verse in sein Professoren-Französisch transportierte, das war nach Meinung der Kenner dort ein Totschlag. Mir half über die Sprachbarriere auch die Germanistin Marie-Claude Deshayes, die dann meine Übersetzerin wurde und später alle meine Vorlesungen an der Heine-Uni in Düsseldorf als Buch in Paris herausbrachte. Sie lebte im 13. Arrondissement in der Hochburg der Commune de Paris. Dort, auf dem Butte aux Cailles, dem Wachtelhügel, fand ich eine kleine Wohnung und baute mir ein Nest. Paris war gut für mich. Die Lieder und Gedichte, die ich dort zustande brachte, liefern den Beweis. Und langsam dämmerte mir, was Lou Eisler mir prophezeit hatte: Wie gut es war, dass ich nicht mehr in meinem Ost-Berliner Käfig in der Chausseestraße eingepfercht meine Lieder heulte!

***

Auch das Leben in Hamburg ging lebendig weiter. Im August 1980 gebar Tine unsere Zwillinge, Marie und Til. Kaum zu glauben, aber wahr: Grundverschiedener können Zwillinge kaum sein. Der Junge ein zartes Seelchen, das Mädchen eine robuste Dickmadonne. Er, wie schon bei der Geburt, eine Querlage, sie springt der Welt unerschrocken ins Gesicht. Aber echte Zwillinge sind es dennoch, sie können nämlich dieses Rollenspiel auch sehr gut tauschen. Ich schrieb zwei Willkommenslieder. Für den Sohn Til fängt es so an:

Der kleine König auf seinem Sack
Aus Tüddelüddelütt und Schabernack
Er winkt und stinkt so würdevoll
Le Roi des Rats et des Rossignols …

Und ein Lied mit etwas mehr »Welthaltigkeit« dichtete ich für seine Schwester Marie. Das fängt so an:

Wir müssen vor Hoffnung verrückt sein
Marie, du dunkle Sonne
Dass wir dich warfen in diese Welt
– schlaf ein, du Dickmadonne

Wir waren ja wohl auch verrückt, und – das versteht sich – nicht nur vor Hoffnung.

1980 gründeten sich in Karlsruhe die Grünen, ein Partei-Eintopf aus nationalen Waldschraten, undogmatischen Sozialisten, verkrachten Linkssektierern und ökologischen Friedenskämpfern. Ich sang bei den Grünen für die SPD, weil ich die Sozialdemokraten stärken wollte gegen das Großmaul Franz-Josef Strauß, der als Bundeskanzler gegen Schmidt-Schnauze zur Wahl stand. Trotzdem sang ich ein Spottlied über beide Kandidaten:

Schmidt und Strauß die zwei Athleten / Beide find ich ideal!
In der Wahlarena treten / Beide an fürs Kapital.
Der eine ein rechter Sozialdemokrat / Er redet sein Blech in Rosa
Der andre redet den gleichen Text / In klarer deutscher Prosa
Der eine war Wehrmachtsoffizier
Der andre Off'zier bei'r Wehrmacht …

Und so weiter geholzt und geknüppelt und geknüttelt. Was für ein Agitprop-Schrott! Was für ein hochmütiger Stumpfsinn! Keine kleinen Wahrheiten, sondern großkotzige Wahrheitchen. Witzige Ware immerhin die letzten beiden Zeilen mit der Wehrmacht. Aber im Ganzen – Politschund!

Damals fand ich einen neuen Freund, den gelernten Maurer und studierten Literaten und Slawisten Ulrich Schreiber, der heute das Internationale Literaturfestival in Berlin leitet. Dieser vielarmige Projektemacher veranstaltete Konzerte im Rahmen einer Initiative, die sich im linken Jargon der Zeit »Volks-Uni« nannte. Uli organisierte ein Konzert für mich im Audimax der Freien Universität in West-Berlin. Der Titel: »Es grünt so grün. Oder: Eins in die Fresse, mein Herzblatt!« Der Saal war schmeichelhaft und schön kriminell überfüllt. Allein um mich herum, ich saß mit meiner Gitarre hinter den Mikrophonen, hockten auf dem Boden der Bühne Hunderte Studenten ohne Karte. Und unvergesslich für mich eine Nebensache: Nach der letzten Zugabe packte mich von hinten ein Zweimeterfünfzehn-Riese, ein Genosse Herkules hob mich hoch – und ich hielt sie ängstlich fest, meine kostbare Weißgerber-Gitarre. Mit Urgewalt hob der Kerl mich wie einen Knirps über seinen wilden Kopf und platzierte meine siebzig Kilo auf seine Schultern. Eine Zirkusnummer! Ein glückliches Gekreische und Gelächter brach los, so würzte mir das Publikum den Schlussapplaus. Nach dem Konzert lernte ich den Mann kennen. Er war ein griechischer Druckereiarbeiter und Mitglied einer eurokommunistischen Abspaltung der KKE, das waren die antistalinistischen Kommunisten in Griechenland, also meine natürlichen Verbündeten.

Im Februar 1981 fuhr ich mit zwei Freunden und etwa hunderttausend Demonstranten nach Brokdorf an der Elbe. Die letzten drei Kilometer liefen wir quer durch die Landschaft in Richtung Atomkraftwerk. Die Polizei setzte Wasserwerfer und Knüppel ein, und wir flohen durch einen Wassergraben über die Wiesen in die schöne Elblandschaft. Eine lehrreiche Erfahrung für einen gelernten DDR-Bürger. Schon ein Jahr zuvor war ich in Gorleben aufgetreten, im Hüttendorf der bunten »Republik Freies Wendland«. Dort blühte die Protestbewegung gegen die Einrichtung eines Atommülllagers im Salzstock eines stillgelegten Bergwerks. Ich sang für die Ökoschrate zusammen mit meinem Freund Walter Mossmann, dessen tapferes Herz und dessen raue Stimme ich immer bewunderte und liebte. Aber im Kopf hatten wir doch Gegensätze.

Ich konnte nie grundsätzlich gegen die friedliche Nutzung der Atomkraft sein. Da hätte mein Freund Robert Havemann, der Fachmann, mich ausgelacht. Mich verband aber mit den AKW-Gegnern der begründete Zweifel, ob die totalitären Bonzen im Ostblock in all ihrer hysterischen Machtgier oder die Gangster des Monopolkapitals in all ihrer kurzsichtigen Profitgier mit dieser gefährlichen Energie sorgfältig genug umgehn. So dachte auch der grün-rote Ökokommunist Heinz Brandt, den ich dort im Getümmel traf. Ich sang damals meinen alternaiven Freunden der Atomkraft-Nein-Danke-Bewegung in Gorleben ein neues Lied vor: »Gorleben soll leben«. Aber jeder missversteht, so gut er kann. Dass es ein Lied eigentlich für die friedliche Nutzung der Atomkraft war, hat damals kein Öko-Ohr im Ökodorf verstanden.

Glaubt nun ja nicht, dass wir zittern
Kindlich vor Naturgewalten!
Glaubt ihr wirklich, dass wir zittern
So vor dem Atomkern-Spalten?
Nein! Vor euch und euresgleichen
Vor den Mächtigen und Reichen
Vor den Bossen, die nur messen
Alles nach Profit-Interessen
Nein, vor euch müssen wir zittern!
Ihr! Ihr seid uns nicht geheuer!
Ihr! Euch können wir nicht traun!
Ihr könnt mit dem Sonnenfeuer
– nichts als Scheiße baun

Radioaktive Scheiße bauten dann die verantwortungslosen verantwortlichen Funktionäre des Atomkraftwerks in Tschernobyl im April 1986. Auch das Unglück in Fukushima 2011 war letztendlich menschliches Versagen. Erstens, weil die Schutzmauern gegen die Tsunamiwellen viel zu niedrig gebaut worden waren, und zweitens, weil man in einer Erdbebenregion solche Atomkraftwerke nicht bauen darf. Menschliches Versagen gibt es seit der Steinzeit. Und das wird es erst dann nicht mehr geben, wenn es uns nicht mehr gibt.

François Mitterrand machte 1981 den dritten Anlauf, es war seine letzte Chance, doch noch Präsident Frankreichs zu werden. Als Chef der Parti socialiste bereitete er sich auf die Élection présidentielle im Mai vor – unter dem Symbol der Arbeiterfaust, die eine Rose hält wie einen Knüppel. Vier Jahre zuvor hatte mich Mikis Theodorakis zusammen mit anderen europäischen Intellektuellen zu einem zweiwöchigen Braintrust-Treffen auf Kreta eingeladen. Es war alles arrangiert und bezahlt. Ich konnte Bylle und unseren kleinen Sohn Felix mitnehmen, null Kosten, aber auch null Honorar. Wir auserlesenen Eierköppe sollten mit dem Wahlkämpfer Mitterrand zwei Wochen in einem Kloster in Klausur gehen. Der Champion sollte mit uns als Sparringspartner seine Kulturmuskeln trainieren. Er sollte fit sein für »Heilig die letzte Schlacht« um die Stimmen der Franzosen. Seine elitären Allüren stießen mich ab. Er wollte nichts wissen, wollte sich nur versichern, dass er alles weiß. Er brauchte auch nicht den extra eingeladenen Ex-Kommunisten Roger Garaudy. Der hatte zufällig sein Zimmer direkt neben unserem, die Türen gingen auf den Balkon. Diese Denkmaschine konnte weder das Geplapper unseres Söhnchens auf der Veranda ertragen noch mein Gitarrenspiel. Er hatte sich grade aus einer stalinistischen Raupe entlarvt, war ein christlicher Schmetterling geworden und bereitete sich auf seine Metamorphose zum Moslem vor.

Nun also, im Mai 1981, lud Mikis Theodorakis mich ein, auch auf der zentralen Abschluss-Wahlveranstaltung für François Mitterrand aufzutreten – als singender Wahlhelfer. Ich fühlte mich verpflichtet und wusste nicht warum. Und welche Ware sollte ich da überhaupt liefern? Ich entschied mich für das populäre Lied der Commune de Paris, denn das hatte ich immerhin schon vor zwanzig Jahren perfekt auf Französisch gelernt von meiner Brigitt. Zudem hatte ich auch meine deutsche Nachdichtung im Kopf: »Und singen wir dann die Süßkirschenzeit / Frau Nachtigall singt, die Spottdrossel lacht / – die Feier wird fröhlich sein …« Als ich auf der riesigen Bühne hinter meinen beiden Mikrophonen stand, sah ich gegen das Scheinwerferlicht in der ersten Reihe ein mir vertrauteres Gesicht. Willy Brandt saß da neben dem Kandidaten. Ich spielte ein paar Phrasen auf der Gitarre und witzelte: »Lieber François Mitterrand, es besteht ja die Gefahr, dass Sie diese Wahlen gewinnen … hahaha! … Falls Sie es also schaffen, falls Sie nun der vierte Präsident der Fünften Republik werden, gebe ich Ihnen das Lied der Commune de Paris von 1871 mit auf den Weg an die Macht. Ich singe Ihnen extra dieses schönste Chanson vor, damit Sie als Frankreichs Präsident nie vergessen, woher Sie kommen – und wo Sie ursprünglich mal hatten hinkommen wollen.« Na ja, meine Conférence war vorlaut. Ich deutscher Klugscheißer wusste damals nicht mal, wo der Kandidat Mitterrand eigentlich herkam. Er kam nicht von der Commune, sondern von den nationalistischen Rechten und dann vom Maréchal Pétain im Vichy-Regime. Stoff für einen Entwicklungsroman. Das ist längst vorbei und vergessen, Mitterrand gewann.

Aber auch ich hatte einen Gewinn davon, mir gelang mein vielleicht bestes Lied in diesen wirren Jahren, die Ballade »Die Mainacht«. Als der Wahlsieg Mitterrands klar war, strömte in Paris das Volk auf die Straßen. Die Franzosen, die linkere Hälfte, versteht sich, tanzten am Abend seines Sieges auch auf dem Boulevard Saint-Germain. Die rechteren Wähler standen starr hinter der Gardine und starrten auf das Volksfest. Ich lief vom legendären Café de Flore zum Danton-Denkmal und erlebte dort als Ostwest-Deutscher zum ersten Mal in meinem Leben, wie wunderbar es sein kann, wenn so ein Volk spontan losfeiert, friedlich und fröhlich. Das Volk, jawohl! Drei zerlumpte Blasmusikanten bliesen ihr einziges Stück: »Allons enfants de la Patrie, le jour de gloire est arrivé!«

In der DDR hatte ich mir 1973 in einem frischen Liebeskummer die »Ballade von der Elbe bei Dresden« geschrieben. Das ist die Story des Liedes: Biermann steht am Fluss in den Elbwiesen. Weit und breit kein Leibspitzel von der »Firma«, denn die Bewacher finden dort keinen Baum, keinen Strauch, keine Bude, hinter der sie sich verstecken können. So also komisch doppelt einsam, denkt der Poet an die schöne Zeit, als er mit seiner Liebsten hier im Gras der endlosen Elbwiesen lag. Und er erinnert sich, wie der Fluss ihm damals zuflüsterte: »Panta rhei, panta rhei.« Im Refrain der

Ballade heißt es: »Es fließt alles, alles fließt.« Nun aber steht Biermann am Fluss, die Liebe ist kaputt. Der Einsame ist vereinsamt, verbittert, verblödet. Da foppt ihn der Fluss, denn er flüstert ihm nicht mehr seine obligate Weisheit zu, die Lehre des Philosophen Heraklit: »Alles fliiiiiießt.« Nun äffen die Wellen den Mann mit der Lüge: »Es bleibt alles, wie es iiiiiist.«

So steht es in der alten DDR-Ballade. In Hamburg stand ich nun aber am Ufer der Elbe mit neuen Augen. Auch ich zitiere gelegentlich Heraklits Satz: »Man kann nicht zweimal in denselben Fluss steigen.« In Hamburg bei uns an der Elbe – nicht in Dresden, aber in Hamburg – kann man es sehen: Dieser goldene Satz ist falsch. Noch hundert Kilometer entfernt von Hamburg drückt bei Flut die See den mächtigen Fluss in das Land zurück. Man kann also in dasselbe Wasser steigen, das schon an Hamburg vorbeigeflossen war und nun wieder flussauf zurückgedrückt wird – und ein drittes Mal sogar, wenn das Wasser wieder an Hamburg vorbei flussabwärts mit Karacho zur Nordsee runterrutscht.

Aber, verehrter Heraklit, im Jahre 1981, im Zeitalter der Industrialisierung, konnte man für dieses philosophische Experiment nicht mehr in jeden Fluss steigen. Die Elbe kam aus dem Ostblock nur noch als eine tote, stinkende Kloake ans Hamburger Land, als sozialistische Industrieabwässer aus der ČSSR und der DDR, vergiftet mit Blei, Kadmium, Quecksilber, Chrom, Zink, Pestiziden, Sarin, Radionukliden, Öl und Scheiße. Ich habe sie trotzdem immer geliebt. Sie ist der Fluss meiner Kindheit. Die Elbe ist mein fließender fester Ort, der zu mir gehört, solange mein Hamburger Fischkopfherz schlägt. Die wechselnden Farben meines Flusses spiegeln das sich wandelnde Licht immer anderer Himmel. Die Musik in meinem Herzen ist das Tuten der kleinen Schlepper im Fleet unter dem Fenster meines Kinderzimmers in Hammerbrook, kontrapunktiert vom Pfiff der Lokomotiven auf dem Hannoverschen Rangierbahnhof, ist der Hall der Maschinenmusik aus den Lastkähnen zwischen den hohen Kaimauern im Kanal.

Vier Jahre nach meiner Ausbürgerung fand ich mich langsam mit meinem Schicksal ab und sehnte mich nicht mehr nach Osten zurück. Ich schrieb mir zur Selbstvergewisserung ein Lied, setzte die Worte wie eine Wegmarkierung, damit ich nicht wieder zurückfalle in den übersprungenen großen Graben.

Bei Flut

Bei Flut
drückt die See
den Fluss in das Land
in Altona saß ich am Elbestrand
und sah, wie die Boje nach Osten hin zeigt
das Wasser läuft auf und steigt und steigt

Verdrehte Welt!
das seh ich gerne
der Fluss, er fließt
zurück!
Die Wassermassen
der Elbe wollen
wieder nach Dresden
zurück

Das sah ich gern aber gelassen
und bleibe

Am Anfang war der Kuss

Tod des Robert Havemann. Abschied vom Kommunismus.
Meine Pamela.

Es war ein Morgen Mitte März 1982 in Paris, da riss mich ein Telefonanruf aus dem Schlaf. Jürgen Fuchs in West-Berlin: »Wolf, Robert … Robert stirbt jetzt.« Und weil ich meinen Freund Jürgen als einen zuverlässigen Untertreiber kannte, wusste ich, dass ich augenblicklich und alles versuchen musste, um eine Einreisegenehmigung zu erwirken, egal erbitten, erschwindeln, ergattern oder erpressen. Kein Wasser ins Gesicht, keine Zahnbürste, keinen Café au lait, kein frisches Croissant. Ich setzte mich im Nachthemd an meinen alten Bonheur du jour und tippte einen Brief an Erich Honecker in meine neue Kugelkopfmaschine. Die passenden Worte fanden sich, ohne Korrekturgefitzel. Der Brief war wie tiefes Luftholen, ein Cante jondo, ein preußisches Geheul von tief innen.

> Sehr geehrter Genosse Honecker – weitere höfliche Verrenkungen erspare ich mir und Ihnen und komme zur traurigen Sache: Mein Freund Robert Havemann liegt offenbar im Sterben. Ich habe hin und her überlegt, wie ich es anstellen könnte, ihn noch einmal zu sehn. Ein Lied wälze ich im Kopf: Gesuch in Form einer Ballade, in der Biermann seinen einstmaligen Fürsten bittet, Gnade vor Unrecht ergehen zu lassen … aber das wäre wohl allzu französisch gedacht, à la François Villon, also lieber in trockener deutsch-demokratischer Prosa: Bitte lassen Sie mich für drei Tage nach Grün-

heide zu meinem Freund! Ich würde mich weder vorher noch nachher öffentlich zu diesem Besuch äußern, und ich würde mich auch im Nachhinein nicht ironisch bedanken – ich würde diese Reise als streng privat und mit Stillschweigen behandeln. Unter den gegebenen schlimmen Umständen garantiere ich Ihnen, daß ich bei Gelegenheit dieser drei Tage auch sonst keinen meiner Freunde in der DDR besuchen oder in Grünheide empfangen würde. Ich würde mich ausschließlich auf Robert Havemanns Grundstück in der Burgwallstraße bewegen und wäre auch einverstanden, wenn meine Fahrt dorthin vom Bahnhof Friedrichstraße von eben den Leuten besorgt werden würde, die mich so aufwendig zu begleiten hatten, als ich noch in der DDR lebte. Eine solche Verfahrensweise wäre zugleich auch in meinem Interesse, denn es kann mir nicht daran liegen, mich öffentlich mit dem traurigen Genuß eines grundbescheidenen Menschenrechts zu spreizen, das, wie es nun einmal steht, doch nur als ein bedenkliches Privileg meiner ehemaligen Obrigkeit angesehen werden müßte.

Es bleibt, fürchte ich, nicht viel Zeit, diese Frage hin und her zu wenden – und es liegt mir auch nicht daran. Ich werde auch meinem Freund keine Nachricht darüber zuspielen, daß ich mich nun an Sie gewendet habe. Robert Havemann ist zu geschwächt und wohl schon zu nahe am Tod, ich möchte meinem Freund die quälende Vorfreude ersparen, wie auch die Bitternis, falls Sie Nein sagen.

Wolf Biermann, 17. März 82

Den Text hatte ich schnell fertig. Aber wie sollte mein Bettelbrief an den allmächtigen Schwächling schnell und sicher nach Ost-Berlin kommen? Ganz Westdeutschland dazwischen! Am besten wohl über Bande gespielt, dachte ich, mit einem Begleitbriefchen an Werner Fleck, den Botschafter der DDR in Paris. Ich lief mit meinem Brief Richtung Rue Mouffetard ins nächste Postamt. Es gab damals in Paris noch das uralte Rohrpostsystem. Es funktionierte unter der ganzen Stadt im Gewirr der Abwasserkanäle »les égouts«. Nicht grade hygienisch, aber pfiffig: Unten schwimmt die Scheiße, und oben unter der Decke des gemauerten Kanals flitzt dein Kuvert in einem Metallbehälter wohlbehalten durch das Röhrensystem der Pariser Post, von einem Postamt zum anderen. Ich spekulierte darauf, dass die DDR-Botschaft sodann den schnellsten und sichersten Transportweg kennt und dass die Genossen, aus Furcht vor einem Parteiverfahren, meinen Brief ohne Verzug auf die Reise an ihren Fürsten weiterleiten.

Zwei Tage später flog ich vom Airport Charles de Gaulle ins Altonaer Familienleben. Mich erreichte ein Anruf aus Bonn. Ein Sachse mit skandinavischem Nachnamen, irgendwas mit -son am Ende, nennen wir ihn Karlsson. Er stellte sich und seine Firma zackig vor: »Hier ist die Ständige Vertretung der Deutschen Demokratischen Republik in der Hauptstadt der Bundesrepublik Deutschland Bonn, es spricht zu Ihnen Herr Karlsson. Herr Biermann, Sie haben sich an die Deutsche Demokratische Republik gewandt …« – »Ja«, sagte ich. »Herr Biermann, ich habe Ihnen eine Mitteilung zu machen. Ihrer Reise in die Deutsche Demokratische Republik steht nichts im Wege.« Ich stotterte: »Ja … danke … Und wann könnte ich denn fahren?« – »Herr Biermann, wann Sie wollen!« – »Ja«, sagte ich, »also … übermorgen, das ist Sonntag?« – »Gut, Sonntag. Wenn Sie noch irgendwelche Fragen haben, Herr Biermann, ich stehe immer zur Verfügung.« – »Nein, das ist nicht nötig«, antwortete ich schnell, »aber noch eine Frage: Wie kann ich denn nun meinen Freund Havemann benachrichtigen, dass ich komme? Er kriegt ja seit Jahren keine Post, sein Telefon ist auch tot.« Die Frage schien ihn zu verwirren, der Genosse kam ins Stottern: »Herr Biermann … da kann ich Ihnen … leider keine Auskunft geben. Ich werde mich sachkundig machen!« Gleich darauf hörte ich das schöne Wort noch mal: »Und wenn ich mich sachkundig gemacht habe, rufe ich Sie wieder an!«

Am nächsten Tag meldete sich mein Sachse aus Bonn wieder am Telefon: »Herr Biermann, ich habe mich sachkundig gemacht! Sie können Herrn Havemann ein Telegramm schicken.« Ich sagte: »Herr Karlsson, das weiß ich doch selber. Die Frage ist, ob mein Telegramm auch drüben in der Burgwallstraße ankommt …« Da grunzte mein Sachse vergnügt, als hätte ich einen guten Witz gerissen. In knüppeldickem Sächsisch sagte er: »Herr Piermann, taaas Delegramm gommd an!«

Ich flog nach Tegel. Nach Berlin, wie immer, nie mit der Bahn, nie mit dem Auto, den Kontrollen im Transitverkehr wollte ich mich nicht aussetzen. Ich übernachtete bei Jürgen Fuchs am Tempelhofer Damm. Wir frühstückten sehr früh. Jürgen begleitete mich mit der West-U-Bahn durch die toten Geisterbahnhöfe unter Ost-Berlin bis zum Westbahnsteig unten im Bahnhof Friedrichstraße. Ich lief hoch durch die Katakomben und stellte mich zur Passkontrolle an. Mein Herz zitterte. Nicht vor Angst. So kalt wie möglich beobachtete ich die Uniformierten. Ein gespieltes Desinteresse. Ausweis abgeben. Alles wird kopiert. Mein Tagebuch mit allen Telefonnummern und Adressen hatte ich vorsorglich beim Fuchs gelassen. Gesichtskontrolle, Stempel, Geldumtausch. Das Privileg abgewickelt wie Routine. Sechs leere Tonbandkassetten wurden konfisziert und in einer Plastiktüte mit meinem Namen verwahrt, für die Rückreise in drei Tagen. Immerhin, meine kleine Weißgerber-Gitarre wurde reingelassen. Treppen rauf, wieder runter, lange Gänge, ein Kafka-Labyrinth. Plötzlich die letzte Tür – und schon stand ich in der Haupthalle. Und sah mit der Nase genau, wo ich war: am Bahnhofsklo. Die vertraute Mischung aus Pissegeruch und Lysol.

In meinem Kopf startete ein Kriminalfilm: Zwei oder drei Herren mit markanten Zügen schreiten auf mich zu! Ich erkenne sie sofort am Ledermantel, am Trenchcoat, am Chemie-Anorak. Einer knurrt: »Folgen Sie uns! Wir geleiten Sie raus zum Wagen.« – Aber nix da! Alles anders. Kein Empfangskomitee weit und breit zu sehn. Ein menschenleerer Sonntagmorgen eben.

Ich war wie in Trance. Meine Beine liefen unter mir weg, liefen raus. Der Taxiplatz mit keinem Taxi. Die Würstchenbude, natürlich tot. Alles tote Hose. Meine Beine liefen über die Weidendammer Brücke. Ich tappte am Preußen-Adler vorbei, den vertrauten Weg nach Hause. Der Schiffbauerdamm, die Reinhardtstraße – erst da kam ich zu mir. Idiot Biermann! Die kostbare Zeit! Mensch! Zurück! Ich wollte und musste doch raus zu Robert mit der S-Bahn fahrn, raus bis zur Endstation Erkner! Also kehrte ich ruckartig um – und nun kamen sie mir sichtbar entgegen, meine Kämpfer an der unsichtbaren Front. Sie liefen auf der leeren Friedrichstraße. Eine Choreographie in ganzer Breite. Ich sah genau: Jeder Einzelne kostümiert als normaler Passant. Drei Handwerker im Blaumann. Ein Liebespaar Arm in Arm. Drei Studenten. Noch paar andere Kostüme mit Menschenfüllung. So schritten sie mir entgegen in der falschen Richtung Chausseestraße. Unsere Wege kreuzten sich. Nach vielleicht dreißig Metern drehte ich mich um und sah, dass auch meine Begleiter gewendet hatten. Sie folgten mir.

Als ich den Eingang zum Bahnhof erreichte, lümmelten da zwei Berliner, beide plebejische Typen. Der eine quatschte mich an: »Mensch Biermann, lassense dir wieder rin mit die Gitarre?!« Aber ich war zu aufgeregt. Mir fiel kein Witzchen ein. Ich grinste nur verlegen wie ein Biermann-Double und ging zum Fahrkartenschalter. Fünfzig Pfennige Ost, die teuerste Fahrkarte bis zum Endbahnhof Erkner außerhalb Berlins. Die lange Treppe hoch zum Bahnsteig. Ein Zug stand bereit. Er fuhr nur bis Rahnsdorf, zwei Stationen vor Erkner.

Ich stieg ein. Alles leer. Ich setzte mich in die Mitte des Waggons an ein Fenster. Die Türen knallten zu, der Zug ratterte vorbei an meinem Philosophischen Institut in der Universitätsstraße. Das flutschte mir viel zu schnell aus den Augen. Linke Seite immer noch die endlose Sichtblende wegen der Bürgerkriegsarmee – das Wachregiment Friedrich Engels, die Wasserwerfer und Panzer auf dem alten Kasernengelände sollte keiner sehn. Kupfergraben, Museumsinsel, meine alte WiWiFak in der Spandauer Straße. Alles wie ausgestorben, ein normaler Kleinstadtsonntag. Als der Zug den Bahnhof Jannowitzbrücke erreichte – die Spree rechts unten, dahinter die Hochhäuser auf der Fischerinsel –, da bemerkte ich erst, dass sich hinter mir im Waggon all meine Freunde lümmelten.

Es passierte. Wie magisch im Puppentheater an Fäden gezogen stand ich auf. Ich fixierte nun die Stasileute. Ein Gesicht nach dem andern. Es war ein Macho-Duell. Wer gibt nach? Wer wendet zuerst den Blick ab? Nur einer hielt stand. Er war etwas älter, vermutlich ein Chef. Der hielt mein provokantes Starren lässig aus. Ein Spielchen, wie Armdrücken mit den Augen. Und plötzlich zwinkerte er mir einmal und deutlich zu und grinste mich kumpelhaft an. Da hatte ich verloren. Ich setzte mich wieder auf meinen Platz am Fenster und gaffte die nächste halbe Stunde wie ein Kurzsichtiger in die fliegenden Bilder im Rahmen der S-Bahnscheibe. Ostbahnhof, Warschauer Straße, Rummelsburg. Was, dachte ich, wenn ich jetzt in letzter Sekunde wie ein Stuntman aus dem anfahrenden Zug auf einen Bahnsteig rausspringe! Ich blieb natürlich sitzen. Bahnhof Köpenick – wen kannte ich da? Keinen mehr. Hirschgarten … Bahnhof Friedrichshagen. Tausend Erinnerungen. Endlich endete der Zug in Rahnsdorf. Alles aussteigen.

Auf dem Bahnsteig waren meine Leibwächter und ich die Einzigen. Die Genossen verteilten sich konspirativ. Ich ging auf meinen »Freund« zu, der mich so kess angekneistet hatte. Er stand neben zwei seiner jungen Kollegen. Der eine fettblassblond im hellen Wettermantel. Am Revers seines Jacketts war ein Draht vom Walkie-Talkie zu sehn. Es quoll Wortgebrabbel aus dem Apparat. Ich quatschte meinen Stasi an: »Wir haben uns so lange nicht gesehn. Wie kommt es, dass man euch noch immer auf den ersten Blick erkennt? Habt ihr gar kein bisschen Schauspielunterricht in der Ausbildung?« Mein Augenzwinkerer widersprach: »Du bist ja ooch Fachmann!« – »Das hört man gern«, grinste ich zurück. Und er: »Du hast dich ja gaaanich verändert …« Auf dieses Stichwort reagierte ich wie der Pawlow'sche Hund auf das antrainierte Klingelzeichen. »Brecht!«, sagte ich, »das ist der Brecht! Kennste nich seine Keunergeschichte?« – »Welche?« – »Na die, wo der Herr Keuner einen alten Bekannten trifft. Und der sagt zum Keuner: Herr Keuner, Sie haben sich ja gaaar nicht verändert! Und dann antwortet Brechts Keuner kein Wort, aber er wird darüber bleich vor Schreck.« – »Ah ja, vastehe, vastehe«, lachte mein Stasi wie über einen guten Witz. Und dann im vertrauten Ton: »Vadienste im Westen ooch Geld jenuch mit deine Lieder?« Und ich log ehrlich mit einer Wahrheit: »Na klar! … Mehr Geld, als ich brauche.« Und nun schon familiär fragte er: »Und vastehn die dich da übahaupt?« – »Nee«, sagte ich. »Siehste, det dachte ick mir!«, nickte mein Stasi.

Inzwischen fuhr der richtige Zug ein. Ich stieg wieder in den mittleren Waggon, meine Begleiter – wie gehabt – sammelten sich hinter mir. Als wir dann Schulter an Schulter in Erkner den Bahnsteig langliefen, Richtung Riesentreppe runter, da sagte ich zu meinem Vertrauten: »Wer weiß, ob jetzt unten überhaupt 'n Taxi steht. Ich hoffe, dass irgendwann der Linienbus fährt … Ihr könntet mich doch einfach die acht Kilometerchen nach Grünheide mitnehmen, es ist sowieso euer Weg … wäre auch für euch bequem!« Aber mein neuer Freund sagte: »Nee, det dürfn wa nich.« Ich hatte Glück, der Bus stand da und brachte mich bis vor den Konsumladen in Alt-Buchhorst.

Ich lief die paar Schritte zum Café Hubertus an der Ecke. Kein

Stasi zu sehn, kein Polizist. Dann weiter in die Burgwallstraße. Alle Häuser rundrum Objekte der Stasi. Ausgenommen Zahnarzt Häsler. Da wohnte seine lebenslustige Witwe Brigitte. Auch nach dem Ende des zwei Jahre dauernden Hausarrests bewachten Stasileute Tag und Nacht im Schichtbetrieb den Havemann-Bungalow in Nummer 5. Etliche Bewacher waren in die Nachbarhäuser sogar mit Familie eingezogen und gärtnerten ihre Radieschen: innen weiß und außen rot. Selbst auf dem Möllensee patrouillierte ein Boot. Es sollte verhindern, dass irgendein schwärmerischer Spinner oder ein raffinierter Staatsfeind übers Wasser auf das Havemann-Grundstück paddelt oder schwimmt. Eine Idylle.

Robert lag in seinem Schlafzimmerchen, im hinteren Raum. Ja, dachte ich, Jürgen hat leider Recht. Viel Zeit bleibt nicht. Im abgemagerten Gesicht so ungewohnte Eulenaugen. Robert strahlte trotz alledem, als hätten wir mal wieder im Klassenkampf den Sieg davongetragen, als hätte er dem Tod ein Schnippchen geschlagen. Zwei alte Komplizen, beide waren wir tief bewegt. Aber berühren mochte ich ihn an der Schwelle des Todes noch immer so wenig wie im Leben. Wie eh und je war er guten Mutes in allem. Der Alte war immer noch der Alte.

Katja klappte ihm hinter dem Rücken die Matratze etwas höher, damit er es fürs Gespräch bequemer hatte. Ich quetschte mich zwischen Bett und Wand mit meinem Stuhl an seine Seite, und hinter uns saß der Tod, verkleidet als blaue Stahlflasche. Obendrauf das Ventil, der Druckmesser und der durchsichtige Schlauch für den reinen Sauerstoff. Alle zehn Minuten nahm Robert ein paar Atemzüge aus der Nasenmaske. Er erledigte das so lässig nebenbei wie einst im Labor bei einem chemischen Routineversuch.

Wir waren uns vertraut wie immer und fremd wie immer. Kein Wort über seine Krankheit, dafür war es zu spät. Roberts Lunge hatte nur noch ein Viertel ihrer Kapazität. Vier Ursachen: die TBC aus dem Knast, die nach seiner Schätzung dreihunderttausend Zigaretten und der hinzugekommene Lungenpilz. Und die womöglich vierte Ursache konnte er damals nicht wissen: Sein Lungenarzt und Freund Dr. Herbert Landmann und dessen Frau Ortrun waren beide Spitzel des MfS.

Robert sprach lieber über die Krankheiten der Welt als über die seinen. Ich sang ihm mein neues Lied:

Kaminfeuer in Paris

Mit neuen Freunden saß ich die Nacht
Am Kaminfeuer in Paris
Wir tranken vom Beaujolais Nouveau
Und sangen Le Temps des cerises

Sie erzählten von der Commune de Paris
Und viel vom Pariser Mai
Ich trank mein' Wein und hörte zu
Und dachte an Deutschland dabei

Ja, ich dachte an Deutschland in der Nacht
Und stocherte in der Asche
Doch wer behauptet, ich hätte geweint
Der lügt sich was in die Tasche

Robert fragte, ob ich nun endlich Französisch kann. Ich sagte: »Nein, aber inzwischen etwas besser Deutsch.« Nun demonstrierte er sein Schulfranzösisch: »Au clair de la lune, mon ami Pierrot / Prête-moi ta plume, pour écrire un mot …«, und ich verstand jedes Wort, weil ich die Musik des Liedes kannte. Natürlich hatte ich ihm eine Kopie meines Briefes an Honecker mitgebracht. Robert las die Schlussbemerkung, meine Beteuerung, keinen Presserummel zu veranstalten.

In diesem Moment erschien, wie aufs Stichwort, der Nachfolger des großen Fotografen Thomas Höpker, ein frisch akkreditierter Fotoreporter des *Stern*, Harald Schmitt. Natürlich hatte Robert diesen netten Westjournalisten über konspirative Kanäle, nämlich über den Pastor Johannes Meinel in Grünheide, rechtzeitig von unserem Treffen informiert. Aber das passte gar nicht zu meinem Deal mit Honecker, denn der schloss ein, dass ich mir sogar den Kontakt zu meinen Söhnen in Ost-Berlin versage. Und so behandelte ich den jungen Mann wie eine West-Schmeißfliege an unseren Ost-Wunden. Das war natürlich ungerecht und außerdem dumm. Der Mann machte seinen Job und wunderte sich über den missgelaunten Biermann. Aus übertriebener Rücksicht auf die Ganovenehre wollte ich mein Versprechen im Honecker-Brief nicht brechen. Ich wollte nicht mein Gesicht wahren, aber doch meine Maske. Wir vereinbarten, dass das Foto von Robert und mir wenn schon, dann mit einem gefälschten Copyright im *Stern* erscheinen sollte: Katja Havemann.

Katja erzählte vom alltäglichen Kleinkrieg mit den »Kakerlaken« – so nannten die Havemanns seit dem Hausarrest 1976 ihre Stasibewacher. »Ja, so nazi-deutsch reden wir! Aber die sind ja Ungeziefer, weil sie Tag und Nacht wie Küchenschaben aus allen Winkeln und Nischen und Nebenstraßen rausgekrochen kommen und sich wieder in irgendwelche Ritzen verkriechen.« Robert erzählte vom »Berliner Appell«, den er mit Pastor Eppelmann im Westen veröffentlicht hatte, einen Aufruf zur Abrüstung in West und Ost. Das entsprach, versteht sich, genau meiner Haltung im permanenten Streit mit den einäugigen Friedenskämpfern im Westen.

Robert hatte seit eh und je die neuesten Geräte aus'm Westen. Nun also auch eine Videokamera. Am nächsten Tag bat er seine Frau, das japanische Wunderding aufzubaun. Katja stellte das Stativ hin, schön am Fußende des Bettes, so hatte sie uns beide im Bild. Robert half ihr mit Anweisungen. Er dirigierte als Regisseur und Tonmeister und Kameramann jeden Handgriff. Endlich war alles zur Aufnahme bereit. Ich holte meine Gitarre aus dem Kasten. Robert dirigierte mich mit dem Instrument an den richtigen Platz neben seinem Bett. Und er bestimmte auch das Programm. Ich sollte ihm jetzt bitte schön mein altes Lied »Soldat Soldat« vorspielen. Alles bisschen eng, aber das war ja gut für den starken Bildausschnitt. Ich gab mir Mühe. Und dachte: typisch Robert! Es ist wie früher, als er meine ersten Lieder aufnahm. Und Katjuscha nimmt alles auf, damit die beiden, wenn ich morgen wieder weg bin – für wer weiß wie lange, wer weiß für immer –, sich die nächsten dreißig DDR-Jahre erfreuen können an diesem Dokument unsres Wiedersehens.

Robert nickte, und Katja drückte den richtigen Schalter. Kamera läuft! Nun sprach Robert wie ein Moderator direkt in die Kamera, in etwas feierlicher Tonart: »Ach Wolf … spiel mir doch noch einmal das Lied ›Soldat Soldat‹ vor! Nie werde ich vergessen, wie du es vor vielen Jahren zum ersten Mal hier in Grünheide gesungen hast und wie deine Mutter Emma dir zuhörte … und wie die alte Kommunistin dabei weinte, weil sie so ergriffen war.« Ich legte los, als wäre es in einem Studio mit »Kamera ab!«. Und sah beim Singen, wie Roberts magere Finger auf der Bettdecke den Rhythmus schwach mittrommelten. Zum Schluss der Refrain: »Soldaten sehn sich alle gleich / Lebendig und als Leich!« Direkt in den letzten Gitarrenakkord sprach nun Robert, ohne Punkt und Komma, einen kassandra-prophetischen Text über Krieg und Frieden: »Jaa, Wolf, der Frieden …«, und dann forderte er die Abrüstung in Ost und West. Er sagte das alles nicht zu mir, sondern direkt in die Kamera für die ganze Menschheit. Es war klar: Dies sollte sein Vermächtnis sein! Ich blieb ruhig sitzen, nahm die Hände vom Instrument und hörte respektvoll zu. Das dauerte.

Mir war es trotzdem gut. Bis auf den Überfall des *Stern*-Fotografen war mir das alles recht. Ich dachte, wer weiß, vielleicht rappelt Robert sich doch noch mal auf, vielleicht war mein Besuch ein kleines Lebenselixier für den Freund. Mir war zumute wie in dem alten Volkslied, das Emma mir schon vorsang, als ich noch keinen Sinn verstehen konnte: »Wohl heute noch und morgen / Da bleibe ich bei dir / Wenn aber kommt der dritte Tag / Dann muss ich fort von hier …«

Am dritten Tag brachte Katja mich mit ihrem Trabi den weiten Weg in die Stadt zurück. Ich nahm im Gängegewirr unter dem Bahnhof Friedrichstraße meine sechs leeren Tonkassetten in Empfang und übernachtete bei Jürgen und Lilo am Tempelhofer Flughafen. Ich erzählte ihnen alles brühwarm, und Jürgen ließ ein Tonband mitlaufen.

Drei Tage später, am 9. April 1982, hatte ich einen Auftritt in der Dortmunder Westfalenhalle. Eine politische Großveranstaltung, an der auch Stefan Heym teilnahm, den ich nach all den Jahren zum ersten Mal wiedersah. Seine Frau Inge dabei, der ich mehr vertraute als ihm. Wir saßen zwischen Tonprobe und Beginn der Veranstaltung in einem schmuddeligen Nebenraum mit einem riesigen Fernseher für alle, die da trinken, essen, rauchen und auf ihren Auftritt warten wollten. »Tagesschau« wie immer um acht. Groß Roberts Foto – da wusste ich Bescheid: »Der Regimekritiker in der DDR Robert Havemann ist heute im Alter von …« Und zu meinem Entzücken und Entsetzen flimmerte da plötzlich ein Videofilm in der Glotze. Robert im Bett sitzend, ich daneben mit der Gitarre. Robert: »Ach Wolf, spiel mir doch noch einmal das Lied ›Soldat Soldat‹ vor! … Jaa, Wolf, der Frieden …« Nun musste ich doch lachen. An der Schwelle des Todes war dieser Mann immer noch lebendiger, klüger und effektiver als ich. Er hatte knallhart dafür gesorgt, dass Katjas Videoband sofort in die richtigen Hände kam und noch am selben Tag von irgendeinem Westjournalisten oder Diplomaten durch die Mauer auf die andere Seite der Welt geschmuggelt wurde. Dieser Robert war ein Teufelskerl.

***

Das Leben im Westen kam mir in diesen Jahren immer noch vor wie ein Leben im Niemandsland des Kalten Krieges zwischen Ost und West. Genuss und Elend der Demokratie kannte ich inzwischen ganz gut. Ich hatte den Ehrgeiz, im Westen nicht davon zu leben, in meinen Liedern und Gedichten immer nur die alten Ost-Wunden zu lecken. Die Parteidiktatur über das Volk im Osten siechte als nicht reformierbar wie eine unheilbare Krankheit vor sich hin. Die DDR hatte ich hinter mir gelassen, aber ich wollte auch im Westen lieber der Sohn meines Vaters bleiben, treu unserer kommunistischen Religion.

Wie mein Freund, der träumerische Realist Heinz Brandt. Sein Lebensbuch: »Ein Traum, der nicht entführbar ist«. Dieser Traum beseelte ihn, genau wie einst meinen Vater, als Abweichler in der KPD. Und genau wie Dagobert Biermann wurde er erst als kommunistischer Widerstandskämpfer ins Zuchthaus gesteckt und landete danach als Jude im KZ Sachsenhausen. Er verteidigte diesen Traum auch im Konzentrationslager Auschwitz, dann in Buchenwald, dann als Funktionär der SED in Ost-Berlin und endlich 1958 auf der Flucht vor den Stalinisten in den Westen. Nachdem er 1961 in West-Berlin von der Staatssicherheit gekidnappt worden war, stand Mielke grinsend an seiner Pritsche in der Zelle in Ost-Berlin und spottete: »So sieht man sich wieder.« Heinz Brandt wurde wegen »schwerer Spionage in Tateinheit mit staatsgefährdender Propaganda und Hetze« zu dreizehn Jahren Zuchthaus verurteilt. Eine weltweite Kampagne von Amnesty International und der IG Metall erzwang 1964 seine Freilassung in den Westen. Und als er Anfang 1986 im Sterben lag, als der Krebs ihm den Hals so abgewürgt hatte, dass er nicht mal mehr trinken konnte, gab dieser tapfere Parteirenegat mir seinen letzten privaten »Parteiauftrag«:

An seinem Grab sollte ich das Lied singen, aus dem fast jede Zeile ein geflügeltes Wort wurde: »Ich hatt' einen Kameraden …« Er wollte nicht mehr Genosse sein. Die KZ-Häftlinge nannten sich Kameraden, wie die Soldaten.

Tapfere Schneiderlein wie Heinz Brandt und ich hatten noch bis Anfang der achtziger Jahre folgende Position in der politischen Arena: Wir! Wir sind die richtigen Kommunisten, und Honecker, Mielke und der Poststalinist Breschnew sind die Antikommunisten! Sie, die Bonzen, hatten die Ideale der kommunistischen Utopie verraten. Meine Mutter stöhnte manchmal: »Ach Wolf, die Christen haben es besser als wir.« Ich widersprach: »Mensch Emma, du wirst doch nicht zu Kreuze kriechen!« – »Nee, nee. Aber wenn die Christen mal verzweifelt sind, dann könnse sich an ihren lieben Gott klammern. Aber wir …« – »Ja«, sagte ich, »aber wir! Das ist nun mal unser Schicksal, unser Schmerz. Und unser stolzes Elend.«

Grade wir Oppositionellen klammerten uns an den Kommunismus. In unserem Hass auf die Stalinisten gefiel uns Hannah Arendts Theorie vom Totalitarismus: Stalin gleich Hitler. Wer von beiden mehr Millionen Menschen liquidiert hatte, war in dieser Konstruktion nicht entscheidend. Man hasst immer die am tiefsten, die einem am nächsten sind. Deshalb dachte ich manchmal in meiner Verzweiflung, wie gut, dass mein Vater Glück hatte. Er wurde von seinen Todfeinden im Nazi-KZ ermordet und nicht von seinen Genossen im Gulag.

Hitler gleich Stalin? Ja und nein. Die rassistischen Nazis hatten in ihrer kruden Ideologie niemals einen humanen Glutkern, den sie dann austreten konnten. Es beseelte die Nazis niemals die Göttin der Freiheit des Eugène Delacroix auf der Barrikade. Im zynischen Sinne sind Nationalsozialisten sich immer stumpfdumpf treu geblieben, auch die Neonazis von heute: brutales, primitives Pack. Alles schön einfach. Aber die Fehler, die Missetaten, die Verbrechen meiner eigenen Leute blieben und bleiben mein Kummer und mein tiefer Zorn. Ich gab mir Mühe, im Westen nicht auf den Flitter der Freiheit und auf die Bequemlichkeiten der Wohlstandsgesellschaft reinzufallen. Radikal kritisch wollte ich auch den Kapitalismus in der bürgerlichen Demokratie attackieren. Ich pflegte also diese linksromantische Äquidistanz zu Ost und West. Und aus meiner Illusion vom guten und wahren Kommunismus rissen mich ironischerweise ein junger Nazi und ein alter linker Renegat.

Eines Tages saß ich im vollbesetzten Abteil der 2. Klasse im Zug nach Dortmund, auf dem Weg zu einem Konzert. Mir gegenüber ein junger Mann, der mich ins Gespräch lockte: »Herr Biermann, Sie sind ja Kommunist. Und ich bin Nationalsozialist ... Eigentlich gehören wir zusammen! Denn Sozialisten sind wir doch beide! Ich eben mehr national, also, ich vertrete mehr das Interesse unseres deutschen Volkes. Und Sie eben international. Komintern und so ...« Die andern vier Fahrgäste wurden, ob sie wollten oder nicht, nun das Publikum dieser kleinen Talkshow.

Ich widersprach sofort. Sprach vom Mord an den sechs Millionen Juden und an den Sinti und Roma. Aber das war meinem Gegenüber selbstverständlich alles geläufig. Er erklärte mir geduldig: »Die Judenverfolgung war natürlich ein Irrtum Hitlers, ein schlimmer Fehler, der uns übrigens auch den Endsieg gekostet hat. Denn wenn Hitler die Juden integriert hätte«, behauptete der smarte Jungnazi, »dann hätten sie doch, genauso wie im Ersten Weltkrieg, auch in der Wehrmacht tapfer gegen die Russen gekämpft! Dieser Spleen von Hitler mit der Endlösung der Judenfrage hat ja unendlich viele Kapazitäten vergeudet! Schrecklich! Deutschland hätte sie eigentlich im Krieg gebraucht – die Eisenbahnwaggons, das Wachpersonal in den KZs ... Die Judenverfolgung war ein Fehler, klar, ein tragischer sogar! Aber wer macht keine Fehler? Auch große Fehler kann man ja korrigieren, wenn man es endlich besser weiß ... Tja, aber dann haben eben die einflussreichen amerikanischen Juden, aus verständlichen Rachegefühlen, so viel Druck auf ihre Regierung in Washington ausgeübt, dass die USA in den Krieg gegen Deutschland eingetreten sind. Was die Amis doch eigentlich gar nicht vorhatten, wie man weiß ... Die Amerikaner«, referierte der Nachwuchs-Nazi, »traten doch erst auf Druck von Churchill nach dem japanischen Angriff auf Pearl Harbour im Dezember 1941 in den Krieg ein, als schon mehr als das halbe Europa besetzt war. Und Hitler«, eiferte er, »schwebte im Grunde eine europäische Einheit vor, freilich unter deutscher Führung. Und so ist es ökonomisch nun mit der Europäischen Wirtschaftsgemeinschaft ja auch gekommen!«

So viel intelligenten Schwachsinn auf einmal hatte ich lange nicht gehört. Ich unterbrach ihn nur mühsam, ich warf ihm Worte zwischen seinen Wortschwall. Dann holte ich endlich aus zu einer Gegenrede, und er hörte zu: »Was politische Schlagworte wie Sozialismus, Nationalsozialismus, Kommunismus, Faschismus, Liberalismus oder Demokratie bedeuten, wird im Geschichtsprozess immer bestimmt durch die politische Praxis, die unter diesem oder jenem Firmenschild passiert. Deshalb machen politische Begriffe und Schlagworte eine Metamorphose durch. Sie verlieren ihre Unschuld. Ihre ursprüngliche und ihre naiv gemeinte Bedeutung verwandeln sich oft ins zynische Gegenteil! Für meinen Vater, den die Nazis umbrachten, einen Juden und antifaschistischen Widerstandskämpfer, war ›Kommunismus‹ ein heiliges Wort. Aber Stalin ging mit Hitler ins Bett, und meinen Vater hätte der Stalin mit Hammer und Sichel umbringen lassen. Alle ideologischen Begriffe sind variable Größen. Im politischen Kampf um die Bewahrung oder die Veränderung von Besitz- und Machtverhältnissen gibt es einen Verschleiß der Bedeutungen. Allein die menschliche oder unmenschliche Praxis bestimmt die Bedeutung! Was Gemeinwohl ist, das bestimmen immer die Mächtigen. ›Emanzipation zur Freiheit‹ – das ist auch ein treffendes Schlagwort, aber es trifft nicht automatisch! Weil auch die reale Bedeutung von Freiheit und Emanzipation und Aufklärung und sogar Humanismus sich ändert.«

Ich rappelte meine Argumente runter, quasselte mich in Rage und redete den jungen Nazi stumm. Auch weil der Zug so laut war, blökte ich ins Abteil: »Und Nationalsozialismus bedeutet eben nach den zwölf Heil-Hitler-Jahren nichts anderes mehr als Massenmord an Andersdenkenden im eigenen Land, systematischen Massenmord an Juden und Zigeunern, Okkupationskriege gegen andere Völker, Terror gegen Minderheiten, Ausbeutung von Kriegsgefangenen, Ausplünderung ganzer Länder, Militarisierung des Gemeinwesens, lückenlose Lügenpropaganda, totalitäre Verblödung und Brutalisierung des eigenen Volkes, um es für all diese Menschheitsverbrechen missbrauchen zu können.«

Wie ein geübter Mime betrachtete ich die Mienen des kleinen Publikums in dieser Mini-Maulschlacht – aber dann musste ich mit meiner Gitarre rausspringen. Die Veranstalter standen am Bahnsteig und holten mich zum Konzert ab. In der Garderobe vor dem Auftritt dachte ich an meinen aufgeladenen Monolog und merkte etwas Verrücktes: Ich hätte mir diesen Vortrag auch selber halten können. Wer sich heute noch Kommunist nennt, brannte es mir durchs Gehirn, der versteht sich als einen guten, einen richtigen, einen besseren Kommunisten. Er unterliegt aber dem gleichen Irrtum wie ein guter Nazi, der den Massenmord an den Juden für einen Fehler hält, den man beim nächsten totalitären Tierversuch an lebendigen Menschen besser vermeiden sollte.

Kurz darauf besuchte ich den berühmten Renegaten, Ex-Kommunisten, Romancier und Psychologen, den alten Manès Sperber, in der Rue Notre-Dame-des-Champs 83 am Jardin du Luxembourg, also im 6. Arrondissement. Er kannte meine Lieder, ich kannte seine Trilogie »Wie eine Träne im Ozean«. Er kannte meine Geschichte und natürlich die Protestbewegung in der DDR gegen meine Ausbürgerung. Wir saßen allein. Seine Frau Jenka bereitete das Abendessen. Er sagte: »Sie haben so Außerordentliches erlebt als Kommunisten- und Judenkind in der Nazizeit, dann in der DDR die Zeit des Verbots und die Ausbürgerung. Sie müssen unbedingt Ihre Memoiren schreiben!« Ich sagte: »Jetzt schon?« Und er: »Seine Memoiren muss man schreiben nicht als letzten Husten, sondern solange man selber noch etwas davon lernen kann!«

Dann setzte Sperber die große Zange an, um mir meinen schlimmsten politischen Zahn aus dem Kieferknochen zu reißen. Der Zahn war längst vereitert, die Entzündung attackierte mir durch den Knochen das Gehirn. Dabei verabreichte mir Sperber, wie ein guter Zahnarzt, erst mal eine Betäubungsspritze: Er lobte meine Lieder, er pries meine Gedichte. Das wirkte wunderbar. Ich spielte ihm vor, er sang manche Strophe mit und lachte. Aber dann sagte er: »Warum nennen Sie sich eigentlich immer noch einen Kommunisten? Es kann keinen guten, keinen richtigen Kommunismus geben. Mit Ihren besten Liedern sind Sie schon längst zu dieser Erkenntnis gekommen. Sie müssen endlich den Mut haben, mit dem Kommunismus zu brechen! Denken Sie an das Beispiel Arthur Koestler. Bedenken Sie meinen Lebensweg vom Schtetl in die Utopie des Kommunismus und dann zum Bruch mit diesem Kinderglauben.«

Sperber hatte schon in den dreißiger Jahren mit dem Kommunismus gebrochen. Dadurch hatte er dann zwei verbündete Todfeinde in Paris: als Jude die Gestapo, und als antikommunistischer Ex-Kommunist bedrohten ihn Stalins Mörder im französischen Apparat der Komintern. »Wer wirklich Kommunist geworden ist«, fuhr er fort, »muss nach dem blutigen Scheitern dieser eitlen Hoffnung auf die paradiesische Lösung der sozialen Frage, nach den Millionen Morden, endlich brechen mit dem Kommunismus! Sie sollten den Mut haben, sich auf das Niveau Ihrer eigenen Verse zu wagen, kurz, Sie sollten sich als Renegat bekennen – auch vor sich selbst. Die Korrektur eines Irrwegs ist kein schäbiger Verrat. Sie erfordert Tapferkeit! Wenn die Diskrepanz zwischen Ihnen und Ihren Liedern immer größer wird, zwingt Sie das in den Zynismus einer heillosen Hoffnungslosigkeit. Aus dem tapferen Rebellen wird dann ein resignierter Revoluzzer.«

Ich war verblüfft und sagte: »Mein alter Freund Robert Havemann dachte so wie ich: Wir sind eben die wahren Kommunisten ...« Da blaffte Sperber mich an: »Wer ist denn schon Havemann in der politischen Geistesgeschichte! Gibt es etwa einen Havemannismus?« – »Es gibt ja auch keinen Sperberismus, oder?«, hielt ich leise dagegen. »Ohne die Utopie des Kommunismus stirbt Blochs Prinzip Hoffnung, oder?« – »Hoffnung kann kein philosophisches Prinzip sein«, konterte Sperber. »Das Prinzip Hoffnung ist nur Blochs Markenzeichen, mit dem er auf dem Jahrmarkt der Ideen seine Ware anpreist wie im Grunde jeder Philosophiehändler. Was mich antreibt, ist nicht so sehr der unbrechbare Wille zur Hoffnung als vielmehr die kategorische Ablehnung der Mutlosigkeit, somit der Widerstand gegen die Resignation!« Hatte er Recht? Er hatte. Von diesem Alten ließ ich es mir gesagt sein. Ich glaubte ihm das, was mein Kopf im Grunde längst wusste, aber mein Herz nicht hatte wahrhaben wollen. Warum nicht? Aus Kinderliebe zu meinem ewig jungen Vater.

Aber es gab noch einen anderen, nicht minder wichtigen Grund: Hätte ich mich schon früher vom Kommunismus losgesagt, dann hätte ich meine stärkste Waffe verloren, die immanente Kritik. Der Bruch mit dem Kommunismus kostete mich viel Überwindung, aber ich kam endlich wieder ins Offene, endlich wieder in die gute Melancholie, die ja alles andere ist als eine faule Traurigkeit. Melancholie ist gewiss keine romantische Resignation, sondern die Kraft, den lebendigen Widerspruch zwischen begründeter Verzweiflung und begründeter Hoffnung in der Menschenbrust so auszuhalten, ja so auszubalancieren, dass man nicht kippt in die zerstörerische Bequemlichkeit der einen oder anderen Seite.

Aber nicht nur, weil ich meinem kommunistischen Kinderglauben endlich abschwor, wurde das Jahr 1983 für mich ein Schicksalsjahr.

***

Mein Freund Uli Schreiber, der 1980 das Konzert an der »Volks-Uni« in West-Berlin organisiert hatte, zottelte mich im Vorfrühling 1983. Er hatte eine ehrgeizige Idee für ein Wohnviertel im ärmeren Teil meiner Stadt Hamburg, in Steilshoop. Eine grauenhaft monotone Siedlung, ein soziales Problemviertel, ein bemaltes Labyrinth aus Hochhäusern und Plattenbauten im Honecker-Stil. Heiner Müller würde ätzen: alles Fickzellen für ärmere Leute. Partout dort wollte er einen Liederabend mit mir organisieren. In dieser Betonkiste wollte ich nicht einfach meine Lieder runtersingen, sondern einen Workshop liefern. Titel: »Wie macht man Lieder«. Nur drei Lieder wollte ich singen, diese aber für die Leute im Workshop analytisch auseinandernehmen und schön wieder zusammensetzen. Es sollte um die ästhetische Spannung zwischen Text und Musik gehen und um die knifflige Frage, was eigentlich politisch ist am politischen Lied.

Im Norden sagt man nicht »erklären«, sondern »verklaren«. Der Abend wurde viel zu volkshochschrullig, penetrant pädagogisch. Es kamen Maoisten, denen meine Ballade über die Elbe bei Dresden nicht revolutionär genug war. Es kamen DKPisten, die spuckten große Töne gegen die Ballade »Großes Gebet der alten Kommunistin Oma Meume in Hamburg« – »Oh Gott, lass Du den Kommunismus siegen!« Als Zugabe sang ich die Ballade »Von mir und meiner Dicken in den Fichten«: »Bloß paar schnelle Sprünge weg vom Wege / Legte ich ihr weißes Fleisch ins Gras / Mittagssonne brannte durch die Fichten / Als ich sie mit meinem Maße maß …« Na ja. Mich stoppte ein Wutausbruch vor meiner Nase, eine Frau vor mir. Sie sah aus wie das Klischee einer Emanze mit Korkenzieherlocken und lila Latzhosen. Sie kreischte: »Eine Frau ist kein weißes Fleisch, das der Mann ins Gras legt! Mensch Biermann! Eine Frau ist ein Mensch!« Es war ein chaotischer Abend. Mein lieber Freund Uli fand ihn wunderbar lehrreich. Ich fand ihn grauenhaft lehrreich. Ich war angefressen und wusste: Nie wieder! Idiot Biermann! Man kann nicht mit achthundert Leuten über ein Lied diskutieren.

Als ich am Schluss meine Gitarre einpackte, war es wie gewöhnlich: Ich signierte den einen oder andren Programmzettel, lieferte kleine Wortwechsel, ideologische Plänkeleien. Dabei kam ein junges Ding vorbei, eine junge Frau, die wollte kein Autogramm und fragte nichts. Sie steckte mir ein zusammengeknifftes Papier zu und ging. Dabei sagte sie, wie nebenbei: »Lass dich nicht so beuteln!« Ich steckte mir den Zettel in die Hemdtasche, zog meinen Mantel über und fuhr zurück nach Altona. Am nächsten Morgen zog ich dasselbe Hemd wieder an – und fand den Zettel beim Frühstück. Ich faltete ihn auseinander: ein Gedicht. Schrecklich, diese Hobbydichter! Ich überflog die Zeilen, las dann genauer und fand: nicht schlecht! Was heißt nicht schlecht, sehr schön sogar! Leider keine Adresse. Eine anonyme Dichterin! Schade! Aber zum Glück entdeckte ich auf der Rückseite Name, Adresse und Telefonnummer. Ehe der Wisch in die Grabbel kommt, dachte ich, rufe ich gleich bei der jungen Kollegin an und sage ihr, dass ihr Gedicht erstaunlich ist, und genauer, was ich daran schwach finde und was stark und warum. Der Text war reimlose Lyrik, aber keine zerhackte Prosa. Ein dichtes Gedicht. Gegen elf rief ich also an. Die Nummer funktionierte. Sie meldete sich: Pamela.

Wir sprachen bald zwei Stunden. Sie war von einer Freundin mitgelockt worden in den Workshop-Abend. Pamela kannte vordem weder mich noch meine Gedichte und Lieder, sie war nur mitgelaufen. Aber sie schrieb selbst Gedichte, und sie hatte schon oft mit dem Kopf der Gruppe 47 gesprochen, mit dem alten Hans Werner Richter, den sie aus ihrer Kindheit kannte. Ich sagte meiner fremden Freundin in halber Unschuld: »Wir sollten uns mal länger unterhalten … Alles, was du sagst, klingt fast zu klug für dein Alter. Wie alt bist du eigentlich?«

Ich schmiss mich gleich in meinen grauen Ford Granada und fuhr mal eben von Altona hoch nach Poppenbüttel. Wir gingen spazieren, es lag Schnee. Es war kalt, die Wintersonne schien in den Februar. Pamela zeigte mir die Alster, dort, wo das muntere Flüsschen sich noch schmal durch die Auen schlängelt auf seinem Weg über die Buten- und Binnenalster in den Elbestrom. Die Sonne leckte das Eis von der Uferböschung. Paar Enten tummelten sich im fließenden Wasser. Ein vereister Sandweg führte runter ans Ufer und war schon vom Schmelzwasser angematscht. Meine junge Dichterin rutschte mit ihren durchnässten Trittchen aus. Und im Reflex hielt ich sie fest. Aber wohl zwei Sekunden zu lang. Und als sie nun in meinem Arm hing, küsste ich sie scheu auf den Mund. Dann ließ ich sie sofort wieder los. Es war nix, gar nichts! Aber dann wurde es alles.

Wir gingen solche Wege weiter. Ich war erst sechsundvierzig, sie war schon neunzehn. Wir wurden ein heimliches Liebespaar, aber lange konnte es nicht verborgen bleiben. War das nun Zufall oder Notwendigkeit? Das ist die uralte Frage der Philosophen. Der große Hegel war wohl der Erste, der nach der dritten Flasche Rotwein durchschaute, dass das Wörtchen »oder« in die Irre führt. Er durchschaute, dass zwischen dem Zufall und der Notwendigkeit eine tiefe dialektische Spannung wirkt. Seine geniale Erkenntnis gehört zur Grundausrüstung in meinem Werkzeugkasten. Hegel schrieb: Das Notwendige setzt sich immer zufällig durch.

Im Jahre 1983 erlebte ich die Zeitenwende meines Lebens, im Politischen wie im Privaten. Die Kommunisten haben immer nur die Menschheit retten wollen, aber keinen einzelnen Menschen. In meiner innigen Liebe zu Pamela spürte ich wieder die alte Wahrheit: Nur, wer in der Liebe zu einem unverwechselbaren Wesen ruht, hat die Kraft, im Streit der Welt zu bestehn. Verrücktes Leben: Du gehst fremd und findest endlich dich selbst.

Wer Hoffnung predigt, tja, der lügt. Doch wer die Hoffnung tötet, ist ein Schweinehund

Wiederbegegnungen und auch Widerbegegnungen

In diesem guten Jahr des Umbruchs sah ich meinen Ältesten, meinen lieben Sohn Manuel, zum ersten Mal wieder. Sechs ewige Jahre waren vergangen, so lange lebte ich nun schon auf der anderen Seite der Mauer. Der junge Schauspieler erschien plötzlich im 13. Arrondissement, in meiner Wohnung auf dem Butte aux Cailles in der Rue Samson. Das Berliner Ensemble, dem er seit einem Jahr angehörte, gastierte in Paris. Ich starrte in seine vertraute Visage wie in einen Spiegel auf zwei Beinen. Und ich ahnte anhand der Veränderungen seines Gesichtes auch meine eigenen. Der Knabe war inzwischen ein ausgewachsenes Exemplar, schon fünfundzwanzig Jahre alt, ein junger Mann am Scheideweg zwischen Anpassung und Eigensinn. Für uns beide war es eine Freude, aber mit Wehmut vermischt. Er brachte mir eine Freikarte für Brechts Lehrstück »Die Ausnahme und die Regel«.

Was für 'ne Demütigung, dass wir gebrannten DDR-Kinder sogar auf dem Wachtelhügel Butte aux Cailles in Paris stasischlau sein mussten! Wir wollten uns nach der Vorstellung lieber nicht mit all den Schauspielern treffen. Die Wahrscheinlichkeit, dass ein Spitzelauge uns sieht, dass ein Spitzelohr uns hört und dann Manuel in Ost-Berlin anschwärzt, war zu groß. Der blaue DDR-Reisepass mit dem Visum ins »KA«, ins kapitalistische Ausland, war eine Gnade – und kein Recht. Manu wollte »Reisekader« bleiben, er sollte sich nicht dieses perverse Privileg einer Westtournee vermasseln. Nur so hatten wir vielleicht die Chance, uns irgendwo im Westen bald mal wiederzusehen.

Im Sommer fuhr ich mit meiner heimlichen Flamme Pamela nach Hannover. Ich sang dort beim Evangelischen Kirchentag, der unter dem Motto stand: »Umkehr zum Leben«. Das klang wie ein passendes Hirtenwort zu meiner neuen Lebenssituation. So viel Volk! Ich war – das versteht sich – ordentlich eingeladen. Als wir ankamen, lief das Programm schon. Eine Bühne, hingebaut auf grüner Wiese. Davor schwarze Lautsprechergebirge für ein buntes Publikum, an die vierzigtausend Christenmenschen, und alle geschmückt mit lila Tüchern. Reden, Gebete, Chorgesang, Appelle. Open Air. Als ich an die Reihe kam, sang ich mein Lied aus DDR-Zeiten, die »Ermutigung«: »Du, lass dich nicht verhärten, in dieser harten Zeit …« – die bewährten fünf Strophen in evangelischer Kirchentonart. Das passte. In Schweden ist das Lied inzwischen sogar ins offizielle Gesangbuch der protestantischen Kirche aufgenommen worden. Und zum Schluss kam ich den Kirchentagsbesuchern mit einem unbekannten Lied, denn ich wollte in Hannover nicht den gläubigen Christen mimen. Es kulminiert in den Zeilen: »Und meine ungläubigen Lippen / Beten voller Inbrunst / Zu Mensch, dem Gott / All meiner Gläubigkeit.«

So weit, so gut. Der Sänger hatte seine Schuldigkeit getan und trat ab. Nach mir die nächste Nummer im Programm. Ich balancierte seitlich von der Bühne die Holztreppe runter. In der vorderen Reihe stand der oberste Hirte der Evangelischen Kirche Deutschlands, der greise Präses Kurt Scharf. Ein würdiger Bischof mit weißem Haar, wie ein Heiligenbild von Lucas Cranach. In der Nazizeit war er Mitglied der Bekennenden Kirche gewesen, und aus der DDR war er 1961, kurz nach dem Bau der Mauer, ausgebürgert worden. Pastor Scharf legte väterlich den Arm um meine Schulter. Plötzlich stürmte eine Frau aus dem Publikum auf uns zu. Sie fuchtelte mit den Armen, sie kreischte wutverzerrt. Als sie mit Fäusten auf mich losgehn wollte, hatte ich nur Angst um meine Gitarre. Der alte Mann sprang wie ein Junger dazwischen. Er umarmte die Furie. Er schlug seine Arme fest um sie und umklammerte sie wie eine lebende Zwangsjacke. Die Frau kreischte: »Das ist eine Gotteslästerung! Der Biermann soll nicht singen! Nicht hier! Biermann betet nicht zu Gott, sondern zu Mensch! Das ist eine Gotteslästerung!« Der Kirchenmann ließ nicht los und brüllte ihr ins Ohr – denn brüllen musste er, weil die Lautsprecher so nah standen: »Meine Liiiebee! Grade Wolf Biermann soll für uns singen. Und er darf doch zu Mensch beten. Denn Gott hat uns seinen Sohn als Menschen gesandt, um unsere Sünden zu vergeben! Der Biermann ist vielleicht frommer als wir!« Daraufhin ließ er sie los. Sie glaubte ihm, glaube ich, kein Wort. Was 'ne verrückte Szene! Das wütende Schaf tappte zurück zu den Schafen. Und der Wolf stand verwirrt neben dem Hirten.

Mein Leben mischte und ordnete sich neu. Bylle hatte schon ein paar Jahre zuvor ihr Glück in Hamburg mit einem exzellenten Konzertpianisten gefunden und war bereits 1982 mit ihm nach Süden gezogen, erst in die Pfalz, dann über die nahe Grenze ins Elsass, in das Städtchen Wissembourg. Unsere beiden Kinder Felix und Nelli wurden dort halbe Franzosen. Meine zerrissene Ehe mit Christine war nicht mehr zu flicken – es passierte mit uns wie im richtigen falschen Leben. Auffällig viele Paare, die im Osten zusammengepasst hatten, drifteten im Westen erst unmerklich, dann unaufhaltsam auseinander. Beide, der Mann, die Frau, reagierten im Stoffwechsel mit der neuen westlichen Welt extrem verschieden. Auch Tine war, das wurde mir immer klarer, inzwischen glücklicher mit einem anderen Mann. Wie es in der Dark comedy bei Shakespeare heißt: Ende gut – alles gut! Alle handelnden Personen in unserem ostwestlichen Sittenstück fanden am Ende das, was sie brauchten. Die verschiedenen Akte unserer dunklen Komödie waren dramatisch, dazu waren die privatpolitischen Lebensgeschichten zu verwickelt. Aber wie oft tut man das Falsche, sogar hinter dem eigenen Rücken, und begreift erst später, dass es goldrichtig war. Der österreichische Jude Arthur Schnitzler hätte den Wienern hundert Jahre zuvor ein Boulevardstück daraus gedichtet. Der Dramatiker war auch Arzt und hätte diese Diagnose geliefert: »Das Ende einer Liebe erhöht die Sehschärfe.« Oder etwas psychoanalytischer: »Der Abschied schmerzt immer, auch wenn man sich schon lange auf ihn freut.« Und ich, der Liederdichter, für mich galt die Quintessenz des Beaumarchais in seiner Comédie de mœurs »Die Hochzeit des Figaro«: »Il s'agite en cent façons, tout finit par des chansons ...« – auf gut Deutsch: Und alles endet in Liedern.

Für die Kids, das versteht sich, war die Trennung ihrer Eltern kein Kinderliedchen. Felix und Nelli besuchten uns in den Ferien. Til, Marie und Benjamin lebten halb bei Pamela und mir in Altona. Ich zog das Glückslos in dieser Lotterie. Meine viel zu junge Pamela liebte nicht nur mich, sondern auch all meine lieben Kinder. Unser Haus war groß genug. Auch meine Mutter Emma hatte ein eigenes schönes Zimmer und war als Oma eine stabile Größe. So waren wir immer eine bunte Familie.

***

Im Laufe der achtziger Jahre stieg die Zahl der Menschen, darunter viele Schriftsteller und Künstler, die aus der DDR abhaun wollten, mit oder ohne den Segen der Obrigkeit. Mielke hatte die Direktive ausgegeben, solche Ausreiseanträge möglichst unauffällig und störungsfrei abzuwickeln. Immer mehr Freunde strandeten bei uns in Hamburg. Der Dokumentarfilmer Heiner Sylvester und seine Frau, die Journalistin Corinna Sylvester, das Maler-Ehepaar Petra und Peter Herrmann. Ihr Kollege Penck, also Ralf Winkler, den ich noch gut aus Dresden kannte, schmiss auf der Veranda die geleerten Schnapsgläser hinter sich in den Garten. Und meine Mutter begriff nicht, dass das modernste Aktionskunst war.

Manche Freunde wohnten eine Zeitlang bei uns. So mein Freund Rolf Schälike und seine Familie aus Dresden. Schälike war mit allen marxistischen Wassern gewaschen. Sein Vater hatte vor der Nazizeit den Verlag der Kommunistischen Jugendinternationale geleitet, später den Dietz-Verlag. Schälike wuchs auf im Moskauer Exil. Als Kind der Nomenklatura lebte er im Bestiarium der Komintern – im Hotel Lux. Die Familie Schälike war eng befreundet mit der Familie des Arztes und Dramatikers Friedrich Wolf und seinen Söhnen, dem späteren Stasigeneral und HVA-Chef Markus Wolf und dessen Bruder, dem Filmregisseur Konrad Wolf. Beide Familien gehörten zum bolschewistischen Hochadel.

Trotzdem überwachte die Stasi Schälike seit 1957. Gleich nach dem ideologischen Kahlschlagjahr war er 1966 aus der Partei ausgeschlossen worden. Obwohl er in Moskau Kernphysik studiert hatte und ein hochkarätiger Atomphysiker geworden war, wurde er fristlos von der Arbeit im Zentralinstitut für Kernforschung in Rossendorf entlassen, weil er auf seinen Kontakten zu Havemann und Biermann beharrte. Er arbeitete fortan als Übersetzer für Russisch. 1984 wurde ihm dann auch verboten, in die UdSSR zu reisen. Das war wohlkalkuliert, denn Generalmajor Böhm von der Staatssicherheit in Dresden arbeitete darauf hin, den Querulanten loszuwerden.

Schälike stellte einen Ausreiseantrag, als Zieladresse gab er Wolf Biermann in Hamburg an. Sogleich wurde er verhaftet. Der übliche Vorwurf, staatsfeindliche Hetze, die Gummiparagraphen 106 und 108. Er studierte nun als politischer Häftling die Zellen der MfS-Untersuchungshaftanstalt in Dresden. Wie erfindungsreich dieser harte Knochen und gelernte Marxist den Spieß umdrehte und seine murxistischen Vernehmer quälte, war ein realsozialistisches Schelmenstück. Er unterschrieb kein Vernehmungsprotokoll. Das Mikrophon, mit dem seine Aussagen aufgenommen werden sollten, drehte er um zu den Vernehmern. Er klaute dem Stasioffizier sogar einen Kugelschreiber und versteckte die Mine. Papier und Stift waren im Gefängnis total verboten. Seine Zelle wurde akribisch gefilzt – gefunden wurde nichts.

Seit ich von Schälikes Verhaftung gehört hatte, begann ich jedes meiner Konzerte mit fünf Minuten Einzelreklame für diesen Kerl im Stasiknast. Und ich schrieb im Juli '84 einen langen Brief an Bundeskanzler Helmut Kohl mit der Bitte, Schälike auf der Liste der Häftlinge, die freigekauft werden sollten, ganz nach oben zu setzen. Schälike wurde zu sieben Jahren Freiheitsentzug verurteilt. Er trat in einen Hungerstreik. Jürgen Fuchs verbreitete Dokumente zum Fall unseres Freundes. Heinrich Böll mobilisierte sein eigenes Netzwerk in Moskau und Bonn und telefonierte viel mit Schälikes Frau. Auch die Grünen Petra Kelly und Gert Bastian setzten sich für Schälike ein und forderten seine Freilassung. Wir hatten keinen Erfolg.

Im Februar 1985 gelang es Heinrich Böll endlich. Er sprach mit seinem Kollegen Stephan Hermlin, der es schaffte, Honeckers Holzkopf anzubohren oder aber dessen hölzernes Herz zu erweichen. Der Häftling Schälike wurde innerhalb eines Tages in den Westen abgeschoben. Seine Frau Christine und die Kinder mussten folgen. Nun stand Schälike plötzlich in Altona vor unserer Tür. Es war auch makaber: Ausgerechnet dieser athletische Atheist sah aus wie das Leiden Jesu, wie ein verhungerter Heiland, der nach Hause kommt zu seinem himmlischen Vater. Das Gespenst wog keine fünfundfünfzig Kilo mehr. Er hatte seine Vernehmer schwer genervt durch seinen wohldosierten Hungerstreik, immer hart am Rande des Todes im Dresdner Stasiknast. Seine hellsichtige Provokation in den Verhören: »Ich habe Zeit. Sie nicht.«

Matthias und Tine Storck aus Berlin-Pankow. Die beiden, er dreiundzwanzig, sie zwanzig Jahre alt, waren 1979 verhaftet worden. Sie saßen vierzehn Monate im Untersuchungsgefängnis Hohenschönhausen. Vierzehn Monate Verhöre. Sie wurden angeklagt wegen »landesverräterischer Agententätigkeit« und, obwohl völlig schuldlos, zu zweieinhalb Jahren Haft verurteilt. Im Dezember 1980 wurden sie in den Westen verkauft. Matthias studierte Theologie, Tine Medizin. Ihr Vergehen? Matthias hatte ein Papier verfasst, das gegen den neu eingeführten Wehrkundeunterricht in den Schulen protestierte. Ich wusste nicht, ob ich weinen oder lachen sollte, als die beiden mir erzählten, dass sie sich im Untersuchungsgefängnis durch die offene Luftklappe aus Betonglas abwechselnd, Zeile für Zeile, mein Lied »Ermutigung« zugesungen hatten, wie ein verzweifeltes SOS-Signal über den Gefängnishof.

Und Roland Jahn. Er kam 1983 zu uns. Schon 1977 hatte er sich auf der obligaten Mai-Kundgebung in Jena unter die Leute gedrängelt und ein Schild hochgehalten, auf dem nichts stand, nur ein weißes Pappschild. Radikaler und frecher kann ein Protest gegen die Unterdrückung der Meinungsfreiheit kaum sein. Ein polnisches Papierfähnchen mit dem Schriftzug »Solidarność z polskim narodem« vorn am Fahrradlenker nahm die Stasi zum Anlass, den »Hetzer« zu verhaften. Er wurde zu zweiundzwanzig Monaten Freiheitsstrafe verurteilt. Nach internationalen Protesten gegen die Repressalien des MfS war Jahn zunächst freigelassen worden. Er machte sofort weiter, gründete mit Freunden die Friedensgemeinschaft Jena, eine kirchenunabhängige Oppositionsgruppe, die öffentlich demonstrierte. Der Mord an Matthias Domaschk 1981 in der Stasihaft Gera trieb die Jenaer Oppositionellen um.

Schließlich wurde Jahn, von der Stasi in Knebelketten gefesselt, in den letzten Waggon eines Interzonenzuges nach Bayern gesperrt. So entsorgte die DDR dieses besonders unbequeme Landeskind in den Westen.

Lew Kopelew und seine Raissa Orlowa landeten in Köln. Auch sie waren trickreich ausgebürgert worden. Heinrich Böll stand ihnen bei, und nun konnten wir einander endlich ohne Schikanen besuchen. Der Osten spuckte Menschen über Menschen aus nach Westen. Manche kamen für immer, gezwungen oder freiwillig, andere fuhren freiwillig in die große Erziehungsanstalt DDR zurück. Jeder hatte seine Vernunftgründe. So auch mein Freund Jürgen Böttcher, den ich nach zehn Jahren 1986 endlich wiedersehn konnte. Ihm war vom DDR-Kulturministerium eine große Retrospektive im Centre Pompidou in Paris erlaubt worden. Die große Chance seines Lebens! Er zeigte nicht auf einem Hinterhof, sondern im Zentrum des Zentrums der Weltkultur seine Dokumentarfilme. Wenn jemand in fünfzig Jahren noch begreifen will, was die DDR war, im Schlechten, im Guten und im Hässlich-Schönen, dann muss er sich diese Filme anschaun. Ich liebe sie. Manche davon wurden in der DDR verboten, aber sie überlebten in den Panzerschränken der Zensur.

Als Maler hatte sich Böttcher irgendwann nach dem Dorf seiner Kindheit genannt: Strawalde. Während seiner Pariser Retrospektive malte er nun wie entfesselt – Schaumalerei live vor dem Publikum. Dabei tanzte er wie ein Derwisch und klatschte die Farben auf die Flächen. So zeigte er den blasierten Snobs der Pariser Kunstszene, was eine Harke ist – und was ein Pinsel und eine Farbdose in der Hand eines picasso-inspirierten DDR-Malers aus der hinterwäldlerischen Provinz: Böttcher zelebrierte Avantgarde. Das war die östliche Antwort auf die Feuerbilder mit dem Flammenwerfer und die Anthropometrie in blauem Blau des Aktionskünstlers Yves Klein. Jürgen Böttcher, den seine Neider in Ost-Berlin »Genie-Böttcher« schmähten, besuchte Pamela und mich zu Haus auf dem Butte aux Cailles. Ich hatte nun schon das französische Wort für »herzzerreißend« gelernt, unser Wiedersehen war déchirante. Ja, herzzerreißend wohl auch für ihn. Ich schrieb mir ein Lied als Souvenir, falls wir uns erst in dreißig Jahren wiedersehen dürften.

Rencontre à Paris

Die alten Freunde, die werden alt
– da drüben – und anders als ich
Die Zeit im Osten ist andere Zeit
Die Freunde werden alt
Und wenn wir uns doch mal wiedersehn
in dieser Welt, im Vorübergehn
dann freun wir uns ungeheuer

Von denen nicht mal die Asche blieb
– wir blasen in alte Feuer
Der Freund hat den Freund gefunden
wir hatten einander so hilflos lieb
und leckten einander die Wunden

Ach längst getrocknete Tränen tropfen
wir quasseln das lange Schweigen tot
und können die Löcher doch nicht stopfen
Wir bleiben auf ewig im selben Boot
– und fahren längst auf verschiedenen Flüssen

Was wagten wir früher! – jetzt wägen wir ab:
Ost gegen West. Staat gegen Staat
Und jeder will wollen. Und keiner will müssen
Wir schätzen einander. Wir! bis an das Grab:
Wir schätzen uns ab. Und wittern Verrat
Und registriern im vertrauten Gesicht
die neuen Züge. Wir kennen uns noch
– doch doch! – und erkennen uns nicht

Die alten Freunde, die werden alt
– da drüben – und anders als ich
Die Zeit im Osten ist andere Zeit
  Wir lächeln uns an
    und schweigen dann
      mit zärtlicher Bitterkeit

***

Das Fußvolk der bundesdeutschen Ostermarschbewegung marschierte mit zwei Beinen und einem blinden linken Auge zum ewigen Frieden. Die Pazifisten tremolierten »We shall overcome«, und sie schmetterten auch mein Lied »Soldat Soldat«. Teile der westlichen Friedensbewegung funktionierten als Propagandakolonne des Ostblocks im Kalten Krieg. Doch das war nur den wenigsten bewusst. Und die es ahnten, wollten es nicht wahrhaben. Dabei saßen im Führungsgremium der Ostermarschbewegung höchstens zwei offizielle Mitglieder der KPD alias DKP. Ansonsten Würdenträger beider Kirchen, verantwortungsethische Naturwissenschaftler, erratische Menschheitsretter und esoterische Waldschrate, flottierende Schöngeister. Und, wie wir jetzt nicht nur ahnen, sondern wissen, gehörten viel zu viele als Inoffizielle Mitarbeiter zum erlesenen Freundeskreis des Friedenskämpfers Markus Wolf im MfS. Der Laden war nach einem Grundsatz organisiert, den uns Wolfgang Leonhard verraten hat. Im Mai 1945 hatte dieser gute Verräter als junger Kommunist zur »Gruppe Ulbricht« gehört. Damals hatte Ulbricht seinen Genossen die Direktive gesächselt: »Es muss demokratisch aussehen, aber wir müssen alles in der Hand haben.« Das blieb das Grundgesetz der DDR bis zum Ende. Es war also kein Wunder, dass die Strippenzieher in Ost-Berlin Angst davor hatten, dass Feind Biermann nun im Westen mit seinen Liedern ihnen die Friedensbewegung verwirrt. Sie hatten die begründete Sorge, dass ich singe und sage, welchen Frieden ich meine – und das war ganz bestimmt nicht der Friedhofsfrieden in der DDR.

1983 sollten in Hamburg Künstler aus Ost und West auf einer Veranstaltung im Fußballstadion des FC St. Pauli auf dem Heiligengeistfeld, im Herzen der Hansestadt, für den Frieden kämpfen. Die Initiative nannte sich »Künstler für den Frieden«. Auch in Bochum und Dortmund hatten solche Konzerte stattgefunden. Die begnadete Schauspielerin Eva Mattes lenkte den Antikriegswagen zwar nicht, aber sie war das ideale Zugpferd. Engagiert für dieses singende und klingende Friedensvarieté waren die Brecht-Zersingerin Gisela May aus der DDR und als Gegenstück der Rocker Udo Lindenberg, der paar Jahre später mit Honecker nicht, wie Breschnew, Bruderküsse tauschte, sondern eine Lederjacke gegen eine Traditionsschalmei des Rotfrontkämpferbundes. Eingeladen waren auch mein Freund Erich Fried, der DKP-Barde Franz Josef Degenhardt, die italienische Rock-Göre Gianna Nannini, der karibische Weltstar aus den USA Harry Belafonte und die irdisch-überirdische Joan Baez.

Allerdings gab es Streit schon im Vorfeld. Der scharfsichtige Ulrich Greiner beschrieb es in der *Zeit*: »Die Einigkeit der Friedensfreunde ist keine leichte Sache, und immerfort ist sie bedroht. Schon bei den Vorbereitungen gab es Misstrauen und Streit. Das ›Hamburger Forum‹, das Mitveranstalter war, ist zu Teilen von der DKP beeinflusst. Ob zum Beispiel Wolf Biermann würde auftreten können, war keineswegs immer ausgemacht.«

Gewiss nicht von mir animiert – es kam wohl spontan von linken Querulanten im Fußvolk der Hamburger Friedensbewegung die Forderung: Biermann soll auch auftreten! Meine krampfhafte Nicht-Einladung zu diesem Friede-Freude-Eierkuchen-Fest drohte zum Skandal zu werden, den es zu vermeiden galt. Eine der Organisatorinnen, Irmgard Schleier, Dirigentin des Chores »Hamburger Sängerhaufen«, und ihr Kollege luden mich zu einem hochnotpeinlichen Gespräch ein. In irgendeinem Plüsch-Café im gutbürgerlichen Hamburg hörte ich rotgetünchte Phrasen und aß dazu ein Stück Nusstorte. Da ich sie nicht kannte, wusste ich damals nicht einmal, dass die taffe Dame Funktionärin der Deutschen Friedens-Union (DFU) war, also einer Partei, die eng mit der DKP kooperierte und von der SED finanziert wurde. Die DFU stand im Austausch mit den Herrschenden der DDR und den zuständigen Genossen der Sowjetunion. Das passte!

Irmgard Schleier forderte mich auf, den »Krefelder Appell« gegen Helmut Schmidts friedensfeindliche Nachrüstungspolitik zu unterschreiben, so wie alle anderen. Ich übersprang diese Falle und machte ihr mit bösem Vergnügen den Unterschriftsteller. Dann wollte die Friedenskämpferin genau wissen, was ich denn singen würde? Sie müsse die Texte vorher sehn! Hörte ich richtig? Hier in Hamburg? Plötzlich kam ich mir vor wie in einer Hamburger Dependance des DDR-Ministeriums für Kultur. Ich wich aus mit einer Gegenfrage: »Was singt denn der Kollege Degenhardt?« Jaaa, das wusste sie leider nicht … Der Franz Josef Degenhardt sei ja immer so schwierig.

Egal, dachte ich. Ich wollte es der Funktionärin echt schwer machen und lieferte brav auch noch die Liedertexte. Freilich hielt mich nichts davon ab, auf der Bühne im Konzert dann zwischen den Liedern »Soldat Soldat« und »Ermutigung« zu sagen, was ich zu lästern hatte: »Die Sowjetunion ist genauso friedliebend, wie sie sozialistisch ist.« Da gab es Buh-Rufe und Pfiffe, aber siehe da, der spontane Beifall war stark. Das gefiel mir. Und das Allerbeste an diesem Auftritt war, dass ich die streitbare Nachtigall Joan Baez nach all den Jahren wiedertraf.

Ja, die Friedensbewegung marschierte durch die achtziger Jahre. Und ich ein Mitläufer. Aber als in Polen im Dezember 1981 der General Jaruzelski die streikenden Arbeiter blutig niederschlagen ließ – ein ordinärer Militärputsch –, da entsetzte mich der Graben, der zwischen mir und der westlichen Linken immer tiefer klaffte. Der *Spiegel* titelte doppelsinnig: »Militär soll Polen retten«, und der *Stern*: »Polen: Aus der Traum«. Mich empörte die Gleichgültigkeit, mich empörte, dass viele Linke vom »kleineren Übel« sprachen. Besser als ein Einmarsch der Russen und besser als ein Bürgerkrieg in Polen sei doch dieser Militärputsch – dabei hatte Jaruzelski selbst den drohenden Bürgerkrieg inszeniert! Ich schrieb dagegen Gedichte, und ich menschgläubiger Atheist feierte in meinen Konzerten mit einem Lied die Schwarze Madonna der Solidarność.

1986 fragte mich eine Gruppe Aktivisten, ob ich bei einer Sitzblockade in Mutlangen mitmachen wolle. Seit 1983 wurde dort von Zeit zu Zeit die Straße vor einem Atomraketen-Lager der US Army besetzt, um gegen das Wettrüsten zu demonstrieren. Heinrich Böll war als einer der Ersten dabei. Diesmal sollte auch die Schwester der Widerstandskämpferin Sophie Scholl, Inge Aicher-Scholl, mitdemonstrieren. Und auch ich sollte einen Prominenten mehr liefern. Ich tat, wie ich sollte und wollte. Ich seh noch die gewaltigen Trucks der US Army auf unsere Sitzblockade zurollen. Stopp kurz vor unsren Füßen. Dann kamen Polizisten und schleppten uns weg. Wir wurden angeklagt. Vom Gericht in Schwäbisch Gmünd wurde unsre kleine Schar im Fließbandverfahren wegen »Nötigung aus niederen Motiven« verurteilt. Dreitausend Mark Strafe. Ja, ich gehörte zum Friedenspack, und so sollte es auch bleiben. Aber trotzdem unterschied mich Grundlegendes von meinen aufständischen Mit-Sitzern, denn ich war nicht so blauäugig, die sowjetischen Waffen als Friedenswaffen zu verklären. Auch war ich niemals Pazifist. Und Frieden? Die entscheidende Frage ist immer, welcher Friede gemeint ist. Auch Diktatoren verstehen sich als Friedenshüter. Sie hüten den falschen Frieden in ihrem Land, und das ist der Frieden, den sie meinen. Unser alter lieber Freund Heinz Brandt, der ewige Widerstandsmensch, war wie Rudi Dutschke ein Mitbegründer der Grünen und warnte vor der heillosen Wettrüsterei. Er fürchtete, dass die Sowjetunion bei diesem Wettlauf wirtschaftlich ausblutet. Und er sah die Gefahr, die SU könne aus Schwäche einen dritten Weltkrieg provozieren.

Auch ich vertrat damals die Meinung, der bedrohliche Rüstungswettlauf von Atom- und biologischen Waffen zwischen Ost und West könne nur beendet werden durch einseitige Abrüstung. Raus aus der Nato! Raus aus dem Warschauer Pakt! Dabei war mir klar, dass diese Idee realitätsfern war. Ja, ich bildete mir ein, dass die einseitige Abrüstung so enorme materielle und moralische Kräfte in den westlichen Gesellschaften freisetzen würde, dass die Völker auf der östlichen Seite ermutigt würden, sich gegen ihren schlimmsten Feind zu erheben, nämlich den im eigenen Land.

***

Im Jahr 1987 lieferte ich im Volkstheater Wien ein Benefizkonzert für die »Charta 77« in der ČSSR. Die Dissidenten um Václav Havel in Prag brauchten Geld – und mehr noch Publicity. Eine Gerda Neudeck, die meinen Auftritt vor Ort organisierte, wollte die Kosten für das Hotelzimmer sparen und zottelte Fürst Karel Schwarzenberg. Sie fragte, ob er in seiner Hütte, also in Wiens Nobelhotel »Palais Schwarzenberg«, nicht ein Nachtlager frei hätte für den Liedermacher. Er hatte! Denn schließlich ist dieser Schwarzenberg ein österreichischer Schicksals-Tscheche. Nicht ohne Grund wurde er 1990 Václav Havels engster Berater und später Außenminister Tschechiens.

Pamela und ihr fahrender Sänger hausten ein paar Tage wie Nobel-Vagabunden im Schloss. Der Fürst selber residierte seitwärts in den solide umgebauten Pferdeställen. Dorthin bat er uns zum Tee. Wir trafen einen gebildeten Polyhistor und humorvollen Menschenfreund. »Genosse Fürst«, wie ich ihn nannte, seine Durchlaucht Karel »Kari« von Schwarzenberg, ist Spross der legendären Fürstenfamilie des Adolf von Schwarzenberg, des Siegers in den Türkenkriegen, in dessen Familienwappen ein schwarzer Rabe einem Türkenkopf die Augen aushackt. Ein späterer Vorfahr hob als Feldmarschall während der Freiheitskriege in der Völkerschlacht bei Leipzig den General Napoleon aus dem Sattel.

In der jüngeren Vergangenheit lagen unsere Familiengeschichten erstaunlicherweise gar nicht so weit auseinander: Sein Onkel Heinrich wurde als Nazi-Gegner von der Gestapo in Italien verhaftet und in das KZ Buchenwald verschleppt. Ein Kommunist dort erkannte den Fürsten, und weil er ihn als einen anständigen Menschen schätzte, sorgte der Genosse dafür, dass Schwarzenberg eine Arbeit erhielt, die ihm eine Überlebenschance bot. Er durfte als Funktionshäftling in der Küche arbeiten. Er bediente die SS-Leute, deren Tische er decken und abräumen musste, eine Art Kellner. So konnte er Essensreste stehlen. Als Fürst Heinrich sich nach dem Krieg bei dem Kommunisten bedanken wollte, sagte dieser kurz und kalt: »Vom Klassenfeind nehme ich nichts.«

Pamela und ich trafen in Wien auch einen plebejischen Antifaschisten mit Hammer und Meißel. Wir besuchten den Bildhauer Alfred Hrdlicka in seinem Atelier. Er schenkte mir, als eine Art Xenie, den Bronzeabguss einer monumentalen bolschewistischen Arbeiterfaust im Gartenzwergformat. Ich nahm es als ein ironisches Symbol für meinen toten Großvater Karl Dietrich, in dessen Faust einst das Beil über dem Scheitel seines Schwiegersohnes Dagobert Biermann zitterte. Hrdlickas Schnapsfahne wehte, er schleuderte revolutionäre Worte in die Welt wie Felsbrocken. Ich kannte diese déformation professionnelle schon von unserem DDR-Bildhauer Fritz Cremer. Beide noch einen Kopf kleiner als ich kleiner Biermann. Beide also zwergwüchsige Titanen. Immerhin kannte ich das Antikriegsdenkmal von Hrdlicka bei uns in Hamburg, das aus dubiosen Geldgründen Fragment geblieben ist. Ich sah in Wien auf dem Albertinaplatz auch seine Skulptur mit dem Titel »Straßenwaschender Jude«. Ein alter Mann auf den Knien, das Gesicht auf dem Pflaster, mit einer Bürste in der Rechten. Die Bronzefigur soll erinnern an die Zeit der »Reibpartien«, als Wiener Juden auf den Knien mit Zahnbürsten Antinazi-Parolen gegen den Anschluss Österreichs ans Deutsche Reich vom Bürgersteig hatten abschrubben müssen. Damals johlten und lachten die Wiener, jetzt stehn sie davor und gedenken.

In der Sowjetunion nahm Gorbatschows Reformkurs unter den Parolen Perestroika und Glasnost seit 1986 langsam Fahrt auf. Der Sowjetstaat gewährte Rede- und Informationsfreiheit, erste Elemente der Marktwirtschaft wurden eingeführt. Im Osten ging nach all der Finsternis mal wieder die Sonne auf. Aber in der DDR schien die Zeit stillzustehen. Honecker wollte von Demokratisierung nichts wissen. Ein paar Mutige, die langsam mehr wurden, hatten sich als Friedensbewegung unter dem Dach der Kirche verkrochen. »Schwerter zu Pflugscharen« – die Skulptur des sowjetischen Bildhauers Wutschetitsch zum Bibelspruch Micha 4 war ihr Symbol. 1983 trugen über hunderttausend junge Leute dieses Emblem als Aufnäher, viele wurden deswegen verfolgt.

Roland Jahn und Jürgen Fuchs versorgten die Oppositionellen von West-Berlin aus. Fuchs vervielfältigte jeden Monat einen Literatur- und Pressespiegel. Er besorgte eine Auswahl wichtiger Bücher, auch Kopiergeräte. Und er schaffte es, das »Hetze«-Material in die DDR einzuschleusen. Dort gab es nur wenige veraltete Kopiergeräte, und die waren unter staatlicher Kontrolle. Lehrer konnten in der Schule nicht einfach Papiere kopieren, wie sie wollten, sondern mussten immer genau angeben, wie viele und für welche Verwendung sie Kopien machten. Die dafür nötigen Matrizen waren gezählt und registriert. Auch war es verboten, einfach einen Verlag zu gründen. Das faktische Vervielfältigungsrecht lag allein beim Staat. Deshalb waren Jürgens Sendungen wie Manna in der Wüste.

Jürgen erhielt auf dem Rückweg über akkreditierte Korrespondenten und Diplomaten, die nicht kontrolliert wurden, illegales Informationsmaterial aus der DDR, das er im Westen veröffentlichen ließ. Er war neben Roland Jahn der wichtigste Verbindungsmann der Ost-Oppositionellen in der westlichen Welt. Deshalb standen Jürgen und seine Familie jahrelang nicht nur unter der Beobachtung der Stasi, die ihn würdigte als ihren Hauptfeind in West-Berlin. Psychoterror sollte ihn, seine Frau Lilo und seine Kinder einschüchtern. Die Stasi, die sich in West-Berlin bewegte wie in ihrem eigenen Vorgarten, schickte ihm regelmäßig Besuch. Mal kam ein Schädlingsbekämpfer, von niemandem gerufen, und stand mit einer Giftspritze vor der Wohnungstür. Ein Partyservice, der angeblich einen Auftrag hatte, schleppte ein komplettes Festessen für dreißig Gäste an. Es kamen massenhaft Päckchen aus irgendwelchen Versandhäusern, die Fuchs nicht geordert hatte. Peinliche Sendungen mit Pornoheften und Sexshop-Utensilien wurden von falschen Paketzustellern bei Nachbarn abgegeben mit der Bitte, sie dem Herrn Fuchs zu übergeben, ohne dass seine Frau es merkt.

Jürgens Auto stand plötzlich mit geöffneten Türen vor dem Haus, der Kindersitz ausgebaut und auf dem Bürgersteig abgestellt. Aber auch vor massiver Gewalt schreckte die Stasi nicht zurück. Ein abgestelltes Auto vor der Haustür explodierte ein paar Sekunden, nachdem Jürgen mit seinen Kindern genau dort gestanden hatte. Die Explosion der Bombe im Kofferraum katapultierte brennende Trümmerteile über das fünfstöckige Mietshaus hinweg in den Innenhof. Als Jürgen 1992 seine Stasiakten las, fand er den Auftrag an einen Inoffiziellen Mitarbeiter, der herausfinden sollte, wie Fuchs auf »das Ereignis« reagiert habe. Auch die nachgemachten Schlüssel seiner Wohnung fand Jürgen in den Akten.

Stephan Krawczyk, Freya Klier, Bärbel Bohley, Werner Fischer, Ralf Hirsch und Wolfgang Templin wurden Anfang 1988 in Ost-Berlin verhaftet. Wir, das waren Sarah Kirsch, Reiner Kunze, Erich Loest, Hans Joachim Schädlich, Jürgen Fuchs, Herta Müller und acht weitere, forderten die Freilassung der Freunde. Ich schrieb einen Aufruf mit dem Titel »Ja, es ist Krieg«, den wir gemeinsam in der *taz* veröffentlichten:

> Kein Mensch kann geben, was er nicht hat. Also fordern wir auch nicht Gedankenfreiheit von Leuten, die sie gar nicht haben. Nein, wir bitten nicht. Wir können auch nicht drohen, denn wir haben keine Macht. Aber wir haben ein steinaltes Gedächtnis. Und wir haben das offene Wort und werden es einsetzen im Kampf um die Freilassung unserer Freunde in der DDR.

Es kamen Proteste von vielen Seiten, schließlich wurden die Häftlinge gegen ihren Willen aus dem Knast in den Westen entsorgt. Sie waren erpresst worden, standen vor der Wahl, acht Jahre DDR-

Gefängnis abzusitzen oder den obligaten Antrag auf Ausreise zu unterschreiben. Bärbel Bohley unterschrieb, aber Werner Fischer und ihr gelang es zu verhandeln, dass sie nach sechs Monaten wieder in die DDR zurückkehren durften. Ihr Anwalt Gregor Gysi war Vorsitzender des Kollegiums der Rechtsanwälte in Ost-Berlin und gleichzeitig Vorsitzender der fünfzehn Kollegien der Rechtsanwälte in der DDR. Für siebzehn Millionen DDR-Bürger gab es sage und schreibe gerade mal sechshundert zugelassene, das heißt systemtreue Rechtsanwälte. Wer in dieser Funktion tätig war, der hatte automatisch die Verpflichtung, mit dem MfS zusammenzuarbeiten. Wer als Anwalt nicht konform funktionierte, wurde geschasst, so wie Götz Berger, nachdem er gegen Roberts Hausarrest und meine Ausbürgerung protestiert hatte. Bärbel Bohley fand später Informationen in ihrer Stasiakte, die sie nur mit Gysi besprochen hatte. Von Robert wusste ich, dass man ihm, nachdem Berger ausgeschaltet war, den jungen Genossen Gysi als Anwalt aufs Auge gedrückt hatte. Robert lachte: »Ist doch praktisch, so habe ich immer einen heißen Draht zur Firma!«

Als ich über die ausgebürgerten Landeskinder einen Artikel im Magazin *Stern* schrieb, schimpfte ich den Rechtsanwalt Vogel, der mit Krawczyk und den anderen verhandelt hatte, sachlich korrekt einen Menschengroßhändler. Der vielmaskige Dr. h. c. Wolfgang Vogel war der Einzige, der eine Anwaltszulassung in Ost-Berlin und zugleich in West-Berlin hatte. Eine Klage Vogels gegen mich kam prompt. Ich sollte, forderte der Rechtsanwalt mit der weißen Weste, widerrufen, dass er Kopfgeld kassiere und davon seine Honorare abzweige. Vor keinem Gericht der Welt hätte ich den gegenteiligen Beweis antreten können. Ich widerrief in der *taz* sofort meine Behauptung. Aber diese juristische Finte wurde für Vogel weit teurer als die Invektive, er sei ein Menschengroßhändler. Nun nämlich konzentrierte ich mich darauf, konkret zu beschreiben, was in den DDR-Gefängnissen mit Menschen wie Siegmar Faust und Volker Böricke geschehen war. Und ich schilderte ausführlich den innerdeutschen Menschenhandel und Vogels Rolle dabei. Und weil Vogel all diese viele Arbeit mit den Häftlingen – die Besuche im Knast, das Einsammeln von Unterschriften, die Fahrten mit den Häftlingen zur innerdeutschen Grenze inklusive deren Vergatterung zur Verschwiegenheit –, weil er das alles, wie er behauptete, ohne einen Pfennig machte, verpasste ich ihm den Ehrennamen »Heilige Mutter Teresa des Menschenhandels«. In Wirklichkeit bezog Vogel in diesen Jahren, das ist inzwischen aktenkundig, von der Bundesregierung in Bonn eine Jahrespauschale von zuletzt 320 000 DM. Dazu kassierte er für den juristischen Beistand für DDR-Häftlinge noch Honorare aus DDR-Quellen.

***

Im wunderschönen Monat Mai 1988 entließ Pamela unseren ersten Sohn ins Offene. Wir nannten ihn Lukas, den ins Licht Hineingeborenen. Und mit Lukas' Zweitnamen gedachten wir meines Vaters Dagobert. Luki war von klein auf unglaublich stark, ein Mini-Herkules. Er erwürgte zwar nicht schon in der Wiege zwei Schlangen, aber als unser Söhnchen ein Jahr alt war und kaum laufen konnte, hob er im Garten zugleich zwei eiserne Boulekugeln vom Boden auf, in jeder Hand eine. Seine strammen Babyspeck-Beinchen endeten in noch dickeren Füßchen. Und weil meine Pamela keine passenden Schuhchen für ihn fand, baute ich ihm aus festem Rindsleder sein erstes Paar Schuhe, sogar mit rutschfester Gummisohle und innen gepolstert mit Schaffell. Lukas erlernte als erwachsener Mann, wie Dagobert, ein Handwerk. Nicht Schlosser, wie sein Großvater, sondern Schuhmacher wie sein Ur-Ur-Ur-Großvater Biermann, der eine Schuhmacherei an der Alster betrieb, in Hamburg am Jungfernstieg. Inzwischen ist unser Sohn Schuhmachermeister geworden und stellt die feinsten Maßschuhe her. Und meine Schühchen von damals baumeln als Maskottchen an den Schnürsenkeln über seiner Werkbank.

Kurz nach Lukis Geburt begegnete ich dem Historiker Arno Lustiger. Er hatte sein Buch über den Kampf der Juden im Spanischen Bürgerkrieg »Schalom Libertad!« frisch veröffentlicht. Das interessierte mich, denn auch mein Vater war ja im Hamburger Hafen ein Kombattant auf Seiten der republikanischen Armee gewesen. Ich pilgerte zu Lustigers Lesung in die Hamburger Heinrich-Heine-Buchhandlung, kaufte für unsere Freunde im Überschwang gleich mal zehn Exemplare des Buches. Das gefiel dem Autor beim Signieren noch mehr als dem Händler. Der alte polnische Jude aus Frankfurt am Main – es war Liebe, will sagen: Freundschaft auf den ersten Blick. Jedes Gespräch so innig, als wären wir schon seit eh und je ein Herz und eine Haggada. Uns verband zudem, dass Arno genau dort überlebt hatte, wo mein Vater ermordet worden war. Der junge Arno war 1943, nach einer Zeit im Ghetto Bedzin, auf eine Höllenfahrt durch die Konzentrationslager geraten: Auschwitz-Blechhammer, dann, das schlimmste, das »Kleine Lager« in Buchenwald, zuletzt das KZ Langenstein im Harz. Er überlebte diverse Todesmärsche. Am Ende des Krieges entwischte er in einem günstigen Moment der SS-Bewachung und schlug sich seitwärts in einen Wald. Ein Posten schoss hinter ihm her. Arno grübelte später immer wieder darüber nach, ob der SS-Mann ein schlechter Schütze oder ein guter Mensch gewesen ist. Am Ende dieser Odyssee lag Arno bewusstlos im Straßengraben. Panzersoldaten der US Army fanden den KZ-Häftling und schleppten ihn ins Lazarett. Ein US-Offizier stellte einen Soldaten ab, der dafür verantwortlich war, dass kein guter Mensch dem Häftling etwas zu essen gab – denn das wäre der sichere Tod für den ausgemergelten Körper gewesen. Arno wurde langsam hochgepäppelt, er überlebte auch das. Er wurde Dolmetscher der US Army und war stolz darauf, dass er nun einen Revolver am breiten Gürtel trug. Am Tag, als er US-Soldat wurde, fiel ihm ein, dass er Geburtstag hatte. Es war der 7. Mai 1945. Er war einundzwanzig Jahre alt.

Arno und ich wurden Mischpoche, und zwar auf meschuggene Weise. Eines Tages sagte er mit schlichtem Pathos: »Ach Wolf, ich habe dort überlebt, wo dein Vater starb. Also will ich von jetzt ab dein Vater sein.« Ich grinste blöd und sagte: »Mensch Arno, du bist doch viel zu jung, du bist im Grunde immer noch zwanzig, viel jünger als ich! Du bist ewig ein übermütiger Kerl, der jede Frau mit einem Blick abschätzt.« Aber dann merkte ich, dass ich ihm mit meinem Witzchen in die Seele spuckte. Also korrigierte ich raffiniert: »Ok, ok! Du bist also von jetzt ab mein Vater, danke! Aber, lieber Freund, nur unter einer Bedingung: Ich bin von nun an dein Großvater!« So hatten wir beide was zu lachen. Und immer, wenn Arno bei uns in Hamburg anrief, um zu fragen, wie es denn seinem »Jingele Wolf« gehe, sagte dieser freche jungsche Kerl, um mit meiner Pamela zu sprechen: »So, Wolf. Und jetzt gib mir mal meine Oma ans Telefon!«

Seitdem ich Pamela kennengelernt hatte, lebte ich nicht mehr im zweiwöchigen Wechsel Paris-Hamburg. Aber wir waren trotzdem noch oft in Paris. Ausgerechnet der zynische Philosoph Emil Cioran war ein enger Freund von Manès Sperber. Ihn traf ich im September '89, ein paar Jahre nach Sperbers Tod, bei dessen Witwe Jenka. Auch mit Cioran stritt ich über Hoffnung, eine Kategorie, die für einen waschechten Nietzscheaner ein Brechmittel ist. Nach unserem Disput schrieb ich mein Lied »Melancholie« und widmete es aus List und Tücke dem scharfsinnigen Skeptiker. Unter den Augen der schönen Jenka sang ich es ihm vor: »Wer Hoffnung predigt, tja, der lügt / Doch wer die Hoffnung tötet, ist ein Schweinehund ...« Der alte Cioran grinste mit hegelschem Humor und murmelte: »C'est vrai, salaud!« Und kurz vor seinem Tod schrieb er mir eine Karte mit einer Zeile, die meinem Herzen schmeichelte: »Diejenigen, die das Glück haben, an Melancholie zu leiden, sind Komplizen für immer.«

Melancholie

weil ich kein land mehr seh in keinem land
auf all dem industriemist kräht kein hahn
die menschlein taumeln über jeden rand
zu arm, zu reich, zu klein im größenwahn
weil wünsche wuchern wie ein krebsgeschwür
bin ich ein nimmerfroher nimmersatt
weil todesangst sich spreizt als lebensgier
weil grenzenlose freiheit grenzen hat
und weil ich meinen feinden nie nichts verzieh
und weil ich selber seh und doch nichts schnalle
    melancholie
        melancholie im herzen
            die schwarze galle

weil feigheit vor dem wahren freund mich lähmt
weil kühnheit vor dem falschen feind mich foppt
weil man mit tränen kein' tyrannen zähmt
und weil kein lied die amokläufer stoppt
weil ich am ruhm vorn an der rampe roch
und leckte mich so durstig an dem salz
weil zweifel mir in die gewissheit kroch
und habe schulden schuldlos auf dem hals

weil ich widerstand und ging doch in die knie
und krieg kein seelengeld mehr auf die kralle
    melancholie
        melancholie im herzen
            die schwarze galle

wer hoffnung predigt, tja, der lügt. doch wer
die hoffnung tötet, ist ein schweinehund
und ich mach beides und schrei: bitte sehr
nehmt was ihr braucht – zu viel ist ungesund!
weil grundlos alles hoffen ist, genau
wie auch die liebe keine gründe braucht
und weil ich träume in die pfanne hau
weil nur von ketzerei der schornstein raucht
und weil'n ketzer brennt und leuchtet hell wie nie
und herrlich aufersteht in jedem falle
    melancholie …

weil ich nach meinem ebenbild mein kind
nur formen kann, wie Gott: zu dumm, zu schwach
und weil's doch eigne wege findet: blind
läuft es der herde ins verderben nach
die enkel fechtens besser aus! – wer's glaubt
hat seinen seelenfrieden und 'n knall
weil friedhofsruh mir alle ruhe raubt
weil ich so hundemüde bin von all
dieser menschheitsretterei und schlaf doch nie
weil ich 'ne dürre hab und wollte 'ne dralle
    melancholie …

mein lieb, wenn ich mit dir bin, und es trifft
sich gut, weil wir einander meinen, wenn ich
dich zottel in die himmel, wenn das gift
wegschwemmt im fluss der seligkeit, wenn sich
in milch und honig wandeln blut und hass
wenn uns ein freund braucht, und wir können dem
ein bett beziehn und trinken auch'n glas
und macht ein friede uns den krieg bequem

dann passiert es, dass ich ihr für kurz entflieh
ja, weil ich immer wieder steh und falle
    melancholie
        melancholie im herzen
            die schwarze galle

Mein dialektisch zerrissenes Herz schlug in mir im irrwitzigen Siebenachteltakt, eine Mischung aus Verzweiflung und Hoffnung. Dieses elend lange Lied über ein ewiges Elend war der Beweis – ich hatte mich in all den Jahren müde gekämpft. Und nun wurde auch ich vom launischen Weltgeist aus dem Schlaf der Vernunft gerissen, genauso wie unsere Unterdrücker in der DDR aus ihrem Schlaf der Unvernunft aufgeschreckt wurden.

Nicht Rache, nein Rente

Die verdorbenen Greise. Fall der Mauer. Konzert in Leipzig.

Revolution in der DDR? Nie und nimmer! Ich war genau zweihundert Jahre nach dem Sturm auf die Bastille mir sicher, dass die DDR länger hält als ich. Der westdeutsche Klassenfeind sendete jeden Abend in der »Tagesschau« unerhörte Signale: ein Exodus! Ein Volk machte sich auf die Socken! Der Zusammenbruch der DDR-Diktatur begann mit einer unerwarteten Massenflucht über Ungarn und die ČSSR. Achtzigtausend DDR-Bürger flohen im August und September '89 plötzlich über den Süden in den Westen – im Trabi, im Wartburg, mit Kind und Kegel Richtung Österreich. In das Koordinatensystem meiner ermatteten Phantasie passte das nicht. Ich empfand es wie eine Schmach, dass all diese Unzufriedenen aus dem Freiheitskrieg gegen die Diktatur sich davonmachten.

Dabei war mir klar, dass diese Menschen nicht wie die Affenhorde den Bananen hinterherlaufen. Dieser Meinung war leider mein Freund Heym, der all die Jahre jeden Tag mit seinem Reisepass nach West-Berlin hatte fahren können, um im KaDeWe Bananen und Apfelsinen für seinen Enkel und für sich den *Spiegel* einzukaufen. Nein, diese Abhauer jieperten nicht nach Fressen, sondern nach Freiheit. Wer verlässt schon seine Heimat, um statt fette Bockwurst lieber mageres Rumpsteak zu essen? Die Flüchtlinge wollten eine Speise, die die Westdeutschen schon nicht mehr auf dem Wunschzettel hatten: das wohlschmeckende Brot der Demokratie. Tausende flüchteten sich in die bundesdeutschen Botschaften in Prag, Budapest und Warschau. Und der Druck im DDR-Kessel stieg.

Am 9. September gründeten Katja Havemann und Bärbel Bohley zusammen mit dem Molekularbiologen Jens Reich und fast dreißig anderen Freunden in Grünheide am idyllischen Möllensee das NEUE FORUM. Am 10. September veröffentlichte die Gruppe den Aufruf: »Die Zeit ist reif – Aufbruch '89«. Sie forderten von den Stacheldraht-Kommunisten einen demokratischen Dialog und Reformen. Mir ging das Herz auf! Meine junge alte Freundin Katja! Roberts Frau, die Erzieherin Katja Havemann, macht Weltgeschichte am Ende der Welt in Grünheide, eine Revolte im Erziehungsknast DDR! Natürlich wurde das NEUE FORUM von der staatlichen Nachrichtenagentur ADN flugs als »verfassungs- und staatsfeindlich« gebrandmarkt. Armeegeneral Dickel, der Innenminister, zeterte: »Konterrevolution!« Aber bis Ende September hatten bereits dreitausend Menschen den Aufruf des NEUEN FORUMS unterschrieben. Die Lawine war nicht mehr zu stoppen.

Auf dem Kalender rot gedruckt stand mal wieder ein 7. Oktober, diesmal ein runder: der 40. Jahrestag der DDR. Ein Staatsbesuch des Großen Bruders wurde in Ost-Berlin zelebriert: Gorbatschow. Würde er zum Großen Bruderküssen kommen oder als Reformator? Was würde er wem sagen? Was wem schweigen? In Ost-Berlin prügelten Volkspolizei und MfS panisch auf die Demonstranten ein, die »Gorbi hilf uns!« brüllten und »Pe-re-stroi-ka!« skandierten. Die brutalen Massenverhaftungen wurden von den Aktivisten der Bürgerrechtsbewegung dokumentiert. Wir hörten von Demonstrationen in Leipzig, in Dresden, in Plauen. Von all den anderen Demonstrationen in über fünfzig DDR-Städten drangen kaum Nachrichten zu uns in den Westen.

Allen Auslandskorrespondenten der westlichen Sender waren Reisen nach Leipzig und in andere DDR-Städte untersagt worden. Es sollte keine Medienberichte geben – ohne Fernsehbilder wird sogar eine Sensation nicht mal zur Nachricht. Roland Jahn, inzwischen als investigativer Journalist für den SFB tätig, hatte zwei Freunden in Ost-Berlin, Aram Radomski und Siegbert Schefke, eine professionelle Kamera und Filmkassetten in den Osten schmuggeln lassen. Die beiden hatten schon wichtige Bilder zur Umweltverschmutzung und zum Städteverfall in der DDR geliefert, nun wollten sie heimlich die Demo in Leipzig filmen. Da vor ihrer Haustür in Ost-Berlin aber die Genossen der Stasi lauerten, verließen sie ihre Wohnung halsbrecherisch über die Dächer, wie in einem Realo-Krimi. Sie wechselten mehrfach das Auto. So hängten sie Mielkes Fährten-Schnüffelhunde ab und rasten mit ihrer digitalen Waffe gen Süden. Sie überholten mehrere Militärkonvois auf dem Weg zu einer neuen Völkerschlacht in Leipzig. Dort kletterten sie hoch auf einen Kirchturm und filmten die ganze gewaltige Demonstration von oben.

Die Parolen »Auf die Straße!«, »Wir sind das Volk!« und »Keine Gewalt!« sollten nicht die Demonstranten besänftigen, sondern die bewaffneten Organe in Zivil und in Uniform. Als an diesem Montag, dem 9. Oktober, in Leipzig siebzigtausend Menschen zusammenkamen, zitterte die Stadt vor der »chinesischen Lösung«. Und diese Angst war begründet. Honeckers Kronprinz Egon Krenz hatte grad erst im Juni die Führung der KP Chinas zu dem Massenmord an Demonstranten auf dem Platz des Himmlischen Friedens in Peking beglückwünscht. Seine Geste war eine gezielte Drohung gegen die aufsässigen Landeskinder der DDR. Aus diesem Grunde waren am 9. Oktober kaum Kinder auf der Straße und nur wenige alte Leute. Die Leipziger spürten es: Achttausend Polizisten, motorisierte Hundertschaften der Kampfgruppen, auch NVA-Soldaten standen für den Krieg gegen das eigene Volk bereit. In den Krankenhäusern wurde ein großer Vorrat von Blutkonserven bereitgehalten. Alle Ärzte und Krankenschwestern waren zwangsverpflichtet zum permanenten Notdienst.

Warum es nicht zum Massaker kam? Etwa aus moralischen Gründen? Denkste! Ein Lokalhistoriker aus dem Leipziger Zeitgeschichtlichen Forum hat mir diese Frage so beantwortet: Jede Wurstmaschine hat nur eine begrenzte Kapazität, sonst verstopft sie. Es waren einfach zu viele Menschen auf der Straße! Für zwanzigtausend Demonstranten hätte die Menschenfleischmaschine gereicht, aber für über siebzigtausend hätten die Russen einrücken müssen mit ihren Panzern. Die Nachricht, dass die Konfrontation auf dem Leipziger Ring friedlich blieb, war wie ein Wunder. Die Filmkassette mit den Aufnahmen der Leipziger Demo wurde zurück in den Westen geschmuggelt. Roland ließ sie in der »Tagesschau« veröffentlichen, die Bilder gingen prompt um die Welt. Aber die allerwichtigste Wirkung hatte dieser Dokumentarfilm in der DDR selbst, denn nur im Westfernsehen konnten die DDR-Bürger erfahren, was bei ihnen zu Hause los war.

Nun überschlugen sich die Ereignisse. Am 17. Oktober wurde Honecker »aus Gesundheitsgründen« zum Rücktritt gezwungen. So wurde der Genosse Totalfürst totalitär in die Tonne getreten. Als ich die Nachricht hörte, überlegte ich allen Ernstes, ob ich mit dieser frohen Botschaft meine hochschwangere Pamela aus dem Mittagsschlaf reißen sollte. Nein, lieber nicht! Nicht wegen solch einer welterschütternden Nichtigkeit! Und der Trottel vom Dienst im Politbüro, Egon Krenz, als Nachfolger … Es geht also erst mal mächtig vorwärts zurück, dachte ich. Ausgerechnet Krenz, das ewig lachende Gebiss! Ich ließ meine kleine Weltkugel lieber schlafen, setzte mich hin, verfasste ein Spottlied und faxte es gleich an die Redaktion der *Zeit*, die es veröffentlichte.

Ballade von den verdorbenen Greisen

Hey Krenz, du fröhlicher kalter Krieger
Ich glaube dir nichts, kein einziges Wort
Du hast ja die Panzer in Peking bejubelt
Ich sah dein Gebiss beim Massenmord
Dein falsches Lachen, aus dir macht Fritz Cremer
Ein Monument für die Heuchelei
Du bist unsre Stasi-Metastase
Am kranken Körper der Staatspartei
    Wir wollen dich nicht ins Verderben stürzen
      du bist schon verdorben genug
    Nicht Rache, nein, Rente!
      im Wandlitzer Ghetto
        und Friede deinem letzten Atemzug

Hey Mielke, du warst ein Spanienkämpfer?
Ich glaube dir nichts, du warst privilegiert
Wir wissen, du hast die Trotzkisten und andre
Genossen feig hinter der Front liquidiert
Jetzt übst du mit uns diese blutigen Spiele
Pogrome zum Vierzigsten Jahrestag
Im Prenzlauer Berg, in Leipzig und Dresden
Nichts wird dir vergessen, kein einziger Schlag
    Wir wollen dich nicht ins Verderben stürzen…

Hey, Schnitzler, du elender Sudel-Ede
Sogar, wenn du sagst, die Erde ist rund
Dann weiß jedes Kind: Unsre Erde ist eckig
Du bist ein gekaufter verkommener Hund
Und wirst du bald in der Erde liegen
In dich gehn nicht mal die Würmer rein
»Der muss jetzt im Grab noch die Würmer belügen«
Wird stehen auf deinem Marmorstein
        Wir wollen dich nicht ins Verderben stürzen…

Hey Honney, du gingst aus Gesundheitsgründen?
Ich glaube dir nichts und auch nicht dies
Die schlimmste Krankheit hattest du immer:
Die stalinistische Syphilis
Ich hab dich verachtet und hab dich gefürchtet
Und trotzdem bleibt da ein Rest von Respekt
Es haben dich die verfluchten Faschisten
Elf Jahre in Brandenburg eingesteckt
        Wir wollen dich nicht ins Verderben stürzen
          du bist schon verdorben genug
        Nicht Rache, nein, Rente!
          im Wandlitzer Ghetto
            und Friede deinem letzten Atemzug

Mein Sohn Manuel gehörte zu der Berliner-Ensemble-Gruppe des Neuen Forums und zu den Organisatoren der geplanten Demo am 4. November auf dem Alex. Alle Theater hatten beschlossen, ihre Räume für öffentliche Diskussionen zur Verfügung zu stellen. Als in einer Versammlung im Deutschen Theater geklagt und geschimpft wurde über die brutalen MfS-Prügeleien und Massenverhaftungen von Demonstranten am 40. Jahrestag der DDR, das erzählte mir Manu, machte der junge, kecke Rechtsanwalt Gysi den Vorschlag, solche Demonstrationen doch einfach mal ordentlich vorher bei der Polizei anzumelden – so, wie es ja auch im Westen üblich sei. Das leuchtete ein. Je zwei Vertreter vom Berliner Ensemble, von der Volksbühne, vom Deutschen Theater, von der Staatsoper, der Komischen Oper, sogar vom Kabarett Die Distel, von Radio DDR und vom Fernsehen der DDR gründeten eine

Kommission. Sie meldeten nach vielem Hin und Her und Zurück die Demonstration in aller Form an. Und siehe da: genehmigt!

Nun wurde eine Rednerliste diskutiert und vereinbart. Der Kommunist Walter Janka, Spanienkämpfer, geschasster Verleger des Aufbau-Verlages, der 1957, wie auch Wolfgang Harich, wegen »konterrevolutionärer Verschwörung« zu einer langen Haftstrafe verurteilt worden war, der sollte sprechen. Christa Wolf setzte sich dafür ein, dass auch Ex-MfS-General Markus Wolf spricht. Das Kalkül: Der Namensvetter sollte als Beruhigungstablette und als Stoßdämpfer wirken, damit die Stasi in dieser prekären Situation nicht die Nerven verliert und womöglich auf eigene Faust zu den Waffen greift, um eine befürchtete Konterrevolution niederzukämpfen. Aber Janka wollte nicht mit dem Stasigeneral auf einer Bühne stehen. Also stieg er wütend wieder aus. Nach neueren Recherchen des Zeithistorikers Ilko-Sascha Kowalczuk war es ein Coup von Krenz und Mielke, den Organisatoren der Demonstration Markus Wolf als Redner aufs Auge zu drücken.

Von all diesen Kämpfen und Krämpfen hinter der Bühne hatte ich keine Ahnung. Der Deutschlandfunk in Köln hatte sich ein technisches Ost-West-Kunststück ausgedacht. Er schaltete am 24. Oktober Bärbel Bohley in Ost-Berlin und mich in Hamburg per Telefon zusammen und sendete das Gespräch live. Die Freundin lud mich übermütig zur angesetzten Demo auf dem Alexanderplatz ein, als hätte sie darüber zu bestimmen. Und meine Reaktion, halb naiv: »Ok! Ich komme!« Am frühen Morgen des 4. November flog ich in einer kleinen Propellermaschine der Pan Am über die DDR nach West-Berlin. Der Blick aus dem Fensterchen, die vertraute Berliner Mauer von oben, die endlose Betonröhre wie ein mörderischer Strich durch die Stadt. Der glattgeharkte Todesstreifen, die Piste für Patrouillen. Die Linie markierte modellhaft, wo Ost ist und wo West.

Am Tempelhofer Flughafen, gleich gegenüber, wohnte Jürgen Fuchs. Frühstück mit Lilo und Jürgen, mit der großen Lili und der kleinen Jenka. Wenig Worte. Die Stulle schmeckte nach Futter, der gute Kaffee schmeckte mir nach Plörre. Würden sie mich reinlassen? Angespannt hockten wir in der engen Küche. Um zehn Uhr sollten die Demonstranten auf der genehmigten Route zum Alexanderplatz laufen. Dort sollten die Reden um zwölf Uhr beginnen.

Als Bühne diente ein großer Anhänger für Kulissen, der dem Berliner Ensemble gehörte.

Für 2,70 DM kaufte ich ein U-Bahn-Ticket zum Bahnhof Friedrichstraße hin und zurück. Jürgen wollte lieber nicht. Begleiten sollte mich zur Sicherheit unser Freund Ralf Hirsch, ein Oppositioneller, der 1988 aus der DDR ausgebürgert worden war. Die U-Bahn brachte uns schnell in den Osten. Als ob die Zeit stehengeblieben war: Es stank im Bahnhof immer noch nach parfümiertem Elend, nach Kaltem Krieg in dem gekachelten Labyrinth des Grenzübergangs. Die Tagesschein-Besucher aus dem Westen warteten in Schlangen vor den vielleicht zehn Pass-Kontrollschleusen. Ich machte auf cool, aber mein Herz zitterte. Geflüsterte Witzworte zwischen den Wartenden: »Hallo, Herr Biermann!« – »Hallo, wie geht's?« – »Alle Geräte arbeiten normal, hahaha!« – verlegene kleine Sprüche.

Nun waren Ralf und ich dran. Wir standen vor einem Offizier mit drei Erbsen aus Silber auf den Schultern, der hinter einer Glasscheibe in einem Kabuff saß. Wir schoben ihm unsere Pässe durch. Warten. Eine Hippe in Zivil mit Zigarette im Hals, sie stand hinter einer Barriere, blies den Rauch gemischt mit Worten ins Dunkle hinter einem Vorhang. Telefonanruf. Und weiter warten. Wortfetzen flatterten zwischen den Westmenschen. Einer balinerte: »Eh! Biermann! … Beeil dir! Olle Krenz wartet schon!« Alle waren angespannt, keiner lachte über diesen Witz.

Ein Offizier trat auf uns zu. »Bitte folgen Sie mir!« Er nahm unsere beiden Pässe, marschierte schnurstracks zurück durch die Wartenden, und alle machten Platz wie in einer arrangierten Szene auf dem Theater. Er sprach, wie vor dem Abgang in die Kulissen, seinen vorgeschriebenen Komparsen-Satz: »Herr Biermann, Ihre Einreise in die Deutsche Demokratische Republik ist nicht gestattet«, und reichte mir den grünen Bundespass. Hirsch gab er den kleineren, den weinroten Europapass zurück: »Das Gleiche gilt für Sie!«

Das war's also: Bis hierher und nicht weiter. Kein Lied auf dem Alex, keine Worte, kein Wiedersehn mit manchem Freund, mit manchem Feind. Aber weil ich in der Aufregung das letzte Wort haben wollte, sagte ich: »Halt! Einspruch! Wir sehen uns bestimmt bald wieder, und dann haben Sie noch mal die Chance!« Der Offizier fiel aus seiner Rolle. Er improvisierte: »Ich? Eine Chance?« Er riss uns die Pässe wieder aus der Hand und verschwand. Nach ein paar Minuten kam ein Glatzkopf mit Gold auf den Schultern. Seine Hand zitterte leicht, als er uns die Pässe zurückgab. Und auch dieser größere Kleindarsteller rappelte seinen Text runter: »Herr Biermann, es bleibt bei der Entscheidung.«

Ralf und ich liefen zurück, runter zur West-U-Bahn. An der Treppe warteten schon einige Journalisten. Paar flotte Sprüche in die Mikrophone. Biermann und Hirsch im Blitzgewitter der Presse. Aber auf dem Bahnsteig der U-Bahn schossen mir doch paar Tränen in die Augen. Ich krümmte mich weg und wischte sie mir schnell mit dem Handrücken aus'm Gesicht.

Wir fuhren schweigend zurück zu Jürgen und Lilo, durch tote Stationen zum Tempelhofer Damm. Im vertrauten Fuchsbau sammelten wir uns, Roland Jahn kam dazu. Jürgen erzählte, dass die Ost-Berliner Theaterleute Bärbel Bohleys Vorschlag abgelehnt hatten, den Biermann einzuladen. Ein Bühnenbildner hatte Bärbel erklärt: »Wenn wir Biermann einladen, wird es unkontrollierbar! Der Biermann ist rein auf Konfrontation ausgerichtet!« Außerdem habe Biermann Einreiseverbot, der käme ja sowieso nicht rein. Und überhaupt! Dieser Biermann passe nicht in die vorgesehene Rednerliste, nicht in die politische Landschaft. Man suche den konstruktiven Dialog. Es sollten neben der Opposition schließlich auch Vertreter der Staatsmacht auftreten.

In diesen Tagen begann der Kampf um die entscheidende Frage, ob es in der DDR eine »Wende« geben würde à la Krenz, Christa Wolf, Markus Wolf, Heiner Müller, Günter Schabowski und Gregor Gysi oder aber eine friedliche Revolution. Kleine Freiheiten in der reformierten Diktatur oder Revolution? Die DDR-Schriftsteller, die genau dreizehn Jahre vorher in Ost-Berlin gegen die Biermann-Ausbürgerung protestiert hatten, waren genauso überrumpelt wie die verdorbenen Greise im Wandlitzer Ghetto. Einige von ihnen verfassten Ende November den Aufruf »Für unser Land«. Sie forderten, auf der Eigenständigkeit der DDR zu bestehen und eine demokratisch-sozialistische Alternative zur Bundesrepublik zu entwickeln. Über eine Million Bürger unterschrieben diesen Aufruf. Fast hätte auch ich im Rausch des Phantomschmerzes meine Unterschrift unter diesen reaktionären Seufzer gesetzt. Aber Egon

Krenz brachte mich schnell zur Besinnung, denn ausgerechnet er unterschrieb diesen Aufruf. Was hieß »unser Land«? Die DDR war nie »unser« Land, sie war von Anfang an das Eigentum unserer stalinistischen Verderber. Und die Mehrheit des Volkes wusste es besser und hatte andere Pläne.

Wir Ausgebürgerten verfolgten bei Jürgen Fuchs an der Glotze die Direktübertragung vom Alex. Wir trauten unseren Augen kaum. Eine Million? Eine halbe? Oder nur eine Viertelmillion? Jedenfalls ein ganzes Volk! Menschen, Menschen, Menschen. Viele Plakate, alles Einzelanfertigungen. Und keine einzige Fahne! Wir entzifferten die Losungen wie die Zeilen eines wunderbar neuen Kollektivgedichtes, ungereimtes und gereimtes Zeug, originale Volkspoesie: »Freie Presse für freie Menschen!« – »Mit welchem Recht macht uns die SED zum Knecht?« – »Freie Wahlen!!!« – »Die Karre steckt zu tief im Dreck – die alten Kutscher müssen weg!« – »Privilegien weg!« – »Wir sind das Volk!« – »ENT-STALINisieren – sofort!« – »Keine Gewalt!« – »Wir bleiben HIER!«

Eine Karikatur stach hervor: Egon Krenz bleckt als böser Wolf vor dem Rotkäppchen sein Gebiss: »Großmutter, warum hast du so große Zähne?« Und weil die Parteiführer der SED die Revolution mit einer Wende abwenden wollten, eine fast schon brechtsche Zeile: »Lasst euch nicht ver-wenden!«

Es traten Christa Wolf auf und Christoph Hein. Der weißhaarige Stefan Heym, der sich plötzlich einen »Nestor der Revolution« nennen ließ. Warum erwähnte er nicht wenigstens einmal seinen toten Freund Robert Havemann? Warum nicht einen von uns Verjagten im Westen? Kein Wort der Solidarität mit Erich Loest oder Karl-Heinz Jakobs. Keine Helga Novak, keine Sarah Kirsch, kein Jürgen Fuchs, kein Günter Kunert, kein Biermann, kein Jurek Becker, weder Monika Maron noch Reiner Kunze oder Hans Joachim Schädlich. Warum diese Aus-Krenzung?, dachte ich.

Der smarte Rechtsanwalt Gysi versuchte sich als juristelnder Moderator zwischen Volk und Partei. Der menschenfeindliche Schöngeist und Ex-Stasigeneral Markus Wolf posierte im Zivilkostüm und outete sich als Sympathisant von Gorbatschow. Aber es nützte ihm nichts, er wurde genauso fröhlich ausgepfiffen und böse ausgebuht wie das Mitglied des Politbüros Günter Schabowski.

Meinen alten Freund vom BE, Ekkehard Schall, sah ich mit einem großartig geschauspielerten Loblied auf Brechts Arbeiterklasse. Heiner Müller mit einem enigmatischen Sozialpamphlet über das Proletariat der DDR, das nun womöglich enteignet wird, nachdem es längst enteignet worden war. Die Fernsehbilder sahen aus wie eine Revolution, aber ohne alle Gewalt. Wir Deutschen hatten immer mal wieder in unserer Geschichte Revolutionäre ohne Revolution. Jetzt hatten wir eine Revolution ohne Revolutionäre. Die selbstgemalten Losungen und satirischen Bilder. Es war gewiss kein Zufall, dass nur Jens Reich vom Neuen Forum sagte: »Und ein letztes freundliches Wort: Vielleicht können wir bei einer anderen Veranstaltung Erich Loest oder Wolf Biermann dabeihaben.« Eine junge Frau gefiel mir – was sie da ins Mikrophon redete und wie sie aussah: Marianne Birthler. Sie forderte ohne Rumrederei die Rehabilitierung und Entschädigung aller politischen Gefangenen.

Das waren also jetzt die neuen Helden! Und ich kannte nur fünf von den sechsundzwanzig Rednern. Ich gehörte nicht mehr dazu. Wie schade! Wie schön! Ich saß am Bildschirm, ich rieb mir die Augen und merkte: Es wird! Ja, es ist schon geworden! Mir lachte das Herz. Aber es gab mir einen Stich. Denn das ist das alte Elend des Exilierten: Er hofft, dass es zu Haus besser wird – aber wenn's dann endlich besser wird, hat er selbst keinen Anteil am Sieg gegen die alten Unterdrücker.

Wir gafften Weltgeschichte im Fernsehn wie Zaungäste – keine sieben Kilometer Luftlinie von uns entfernt, aber immer noch mit einem Todesstreifen dazwischen. Unser eigenes Historiendrama wurde da gespielt, wir aber saßen im Zimmer wie Komparsen. Als die Alex-Inszenierung vorbei war, hockten wir bei Tee vor der ausgeschalteten Glotze und glotzten uns selber an. Irgendwer schimpfte auf Christa Wolf, erzählte, dass sie brüderschwesterlich mit dem Stasigeneral nicht nur zufällig den Nachnamen gemein hat. Ich verteidigte sie, erzählte von ihrem Besuch bei mir in Paris auf dem Butte aux Cailles. Christa Wolf war nie eine Freiheitsgöttin. Aber sie zwang sich immer mal wieder zu einer Tapferkeit, der ihr Herz gar nicht gewachsen war.

Vielleicht hatte ich grade deshalb plötzlich den Wunsch, die Cousine der Kassandra anzurufen und ihr einen Kuss in die Seele zu geben. Und wollte bisschen jammern, dass ich es nicht auf den

Alex geschafft hatte. So rief ich bei ihr an. Am Telefon ihr Mann. Ich sagte: »Wir haben hier alles im Fernsehn verfolgt. Ich hätte so gern auf'm Alex für euch ein Lied gesungen!« Aber Gerhard Wolf kanzelte mich kalt ab: »Du schimpfst nur, Biermann! In deinem neuen Lied schimpfst du auf Egon Krenz wie ein Rohrspatz! Selber schuld! Als ob du es drauf anlegst, dass unsre dich nicht reinlassen! Du bist immer noch in der Pubertät!« Er hielt mir also meine neueste Ballade über die verdorbenen Greise vor. Mit diesem Lied war ich einigen – wie immer – mal wieder nicht zu weit gegangen, sondern zu weit zu weit.

Ich schoss zurück: »Mein Lieber! Mach mir nicht den Großvater! Und salbadere nicht wie ein Parteisekretär mit mir! Sehr bald treffen wir uns … in der Mitte!« Nun redete Gerhard schon verbindlicher im Ton: »Du darfst sicher auch bald mal bei uns singen … Ich habe grad heute mit Bärbel Bohley darüber gesprochen.« Ich war zu aufgeregt, zu wütend, zu bitter, zu traurig. Diese Beruhigungstablette wollte ich nicht schlucken. »Wie du mit mir redest, von wegen du darfst singen! Darfst …, du darfst … und dieses ›dass *unsre … unsre!!* dich nicht reinlassen‹! Deine ›Unsren‹ sind nicht meine ›Unsren‹!«, wetterte ich. Ich hatte nicht mehr die Kraft, ich fragte nicht mehr nach der Gattin. Ich legte auf und dachte: All diese Schriftsteller und Schraftstuller und Schruftstaller. Jetzt kommt es so, wie ich es schon in Paris ahnte: Das Exil fängt richtig erst an, wenn es zu Ende ist. Dann erst kapiert auch das Herz: Wir gehören nicht mehr zusammen.

***

Im DDR-Kalender stand rot markiert das richtigfalsche Datum: am 7. November 1989 mal wieder der »Tag der Großen Sozialistischen Oktoberrevolution«. Meine Pamela Rüsche und ich aber hatten was Bessres vor: Nach sieben magischen Jahren, glücklichen Jahren wilder Ehe, machte ich meiner Schönen einen Heiratsantrag. Ich hielt um ihre Hand an, und zwar ohne ironische Mätzchen und ohne Rücksicht auf Meister Brechts lehrreiches Antispießerstück »Die Kleinbürgerhochzeit«. Und ich sang auch nicht mein altes Lied: »Kein Liebespaar wird uns mehr geschasst / Zu lebenslänglichem Eheknast …« Sooo sollte es nun nicht mehr sein! Ich war in meiner zweiten »Hälfte des Lebens« angekommen und nutzte Hölderlins Worterfindung: »Heilignüchtern« bat ich meine Schöne um ihre Hand.

Pamela ist für mich der eine und unverwechselbare Mensch, den ich stets – und oft unstet – gesucht habe. Als junger Mann hatte auch ich Platons »Gastmahl« gelesen. Ich liebte und erzählte in geselligem Kreis gern diese irre Geschichte eines antiken Trinkgelages. Der griechische Philosoph berichtet da vom Wettstreit kluger Männer um die beste Lobrede auf Eros, den Gott der Liebe. Mir gefällt am besten der Komödiendichter Aristophanes – seine Erzählung über die Strafe der griechischen Götter an der gottlosen Menschheit. Sie schnitten die kompletten Menschen in zwei Hälften, die Mannfrauen von oben bis unten in zwei symmetrische Teile. Und das ist seitdem Sinn und Zweck des Lebens: Männer und Frauen können nur dann wieder ein Ganzes werden, wenn jede Hälfte im Gewusel der Menge endlich ihr verlorenes Gegenstück findet – und festhält!

Pamela und ich heirateten in unserem Altonaer Rathaus. Ich hatte den kleinen Lukas auf dem Schoß, Pamela den fast fertigen David im Bauch. Und weil meine Braut kein passendes Brautkleid fand, heiratete sie mich in einem romantischen alten Nachthemd, das grad noch über ihre kleine Weltkugel passte. Benjamin, Marie und Til waren dabei, die ja nun schon ein paar Jahre auch mit mir und Pamela zusammenlebten. Natürlich war meine Mutter der Meinung, dass keine Frau gut genug sein kann für ihren einzigen Sohn. Ganz am Anfang hörte ich sie mal giften. Supersolidarisch palaverte sie von Frau zu Frau mit dem jungen Ding, das ich da angeschleppt hatte: »Ach, Pamela, was willsu mit soon olln Kerl! Also ich … also ich würde mich vor so ein' ekeln!« Tja, aber da war längst nichts mehr zu machen. Gegen die Liebe hilft auch keine böse Schwiegermutter-Zunge. Inzwischen war meine alte Emma besänftigt und freute sich. Meine Schwiegereltern Kurt und Doris mussten mir ja gefallen: Pamelas Vater, ein ehemaliger Tenor, hatte jahrelang an der Hamburgischen Staatsoper gesungen. Ihre Mutter, selbst Tänzerin, betrieb in Hamburg eine Ballettschule und hatte ihre Töchter von klein auf trainiert. Natürlich kamen auch die Trauzeugen – Pamelas Freundin Caro Libotte, mein schwuler Freund Klaus Lieckfeld. Dazu noch paar Freunde, Pamelas Großmütter und Tante Alice. Klaus zauberte bei uns zu Haus einen kleinen Festschmaus – gebackene Seeteufelbäckchen mit Nudel-Risotto und Artischocken. Wir tranken dazu einen Sancerre Sauvignon Blanc von der Loire. Und weil ich bei Gelegenheit den Franzosen markierte, nannte ich es ein Gueuleton, und wir trällerten das hocherotische Chanson »La belle, si tu voulais, nous dormirions ensemble …«.

Am Morgen nach der Hochzeitsnacht, als kulinarischen Höhepunkt dieses familiären Sauf- und Fressgelages, servierte uns die »Tagesschau« ein deutsches Hochzeitsgeschenk: Rücktritt des Politbüros. Na gut, endlich!, dachte ich. Und weil ich ein Zweckpessimist bin: Die Canaillen kriegen bestimmt wieder die Kurve!

Aber dann, am 9. November, fiel die Mauer. Das war schon das, was die Mathematiker eine Unstetigkeitsstelle nennen. Auf Deutsch: einen Break. Nicht alles, aber viel! Ein Anruf. »Wolf!«, rief Pamela die Treppe hoch, »komm schnell, die Mauer …!« Sie hatte schon den Fernseher angestellt. Es brach das Glück über uns Deutsche herein, als wäre es eine glückselige Tollheit des Weltgeistes. Jedes flirrende Bild in der Glotze sah aus wie eine historische Ikone – die Tränen, das Jubelgeschrei der Ost-Berliner im Trabi, die Rotkäppchen-Sektflaschen am Hals der aus der Erziehungsanstalt DDR Entlassenen am Grenzübergang Bornholmer Straße. Ost und West umarmten sich! Die verfluchte Mauer war plötzlich nur noch ein peinlich längliches Nationaldenkmal.

Ich weinte, denn dieses Glück war uns so teuer gekommen. Für zu viele kaputte DDR-Insassen hatte es zu lange gedauert. Da! Eine junge Frau kletterte über die Räuberleiter der verschränkten Hände ihres Mannes auf seine Schultern, wurde von jungen Männern hochgezogen und balancierte nun auch im Gegenlicht der Scheinwerfer oben auf der Betonröhre! Immer noch andere wollten da oben stehn, wurden hochgehievt und hielten sich fest aneinander. Das alles waren erst mal nur Westler, denn die Ostseite war ja noch bewacht. Die DDR-Grenzsoldaten wie betäubt, hatten noch Scheu, sich zu freuen unter den Augen ihrer Offiziere. Wir verfolgten das Unfassbare. Meine ureigenste Sache wurde da verhandelt, und ich konnte nur gaffen an der Glotze. Pamela und ihre Schwester Claudia köpften sofort eine Flasche Champagner, ich nippte an der teuren Alkbrause und war trunken von den Bildern.

Ohne Mauer war die kranke DDR nicht überlebensfähig. Es dämmerte mir, dass grade die Abhauer, die die Hölle des Arbeiter- und Bauern-Paradieses Richtung Ungarn und ČSSR verlassen hatten, Geschichte schrieben. Der Exodus über die Botschaft in Prag hatte die verhasste DDR-Obrigkeit womöglich noch mehr in die Knie gezwungen als all die tapferen Wir-bleiben-hier-Helden auf den Montagsdemonstrationen in Leipzig. Es waren die Davonläufer, die Deserteure, die so tapfer-feige den Kalten Krieg gewannen. Die Öffnung der Mauer war auch ihr Triumph. Im Seglerjargon gesprochen: Ein scharfer, böiger Wind blies dem Politbüro der SED ins Gesicht, deshalb versuchten diese machtbesoffenen Greise mit dem morschen DDR-Großsegler eine Wende.

Aus heutiger Sicht frage ich mich: Warum ließ ich nicht alles stehn und liegen an der Elbe? Warum rasten wir nicht an die Spree, zum ersten Mal nicht mit dem Flieger nach Berlin, sondern mit dem Auto oder mit der Bahn über die Grenzen, zu Fuß auf allen vieren durch laxe Passkontrollen? Ich war zu stolz, zu bitter, zu müde. Ich wollte nicht wie ein geprügelter Hund in die Küche der Weltgeschichte schleichen und dem Koch ein Ei stehlen. Die Ausbürgerung war keine Privatsache. Auch im Namen aller, die ins Exil gejagt oder eingesperrt worden waren, erwartete ich ein offizielles Wort der DDR-Führung, eine Rehabilitation. In dieser Nacht wusste niemand, was morgen sein wird. Auch ohne Mauer war die DDR noch lange ein souveräner Staat mit Polizei, Geheimdienst und Armee. Würden auch alle, die nur mal kurz im Westen ein Freibier in der Freiheit trinken wollten, wieder zurückgelassen werden?

Turbulente Tage folgten Schlag auf Schlag. Am 25. November hörte ich, auch diesmal durchs Radio: »Wolf Biermann darf zurück in die DDR. Die neue SED-Führung will sich mit ihm verständigen.« Und bald darauf: Mein toter Freund Robert Havemann wurde gnädig rehabilitiert. Krenz & Co verziehen ihm ihre Verbrechen. In der Nacht träumte ich von Robert. Er lachte frech in die Kamera und lieferte ein Statement, typisch Robert: »Ich akzeptiere die Wiederaufnahme in die Partei mit großer Freude und Dankbarkeit, weil ich so die Möglichkeit habe, aus freien Stücken endlich auszutreten. Das ist der letzte wirkliche Dienst, den ich der Partei erweisen kann, denn sie sollte in diesem historischen

Moment etwas Vernünftiges tun für sich selbst. Sie sollte sich als verbrecherische Organisation in aller Form auflösen.« – But it was only a dream ...

Am 27. November rief mich Jürgen Fuchs an. Ein Diplomat der bundesdeutschen Vertretung in Ost-Berlin ließ im Auftrag des neuen Kulturministers der DDR vorsorglich anfragen, ob ich einverstanden wäre, wenn er mich besuchen würde – oder ob ich ihn womöglich rausschmeiße. Ich reagierte nicht.

Die Initiative für mein erstes Konzert in der DDR nach fünfundzwanzig Jahren Maulkorb kam von zwei jungen Männern, die in der Leipziger Sektion »Chanson und Liedermacher« organisiert waren. Sie besuchten mich in Hamburg, ich nahm ihre Einladung an. Das NEUE FORUM mietete einfach privat! – als sei dies das Hinterzimmer in einer Dorfkneipe – die größte Ausstellungshalle der Messestadt Leipzig für den 1. Dezember an. Die Organisatoren ließen Karten drucken und verkauften sie sogleich in der ganzen DDR. Doch am 30. November verbot der neu eingesetzte Minister für Kultur Dietmar Keller das Leipziger Konzert. Am Nachmittag vor dem Konzerttag schmiss er die Veranstalter aus seinem Büro und belehrte sie darüber, dass ein Minister der DDR sich nicht erpressen lässt. Er fühlte sich übertölpelt, und er lag damit nicht falsch. Aber er lag eben. Die jungen Leute hatten ihn überrumpelt. Fünftausend Karten waren verkauft, der Leipziger Rundfunk hatte den Termin für das Konzert verbreitet.

Es kam zu einer dramatischen Wendung. Zwei Stunden später, noch am gleichen Nachmittag, eilte derselbe Dr. Keller zur Pressekonferenz, die die Veranstalter im Handumdrehn angesetzt hatten. Der Minister stürmte vor die Pressemeute mit der Erklärung, er habe »auf Wunsch vieler Künstler« die Einreise des Biermann zu dem Konzert in Leipzig nun doch ... gestattet. Und auch das DDR-Fernsehn kam plötzlich auf mich zu. Wir vereinbarten eine Liveübertragung. Die DFF-Aufnahmen sollten, allerdings vorsorglich um eine halbe Stunde verzögert, auch im Westfernsehn ausgestrahlt werden. So startete das erste gesamtdeutsche Fernsehkonzert in diesen bewegten Tagen.

Pamela und ich erhielten ein Dreitagevisum. Ich hatte für meinen Auftritt zur Bedingung gemacht, dass auch Jürgen Fuchs mit einreisen darf. Ich wollte, dass er vor dem Konzert auftritt und ein paar Worte spricht. Jürgen beantragte mit seinem West-Berliner Pass die DDR-Einreise. Der Antrag wurde abgelehnt. Was tun? Stur bleiben? War das politisch klug? Tausende Menschen, die ins Konzert kommen wollten, enttäuschen? Fernsehsender, die ganze Medienmeute ins Leere laufen lassen – nur weil dieser eine Mensch nicht reingelassen wird? War das Poker? War das Erpressung? Ich erklärte noch einmal öffentlich, dass ich nicht einreisen würde ohne Fuchs. Am letzten Novembertag flog ich von Hamburg nach West-Berlin, meine schwangere Pamela wurde von Freunden mit Kind und Kegel im Auto gefahren.

Es war kalt in Deutschland und zugleich das Ende des Kalten Krieges. Am Vormittag des 1. Dezember wurden wir in West-Berlin von den Veranstaltern abgeholt. Wir pickten Fuchs, seine Frau Lilo und Roland Jahn am Tempelhofer Damm auf. Ich saß neben dem Fahrer vorne im VW-Bus, eine romantische Rostlaube mit ostdeutschem Kennzeichen, ausgeliehen von einer DDR-Band. Hinten saßen neben Roland, Lilo und Jürgen Pamela mit dem kleinen Lukas und ihre Schwester Claudia. Und in Pamelas mächtigem Bauch saß unser Sohn David, der genau in diesen Tagen den errechneten Geburtstermin hatte. Ob es richtig und vernünftig und überhaupt zu verantworten war, dass meine hochschwangere Frau mit zum Konzert nach Leipzig fuhr? Für sie war das keine Frage. Auch meine klapprige Mutter Emma war mitgekommen. Was sind schon fünfundachtzig Jahre, wenn die Welt sich endlich wieder dreht! Hinter uns fuhr ein Konvoi von Freunden, darunter Tine und Matthias Storck, der inzwischen Pastor geworden war. Das ahnte von uns an diesem Tag keiner: Wir alle waren in diesem Moment vorsorglich von der DDR-Justiz zur Fahndung ausgeschrieben. Eine Maßnahme, die es den DDR-Organen erlauben sollte, uns im Handstreich zu verhaften, sollte das von ganz oben doch noch plötzlich angeordnet werden.

Schnell durch die Straßen West-Berlins erreichten wir den Grenzkontrollpunkt Invalidenstraße. Alles meins! Mein Kiez vor mir, Berlin-Mitte! Meine Charité! Mein Eckhaus! Mein Deutschland! Mir schlug das Herz im Kopf. Ich zeigte meinen westdeutschen Reisepass vor. Der DDR-Grenzoffizier salutierte, als wäre ich ein vertrauter Reisekader. Nach den Pässen der anderen wurde überhaupt nicht gefragt. So rutschten wir alle rüber, auch Jürgen

Fuchs. Der kleine Konvoi hinter uns – durchgewinkt. Die Grenzordnung in Anarchie! Westliche Fernsehteams mit ihren Kameras waren postiert. Vorbeiwischende Journalistenfragen. Ein Reporter aus der Meute bohrte mir das Mikro ins Gesicht: »Herr Biermann, werden Sie auch in der DDR den Vers singen ›Hey Krenz, du fröhlicher kalter Krieger‹?!« Und ehe ich antworten konnte, hatte sich das Auto schon weitergeschoben. Aber plötzlich leuchtete in der Menge ein vertrautes Menschengesicht. Mein lieber Freund, der große DEFA-Regisseur Frank Beyer. »Spur der Steine«! »Jakob der Lügner«! Der hatte sich alleine aufgemacht und stand nun mit einem kleinen Blumenstrauß als Ein-Mann-Empfangskomitee am Grenzübergang und rief mir im langsamen Vorüberfahren ein paar pathetisch-private Begrüßungsworte zu. Seine Geste wärmte mein beklommenes Herz, nach all den Jahren der Trennung.

Die Fahrt ging, das war verabredet, erst mal ins »gelbe Elend« der Kultur, in das Kulturministerium am Molkenmarkt. Großer Bahnhof, Presse und Mitarbeiter auf der riesigen Freitreppe im Foyer. Nach fünfzehn Jahren betrat ich wieder dieses verhexte Haus, in dem mir Staatssekretär Kurt Löffler das unsittliche Angebot gemacht hatte, ich könne die DDR sofort mit Kind und Kegel verlassen. Nun also alles retour, der Staatsfeind Biermann kommt zurück.

»Herr Biermann«, sagte der neue Minister Keller, »ich möchte mich entschuldigen für alles, was Ihnen von der DDR angetan wurde, und versichere Ihnen, dass sich so etwas nicht wiederholt.« Die Botschaft hörte ich wohl, allein – mir fehlte auch nicht der Glaube. Was hätte dieser wendige Wende-Funktionär auch anderes sagen können? Jürgen überreichte dem Minister eine Liste mit zweiundsiebzig ehemaligen DDR-Bürgern – Schriftsteller, Künstler, Wissenschaftler –, die als politische Häftlinge in den Westen abgeschoben worden waren. Wir forderten auch für sie die sofortige Einreisemöglichkeit.

Dann fuhr unser kleiner Konvoi weiter nach Leipzig. Eine Nebeldecke lag bleiern über dem Land. Die Bäume, die Sträucher waren im klirrenden Frost mit Zuckerwatte überzogen. Wir fuhren auf der Autobahn, die alte Strecke über Schönefeld, um West-Berlin rum. Alte Bilder tauchten wieder auf. Jede Autobahnkurve, sogar einzelne Bäume und allerhand Nichtigkeiten, alles war wie vor zwanzig Jahren, wenn ich genau diese Strecke zu Peter Huchel fuhr. Das einzig Neue waren die noch tieferen Schlaglöcher im Adolf-Hitler-Beton der Autobahn, die Frostaufbrüche auf der Piste. Mir fiel unser trauriger Witz von damals ein: »Warum sind die Autobahnen in der DDR so kaputt? – Na, weil die verfluchten Faschisten seit 1945 nichts mehr dran gemacht haben!«

Unsere Autokolonne überquerte die Elbe auf der ewig kranken Vockeroder Brücke. Am nazigestylten Steinquaderturm rechts der Brückenauffahrt gammelte der absurde Reklamespruch noch immer: »Plaste und Elaste aus Schkopau«. So ratterten wir gen Süden. Ich spürte bei jedem Schlagloch das Baby in Pamelas Bauch und dachte: Auch gut! Dann wird unser zweiter Sohn eben ein kleiner Leipziger, das passt zur deutschen Geschichte, geboren in einer Stadt, die in diesen Tagen von sich reden gemacht hat wie keine andere in der Welt. Als wir kurz vor Leipzig an der Tankstelle Köckern haltmachten, stach uns ein Chemiegestank in die Nase, als wäre neben uns die Firma Sandoz am Rhein in Basel explodiert. Es war der ganz normale Smog vom Chemiekombinat Leuna-Werke Walter Ulbricht. Es herrschte an diesem Tag im Bezirk Leipzig Smogalarm Stufe 3.

Die Messehalle war eine leere Eiskiste. Klirrender Frost, auch drinnen minus fünf Grad. Kein Stuhl, keine Bank für's Publikum. Pamela improvisierte in einem Büroraum eine Garderobe für uns und baute das mitgebrachte Babybett für Lukas auf. Für meine junge Schwangere und die alte Emma fanden und trugen wir Stühle in die Halle. Und was mich besonders freute: Mein neuer Freund Arno Lustiger war mit seiner Erika Banse aus Frankfurt am Main angereist.

Gleich beim Soundcheck – die Tonanlage war von einer Rockband ausgeliehn – wurde mir klar: Das wird nichts! Der Sound ein einziger Töne-Schlamassel. Sechs Sekunden Hall. Töne wie Billardbälle von Bande zu Bande. Ein Wort zerschredderte das andere. Diese hallige Halle wurde normalerweise genutzt für Ausstellungen von Flugzeugen, Lastwagen, Bussen, Industrieanlagen, Baumaschinen und anderen technischen Dinosauriern. Auf der improvisierten Bühne hingen die Scheinwerfer so nah über meinem Kopf wie zum Eierbraten auf der Glatze. Fünftausend Menschen waren zugelassen und hatten Karten gekauft, und viele drängten sich ohne Karte rein. Ich war noch aufgeregter als dreizehn Jahre zuvor beim Kölner Konzert. Dann war es so weit. Wir gingen auf die Bühne, und Jürgen Fuchs hielt seine Eröffnungsrede:

> Wolf Biermann singt in Leipzig! Wie lange haben wir auf diesen Tag gewartet! Seit '65 verboten, '76 ausgebürgert, jetzt haben wir 1989: Es ist sein erster großer Auftritt in der DDR. Der Bann ist gebrochen. Der Stalinismus hat nicht gewonnen. Eine demokratische Revolution hat begonnen in Warschau, Moskau, Budapest, Leipzig und Prag. Es gab Verbote, Demütigungen, Haft, Rausschmisse.
> Wir Schriftsteller mussten vor allem das freie Wort retten. Heute, in diesem Augenblick, fordern wir: Aufhebung der Zensur, Arbeitsmöglichkeiten für alle Künstler, auch für die ausgebürgerten. Für alle! Es darf kein Sortieren mehr geben … Über vieles müssen wir lange diskutieren, über Täter und Opfer, über Schuld und Teilung. Jetzt können wir es. Wir sind wieder da: Die Grenze ist auf. Die schlimmen Jahre der Ein- und Ausgrenzung sind vorbei. Nun atmen wir wieder.
> Und noch dieser Satz, er ist von einem sowjetischen Schriftsteller, der lange verboten war: »Die Wahrheit ist milde.« Sie ist gewaltfrei, sie ist radikal, aber auch fähig zum Kompromiss. Und zum Verzeihen. Gerechtigkeit und Verzeihen sind allerdings nicht möglich vor oder außerhalb der Wahrheit. …
> Wie sehr hätten sie es sich gewünscht, diesen Tag, diese Situation jetzt hier mitzuerleben: Robert Havemann, Heinz Brandt, Manès Sperber, Ernst Bloch … Es gibt die authentische Linke, die deutsche Opposition, die sich nicht korrumpieren ließ … Die Hausarrest erlebte, Publikationsverbot, Rufmord. An sie muss ich denken. An ihr gutes Wort vom menschlichen, vom demokratischen Sozialismus, von der »humanen Orientierung«, die sich doch durchsetzen wird. Was für bittere Jahre. Und wie groß die Chance, die wir haben.

Dann sang ich. Mein Programm hatte ich mir genau überlegt. Meine brandneue »Ballade von den verdorbenen Greisen« war ein Schock. Auch für mich. Das Publikum in der Halle zitterte dreifach – vor Freude, vor Furcht und vor Kälte. Solch überbordende Wellen der Begeisterung und Angst zugleich hatte ich noch nirgendwo erlebt. Ja, Angst hatten diese Leipziger natürlich. Aber die Angst hatte nicht mehr sie. Honeckers Kreatur Krenz und mit ihm die Wandlitzer Winzclique klammerten sich an die Macht. Die Machtmenschen im Politbüro waren offensichtlich durch'n Wind – verlassen nicht nur von allen guten Geistern, sondern noch schlimmer: von Gorbatschow. Aber die bewaffneten Organe – das MfS, die Nationale Volksarmee – waren noch voll einsatzbereit. Nach jeder dritten, vierten Zeile des Liedes brachen ein böses Gelächter und übertriebenes Klatschen los. Als ob sie, die sich zu lange gekrümmt hatten, sich nun krümmten vor Lachen. Sie lachten über die Unterdrücker, aber auch über sich selbst, die sich hatten unterdrücken lassen. Sie feierten ihre Selbstbefreiung aus einer auch selbstverschuldeten Unmündigkeit.

Plötzlich ein grässliches Rattergeräusch: Das riesige Tor an der linken Querwand der Halle öffnete sich, und Dieselmotoren heulten auf – typisch W50-Lastwagen. Ein Schock. Große Angst. Viele in der Menge, auch ich, dachten: Jetzt haben sie uns schön in der Falle! Jetzt haun sie uns zusammen. Die Erinnerung an die Lastwagen der Stasitruppen, mit denen die Demonstranten in Berlin am 7. und 8. Oktober zu Hunderten in den Knast Rummelsburg gekarrt worden waren. Aber dann merkten wir: Es waren nur zwei Lkws von Messearbeitern, die noch schnell nach Hause wollten.

Für zwei Titel bat ich Eva-Maria Hagen auf die Bühne, denn auch sie war aus dem deutsch-deutschen Exil gekommen. Ich sang meine alten Lieder, die »Populärballade«, die »Ermutigung«. Ich las aus meinem Gedicht »In Prag ist Pariser Commune«: »Wir atmen wieder, Genossen / Wir lachen die faule Traurigkeit raus aus der Brust / Mensch, wir sind stärker als Ratten und Drachen! / Und hatten's vergessen und immer gewusst.« Und ich sang neue Lieder, auch meine »Ballade vom gut Kirschenessen«, die ich grade für Robert Havemann geschrieben hatte. Die Messehalle wurde in den drei Stunden allmählich leerer, obwohl kein Aas das Konzert verließ. Des Rätsels Lösung: Ich erlebte dort vor meinen Augen das verblüffende Experiment mit der Chladnischen Klangfigur aus dem Physikunterricht. Wenn Leute dermaßen lange stehn müssen, wechseln sie von Zeit zu Zeit das Standbein – und setzen jedes Mal unbewusst den Fuß um vielleicht nur einen Zentimeter in genau die Richtung, in der der Sound nicht ganz so miserabel ist. Auf diese Weise ballten sich die Tausenden immer kompakter. So wuchsen zwei Menschentrauben um die beiden Lautsprecher-Tonschneisen, die, von der Bühne aus gesehen, diagonal in den riesigen Raum schallten.

Zugleich hörten und sahen Millionen Zuschauer in Ost und West an der Glotze zu. Denen lieferten die professionellen Mikrophone beste Klangqualität frei Haus. Ich wusste um das Dilemma, aber nur im Kopf. Mit der Seele singt man dann doch für die paar tausend lebendigen Menschen, die vor einem stehn. Wegen der verhunzten Tontechnik sang ich zu grob und redete mit übertriebener Diktion. Alles war mir zu heftig! Von oben grillten mich die heißen Scheinwerfer, von unten zog die Kälte. Meine zarte Weißgerber-Gitarre krümmte sich vor Schmerz. Ihr Ahorn-Rücken riss auf und klaffte am Ende des Konzertes fünf Millimeter breit auseinander. Auch eine Wunde im Streit der Welt! Die Leipziger standen dicht an dicht auf dem ölverschmierten Betonboden, in Wintermäntel eingehüllt. Ja, unbequem, ja, schwer alles, ja, schlechter Sound, ja, eine Qual, und trotz alledem, das versteht sich: Ich genoss in dieser stinkenden Tiefkühltruhe die heißeste und bittersüßeste Singerei meines Lebens – kein Triumph, aber doch eine Genugtuung.

***

Wir fuhren trotz unseres Dreitagevisums noch in der Nacht zurück nach West-Berlin. Bei unseren Freunden, dem Filmemacher Carsten Krüger und seiner Frau Ulrike in Steglitz, hatten wir unser Basislager mit Kind, dickem Bauch und alter Mutter aufgeschlagen. Am nächsten Tag, das war so vereinbart mit den Veranstaltern aus Leipzig, trat ich in Ost-Berlin zusammen mit DDR-Liedermachern auf, ein durchwachsenes Konzert im »Haus der jungen Talente« mit anschließender Podiumsdiskussion, an der auch Jürgen Fuchs und Bettina Wegner teilnahmen.

Am dritten Tag fuhren Pamela und ich noch einmal allein über den Grenzpunkt Invalidenstraße. Diesmal nur so. Wir wollten rumlaufen. Ich wollte Freunde sehn, glotzen, vergleichen, mich erinnern. Der Tag ging schnell hin, am frühen Abend war es schon stockdunkel. Wir kamen zur Ecke Chausseestraße/Hannoversche. Meine alte Wohnung. Meine Fenster vorne raus dunkel. Ich lenkte wie automatisch den Wagen vor die Nummer 131 an der stumpfen

Ecke. Gegenüber im Glaskasten vor der bundesdeutschen Vertretung saß wie immer ein Stasi in Vopo-Uniform.

Meine Schwangere sagte: »Du, das Balg drückt mir so auf die Blase.« Schnell führte ich sie in meinen alten Hausflur. Wir tappten durchs Dunkel zur Hinterhoftür, die war nicht abgeschlossen. »Ok! hier kannst du.« Sie hockte sich in den Hof. Ich wandte mich ab und spannte hoch zu den Fenstern des Hinterhauses – peinlich, peinlich. Das Pieselgeräusch trieb auch mir plötzlich einen Druck in die Blase, ich schlich ein paar Schritte weiter und half auch mir an Ort und Stelle. Und in diesem Moment schoss es mir wie ein Blitz in den Kopf: Duftmarke setzen! Ja, das isses. Mein Haus! Meine Wohnung! Mein Hundestein! Mein Berlin! Alles meins! Der Wolf kommt nach Hause und erobert sein Terrain zurück, er markiert sein altes Revier! Mich schüttelte ein blödes Gelächter, und so pinkelte ich mir auf den Schuh. Wir mussten lachen und kriegten uns nicht wieder ein. Es war so herzzerreißend komisch. Meine alten Ängste trieben das Gelächter ins Hysterische. Und so waren wir endlich in der übermütigen Stimmung, die wir wohl brauchten: »Komm mit rauf, jetzt klinkeln wir an meiner Tür!« Schon wieder eine Lachsalve – klinkeln oder pinkeln, klingeling, Sigmund Freud … Siechmund … der Seechemund! Zwei Treppen hoch. Meine alte Tür. Das Eisengitterchen in Augenhöhe vor dem Spiegelglas-Fensterchen. Ein einziger Name an der Klingel: Seidel. Einmal klingeln, zweimal, warten, nichts. Plötzlich öffnete sich die kleine Spiegelklappe in der Tür. Ein Mann in meinem Alter.

»Guten Tag!«, sagte ich. Er: »Wer sind Sie?« Ich: »Wolf Biermann … wissen Sie, der Liedersänger, ich wurde vor dreizehn Jahren aus der DDR …« – »Ich kenn Sie nicht.« – »Ich hab zwanzig Jahre lang in dieser Wohnung gelebt!« – »Das weiß ich nicht«, antwortete er kalt. Ich bat: »Ich wollte nur mal sehn, wie's inzwischen aussieht. Dürfen wir mal reinschaun?« – »Das geht nicht.« – »Wohnen Sie hier?« – »Ja, wieso?« – »Ganz allein in dieser Wohnung?« – »Ja, wieso?« – »Hier wohnten früher mehrere Parteien, mit mir auch Martin Flörchinger, der Brecht-Schauspieler, und Agnes Kraus, die Schauspielerin, und ein Tänzer und noch eine Frau. Is das nich'n bisschen groß für Sie allein?« – »Nein, wieso?« – »Bei welcher Firma arbeiten Sie denn?« – »Außenhandel!« – »Ach so, bei Schalck-Golodkowski?«

Das war's. Der Mann knallte das Fensterchen zu. Klappe zu, Affe lebt. Wir stapften im düsteren Minutenlicht wieder runter. Aufgeregt, abgetörnt. Ich sagte zu Pamela: »Wenn du mich fragst: Natürlich ist der von der »Firma«. In meiner Wohnung hat sich die Stasi eingenistet, weil sie von dort aus ideal die bundesdeutsche Vertretung gegenüber im Blick hat.«

Ach, hoffte ich halbherzig, vielleicht schaff ich es ja, meine alte Höhle zurückzuerobern. Mein Mietvertrag ist 1976 nicht mal ordentlich gekündigt worden. Mit Kind und Kegel zurück in die Chausseestraße 131! Die ganze alte Wohnung, Mensch! Die gemütlichen Kachelöfen, immer Briketts aus'm Keller hochschleppen – na und? Ick bin doch ooch een Baliner! Mir kam Grimms Märchen vom Machandelboom in den Sinn: »dat is, as ob dat allens myn wör!« So sann ich auf dem Bürgersteig vor meiner alten Wohnung – der Wolf gehört eben nach Hamburg, aber der Biermann gehört nach Berlin! Jaja, gewiss! Aber was ist gewiss? Are the times a-changin'? Oder changen sich mehr die Menschen? Und in welche Richtung? Und wer bin ich geworden? Werden die bessren Zeiten schlechter?

Kaum waren wir zurück in Hamburg, noch in derselben Nacht vom 4. auf den 5. Dezember, stemmte sich und drückte unser David im Bauch gegen sein Tor zur Welt. Am frühen Morgen fuhren wir ins Krankenhaus. Pamela musste durchhalten, ich hielt ihre Hand. Wir zählten die Minuten, die Länge der Wehen …, aber zwischen den Wehen kippten uns beiden immer wieder die Augen zu, so erschöpft waren wir von unserem Abenteuer im Osten. Als David es geschafft hatte, badete ich unser Menschlein, wusch ihm im warmen Wasser vorsichtig das Blut von der Käseschmiere. Auf seinem Namensschild stand, da wir inzwischen geheiratet hatten, nicht Rüsche, sondern Biermann. Vorname David. Und als zweiter Name ein Name von Pamelas Vater, August. Unser David sollte David heißen, weil mein Vater Dagobert 1904 eigentlich so hätte heißen sollen. Viele deutsche Juden nannten – sicher ist sicher – ihre Da-vide im Kaiserreich lieber Da-gobert und ihre kleinen Mo-ses Mo-ritz. Davids Rufname in der Familie wurde Dudu – die hebräische Koseform. Unser Kind ist längst ein Mann, und er wurde seinem Namensgeber und meiner dunklen sephardischen Großmutter Louise Löwenthal immer ähnlicher, nicht nur äußerlich. Ja, das berührt mein Herz – und beruhigt meine Seele.

Gleich am Abend fuhren wir zu dritt aus dem Krankenhaus zurück nach Hause. Wir saßen in vertrauter Runde mit der herbeigeeilten Familie, auch ein paar Freunden. Dabei wurde der neue Erdenbürger von jedem begrüßt, das Bündelchen wanderte von Arm zu Arm. Auch Lukas hielt sein Brüderchen schön fest. Nun war unser Glück in diesen Tagen, die die Welt erschütterten, vollkommen.

Halt die Luft an – Leben geht doch weiter!

Wende oder Revolution?

Die Ereignisse im Jahr 1989 überschlugen sich. Polen, Ungarn, Bulgarien, Rumänien, die ČSSR, Estland, Lettland, Litauen – das sowjetische Völkergefängnis brach auseinander. Ein Getümmel in allen Baracken des sozialistischen Lagers, und in jeder ein anderes. Die Tschechen vollendeten ihren Aufstand von 1968 und gingen andere Wege als Alexander Dubček. Die Polen hatten sich schon selbst freigekämpft. Die geprügelten Balten sangen mit ihren kleinen, feinen Volksliedern den Großen Bruder raus aus dem Land. Gorbatschow war die Hoffnung der Völker, auch im Westen. Er hatte, wie in einer griechischen Tragödie, den Untergang des Imperiums dadurch herbeigeführt, dass er ihn hatte abwenden wollen.

Wir taumelten ins letzte Jahrzehnt des Jahrhunderts. Viele von uns Wunschdenkern und Vordenkern erwiesen sich nun nicht als Nachdenker, sondern als Hinterherdenker. Auch ich dachte im Durcheinander der Ereignisse noch über einen eigenen politischen Weg der DDR nach. Auch ich war zwiegespalten. Ich wünschte den Bonzen der Partei den bürgerlichen Rechtsstaat an den Hals, erlitt aber zugleich einen Rückfall in meine Kinderkrankheit Kommunismus. Nicht im Hirn, nicht in den Hoden, aber im Herzen spürte ich den Phantomschmerz des Verlustes alter Glaubensgewissheiten. Ich träumte wieder den Traum der Commune de Paris. Dabei war ich doch eigentlich geheilt von der Hybris einer höllischen Paradies-Utopie. Ich war im ersten Schock gegen eine Wiedervereinigung, genauer: gegen einen flotten Anschluss an das siegreiche Westdeutschland, so wie Günter Grass und Christa Wolf, die dann aber dabei blieben. Das trennte uns später. Als Propheten und Wegweiser hätten wir alle nicht das Salz in der Suppe verdienen können. Das dumme Volk ist eben manchmal klüger als seine Berufsklugen.

Die Schicksalsgöttin Tyche legte 1989 ein Tempo vor, dem kaum ein Intellektueller oder Politiker folgen konnte. Alles war längst entschieden vom Wirsindeinvolk-Volk. Das ist die böse Ironie der Geschichte: Am Ende blieben zwei verfeindete Minderheiten übrig, wobei jede auf ihre Weise den Staat DDR retten wollte – die Bonzen ihre Macht und Privilegien, die linken und protestantischen Oppositionellen ihre Illusionen. Die Gegner von gestern standen plötzlich Schulter an Schulter auf verlorenem Posten gegen ein Volk aus gelernten Untertanen, das zwölf Jahre Faschismus und vierzig Jahre Stalinismus hinter sich hatte. Die gemeinen DDR-Bürger wollten nichts mehr hören von einem »Sozialismus mit menschlichem Antlitz«, der unsere Gemüter 1968 verzaubert hatte. Die Mehrheit hatte das totalitäre Tierexperiment mit lebendigen Menschen ein für alle Mal satt.

Die SED, die Partei, die alle Verbrechen der rotgetünchten Diktatur zu verantworten hatte, wurde in dieser friedlichsten aller Revolutionen aber nicht etwa aufgelöst und schon gar nicht verboten. Die Revolution war schwer evangelisch. Kein Blutvergießen, keine Barrikadenkämpfe, kein Sturm auf das Winterpalais. Keinem einzigen Lumpen des Regimes wurde auch nur ein einziges Härchen gekrümmt. Die Stimmung gegen die alte Machtelite war ein pragmatischer Kompromiss: Legt vor dem Volk die Waffen nieder! Tut uns nichts, dann tun wir euch auch nichts!

Mit über fünfundneunzig Prozent der Delegiertenstimmen wurde der Rechtsanwalt Gregor Gysi zum neuen Vorsitzenden der strauchelnden SED gewählt. Er und seine Genossen firmierten den Laden flott um in SED-PDS, im nächsten Schritt hieß das Machtmonster dann nur noch PDS. Inzwischen schmücken sich die Erben der DDR mit dem Namen »Die Linke«. Als juristische Person ist Die Linke heute immer noch die SED-Partei. Der Verkleidungskünstler Günter Wallraff ist ein Laienspieler dagegen. Der praktische Zweck der schrittweisen Umbenennung war auch ein ökonomischer: Die Milliarden Dollar des SED-Parteivermögens wurden so für die Erben erhalten. Partei und Staat besaßen, weltweit verschachtelt und über Privatpersonen kaschiert, pralle Kapitalkonten auf so mancher Bank. Der massige Entfesselungskünstler Schalck-Golodkowski war der Schatzmeister dieses global gefächerten Imperiums. Das Parteivermögen, also der Raub aus Jahrzehnten, wurde durch diese simple Namensmetamorphose juristisch gesichert und ließ sich – Donnerlüttchen! – später nur zu einem Bruchteil auffinden. Wohin es verschwand? Ich denke, über diese versenkten Reserven könnte dem Schäuble am besten Gregor Gysi Auskunft geben. Und es wundert mich nicht, dass er dazu so eloquent schweigt.

Deutsches Theater in echt. Und die Welt schaute zu. Im Dezember wurde ein »Runder Tisch« eingerichtet. An ihm trafen sich Regierungsvertreter und Oppositionelle zu Verhandlungen. Egon Krenz war vom ZK nach wenigen Wochen wieder gefeuert worden, inzwischen stand Hans Modrow als Verweser an der Spitze des sterbenden Staates. Und siehe da, Rechtsanwalt Vogel wurde verhaftet.

Ein paar Schuldige wurden gebraucht und gefunden. Die Presse meldete kriminelle Machenschaften der KoKo-Firmen. Eiligst wurde der einst so mächtige Schalck-Golodkowski aus dem ZK und der SED ausgeschlossen. Er flüchtete vor seinen Kumpanen in den Rechtsstaat – zum Klassenfeind im Westen. Alles überschlug sich. Honecker, Mielke und weitere Politbüromitglieder und Funktionäre wurden unter Hausarrest gestellt. Auch das MfS wurde umetikettiert in »Amt für Nationale Sicherheit«. In Erfurt, Rostock, Leipzig und anderen Städten wurden die Stasizentralen gestürmt und besetzt, zuletzt im Januar 1990 Mielkes Hauptquartier in der Berliner Normannenstraße. Bürgerwachen wurden aufgestellt. Sie sollten die systematische Vernichtung der Akten verhindern. Die Staatssicherheit lieferte ihre Waffen bei der Volkspolizei und der NVA ab. Ihre Auflösung wurde beschlossen. Aber wer hatte schon genug Erfahrung, einen solchen Geheimdienst-Moloch aufzulösen?

Und keiner nahm irgendeine Schuld auf sich. Nicht schuldig!

Nicht schuldig! Nicht schuldig! – den Refrain des Nürnberger Liedes kannte ich. Und wo keine Schuld war, brauchte es auch keine Sühne. Waffenhandel? Todesstreifen? Egon Krenz wusste von nichts und hatte nie nichts verbrochen. Er war jahrelang verantwortlich für alle »bewaffneten Organe« – Polizei, Stasi, Armee – gewesen, aber vom Schießbefehl an der Mauer wusste er nichts! Korruption? Ich bin ein armer Mann, sagte Honecker. Und das stimmte auch: Wer alles hat, braucht nichts. Zwangsadoptionen? Systematisches Zwangsdoping für Leistungssportler? Folter? Ausbürgerungen? Auftragsmorde? Drogengeschäfte? RAF-Kumpanei? Der Wirtschaftsboss im Politbüro, Günter Mittag, wusste nicht, was Alexander Schalck-Golodkowski getrieben hatte. Kriminelle Geschäfte auf dem Weltmarkt? Innerdeutsches Kopfgeld? Systematischer Verkauf von Landeskindern? Meinungsterror? Ich bereue nichts, knarrte der tief verhasste Cheflügner Karl-Eduard von Schnitzler und verkaufte in westlichen Talkshows seine schwachsinnige Selbstbegeisterung als Charakterstärke. Jeder stinkende Elite-Lump offerierte sich auf einmal als verkannter Philanthrop und Menschenretter. Der Stasigeneral Markus Wolf gerierte sich souverän als Schöngeist, Gourmet-Koch für russische Küche und Romancier! Und spreizte sich in Talkshows als James Bond des DDR-Geheimdienstes. Es wimmelte plötzlich von tiefmoralischen Machtmenschen und verkannten Moralaposteln.

Und als die eingemauerte Politbüro-Siedlung Wandlitz den Deutschen vor die Augen kam, gingen den Voyeuren in Ost und West die Augen über. Wie armselig dieser Reichtum, wie gartenzwergig diese Riesen! Es kam nun raus, dass Erich Honecker doch tatsächlich einen Swimmingpool von zehn mal zwölf Metern gehabt haben soll – da lachen ja die Westhühner! Jeder Pfeffersack in Hamburg lebte aufwendiger. Im Nachtschrank von Margot Honecker wurde herumgeschnüffelt, ein Packen westlicher Lockenwickler und zehn Flaschen Very Old Scotch Whisky wurden sichergestellt. Ein Kammerdiener hängte die Unterhosen seiner Herrschaft auf die Leine. Die Bonzen hatten Luxusjachten … und gingen auf die Jagd … und schoben ihrer Brut Privilegien zu. Eine importierte Schwedenstil-Datscha für die verwöhnte Tochter, ein französisches Auto für den missratenen Sohn. Die monopolbürokratischen Privilegien so kleinbürgerlich! Der Luxus, den sich die oberen Feudalsozialisten herausgerissen hatten, so armselig! Mich wunderte diese plötzliche Wunderei, das kindische Entsetzen über Verschwendung und Luxusleben der ausgedienten Obrigkeit.

Teuer an Willi Stoph war sein Kaderleitergehirn. Teuer am Gewerkschaftsboss Harry Tisch waren doch nicht die zehn gehorteten Videorecorder in seiner Tiefkühltruhe. In einem Interview mit der *Berliner Zeitung* sagte Tisch 1993: »Wir haben Wasser gepredigt und selber Wein getrunken, das tut mir heute alles sehr leid.« Ich fand viel schlimmer, dass die Herrschenden öffentlich egal Wasser oder Wein gepredigt und heimlich Blut gesoffen hatten.

Der Westen hatte den Kalten Krieg gewonnen. Der Kapitalismus stand als Sieger da. Ohne Panzer und Blutvergießen eroberten die Konzerne riesige Absatzmärkte im Osten. Im Februar 1990 nahm Modrow Vertreter der Opposition, die mit am Runden Tisch saßen, als Minister ohne Geschäftsbereich in die Regierung auf, die sich jetzt »Regierung der nationalen Verantwortung« nannte. Und während wir mit einem lachenden und einem weinenden Auge in die Zukunft starrten, war nichts gegenwärtiger als die Vergangenheit: Stasi, Stasi, Stasi. Der DDR-Rechtsanwalt Wolfgang Schnur, Mitbegründer der neuen Partei »Demokratischer Aufbruch«, nahm an den Verhandlungen am Runden Tisch teil. Aber dann flog er auf als Agent der Staatssicherheit. Ibrahim Böhme, Mitbegründer und späterer Vorsitzender der Sozialdemokratischen Partei in der DDR, war wochenlang als künftiger DDR-Ministerpräsident gehandelt worden, bis auch er aufflog. Er hatte schon bei Willy Brandt auf dem Schoß gefläzt, auf dem auch MfS-Agent Guillaume gesessen hatte.

Das Misstrauen war groß, die Verwirrung auch. Sogar ich staunte. Das ganze Land war von Stasi-Metastasen zerfressen, Tausende Objekte, in denen die Stasi sich eingenistet hatte. Das Volk, der alte Lümmel, erwachte aus dem Schlaf. Die Feiglinge von gestern wurden besonders aggressiv. Der rumänische Dichter Mircea Dinescu hat es sarkastisch formuliert: »Es wimmelt plötzlich von Widerstandskämpfern. Nach dem Motto: Wenige waren wir, ach, und viele sind übriggeblieben!«

Die Stimmung drohte zu kippen. Manch einer, der vierzig Jahre lang alles geschluckt hatte, spuckte nun endlich mal große Töne. War es Scham angesichts der eigenen Schwäche, Entsetzen über die eigene Feigheit, Wut über die eigene Mordsgeduld mit diesen Mördern? Wie oft hatten sich solche Schreihälse auf die Zunge gebissen, wenn es galt zu protestieren, wie oft hatten sie in Versammlungen geschwiegen oder sogar gegen schuldlose Menschen gegeifert, wie oft hatten sie sich abgewandt, wo sie hätten helfen können! Wie viele Liebende hatten einander im Stich gelassen, wie viele Freunde einander verraten! Der Hass auf die Stasi – war das der uneingestandene Hass auf die kleine Stasi in der eigenen Brust? Dieser Hass saß viel tiefer, als die Liebe zur Freiheit jemals gesessen hatte. Ich fühlte mich einsam unter diesen Hinterher-Helden.

Gewiss, die Freude über die endlich gewonnene Freiheit war riesig und erfasste uns alle, im Osten und im Westen. Aber mit der Freude kam auch die begründete Angst, es könnte immer noch anders kommen. Aus dem Spruch »Wir sind *das* Volk!« wurde schnell »Wir sind *ein* Volk!«. Die Menschen forderten den totalen und sofortigen Anschluss an die Bundesrepublik. »Kommt die D-Mark, bleiben wir! Kommt sie nicht, geh'n wir zu ihr!« Allein aus Dresden waren bereits dreißigtausend Bürger in den Westen abgehaun. Die gelernten Untertanen schüttelten ihren antrainierten Gehorsam ab und taumelten im aufrechten Gang der Einheit entgegen.

Das NEUE FORUM brauchte Geld für den Wahlkampf und für Publicity. Ich unterstützte meine fremden Verbündeten mit einer Reihe von Benefizkonzerten. Ende Januar '90 fuhr ich mit meinem Ford Granada Kombi und meiner bewährten Bose-Tonanlage nach Erfurt. Am Abend sollte ich in der Thüringenhalle ein Konzert geben. Am Nachmittag fand eine Kundgebung gegen die Stasi auf dem Platz vor dem Erfurter Dom statt. Die Organisatoren dieser Massendemonstration waren in großer Sorge. Das Volk brüllte mit Schaum vor dem Mund. Es herrschte eine stumpfe Lynchstimmung. Es klang wie der Anfang einer Hetzjagd auf das MfS, auf Stasioffiziere und ihre Spitzel. Als der Bürgerrechtler Matthias Büchner vom Neuen Forum mich im Eilschritt zum Dom brachte, war der Platz schon schwarz von Menschen. Eine explosive Atmosphäre. Die verantwortlichen Kirchenleute hatten Angst vor Ausschreitungen, die keiner mehr würde stoppen können.

Als Bühne diente uns die monumentale Steintreppe, die hoch zum Dom führt. Ein Pastor redete dem Volk begütigend zu. Sein

Vorschlag: Die Stasileute sollten so schnell wie möglich in den normalen Arbeitsprozess eingegliedert werden. Aber er wurde ausgepfiffen. Solche christlichen Töne wollte kein Aas hören. Die Stimmung wurde nur noch aggressiver. Nun war ich an der Reihe. Die Künstlerin Gabriele Stötzer-Kachold kündigte mich an. Sie hatte gegen meine Ausbürgerung protestiert und dafür teuer bezahlt im Frauengefängnis Hoheneck. Ich stand mit meiner Gitarre vor einem wackligen Mikrophon. Ausgerechnet ich Aufhetzer sollte was singen und die Massen beruhigen.

Ich fingerte ein paar Figuren auf der Gitarre und goss dann Öl ins Feuer: »Auch ich hasse dieses Stasipack!« – die Leute johlten. »Die Stasi hat uns gedemütigt und zersetzt!« – die Masse kreischte vor Wutbegeisterung. Ich haute noch weitere Phrasen dieser Sorte raus und ließ mich eine Weile treiben in diese giftige Richtung, damit sich die Lust der Untertanen auf ein fröhliches Stasijagen noch steigerte. Die danebenstehenden Verantwortlichen waren völlig entsetzt. Der Pastor schrie zu mir rüber: »Herr Biermann! Das gibt ein Pogrom!« Aber ich machte weiter. Die Wut der Leute war ganz nach meinem Herzen. Und nach meinem Verstand. Denn ich wusste ja, worauf ich hinauswollte. Wie ein gewiefter Demagoge drehte ich ab in einen brechtschen Break. Ich brüllte ins Mikrophon: »Das passt zu euch! Ihr brüllt! Ihr wollt Rache! Aber ihr seid Feiglinge! Als Ulbricht und Honecker und Mielke an der Macht waren, habt ihr alles mitgemacht und alles mit euch machen lassen! … Da habt ihr geschwiegen und habt euch geduckt! … Und jetzt, wo es zum Glück nichts mehr kostet, jetzt wollt ihr, dass wir an diesen Mördern zu Mördern werden!? – Nein!«

Meine Worte donnerten aus den Lautsprechertürmen über den Platz. Ich kriegte selber Angst, nicht um die Stasi, sondern um mich. Aber – ich hatte Glück mit meiner tollkühnen Volte. Es funktionierte. Meine Publikumsbeschimpfung irritierte die Meute. Mein überraschender Angriff brachte sie zum Nachdenken. Und es besänftigte sie mein Lied »Ermutigung«: »Du, lass dich nicht verhärten, in dieser harten Zeit …« Diese Szenerie vor der gewaltigen Domkulisse war eine lehrreiche Sternstunde auch für mich. Der Wolf hatte im Predigerton geheult. Die bissigen Schafe beruhigten sich. Und die professionellen Hirten vom himmlischen Bodenpersonal dankten Gott.

Am Tag nach dem Konzert in der Thüringenhalle besuchte ich mit Aktivisten vom Bürgerkomitee die Erfurter Bezirkszentrale des MfS, die sie – Seite an Seite ausgerechnet mit Volkspolizisten – bewachten. Links am Haupteingang kontrollierten Vopos, rechts unsre Leute. Die selbstgemachten Armbinden der »Bürgerwache« sahen fast nach Revolution aus. Ordnung musste also sein, auch beim Umsturz. Einer gab mir eine Armbinde mit einem Emblem. Sie überreichten mir ein Zettelchen, einen improvisierten Ausweis mit Namen und Stempel und Unterschrift. Ich musste lachen. Das erinnerte mich an das berühmte Bonmot, das Lenin zugeschrieben wird: »Revolution in Deutschland? Das wird nie etwas. Wenn diese Deutschen einen Bahnhof stürmen wollen, kaufen die sich vorher noch eine Bahnsteigkarte!«

Einzelne Stasi-Mitarbeiter in Zivil schlichen vorbei, und ich hörte, wie einer sagte: »Ich bitte höflichst um Einlass zwecks Ausstellung der Entlassungspapiere.« Die Erfurter Freunde führten mich durch die Eingeweide der Mielke-Firma. Zum ersten Mal sah ich den Stasi-Moloch von innen. Halb Kafkas Schloss, halb Kühlschrank für Menschenfleisch. Wir liefen vorbei an Tonnen gesicherter Spitzelakten. Ein kleiner dicker Oberst der Volkspolizei führte mich dienstbeflissen durch den Zellentrakt der Stasi-U-Haft. Ich fragte ihn: »Wo sind die Häftlinge?« – »Alle raus, Herr Biermann!« Der Mann war von einer Vertraulichkeit, der ich nichts entgegensetzen konnte. Er führte uns in einen niedrigen, großen Raum, in dem dicht an dicht auf vielleicht zehn Meter langen Tischreihen, die das ganze Lager ausfüllten, Kassettenrecorder standen. Es sah aus wie eine Massentierhaltung dieser Geräte, die zum Abspielen aufgenommener Gespräche dienten. Telefonkabel, Tausende gebündelter Kupferadern waren durchgesägt, ein dreißig Zentimeter dicker Kabelbaum aus gekappten Seelen. Und jedes blanke Drahtende kam mir vor wie ein Menschenschicksal.

In Gera war in der Haftanstalt des MfS Entsetzliches entdeckt worden. In den Räumen, in denen die üblichen drei Verbrecherfotos von Häftlingen gemacht wurden – linke Seite, rechte Seite, von vorne –, standen verdeckt hinter einem Vorhang Röntgenkanonen. Die Geräte waren weder vom DDR-Amt für Strahlenschutz abgenommen noch genehmigt worden. Sie konnten gebündelte Gammastrahlen schießen. Nach Aussage von Fachleuten waren sie umgebaut worden für intensivste Punktstrahlung, also nicht für Röntgenaufnahmen geeignet. Es fanden sich auch keine Filmplatten zum Erzeugen von Röntgenbildern, aber Röntgen-Dosimeter. Der Häftling saß auf dem Hocker und konnte das Gerät nicht sehen, nichts hören, nichts spüren. Wir hatten den schlimmsten Verdacht.

***

Die Wahlen zur Volkskammer am 18. März 1990 waren zwar die ersten freien Wahlen in der DDR, aber es wurde mit ungleichen Mitteln gekämpft. Über einen gut ausgerüsteten Apparat verfügte allein die SED, die sich nur noch PDS nannte. Alle anderen Parteien mussten die Organisation ihres Wahlkampfes mehr oder weniger improvisieren. Das war schon wegen der Kürze der Zeit – durch die vorgezogenen Wahlen gab es einen Wahlkampf von nur sieben Wochen – eine Herausforderung. Die Parteien des Westens – SPD, CDU/CSU, FDP und Grüne – unterstützten im Wahlkampf ihre Partner in der DDR. Anders als erwartet, gewann nicht die SPD, sondern das Wahlbündnis »Allianz für Deutschland«, bestehend aus CDU, DSU (Deutsche Soziale Union) und dem DA (Demokratischer Aufbruch). Nach zähen Verhandlungen kam es zur Bildung einer großen Koalition zwischen der Allianz, der SPD und den Liberalen. Im April '90 stand die neue Regierung unter Ministerpräsident Lothar de Mazière von der CDU.

Die alte DDR war endgültig abgewählt. Die SED, sprich PDS, bekam sechzehn Prozent der Stimmen. Ich gönnte meinen alten Feinden diese Niederlage, ich wünschte den Stasi-Verbrechern eine harte Zeit. Ich frohlockte ohne einen Hauch von Mitleid, denn aus meiner Sicht war Stasichef Mielke ein brutaler Mörder, sein Stellvertreter Markus Wolf ein zynischer Heuchler, Chefideologe Hager ein verkommener Intellektueller und Hermann Kant eine miserable Thomas-Mann-Attrappe. Ich wünschte dem Manager der Planwirtschaft Günter Mittag und seinem gefürchteten Kombinatsdirektor Wolfgang Biermann von Zeiss Jena das Allerschlechteste. Aber was, dachte ich, wird nun mit dem Volk, das in sächsischer Mundart als kollektiver Dichter diese eine wirklich originelle Zeile rausgehaun hatte: »Wir sind das Volk!« Ja, auch die nachfolgende Variation musste mir ja gefallen: »Wir sind ein Volk!« Es stimmte ja, wir waren ein Volk. Aber was für eins? Diese Frage brannte nach der Wahl lichterloh.

In Bonn begannen sofort die Gespräche zwischen den Außenministern beider deutscher Staaten mit den Vertretern der ehemaligen Besatzungsmächte, den USA, Großbritannien, Frankreich und der Sowjetunion. Das Paket zur deutschen Einheit wurde verhandelt und geschnürt. Im Mai schlossen die DDR und die Bundesrepublik einen Staatsvertrag, der die beiden Deutschländer zu einer Wirtschafts-, Währungs- und Sozialunion verband. Im Juli wurde die D-Mark in der DDR eingeführt. Im August stimmte die Volkskammer für den Beitritt der DDR zum Geltungsbereich des Grundgesetzes der Bundesrepublik. Das war des Volkes wahrer Himmel: jetzt die Einheit! Jetzt oder nie!

Aber wohl die meisten in der schöngeistigen Elite der DDR hatten einen Affekt gegen die Einheit. Im Nachhinein hat man gut Lachen und gut Lästern. Ich selbst war auch überrollt von der Einheitsbewegung. Wenn ich heute, ein Vierteljahrhundert später, daran denke, muss ich zugeben: Das dumme Volk war klüger als wir. Solch ein historisches Zeitfenster steht nicht lange offen. Jelzins Macht-Homunkulus, der KGB-Offizier aus Dresden Wladimir Putin, hätte es vermutlich schnell wieder geschlossen. Doch Kohl ergriff beherzt die Chance. Die deutsche Einheit war bald beschlossene Sache. Der 3. Oktober 1990 wurde für den feierlichen Staatsakt festgelegt.

Kurz vor seinem Tod besuchte ich Anfang 1990 Hans Bunge in seiner Höhle in den Hackeschen Höfen. Er erklärte mir lächelnd, dass er nun, wo alle Ratten das sinkende Schiff verlassen, in Gysis neualte SED/PDS eintreten wolle, und er kicherte darüber, als wäre es ein Witzchen der Weltgeschichte. Zusammen mit Heiner Müller stand ich kurz danach – im Mai '90 – an seinem offenen Grab vor etwa dreißig Hinterbliebenen und Trauergästen der DDR-Akademie der Künste. Die Beerdigung war eine traurigkomische Fellini-Szene. Wir waren von der Akademie die paar Schritte rüber zum nahe gelegenen Hugenottenfriedhof gelaufen. Bunges Frau hatte Heiner Müller und mich gebeten, am frischen

Grab des Freundes ein paar letzte Worte zu sagen. Heiner las einen hermetisch-metaphorischen Text über die Zeit der Hyänen, die nun, nach der Zeit der Wölfe, angebrochen sei. Als ich vor mir nicht nur einige alte Weggefährten sah, sondern auch allerhand subalterne Kulturschranzen, improvisierte ich: »So sieht man sich also wieder – und will es gar nicht! Ich bin nur zum Begräbnis gekommen, weil ich fürchtete, dass Bunge, der ehemalige Wehrmachtsoffizier und Brecht-Schüler, sonst vor Wut die Hand aus dem Grabe streckt. Und wenn der so etwas macht, dann weiß man nie, ob seine Hand grade Heil Hitler! sagt oder Rot Front!« Es war herzerfrischend peinlich. Hinter uns lag der Sarg in der Grube. Vor uns stand die bleiche Witwe, um sie herum etliche gebeutelte Häuptlinge der Ost-Akademie, staatlich subventionierte Feiglinge.

Christa Wolf veröffentlichte im Juni '90 eine nachdenkliche Story über ihre Widrigkeiten mit den Wachhunden der Stasi vorm Haus. Der Titel: »Was bleibt«. Das Feuilleton reagierte ungnädig. Marcel Reich-Ranicki hatte sie längst als eine »Staatsdichterin« abgeurteilt. Nun warfen Kritiker ihr vor, dass sie eine Anti-Stasi-Story von vor über zehn Jahren aus der Schublade geholt hatte und erst jetzt veröffentlichte, wo es keinen Mut mehr kostete.

Mein Freund Lew Kopelew rief mich an. Lew litt ritterlich um seine Dame und wollte, dass ich für sie die Lanze einlege. Ich sollte, bat er mich, der miesen *FAZ*-Kritik eines Frank Schirrmacher entgegentreten und dem perfiden Artikel des Ulrich Greiner in der *Zeit* widersprechen. Es war klar, warum mein allerliebster Russe aus Köln grade mich in die Maulschlacht schicken wollte: Ich roch ja so schön nach Redlichkeit.

Christa Wolf hatte 1968 im Schriftstellerverband die obligate Zustimmungserklärung zum Einmarsch in die ČSSR verweigert, dann aber leider im *Neuen Deutschland* erklärt, das Land habe nur an der Seite der Sowjetunion eine Überlebenschance. Wie zögerlich, furchtsam und zerrissen sie auch immer gewesen war, ich mochte sie. Sie hatte nie auf Held gemacht, und sie durfte deshalb, nach meiner Meinung, auch so zerrissen, furchtsam und zögerlich sein. Außerdem, dachte ich, soll man den Schriftsteller, wie einen Apfelbaum, nach seinen Früchten beurteilen und nicht danach, ob seine Äste gute Knüppel hergeben oder Brennholz für einen

Scheiterhaufen. Christa Wolf wurde Feigheit vor einem Feind vorgeworfen, der gar nicht ihr Feind gewesen war. Und, das sei wohl angemerkt, unter dessen Regime die Kritiker nie hatten leben müssen. Heikel!

Gewiss, die tapferfeigen Intellektuellen der DDR waren in die Bredouille geraten. Nicht nur Christa Wolf erging es so, auch dem alten Stefan Heym, den ich zu gut kannte, meinem Förderer Stephan Hermlin, den ich verkannte, Volker Braun, dessen starke Gedichte ich anerkannte, Fritz Cremer, der sich zu mir bekannte, obwohl er mich verriet, Gerhard Scheumann, den ich gar nicht kannte, Hermann Kant, den ich verabscheute, Peter Hacks, den ich durchschaute, Rainer Kirsch, der mir egal war, Erik Neutsch, der mir immer fremd blieb, und Willi Sitte, der so italienisch zu Kreuze kroch. Die eingebundenen Schriftsteller und alimentierten Maler, die gelegentlich im Westen grasenden Schauspieler und Verleih-Regisseure, die im Westen wildernden Miet-Musiker, die meisten von ihnen mokierten sich über die Fallsucht der DDR-Normalos in den Westen. Viele dieser Ost-West-Existenzen hätten den östlichen Tierversuch noch gut und gern tausend Jahre ertragen. Mancher ärgerte sich sogar über den Fall der Mauer, Kunststück! Sie hatten ja fast alle in den letzten Jahren einen Reisepass ergattert. Und so hatten etliche meiner Freunde sich fast jeden Abend vom Osten erholen können im West-Berliner Restaurant Terzo Mondo, beim griechischen Schauspielerwirt Kostas Papanastasiou. Und das kam süße hinzu: Sie zahlten auf ihre Westhonorare beneidenswert niedrige Steuern, fünfzehn Prozent. Sie waren alle mehr oder weniger verstrickt, hatten sich angepasst, wie auch ich es versucht hatte bis zum radikalen Bruch 1965. Und manchem Untertanen schmeckt ein Menschenrecht eben doppelt lecker, wenn er es als Privilegium genießen kann.

Stefan Heym verspottete das Volk als »bananengierig« und sagte noch 1999 in einem Interview über den Slogan »Wir sind ein Volk«: »Das wurde meiner Meinung nach bewusst hineinmanipuliert in den Tagen nach dem 4. November. Ich glaube nicht, dass dieses ›ein Volk‹ von sich aus entstanden ist, sondern dass da Leute dahinterstanden, die etwas von psychologischer Kriegführung verstanden.« Eine Verschwörungstheorie.

In diesem Sommer 1990 wurden viele östliche Intellektuelle

von westlichen Kritikern einem moralischen TÜV unterzogen, als wären sie schrottreife Trabis und verrostete Wartburgs. All diese klapprigen Ost-Autos fuhren über die Grube, und irgendein smarter Ingenieur vom West-Feuilleton stocherte von unten ohne alle Pietät mit dem Schraubenzieher in den Rostlöchern im Chassis. Ach, und der moralische Abgastest! Das Öl, mit dem sie geschmiert und gesalbt wurden, der verbrannte Auspufftopf! Es stank im Osten nach Selbstmitleid und im Westen nach Besserwisserei. Natürlich, das war die Frage: Dürfen so hochgebildete Rotzlöffel wie Greiner und Schirrmacher aus dem Westen, die nie durchgemacht hatten, was wir in der Stalinzeit erlitten, durften die urteilen? Dumme Frage, dumme Antwort. Na klar durften die! Und sie sollten sogar! Das fand jedenfalls ich. In meinen Augen, und so formulierte ich es in dem von Lew eingeforderten Artikel, betrieben Greiner und Schirrmacher weder Hetze noch irgendeine Hatz. Die Diskussion warf vielmehr die uralte Frage auf: Was soll der Schriftsteller in den finsteren Zeiten der Tyrannei? Abhaun? Mitmachen? Schweigen? Zu weit gehen? Und wenn ja, wie weit zu weit gehen? Wahrheiten ausschrein? Gott ja! Aber wann? und wie? und wie viel? und wem?

Als ich noch in der DDR lebte, hatten wir uns ganze Nächte den Mund fusselig geredet. Immer wieder hatten unsere Freiheitsfreunde auf Widerruf, gebeugte Helden auf Bewährung wie Heym, Hermlin, Christa Wolf oder Heiner Müller, uns, also Havemann und mir, vorgeworfen, dass wir zu weit gingen. Ich schrieb damals für solche »tiefbesorgten Freunde« eine Ballade, in der es heißt:

> Mein Lieber, das kommt von der Arbeitsteilung:
> Der eine schweigt, und der andere schreit
> – Wenn solche wie du entschieden zu kurz gehn
> Dann gehn eben andre ein bisschen zu weit

Ach, oft war der Streit so übermächtig gewesen, dass wir schon vergaßen, wer unsere wirklichen Todfeinde waren. Gewiss, ich war im Streit mit den Herrschenden weiter gegangen als andere. Dafür gab es auch biographische Gründe. Ich hatte nun mal das schwarze Glück, dass meine Eltern im Widerstand waren und mein Vater nicht in Stalingrad gefallen ist. Meine Kindheitsmuster waren eben anders, ich hatte nichts wiedergutzumachen. Ich musste den neuen

Machthabern auch nichts beweisen. Ich hatte immer im anmaßenden Ton des rechtmäßigen politischen Erben gesprochen. Ich war der geborene Außenseiter, denn die Kinder der Nazis waren in der Mehrheit. Und weil sie sich schämten für ihre Eltern, waren sie so lumpenhaft bescheiden.

Widerstand und Anpasserei hatten fließende Grenzen. Und das galt auch für Christa Wolf. Lew hatte mich gebeten, sie zu verteidigen. Ich tat es, so gut ich konnte, und lag mal wieder völlig neben den Erwartungen. Ich verteidigte in meinem Artikel Christa Wolf, indem ich ihr Recht verteidigte, feige gewesen zu sein. Aber mein guter Lew hätte lieber gehabt, ich hätte die Dinge nicht so ungalant beim Namen genannt.

Jetzt weiß ich, sie haben uns alles verziehn, was sie uns angetan haben!

Kampf um Mielkes Nachlass. Deutsche Einheit.

Zur Fußballweltmeisterschaft 1990 setzte Beckenbauers Rudel in Rom der deutschen Wiedervereinigung auch noch die Fußballkrone auf. Pamela und ich waren mit den Kindern zu Besuch in Berlin. In der Nacht nach dem Endspiel schalteten wir vom Fernsehn um aufs Nahsehn. Wir fuhren mit Carsten Krüger und seiner Ulrike nahe ran ans Zentrum West-Berlin. Auf dem Ku'damm brüllten die entfesselten Fans: »Olé olé olé oleee! Sieg! Sieg! Sieg!« Heil blieben die Scheiben der noblen Geschäfte. Fahnen aus offenen Autos, Hupkonzerte und leere Bierdosen wie die Hülsen abgeschossener Granaten. Oh, what a lovely football-war! Im wahrsten Sinne des Wortes eine Bombenstimmung.

Und dann rüber in den Osten. Ich wollte unbedingt vergleichen. Wir fuhren über die Linden Richtung Alex. Beim Fernsehturm stiegen wir aus. Kahlgeschorene Halbwüchsige machten Jagd auf Vietnamesen, die uns entgegenkeuchten und ums Rote Rathaus hinter die Baubuden flüchteten. In der Rosa-Luxemburg-Straße schlugen schwankende Gestalten mit Eisenstangen die größeren Scheiben ein und rissen die Hand zum Heil-Hitler-Gruß hoch. Sie krallten sich einen alten Mann: »Erwidere den deutschen Gruß!« Sie brüllten: »Denn heute gehört uns Deutschland, und morgen die ganze Welt!« Immer nur diese beiden Zeilen des alten Naziliedes. Woher kannten die das?

Neugier trieb mich, und Angst. Wir liefen seitwärts, vorbei an der Volksbühne. Ich wollte rüber zur Belforter Straße, wollte Pamela mein kleines Theater im Hinterhof zeigen, das b.a.t. Aber da war schon kein Durchkommen. Die Skins zogen Richtung Prenzlauer Berg, die Schönhauser Allee hoch zur Straßenschlacht gegen die Punks. Ein Freund sagte: »Das ist schon Tradition.« Punks und Skins gab es in der DDR schon seit den achtziger Jahren.

Unter den Punks waren viele Kids der alten DDR-Intelligenz. Sie hassten die Arschkriecherei ihrer Familien. Aber sie fühlten sich trotzdem links – linker, radikaler als ihre feigen Eltern. Und jetzt hassten sie den Westen. Die Skins hatten Zulauf von überall. Aber die brutalsten kamen aus Familien der SED-Kader – Parteisekretäre, Funktionäre des Staatsapparats, Offiziere der Armee, Polizisten und Stasi-Väter, die nun arbeitslos zu Hause vor der Glotze brüteten und die Welt nicht mehr verstanden. Und ihre Kinder schon gar nicht. So trafen die Kids der entmachteten Nomenklatura und die Kinder der kritischen DDR-Intelligenzija als Feinde aufeinander: Semper idem et alter. Anschaulicher Geschichtsunterricht für Fortgeschrittene.

Ausgerechnet aus der Rosa-Luxemburg-Straße wälzte sich eine Schlägertruppe die Schönhauser Allee hoch. Skins! Pamela zerrte mich weg. Sie fürchtete, diese angesoffenen Fußballfreunde könnten mir das Maul nach hinten schlagen, nur weil einer mich da mit Wolf Biermann verwechselt. Sie beschimpfte mich, weil ich mich nicht sattsehen konnte an diesen Goya-Gespenstern. »Der Schlaf der Vernunft bringt Ungeheuer hervor« – das hier waren die Gespenster der friedlichen Revolution, die Gespenster des Totalitarismus.

Der Tag der deutschen Einheit rückte näher. In der Zeit vom Fall der Mauer bis zur endgültigen Wiedervereinigung brachte die DDR-Nomenklatura ihre Schäfchen ins Trockene. Die entmachtete Monopolbürokratie schaffte es, den realsozialistischen Raub konspirativ in gutbürgerliches Eigentum umzuwandeln. Die Kader wurden systematisch abgesichert mit unanfechtbaren Besitztiteln für die zu erwartenden Rechtsstreitereien. Zurückdatierte Verträge, Zeugnisse, getürkte Pachtrechte, Urkunden über Erbschaften, Kapitalbesitz oder Immobilien, gefälschte Lebensläufe, gekupferte Berufszertifikate, akademische Titel für Stasi-Juristen und Stasi-Ärzte. Natürlich stellte der zuständige MfS-Offizier als Ehrenmann seinem Inoffiziellen Mitarbeiter in der Bredouille vor Gericht einen Persilschein aus. Er log ihn um in einen Zweifler, in einen unzuverlässigen Genossen ohne gefestigten Klassenstandpunkt. Er attestierte ihm zur Not sogar verkappten Widerstand.

Wütend wurde 1990 darüber gestritten, ob nun die Abgeordneten der ersten frei gewählten Volkskammer mit Hilfe der Stasiakten auf eine Zusammenarbeit mit der Firma »Horch & Guck« überprüft werden sollten. Der frischgekürte Retter der SED, Dr. Gregor Gysi, und der ihm unbekannte IM »Notar« hatten gute Karten: Unter ihrem Namen fanden sich nur noch die ausgeleerten Aktendeckel.

Den Streit um die Akten des MfS sahen nach dem Fall der Mauer einige Zeitgenossen mit Geduld, andere mit Schrecken. Gerüchte kursierten, dass die Stasi noch etwa zwanzig Prozent ihrer Akten hatte vernichten können. Die Opfer des Regimes zitterten vor Wut. Die Täter zitterten vor Angst, weil achtzig Prozent der Beweise noch existierten. Das war die makabre Ernte: vier Millionen Akten über Ostdeutsche, zwei Millionen über Westdeutsche. Ein Berg aus Verrat, ein Labyrinth der Niedertracht, eine Kloake der Lügen, ein See der Tränen. Was sollte mit diesem Erbe geschehen? Ich denke an die falsche Lichtgestalt Peter-Michael Diestel und an die echte Lichtgestalt, seinen bundesdeutschen Kollegen, Innenminister Wolfgang Schäuble. Es gab in Ost und West Politiker, die eine Vernichtung aller Akten forderten. Die einen, weil sie zu viel wussten, die anderen, weil sie zu wenig Ahnung hatten. Die Bürgerkomitees und Besetzer der Stasizentralen verlangten, dass die Akten für die Aufklärung des DDR-Unrechts und zur Rehabilitierung der Opfer erhalten bleiben und auch einsehbar gemacht werden – das monströse Gesamtkunstwerk sollte also nicht verkollert, verbrannt, zerfleddert und vergessen, sondern gesichert, aufbewahrt und öffentlich gemacht werden.

Am 24. August 1990 fasste die erste und letzte demokratisch gewählte Volkskammer einen einmütigen Beschluss über den Umgang mit den sechs Millionen Stasiakten. Ein klares Votum für die politische, historische und juristische Aufarbeitung der Tätigkeit des ehemaligen Ministeriums für Staatssicherheit. Zudem wurde bestimmt, dass die Stasiakten von keinem Geheimdienst genutzt werden dürfen, auch nicht vom Bundesverfassungsschutz. Dies allein schon deswegen nicht, weil sie mit Methoden angelegt worden waren, die nicht rechtsstaatlich waren und Bereiche erfassten, die nach demokratischem Recht nie und nimmer von irgendeiner Behörde hätten ausgeschnüffelt werden dürfen. Aber es regte sich Widerspruch und sogar Widerstand. Ministerpräsident Lothar de Maizière und sein Innenminister Diestel hatten sich schon früher gegen eine dauerhafte Öffnung der Akten ausgesprochen. Auch Bundeskanzler Kohl war dagegen und wollte das Material lieber in die große Tonne treten oder im Bundesarchiv für mindestens dreißig Jahre unter Verschluss halten.

Ende August drang in die Öffentlichkeit, dass das verabschiedete Volkskammergesetz nicht in den Einigungsvertrag übernommen worden war. Vielmehr war beschlossen worden, erst nach der Wiedervereinigung ein neues Gesetz nach gesamtdeutschem Recht zu verabschieden. Die meisten Abgeordneten der Volkskammer reagierten empört, die Souveränität des Parlamentes war düpiert. Eiligst wurde nachverhandelt. Am 31. August unterzeichneten DDR-Verhandlungsführer Krause und Bundesinnenminister Schäuble den Einigungsvertrag. Darin wurde dem Ministerrat der DDR das Recht zugesprochen, den künftigen Sonderbeauftragten für die MfS-Unterlagen vorzuschlagen. Der Beirat sollte sich mehrheitlich aus ehemaligen DDR-Bürgern zusammensetzen, und die Akten sollten im Osten bleiben. Diese Nachbesserungen wurden aber nur als Empfehlung ausgesprochen, das Volkskammergesetz vom 24. August in einem zukünftig zu beschließenden gesamtdeutschen Gesetz zu berücksichtigen.

Diese vage Empfehlung ging einigen Bürgerrechtlern bei weitem nicht weit genug. In der Volkskammer standen die letzten Lesungen des Einigungsvertrages an, die letzte Chance also, etwas zu bewirken. Am 4. September, knapp einen Monat vor dem gesamtdeutschen Jubeltag, gelang sechs Frauen und fünfzehn Männern ein Coup: Sie drangen in den Seitentrakt des Zentralarchivs der Staatssicherheit in der Ost-Berliner Normannenstraße ein. Sie brachen eine Tür auf, besetzten im dritten Stock des Hauses 7 etliche Räume und verteidigten sich gegen eine Horde Volkspolizisten, die versuchte, die Eindringlinge wieder rauszuzerren.

Katja Havemann gehörte zu den Besetzern, auch Bärbel Bohley und Ingrid Köppe. Der robuste Hans Schwenke, ein Anführer bei der Stasi-Auflösung, und Christine Grabe, eine Abgeordnete der Volkskammer. Reinhard Schult, kein Freimaurer, aber ein Maurer im Freiheitskampf, ein populärer Oppositioneller mit Knasterfahrung, war vom Runden Tisch abgeordnet worden ins »Komitee zur Auflösung des Amtes für Nationale Sicherheit«. Er sollte »die Firma« MfS liquidieren, genauer: Er sollte es eben nicht.

Jürgen Fuchs rief mich in Hamburg an und richtete mir aus, ich solle schnellstens dazukommen und helfen – als Freund nach innen, als Promi nach außen. Natürlich wollte ich dabei sein. Meine Akten! Mein Leben! Meine Leute! Am Tag darauf stand ich mit allerhand Volk vor dem grauen Stahltor in der Ruschestraße. Aber das Gelände war von der Volkspolizei abgeriegelt worden. Etliche wollten, wie schon bei der ersten Besetzung am 15. Januar, den Cordon sanitaire durchbrechen und rein ins Stasigebäude. Die Vopos einer Hundestaffel machten ihre Köter flott. Ich versuchte, mich durch die Sperre zu drängeln. Eine Polizistenkette formierte sich: grün, grün, grün. Kein Durchkommen. Die Vopos trugen ihre neuen weißen Importhelme, hielten schicke Plastikschilde aus West-Berliner Beständen vor sich und krallten ihre altvertrauten Gummiknüppel aus dem Osten. Ich hatte Glück, womöglich irritierte mein Gesicht die Uniformierten, womöglich verwechselten sie mich mit Biermann und ließen mich durch. Auch die Volkspolizisten waren schon angefressen vom Zweifel und von Existenzängsten. Die Büttel von gestern dachten nur noch darüber nach, ob sie im nächsten Leben beamtete Polizisten in der Demokratie werden dürften.

Wir waren gut eingerichtet in Mielkes Hotel »Big Brother is Watching You«. Bequeme Notbetten, Schlafsäcke und Isomatten. Es war eng, aber wir waren guter Laune. Und ich hatte die Gitarre dabei und sang mein altes Lied mit dem Refrain: »Leben steht nicht auf dem Spiele, euer Wohlleben ja nur!«

Minister Diestel hatte nicht nur gleich nach der Besetzung das Gelände von der Polizei abriegeln lassen, sondern auch durch seinen Beamten Eichhorn gegen uns Strafanzeige wegen Hausfriedensbruch erstattet. Das war eine Lachnummer und zum Weinen. Von wegen Hausfrieden! Dies hier war kein Haus, Mensch! Und Frieden, den man hätte brechen können, gab es in Mielkes Machtpalast nie. Die Zentrale des MfS war fast ein Stadtteil, ein ganzer Stasikiez, der sich über mehrere Straßenzüge erstreckte: Normannenstraße, Ruschestraße, Magdalenenstraße, Glaschkestraße, Frankfurter Allee,

Roedeliusplatz und Gotlindestraße. Lauter graue Steinkolosse aus den fünfziger Jahren, Plattenbauten, schwer verschachtelte Gebäude, vollgestopft mit Technik. Der Regierungsnachrichtenwürfel mit seinen Richtfunkschüsseln, ein antennenstrotzender Tempel. Eine U-Haftanstalt gehörte dazu, integrierte Altberliner Wohnhäuser rundrum, auch Betonbunker. Ein Kasino, Großküche, eine Kantine und ein Krankenhaus. In der HVA, ein Bau mit über zweitausend Fenstern, hatte der »bekannte Schriftsteller« General Markus Wolf als Chef der Hauptverwaltung für Westspionage seine literarischen Studien getrieben. Und gegenüber die Hochhäuser, dort wohnten viele der über dreißigtausend Mitarbeiter, die einen bequem kurzen Fußweg zur Arbeit hatten. Die Lemuren der Machtelite. Wer als Opfer in das Terrain dieser Menschenfalle geriet, sollte sich sicher sein, dass er auf immer verloren war. Wer hier tagtäglich als Offizier seine Überstunden schob und alt wurde und befördert, der wusste: Die DDR dauert ewig. Der Gedanke, dass diese Tyrannei jemals zusammenbrechen könnte, war in dieser Architektur undenkbar. Eine Welt für sich. Es gab allein in Ost-Berlin vier weitere Komplexe des MfS in diesen Dimensionen, in Lichtenberg, in Karlshorst, in Hohenschönhausen und in der Wuhlheide. Und es gab an die zehntausend Stasi-Objekte in der ganzen DDR.

Ich schlief zusammen mit dem Schnarcher Schwenke im kleinen Nichtraucherzimmer. Ich unter einer großen Polit-Ikone vom sowjetischen Geheimdienstchef Feliks Edmundowitsch Dserschinski. Über Schwenkes Pritsche ein misshandeltes Porträt des Erich Honecker, irgendein Laienkünstler hatte ihm im Stil des Tachismus einen schwarzen Klecks ins Gesicht geklatscht. Realsozialistisches Action Painting. Das Bild habe ich am Ende beschlagnahmt.

Wir waren insgesamt etwa dreißig »Eroberer«. Nur die bekannten Besetzer, die sich beim ersten Check am Vortag in eine Liste der Volkspolizei eingetragen hatten, wurden rausgelassen und wieder rein. Die Vopos führten im Hauseingang genau Protokoll, wer wann und wie lange das Haus 7 verließ. Sie hatten den Befehl, eine Ausweitung der Besetzung zu verhindern. Vor den Toren des Geländes sammelten sich Demonstranten, eine Mahnwache hatte sich postiert. Die hausten da im Zelt. Um unseren Forderungen Nachdruck zu verleihen, traten wir nach fünf Tagen in einen Hungerstreik.

Der Ost-Berliner Bürgermeister Tino Schwierzina, sogar die Volkskammerfraktion der SPD und natürlich das Bündnis 90/Grüne, dem das NEUE FORUM angehörte, erklärten sich mit uns solidarisch. Marianne Birthler vom Bündnis 90 beteiligte sich an unserer Pressekonferenz. Die Volkskammerpräsidentin Sabine Bergmann-Pohl von der CDU suchte uns heim, nach ihr kamen verschiedene Vertreter anderer Fraktionen zur Stippvisite. Auch Joachim Gauck, der Vorsitzende des Sonderausschusses zur Kontrolle der Auflösung des MfS, besuchte uns in unserer eroberten Stasiburg. Der Pastor aus Rostock war Abgeordneter des NEUEN FORUMS. Aber einige der Besetzer sahen ihn kritisch und warfen ihm vor, dass er mit Innenminister Diestel gemeinsame Sache mache. Zwar setzte Gauck sich für den Erhalt und die Öffnung der Akten ein, aber er wollte auch ehemalige MfS-Angehörige als »Kenner der Materie« den Vertretern aus den Bürgerkomitees zur Seite stellen. Das schmeckte uns gar nicht. Brauchten wir Offiziere der Staatssicherheit als Blindenhunde im Labyrinth der Akten? Nein!

Wir hatten uns festgesetzt in Mielkes Machtzentrum. Und es kam uns so vor, dass einige Stasi-Mitarbeiter da auch noch allerhand zu erledigen hatten, denn nicht jeder wurde gefilzt beim Rein- und Rausgehn. Eines Nachts beobachtete ich, wie ein Barkas unten an eine Rampe fuhr und Aluminiumkisten verladen wurden. Die klauten uns noch hier unterm Arsch die Akten weg! Das Haus 7, in dem wir uns einquartierten, stand im rechten Winkel zum Hauptgebäude, von dem aus Erich Mielke sein Imperium regiert hatte. Anekdoten, Legenden, Gerüchte machten die Runde. Das erzählte ein komischer Polizist, der wie ein degradierter Offizier aussah und nicht Peter heißen wollte, sondern Pjotr: In den letzten Wochen vor der Wende soll der Stasiminister nur noch hektisch vor sich hin gebrabbelt haben. Er diskutierte mit dem bronzegetönten Gipsabguss von Lenins Totenmaske auf seinem leeren Schreibtisch. Ein paar Lakaien im Generalsrang trappelten bis zum Ende hinter ihm her und haschten devot nach dem Sinn seiner Wutausbrüche. Und immer mal wieder soll Mielke geschrien haben: »Das ist alles eine Frage der Macht, Genossen! Und wer hat hier die Macht?« – »Wir!«, brüllten dann die subalternen Generäle. Dieses »Wir!« habe den Genossen Mielke beruhigt. Aber woher wollte der Pjotr das so genau wissen? Ich habe ihn nicht gefragt.

In einem günstigen Moment schafften wir es, durch einen Seitenflur in Mielkes Büroräume einzudringen. Hier also war das Zentrum im Zentrum der ganzen Firma! Früher waren die grauen Kampfgenossen in meine Wohnung eingedrungen und hatten sie verwanzt. Jetzt hatten wir die Höhle des Drachen erobert! Mielkes Bürotrakt stank nach Sauberkeit. Eine Kommandobrücke mit privater Suite. Steriler Luxus. Konferenzräume mit verdeckten Landkarten und Projektionsleinwand. Schrankwände mit furnierten Schiebetüren glatt glatt glatt. Der Riesenschreibtisch des Menschenvernichters leer leer leer. Der große Safe in der Wand daneben offen. Die Telefonanlage mit den verschiedenen Apparaten und festen Direktleitungen. Das Schaltpult mit den Namensschildern. Das also waren seine Waffen. Ein Anruf genügte, um ein Menschenleben auszulöschen. In der DDR sowieso, und im Westen durch die unsichtbaren Agenten an der unsichtbaren Front unter dem Befehl des Generals Markus Wolf.

Im Nebenraum quoll zerschredderter Wortsalat aus einem Aktenvernichter. Ich grapschte mir eine Handvoll Papierspaghetti und steckte mir dies wertlose Souvenir aus zerhackten Buchstaben in die Tasche – als eine Trophäe unseres Sieges. Und dann zog ich mir aus einer Kunstmappe in Mielkes Nebenraum eine hübsche Lithografie. Wie kamen solche Kunstwerke in seinen Schweinestall? Die Arbeit konnte das Werk eines Staatskünstlers sein, der einen Nationalpreis gekriegt hatte, oder die Zeichnung eines rebellischen Studenten von der Kunsthochschule Weißensee, der noch ein Extrastudium in Bautzen verpasst bekam. Keine Ahnung. Eine Kreidezeichnung, gedruckt auf kostbarem Büttenpapier.

Auf den ersten Blick sah ich einen Güterwaggon, lapidar mit sicheren Strichen hingezeichnet, so wie man es bei Picasso ablernen kann, wenn er den Stier in der Arena feiert. Und nun erkannte ich: Oben auf dem Dach des Waggons läuft ein vorgebeugter Volkspolizist hinter seinem abgerichteten Schäferhund an der straffen Leine. Der Künstler hatte sein Werk mit Bleistift signiert: »Rechn '82«, und den Titel des Blattes druntergeschrieben: »Suche«. Dazu »2/100«. Es war eindeutig, dieser Polizeihund schnüffelte wohl nicht nach Haschisch, sondern nach lebendem Menschenfleisch. Dem Genossen Minister war offenbar der zweite Abzug von insgesamt hundert Original-Exemplaren dieser limitierten Auflage dediziert worden.

Wer hatte das Blatt Nummer eins bekommen? Die Nummer eins der DDR? Oder die Frau des Künstlers?

Das Thema passte. Ein Republikflüchtiger wird gesucht, der sich in der Dachkonstruktion des Eisenbahnwaggons versteckt haben könnte. Dieses Kunstwerk nach den Regeln des sozialistischen Realismus, dachte ich, ist meine Beute nach siebenunddreißig Jahren DDR! Und ich merkte, wie dieses realsozialistische Werk auch mir nützlich sein konnte, denn es riss mich raus aus der naiven Idiotenfreude über unseren historischen Sieg.

Diese elende Lithografie! Die Jagd auf Republikflüchtlinge! Der auf Menschen abgerichtete Hund! Der Waggon! Mir fiel bei der obszönen Zeichnung meine Flamme S. ein. Ich erinnerte mich daran, wie ich Ende der sechziger Jahre diese duftende Blume aus dem Morgenland in der Hermann-Matern-Straße gepflückt hatte, im Künstlerclub »Die Möwe«. Diese aparte Schönheit passte so gar nicht in unser preußisches Broiler- und Bockwurst-Ost-Berlin. Wenn sie auf der Friedrichstraße an den Männern vorbeischwebte wie eine Märchenfee, dann drehten sich alle nach ihr um. Und wenn die Giergaffer dann wieder weiterliefen, rannte auch mal einer im Dusel gegen einen Laternenpfahl, fiel um und blieb bewusstlos liegen … Na ja, etwas übertrieben, aber wahr.

Und so passierte es mit uns. Neue Liebespaare erzählen sich in der ersten Zeit einander ihre ganze Lebensgeschichte. Sagen wir: wenigstens das, was sie wolln, und das, was sie können. Sie hatte abhaun wollen in den Westen. Und darum hatte sie sich mit Hilfe von Freunden im Reichsbahnausbesserungswerk Brandenburg in den Wasserbehälter eines fertig reparierten Waggons für Interzonenzüge gequetscht, oben unterm Dach. Die Füße dieser jungen Frau wurden dann von solch einem Hund der Grenzpolizei erschnüffelt. Sie landete im Knast. Sie überlebte Mielkes Verbrechen, aber sie ist daran immer wieder neu gestorben. Ob Mielke jemals darüber nachgedacht hat, was so einer jungen Frau angetan wurde?

Ja, wir hatten uns beim Genossen Mielke eingenistet und, was 'ne sinnige Gleichzeitigkeit!, der Allmächtige saß derweil im Knast in Hohenschönhausen und spielte vor Gericht den senilen Macht-Opa. Nicht aber wegen der Verbrechen, die er in der DDR zu verantworten hatte, wurde dem obersten Stasigeneral der Prozess gemacht, sondern wegen eines Mordes an zwei Berliner Polizeibeamten der Weimarer Republik im Jahre 1931. Darüber fand sich noch Beweismaterial. Monströse Rechtsnorm! Kleine Morde verjähren nie, große Mördereien sind nur ein Detail der Weltgeschichte. Der bundesdeutsche Rechtsstaat brachte bei dieser Gelegenheit ein Dilemma zum Vorschein. Da Mielke nach geltendem DDR-Recht gefoltert und gemordet hatte, wollte und konnte man ihn nicht belangen, solange er nicht gegen dieses geltende Staatsrecht verstoßen hatte. Bloß keine Siegerjustiz! Allein wenn ich an all die unschuldigen, die politischen Häftlinge der DDR denke, hätte ich diesen Mörder am liebsten totgeschlagen – und anschließend mit ihm noch mal in Ruhe über alles geredet. Für den galt, was Heinrich Heine für solche Fälle vorschlug: »Man muss seinen Feinden verzeihen, aber nicht eher, als bis sie gehängt worden.« Dabei war ich in Wahrheit froh, dass nicht ich solche unlösbaren Konflikte zwischen Recht und Gerechtigkeit lösen musste. Bärbel Bohley prägte ein paar Jahre später ein bitteres Wort, dem Flügel wuchsen: »Wir wollten Gerechtigkeit und bekamen den Rechtsstaat.« Inzwischen bin ich alt und im Zweifel dieses ewigen Dilemmas für den Rechtsstaat, weil es ohne ihn nicht mal eine Handvoll Gerechtigkeit geben kann.

»Ich will meine Akte!« – das war die populäre Forderung. Wir Besetzer wollten, dass kein anderer als die Bespitzelten und Verfolgten selbst das Recht hatten, über ihre Stasiakte zu entscheiden. Wir waren der Meinung, dass ein mündiger Bürger verantwortungsvoll mit seiner Vergangenheit umgehen kann. Außerdem verlangten wir, dass die Stasiakten nicht von irgendwelchen verbeamteten Bürokraten verwaltet werden sollten, sondern dass die Aktivisten der Bürgerkomitees damit beauftragt werden. Wir forderten, dass auch die Aktenverwalter selbst zukünftig unter der Kontrolle des Parlamentes stehen. Akten aller Art sollten als historisches Material für die Forschung gesichert werden. Wir bestanden auf einer strafrechtlichen Verfolgung der MfS-Täter und forderten die fristlose Entlassung aller – und zwar aller! – ehemaligen MfS-Mitarbeiter aus dem öffentlichen Dienst.

Tiefbesorgte Westpolitiker hatten den Argwohn, dass die DDR-Bürger sich gegenseitig die Nasen abbeißen, wenn die Akten ans Tageslicht kommen. Nichts dergleichen ist später geschehen. Diese

Akten sind nicht nur ein ideales Material für die Geschichtswissenschaft, sondern sie sind von existenzieller Bedeutung für die Opfer der Diktatur. Wer wusste im Westen denn schon, dass politische Häftlinge nach ihrer Entlassung aus der U-Haft oder der Strafhaft oder beim Freikauf durch die Bundesrepublik kein einziges Dokument in die Hand kriegten. Keiner besaß auch nur einen offiziellen Arschwisch mit Stempel und DDR-Kopfbogen und Unterschrift, worauf wenigstens dokumentiert wäre, wer da und warum und wie lange im VEB Knast gesessen hat. Es war ein Prinzip der DDR-Justiz, dem Klassenfeind nichts Schriftliches zu geben. Aber auch nichts Mündliches. Sogar die nächsten Angehörigen mussten den Gerichtssaal verlassen, wenn vom Richter das eben ausgesprochene Urteil gegen einen Angeklagten konkret begründet wurde. Offiziell gab es in der DDR keinen einzigen politischen Häftling! Für viele Verfolgte sind die Stasiakten nicht der Strohhalm, sondern sogar der Balken, an den sie sich klammern. Es geht nicht nur um diese oder jene Wahrheit, sondern auch banal um Rente, um Wiedergutmachung. Und es geht um die Ehre.

Die Akten waren nicht alphabetisch geordnet, sondern zu finden nur über eine verschlüsselte Suchkartei. Ein angeheuerter Ex-Stasi musste nur für einen alten Kumpel eine einzige Karteikarte klauen, und schon verschwand die gesuchte Akte wie eine Träne im Ozean. Die Sicherheitskopien dieser F-16-Kartei waren vernichtet worden. Und die elektronischen Suchhilfsmittel, die fetten Computerbänder? Die waren, wir hatten es im Fernsehen im März des Jahres mit Wut und Entsetzen gesehen, fachgerecht und mediengerecht zerfetzt worden. Traurige Ironie: Die gutgläubigen Stasi-Auflöser aus den Bürgerkomitees und vom Runden Tisch hatten im Januar noch selbst der Zerschredderung der riesigen IBM-Computerbänder zugestimmt. Sie hatten sich mit der Drohung ins Bockshorn jagen lassen, man müsse verhindern, dass der böse, böse Bundesverfassungsschutz nach den Wahlen einen bequemen Zugriff auf das Material habe. Als Krönung der Schildbürgerei erwies sich aber dies: Gemäß interner Absprache durfte die HVA bis zum 30. Juni des Jahres jede beliebige Karteikarte vernichten. Begründung für dieses Privileg: Es sollten die treuen und selbstlosen Kundschafter der DDR in den USA vor dem elektrischen Stuhl gerettet werden … Gerettet wurden alle hochkarätigen Schweinehunde.

Die Genossen hatten uns also über den Tisch gezogen, und zwar auf allen Ebenen. Aber trotzdem hatte sich dieses Land radikal gewandelt. Unser Hungerstreik war ein endloses Fressgelage, ich aß statt Wurstbroten die Geschichten meiner Freunde. Manches war ganz neu für mich. Fast alle Besetzer waren viel jünger als ich und kamen vom Prenzlauer Berg, der noch geschlafen hatte, als ich 1976 ausgebürgert worden war. Junge Oppositionelle unter dem Dach der Kirche, mit oder ohne lieben Gott – mir war's egal.

Jeden Tag demonstrierten ein paar hundert Menschen vor dem abgeriegelten Terrain, Berliner, die sich unseren Forderungen angeschlossen hatten. Auch in anderen Städten fanden Proteste und Hungerstreiks statt. Über fünfzigtausend Unterschriften waren bis zum 20. September für den Appell des Neuen Forums zusammengekommen. Journalisten besuchten uns und holten sich ihr Interviewfutter. Kamerateams aus aller Welt. So erzwangen wir Besetzer, dass das bereits festgezurrte Paket des Einigungsvertrages doch noch einmal offiziell aufgeschnürt wurde. Unsere Forderungen wurden vom Parlament neu verhandelt. Eine Zusatzvereinbarung wurde unter den Einigungsvertrag gesetzt. Die Beratungen für eine endgültige Gesetzgebung sollten unverzüglich nach dem 3. Oktober aufgenommen und das Volkskammergesetz dabei »umfassend berücksichtigt« werden. Durch ein zu beschließendes Gesetz sollten die Voraussetzungen für die weitere politische, historische und juristische Aufarbeitung der Tätigkeit des MfS geschaffen werden.

Wir beendeten die Besetzung der Stasizentrale am 28. September 1990. Mit dieser Nachbesserung hatten wir unsere wesentlichen Ziele erreicht. Nicht erreicht hatten wir aber, dass wirklich festgeschrieben wurde, was mit den Personenakten passiert und ob und wie die Betroffenen Einsicht erhalten würden. Deshalb waren einige von uns unzufrieden. Nicht erreicht hatten wir auch, dass jeder »seine« Akte einfach in die Hände kriegte. Und das war, so denke ich heute, auch besser so.

***

Nicht die Tür zum Paradies hatte die friedliche Revolution aufgestoßen, aber das Tor zur Welt. Die meisten Ostmenschen hatten kapitalistische Rosinen im Kopf und überschwengliche Hoffnungen im Herzen. Der Sturz des alten Regimes war ein Triumph irdischer Gerechtigkeit. Die entmachteten Parteibonzen zitterten, aber ihre Existenzängste erwiesen sich als hysterisch. Leider! Ich alter Zweckpessimist war trotz alledem guten Mutes. Mein Lied »Melancholie« vom Frühjahr 1989 passte nicht mehr am Ende dieses Jahres. Von wegen: »Weil ich kein Land mehr seh in keinem Land«!

Meine alte Humboldt-Universität bat mich um ein Extra-Konzert anlässlich der deutschen Einheit im Audimax Unter den Linden. Wir feierten rein in den 3. Oktober mit gemischten Gefühlen. Der Kapitalismus hatte gesiegt, und er hatte einen weiblichen Vornamen: Freiheit. Was in der vertrauten Diktatur über Privilegien geregelt worden war, regelte jetzt der Fetisch Geld. Das Kapital hatte Marxens »Kapital« besiegt, der Markt ist eben stärker als das »Kommunistische Manifest«. Orwells sarkastische Paraphrase fiel mir ein: »Glaube, Hoffnung, Geld, und unter diesen drei ist Geld das Größte.«

Das Westgeld brachte die Verhältnisse zum Tanzen. Der festgelegte Wechselkurs von DDR- und West-Mark schätzte den Wert der Ostmark aus politischem Kalkül viel zu hoch ein. Die Arbeiter fingen an zu rechnen. Auch die gesünderen Volkseigenen Betriebe waren viel zu schwach für die Konkurrenz auf dem Weltmarkt. Die LPGs zerfielen, und mancher LPG-Parteisekretär machte sich mit Hilfe der Beamten des alten Apparats schnell noch zum rechtmäßigen Großgrundbesitzer. Die flotteren Funktionäre gründeten sofort diverse Firmen. Was 'ne Ironie: Ausgerechnet sie profitierten als Erste vom Tod der DDR. Nur allerhand aufgescheuchte DDR-Intellektuelle, Künstler und Schriftsteller träumten dem vertrauten Elend nach, und manche verklärten es als »das Bewahrenswerte«. Bei näherem Hinsehn konnte man dafür getrost »Privilegien« sagen.

Mit sozialdemokratischen Westlinken wie etwa Günter Gaus konnte ich über den Tod der DDR nun schon nicht mal mehr streiten. Plötzlich kamen mir viele meiner guten alten Westverbündeten vor wie die trauernden Witwen des DDR-Staates. Ostpolitiker der SPD, die sich bei der Annäherung an die SED-Genossen polit-erotisch so gewandelt hatten, dass sie mit der DDR-Opposition nicht mal heimlich ins Bett gingen, liefen rum wie die Hinterbliebenen eines teuren Genossen. Viele Linke waren hinter dem eigenen Rücken heilfroh, dass ihre Utopie ein Traum geblieben war, den sie nicht hatten leben müssen. Außerdem zeigte sich eine peinliche Wahrheit: Zu viele im Westen hatten nichts hören und nichts sehen wollen von all der Unterdrückung in der DDR. Aus heutiger Sicht kommt es einem geradezu skurril vor, wie viele Linke sich in den achtziger Jahren durch Geldeintreiben und Arbeit vor Ort mit Ländern wie Nicaragua solidarisierten, dort Hilfsprojekte starteten, Brunnen und Schulen aufbauten, aber das Elend in ihrem Nachbarland hinter der Mauer nicht wahrhaben wollten.

Um Deutschland ist mir gar nicht bang

Um Deutschland ist mir gar nicht bang
Die Einheit geht schon ihren Gang
unterm Milliardenregen
Wir werden schön verschieden nass
Weh tut die Freiheit und macht Spaß
ein Fluch ist sie, ein Segen
Heimweh nach früher hab ich keins
nach alten Kümmernissen
Deutschland Deutschland ist wieder eins
nur ich bin noch zerrissen

Um Deutschland ist mir gar nicht bang
Und ich als Weltkind mittenmang
ob Wissen oder Glauben
Ob Freund ob Feind, ob Weib ob Mann
Die liebe Muttersprache kann
kein Vaterland mir rauben
Heimweh nach früher hab ich keins
nach alten Kümmernissen
Deutschland Deutschland ist wieder eins
nur ich bin noch zerrissen

Heiß oder kalt, immer war da Krieg …

Der Golfkrieg. Israel. Die Arschloch-Affäre.

Der Kalte Krieg war vorbei. Aber es blühten uns zwei neue Kriege, und die waren heiß: der Zweite Golfkrieg und danach die Konflikte im zerfallenden Vielvölkerstaat Jugoslawien. Beide Kriege stellten die deutsche Friedensbewegung auf den Prüfstand.

Der irakische Nationalsozialist Saddam Hussein überfiel im August 1990 mit seinem Heer das schwache Kuwait. Der UN-Sicherheitsrat verurteilte die Invasion scharf. Monate vergingen. Wirtschaftssanktionen gegen den Irak wurden beschlossen. Mit einer Resolution forderte der UN-Sicherheitsrat die Wiederherstellung der Unabhängigkeit und territorialen Integrität Kuwaits. Die Arabische Liga stellte eine Friedenstruppe zum Schutz Saudi-Arabiens und der übrigen Golf-Anrainerstaaten auf, die USA gründeten ein Militärbündnis gegen den Irak, zusammen mit dreiunddreißig anderen Staaten, darunter Großbritannien, Saudi-Arabien, die Türkei und Ägypten. Saddam Hussein rief zum »Heiligen Krieg« gegen die USA und Saudi-Arabien auf und drohte mit der Vernichtung Israels. Einen Tag nach Ablauf des UN-Ultimatums begann das Militärbündnis mit der »Operation Desert Storm« den Krieg gegen den irakischen Diktator.

Und plötzlich schwelgte das wiedervereinigte Deutschland in einem gesamtdeutschen Gefühlsausbruch für den Frieden! In allen Großstädten demonstrierten Hunderttausende gegen diesen Krieg, allein in Bonn versammelten sich zweihunderttausend Menschen. Ganze Schulklassen wurden von ihren Lehrern auf die

Straße beordert. Aus vielen Fenstern hingen weiße Bettlaken – die weiße Fahne der Kapitulation. Weiße Bettlaken hatten viele Deutsche auch 1945 aus den Fenstern gehängt, sie sollten den angreifenden alliierten Truppen signalisieren: »Wir ergeben uns! Tut uns nichts!« Aber warum rissen die Deutschen jetzt ihre Laken aus den Betten? War das nicht völlig hysterisch?

Eine der beliebtesten Losungen der Friedensbewegung gegen diesen Irakkrieg war: »Kein Blut für Öl!« Es kochte eine antiamerikanische Stimmung hoch. Die Amis, so wurde unterstellt, würden nur wegen des Öls in Kuwait eingreifen – die reine und kalte Profitgier mal wieder. So stellt sich der kleine Moritz die Löcher im Käse vor! Der Versuch Husseins dagegen, Hitlers Endlösung der Judenfrage zu vollenden, rührte das Herz der Friedensfreunde kaum, will sagen gar nicht. Als die ersten Raketen Israel trafen, folgerte der grüngetünchte Tartuffe Hans-Christian Ströbele: »Die irakischen Raketenangriffe sind die logische, fast zwingende Konsequenz der Politik Israels.«

Saddam Hussein war, wie sein Vorbild Hitler, ein notorischer Massenmörder. Bei ihm musste keiner mehr mutmaßen. Er hatte bereits aus Gründen strategischer Zweckmäßigkeit einen Teil seiner eigenen Zivilbevölkerung vergast, die Kurden im Norden des Irak. Er brüstete sich mit seinem Todesmut: »Ich kann drei, ja sechs Millionen Tote hinnehmen, das stehe ich durch.« Er sagte die Wahrheit, denn er konnte sich zig Meter unter der Erde verkriechen in einem atombombensicheren Bunkersystem, Modell »Neue Heimat«, gebaut von deutschen Baufirmen.

Wir saßen an unseren Fernsehern. Erstmals ließ sich der Krieg durch Kameras aus der Perspektive der Flugzeuge verfolgen. Die Koalitionskräfte bombardierten Bagdad. In Israel heulten die Sirenen. Fünfundvierzig Jahre nach Auschwitz saßen die Israelis, jeder in seiner Wohnung, im privaten Gaskämmerchen hinter Plastikfolie und Tesa-Klebestreifen. Fenster und Türen ordentlich abgedichtet. Sie warteten in Tel Aviv und Jerusalem mit deutschen Gasmasken über der Judennase auf das Sarin-Gas, auf Tabun-Gas und auf das gefürchtete Senfgas, eingeworfen durch den jordanischen Luftkorridor mit einer sowjetischen Scud-B-Rakete. Und obwohl Israel allen Grund gehabt hätte, militärisch zu antworten, verzichtete es auf den Gegenangriff. Nicht aus militärischer Schwäche.

Soll das etwa mein Trost sein? Israel besitzt die Atombombe und hätte noch im Untergang mit einem Vergeltungsschlag seiner U-Boote Hussein und seine kriegsbegeisterte Bande mit in den Abgrund reißen können.

Dabei war die Lage der Juden und der Palästinenser in diesem Weltkonflikt ähnlich verzweifelt und heillos. Sie waren auch die Einzigen, die ähnliche, will sagen existenzielle Interessen hatten und deshalb sogar Verbündete hätten sein sollen. Weder der jordanische König noch der syrische Diktator Assad, nicht der operettengrüne Tyrann Gaddafi in Libyen und schon gar nicht der Machtjunkie Hussein interessierten sich für das Schicksal der Palästinenser. Eine religiöse oder soziale Intifada in irgendeinem arabischen Land hätte keine zwei Stunden gedauert, sondern wäre sofort blutig niedergeschlagen worden. Aber in ihrer Blindheit feierten die Palästinenser in den besetzten Gebieten die Angriffe auf Israel wie kleine Siege. Arno Lustiger sagte mal einen Satz, der mir einleuchtet: »Wenn die Araber die Waffen niederlegen, dann wird es keinen Krieg mehr geben. Wenn die Juden die Waffen niederlegen, wird es kein Israel mehr geben.«

Mich zerriss es. Mich quälte die Tatsache, dass die friedensbewegten Deutschen eine bequeme Wut gegen die Amerikaner sich gönnten, aber nicht einen vernünftigen Zorn wagten gegen den Tyrannen Hussein. Mich empörte der antiisraelisch geschminkte Judenhass. Ich bin anders geprägt als die meisten meiner Landsleute, und meine historischen Folgerungen sind entsprechend andere. Was Richard von Weizsäcker 1985 formuliert hatte, dass der 8. Mai 1945 nicht ein Tag der Niederlage, sondern der Befreiung war, das wusste ich schon unter dem Bombenhimmel von Hammerbrook, und ich begriff es endgültig, als mir meine Mama 1945 diese historische Wahrheit mit der Schokolade aus unserem ersten US-Care-Paket in Deggendorf einfütterte.

Nicht aus eigener Kraft und schon gar nicht aus eigener Überzeugung hatten wir Deutschen den Nationalsozialismus überwunden. Wir verdanken das Ende dieser blutigen zwölf Jahre einzig den Millionen von jungen Soldaten der vier Mächte, die Deutschland militärisch besiegten.

Ich selbst habe schmerzlich erfahren, von Anbeginn meines Lebens, dass sich manche Konflikte nur mit Gewalt lösen lassen. Meine Folgerung aus der Nazizeit war eben nicht: Nie wieder Krieg! Auch nicht: Nie wieder bewaffneter Kampf! Und erst recht nicht: Legt alle Waffen nieder! Wie auch? Ich lebe ja nur, weil Soldaten mit der Waffe in der Hand Nazideutschland niederkämpften. Ich fürchtete mich auch nicht davor, dass Deutschland wieder zu einer kriegslüsternen Großmacht werden könnte, wenn es sich am Krieg gegen eine Diktatur beteiligt. Aber ich fürchtete, dass das »Nie wieder!« meiner friedensbewegten Landsleute zu einer Haltung führt, die ähnlich totale Konsequenzen haben würde wie die Begeisterung unserer Vorgängergeneration für den totalen Krieg in der Nazizeit. »Kein Blut für Öl!« – heilige Einfalt! Natürlich ging es den Amerikanern auch ums Öl. Und ich sage: zum Glück! Wenn in Kuwait nicht Öl gefördert worden wäre, sondern nur die Kunst des Kamelreitens, dann hätte die Weltgemeinschaft dem Dieb aus Bagdad die wertlose Beute gelassen.

Ich haute einen Artikel raus, und gleich im ersten Absatz schrieb ich: »Lieber pazifistisch gesinnter Leser, liebe friedensbewegte Leserin, damit wir einander von Anfang an richtig missverstehn: Ich bin für diesen Krieg am Golf.« Und ich endete mit dem Absatz: »Heute ist Montag, der 28. Januar. Man mag nur noch in Tagen denken in dieser Endzeit. In den Nachrichten kam eine Neuigkeit, die mich entsetzt und gar nicht verwundert: Saddam kündigt nach dem konventionellen Raketenvorspiel nun den nichtkonventionellen großen Vernichtungsschlag gegen Israel an. Er wird also meinen Freund Walter Grab und seine Frau Ali in Tel Aviv das erste Mal im Leben vergasen und meinen toten Vater zum zweiten Mal. Und ich höre schon den lapidaren Kommentar von einigen besonders fortschrittlichen deutschen Friedensfreunden: Selber schuld. Na dann! Bindet euer Palästinensertuch fester, wir sind geschiedene Leute.«

Als ich meinen Essay für die *Zeit* fertighatte, zeigte ich den Text zur Gütekontrolle meinem verehrten Kollegen, dem Literaten Hubert Witt. Er gab mir keinen Ratschlag, aber er flüsterte: »Wolf, überleg es dir. Dieser Zeitungsartikel wird dich die Hälfte deiner Fans kosten.« Mein besorgter Leipziger wohnte nahe dem Völkerschlachtdenkmal, der musste es also wissen, und er wusste es ja auch. Er behielt Recht – und ich habe damals zum Glück nicht auf seine Warnung gehört.

Als der Artikel veröffentlicht war, kriegte ich Kriegskörbe voll Post. Es entbrannte eine Diskussion, die vielleicht schon längst überfällig war. Es war klar, der Streit ging um das deutsche Verhältnis zum Völkerrecht, zur Verteidigung der Demokratie, zur Freiheit und zu Israel. Manche Freundschaft zerbrach, aber mir flogen auch zauberbunte Vögel zu: der israelische Liederkomponist Yochanan Zarai, der in Budapest 1944 seine eigene Massenerschießung auf einem Platz mit jüdischen Kindern überlebt hatte. Auch der Historiker für die Erforschung der Völkermorde, Professor Gunnar Heinsohn, und sein Kollege, der Politikwissenschaftler Klaus von Münchhausen, wurden unsere Freunde. Und der linksassimilierte Taxifahrer Moshe Joseph. Der brach in Hamburg aus seiner friedensbewegten und israelfeindlichen WG aus. Wir nahmen ihn bei uns auf wie ein verlorenes Kind – und ausgerechnet bei uns Atheisten wurde er in den zwei Jahren, die er bei uns lebte, ein streng orthodoxer Jude.

In meiner Position im Streit um den Irakkrieg bestärkten mich Hans Magnus Enzensberger und Günter Kunert. Auch der junge Dichter Hans Sahl, geboren 1902, der nach langer Exilzeit wieder in Deutschland lebte, schrieb mir einen ermutigenden Brief, schickte mir seine Bücher, Essays, Romane und Gedichte. Ein besonders schönes Gedicht von ihm vertonte ich: »Strophen«.

Unser guter alter Freund Günter Grass aber, dem ich 1976 so viel verdankte, sagte nun nicht mal mehr meiner Pamela Guten Tag. Vergessen die Zeiten, als er uns in seinem Bauernhaus in Wewelsfleth nicht aus seinem Roman »Der Butt« vorlas, sondern einen riesigen Butt kulinarisch zubereitete. Es war ein fröhlicher Gueuleton, eine heitere Zeremonie des Savoir-vivre. Die »Blechtrommel« hatte Grass in seiner Pariser Jugendzeit geschrieben. Dieser Butt in der Bratpfanne des alten Maître de Cuisine war echte Weltliteratur. Aber dann kam uns der Lauf der Welt in die Quere. Grass war menschlich enttäuscht von mir. Nicht nur, weil ich das Wort Wiedervereinigung nicht mit einem »i« ohne »e« schreiben wollte wie er. Auf einer Tagung der Evangelischen Akademie Tutzing im Februar 1990 hatte er gegen ein wiedervereinigtes Deutschland gewettert: »Das unter dem Begriff Auschwitz summierte und durch nichts zu relativierende Verbrechen Völkermord lastet auf diesem Einheitsstaat … Komplexgesättigter Größenwahn hat die Deutschen dazu verleitet, ihre Möglichkeit, sich als Kulturnation in einem Bundesstaat zu finden, nicht zu verwirklichen und stattdessen mit aller Gewalt den Einheitsstaat als Reich zu erzwingen. Er war die früh geschaffene Voraussetzung für Auschwitz.« Einfacher gesagt: Ein wiedervereintes Deutschland sei die Voraussetzung für ein neues Auschwitz. Das war nicht nur Blödsinn, sondern eben der falsche Folgeschluss aus der eigenen, wenn auch unverschuldeten, aber doch verheimlichten Verstrickung. Was trieb ihn so in die Übertreibung, was so irrsinnig in die Irre? Ich verstand die Gründe besser, als er 2006, in einem Nebensatz seines neuen Buches »Beim Häuten der Zwiebel« versteckt, seine Mitgliedschaft in der SS bekanntgab. Dass er als halbes Kind mit siebzehn Jahren ein SS-Mann wurde – ok! Mich störte nur, dass er erst mit neunundsiebzig Jahren aus Himmlers Verein austrat. Nun, da er sich öffentlich berühmte mit seiner Zerknirschung, konnte ich mir einen Blödelwitz über den grässlichen Grass nicht verkneifen. Ich sagte zu Pamela: »Dass unser Freund als Jüngling in die SS eintrat, ist nicht so schlimm. Hauptsache, er war nicht in der SA!«

Im *Spiegel* las ich vor einiger Zeit ein Interview mit US-General Michael Flynn. Er diente dreißig Jahre in der US Army, zuletzt als Chef des Militärgeheimdienstes DIA. Gefragt nach seiner heutigen Meinung zum Irakkrieg sagte er: »Das war ein riesiger Fehler. So brutal Saddam Hussein war – ihn nur zu eliminieren, war falsch. Das Gleiche gilt für Gaddafi und Libyen.« Mich elektrisierte das kleine und alles entscheidende Wort »nur«. Falls das korrekt aus dem Englischen übersetzt wurde, sagte dieser Michael Flynn genau das, was ich damals wie heute zum Irakkrieg meine. Ich hielt diesen Krieg für notwendig. Kein After-Prophet kann uns sagen, was der Welt passiert wäre ohne den Krieg gegen den Völkermörder Saddam Hussein. Die Amerikaner haben das Richtige gemacht, aber leider falsch. Einen Tyrannen »nur« zu stürzen, ist eben nicht genug. Unsere deutsche Nachkriegsgeschichte ist der Beweis.

***

Mein Artikel »Kriegshetze – Friedenshetze« wurde in vielen europäischen Ländern veröffentlicht und auch in der israelischen Tageszeitung *Haaretz*. Ich war nie in Israel gewesen, nun lockten mich etliche Einladungen. Der Intendant des Khan-Theaters in Jerusalem, der Regisseur Eran Baniel, sah ein Interview mit mir im israelischen Fernsehn und griff spontan zum Hörer. Er lud mich zu einer Reihe von Konzerten in Israel ein. Ende April 1990 flog ich zum ersten Mal nach Eretz Israel, zusammen mit Pamela und Arno Lustiger. Dieser Besuch hat unser Leben verändert. Das Land war stärker und lebendiger, westeuropäischer und arabischer, als ich erwartet hatte. Seither fliegen wir jedes Jahr zu unseren Freunden dort.

Alte Jekkes, also Juden aus Deutschland, schrieben mir bewegende Briefe und luden mich in den Kibbuz Hasorea ein. Einfache Kibbuzniks wie der zionistische Wandervogel Lary El Or vom Hashomer Hatzair in Wien und seine Frau Pia von der Federación Sionista de Chile wurden Familie für uns. Die zionistischen »Werkleute« Amnon Tamir aus Stuttgart und seine Frau Elisheva einfach auch. Aber »einfach« ist da fast keiner. Alle haben eine verrückte Geschichte aus der Nazizeit, die uns verbindet.

Eran Baniels Frau Ilana, die nie im Leben nach Deutschland wollte, wurde Pamelas Herzensschwester und besucht uns sogar in Hamburg. Eran inszenierte am Khan-Theater Shakespeares »Romeo und Julia« zusammen mit einer befreundeten Theatertruppe aus dem Westjordanland. Dabei war klar: Wenn überhaupt, musste der Romeo ein Araber sein. Und nur eine Jüdin durfte die Julia spielen. Auch wenn es nur auf der Bühne passiert – eine arabische Julia wäre am Tag nach der Premiere ermordet worden. Manche Konflikte, wie der zwischen Abrahams Söhnen Ismael und Isaak, haben gar keine Lösung, sondern nur eine Geschichte.

Wir freundeten uns an mit dem Dokumentarfilmer und Schriftsteller David Schütz, geboren 1941 in Nazideutschland, bis zum Kriegsende versteckt und gerettet. Als 1948 der Staat Israel gegründet wurde, kam das deutsche Judenkind im Kibbuz unter. Nun lernte er intensiv Iwrit – ein Stück Brot, ein Glas Milch, Marmelade, Butter, einen Keks, eine Suppe kriegte der Kleine nur, wenn er das richtige hebräische Wort dafür sagen konnte.

Der Lyriker Nathan Zach wurde mir wie mein Bruder. Dieses Berliner Judenkind war sechs Jahre alt, als seine Eltern 1936 mit ihm nach Palästina flüchteten. Wir besuchten Amos und Nili Oz –

mal in der Wüstenstadt Arad, mal im Norden von Tel Aviv. Wir wanderten mit Meir Shalev durch Galiläa, nahe der von deutschen Christen der Tempelgesellschaft gegründeten ehemaligen Siedlung Waldheim. Und ich traf meine geliebten Ost-Berliner Russen wieder, den Dolmetscher Ilja Moser und seine Frau Vera, die inzwischen mit ihrem Sohn Daniel nach Israel ausgewandert waren. »In Israel ist es schöner«, sagte Ilja zu mir, »da muss ich nur an zwei Wunder glauben: dass Wasser aus einem Felsen kam und dass das Rote Meer sich teilte. In der Sowjetunion und in der DDR musste ich jeden Tag an tausend Wunder glauben, die nie Wirklichkeit wurden.«

Ach! und Fred Düren! Der Brecht-Schauspieler vom BE, der Besson-Schauspieler vom Deutschen Theater in der Schumannstraße – für mich der genialste Gaukler des DDR-Theaters. Seine resolute Frau rettete ihn vor dem Alkoholtod. Gemeinsam retteten sie sich ins Judentum und ins Heilige Land. Fred wurde Rabbiner in Jerusalem. Und ich dachte mir: seine letzte Rolle! Als ich im Khan-Theater auftrat, kam er in mein Konzert, und wir redeten vertraut wie in den guten alten schlechten Zeiten in der Kantine des BE. Ich gab ihm seine zwei Karten vor dem Konzert, aber seine allzu streng religiöse Frau wollte den Saal partout nicht betreten. Sie flüsterte: »Ich kann von hier draußen an der angelehnten Tür alles sehr gut verstehn.« Ich nahm es hin, und ich verstand nichts.

Wir haben inzwischen in diesem winzigen Land Familie und genauso viel gute Freunde wie in Hamburg und Berlin. Mein Sohn Felix Havemann, der seinen eigenen Weg fand, konvertierte zum Judentum. Er gab sich den Namen Eliyah. Sein Buch über dieses neue Leben ist so geistreich und humorvoll, dass ich ahne: Für den war es genau das Richtige. Er lebt heute mit seiner Frau Jenny und unseren Enkelkindern Levi und Ari in Tel Aviv. Und wie Felix waren auch die Söhne Til und David als Volontäre im Kibbuz und lernten Iwrit. Ob das meinen Vater gefreut hätte? Sicher! Oder eine Hannah Arendt? Da bin ich nicht sicher.

Ich sang in meinen Konzerten in Israel natürlich auch mein Lied:

Und als wir ans Ufer kamen

Und als wir ans Ufer kamen
Und saßen noch lang im Kahn
Da war es, dass wir den Himmel
Am schönsten im Wasser sahn
Und durch den Birnbaum flogen
Paar Fischlein. Das Flugzeug schwamm
Quer durch den See und zerschellte
Sachte am Weidenstamm
 – am Weidenstamm

Was wird bloß aus unsern Träumen
In diesem zerrissnen Land
Die Wunden wollen nicht zugehn
Unter dem Dreckverband
Und was wird mit unsern Freunden
Und was noch aus dir, aus mir –
Ich möchte am liebsten weg sein
Und bleibe am liebsten hier
 – am liebsten hier

Nach einem Konzert in Tel Aviv kam eine alte Berlinerin zu mir an die Bühnenrampe. Auch sie war auf der Flucht vor den Nazis nach Palästina geraten. Vom Straßenpflaster Unter den Linden direkt unter die Palmen im zuckerfeinen Sand, von den Mietdroschken zu den Kamelen, von den Nazis zu den feindseligen Arabern. Sie balinerte mit hebräischem Oberton: »Du, Herrr Bierrmann, det scheene Lied ›Ick möchte an liebstn weg sein, und bleibe am liebstn hier‹ – also beidet am liebstn …, haste det extra für uns Jekken hier jedichtet?« Und ich balinerte mit Hamburger Unterton zurück: »Nee, det hab ich für uns selba jeschriebn.«

***

Nach dem Fall des Eisernen Vorhangs flohen viele elende Menschen aus aller Herren Länder in das deutsche Paradies und erlebten eine Luxushölle. Im Jahr 1991 zeigte die deutsche Wiedervereinigung ihre Arschseite. Es marschierten glatzköpfige Neonazis in glänzenden amerikanischen Bomberjacken auf und rissen den rechten Arm hoch zum Führergruß. Die »Ausländer raus«-Deutschen setzten Asylantenheime in Brand. Und verblödete Bürger, wie in Hoyerswerda und Rostock, schauten beim Pogrom zu und stachelten mit ihrem Beifall die Meute an. Skins, Fremdenhass – ein schrecklicher Nachlass der DDR-Diktatur. Die Vergangenheit war noch jung.

Im April 1991 rief mich Marcel Reich-Ranicki an: »Nach menschlichem Ermessen« müsse ich den Büchner-Preis kriegen. Obwohl er nicht in der Jury sitze, habe er alles vorgearbeitet. Er habe schon einmal den Lessing-Preis für Walter Jens erwirkt, auch das, obwohl er nicht in der Jury gesessen habe. Das sei keine Kleinigkeit, und eigentlich müsse er zwanzig Prozent Provision verlangen. »Sie kriegen keinen Pfennig, aber Ihrer Frau gebe ich freiwillig dreißig Prozent«, flapste ich zurück. Zur Jury gehörten Germanistikprofessoren und Schriftsteller, informierte mich der Literaturpapst. Die Schriftsteller kämen meistens nicht, und so seien die Professoren in der Mehrheit. Die meisten, emeritiert und gaga, freuten sich über eine Gratisreise mit Hotelübernachtung. Und seien alle auf ihn sauer, weil er in all den Jahren als Literaturchef der *FAZ* ihren akademischen Quatsch nicht gedruckt habe. Die vertrottelten und beleidigten Professoren hätten sogar verhindert, dass er, Reich-Ranicki, in die Akademie für Sprache und Dichtung in Darmstadt gewählt werde.

»Das haben wir gemeinsam«, sagte er, »Freunde und Feinde. Wir polarisieren. Man ist für uns oder gegen uns – aber keinem sind wir egal.« So? Reich-Ranicki kam ins Plaudern. Er habe schon 1980 versucht, mir den Büchner-Preis zuzuschanzen, aber damals habe der inzwischen verstorbene Bürgermeister von Darmstadt, Herr Sabais, abgeblockt mit dem schönen Satz: »Den Büchner-Preis für einen Gitarrenspieler?« MRR war in manipulatorischer Hochform und beklagte, dass Walter Jens so seichtes Zeug zum Golfkrieg geschrieben habe – es sei in seinem Text peinlich das Wort vom Staat Israel vermieden worden. Jens erkenne Israel noch immer nicht an und spreche stattdessen verschämt vom »jüdischen Gemeinwesen« – das könne aber auch die Jüdische Gemeinde in München sein. Wegen Hitler, klagte Reich-Ranicki, habe er Joachim Fest als

Freund verloren, wegen Israel Walter Jens. Dieser Walter Jens lehne es ab, mit ihm noch über Politik zu sprechen, weil er, Reich-Ranicki, nichts davon verstehe. »Was soll ich tun?«, fragte MRR. »Über Literatur können wir auch nicht sprechen, weil Jens weder von Politik noch von Literatur was versteht!«

Im Oktober 1991 verlieh mir die Deutsche Akademie für Sprache und Dichtung in Darmstadt den Büchner-Literaturpreis. Reich-Ranicki beglückwünschte mich mit einem giftigen Bonmot: »Mein Liiieberr – das ist jedes Jahr wieder unser Problem in Deutschland. Wir haben mehr große Literaturpreise als große Dichter.« Mich meinte er, das bilde ich mir ein, damals nicht, denn wir waren 1991 noch nicht zerfreundet, und er lieferte eine saftige Laudatio.

In meiner Darmstädter Dankrede schlenderte ich im deutschen Ideengarten, zitierte Büchners Wort vom »grässlichen Fatalismus der Geschichte« – just in Bezug auf unsere jüngste ostdeutsche Geschichte. Ich schilderte ein Problem: Es hatte sich bei uns in der DDR weder eine Charta 77 entwickelt wie in der ČSSR, noch eine Gewerkschaftsbewegung Solidarność wie in Polen. Nicht mal im Ansatz. Was war so anders in der DDR? Ein Grund war der chronische Mangel an geeigneten Rebellen. Die Aufmüpfigen, die unruhigen Geister der DDR, die potentiellen Umstürzler waren vierzig Jahre lang immer wieder von Deutschland nach Deutschland abgewandert, geflohen oder verreckt im Todesstreifen an der Mauer, entkommen im Kofferraum eines geschäftstüchtigen Schleusers. Die Stasi selbst hatte systematisch unruhige Geister nach Westen entsorgt, indem sie sich, natürlich getarnt und nicht erkennbar, als professioneller Fluchthelfer anbot. Rechtsanwalt Vogel hatte Tausende aus den Gefängnissen an den Westen verkauft. Das war der Grund für den witzarmen Witz: »DDR – das heißt: Der Dumme Rest.«

Ein weiterer Grund: In der DDR hatten sich zu viele der Schriftsteller und Wissenschaftler, die die Russen »Intelligenzija« nennen, bis zuletzt immer wieder mit der Partei ins Bett gelegt – resigniert, lustlos, ängstlich und karrieregeil. Immerhin hatten sich nach meiner Ausbürgerung etliche Nester des Widerstands gebildet, Kristallisationsnischen, nicht nur um Robert Havemann. Auch die Prenzlauer-Berg-Szene hatte sich nach den Protesten gegen meine Ausbürgerung entwickelt. In einer ehemaligen Bäckerei, im Keller der Schönfließer Straße 21, trafen sich bei meinem Freund Ekke Maaß die jungen Outsider. Seine Frau Wilfriede backte dort keine Brote, sondern formte auf der Töpferscheibe die schönsten Krüge, sie bemalte ihre Vasen und Tassen und Schalen und brannte sie. Und allerhand junge Literaten vom Kiez lasen neben dem Brennofen bei Tee und Rotwein und Wodka ihre Gedichte vor, ihre Prosatexte. Sie diskutierten in dieser Katakombe ihre Schreibversuche mit so arrivierten Schriftstellern wie Christa Wolf und Volker Braun und Franz Fühmann und Heiner Müller, auch mit dem Prenzlberger Tarzan der Blödel-Lyrik Adolf Endler und seiner Elke Erb.

Bärbel Bohley, Reinhard Schult, Jens Reich oder Wolfgang Templin. In Sachsen und Thüringen gab es einzelne Aufrechte wie den Kernphysiker Rolf Schälike in Dresden, Roland Jahn und Lutz Rathenow in Jena, den Waldschrat Matthias Büchner in Erfurt, Utz Rachowski in Leipzig, Roland Geipel in Gera, Michael Beleites mit seinem Pechblende-Pamphlet über den Uranbergbau in der Wismut, aber auch Hans-Jürgen Fischbeck, Ralf Hirsch, Old »Poppoff« und seine Ulrike Poppe in Berlin. Aber sie alle waren wie Fremdlinge im eigenen Land oder, wie der exilierte Heine in Paris, auf »verlornem Posten in dem Freiheitskriege« – kein Vergleich mit Solidarność in Polen und Charta 77 in der ČSSR! Und alle Oppositionsgruppen waren nicht nur isoliert, sondern auch zersetzt von Inoffiziellen Mitarbeitern, also zerfressen von Stasi-Metastasen.

Um historische Prozesse zu verstehen, braucht es immer auch einzelne Menschen mit Gesicht oder Fresse, braucht es unverwechselbare Menschen – im Guten schön konkret, aber im Bösen schön hässlich. Also erwähnte ich in meiner Büchner-Preis-Rede neben diesen Tapferen auch ein paar der enttarnten Spitzel, den falschen Rechtsanwalt Schnur, den falschen DDR-Sozialdemokraten Manfred Böhme, den Polit-Hallodri mit dem gefakten Judennamen »Ibrahim«. Jeder einzelne Mensch eine Tragödie, alles hochkarätige Verbrecher. All diese Täter waren natürlich auch Opfer, denn als Mitarbeiter der Staatssicherheit waren sie ja nicht im Mutterleib gewachsen.

Aber dann tappte ich beim Namennennen in eine Falle, die mir keiner gestellt hatte. Der ganze schöne Büchner-Preis wäre zwei Tage nach der Festveranstaltung in Darmstadt vergessen gewesen, hätte ich nicht einen Volltreffer in meiner obligaten Dankesrede gelandet. Ich traf ins Rabenschwarze, nach dem »Havemann'schen Trefferprinzip«. Mein Freund Robert hatte mir mal in Grünheide am Kamin die Unschärferelation in der Quantenmechanik erklären wollen. Aber da ich zu unwissend war und er vom Weingeist beflügelt, erfand er flugs ein neues Gesetz der politischen Quantenchemie, das ein geflügeltes Wort werden könnte: »Weissu Wolf, wer im Dunkeln rumballert, trifft immer ins Schwarze!« Ich erlebte nun die Wahrheit dieser Courvoisier-Weisheit zwei Jahre nach dem Fall der Mauer.

Als Spitzel in der Kulturszene zählte ich einen Dunkelmann auf, der bisher im Verborgenen geblüht hatte, Alexander »Sascha« Anderson. Ich anonymisierte ihn als »Sascha Arschloch« – ein hochkarätiger IM, »der immer noch cool den Musensohn spielt und hofft, dass seine Akten nie auftauchen«. Er galt als der Guru des Prenzlauer Bergs. Das MfS setzte seine Kreaturen überall an die Spitze der Opposition, um diese besser abbrechen zu können. Natürlich wusste ich genau, was ich tat. Ich attackierte mit diesem Spottnamen nicht, wie damals mein Freund Günter Kunert argwöhnte, nur eine kleine »Feldmaus« im Bestiarium des MfS. »A.« war einer der effektivsten Spitzel in der legendären Prenzlauer-Berg-Szene. Dabei wusste ich sehr wohl, dass die Invektive »Arschloch« eine grobianische Verharmlosung war. Ein Verbrecher dieses Kalibers spielt in einer anderen Liga als irgendein armes kleines »Arschloch«. Der war keine Feldmaus, sondern ein Menschenfresser.

Jürgen Fuchs und seine Frau Lilo waren im Rahmen des Zentralen Operativen Vorgangs (ZOV) »Opponent« auch von Anderson, der zu dieser Zeit unter dem Decknamen »Peters« schnüffelte, in West-Berlin »bearbeitet« worden. Fuchs hatte gleich Anfang 1990 im zentralen Stasiarchiv in Ost-Berlin über den Mord an einem jungen Mann aus dem Jenenser Freundeskreis recherchiert: Matthias Domaschk. Dabei war er eher zufällig auf eine interessante Karteikarte gestoßen – die IM-Karteikarte, die Anderson als hochrangigen »IMB« (»B« für Feindberührung) registrierte und seine drei Decknamen David Menzer, Fritz Müller und eben Peters sowie die Namen seiner Führungsoffiziere Günter Heimann und Wolfgang Reuter aufführte. Die Akten zeigen: Er war kein kleiner

Hobbyagent, sondern ein starker, aktiver, ideenreicher Kämpfer an der unsichtbaren Front gegen die jungen Intellektuellen in Ost-Berlin, gegen die unangepassten Literaten und Musiker und Maler und Zeichner. Fuchs sagte: »Anderson war für Mielke ein Superspitzel.«

Die aufgeregte Reaktion auf meine Rede, die nun ausbrach, war ärgerlich, aber doch Anstoß für eine fällige Streitdiskussion. Und das nenne ich meinen Havemann'schen Volltreffer. Die Täter sahen sich fast alle als Opfer und verfluchten die geretteten Stasiakten, die Opfer hofften darauf, dass die Wahrheit ans Licht kommt. Jürgen Fuchs und ich, Roland Jahn, die Bohley, Bürgerrechtler wie Werner Schulz, Konrad Weiß und Marianne Birthler, Schriftsteller auch im Westen wie Hans Christoph Buch und Herta Müller – wir alle wollten eine öffentliche Debatte über die Anatomie und Wirkungsweise des totalitären Machtapparats in Gang setzen. Dabei ging es uns weniger um die Entlarvung einzelner Canaillen als vielmehr um die Darstellung des Gesamtsystems. Und vor allem um die Rehabilitierung der Opfer, die immer noch ohne Sprache waren, immer noch wie betäubt und ohne Selbstbewusstsein gegenüber den Erben der Diktatur, die sich flott in einer umgetauften Partei organisiert hatten.

Heute ist es schon komisch. Das unflätige Wort »Arschloch« ist kein besonders tiefgründiges Argument, aber die flachen Tiefgründler im Mediendschungel reagierten darauf besonders sensibel. Als ich das A-Wort in die Preisrede einbaute, hatte ich damit gerechnet, dass wahrscheinlich nur A. selbst versteht und ansonsten kein Schwein merkt, wer da genau gebrandmarkt wurde. Ich dachte, »Sascha Arschloch« sei doch ein Allerweltsspottname aus der Commedia dell'arte, eine drollige Invektive im Epilog eines politischen Kunst-Lustspiels mit dem Titel »Die friedliche Revolution«. Die Medien aber kolportierten nichts anderes aus meiner Rede als dieses nebensächliche Schmähwort. Und nicht etwa, weil sie sprachästhetische Veganer waren, sondern weil sie meinen A. alle viel besser kannten als ich! Seit Jahren schon gehörten sie zur Kundschaft dieses Spitzels. Er belieferte sie mit Informationen. Die Journalisten im Westen hielten diesen gefakten Bohemien für die genuine Quelle der Ost-Opposition in der Prenzlauer-Berg-Szene. Er belieferte den Westmarkt mit Siebdrucken und pseudo-oppositionellem Kunstgewerbe, mit östlichem Oppositionsblut im Reagenzglas von Jacques Derrida und im Tässchen von Michel Foucault. Natürlich in der Regie der Staatssicherheit.

Ich war der Dumme! Ich war also der Ignorant! Denn ich kannte diesen Menschen überhaupt nicht, auch nicht seine dadaistelnden Lyrik-Produktionen. Ich wusste damals nicht, dass dieser smarte Spitzel Sascha A. in den Westmedien längst zum Darling des Feuilletons avanciert war. Die Medien keiften: Biermann beschuldigt einen jungen Lyriker in Ost-Berlin und liefert keine Beweise. Üble Nachrede! Verleumdung! Denunziation!

Ein Furor teutonicus brach los im dunklen deutschen Zeitungswald. Günter Grass schimpfte mich einen Großinquisitor – ausgerechnet der Moralblechtrommler! Der SPD-Literaturverweser Freimut Duve forderte mich melodramatisch auf, ich solle den Büchner-Preis schleunigst zurückgeben, wenn ich nicht beweisen könne, dass Anderson Stasispitzel gewesen sei. Als ob der Büchner-Preis für politisches Wohlverhalten vergeben wird! Duve hatte immerhin 1977, als Jürgen Fuchs noch in Stasihaft saß, im Rowohlt-Verlag dessen »Gedächtnisprotokolle« veröffentlicht. Er kannte Fuchs und konnte wissen, dass er nicht leichtfertig mit solchen Informationen umgeht. Auch hätte er wissen können, dass ich redliche und ernste Gründe hatte für meine Attacke gegen die Staatssicherheit und gegen diesen »A.«. Und abgesehen von allen Moralverrenkungen: Wer wäre schon so dämlich, im Rechtsstaat seine Hand in die juristische Wurstmaschine zu stecken!

Kurz nach der Preisverleihung in Darmstadt hatte ich ein Konzert zu liefern, im Maxim-Gorki-Theater in Berlin, wo ich 1960 mein stümperhaftes Agitpropstück »Tu was!« inszeniert hatte. Ich saß in der Garderobe. Das Haus war angenehm ausverkauft. Der Inspizient rief schon über die Lautsprecheranlage die Bühnentechniker auf ihre Posten am Hauptvorhang, im Stellwerk und in der Tonkabine: »Noch zehn Minuten bis Beginn.« Für die Theaterleute ein stressfreier Abend, mit nur einem Mann vorn auf der Bühne, der seine Lieder zur Gitarre singt.

Plötzlich erschien ein Irgendwer und holte mich ab zur Bühne. Ich nahm meine Gitarre, griff ein paar Textblätter und ging mit. Aber dieser Schlepper gehörte gar nicht zum Theater. Er lotste mich nicht Richtung Bühne, sondern durch das Gewirr der Flure in einen Nebenraum der Theaterkantine. So lief ich, als nun die Tür sich öffnete, in die Falle. In eine Scheinwerferfalle, in eine Fernsehfalle des ZDF mit laufender Kamera, in die Wortfalle eines Reporters der Sendung »Kennzeichen D«. Der Journalist Holger Kulick knallte mich an: »Herr Biermann, Sie haben behauptet, dass Sascha Anderson ein Spitzel der Staatssicherheit war. Können Sie das beweisen?« Die Kamera schwenkte rüber zu dem Opfer meiner Verleumdung. A. hockte seitwärts am Tisch. Der Arme spielte seine eingeübte Rolle. Er sei niemals Mitarbeiter der Stasi gewesen! Er machte mir schwerste Vorwürfe. Meinetwegen sei er in den Knast gekommen! Meinetwegen hätte die Stasi ihm dort die Nieren blutig geschlagen! – Kameraschwenk auf Biermann. Ich war verwirrt und natürlich übertölpelt von diesen Tölpeln. Kulick forderte mich forsch auf, Beweise zu liefern. Ich sagte: »Das kann ich jetzt nicht, ich bin grade auf dem Weg zur Bühne hier.« – »Sie haben also keine Beweise!« – »Doch, natürlich!«

Kulick lieferte die Aufnahmen dieses Überfalls als einen Beitrag in »Kennzeichen D«. Die Szene wurde am gleichen Abend ausgestrahlt. Anderson hatte seine Rolle gut gespielt – wie sollten die Leute zu Haus an der Glotze dieses Schurkenstück durchschauen? Es gab ja wirklich Häftlinge, die im DDR-Knast zu Krüppeln gemacht und sogar zu Tode geprügelt worden waren. Mein Freund Siegmar Faust hatte solche Torturen überlebt. Matthias Domaschk nicht. »Blutige Nieren« – dieser Vorwurf von Anderson stand wirkungsvoll im Raum. In Wirklichkeit hatte er über vierzehn Jahre lang systematisch Freunde bespitzelt, erst in Ost-, dann auch in West-Berlin. Katja Havemann, Bärbel Bohley, Ulrike Poppe im Osten. Roland Jahn, Cornelia Schleime und andere im Westen. Seinen besten Freunden, dem Maler Ralf Kerbach und dem Schriftsteller Rüdiger Rosenthal, hatte er vorgegaukelt, selbst in der Opposition zu sein.

Ich konnte die Stasiakte vor dem Konzert natürlich nicht parat haben – die Beweise lagen bei Jürgen Fuchs, der alles recherchiert hatte. Jürgen rechnete kühl. Die Skandalszene fand er eher nützlich. Sie sollte helfen, eine notwendige Debatte anzustoßen. Er hatte Recht, aber ich wunderte mich über diese ungnädige Ungeduld in den Medien. War es Sascha Anderson nach vierzehn Jahren Spitzeltätigkeit nicht zuzumuten, zwei, drei Wochen zu zittern?

Klar, er wusste nicht, ob er davonkommt, ob wirklich alles belastende Material vernichtet worden war, wie ihm seine Führungsoffiziere wahrscheinlich versichert hatten. Andersons Opfer hatten jedenfalls im Knast länger und qualvoller warten müssen als er in diesen paar Tagen in Freiheit.

Jürgen hatte mit dem *Spiegel* eine Serie vereinbart. Unter dem Titel »Landschaften der Lüge« veröffentlichte er in fünf Teilen direkt hintereinander, Woche für Woche, die erste systematische Darstellung des Stasi-Systems. Mich bedrückten die Anfeindungen seit meiner Büchner-Preis-Rede. In der wirkungsmächtigen *Zeit* erschien jede Woche die süffisante Nachfrage nach Biermanns Beweisen. Natürlich wollte ich so schnell wie möglich Freund und Feind und den Voyeuren die Fakten liefern, die Dokumente, die Beweise für den Nebensatz in meiner Rede. Im berühmten »Fatalismusbrief« an seine Braut Minna schrieb Büchner 1834: »Der Einzelne nur Schaum auf der Welle ...« Es ging Fuchs aber nicht um den Schaum auf der Welle, es ging ihm auch nicht um die Welle selbst, sondern um die tiefere Strömung in diesem Meer der Unterdrückung und Bespitzelung. Deshalb lieferte er die Beweise der Spitzeltätigkeit des Anderson auch in einer Art und Weise, die er angemessen fand: als Schaumspritzer auf der Welle. Für Fuchs war der Fall Anderson nur eine Fußnote der erschütternden Wahrheit über das riesige Ausmaß der Verwüstung in den Seelen und auch an den Körpern. Und er beharrte darauf, dass auch in der fünften Folge seiner *Spiegel*-Serie die Medienmeute nicht spektakulär gefüttert wurde. Die Redaktion des wohl einflussreichsten Magazins Europas durfte den Beweis nicht auf dem Titelblatt bringen, sondern nur als kleingedruckte Anmerkung zum Haupttext. Aber Text ist Text, und Fakt ist Fakt. Fuchs war eben kein Zuarbeiter, weder für mich noch für den *Spiegel*. Er hatte seine eigene Rangordnung der Wichtigkeiten. Ich verstand, und ich akzeptierte und bewunderte seinen Purismus.

Egal, ob fettgedruckt auf dem Titelblatt oder kleingedruckt im Fließtext – der Beweis lag nun schwarz auf weiß vor. Und weil der *Spiegel* eine außergewöhnlich solide und entsprechend kostspielige Archivkontrolle mit hochkarätigen Kontrolleuren hat, war auch formaljuristisch alles abgesichert: »A.« war also »A.«. Und nun? Rang sich einer meiner Kritiker auch nur ein einziges selbstkritisches Wort dazu öffentlich ab? Niemand! Obwohl die ungnädig angemahnten Beweise nun publiziert worden waren, kein Bedauern, keine Korrektur, geschweige denn ein Körnchen Scham für die Durchstechereien im medialen Handgemenge.

Falsch! So viel ist gewonnen, wenn wenigstens einer sich korrigiert – Holger Kulick. Als der es inzwischen besser wusste, bat er um Entschuldigung. Seine simple Erklärung leuchtete mir ein, denn sie war gar nicht so simpel. Er hatte seinem engsten Freund Sascha Anderson vertraut, er hatte einem »Verleumdeten« tapfer beistehn wollen. Heute ist das alles schmutziger Schnee von vorgestern. François Villon schrieb im 15. Jahrhundert eine Ballade über die schönen Damen der verflossenen Zeiten, und Georges Brassens hat sich aus den Versen ein Lied gemacht: »Mais où sont les neiges d'antan?« Der Schnee war weggeschmolzen. Der Dreck blieb liegen. Bleibt also die Frage: Warum dieser aggressive Zweifel, warum diese wütige Ungeduld bei Gelegenheit eines solchen Einzelfalls? War es das emanzipatorische Ethos der Unschuldsvermutung im Rechtsstaat? War es die Kränkung, auf einen politischen Trickbetrüger reingefallen zu sein? Im Zweifelsfall beides. Das gilt für uns alle: Jedes unserer Urteile ist zugleich ein indirektes Selbstbild.

Aber dieser alte Skandal zeigt auch etwas anderes. Wir sind inzwischen fünfundzwanzig Jahre weiter und wissen viel mehr über die Methoden der Staatssicherheit. Heute wäre solch eine groteske Verunsicherung nicht mehr so leicht möglich. Daran zeigt sich, wie wichtig die Aufarbeitung der Stasi-Unterlagen ist und wie sehr sie die Urteilskraft unserer Gesellschaft gestärkt hat.

Weil man mit Tränen kein' Tyrannen zähmt

Menschen und Schweinehunde in den Stasiakten

Im Januar 1992 war es endlich so weit, ich wagte den Blick in Mielkes Unterwelt. Unsere Akten lagen zur Einsicht bereit. Wir waren die Ersten, die den Blick in die Kloake werfen durften, will sagen: mussten. Vier Tage lang saß ich in der neuen Behörde für die Stasi-Unterlagen (BStU) mitten im tristen Ost-Berlin, nur ein paar Schritte von der verödeten sowjetischen Botschaft und der Komischen Oper entfernt. Im ersten Stock wurden für uns zwei kahle Leseräume eingerichtet. Abgemaffte Bürotischchen, versiffte Bürostühle, ein Kleiderständer. Auf dem Boden türmten sich meine Akten. Vieles war vernichtet worden, aber über fünfzig Ordner hatten sich noch angefunden. Vor mir lagen an die zwanzigtausend Blatt. Meine Frau Pamela dabei, sie war schon immer eine Miss Marple. Sie kannte inzwischen all meine engen Freunde, alle Namen, alle Geschichten, sie wäre eine Freude für jeden ehrgeizigen Kriminalisten. Jedenfalls irrte sie im Material nicht so halbblind herum wie ich. Mein zitterndes Herz störte beim Suchen.

Am Nebentisch schaufelte Jürgen Fuchs seelenruhig in seinem Aktenberg, er hatte schon mehr Übung als wir. Daneben Katja Havemann mit spitzen Fingern. Eva-Maria Hagen irrte nicht nur durch unsere sieben gemeinsamen Jahre. Roland Jahn las über seine kleinen Heldentaten in Jena, seine größeren danach in West-Berlin. Ab und zu ein kleiner Wutausbruch, ab und zu ein Gelächter, das so schrill klang, weil der Schrecken immer mitlachte. Namen wurden gerufen: Kennste den noch? Wer war damals dabei, als wir uns in der Lutherstraße trafen vor der Geburt von Felix? Vergessen! Deckname »Anton«? Das war doch gar kein Mann, das war doch die Frau von dem Schriftsteller hier mit dem weiblichen Decknamen »Karla Schneider«! Aber der wurde doch selber bespitzelt, hier steht es! – Na und, ein Agent provocateur!

Wir standen damals am Beginn der Aufarbeitung, vor uns ein Aktengebirge. Heute weiß man es genauer: Es haben sich in den Beständen der BStU etwa einhundertelf Kilometer MfS-Akten angesammelt. Es sieht so aus, als ob wir Deutschen die Ersten und Einzigen sind, die nach dem Zusammenbruch einer Diktatur das komplexe historische Beweismaterial als Studienquelle auf einem Haufen beisammenhaben, ein stinkender Scheißhaufen, schön geordnet. Die Polen nicht, die Tschechen nicht. Freilich im Vaterland aller Werktätigen, in der Sowjetunion, gab es noch höhere Aktenberge, aber diesen Gral bewacht jetzt der KGB-Offizier aus Dresden als großrussisches Kulturerbe. Und die allerletzten tapferen Aufklärer von »Memorial«, die in Russland das historische Material über den Archipel Gulag sammeln und analysieren, werden von Putins Schergen geprügelt und gejagt und eingesperrt wie räudige Hunde. Wenn das Vernichtungslager Auschwitz von der Unesco in makabrer Logik zum Kulturerbe der Menschheit erklärt wurde, dann sollte auch den Dokumenten der zweiten Diktatur auf deutschem Boden dieser Status zuerkannt werden. Viele Länder, die es geschafft haben, die Fesseln der Diktatur abzuschütteln, wollen von Deutschland zwar nicht lernen, wie am deutschen Wesen die Welt genesen kann, aber immerhin, welche Fehler man vermeiden kann bei der rechtsstaatlichen Aufarbeitung eines totalitären Regimes.

Bei der ersten Einsicht 1992 stolperten wir durch die Akten – was für ein Wiedersehn! Unter den Aktendeckeln fand sich alles wieder: die halben Helden und die ganzen Schweinehunde, die fast Guten, die fast Schlechten, die stillstarken Charaktere und die großmäuligen Schwächlinge, namenlose Zuträger und Großkopferte aus dem ZK der SED. Es wimmelte von Halbfeinden und Tätern und Opfern. Alte Lieben, verblasste Kumpel. Grüß euch, Genossen! Damals zählten Pamela und ich siebzig Spitzel. Inzwischen sind fünfundzwanzig Jahre Einheit gelebt, und die Mitarbeiter der BStU haben weit über zweihundert Spitzel gefunden, die gelegentlich Berichte für meinen Zentralen Operativen Vorgang (ZOV »Lyriker«) beigesteuert haben.

Manche IM-Berichte sind handschriftlich, manche wurden auf Tonband diktiert und dann vom zuständigen Führungsoffizier abgetippt. So viel Papier! Ich fand parallele Aufzeichnungen über ein und denselben Abend bei mir zu Hause in der Chausseestraße 131. Drei »Quellen«: Spitzel 1, Spitzel 2 und außerdem noch das Protokoll von einer Abhörwanze im Zimmer. Da IM 1 nicht wusste, dass IM 2 auch zur »Firma« gehörte, kriegte der Führungsoffizier aufschlussreiches Material, denn so bespitzelte er nebenbei immer auch seine Spitzel. Anhand des Wanzenprotokolls konnte er dann seine beiden Zuträger auf Glaubwürdigkeit und Genauigkeit überprüfen. Nummer 1 ist karrieregeil und übertreibt, Nummer 2 ist schon angefressen vom Zweifel und untertreibt womöglich. All diese Schweine sind ja nebenbei auch noch Charaktere!

Die Betreuung durch Mielkes Dienstleistungskonzern war intensiver, als wir es hatten wissen können. Die Bespitzelung ging viel tiefer ins Intime und zugleich breiter ins komplexe Menschenleben, als wir es damals hatten wahrhaben wollen oder ahnen können. So haben wir alle wie Versuchstiere in wechselnden Versuchsanordnungen gelebt. In der bleiernen Zeit hatten Robert und ich uns vor übertriebenen Ängsten geschützt durch eine chronische Untertreibung aller Gefahren. Aber jetzt sah ich bilderbuchartig klar: Wir hatten unsere Todfeinde schwer unterschätzt – aber auch manchmal überschätzt! Sie waren eben beides: pingeliger und schlampiger. Die Stasi war dümmer und klüger, sie wusste viel mehr und viel weniger, als ich gedacht hatte. Und wenn wir damals geahnt hätten, wie sehr sie vor uns gezittert haben, wären wir vielleicht in die Fallen des Größenwahns geraten. Das MfS hatte nicht nur geschnüffelt, hatte nicht nur passiv registriert und defensiv Beweismaterial gesichert, nicht nur verhaftet und verhört. Der Staatssicherheitsdienst hatte auch aktiv Schicksal gespielt. Die Palette reichte von zermürbenden Schikanen, Kabalen, Liebeskuppeleien bis zu Mordanschlägen.

And by the way: Für die Ausgebürgerten und Freigekauften ging die Stasi-Betreuung im Westen lückenlos weiter. Post, Telefon, Beruf. Meine Briefe, die mich in Hamburg-Altona erreichten, gingen in der Hamburger Post immer erst durch eine Schleife mit zwei inoffiziellen Stasiaugen und Kopierapparat. Auch ich wurde im Westen intensiv betreut. IM »Willy« wurde nach der Ausbürgerung mein Leibspitzel. Dieter Dehm war westdeutscher Liedermacher und nannte sich »Lerryn, der Sänger mit den besseren Liedern«. Er hatte mir schon 1975 einen Brief nach Ost-Berlin geschrieben. IM »Christa« war seine Frau Christa Desoi. Ich hatte Dehm über Wallraff in Köln kennengelernt. Ich brauchte schließlich zum ersten Mal im Leben einen Manager. Und Wallraff sagte: »Der Dehm schreibt kitschige Schlager, er ist eben kein Genie, aber er kann gut organisieren.« So hatte ich mit dem Menschen vereinbart, dass er mein Konzertmanager wird. Es wunderte mich nicht, in meinen Akten detaillierte Tourneepläne, Zuschauerzahlen und die Höhe meiner Konzertgagen zu finden. Auch Jürgen Fuchs misstraute nicht, als Dehm ihn und seine Familie einlud, in seinem Wochenendhäuschen die Ferien zu verbringen.

In Dehms Stasiakte finden sich jede Menge Treffberichte zwischen ihm und der Stasi in den Jahren 1971 bis Ende 1978. Wie darf ich mir solche Treffs vorstellen? Darüber gab mir eine »Sicherungskonzeption fürs Treff mit IM ›Willy‹ und IM ›Christa‹ am 4.9.78« Auskunft: »Die IM reisen per Flugzeug von Frankfurt/M. nach Westberlin. Für diese Reise besteht eine überprüfbare Legende, die im Zusammenhang mit der Vorbereitung einer Veranstaltung des IM ›Willy‹ in Westberlin steht. Beide IM reisen mit persönlichen Dokumenten legal als BRD-Bürger auf Tagesvisum über die GÜSt. Bhf. Friedrichstr. in die DDR-Hauptstadt ein. Sie begeben sich unter eigener Absicherung (Schulungen darüber wurden durchgeführt) gegen 12.15 Uhr zum Sicht-Treffort ›Espresso‹ der Gaststätte ›Lindencorso‹. Ohne persönliche Kontaktaufnahme zum Mitarbeiter fahren beide IM anschließend per S-Bahn zum Bahnhof Karlshorst. Von dort an stehen sie unter Kontrolle des Mitarbeiters. In der Nähe des S-Bahnhofs erfolgt die Aufnahme in den PKW. In der Nähe der IMK ›Kutte‹ werden die IM abgesetzt. Die IMK wird auf getrennten Wegen aufgesucht. Während des Treffs erfolgt eine Absicherung durch den Inhaber des IMK. Nach Beendigung des Treffs wird die IMK auf getrennten Wegen verlassen. Die IM werden per PKW zur Tucholskystr. gefahren, wo sie abgesetzt werden. Ihr Weg zur Ausreise an der GÜSt. wird durch den Mitarbeiter unter Kontrolle gehalten …« Dreihundertfünfzig Mark Flugkosten wurden erstattet.

In einem »Vorschlag zur Auszeichnung des IM ›Willy‹, Reg.-Nr. XV/2180/71, Alter: 27 Jahre; Parteizugehörigkeit: SPD, mit einer Geldprämie in Höhe von 500,– DM/West« heißt es: »Der IM arbeitet zuverlässig, auf der Basis der politischen Überzeugung, mit dem MfS zusammen. Durch eine hohe Einsatzbereitschaft des IM ist es gelungen, Biermann nach dessen Ausbürgerung im Operationsgebiet zeitweilig gut unter Kontrolle zu bekommen. Der IM erarbeitete wertvolle Informationen zur Person des Biermann, dessen Pläne und Absichten sowie der politischen Wirksamkeit. Durch den Einsatz des IM konnten einige geplante Veranstaltungen feindlicher Kräfte und damit die Ausnutzung Biermanns für deren Zwecke verhindert werden.«

Dass Dieter Dehm bei der Stasi war, kam für mich, als ich die Akten sah, nicht überraschend. Ich wusste es sogar schon ein Jahr vor dem Ende der DDR und zog daraus beim Geschäftsführer der EMI-Electrola Wilfried Jung in Köln, wo Dehm sein Musiklabel hatte, sofort meine Konsequenzen. Dass Dehm einige Jahre nach dem Fall der Mauer in die Partei eintrat, in die er aufgrund seiner politischen Überzeugung gehört, nämlich in die Erbengemeinschaft der SED-Diktatur, für die er gespitzelt hat, ist ein ehrlicher Schritt ins Offene und ein Beitrag zur Aufklärung der Wahrheit. Seit 2005 sitzt er mit Gysi im Bundestag. Das seh ich gern, denn aus meiner Sicht: einer des anderen Strafe. Die Sozialdemokraten können froh sein, dass sie diese dummkluge Canaille los sind. Die Akten können ein Liedchen davon singen. Ich finde, Dehm war als Spitzel genauso ein flotter Stümper wie als ondolierter »Lerryn, der Sänger mit den besseren Liedern«. Und was er, wie mir scheint, zwanghaft über mich verbreitet, etwa die Legende über eine Liebesaffäre zwischen Biermann und Margot Honecker – all diese pikanten Lügen wirken auf mich wie eine nachgelieferte Zersetzungsmaßnahme des MfS.

Wie verschieden die Spitzel! Jeder ein Roman für sich. Die Charaktere bilden sich ab in den Berichten. Die Bildung, die Dumpfheit, die Chuzpe, die Ängste. All unseren nichtigen Privatplunder hatten sie als Informationen an die »Firma« verkauft: Essgewohnheiten, schwarzer Tabak oder blonder, Wein oder Bier, Jungfernhaut und Kontostand. Wenn ich im Sommer mit Kind und Kegel meinen Freund, den Maler Otto Manigk, auf der Insel Usedom in Ückeritz besuchte, dann wurde, wie ich jetzt sah, von der Staatssicherheit sogar ein spezieller Rettungsschwimmer am Ückeritzer Nacktbadestrand eingesetzt. Ein Lebensretter! Zum Totlachen! Ein zuverlässiger, ein ideal getarnter Genosse im Dienst ohne Badehose. Was für ein entblößender Einsatz im Klassenkampf! Was'n Service bis aufs letzte Hemd!

Schillernd exotisch und schrecklich amüsant war für mich die unfreiwillige Umdichterei – ich fand meine Gedichte und Lieder im Aktenberg in gelegentlich sehr komischen Variationen. Da sie immer auf dem aktuellsten Stand sein wollten, hatten meine Fans in Mielkes Normannenstraße die neuesten Lieder und Gedichte vom Tonband abgeschrieben, sobald die installierten Abhörwanzen frische Ware lieferten. Ich fand ausgerechnet in den Stasiakten meine »Stasi-Ballade« aus den sechziger Jahren. Darin heißt es:

Worte, die sonst wär'n verscholln
Bannt ihr fest auf Tonbandrolln
Und ich weiß ja: Hin und wieder
Singt im Bett ihr meine Lieder
Dankbar rechne ich euchs an:
Die Stasi ist mein Ecker-
  Die Stasi ist mein Ecker-
    Die Stasi ist mein Eckermann

Tja! »Man erkennt nur das, was man kennt« – ein unerbittlich wahres Wort vom Philosophen Hegel. Ein treffendes Wort auch für diesen Fall. Wer noch nie von Goethes Vertrautem Eckermann etwas gehört hat, der hört eben falsch und fängt selber an zu dichten. Ich stelle mir vor, wie der zuständige Stasioffizier den Text in seine Schreibmaschine tippt: »›Die Stasi ist mein Ecker …‹ – Wie? ›Die Stasi ist mein Ecker …‹ – Was? ›Die Stasi ist …‹ – Hmm …« Der Kämpfer an der unsichtbaren Front kratzt sich am Kopf. Was, verflucht, könnte das heißen? »Die Stasi ist mein …«? Eine Lücke will der eifrige Genosse auch nicht stehenlassen, also erinnert er sich an die Standardfrage seines Deutschlehrers: »Was wollte der Dichter uns damit sagen?« Und plötzlich kommt ihm ein genialer Einfall, und so haut er es dann auch in die Tasten: »Die Stasi ist mein Henkersmann!« Na also! Es geht doch, Genosse! Henkersmann!

Ansonsten in den Akten tausend Blätter voll mit nichts als Tagesnichtigkeiten am Telefon. »Kommst du heute noch vorbei? – Nein, ich kann heute nicht mehr.« Diese Art Akten erkennt man schon von außen, die Blätter sind normiert, keine eingeklebten Dokumente, keine konfiszierten Briefe in eingehefteten Tüten, keine heimlich geschossenen Fotos im Worte-Einerlei. Ein gradezu poetisches Beispiel aus der Telefonüberwachung vom 3. Februar 1975 habe ich mir notiert, so steht es in meiner Akte in MfS-Prosa: »Während eines Gesprächs knirscht und knackt es in der Leitung (was bei Biermanns Telefonaten des Öfteren vorkommt). Renate S. fragt sich, was Biermann für ein komisches Telefon besitzt. Darauf gibt er zur Antwort, dass seine Gespräche durch mehrere versandete Gehirne gehn. Daher ist der Ton so zerquetscht. Diese Geräusche erzeugt der Sand und der Kalk in den Stasi-Gehirnen. 12.07 Uhr.«

Die Akten lieferten bittere Enttäuschungen, gewiss, aber auch hinreißende Ent-Täuschungen. Ich traf beim Lesen auf Leute, die sich in aller Stille viel mutiger verhalten hatten, als es mir bewusst sein konnte. Ich entdeckte tapfere Menschen, die jahrelang widerstanden, obwohl sie nicht geschützt waren durch eine aufmerksame Öffentlichkeit wie Robert und ich. Ich fand sogar Männer und Frauen, die ursprünglich als Spitzel auf unseren Kreis angesetzt waren und durch den dienstlichen Kontakt mit uns verdorben wurden, im allerbesten Sinn. Dabei war es hundertmal schwerer und gefährlicher auszubrechen, als gar nicht erst Mitarbeiter »der Firma« zu werden. Ja, es gab IMs, die desertierten in diesem verdeckten Krieg.

Von den über zweihundert Inoffiziellen Mitarbeitern des MfS, den Stasispitzeln, die sich mit mir beschäftigt hatten, hat sich nach dem Zusammenbruch der DDR nur ein Einziger dekonspiriert: eine Frau, eine Schauspielerin. Als sie Anfang der siebziger Jahre IM wurde, spielte sie im Provinztheater der Stadt Anklam grade die Hauptrolle in Jean Anouilhs Stück »Jeanne oder Die Lerche« über das Leben der heiligen Jungfrau von Orleans. Die Schöne war aufgewachsen in einer parteitreuen Familie, ihr Vater ein Offizier des MfS in der Nationalen Volksarmee. Das brave Menschenkind unterschrieb eine Verpflichtungserklärung als IM, so naiv, als wäre es das Normalste der Welt. Die Schauspielerin wählte ihren Decknamen »Lerche«.

Als nun die Aktenöffnung anstand, hatte sie als Einzige den Mut, mir einen Brief zu schreiben, mit Namen und Adresse in Berlin-Mitte: »Lieber Wolf, Du bist dabei, Deine Akte zu lesen, Du wirst mich auch finden. Lerche.« Und tatsächlich, ich fand beim Durchblättern etlicher Akten das Codewort IM »Lerche« – mein Vögelchen von damals! Ich fand einen herzzerreißend komischen Drei-Seiten-Brief, geschrieben mit der Hand. Die »Lerche« entschuldigte sich bei ihrem Führungsoffizier für ihre peinliche Unfähigkeit, für ihren Misserfolg. Sie schilderte wie in einem Drehbuch für einen derben Liebesfilm, dass sie viermal mit allen Tricks versucht hatte, ihren Auftrag zu erledigen: Sie sollte den Biermann verführen. Es war eine klassische Burleske, Grauen in der Komik, Lächerlichkeit in der Bedrohung, Charme im Monströsen. Diese Versuche scheiterten im Dorf Lütow am Achterwasser auf der Insel Usedom, wo sie pro forma als Fan von Eva-Maria Hagen aufgetaucht war, als ich dort mit Eva und ihrer Tochter Nina und meinen Söhnen Manuel und Jonas den Sommer genoss.

Am Ende des Aktenkonvoluts fand ich aber zwei Seiten, wieder in der Handschrift meiner leibeigenen IM-Geliebten, die mich umhauten. Sie habe es beim fünften Versuch endlich geschafft – eine Nacht mit Biermann in seiner Höhle Chausseestraße 131. Was nun immer mit Biermann werde: Sie schäme sich. Sie habe sich entschieden, um ihrer selbst willen Schluss zu machen. Sie kündigte ihrem Führungsoffizier die Mitarbeit auf.

Mich verblüffte und entzückte ihre Aufrichtigkeit. Nach der ersten Akteneinsicht schrieb ich ihr und lud sie zu uns nach Hamburg ein. Sie besuchte mich in Altona, erzählte Pamela und mir am Kamin den bitteren zweiten Teil ihrer Lebensgeschichte. Sie war damals entlassen worden aus dem Theater. Sie wurde bedroht und geächtet von der ganzen Familie. Sie hielt stand. Sie machte nicht weiter als Stasispitzel. Sie blieb dabei. Sie hatte nicht den Mut, mir die Wahrheit über ihren Bruch mit dem MfS zu sagen, aber sie hatte den unglaublichen Mut, sich aus den Fangarmen der Stasikrake zu befreien. So hielt sie sich von mir fern. Erst bei unserer Wiederbegegnung in Hamburg konnten wir offen reden. So wurden wir späte Freunde und blieben es. Es war sehr wohl möglich, sich zu verweigern. Dies ins Stammbuch all der Jammerlappen, die so tun, als habe das Kaninchen vor der Schlange nicht wenigstens davonhoppeln können.

***

Ich fand in den Akten auch meinen Freund Reimar Gilsenbach, der mir 1968 nach dem Einmarsch der Warschauer-Pakt-Truppen in die ČSSR geholfen hatte, mich in Berlin zu verstecken. Er galt als ein Fachmann für Wasserwirtschaft, schrieb darüber populärwissenschaftliche Bücher. Politisch ein Schlemihl. Gilsenbach war nicht nur der gute Geist und Helfer für die paar hundert Zigeuner, die noch in der DDR lebten, weil sie sich nicht, wie die meisten, rechtzeitig mit Kind und Kegel in den freien Westen abgesetzt hatten. Er war inzwischen auch Fachmann ihrer Geschichte. Er sammelte alle Informationen, sammelte die Familiengeschichten und zeichnete die familiären Verbindungen der Clans auf, die bis weit nach Rumänien und Tschechien und Jugoslawien reichten. Und weil er ein Sammler war, schrieb er auch alle Märchen auf, die Liedertexte, die sie ihm vorsangen, und den traditionellen Ehrenkodex der Zigeuner. Er forschte über das Rotwelsch dieser »fahrenden Leute« und Schausteller. Und weil sie dem Gilsenbach vertrauten, kannte er auch ihre Geheimworte. So lernte er die Sprache der Sinti: Romanes. Ich schnappte von ihm das Wort »Stillepenn« auf, das Codewort für Knast. Ich lernte von ihm, dass »Bukl« Schloss heißt, dass also »Bukli« ein Kosename ist für ein Kind, das hinter Schloss und Riegel geboren wurde: ein »Schlosskindchen«. Und ich machte daraus ein Lied, das ich dann mit der jungen Nina Hagen für meine Kinderschallplatte sang, das »Stillepenn-Schlufflied«.

Im Sommer 1976 besuchte Gilsenbach mich mal wieder in der Chausseestraße. Das Übliche, wir ließen das Radio laut laufen und unterhielten uns leise dabei, Kopf an Kopf. Ich flüsterte ihm: »Reimar, irgendwas liegt in der Luft. Irgendwas passiert. Es wird alles viel besser oder viel schlechter. Ich weiß nicht. So wie es war, bleibt es jedenfalls nicht. Ich hab Angst, dass ich verhaftet werde und dass sie mir dann meine vielen Tagebücher klaun. Das wär doch schade! Seit ich siebzehn war, hab ich jeden Tag alles penibel aufgeschrieben. Wie ein Buchhalter, wie ein Gerichtsschreiber, wie ein Elektrokardiogramm der Seele, ein Gespräch mit mir selber. Auch all die Namen. Manches wäre vielleicht gefährlich. Was soll ich machen?« Und Gilsenbach sagte: »Pack alles ein, ich nehme die Bücher mit. Ich weiß schon, wohin.« Also packte ich zwei mittelgroße Koffer voll. Aber die waren schwer wie die Wackersteine im Bauch des Wolfes. Mein Freund war kein Athlet. Ihm fielen fast die Hände ab, aber er sagte: »Ich schaffe das!« In der Nacht gegen eins brachte ich ihn die zwei Treppen runter. Wir machten im Treppenhaus kein Flurlicht an. Ich brachte ihn zur Tür zum Hinterhof und schloss sie auf. Ich sah ihm nach, wie er an den Mülltonnen vorbei über den finsteren Hof lief, rüber in den Hauseingang Chausseestraße 129. Und weg war er. Natürlich hatte ich die Hoffnung, dass irgendwelche Spitzel vor meinem Haus es an revolutionärer Wachsamkeit mangeln lassen.

Kurz nach dieser Episode, im November, geriet ich in die wildeste Achterbahn meines Lebens, die Ausbürgerung, das neue Leben im Westen. Und ob man es glaubt oder nicht, es ist die Wahrheit, und ich kann es selbst kaum fassen: Ich vergaß all die folgenden Jahre, dass Wolf Biermann in einer finsteren Sommernacht seinem Freund Reimar Gilsenbach in Berlin-Mitte den Schatz der Tagebücher zu treuen Händen anvertraut hat.

Ein Jahr, bevor die DDR zusammenbrach, trafen wir uns wieder. Reimar hatte eine Reisegenehmigung in die Westwelt ergattert. Er war vom Kulturbund der DDR als Fachmann für Wasserwirtschaft nach New York zu einer Sitzung der Unesco entsandt worden. Auf der Rückfahrt missbrauchte er seinen »Arierpass« und kam heimlich bei uns in Hamburg vorbei. Er blinzelte durch die dicken Gläser seiner Kurzsichtbrille und grinste: »Na ja, Wolf, ich hab ja auch noch all deine Tagebücher!« Wir hatten uns zwölf Jahre nicht gesehn, nicht geschrieben, nun erst fiel es mir wieder ein: »Mensch, Reimar!!! Na klar! Du! ... Du hast sie ja! Meine schönen Bücher!« Wie konnte ich diesen Schatz vergessen! Vergessen hatte ich ihn, obwohl ich doch – Macht der Gewohnheit – auch im Westen jeden Tag meine Notate machte. So viel Freud in der Freude muss sein: Ich hatte die Tagebücher vergessen, wer weiß, verdrängt wie den unerträglichen Gedanken an einen viel zu schweren Verlust.

Nun erzählte Gilsenbach mir die ganze Geschichte. Er hatte im Herbst 1976 die beiden Koffer mit meinen Tagebüchern in sein Dorf Brodowin geschafft. Dort lebte er mit seiner Frau Hannelore in einem Wochenendbungalow. Ein Wäldchen mit Garten und einem kleinen Teich am Rande des Dorfes. Und weil er nicht nur ein schrulliger Waldschrat war, sondern auch ein beredter Schwärmer und hochgebildeter Fachmann, hatte er es geschafft, die örtlichen Funktionäre zu verführen, dort nahe der Oder, nordöstlich von Berlin, das allererste Ökodorf der DDR zu gründen. Noch heute erinnert ein Gedenkstein an seine grüne Pioniertat. Meine fünfzig Tagebücher schliefen all die Jahre dort, versteckt unter einem drei Meter hohen Haufen Brennholz, im Schuppen unten am Teich. Wie und wann sie jemals zu mir kommen sollten, wusste keiner.

Der weißhaarige Zausel bat mich um einen kleinen Gefallen. Er arbeitete inzwischen an einer mehrbändigen Geschichte der Sinti und Roma. Zu viel Stoff! Und keine Sekretärin! Er wollte unbedingt einen Computer haben. Er fingerte dreihundert Westmark aus seiner Tasche. Ich sagte: »Die paar Märker behalte mal! Das reicht nicht. Ich kann dir aber vielleicht einen Computer für umsonst besorgen. Mir hat nämlich grade die deutsche Apple-Zentrale eine komplette Ausrüstung geschenkt. Das ist 'n Werbegag für so 'ne Firma: Biermann dichtet auf Apple.« Es gelang mir tatsächlich, in München für meinen Freund das modernste Modell zu erschnorren. Die nette PR-Frau lieferte mir einen Mac II – und dazu den passenden Drucker. Unserem Freund Carsten Krüger gelang es, dem Gilsenbach die amerikanische Zaubermaschine über die Grenze zu schmuggeln. Und er trainierte den Freund sogar zwei intensive Tage an diesem Wundergerät.

Nachdem die Mauer 1989 gefallen war, zog mein alter Gilsenbach die beiden Koffer mit den Tagebüchern wohlbehalten unter dem Holzstapel raus, unversehrt wie aus dem Safe einer Bibliothek mit Klimaanlage. Ich fuhr mit dem Auto rüber, er gab sie mir zurück. Und ich war mal wieder das Glückskind. Als wir zwei Jahre später in meinen Stasiakten rumblätterten, fand meine leibeigene Miss Marple Pamela die interessanteren Dokumente. Aber ich blindes Huhn fand auch ein Korn: Gilsenbach! Ich entdeckte seinen Namen. Und sah stasischwarz auf stasiweiß: Reimar Gilsenbach, ein Inoffizieller Mitarbeiter des MfS. – Nein!!! Nie und nimmer! Das konnte gar nicht sein! So steht es doch schon in der Bibel: An ihren Taten sollt ihr sie erkennen. Er hatte mich 1968 versteckt. Er hatte mir die Bücher weggeschafft. Und er hatte sie mir alle treu wiedergegeben. Der ist doch niemals ein ... Der war doch immer ... – Scheißakten! Wie konnte das sein?

Die Geschichte seiner Jugend als Deserteur der Wehrmacht an der Ostfront kannte ich. Reimar war mit neunzehn Jahren übergelaufen zur Roten Armee. Er wurde als Agent der Russen im Propagandakrieg hinter der Front eingesetzt – ein unglaublicher Kriegsfilm. Doch bei Kriegsschluss landete er wieder bei den normalen deutschen Kriegsgefangenen, war aber ja nicht »normal«. Also wurde er von den hitlertreuen Kameraden halb tot geschlagen. Sie schlugen ihm die Zähne raus und zertraten ihm seine dicke Brille. Und weil der Halbblinde dann so echt den Ganzblinden markierte, wurde er früher entlassen. In der DDR wurde er Mitglied der SED. In den ersten Jahren war er Redakteur des SED-Bezirksorgans *Sächsische Zeitung* in Dresden. 1951 protestierte er zusammen mit einem Redaktionskollegen gegen die Verurteilung des achtzehnjährigen Schülers Hermann Flade zum Tode. Dieser Junge hatte im Oktober 1950 kritische Flugblätter gegen die Volkskammerwahlen verteilt und sich bei seiner Festnahme in Panik mit einem Messer zur Wehr gesetzt. Gilsenbachs Kollege sammelte in der Redaktion Unterschriften gegen das Todesurteil, und Gilsenbach solidarisierte sich. Am Ende eines Schnellverfahrens in der Parteigruppe gegen Gilsenbach und seinen Freund widerriefen alle Kollegen ihre Unterschrift, nur die beiden nicht, worauf sie ihre Arbeit als Redakteure verloren.

Die Stasi hatte Wind davon gekriegt, dass Gilsenbachs Kumpel in der West-Berliner Zeitung *Der Tagesspiegel* gelegentlich anonym wahrheitsgetreue Artikel über genau die Themen veröffentlichte, über die er jeden Tag in der *Sächsischen Zeitung* unter seinem korrekten Namen Propagandalügen verbreiten musste. Ein Doppelleben also. Der Kumpel floh mit dem Fahrrad über die offene Grenze nach West-Berlin. Gilsenbach wurde 1952 verhaftet. Er hatte seinem Freund zur Flucht geraten, aber nichts von dessen journalistischem Doppelleben bemerkt. Der Stasioffizier sagte: »Wenn Sie von den Verbrechen Ihres Kollegen wirklich nichts gewusst haben, dann können Sie Ihre Unschuld beweisen. Fahren Sie nach West-

Berlin und wirken Sie auf den Mann ein. Er soll zurückkommen. Wenn er sich stellt und bereut, wird ihm Straffreiheit zugesichert.«

Gilsenbach unterschrieb die IM-Verpflichtung und besuchte den Freund in West-Berlin. Er war beides: einfältig, und er spielte den Einfaltspinsel. Fast zehn Jahre später, in einem Einschätzungsbericht von 1961 über ihn, heißt es: »Der GI ist ein ehrlicher und treu zur Partei stehender Genosse. Auf Grund seiner langjährigen Tätigkeit im Kulturbund kennt er viele Mitarbeiter in den Bezirken und Kreisen sowie im Bundessekretariat. Er ist bemüht, die Arbeit der Organisation und ihrer zentralen Leitung objektiv einzuschätzen und gibt über alle Fragen bereitwillig Auskunft.«

Trotzdem war die Stasi wohl nicht zufrieden, denn weiter heißt es: »Der GI gibt ungern schriftliche Berichte, und es konnte bisher keine wesentliche Verbesserung erzielt werden. Seitdem der GI neben seiner Tätigkeit im Kulturbund noch freiberuflich 14 Tage im Monat als Schriftsteller tätig ist, war er kaum zu erreichen. Das erschwerte die Zusammenarbeit im starken Maße und brachte sie dann gänzlich zum Erliegen.« So wie in der Kriegsgefangenschaft den Blinden, so spielte Gilsenbach nun den politisch Blinden.

Die Stasi legte den Vorgang Gilsenbach zwei Jahre später ins Tiefkühlfach, versuchte es aber immer mal wieder mit meinem Freund. 1967 ließ ihn Oberleutnant Günter Lohr der Hauptabteilung XX/1 von einem Mitarbeiter zu einem konspirativen Gespräch in eine Gaststätte zitieren. Im Bericht heißt es über Reimar: »Er brachte zum Ausdruck, daß er größere Aufträge nicht durchführen könne, da ihm das nicht liege. Festzustellen war, daß er ständig versuchte, den konkreten Fragen zur Zusammenarbeit auszuweichen, indem der GI nach solcher Frage sofort ein neues Thema aufgriff und über dieses sprach …, so z.B. über das Problem der Wasserwirtschaft und die Gewinnung von Energie, Fragen der Bodenfruchtbarkeit … Sein besonderes Interesse liegt auf dem Gebiet der Beziehung der Menschen zur Natur hinsichtlich ihres veränderten Eingreifens und Rückwirkungen. Das ist seine Welt und das, was ihn beschäftigt, so sagte der GI.«

Gilsenbach hatte auf diese Art und Weise versucht, sich elegant die Haie vom Halse zu halten. Erstaunlich spät, erst 1971, wurde den Genossen der Stasi klar, dass ihr IM »Wolfgang« inzwischen mein Freund geworden war. Das machte ihn für das MfS wieder hochinteressant. Sie zitierten ihn zu einer Aussprache, setzten ihn unter Druck. Sie wollten testen, ob er über mich und meinen Freundeskreis berichtet. Sollte er sich mir gegenüber dekonspirieren, sollten Maßnahmen eingeleitet werden, »um den IM im Verbindungskreis Biermanns unmöglich zu machen, ihn als ›Spitzel‹ zu stempeln und damit Unsicherheit in diese Kreise hereinzutragen«.

In dieser »Aussprache« mit dem MfS offenbarte Gilsenbach, dass seine Frau seit 1955 von seiner Verbindung zum MfS unterrichtet sei. Begründung: Es gebe in der Familie keine Heimlichkeiten, und zudem würde seine Frau jedes unbegründete Wegbleiben merken. Im Bericht festgehalten wird auch, dass »er uns über diese Verbindungen, insbesondere zu Biermann, nichts berichtete« und »daß der IM sich mit der feindlichen ideologischen Position Biermanns in wesentlichen Fragen solidarisiert, daß er die Machwerke Biermanns nicht als feindlich und gegen unsere sozialistische Gesellschaftsordnung gerichtet betrachtet, und daß in der mehrstündigen ideologischen Auseinandersetzung mit dem IM zu erkennen war, daß er politisch-ideologisch den negativen Einflüssen Biermanns erlegen war«. 1972 stellte Oberleutnant Lohr den IM-Vorgang »Wolfgang« per Beschluss ein. Grund: »Unehrlichkeit und Dekonspiration«.

Der IM wurde von nun an als Feind operativ bearbeitet. Ich blätterte in meiner Akte weiter. Und meine DDR-Welt war wieder in Ordnung. Ich fand die Lösung des Rätsels: »Unter dem zersetzenden Einfluß von Biermann ist der IM unehrlich geworden zum MfS und ist für die weitere Zusammenarbeit nicht zu gebrauchen.« Und gleich danach die solide Bestätigung: »Maßnahmen gegen den ehemaligen IM: 1. Keine Nachauflagen seiner Bücher drucken. 2. Seine Wohnung in Berlin kündigen. 3. Für seine Tochter kein Studiumsplatz.«

Natürlich traf ich mich mit Gilsenbach, und wir redeten Tacheles. Es stimmte, er hatte sich als IM verpflichten lassen, aber einzig und allein, um zu seinem Freund nach West-Berlin fahren zu können. Er hatte ihn davor gewarnt, jemals zurückzukommen. Aber das hatte er natürlich nicht in seinen Spitzelbericht für den Führungsoffizier in Dresden geschrieben. Dem hatte er brav den Misserfolg seiner Mission gemeldet. Ich hatte mich nicht in meinem Gilsenbach geirrt. Er hatte über die Jahre den großen Mut gehabt, sich den Fangarmen der Staatssicherheit zu entwinden, hatte aber nicht den kleinen Mut, mit mir offen über alles zu sprechen. Und er hatte Recht: Er hätte ja fürchten müssen, dass ich mich aus Angst von ihm abwende. Ob ich's getan hätte? Kein Klugscheißer hätte mich dafür tadeln dürfen. Armer Freund! Einsamer kann ein Mensch kaum sein.

Ich hab womöglich zu viel Platz verbraucht mit der Geschichte dieses aufrechten Freundes. Ich finde ihn aber viel interessanter als diese und jene öden Spitzel à la »Willy« oder »Notar«. Die Stasiakten beweisen: Es war eben nicht alles schlecht in der DDR! Es waren so viele Bürger gegen die Diktatur, dass Ulbricht und seine Machtmonster solch einen hypertrophen Kontrollapparat brauchten. Ich fand in meinen Akten viel mehr widerspenstige Menschen als Schweinehunde. Der halbblinde Gilsenbach jedenfalls war ein tapferes Menschenkind, ja, ein Enfant perdu und ein braver Soldat in Heines Freiheitskrieg der Menschheit. Und die Akten lügen nicht, sie beweisen es den Kleingläubigen.

Ich bleibe, was ich immer war: halb Judenbalg und halb ein Goj

Jüdische Wahlverwandtschaften

Erst im letzten Drittel seines Lebens war Arno Lustiger endlich geworden, was er wohl von Natur aus immer gewesen war, kein Geschichten-, sondern ein Zeitgeschichte-Erzähler nach seinem Vorbild, dem Historiker des Judentums Simon Dubnow. Dessen letzte überlieferte Worte, bevor er mit den Juden des Rigaer Ghettos in die Grube geschossen wurde, hat Arno mir manchmal zitiert – auf Jiddisch: »Schrajbt, Jidn, un farschrajbt!« – »Schreibt alles auf, Juden! Und schreibt alles nieder!« Dubnow war einundachtzig Jahre alt, als er dieses Wort am 8. Dezember 1941 in den Wind sprach. Mir klang dieser Satz tautologisch. Erst langsam verstand ich den Sinn: Wenn es wenigstens wahrhaftig niedergeschrieben wird, das Leid, wird es auch schon niedergerungen – im Erinnern.

Romanhaft kompliziert war das Schicksal des polnischen Juden Arno Lustiger auch nach dem Krieg. Er sammelte jede Broschüre, jedes Dokument, jedes Foto oder Flugblatt, jedes Gedicht oder Lied oder Buch über die Shoa. Aber er versteckte all das Material in der zweiten Reihe seines Bücherregals, weil er fürchtete, seine beiden Töchter könnten es in die Finger kriegen. Er wollte seine Kinderlach beschützen, also log er aus Scham und aus Liebe, dass die Auschwitznummer auf seinem linken Unterarm die Telefonnummer eines Bekannten sei, die er sich eben dort notiert hätte. Als er mir das erzählte, dachte ich: Verrückt! Ganz und gar anders, als ich es erlebte mit meiner Mutter. Schon in der Nazizeit und erst recht danach hat sie mir alles gesagt, was der kleine Sohn von Dagobert Biermann wissen sollte. Und ich verstand alles, wie ich konnte.

Jahrzehntelang hat Lustiger kein Wort über das gesprochen, was er erlebt hatte. Er verdiente dann sein Geld in der Modebranche, mit schicken Kleidern für die deutschen Frauen der Nachkriegszeit. Aber im Stillen forschte er immer weiter und tiefer. Erst Mitte der achtziger Jahre brach er sein Schweigen. Mit Anfang sechzig verkaufte er seine Firma und wurde Chronist der selbst durchlebten Leidensgeschichte. Was diesen Überlebenden dabei am allermeisten antrieb, war ein Stachel in seiner Seele. Lustiger konnte die gängige Lehrmeinung, es habe keinen organisierten jüdischen Widerstand gegeben, nicht akzeptieren. Ihn ärgerte, quälte und beleidigte die Geschichtslüge, die die Hinzes und Kunzes und auch Cohens behaupteten: Die Juden hätten sich in der Nazizeit alle widerstandslos abschlachten lassen. Vulgo: »Selber schuld!« Und doppelt vulgo: eine Entschuldung der Schuldigen an der Endlösung der Judenfrage.

Der Privatgelehrte Arno Lustiger, der den Ehrendoktor der Uni Potsdam erhielt, machte sich den amerikanischen Historiker Raul Hilberg zu seinem Lieblingsgegner, weil dieser in seinen Publikationen den bewaffneten Kampf der Juden ganz vernachlässigte oder sträflich kleinredete. In den ersten zwanzig, dreißig Jahren nach 1945 war dieser Streit auch unter den Juden in Israel eine offene Wunde. Manche dort geborene »Sabres«, militante Zionisten und taffe »Muskeljuden«, verspotteten die Überlebenden: »Ihr hättet schon vor der Shoa kommen sollen! Wir hier sind die Kämpfer!« Der Historiker Lustiger widersprach nicht nur, er dokumentierte den jüdischen Widerstand durch akribische Nachforschungen in jiddischen und israelischen, in osteuropäischen und deutschen und französischen Archiven. Er unterfütterte seine Forschungen durch die Befragung von kompetenten Zeitzeugen. Er fand Beispiele des kleinen Aufruhrs, der großen Rebellion und des organisierten Kampfes. Wie stark und wirkungsmächtig die Opfer des Holocaust sich wann und wo wehrten, darüber kann man heute noch streiten, aber nicht über die falsche Behauptung, es habe keinen Widerstand der jüdischen Opfer gegen Hitlers willfährige Mörder und Mitmörder gegeben.

Für sein neues Buch, an dem er Anfang der neunziger Jahre arbeitete, eine Gesamtdarstellung des europäischen Widerstands der Juden gegen die Nazi-Barbarei, brauchte Arno das Finale eines Poems von Jizchak Katzenelson – einem Dichter, dessen Namen ich nicht mal kannte, schon gar nicht sein Opus magnum: »Dos lied vunem oisgehargetn jidischn folk«. Katzenelson schildert darin nicht nur das Elend der Juden im besetzten Polen, sondern auch den Warschauer Ghettoaufstand.

Jizchak Katzenelson war polnischer Jude und schrieb Lieder, Gedichte und Theaterstücke. Er floh mit seiner Familie nach dem Einmarsch der Deutschen von Lódz nach Warschau und geriet ins Ghetto. Als dort am 19. April '43 der Aufstand losbrach, lebten von den 750 000 Juden noch etwa sechzigtausend. Katzenelsons Frau und zwei seiner Söhne waren ins Todeslager Treblinka verschleppt worden. Katzenelson gehörte zu den Kämpfern. Er war damals siebenundfünfzig Jahre alt. Alle wussten, dass sie in diesem Aufstand sterben werden. Seine Freunde beschlossen aber, den Dichter zu retten. Sie wollten, dass wenigstens er überlebt, der ihrer Sprache mächtig war und Zeugnis ablegen konnte. Einer, der die unsagbare Wahrheit über den Untergang des jüdischen Volkes so sagen kann, dass die Welt seinen Worten glaubt, obwohl er die Wahrheit spricht. Katzenelson und sein ältester Sohn Zvi wurden mit gefälschten honduranischen Pässen versorgt und über geheime Schlupflöcher auf die »arische« Seite von Warschau geschleust. Dort wurden sie von den Deutschen aufgegriffen und in ein sogenanntes Sonder-KZ gebracht, das die SS im Kurbad Vittel am Fuße der Vogesen für internierte Ausländer eingerichtet hatte. Ein Jahr lang lebten sie in diesem großbürgerlichen Luxus-Kurbad im Hotel »Providence« hinter Stacheldraht.

Katzenelson sah sich selbst als ein Dichter der neuen hebräischen Generation, einer wie Chaim Nachman Bialik aus Odessa, wie Zalman Schneur, wie Saul Tschernichowski. Gottvater spricht natürlich nicht russisch, polnisch, jiddisch oder deutsch, Gott und die Zionisten sprechen hebräisch! In dieser Sprache war das gesamte Werk Katzenelsons. Doch sein allerletztes Gedicht schrieb er im Internierungslager Vittel nicht in der angehimmelten Vatersprache, sondern er verfasste seine letzten und zugleich besten Verse in der verachteten Muttersprache, also in der irdischen Mameloschn: Jiddisch. Das Manuskript vergrub er in drei Flaschen unter einem Baum im Park von Vittel. Katzenelson wurde zusammen mit seinem Sohn Zvi nach Auschwitz deportiert und ermordet. Das Gedicht überlebte.

Arno bat mich, ihm den letzten Teil der jiddischen Verse über den bewaffneten Kampf im Warschauer Ghetto in mein lebendiges Deutsch zu dichten. Ich tat, wie mein Freund wollte. Aber die anderen fünfzehn Kapitel dieses »Großen Gesangs« ließen mich nicht mehr los, ich wollte nun das Ganze versuchen. Arno transkribierte mir das jiddische Original in lateinische Buchstaben. Und er half mir in der Folgezeit, besonders knifflige jiddische Worte richtig zu verstehen. Ich wollte auch etwas über Katzenelson und sein Leben und seine Arbeit als Pädagoge und Poet erforschen. Es sollte ein komplexes Buch werden: das jiddische Original, die deutsche Nachdichtung, dazu die Geschichte seines Lebens und Sterbens und poetologische Essays.

Pamela und ich fuhren nach Israel, wir fanden die Familie des Dichters. Sein Bruder Abraham war rechtzeitig aus Polen ausgewandert und hatte 1936 im Norden von Tel Aviv den Kibbuz Shefayim gegründet. Dort trafen wir Benjamin, den weißhaarigen Sohn des Bruders, den alten Lehrer Benny Katzenelson und seine Frau Rochele. Sie stammte aus dem ältesten Kibbuz Israels, Degania am See Genezareth. Im Kibbuz Ma'ale HaHamisha, auf halbem Weg nach Jerusalem, besuchten wir des Dichters Cousine, die charismatische Lehrerin Badana Feinstein, und ihren Bruder, die noch in Polen aufgewachsen waren. Wir trafen Professor Schejntuch, der Katzenelsons Werke betreute.

Nördlich von Haifa, im Kibbuz der Warschauer Ghettokämpfer, trafen wir Uri Aloni und Simcha Stein. Dieser Kibbuz Lochamej HaGeta'ot, der von Überlebenden des Ghettoaufstands gegründet worden war, verfügt über die Rechte an Katzenelsons Werk. Sie erteilten mir die Genehmigung, den »Großen Gesang« ins Deutsche zu übersetzen. Und das war eine enorme Ehre, denn es hatte lange in diesem Kibbuz eine eiserne Regel gegolten: kein Kontakt mit Deutschen! Kein Briefwechsel, kein Telefon! Und keinen Pfennig Wiedergutmachung aus Deutschland fordern oder nehmen! Und noch radikaler: Nicht mal Kontakt mit Juden dulden, die »nach alldem« noch so schamlos geschichtsvergessen waren, im Lande der Mörder zu leben – also auch nicht mit meinem ungläubigen Zionisten in Frankfurt, Arno Lustiger!

Die Archivare des Museums »Haus der Ghettokämpfer« zeigten uns die Originalschriften des Poems, die dort verwahrt werden. Katzenelson hatte 1944 mit winziger Schrift ein Duplikat des Poems auf hauchdünnes Seidenpapier geschrieben. Eine chassidische junge Frau aus Dresden, Ruth Adler, hatte es über sieben Grenzen unter Lebensgefahr, eingenäht im Griff ihres Koffers, aus dem Lager Vittel nach Palästina geschmuggelt. Sie übergab das Poem den Cousins des Dichters in Tel Aviv, Jizchak Tabenkin und Berel Katzenelson. Wir trafen die alte Ruth Adler in ihrer Wohnung in Ramat haScharon. Sie schwärmte auch noch mit achtzig Jahren von ihrem Dichter und der gemeinsamen Zeit im Lager Vittel. Ihre Wohnung war ein Reliquienschrein für den ermordeten Freund.

Wir besuchten das Schriftsteller-Ehepaar Yonat und Alexander Sened im Kibbuz Revivim, ein blühender Garten mitten in der Negev-Wüste. Der Name gefiel mir: Revivim ist das alte hebräische Wort für Wassertropfen. Yonat erzählte uns von unserem Dichter eine bezeichnende Episode. Im Warschauer Ghetto hatte sie als Kind bei Katzenelson in einer versteckten Kellerschule verbotenen Unterricht in den Fächern Hebräisch und Deutsche Literatur erhalten. Als grade die hohe Mauer um das neuerrichtete Ghetto hochgezogen war, noch vor Beginn der täglichen Massendeportationen ins Todeslager Treblinka, zu einer Zeit also, als die verhungerten und niedergeschossenen und erfrorenen Menschen immerhin noch begraben werden konnten, bat ein verzweifeltes Elternpaar den berühmten Poeten: »Dichten Sie uns ein Wort für unser totes Kind! Wir wolln es auf sein Grab schreiben.« Aber der wortgewaltige Katzenelson schüttelte wie irre den kahlen Kopf und stammelte: »Ich kann nicht … Ich kann kein Wort finden für all das …« – und weinte und wandte sich ab.

Da Pamela und Andreas Öhler gemeinsam einen Dokumentarfilm für ZDF/3Sat über Katzenelsons Leben machten, fuhren wir mit dem Kameramann Carsten Krüger auch nach Polen zu dem legendären Veteranen Marek Edelman, einst blutjunger Kommandeur des Ghettoaufstands und später ein Herzspezialist in Lódz. Als ich ihm von all den Juden im Kibbuz der Warschauer Ghettokämpfer erzählte, von seinem alten Freund Jizchak Zuckerman und dessen Frau Zivia, die ich aus dem Poem des Katzenelson kannte, kreischte der alte Mann mich an: »Das sind keine Juden mehr! Das sind Israelis!« Diesem Streit konnte einer wie ich nie und nimmer gewachsen sein. Also schwieg ich und hörte zu.

Nach dem Gesetz der Juden, der Halacha, bin ich überhaupt kein Jude. Und religiös bin ich schon gar nicht. Doch der lebendige Stoffwechsel mit all diesen Juden hat mich im allerbesten Sinne mehr und mehr »verjudet«. Mir war, als würden diese Menschen das nachliefern, was mir meine ermordete jüdische Familie in Hamburg nicht hatte liefern können – egal mit oder ohne Gott: die Kultur der Jüdischkajt.

In zwei langen Jahren brachte ich die Verse in mein Deutsch: »Großer Gesang des Jizchak Katzenelson vom ausgerotteten jüdischen Volk«. Die allererste Lesung meiner Nachdichtung fand in Israel statt. Ich hatte das Poem fast fertig, wir genossen mit den Kindern die Sommerferien in Israel und waren bei den Katzenelsons zu Besuch im Kibbuz. Ich hatte zunächst nie daran gedacht, dass man dieses Poem auch öffentlich vortragen könnte und sollte. Aber der alte Benny wollte unbedingt, dass ich ihm und seiner großen Familie das Werk des berühmten Onkels auf Deutsch vortrage. Natürlich war ich gern bereit, das zu tun. Aber ich sagte auf Englisch: »Benny, das ist doch alles nur deutsch!« Er lachte und sagte: »Read it, and I will understand enough. I heard Yiddish, when I was a child!«

Die Lesung fand in der Aula der Kibbuz-Schule statt. Am frühen Abend saßen an die zweihundert Israelis da. Ich las nicht das ganze Lied, das wäre zu lang gewesen. Ich hatte mir die stärksten Stücke rausgefischt. Da ich noch unsicher war und weil ich wusste, dass die deutsche Sprache uns nicht verbindet, sondern trennt, las ich langsam. Ich formulierte tastend die Worte. Ein verfremdeter Gestus, der dem Brecht vielleicht gefallen hätte. Als ich zu Ende gelesen und vorgetragen hatte, blieben die Zuhörer minutenlang stumm in ihren Sitzen. Eine schmerzliche Stille. Die Leute saßen und schwiegen, keiner ging. Auch ich saß stumm auf meinem Stuhl und schwieg.

Zwei alte Weiber, Sarah Ehrenhalt aus Polen und Lidia Vago aus Ungarn, saßen direkt vor mir. Ich kannte die beiden schon über den Bremer Holocaust-Forscher Klaus von Münchhausen.

Die Frauen hatten in der Union-Munitionsfabrik in Auschwitz als Zwangsarbeiterinnen überlebt, wohl auch, weil sie schnell Deutsch gelernt hatten. Beide waren dort im Widerstand, zusammen mit meiner Hamburger Vertrauten Flora Neumann. Die Frauen hatten Schießpulver in der Munitionsfabrik geklaut und täglich in kleinen Mengen rausgeschmuggelt. Daraus wurde ein Sprengsatz gebaut, mit dem eines der Krematorien gesprengt wurde. Das war natürlich eine ideale Geschichte für meinen Freund Arno Lustiger.

Sarah hatte mir die unfassbare Katastrophe ihrer Ankunft in Auschwitz erzählt. Ein SS-Mann hatte ihr auf der Rampe das Baby vom Arm gerissen. Da war ihr Mann niedergekniet und hatte um das Leben des Kindes gebettelt. Der Nazi erledigte das Problem mit einem Schuss in den Kopf des Vaters und zerschmetterte den Säugling vor den Augen der Mutter auf dem Boden der Rampe. Die junge, kräftige Mutter aber, Sarah Ehrenhalt, wurde zum Weiterleben selektiert und schuftete in der berüchtigten Union-Fabrik. Die alte Flora hatte mir erzählt, dass viele dieser Sklavenarbeiterinnen grüne Haarstoppeln hatten, weil beim Einfüllen des Schießpulvers in die Patronenhülsen die Chemikalien ihnen in die nackte Haut diffundierten. In der Fabrik hatte Sarah eine Stanzmaschine zu bedienen, in der die Widerstandsleute einen kleinen Sender versteckt hatten. Als sie mir davon erzählte, sagte sie: »Zum Glück wusste ich das nicht, ich wäre vor Angst gestorben.«

Es war mir schon während des Vorlesens aufgefallen: Die beiden Union-Frauen kamen mir unangemessen vergnügt vor. Und am Ende der Lesung wirkten sie gradezu aufgeräumt, fast heiter. Ich war irritiert und fragte sie, warum. Sarah sagte: »Wir haben genug geweint. Du kommst zu spät mit dem Gedicht.« Und Lidia, die Ungarin, sagte: »Wir sind froh, weil all das ein Gedicht geworden ist. Das ist der Beweis gegen die Auschwitzlüge! Keiner kann jetzt mehr sagen: Die Gaskammern waren gar keine Gaskammern! Das Gedicht beweist alles!«

Mit dieser Stille nach dem Vortrag des Katzenelson-Poems reagierten die Zuhörer auch in den Lesungen, die ich danach überall in Europa machte. Die deutsche Premiere fand im Hamburger Schauspielhaus statt. In der ersten Reihe vor mir sah ich die Ehrengäste sitzen: Uri Aloni, der deutsche Jude als Abgesandter aus dem Kibbuz der Warschauer Ghettokämpfer. Die alte Ruth Adler überwand ihre Scheu. Aus Liebe zu Katzenelson betrat sie nach fast fünfzig Jahren zum ersten Mal wieder deutschen Boden. Natürlich kamen Arno Lustiger und seine Erika Banse. Auch Asher Ben-Nathan, der erste Botschafter, den Israel in die Bundesrepublik gesandt hatte. In einer kleinen Vorrede begrüßte ich alle Ehrengäste. Ich zählte sie alle auf, einen nach dem anderen, als müsste ich einem strengen Protokoll genügen. Benny Katzenelson als Vertreter der Familie des Dichters, die es in Polen nicht mehr gibt. Auch dem alten Liebespaar aus dem Karolinenviertel erwies ich die Ehre, Rudi und Flora Neumann. Beide hatten drei Jahre in Auschwitz überlebt. Uns verband, dass Rudi ein Genosse meines Vaters gewesen war. Seine Überlebensgeschichte klingt wie ein brutales Märchen, das er später nicht mal seinem Sohn Bernie anvertraute, der als Kind bei den französischen Partisanen der Resistance in den Wäldern der Bretagne überlebt hatte. Neben Arno saß ein würdiger Herr mit gleißend weißer Haartolle, Richard von Weizsäcker, der Bundespräsident a.D. Ich schätzte ihn, weil er immerhin vierzig Jahre nach dem Ende des Krieges den Mut gehabt hatte, im Bundestag den Deutschen die banale Wahrheit zuzumuten, dass der Tag der Niederlage am 8. Mai 1945 ein Tag der Befreiung war.

Ich hatte es mir gewiss nicht so vorgenommen. Aber nachdem ich nun alle begrüßt hatte und diesen Würdenträger neben dem Auschwitz-Häftling Arno Lustiger sitzen sah, stieß mein toter Vater mir von hinten in die Rippen und flüsterte mir zu: »Wenn du diese Peinlichkeit jetzt vermeidest, dann wird es erst recht peinlich. Rette dich gefälligst in die Wahrheit!« Und so hörte ich mich einen ungehörigen Text ins Mikrophon improvisieren: »Lieber Herr von Weizsäcker, es ist schon besonders, dass ausgerechnet Sie hier sitzen, denn in der Zeit, als der Dichter dieses Poems, Jizchak Katzenelson, in Polen in die Hölle der Shoa geriet, da ritten Sie hoch zu Ross als junger Offizier der Hitler-Wehrmacht in Polen ein.« Stille. Man konnte eine Stecknadel fallen hören, aber es fiel keine. Alle wussten, dass ich die Wahrheit gesagt hatte. Ich beobachtete das entsetzte Schweigen bis hoch in den Olymp des Hamburger Schauspielhauses und registrierte die Verlegenheit mancher Premierengäste im Parkett. Ich sah vor mir das reglose Gesicht des Politikers. Und fügte dieser Wahrheit eine zweite hinzu: »Aber ich, und auch die Überlebenden hier, freuen sich, dass Sie heute Abend gekommen sind. Denn wir alle wissen, dass Sie einer von den Deutschen sind, die begriffen haben und vor allem sich auch geändert haben.« Weizsäcker verstand. Er lächelte sibyllinisch und senkte den Blick, er nickte mehr nach innen und ohne Falsch. Dann lieferte ich zwei Stunden lang ohne Pause meinen Katzenelson-Abend.

***

Es war Herbst. Alle Gäste der Hamburger Katzenelson-Premiere waren wieder abgereist. Nur die alte Ruth Adler blieb noch bei uns in Altona. Ihre ganze Dresdner Familie war ermordet worden, nur sie hatte in Palästina überlebt. Der Ost-Berliner Ekke Maaß, kein ideologischer Menschheitsretter, sondern ein praktischer Helfer, mein alter Freund aus dem Prenzlauer Berg tat uns einen Gefallen. Er begleitete die alte Ruth in ihre Geburtsstadt Dresden. Für die alte Frau schloss sich dort ein Lebenskreis. Auf dem Jüdischen Friedhof fand sie das unversehrte Grab ihrer geliebten Großmutter und war selig im Schmerz. Das Grab war gepflegt, wer weiß von wem. Es sah aus, als ob seit der Episode des Weltuntergangs 1933 nichts sich geändert hätte. Der Freund brachte die alte Frau wohlbehalten nach Altona zurück, und so kam es, dass sie grad noch bei uns war, als meine Mutter Emma im ersten Monat nach ihrem neunzigsten Geburtstag im Sterben lag.

Emma lag in ihrem Bett. Sie kämpfte kaum noch. Sie dämmerte ein paar Tage vor sich hin. Freunde, ihre großen Enkelkinder kamen, um sich zu verabschieden. Auch wenn sie nicht mehr wirklich ansprechbar war, mich erkannte sie noch. Sie flüsterte mir eine Zeile aus einem Heine-Gedicht aus ihrer Jugend: »Du hättest so hübsch, mein Schätzchen, von deiner Liebe erzählt.« Eine Szene ist mir im Gedächtnis: Unser Sohn, der kleine fünfjährige David, rutschte mit einem Matchbox-Truck immer rum ums Bett der Oma. Er machte dabei »Brumm! Brumm!«. Dann kam Emmas alter junger Freund, der Buchrestaurator Michael Dietz. Der Kleine stoppte, schaute hoch und sagte wie ein Zeremonienmeister: »Unsere Oma stirbt jetzt!« Nun aber war ihm der Gesichtsausdruck des Besuchers wohl nicht traurig genug. Also wies er ihn zurecht mit einem strengen Nachwort: »Leider!«

Als Emma es am 14. Oktober 1994 geschafft hatte, setzte sich die alte Ruth ins Zimmer unserer Toten. Sie machte »Schiffesitzen« für meine Mutter, ein Ritus, den sie für ihre eigene ermordete Mutter nicht hatte machen können. Eine chassidische Alte verabschiedete eine alte Widerstandskämpferin.

Meine Emma, die Urkommunistin Biermann, hatte die letzten Jahre nach dem Kollaps des Kommunismus mit uns gelebt. Sie war wohl geheilt von ihrem Kinderglauben, aber dennoch wunderbar hellsichtig zerrissen. Wir diskutierten, wir stritten. In mir selber klaffte der Riss. Wir verstanden uns manchmal am besten, wenn wir einander gründlich missverstanden. Wie war das nun mit dem alten Traum? Wer will schon sein ganzes Leben in die Tonne treten! War nun alles falsch mit diesem verfluchten Kommunismus? War die Idee von Marx bloß falsch verstanden? Bloß verraten? Womöglich zu früh angefangen, am falschen Ort? Soll man's also noch mal besser versuchen? Diese Fragen bewegten nicht nur Emma, sondern viele Menschen, auch in der ehemaligen DDR. War das eigene Leben vertan? War in der DDR nun alles schlecht gewesen? Die Utopie einer klassenlosen Gesellschaft ohne Ausbeutung, ohne Unterdrückung, in der alle Menschen nur noch Brüder und Schwestern sind, alle gleich wie in der gereimten Schiller-Hymne oder im ungereimten »Kommunistischen Manifest« oder in Orwells »Animal Farm« – all das hatte sich auch für meine Mutter als ein mörderischer und selbstmörderischer Irrweg erwiesen. Ich dachte an den Kernsatz meiner Oma Meume über hochgebildete Genossen. Im knüppeldicken Sächsisch sagte sie manchmal: »Mei Junge, durch Kluuucheet wird ma dumm!«

Im Grunde ging es in diesem Streit, den manche Köpfe nun ausfochten, um die Frage, wie unser richtiges Leben im falschen DDR-Leben zu bewerten ist. War jede Anpassung schlecht? Waren Opfer auch Täter? Waren die Täter auch Opfer? Das ist das ewige Elend der Intellektuellen: Sie können verklären durch Erklärung – grobianisch: aus jeder Scheiße Frikadellen machen. Manch einer, so kam es mir vor, verteidigte auf einmal die DDR aus schlechtem Gewissen, weil er vielleicht hinter dem eigenen Rücken schlechter über sich dachte als nötig. Die DDR war die Diktatur einer Parteielite über die Partei und über das Volk, ein Unrechtsstaat. Diese fundamentale Wahrheit sollte nicht durch allzu viel Verständnis für einzelne menschliche Schicksale verklärt werden.

Ich beklagte Ende 1994 in einem Interview mit der *dpa*, dass auch der renitente Stefan Heym sich ausgerechnet jetzt, direkt nach dem Fall der Mauer, mit unseren Unterdrückern ins Bett legte. So machte er den Erben unserer treuen Feinde den treuen Affen: Er trat als parteiloser Kandidat im bundesdeutschen Wahlkampf an für die PDS. Das war Heyms Botschaft: Ich unterstütze die Erben der gestürzten Diktatur. Heym war in jungen Jahren zum Kommunismus konvertiert, so wie unser gemeinsamer Freund Robert Havemann. Ich vermute: Hätte Havemann den Sturz der Diktatur noch erleben können, wäre er auf seine alten Tage nicht wieder mit den Verwesern der stalinistischen Nomenklatura ins Bett gekrochen.

Ich schmähte bei der Gelegenheit dieses Interviews den Chef der PDS, Gregor Gysi. Dass ausgerechnet dieser windige, wendige Advokat aus der Nomenklatura, den die Stasi als IM »Notar« führte, sich mit seinem schnoddrigen Witz im Parlament der Demokratie spreizte, empfand ich als einen Tritt in den Hintern der Opfer des Unrechtsstaates DDR. Von mir aus sollte Gysi Jurist bleiben, wie der letzte DDR-Innenminister Peter-Michael Diestel und wie all die Stasioffiziere, die an der Hochschule des MfS ihren Jura-Abschluss und die Zertifikate und Doktortitel erworben hatten. Ich schlug vor, eine Lichtgestalt wie Gysi solle Rechtsanwalt zur Verteidigung von angeklagten Mauerschützen und bedrängten Genossen und Judas-Christen wie Manfred Stolpe werden. Die ganze Welt stand ihm offen, wie all den Lemuren der Staatspartei. Er hätte eine Karriere als Chefredakteur des linken *Freitag* oder der rechten *Jungen Freiheit* machen können. Als Moderator einer Fernseh-Talkshow wäre er mit seiner Berliner Schnauze und gojischen Chuzpe besser gewesen als der Häuptling Schmalzlocke aus Frankfurt. Gysi hätte eine Consulting-Agentur für Geschäfte mit den Ländern des ehemaligen Ostblocks gründen oder zusammen mit Markus Wolf Romane schreiben können. Aber so einer sollte nach meiner Überzeugung auf keinen Fall Abgeordneter im demokratisch gewählten Bundestag werden und dort Gesetze beschließen, unter denen ich leben muss.

Immer mehr der ehemaligen politischen Häftlinge, die Gysi

in der DDR betreut hatte, bezichtigten nach Einsicht ihrer Akten den Genossen Gysi der Stasimitarbeit. Zu seinen Mandanten hatten neben Robert Havemann auch Rudolf Bahro, Lutz Rathenow, Ulrike Poppe und Jürgen Fuchs gehört. Bärbel Bohley sprach aus, was sie dachte: »Gysi ist ein Stasispitzel.« Der klagte postwendend gegen sie. Die Prozesse, die Bärbel durchzustehen hatte, kosteten sie nicht nur Nerven und Lebenskraft, sondern auch mehr Geld, als sie hatte. Weil sie die Prozesse verlor – denn es fand sich in den MfS-Akten nicht die lächerliche Unterschrift unter einer Stasiverpflichtung –, musste sie alle Kosten, auch die der Gegenanwälte, übernehmen. Inzwischen weiß man es besser, als das Hamburger Gericht es damals hatte wahrhaben wollen.

Nach genauen Untersuchungen kam 1998 der Immunitätsausschuss des Deutschen Bundestages zu dem Schluss: Ja, Gregor Gysi hat jahrelang der Stasi zugearbeitet. Im Abschlussbericht heißt es, Gysi habe »seine herausgehobene berufliche Stellung als einer der wenigen Rechtsanwälte in der DDR genutzt, um als Anwalt auch international bekannter Oppositioneller die politische Ordnung der DDR vor seinen Mandanten zu schützen. Um dieses Ziel zu erreichen, hat er sich in die Strategien des MfS einbinden lassen, selbst an der operativen Bearbeitung von Oppositionellen teilgenommen und wichtige Informationen an das MfS weitergegeben. Auf diese Erkenntnisse war der Staatssicherheitsdienst zur Vorbereitung seiner Zersetzungsstrategien dringend angewiesen. Das Ziel dieser Tätigkeit unter Einbindung von Dr. Gysi war die möglichst wirksame Unterdrückung der demokratischen Opposition in der DDR.«

Kaum war mein Interview 1994 abgedruckt, servierte das *Neue Deutschland* in alter Manier eine Kampagne gegen mich. Mein falscher Fan aus Wien, der Antifaschist Alfred Hrdlicka, veröffentlichte unerwartet einen Offenen Brief im Zentralorgan der SED/PDS. Darin leerte er etliche Nachttöpfe über meinem Haupte aus – solcher Schmähschmodder wäscht sich am nächsten Tag ab, mit Seife und Gelassenheit. Aber der Wuthammer wütete auch dieses Donnerwort: »Du willst mit keinen Gesetzen leben, die Gysi beschließt?! Ich wünsche dir die Nürnberger Rassengesetze an den Hals.« – Hoppla! Das war natürlich absurdes Theater, denn ich hatte ja schon unter diesen Rassengesetzen als »Mischling ersten

Grades« gelebt, als »Halbjude« seit meiner Geburt 1936. Da kam Hrdlicka also tausend Jahre zu spät. Vollends grotesk war allerdings, dass ausgerechnet der Historiker Julius Schoeps, der damalige Leiter des Jüdischen Museums in Wien, den Hrdlicka »zu diesen offenen Worten« beglückwünschte.

Auch der Antisemitismus macht eben seine Metamorphosen durch. Es gibt einen jüdischen Witz, den mir mein Freund Walter Grab erzählte. Im Nachkriegs-Wien kauert ein Bettler am Stephansdom. Vor sich ein Pappschild: »Bin völlig blind. Nehme nichts von Juden!« Kommt der obligate Herr Moshe Cohn vorbei, ein Wiener Jude zu Besuch aus dem Exil in England. Der ärgert sich und sagt dem Bettler: »He Sie! Die Zeiten haben sich geändert! Sie müssen sich mal ein neues Schild malen lassen!« Da antwortet ihm der Bettler: »Willst du Schmock mich lehren, wie man in Wien bettelt?!«

Ich ist ein Andrer, das ist klar…

Über falsche Freunde und falsche Feinde

Seit der Wiedervereinigung waberte und kochte auch ein Streit darüber hoch, ob sich die Ost- und die West-Berliner Akademie der Künste en bloc vereinigen sollten. Natürlich gab es in beiden Akademien ein paar starke Schriftsteller und schöpferische Künstler. Aber in der DDR-Akademie saßen auch viele Schöpfer, die besser abschöpfen konnten als schöpfen, parteitreue Betonköpfe mit Lorbeerkranz und parfümierte Arschkriecher der Diktatur. Sollten diese ehemaligen Spitzel nun auch in der Demokratie sich spreizen mit dem Prestige an der Hacke und dem Lorbeerblatt auf der Glatze?

Der einstmals verfemte Dramatiker Heiner Müller war im Jahre eins nach dem Mauerfall zum neuen Präsidenten der Ost-Akademie gewählt worden. Als ich ihn dazu auf der Beerdigung von Hans Bunge beglückwünschte, lächelte er: »Wolf, komm zu uns! Jetzt haben wir hier das Sagen! Werde schnell noch Mitglied der Ost-Akademie!« Er spöttelte: »Du brauchst endlich den Lorbeerkranz, und wir brauchen dich.« Ich fragte: »Wozu? Mit dir zusammen will ich gerne in jedem Gesangsverein sein, aber nicht mit dem bundesdeutschen DKP-Kastraten Degenhardt, der für meine Ausbürgerung öffentlich Partei ergriffen hat. Auch Canaillen wie Hermann Kant müsstet ihr erst mal rauskanten.«

Die westdeutsche Akademie der Künste wurde instrumentalisiert vom Präsidenten Walter Jens, dem Ordinarius für Rhetorik an der Uni Tübingen. Spötter hatten ihm den Ehrentitel des hochgelehrten Philipp Melanchthon verpasst: Praeceptor Germaniae – Lehrmeister Deutschlands. Jetzt bewährte er sich als Zuchtmeister und Strippenzieher. Jens schaffte es mit linksprotestantischer List und katholischer Tücke. Er drückte im Berliner Akademie-Streit durch, dass die spitzelnden Hofschranzen des DDR-Regimes alle ungeprüft übernommen wurden. Friede-Freude-Eierakademie. Unter welchen Zwängen Jens das tat, konnten wir nicht ahnen, weil wir den blutjungen und naiven NSDAP-Parteigenossen in seinem Keller noch nicht kannten.

Dieser Akademie-Konflikt hatte auch die unzertrennlichen Freunde Walter Jens und Marcel Reich-Ranicki zerfreundet. Seitdem Jens mit Klaus Höpcke, dem verhassten Oberzensor der DDR, 1990 bei einer Tagung zum Thema »Kulturnation Deutschland« im Potsdamer Cecilienhof abgestiegen war und eine Flitternacht in Josef Stalins Aura verbracht hatte, war er für MRR immer unerträglicher geworden. Ulrich Greiner von der *Zeit* schrieb darüber einen hellsichtigen Essay: »Der Potsdamer Abgrund«.

Die Stasiakten waren nun zugänglich, und alle naslang zogen die Journalisten und Forscher aus Mielkes Nachlass neue Dokumente über die Stasi-Verstrickung etlicher DDR-Schriftsteller. In diesen Monaten rief Reich-Ranicki gelegentlich bei mir an: »Gibt es Neuigkeiten? Haben Sie neue Namen gehört? Gibt's was Neues über Christa Wolf? Sie sind doch näher dran. Sind neue Akten aufgetaucht? Hat der Fuchs wieder was gefunden?« Ich war nicht auf der Spitzel-Schnitzeljagd. Mir waren schon die Dutzende Leibspitzel zu viel, die in meinen Akten zusammengezählt worden waren. Nicht mal diese habe ich bis heute alle recherchiert und werde auch nicht mehr dazu kommen. Aber natürlich plapperte ich dem Literaturpapst meine unverblümten Kommentare zu den Enttarnungen ins Telefon. Ranicki fragte auch oft bei Günter Kunert in Kaisborstel an. Kunert und ich, wir rissen darüber manchmal unsere Witze. Old Kunert machte sich einen Jux daraus, den Reich-Ranicki-Ton nachzuäffen – er könnte hervorragend als dessen polnisch gefärbter Stimmenimitator im Kabarett auftreten.

Die Medienmeute interessierte sich natürlich nur für bekanntere Namen. Dass der dubiose DDR-PEN-Generalsekretär Heinz Kamnitzer und der thomasmännelnde Hermann Kant »Pott un Pann« waren mit der Stasi, konnte niemanden überraschen. Der

Brecht-Schüler und Traktorist Heinz Kahlau spielte auch mal mit dem Schwert der Partei, der Literat und Krampf-Lyriker Paul Wiens kämpfte auch mal mit Mielkes Schild der Partei. Stasi oder nicht Stasi – das war bei solchen Typen für mich gar nicht die Frage, ich hielt sie eh alle für Langweiler. Und hochkarätigste Diener der Diktatur mussten sowieso nicht Mitarbeiter der Stasi sein, um der Partei zu dienen.

Ein herzzerreißender Fall war Helga Novak, meine Lieblingsdichterin. Sie war längst raus aus beiden Deutschländern. Sie hauste seit Jahren in Polen auf dem Land. Helga soff in ihrem polnischen Dorf die Bauern untern Tisch. Sie vegetierte schon lange als heimatlose Hexe in einer Kate. Sie fällte Bäume und stapelte ihr gehacktes Holz, sie pflanzte sich Kartoffeln, schrieb Gedichte, köpfte Weißkohl, stampfte und presste ihr Sauerkraut, schrieb Briefe an die letzten Freunde, fütterte ihre Hühner und legte Salzgurken ein, hatte kein Geld für den Arzt. Sie schlachtete ihr Schwein und selchte das Fleisch in der Tonne und brannte Schnaps.

Weit in der Ferne musste die Einsiedlerin aber was mitgekriegt haben von der Schmetterlingsjagd auf den Stasi-Wiesen im wiedervereinigten Deutschland. Helga fand das nur zum Kotzen. Sie trug sowieso all die Jahre ihre schuldlose Schuld und fühlte sich nun bedroht. Der *Spiegel* druckte einen Wutanfall ab, den sie 1991 in der Grafschaft Powiat Tucholski, also im pommerschen Tuchel, rausgehaun hatte. Radikale Politpoesie, das tapferste Gedicht über die Feigheit der Mitmacher, ein Abgesang ohne Begleitung auf Adornos Wurlitzer Orgel: »Ohne Herkunft, Studentin vor dem Staatsexamen, liiert mit einem isländischen Studenten – war ich erpressbar. Und ich unterschrieb, September '57. Ich wollte nämlich nicht, wie Erich Loest, sieben Jahre in Bautzen sitzen, wo mir, da ich keine Familie, gar keine Blutsverwandten hatte, niemand auch nur eine Schachtel Zigaretten gebracht hätte. Die Scham beißt ein Leben lang, aber sie ist auch eine energische Lehrerin.«

Ach Helga! Ich hielt sie immer und halte sie für die stärkste Dichterin unter den Deutschen. Nelly Sachs? Hilde Domin? Sarah Kirsch? Ulla Hahn? Im Vergleich zur Novak Zierfische! Sie erzählte mir vom Filetieren des Kabeljaus in einer Fabrik als Fischweib in Island. Das hatte sie jahrelang im Akkord am Fließband gemacht. Die starre Klinge, das scharfe Messer in der Rechten, mit dem Stahl-Schutzhandschuh über der Linken. Und nebenbei das Wichtigste: ihre Verse. Helga Novak war in den sechziger Jahren, nachdem ihr wegen regimekritischer Texte die DDR-Staatsbürgerschaft aberkannt worden war, die schönste Frau in den Frankfurter Salons der linken Bohème. Mein Urteil mag übertrieben sein, aber besoffen oder sentimental bin ich nicht, denn uns verband niemals irgendeine Liebschaft, auch nicht in den Zeiten der freudlosen Cholera. Ich liebte ihre lapidare Sprache und war stolz, als sie mir ein Gedicht widmete mit den Zeilen: »… der kann die Pisse nicht riechen, / die im Bottich gespeichert wartet / der mit den weichen Augen / der mit dem derben Maul.« Ich fragte damals: »Helga, wo wird Schafwolle mit Pisse gewaschen?« Und sie lachte aggressiv: »In Island, kleiner Wolf.« Helgas frühe »Tragoballade vom Spitzel Winfried Schütze in platten Reimen« könnte dieses ganze Kapitel hier über Stasiverstrickungen verkürzen. Am Ende heißt es:

> Der schlechteste Mann im ganzen Land
> das ist und bleibt der Denunziant.

Doch des Bänkel-Pasquills folgende dialektische Volte hebt die eigene Pointe aus den Angeln:

> Der schlechteste Staat auf dieser Welt
> ist der, der sich die Spitzel hält.

Schon in den fünfziger Jahren, als unsere Generation noch brav an den kommunistischen Weihnachtsmann glaubte, schrieb Novak ein Gedicht, das eine proletarische Sichel war und ein plebejischer Hammer: »Einem Funktionär ins Poesiealbum«. Mir jedenfalls wird diese mutige Ketzerei wohl noch im Kopf sein, wenn ich die Spottverse meiner eigenen »Stasi-Ballade« längst vergessen habe: »Ich habe am Ende / eine Frage: / wem gehört eigentlich / das Volkseigentum?« Helga Novak blieb ungebrochen, radikal, stolz bis zu ihrem elenden Tod 2013.

Auch die empfindsame Christa Wolf geriet ins Gerede. Geradezu faustisch hatte die Sinnsucherin sich bei ihrer Verpflichtung als MfS-Spitzel ausgerechnet den Decknamen »Margarete« ausgesucht. Es war ein pfiffiges Prinzip der Staatssicherheit, dass jeder neu angeworbene Mitarbeiter sich seinen IM-Namen selbst aussuchen sollte – eine finale Illusion der Selbstbestimmung. In ihren jungen Jahren zwischen 1959 und 1962 hatte Christa Wolf der Stasi zugearbeitet. Das kam nun, dreißig Jahre später, raus. Ich fand es überhaupt nicht so skandalös wie Marcel Reich-Ranicki. Er giftete gegen die Wolf wie ein verschmähter Liebhaber. Ich redete ihm den Geifer aus: »Na und?! Sie ist eben ängstlich und kritisch. Aber die Bücher der Christa Wolf sind echt und sind tief und sogar tapfer.« – »Ja«, sagte Reich-Ranicki, »... und langweilig!« – »Ach was!«, hielt ich gegen, »sie ist eben eine typische Nachgeborene. Sie zerdenkt sich – ›tatenarm und gedankenvoll‹, wie's bei Hölderlin heißt. Aber immerhin, sie ist aus der Stasimitarbeit ausgestiegen! Das war mutiger, als gar nicht erst einzusteigen. Und in die Pfanne gehaun hat die bestimmt keinen!«

Und mein hermetischer Freund Heiner Müller. Das hagere Gesicht, das energische Kinn, die abgeknickte lange Nase, die hohe Stirn, der schmale Mund, die eingefallenen Wangen. Kein Savonarola! – Heiner sah mir immer aus wie das berühmte Dante-Porträt von Botticelli. Ein Dante Alighieri, aber mit daumendicker Brecht-Zigarre und halbleerer Whiskyflasche. Was unser Lehrer Brecht »Freundlichkeit« nannte und pädagogisch einbaute in seine Lehrgedichte, das hatte der Müller in Natur. Er war so stoisch, als ob er schon alle Kreise der Hölle des Kommunismus durchschritten hätte. Er redete so karg, als ob er schweigt. Wie ein Vorsokratiker, der den Wandel nicht festnageln will mit Begriffen, zeigte er stattdessen stumm mit dem stinkenden Zigarrenstummel auf unsere tagtäglichen Weltuntergänge. Reiten auf den Holzpferden des Worte-Karussells. War das der bolschewistische Jargon der Heidegger'schen Eigentlichkeit?

Nach der Beerdigung von Bunge 1990 hatte Heiner mir geklagt: »Ach Wolf, mir geht jetzt der Stoff aus. Ich bin wie eine Textmaschine ohne Material. Hast du nicht irgendeinen Stoff, den ich noch verarbeiten kann?« Aber ich zuckte mit den Achseln. Als nun in den Zeitungen über Heiners Stasi-Verstrickungen zu lesen war, dachte ich: Das genau wäre womöglich der große Stoff, den er braucht und den er selber original erlebt hat. Nach solch einem Tragödien-Stoff hätte sich doch Sophokles die antiken Finger geleckt!

Heiner hatte die Protestresolution gegen meine Ausbürgerung unterschrieben. Ein Offizier der Staatssicherheit führte daraufhin lange, intensive Gespräche mit ihm. Ich vermute, Heiner saß ohne Skrupel mit dem Teufel an einem Tisch, denn er hielt wohl seinen Löffel für den längsten. Deswegen traute er sich vielleicht auch, mit der Stasi essen zu können. Er zog seine Unterschrift gegen meine Ausbürgerung mit Brecht-List wieder zurück. Aber unter einer Bedingung: Niemals sollte irgendjemand davon erfahren. Diese Diskretion hatte sein Stasioffizier ihm mit einem großen Pionier-Ehrenwort hoch und heilig versprochen. So weit, so gut, so weit, so schlecht – es konnte ja auch kein Wissender damals ahnen, dass die DDR noch zu unseren Lebzeiten zusammenbrechen würde. Und schon gar nicht war damit zu rechnen, dass zum ersten Mal in der Weltgeschichte fast die kompletten Geheimakten einer Diktatur erhalten werden und auch ans Licht kommen. Müller leugnete nicht, er beschönigte seinen dubiosen Stoffwechsel mit der Stasi später in seiner Autobiographie als ein literarisches »Materialsammeln«. Diese ganze Lüge ist ja eine halbe Wahrheit.

Mit Müller konnte ich nicht gut rechten. Im Mahlstrom der Geschichte kann man mit dem Sand nicht streiten über Felsbrocken und Steine. Schon als wir uns 1992 auf der Frankfurter Buchmesse übern Weg liefen, auf dem Empfang des Kiepenheuer & Witsch-Verlages, umarmten wir uns ohne Worte. Ungelenk wie zwei Kaspertheaterpuppen standen wir im Gewimmel. Wir blieben – so kam es mir vor – eine ewige Viertelstunde stehn. Kopf an Schädel, Stirn an Stirn, wie zwei eingerammte alte Dukdalben im Strome der Zeit. Heiners dicke Fidel-Castro-Zigarre qualmte in meinem Nacken und ging dann aus. Sein Atem stieg mir in die Nase. Es kümmerte uns nicht, dass wir ein womöglich lächerliches Bild abgaben. Immerhin lieferten wir das Motiv für den drolligen Schnappschuss eines Fotografen. Wir standen und standen. Und schwiegen einander alles, was wir uns endlich mal zu sagen hatten. Direkt daneben saß tief im Sessel unser gemeinsamer Verleger Helge Malchow. Der genoss diese Zufallsbegegnung seiner beiden Autoren. Manche Leute grinsten wohl blöd, aber Malchow wusste Bescheid und freute sich. Er konnte den Code entschlüsseln. Er hat mit den Monstern der DKP seine eigenen Erfahrungen gemacht, als er sich 1976 öffentlich gegen meine Ausbürgerung ausgesprochen hatte. Als wir diese kleine Ewigkeit so dastanden auf der Verlagsparty, grummelte mir Heiner in den Hals ein uncodiertes Wort für die ewige Zitatenkiste: »Wolf, es gibt eben auch ein Menschenrecht auf Feigheit.«

Dass Hans Bunge ein Inoffizieller Mitarbeiter der Stasi gewesen war, hatte ich beim Durchblättern meiner MfS-Akten erkannt. Um Wallraffs Stasi-Verstrickungen als IMA »Wagner« wurden später Prozesse geführt. Die Stasi hatte dem großen Enthüllungsjournalisten offenbar gelegentlich echtes oder gefälschtes Material über Ex-Nazis in der bundesdeutschen Elite geliefert. Ich kann nicht wissen, wer da wen über den Tisch gezogen und wer da wen benutzt hat. Wir einigten uns auf den Satz: »Wer der Wahrheit mit Lügen zum Siege verhelfen will, der kann vielleicht ihr Kuppler werden, aber niemals ihr Geliebter.« Und damit Wallraff es sich merkt, behauptete ich: »Günter, das ist ein wahres Wort von Lessing!«

Ich ahnte nicht, dass mein treuer Freund Fritz Rudolf Fries identisch ist mit dem IM »Pedro Hagen«. Wie sinnig auch dieser selbstgegebene Deckname: Hagen ist ja der Schuft vom Dienst in der Nibelungensage. Der Kraft-durch-Schwäche-Poet und Zwergenriese aus der Leipziger Dichterschule Karl Mickel gab sich den Decknamen IM »Bert«. Egal, ob Opfer oder Täter im Stasi-Staat – der Brecht war eben für uns alle der große Meister. Ein Kenner könnte ein unterhaltsames Büchlein schreiben, eine literarische Röntgenaufnahme der Decknamen von DDR-Literaten, eine Galerie unfreiwilliger Selbstporträts.

Die Stimmung im Medienwald war nicht hysterisch, aber aufgekratzt. Als nun im Frühsommer 1994 der Sohn des Walter Jens, Tilman Jens, einen Beitrag im WDR-»Kulturweltspiegel« über die Verstrickungen des Marcel Reich-Ranicki mit dem polnischen Geheimdienst brachte, traute ich meinen Augen nicht. Reich-Ranicki sollte ein Mitarbeiter des polnischen Geheimdienstes gewesen sein? Ausgerechnet er? Ich konnte es nicht glauben. Pamela sagte: »Wolf, ruf ihn an und frag, was los ist. Kein Literat hat den Mut, dem Literaturpapst jetzt beizustehen. Die machen sich doch alle in die Hose. Einen so Übermächtigen in der Not verteidigt keiner gern. Du kannst es dir leisten, du musst!«

Ich rief an. Der Alte klagte, wetterte, wütete. Er habe natürlich als polnischer Konsul in der Londoner Botschaft »dienstlichen Kontakt« auch mal mit dem Geheimdienst seines Landes gepflegt, sonst aber nichts, und schon gar nichts, dessen er sich heute schämen müsste! Alles sei übelste Verleumdung. Schuld sei Walter Jens, der habe jetzt seinen missratenen Tilman missbraucht. Jens habe seinen blöden Sohn vorgeschickt zum Denunzieren seines einstmaligen Freundes Reich-Ranicki. Das Ganze sei eine verleumderische Fernsehdokumentation, als Rache wegen dieser und jener Streitpunkte! Der alte Streit um Christa Wolf! Niemals, beteuerte Ranicki, sei er beim polnischen Geheimdienst gewesen! Das wisse auch Walter Jens ganz genau.

Ich tappte in die Falle. Ich hatte nicht die geringsten Zweifel daran, dass Reich-Ranicki mir die Wahrheit sagte. Ich setzte mich hin und verfasste einen gepfefferten Artikel für den *Spiegel*, ich verteidigte Ranicki und griff Tilman Jens an. Im Grunde so oberflächlich wie ein Journalist mit wenig Ahnung und viel Ehrgeiz. Ich war ja leider nur gespickt mit Informationen von Reich-Ranicki selbst. Als der Artikel fertig war, faxte ich ihn an den Literaturredakteur Mathias Schreiber, der lange bei Ranicki in der *FAZ* gelernt und gearbeitet hatte. Der Skandal kam ihm grade recht. Für ihn war es ein furioser Coup mit skandalöser Ware. Er leitete meinen Artikel sofort an Ranicki weiter. Der rief mich an. Er fand ihn »genial!« – das also, was jeder Eitelaffe gerne hört. Und der Papst tönte mir ins Telefon: »Ja! Ich habe ein reines Gewissen! Ich werde Ihnen das nie vergessen, mein Liiieberr!«

Meine Polemik erschien am 13. Juni 1994. Ranicki und ich telefonierten auch noch in den folgenden Tagen, tauschten Reaktionen und Informationen aus. Am Ende des Artikels hatte ich geschrieben: »Er ist unter all den mediokren Langweilern ein Literat mit Leidenschaft. Ich liebe ihn, anders ist er auch nicht auszuhalten. Es gibt einen Aphorismus von Lec, der nicht auf den geschmähten MRR passt: ›Er hatte ein reines Gewissen, er benutzte es nie.‹«

Wie unfreiwillig Recht ich mit dieser letzten Witzelei hatte, dazu reichte meine Phantasie nicht aus. Ja, MRR hatte ein reines Gewissen, weil er es wirklich nicht benutzte. Er verschwieg mir sogar noch, als wir über meinen veröffentlichten Artikel sprachen, dass er inzwischen ein Interview mit dem *Spiegel* ausgemacht hatte. In diesem Interview, das genau sieben Tage nach meinem Artikel erschien, antwortete MRR auf die Frage: »Herr Reich-Ranicki, waren Sie Ende der vierziger Jahre hauptamtlicher Mitarbeiter des polnischen Geheimdienstes?« – »Jawohl, ich war in den Jahren 1948/49 Konsul der Republik Polen in London und gleichzeitig ständiger Mitarbeiter des polnischen Geheimdienstes.«

Tilman Jens hatte nichts gelogen, eher die peinliche Wahrheit noch untertrieben, denn Reich-Ranicki hatte nicht nur mit dem polnischen Geheimdienst zusammengearbeitet, sondern war dessen leitender Offizier in London, also dort, wo die polnische Exilregierung saß. Hier ging es aus Sicht der stalinistischen Quislingspartei in Warschau um viel. Es war der Beginn des Kalten Krieges, und es ging auf Leben und Tod. Tilman Jens hatte sich nicht als Handlanger seines intriganten Vaters gegen MRR missbrauchen lassen. Meine flotte Ödipus-Schnödipus-Konstruktion hielt nicht stand. Menschlich war ich enttäuscht über diese Täuschung. Und war schockiert und beschämt über meine schlechte Gutgläubigkeit.

Als ich mit Kunert darüber sprach, zitierte er mir Goethe: »Es ist besser, man betrügt sich an seinen Freunden, als dass man seine Freunde betrüge.« Ich besuchte auch meinen lieben Jurek Becker in Sieseby an der Schlei. Auch Jurek war über Ranickis Verhalten entsetzt. Aber er hatte noch eine andere Sicht. Er sagte: »Weißt du, was ich dazu denke? Ich finde: Was geht es eigentlich diese Deutschen an, ob ein Jude, der grade die Nazizeit überlebt hat, nach dem Krieg beim polnischen Geheimdienst war?«

***

Das Wissenschaftskolleg zu Berlin lud mich 1997 ein, als Fellow in der wundernoblen Idylle am Grunewald in Ruhe zu arbeiten. So zog ich mit Pamela und den Söhnen Lukas und David für ein Jahr nach Berlin. Ich nahm mir ein lang avisiertes Projekt vor: Ich wollte Shakespeares Sonette übersetzen. Mein Freund, der Anglist Hannes Stein, der auch Herausgeber meiner Essays war, hatte mir schon vor etlichen Jahren das 73. Sonett mit bösem Grinsen unter die Nase gehalten und gesagt: »Na, Wolf … Das kannste aber nicht übersetzen!«

Es kam alles mal wieder ganz anders in diesem freigeschaufelten Jahr. Berlin, Berlin. Mein alter Kiez in Mitte. Und West-Berlin, mir fremd wie eh und je. Beides zottelte mich. Ich ließ Shakespeare warten, denn der hat Zeit, er hält ewig. Stattdessen schrieb ich mir neue Gedichte und Lieder über die wiedervereinigte Stadt, der ich als verliebter Jüngling 1960 ins Poesiealbum geschrieben hatte:

Berlin, du deutsche deutsche Frau
Ich bin dein Hochzeitsfreier
Ach, deine Hände sind so rauh
Von Kälte und von Feuer
Ach, deine Hüften sind so schmal
Wie deine breiten Straßen
Ach, deine Küsse sind so schal
Ich kann dich nimmer lassen

So viel war seitdem passiert mit dem surrealen Liebespaar in diesem romantischen Liedchen! In meiner Wohnung Chausseestraße 131 lebte inzwischen – wohnt bis heute – der erste Pressesprecher des Parteivorstands der PDS, die sich heute »Die Linke« nennt, ein ehemaliger Spitzel der Staatssicherheit, dessen Namen ich mir nicht merken muss. 1993 hatte mir mein Anwalt Uwe Lehmann-Brauns einen guten Rat gegeben: Da mein Mietvertrag bei der Ausbürgerung 1976 nicht gekündigt worden war – nicht von der Wohnungsverwaltung und schon gar nicht von mir selbst –, müsste er doch noch gelten. Aber der neue Bewohner berief sich auf den neuen Mietvertrag aus den Tagen des Zusammenbruchs der DDR – juristisch war da nix zu machen. Ich nahm endgültig Abschied von meiner Wohnung und kündigte den Mietvertrag im Nachhinein mit einem Gedicht.

Meine Wohnung

Ich fahr nicht an meiner Wohnung vorbei
Hannoversche–Ecke Chausseestraße – nein!
Und glotz nicht zu meinen Fenstern hoch
Im zweiten Stock: ob das Stasischwein
Grad oben steht und sein' Rüssel raushält
Sein Ringelschwänzchen, egal, ob noch

Die Gasheizer dran sind am Fenstersims
Die ich eingebaut hab – und ob ich sie seh
Die Holzklappenziehharmonika, die
Brechts Tischler mir baute, noch am BE
Ob da 'ne Gardine zum Zimmer raus weht
Wo ich meine bunteste graue Zeit
Gelebt hab, ob unten der Text noch dran steht
'ne Tafel, die peinlich die Wahrheit ausschreit
Die meine treuen Feinde schon zwei
Mal abgerissen haben – ich schenk
Mir solche Torturen – nee nee! – ich renk
Mir doch nicht den Hals aus – oh no! no cry! –
Da oben hockt ja keine Loreley
Da stinkt nur ein Leichnam und grinst saudumm
Aus Gregor Gysis Panoptikum
Nee nee! Das lohnt nicht, wie es auch sei
Nie fahr ich an meiner Wohnung vorbei

Als wir nun für dieses Jahr nach Berlin kamen und in Wilmersdorf wohnten, erschreckten uns telefonische Morddrohungen: Biermann, hau ab aus Berlin! Sicherheitsberatung, Polizeischutz, Fangschaltung. Meine Frau in Angst, die Kinder verunsichert. Wir haben uns das Jahr in der Stadt trotzdem nicht vermasseln lassen. Raus nach Grünheide zu Katja und mit Bärbel Bohley auf Roberts Terrasse am Möllensee sitzen! Endlich wieder bei Jürgen Böttcher im Atelier hocken, Tee trinken und Zigarillos rauchen. Mit Luki und Dudu auf Fahrrädern durch den Grunewald kacheln. Mit solchen Koryphäen wie Wolf Lepenies und Peter Wapnewski, dem jungen Historiker Peter Miller aus New York, mit Wolfgang Mommsen und Karl Corino und Rabbi Albert Friedländer aus London und mit dem jüdischen Arabisten Gabriel Warburg aus Haifa in Ruhe alle Probleme der Menschheit endgültig lösen.

Alte und neue Freunde sehen, Jürgen und Lilo Fuchs umme Ecke am Tempelhofer Damm. Ekke Maaß im Prenzlauer Berg, meine vertrauten Nachbarn in der Hannoverschen Straße, Susanne und Simone Frost. Meinem neuen Kumpan Klaus Behlich aus Hamburg zeigte ich, wie in Ost-Berlin ein originales Eisbein mit Erbsenpüree und Sauerkraut schmeckt. In Schöneberg besuchten wir den lebendigen Vielwisser Andreas Öhler und seine kluge Trude Trunk in ihrer Bücherhöhle. Dort im Hinterhof krähte morgens viel zu früh ein hysterischer Großstadt-Hahn, wenn wir bis tief in die Nacht, bei gutem Essen und herrlichem Wein, die neuesten Rätsel der Weltgeschichte ausdiskutiert hatten. Der Hahn, dem die genervten Nachbarn den Hals umdrehen wollten und den ein Gerichtsurteil schützte, animierte mich zum Refrain eines Spottliedes: »Ein Misthaufen, wo er auch ste-het / Wenn nur der richtige Hahn drauf krä-het / – ist ja das Zentrum dieser Welt.« Ich schrieb mir einen ganzen Sack voll neuer Lieder und Gedichte für ein Buch mit dem Jargon-Titel »Paradies uff Erden. Ein Berliner Bilderbogen«.

Ungefähr in der Mitte dieses Berlin-Jahres ließ mir der Leiter des Wissenschaftskollegs, Wolf Lepenies, ausrichten, Helmut Schmidt wünsche mich zu sprechen. Er wolle mit mir über meine Erfahrungen in der DDR reden. Keine Frage, ich folgte der Einladung, wenn auch etwas verwundert. Immerhin hatte ich in den ersten Jahren nach der Ausbürgerung böse Spottverse über ihn öffentlich gesungen. Helmut Schmidt lud mich zu diesem Gespräch weder ein, um sich über mein beleidigendes Pasquill von damals zu beschweren, noch um sich über DDR-Geschichte zu informieren. Der gewiefte Politiker wollte mir prophylaktisch auf den politischen Kuchenzahn fühlen. Er wollte überprüfen, ob er sich blamiert, wenn er dem Biermann den neu inaugurierten Nationalpreis verleiht. Davon ahnte ich freilich nichts.

Ich besuchte den mächtigen Mann in seinem Büro am Speersort in der *Zeit*-Redaktion. Wir redeten über die Mühen und Fehler im Prozess der Wiedervereinigung. Die Treuhand. Die Blockparteien. Die PDS. Ich stimmte ihm zu, ich bewunderte seinen Scharfsinn, ich widersprach gelegentlich. Seine Argumente waren stark, ich erkannte im Gespräch das Vorurteil in meinen Urteilen. Ich überdachte meine Meinung beim Reden wie in jedem lebendigen Gespräch und korrigierte mich bei Gelegenheit, wie jeder vernünftige Mensch. Aber als ich darüber klagte, dass die Chinesen eine Chimäre kreiert, also zwei einander eigentlich ausschließende Elemente zu einer neuen, funktionierenden Symbiose zusammengeführt hätten – die totalitäre Diktatur und den wildesten Raubtier-Kapitalismus –, da ärgerte ihn mein böses Wort »Turbo-

KZ-Kapitalismus«. Er verteidigte China, sprach von der großen, uralten Kultur dieses Riesenreiches. Ich hielt dagegen, dass dort Millionen Menschen als politische Gefangene interniert seien und in KZ-Fabriken schuften würden. Mein Freund Liao Yiwu hat etliche Jahre in solchen Lagern verbracht und kann hundert grausame Lieder davon singen. Aber Schmidt war offenbar über beide Ohren verliebt in dieses ewige China. Er belehrte mich im apodiktischen Offizierston. Als ich in aller Bescheidenheit widersprach, obwohl ich kein China-Kenner bin, blaffte der China-Versteher mich an: »Ernähren Sie mal jeden Tag eineinhalb Milliarden Menschen!«

Nun blaffte ich zurück. »Die ernähren sich doch selber! Und das Volk füttert außerdem seine eigenen Unterdrücker! Die Untertanen in dieser Diktatur produzieren den Luxus ihrer Tyrannen und dazu die Ketten, den Stacheldraht, die Kerker und die Panzer, mit denen sie unterdrückt werden!« Na ja, Herr Schmidt verstand mein Chinesisch nicht und ich nicht das seine. Aber diese blinde Liebe eines hellsichtigen Kopfes zu einem Unterdrückerstaat beeindruckte mich. Sein Satz »Ernähren Sie mal jeden Tag eineinhalb Milliarden Menschen!« ging mir noch lange nach.

***

Es war ausgemacht, dass Jürgen Fuchs irgendwann mal die Totenrede auf mich halten würde, nicht ich auf ihn. Verdrehte Welt! Wir hatten gehofft, Jürgen könne die verfluchte Krankheit besiegen, aber im Mai 1999 verlor er den Kampf gegen den Blutkrebs doch. Zufällig erreichte mich die Nachricht nicht im fernen Hamburg, wir hatten für'n paar Tage in Berlin zu tun. In der Nacht, gegen fünf Uhr früh, hatte Jürgen den Stationsarzt an sein Bett geklingelt und mit schwer zerbissener Zunge sein eigenes Todesurteil formuliert: »Ich glaube, ich habe eine Hirnblutung …« Die Selbstdiagnose erwies sich als gespenstisch korrekt. Seine Frau Lilo eilte zu ihm, seine Schwester Christine, seine Eltern.

Als Pamela und ich gegen neun ins Virchow-Krankenhaus im Wedding kamen, konnte er schon nicht mehr sprechen. Die Augen hielt er geschlossen. Aber er hörte offenbar genau, was ich sagte, denn er antwortete auf meine Fragen mit Ja und mit Nein per Händedruck. Einmal drücken: Ja. Zweimal drücken: Nein. Die Urform des Digitalen. Gottes Wort aus dem Munde des Matthäus: »Eure Rede aber sei: Ja, ja, nein, nein.« Das passte zu Jürgen. Er gehörte zu den Zeitgenossen, die um die Kompliziertheit aller Probleme wissen und hochdifferenziert sich verhalten. Aber dennoch sagte er immer deutlich Ja und Nein. Er war alles andere als der hasserfüllte Eiferer und rachsüchtige Geiferer, als den ihn die Erben der DDR-Nomenklatura immerzu hinstellen wollten. Er war lustig, aber nie albern. Er war ironisch, aber nie zynisch. Er war ernst, aber nie triefend. Ja, er beharrte, aber er trumpfte nie auf. Und er war kein Über-, sondern eher ein lebenskluger Untertreiber.

Nun, im Mai 1999, standen wir hilflos um Jürgens Krankenbett herum. Auch Katja Havemann mit Tochter Franzi war gekommen. Und Bärbel Bohley. Im Plattdeutschen heißt es, »den Freund zu Ende bringen«. Sein Atem ging schwer und schwerer. Trinken konnte er nicht mehr. Am Kopfende ein Infusionssack. Die Flüssigkeit lief ihm über den fest installierten Port in eine Vene direkt über dem Herzen in den Kreislauf. Aber so, wie die Flüssigkeit über den Schlauch in ihn reintropfte, so tropfte ihm das Leben mit jedem Atemzug aus dem chancenlos kämpfenden Körper. Er streckte seinen Arm hoch und griff nach meinem Kopf und fasste mir in die Haare, in den Bart. Dann streichelte er mir tröstend, wie einem Kind, das Gesicht. Da fiel mir auf, dass wir uns früher so gut wie nie angefasst hatten. Und ich begriff, dass in dieser verdrehten Abschiedsszene ich Alter der kleine Junge war und er mit seinen achtundvierzig Jahren der Alte.

Sein Gesicht. Mittendrin die starke dunkelblaue Narbe, die Jürgen seit 1975 auf dem Höcker seiner Nase trug. Das war die bleibende Erinnerung an einen Autounfall mit dem Trabi-Kombi von Robert Havemann. Jürgen war damals mit seiner Frau Lilo und dem Baby Lili auf einer völlig leeren Autobahn in Thüringen mit bescheidener Geschwindigkeit zu seinem Freund Reiner Kunze gefahren. Plötzlich reagierten die Vorderräder nicht mehr auf das Lenkrad. Der Wagen war manipuliert worden. »Die Firma« hatte bei dieser Gelegenheit offenbar seine »Schnellsterblichkeit« messen wollen. Die kleine Familie überschlug sich dreimal. Vater, Mutter und Töchterchen wurden aus der fahrenden Pappkiste geschleudert. Aber ein rettender Engel sorgte dafür, dass Jürgen mit diesem schweren Hieb über der Nase davonkam – und seine Lieben auch. Verflucht!, dachte ich nun im Virchow-Krankenhaus, wo treibt sich Jürgens Schutzengel grade jetzt rum? Warum hilft er ihm nicht in dieser Not?

Jürgen hegte die Vermutung, dass seine Leukämie nicht gottgewollt war, sondern menschengemacht. Er litt an einer sehr seltenen Art von Blutkrebs, die auch eine typische Folge von Bestrahlung ist. In den Stasiakten finden sich Berichte über Methoden zur »Schädigung durch Beibringung radioaktiver Stoffe«, zum Beispiel in Speisen oder Getränken, die durch ihre Langzeitwirkung ein »hohes Verschleierungspotential« besitzen. Schon in den siebziger Jahren wurden von der Stasi Experten im Umgang mit Radionukleiden und »nichtmedizinischen Röntgentechniken« ausgebildet. Der Verdacht liegt nahe, dass so manche Krebserkrankung entlassener Dissidenten, wie bei Rudolf Bahro, die Spätfolge einer besonders infamen Folter war. In den Stasiakten fanden sich Pläne des MfS von 1988, die die Installation einer radioaktiven Quelle in Fuchs' Wohnhaus durch einen IM vorsahen.

Noch wenige Wochen zuvor hatte ich Jürgen mein neues Gedicht über seinen Kumpel, der mit ihm im Ost-Berliner Knast Hohenschönhausen gesessen hatte, gegeben. Verse über den DDR-Rockpoeten Gerulf Pannach, der im Jahr zuvor in West-Berlin auch an Krebs gestorben war. Ich hatte Jürgen die Schlusszeilen vorgelesen: »Der Tod kommt immer zu früh / Und kommt uns immer zu spät.« Da allerdings hatte mein behutsamer Jürgen unvermutet schnell und schroff widersprochen: »Der Tod kommt uns zu spät? Mensch Wolf, das ist kokett! Von wegen! Da gefällt mir viel, viel besser dein Vers für Arno Lustiger: ›Bald kommt der Tod / Ich kenn Freund Hein, ich traf ihn oft / Er bleibt mein Feind, dem ich auch nicht / Zum Schluss gereimte Rosen streu / Mit letzter Puste krächze ich: / – nur wer sich ändert, bleibt sich treu.‹ Nee, nee, Wolf! Mit dem Tod macht man nicht so dialektische Scherze, er ist zu ernst. Der Tod ist groß.«

Zu Jürgens Beerdigung auf dem Waldfriedhof in Berlin kamen Hunderte Menschen. Katja, Bärbel, Roland Jahn und seine Anett Volkland, Marianne Birthler, Gerd Poppe, Konrad Weiß, Arnold Vaatz, Hans Joachim Schädlich, Ralph Giordano, Wolfgang Hilbig, Joachim Gauck. Rolf Schwanitz für die Bundesregierung. Und Präsident Václav Havel ließ einen Kranz niederlegen. Unser Freund

und gelernter DDR-Häftling, der tapfere Hirte Matthias Storck, predigte die Andacht. Ich sprach ein paar Worte und sang Jürgen sein Lieblingslied, das im Knast sein Seelenbrot war, die »Ermutigung«. Matthias Storck sprach am Grab aus, was wir alle fühlten: »Wir Freunde von Jürgen Fuchs werden nicht ruhen, bis jener furchtbare Verdacht aufgeklärt ist, der Jürgen selbst bis zuletzt umgetrieben hat: doch noch Opfer einer perfiden Zerstörungsmethode der Stasi geworden zu sein, Siechtum und Tod durch Bestrahlung in der Haftanstalt Berlin-Hohenschönhausen.«

Es war der schönste Maientag, da wurde der Fuchs von uns begraben. Viel zu früh, viel zu kurz sein Leben. Viel zu jung auch seine Witwe Lilo, viel zu früh für die Kinder Lili, Jenka und den kleinen Sohn Daniel, der grade zur Schule kam. Pamela und ich fuhren von Berlin nach Hause, die Rapsfelder blühten, als käme niemals wieder Winter. Entlang der Autobahn ein brüllendes Gelb auf den ehemaligen LPG-Feldern, gelb bis zum Horizont.

Jürgen Fuchs

Im wunderschönen Monat Mai
Als alle Knospen sprangen …
Da ist mein Freund den letzten Weg
Nach Nirgendwo gegangen
Dort wartet er nun ohne Hast
Auf mich. Mir kann er trauen:
Ich komme nach! Dann warten wir
Auf unsre lieben Frauen

Im wunderschönen Monat Mai
Der Raps stand voll in Blüte
Das große Gelb versprach mir, dass
Es meinen Freund behüte
In dieser ewigkalten Nacht
Braucht er 'ne kleine Sonne
Damit die Zeit ihm schnell vergeht
Bis ich dann endlich komme

Nur wer sich ändert, bleibt sich treu

Andre Zeiten. Alte Gräber. Neue Lieder. Eine Bilanz.

Der eine kommt, der andre geht. Tod und Geburt im Strudel der Zeiten. Jürgens früher Tod minderte mich, als wär's ein Stück von mir. Aber das erste Jahr des neuen Jahrtausends begann mit der schönsten Nachricht: Pamela noch jung genug und ich noch nicht zu alt für mein zehntes Kind. Unter Pamelas Herzen machte sich unser drittes Menschlein auf den Weg ins Leben. Ein Mädchen!

Pamela wälzte wohl fünf verschiedene Vornamen-Lexika. Lou sollte der Name sein, weil meine Frau unserer Freundin Lou Eisler in Wien versprochen hatte, eine Tochter nach ihr zu benennen. Und auch die Mutter meines Vaters war als Namensgeberin mit von der Partie: Louise Biermann, geborene Löwenthal. Aber so altdeutsche Namen waren Pamela allzu sehr in Mode. Unser »einzig Mädchen« sollte natürlich einen einzigartigen Namen haben, aus dem man »Lou« abkürzen kann. Beim Vorlesen aus den Lexika fiel auch der Name Mollie – und der gefiel mir sofort und ohne alle Einschränkung. Er hat einen plebejischen Charme – wie auch das erotische Fischweib, das ich in den Straßen von Dublin traf, nämlich in dem schönen alten Lied der Iren: »In Dublin's fair city, / Where the girls are so pretty, / I first set my eyes on sweet Molly Malone!« In diesem Lied preist die frische Muschelverkäuferin ihre frische Ware mit dem Zauberwort: »Alive, alive, oh!« Fortan sagte ich zu Pamela im ehelichen Gezerre der Namenssuche: »Ach, meine Liebe, mir ist völlig egal, wie unsre Mollie heißt!« Pamela entschied sich für den slawischen Namen Louba, im Russischen »Ljuba«, das Wort für »lieben«. Ein Kind, finde ich, hat Glück, wenn sein Vater entweder viel zu jung ist oder wenigstens viel zu alt. In beiden Fällen hat er mehr Muße für seine Brut. In der Mitte des Lebens ist die Zeit der meisten Männer immer viel zu knapp für ihre Kinder. Mein erster Sohn Manuel genoss diesen Vorteil und nun meine Tochter Louba Mollie.

Der Anfang des Jahrtausends, in das unsere Mollie geworfen wurde, begann mit dem Prolog für ein Weltende. Nicht so dadaistisch wie in dem drolligen Katastrophen-Gedicht des Expressionisten Jakob van Hoddis vor dem Ersten Weltkrieg: »Dem Bürger fliegt vom spitzen Kopf der Hut / In allen Lüften hallt es wie Geschrei.« Im September 2001 erschütterte die Welt das moderne Weltende in New York. Wieder und wieder glotzten wir alle auf die beiden Passagierflugzeuge, wie sie im treffsicheren Sinkflug horizontal in die beiden babylonischen Türme des World Trade Center reinkrachten. »Terrorkrieg« hieß die neue Wortschöpfung. In den guten alten schlechten Zeiten vorher hatte es richtige Kriege gegeben – daneben gab es den Terror in allen Variationen. Nun waren diese beiden Elemente in eins verschmolzen – Beginn einer neuen Zeitrechnung, so wie Kupfer und Zinn legiert die Bronzezeit eröffneten.

Die Welt, in die meine dritte Tochter geriet, ist nicht weniger apokalyptisch als die, in die ich vor achtzig Jahren reingeboren wurde. Tausende Menschen, bevorzugt Zivilisten, verloren seit dem 11. September 2001 ihr Leben durch Selbstmord-Attentate in aller Welt. Blutige Kriege haben Konjunktur. Nach dem Ersten und dem Zweiten Weltkrieg kam der Kalte Krieg. Nun aber folgten globale Konflikte, deren Code wir erst jetzt langsam knacken. Das ist wohl mein blindes Auge: Ich war immer begeistert, wenn eine Diktatur gestürzt wurde. Aber inzwischen muss ich zugeben: Solch ein Sieg kann eine Katastrophe sein. Nicht nur in Bezug auf das Wasser gilt, dass die Menschen vom Regen in die Traufe kommen können. Es gilt auch für's Blut der Völker.

Ich habe beim Aufschreiben meiner Lebensgeschichte schon ein paar Jahre vor meiner Geburt angefangen. Deshalb darf ich entsprechend ein paar Jahre vor meinem Ende enden. Noch nicht alle, aber etliche meiner Lebenskreise haben sich in Mollies sechzehn ersten Lebensjahren geschlossen. Ich schrieb, wie immer, neue Lieder und Gedichte und gab all die Jahre Konzerte. Nicht nur the times are a-changin', auch ich habe mich geändert. Die Gedichte zeigen am deutlichsten meine Lebensbrüche. Eins aber blieb konstant: Wenn ich die Musik für ein neues Lied komponiere, dann horche ich erst mal in den Text rein. Ich lese ihn mir halblaut vor, nehme ihn in den Mund, schmecke ihn auf der Zunge, bewege ihn zwischen den Lippen und lausche der innewohnenden Sprachmelodie. Dann teste ich mit einer Fußspitze und dann mit beiden Sohlen den Duktus, denn nicht nur der Ton macht die Musik, sondern auch der Rhythmus. Aber dann entferne ich mich mehr und mehr vom ersten naiven Angebot der Wortmelodie, weil nun auch die Musik, wie sie hervorschimmert, ihr Recht fordert. Sie will mehr als eine Dienerin des Textes sein. Sie serviert nicht, sie kontrapunktiert den Text und komplettiert damit das Gesamtkunstwerk. Die Musik setzt den Widerspruch, sie formuliert eine Haltung, die der Text so nicht hat. Und das ist eben anders als bei meinem verehrten Meister Hanns Eisler: Ich habe nie mit dem Bleistift komponiert, sondern immer mit Händen und Füßen und Zunge.

Seit 2003 gab ich chronischer Allesalleinemacher sogar eine Reihe gemeinsamer Konzerte mit dem Göteborger Kammerchor. Dessen berühmter Dirigent Gunnar Eriksson und der Jazzpianist Stefan Forssén arrangierten wunderbar etliche meiner Lieder. Auch Pamela lockte ich auf die Bühne. Und weil sie so zauberschön singen kann, eröffneten wir unsere Konzerttournee mit einem Liederabend im Berliner Ensemble. Auch insofern schloss sich für mich ein Lebenskreis auf den Brecht-Brettern am Schiffbauerdamm. Und manchmal treten Pamela und ich auf mit meinen alten DDR-Free-Jazz-Kumpanen vom Zentralquartett, dem Drummer Baby Sommer, dem Pianisten Uli Gumpert, dem Saxophonisten Luten Petrowsky und dem Posaunisten Conny Bauer. Die entwickelten aus meinen Musiken eine Musik, die uns alle verblüffte.

Zehn Jahre lang nutzte ich meine Zeit für intensive Exkursionen ins französische Katalonien, im Süden Frankreichs, an der spanischen Grenze. Meine Schöne und ich genossen dort lebendige Jahre, wann immer unsere Kinder Ferien hatten. Wir lebten in einem Haus an der Côte Vermeille, im Weinbauernstädtchen Banyuls-sur-Mer. Uns besuchten dort alle Jahre unsere Freunde. Unter ihnen Hubert Witt aus Leipzig mit seiner Frau Elke Hüge. Witt, der noch zu DDR-Zeiten unter dem Titel »Der Fiedler vom Getto« die erste große Sammlung jiddischer Poesie in sein starkes Deutsch transportiert hatte, verriet mir seine jahrzehntelangen Insiderkenntnisse als Verlagslektor im Bestiarium des DDR-Literaturbetriebs. Erfahrungen, die ich Ausgegrenzter nie hatte machen können.

Wir genossen im Languedoc die Nächte unter freiem Himmel im mediterranen »Tausend-Sterne-Hotel« und manch echten Gueuleton mit Freunden im Patio des Mas Joaquim bei meinem alten Herzensbruder Pedro Soler und seiner aparten Frau, der Germanistin Madeleine Claus. Ich lernte von Pedro, dem Flamenco-Virtuosen, wie man Sardinen röstet über dem duftenden Holz der verdorrten Weinstöcke. Bei der alten Flamencotänzerin La Joselito hatte ich sehen können, wie auf der Bühne das Kunstschöne der alten Hexe triumphiert über das Naturschöne der jungen, knackigen Tänzerinnen. Ich genoss den rauen Ton meines Freundes Paco Ibáñez, als wir zusammen im Open-Air-Konzert in Perpignan das Lied »El Lobito Bueno« von José Augustín Goytisolo im Wechsel deutsch und spanisch sangen. Und als ich dort meine »Ballade von den drei Partisanen im griechischen Bürgerkrieg« lieferte, da merkten die Katalanen, dass El Alemán, der kleine Deutsche mit der Gitarre, auch begriffen hat, was García Lorca einst meinte mit seinem Fundamentalbegriff »cante jondo«.

Die Fremde verfremdet den Blick fürs Eigene. Ich veröffentlichte unter dem Titel »Heimat. Neue Gedichte« eine ganze Serie neuer Poeme und Lieder über dieses vertraut gewordene Languedoc-Roussillon, aber auch über mein deutsches Vaterland. Und ich fand in Banyuls die Muße für das Schwierigste und zugleich Unoriginellste, was es in meinem Beruf gibt: die Shakespeare-Sonette ins Deutsche zu dichten. Dabei gewann ich eine besessene Mitarbeiterin, meine neue und zugleich uralte Freundin Doris Rosenkranz, die Witwe des Dichters Moses Rosenkranz aus der Bukowina. Über ihren Mann, der drei Jahre Arbeitslager der rumänischen Faschisten und zehn Jahre Gulag überlebt hatte, schrieb ich einen Essay, das Gedicht »Todesfuge« von Paul Celan betreffend. Die alte

Doris Rosenkranz im Schwarzwald konnte nicht nur perfekt Englisch und Französisch, sondern vor allem scharfsinniger Deutsch als alle Deutschen, die mir begegnet sind. Deshalb verpasste ich ihr den ehrenvollen Spottnamen »meine Sprachenhexe«. Sie war ein Stuttgarter Judenkind und hatte es geschafft, im letzten Moment mit ihrer Mutter in die Schweiz zu fliehen. Es rettete sie 1939 an der Grenze bei St. Gallen der legendäre Schweizer Polizeihauptmann Paul Grüninger.

Kurz nach meinem siebzigsten Geburtstag wählte mich das Parlament der Hauptstadt zum Berliner Ehrenbürger. Diesen Tort hatte der linke CDU-Mann Uwe Lehmann-Brauns den rechten SPD-Politikern angetan. Ich wurde der 115. Ehrenbürger der Stadt Berlin, nach Alexander von Humboldt, Fürst Bismarck, Max Liebermann, Adolf Hitler, Wilhelm Pieck, Walter Ulbricht, Nelly Sachs, Willy Brandt, Herbert von Karajan, Anna Seghers, Erich Honecker, Richard von Weizsäcker, Helmut Schmidt, Marlene Dietrich. Was 'ne lehrreiche Galerie unserer Geschichte! Als mir der Regierende Bürgermeister die Urkunde feierlich überreichte, lachte meinen Freunden das Herz, und es schäumten vor Wut meine treuen Feinde. So ist es richtig, so soll es sein!

Neben der Anerkennung genieße ich noch einen materiellen Vorteil der Ehrenbürgerschaft: Die Stadt schickt mir jedes Jahr eine Jahreskarte für alle Berliner S- und U-Bahnen, für Straßenbahnen und Linienbusse und sogar für die Ausflugsdampfer der »Weißen Flotte«, über die ich schon 1963 ein Liedchen geschrieben hatte: »In Treptow auf der trägen Spree / Da fahrn zwei weiße Schiffe …« Und weil diese Fahrkarte sogar übertragbar ist, fährt seitdem unsere Freundin Lilo damit, die Witwe von Jürgen Fuchs.

Ich hielt eine ungehörige Dankesrede im Roten Rathaus, wie es von einem unwürdigen Ehrengreis erwartet wird. Aber ich muss zugeben, die Anerkennung wärmte mir das Herz. Ich frozzelte mit dem Regierenden Bürgermeister Wowereit, der ja mit meinen Berliner Lieblingsfeinden von der PDS in einer pikanten Politehe lebte. Mit einem Lachen drehte ich die politische Rede ins Private: »Die allerhöchste Berlin-Auszeichnung in diesen Tagen verdanke ich unserer kleinen Mollie. Sie malte ihrem kleinen Papa ein Bild und krakelte dazu mit Bleistift ein richtiges Gedicht. Geschrieben in ihrem Englisch aus der Internationalen Schule in Hamburg: ›My dad plays the guitar and sings / He watches television / He often goes to Berlin to sing / I like my dad, because he makes me laugh.‹«

Zu meiner Überraschung und großen Freude erinnerte sich auch die Humboldt-Uni an ihren einstmaligen Studenten. Der neue Chef des Philosophischen Instituts war der Philosoph Volker Gerhardt, ein Nietzsche-Fachmann und Kant-Kenner. Er grub Diplom und Diplomarbeit des Absolventen Biermann aus den Archiven der Universität. Auf dem Deckel meiner Akte standen zwei Befehle an das Archivpersonal der DDR-Zeit: »Nicht aushändigen!« und »Nicht vernichten!«. So verdanke ich meinen alten Feinden, dass ausgerechnet meine Akte nicht längst entsorgt wurde. Seitdem ich zum Staatsfeind erklärt worden war, brauchte ich keinen akademischen Titel. Als Volker Gerhardt mir nun, mit fünfundvierzig Jahren Verspätung, das Diplom von 1963 aushändigte, verlieh mir meine Alma Mater die Ehrendoktorwürde – für mich eine wunderbare Gelegenheit, eine Rede im Audimax zu halten über den einzigen bedeutenden Philosophen der DDR, meinen Lehrer Wolfgang Heise.

Seit ein paar Jahren leben wir auch in dem Ferienhaus, das Pamelas Eltern sich an der Flensburger Förde gebaut haben, im schönen Lande Angeln. Unser Dorf Neukirchen liegt in einer von den Gletschern der Eiszeit gehobelten, lieblichen Hügellandschaft. Magna civitas, magna solitudo – auf dem Dorf leben die Menschen nicht so einsam wie in der Stadt. Wir genießen die Mittsommernächte am Fördestrand mit dem eigensinnigen Tischlerphilosophen Claus Petersen aus Roikier und mit Pamelas Freundin Britta Lorenzen und ihrem tollen neuen Kerl Spoon.

Unsere direkten Nachbarn und Freunde sind Margrit und Claus-Peter Petersen. Diesem Bauern und Wasserbauingenieur habe ich vor paar Jahren einen Sommer lang jeden Tag meine Lebensgeschichten erzählt. Der Plan war: einfach alles übers Mikro mitschneiden, dann die Aufnahme abschreiben, bisschen korrigieren – und fertig! Wir haben alles aufgenommen. Stunden! Tage! Doch der Versuch misslang. Ein Schriftsteller muss eben schreiben und nicht sich als Sprechsteller vertändeln. Die Verführung, um einer guten Pointe willen die holprigen Wahrheiten zu glätten, kennt jeder. Davor bewahrt mich das Schreiben. Das freie Reden geht zu flott. Die Mühen des Schreibens lohnen sich, denn Papier ist nicht so geduldig wie ein Tonband.

***

Im Jahre 2006 machte ich eine bewegende Entdeckung. Pamela forschte für ein Buch über meine ermordete, die verschollene jüdische Familie. Sie suchte in den Archiven und sammelte alles, was es zu finden gab über meine Großeltern John Biermann und Louise Löwenthal, ihre drei Kinder Karl, Dagobert und Rosa mit deren Familien. Ihre letzte Spur endet in Minsk. Von der ganzen Familie sind uns nur ein paar Dokumente und Fotos geblieben, darunter die Briefe meines Vaters aus dem Gefängnis. Emma hatte diese Papiere in einem ledernen Köfferchen bei Genossen auf dem Land bei Ludwigslust deponiert, so überlebten sie den Bombenangriff in Hammerbrook. Wer die Eltern meiner Großeltern waren, also die Großeltern meines Vaters, wusste ich nicht. Und es war ja auch keiner übriggeblieben, der mir unsere Familiengeschichte hätte erzählen können.

Durch die Recherchen fand Pamela heraus, dass es Gräber auf dem Jüdischen Friedhof in Ohlsdorf geben muss, die den alten Registern meiner Familie zugeordnet sind. Auch Emma schien davon nichts gewusst zu haben. In der jüdischen Tradition bleiben Gräber auf ewig, sie dürfen nie eingeebnet werden. Wir verabredeten uns mit dem zuständigen Friedhofsgärtner. Er führte uns durch ein abenteuerliches Gewirr aus Laub und Gestrüpp von Rhododendren, Buchsbäumen und abgestorbenen Ästen. Im Unterholz, von einem uralten Buchsbaum überwuchert, fanden wir ein Grab. Im Grabstein eingemeißelt: Rosa Biermann, geboren 1846, gestorben 1912. Die Großmutter meines Vaters, die Mutter seines Vaters John. Und, paar Schritte weiter, zwei verwitterte Grabsteine: David und Karoline Löwenthal, die Eltern meiner Großmutter Louise.

Mein Vater braucht keinen Grabstein. Darüber schrieb ich mir ein sarkastisches Trostlied: »Gräber«. Wo immer ich hinkomme, erinnert mich jeder beliebige Schornstein an ihn, der ein Rauch ward in Auschwitz. Und mein Vater braucht auch keinen Stolperstein auf irgendeinem Bürgersteig in Hamburg, denn er genießt ein

Privileg: Der Kommunist Dagobert »Israel« Biermann hat einen Sohn, der Lieder und Gedichte geschrieben hat, die an ihn erinnern.

Nun aber diese Grabsteine dort auf dem Friedhof. Sie bauten plötzlich meinem Herzen eine schmale Brücke in die Zeit vor dem großen Morden. Auf dem Jüdischen Friedhof fand ich einen begehbaren Weg über den Abgrund der Shoa hinweg. Die Gräber öffneten mir die Tür in eine Zeit, in der meine Leute normal lebten und normal gestorben sind. Da liegen meine Toten aus einem Leben, noch bevor Europa unterging. Ich stellte mir vor, wie mein kleiner Vater an der Hand von Mutter Louise das Grab seiner Großeltern besucht und das Grab seiner Oma Rosa Biermann, die er ja noch erlebt hat. So stand nun ich mit Pamela und unseren drei Kindern am selben Ort. Diese verwunschenen Gräber waren heilsam für mein Herz.

Die große Weltgeschichte ist für mich eben Familiengeschichte. Den Kommunismus soff ich mit der Muttermilch. Karl Marxens Utopie war mein Vaterblut. Und das bewährte sich als mein Lebenselixier im Streit mit der DDR-Diktatur. Meine Waffen in diesem Streit waren der Bleistift und die Weißgerber-Gitarre. Und als Schild schützten mich meine Verse. Eine entlarvende Metapher im Schmähgedicht gegen die totalitären Dunkelmänner konnte uns eingeschüchterte Rebellen zum Lachen bringen. Ein witziges Reimwort gegen Betonköpfe, vor allem, wenn sie zugleich provokant beim Namen genannt wurden, konnte wie ein Scheinwerfer die grauen Machtgespenster ins Licht zerren. Ein gelungener Vers war oft treffender als lange Pamphlete in Prosa. Es stimmt, wir lebten unterdrückt, oft todtraurig, aber wir lebten trotzdem vergnügt. »Es ist schön finster und schön licht / Gut leben und gut sterben / Wir lassen uns die Laune nicht / – und auch kein Leid verderben!«, schrieb ich in den finsteren Zeiten. Ich machte Fehler, aber wenigstens machte ich die eigenen. Zu widerstehn bringt auch Spaß. All die Lieder und Gedichte sind meine Zeugen.

Mich beseelte in diesem Streit die revolutionäre Sehnsucht nach einem roten Paradies. Aber: »Die Hybris, die uns versuchen lässt, das Himmelreich auf Erden zu verwirklichen, verführt uns dazu, unsere gute Erde in eine Hölle zu verwandeln.« Sir Karl Popper prägte diese Einsicht über die kommunistische Hybris in seiner Schrift »Das Elend des Historizismus«. Mir dämmerte des Philosophen unerträgliche Wahrheit erst spät, in meinem siebten Westjahr. Seitdem unterschreibe ich Poppers Verdikt. Ich muss seinem Urteil aber in einem wichtigen Punkt widersprechen: Jeder Versuch, das Himmelreich auf die Erde zu zwingen, ist eine Anmaßung, aber er *verführt* uns nicht, nein, er *zwingt* uns! – er zwingt jeden Menschheitsretter, unsere Erde in eine Hölle zu verwandeln. Dieser kleine Unterschied ist der große. Und das ist der Grund, warum ich ein Verräter werden musste. Anders hätte ich meinem Vater, dem hellsichtigen Abweichler unter dem Beil seines verblendeten Schwiegervaters, nicht wirklich treu bleiben können.

Ja, wenn auf dem Weg zum Paradies der Irrweg in die Hölle nur eine mögliche Verführung wäre, dann könnte man vielleicht tapfer und klug genug widerstehen! Aber die Geschichte zeigt: Es halfen weder Aufrichtigkeit noch Mut. Grips genug und Tapferkeit hatten viele Kommunisten auf dem Weg ins gelobte Land des Kommunismus – egal, ob sie tanzten, marschierten oder stürmten. Der schwärmerische Ikarier Étienne Cabet, Theoretiker wie der redliche Friedrich Engels, der geniale »Mohr« Karl Marx, die radikale Rosa Luxemburg, der schlaue Iljitsch Lenin und der kluge Leo Trotzki – sie alle sind mir ein lehrreiches Beispiel. Aber egal, ob dieser oder jener humanistisch inspirierte Revolutionär es gut meinte oder ob er dann ein so mörderischer Kommunist wie Stalin oder Feliks Dserschinski oder Berija oder Ulbricht oder Mielke wurde und die praktische Schmutzarbeit machte – der Marsch ins Paradies der kommunistischen Endlösung zwingt sie alle in die totalitäre Diktatur. Die Protagonisten werden eliminiert oder sie eliminieren, sie morden oder werden ermordet.

Der Glaube an den Kommunismus wurde mir eingepflanzt, so wie den Christen, den Juden oder den Muslimen der Glaube an diesen oder jenen Gott. Marxens »Kommunistisches Manifest« war für meinesgleichen die Bibel. Ich war Kommunist schon 1936 im Bauch meiner lieben Mutter. Ich brauchte kein kommunistisches Erweckungserlebnis, keine Bekehrung zum Kommunismus wie einst meine Lieblingsrenegaten Manès Sperber, Arthur Koestler, Ernst Fischer oder Robert Havemann. Die wagten als junge Männer den Bruch mit der bürgerlichen Gesellschaft. Sie konvertierten zum marxistischen Glauben. Die Tatsache, dass mein Vater und so viele seiner Genossen für ihre kommunistische Überzeugung im Gefängnis und in Konzentrationslagern landeten und meist mit ihrem Leben bezahlten, machte diese Religion für mich unantastbar. Wer schlägt schon seinen totgeschlagenen Vater tot! Unsere Märtyrer hielten mich eisern bei der Stange.

Der Kern der kommunistischen Idee, wie ich sie verstand, hieß nicht Gleichmacherei, sondern einzig: gleiche Rechte für alle Menschen und Gerechtigkeit. Und diese Idee basierte nicht, wie andere politische Ideologien, auf Abwertung und Ausgrenzung einzelner Menschengruppen, etwa aufgrund ihrer Herkunft. Ich stritt in der DDR mit den Genossen niemals um die kommunistische Idee selbst, sondern immer nur um die totalitäre Praxis. Dabei glaubte ich, dass Demokratie und Kommunismus zusammen funktionieren können. Das war ein Irrtum. Aber was 'ne Ironie des Schicksals: Ausgerechnet dieser Irrglaube gab mir die Kraft, mich in den Streit zu werfen. Hätte ich nicht an den Kommunismus geglaubt, wäre ich entweder in den Westen abgehaun oder hätte die große Schnauze gehalten und versucht, mich schmalärschig durchzuwurschteln. Die trotz-rotzige Festigkeit meines Kinderglaubens war wohl auch ein Grund, warum die Bonzen den Zeitpunkt verpasst haben, mich rechtzeitig ernst zu nehmen und mir in der Knast-Universität Bautzen eine Lektion hinter Gittern zu erteilen. Hätte ich damals auch nur ein antikommunistisches Lied gekräht, dann hätten die Herrschenden mir gleich den Hals umgedreht. Und nur meiner Mutter in Hamburg hätte es das Herz zerrissen.

Die angepassten Staatsschriftsteller nannten sich gemütlich Kommunisten. Wir, die kritischen Geister, auch, aber immer wieder verzweifelt im Zweifel. Und wir übten die immanente Kritik. Im Grunde entsprach diese linke Kritik ja dem bewährten Modell Martin Luthers: Er glaubte an den gleichen Gott und prügelte den gottlosen Papst mit der Bibel. So ähnlich versuchten wir es mit Marx- und Engelszungen. Entweder du brichst oder zerbrichst, oder du verpisst dich ins Private. Ein tapferer Bruch ist kein Zusammenbruch, sondern eine Rettung. »Nur wer sich ändert, bleibt sich treu«, schrieb ich in jenem Lied für meinen Freund Arno Lustiger. Mir kommt es so vor, als ob auch bei starken Menschen die Kraft für einen existenziellen Bruch nur einmal im Leben reicht.

Ich verbrauchte meine Kräfte nicht für den Streit mit den falschen Genossen, sondern für den Bruch mit der Illusion Kommunismus.

Seitdem habe ich begriffen, wie hochmütig mein Spott auf die bürgerliche Demokratie war. Sie ist das am wenigsten Unmenschliche, was wir Menschen als Gesellschaftsmodell bisher erfunden und ausprobiert haben. Mich beeindruckt auch diese Tatsache: Es hat so gut wie nie in der Weltgeschichte einen Krieg zwischen zwei Demokratien gegeben. Dabei kann die Demokratie auch unerträglich sein, wie Winston Churchill fand, denn wer gewählt werden will, muss leider immer wieder auch genügend Stimmen vom dämlichsten Pack ergattern. Der gefeierte britische Staatsmann verlor die Wahlen ausgerechnet, nachdem er sein Vaterland im Krieg gegen Hitler zum Siege geführt hatte. Und wie er es realistisch versprochen hatte: mit nichts als Blut, Mühsal, Tränen und Schweiß. Es wird niemals ein Gemeinwesen geben, das alle Menschen glücklich macht. Aber die schlechteste Demokratie ist unendlich viel besser als die beste Diktatur.

Also musste ich ein guter Renegat werden, ein treuer Verräter. Und ich such nicht mehr den Weg in irgendein Paradies uff Erden. Der ewige Freiheitskrieg, den Heinrich Heine 1851 in seinem Gedicht »Enfant Perdu« meinte, dieser Krieg wurde seit der Steinzeit immer wieder verloren und immer wieder gewagt und gewonnen. Die lebensklügeren Juden wissen schon, warum sie fest daran glauben, dass der ersehnte Erlöser niemals kommen wird. Und käme der Messias, dann würde ich die Flucht ergreifen. In gottbewachter Geborgenheit möchte ich nicht dahindämmern und mich zu Tode langweilen. Ich bevorzuge den Streit der Welt – und die Liebe. Lebendig leben mit begründeter Verzweiflung und mit begründeter Hoffnung.

Heimweh

Die heile Heimat Utopie hab ich verloren
Dafür und ganz kaputt die halbe Welt gewonnen
Als Kommunistenketzer ward ich neu geboren
Als Mann erst ist mein Kinderglaube mir zerronnen

Hab manchmal Heimweh noch nach diesem blöden Hoffen
Statt Mensch wär ich viel lieber Marxens Zwergenriese
Die alte Sehnsucht macht mich manchmal noch besoffen
Spür nächtens den Phantomschmerz aus dem Paradiese

Dies Höllen-Heimweh trieb mich weg vom Vaterlande
Ins Land der Troubadours, wo Wein wächst wie die Lieder
Es trieb mich auch ins Land der Väter, fern am Rande
Traf dort drei Tausend Jahre alte Freunde wieder

Allein in meinem kurzen Menschenleben fraß ich
Zwei Diktaturen, schluckte mehrere Epochen
Die echten Kriege, falschen Frieden – nichts vergaß ich
Hab oft nach Angstschweiß wie nach Heldentum gerochen

Schlief tief im feinen Duft aus deinen Lebenssäften
Mein Weib, du bist Utopia für mich geblieben
Ich könnt nicht singen, auch nicht schrein nach Kräften
Schon gar nicht schweigen ohne unser blindes Lieben

Notat

Beim Schreiben dieser Memoiren half mir Pamela Biermann. Meine Muse verführte ihren alten Poesie-Sprinter, nun endlich doch noch diese kräftezehrende Prosa-Langstrecke zu laufen. Ihre wissende Neugier stachelte mich, ihr kühler Verstand zwang mich zu einer Stringenz, die mir nie im Gedicht, aber im Fluss der mäandernden Erzählung schwerfällt. Pamela ermunterte, forderte ab, fragte nach und kritisierte ohne Rücksicht und ohne Arg. Sie fügte das Puzzle meiner Lebensgeschichten zusammen zu einem klar strukturierten Sittengemälde deutsch-deutscher Zeitgeschichte.

Hilfreiche Quellen für diese Autobiographie waren für uns zwei feindlich entgegengesetzte Materialsammlungen: erstens all meine Tagebücher, die ich seit 1954 ununterbrochen schreibe. Ich treibe diese Gewohnheit bis heute akribisch – ohne Hast, ohne Rast und lässig wie Luftholen. All meine Begegnungen mit Zeitgenossen, meine Konflikte im Streit der Welt, die not-wendigen Lebensbrüche, die Wortwechsel, Beobachtungen, Episoden und Anekdoten, mein langer Weg vom Kommunistenkind bis zum guten Verräter an der Ideologie des Kommunismus – alle Zeitläufte sind lückenlos dokumentiert in meinen weit über zweihundert Tagebüchern.

Und zweitens das stinkende Pendant: DDR-Staatsfeind Biermanns riesiger Aktenberg in der BStU, viele zehntausend Seiten – der »Zentrale Operative Vorgang«, als MfS-Kürzel: ZOV »Lyriker«. So, wie ich Goethes Sekretär, den Johann Peter Eckermann, in mein Pasquill auf Mielkes Firma »Horch & Guck« einbaute:

»Die Stasi ist mein Eckermann«. Aber auch ich selbst machte mir mit meinen Tagebüchern den akkuraten Allesaufschreiber.

Mein Dank gilt unserer Literaturagentin Elisabeth Ruge und dem Verleger Christian Seeger, der dann auch Lektor unseres Buches wurde. Der unfrisierte Historiker Dr. Ilko-Sascha Kowalczuk kämmte mit furiosem Sachverstand das Manuskript durch auf der Suche nach Fehlern. Rechtsanwalt Winfried Seibert kontrollierte kühl die justiziablen Aussagen und korrigierte meine lose Zunge so, dass die moderaten Formulierungen trotzdem bei der Wahrheit bleiben. Bei der Recherche in der BStU half uns Raphaela Schröder.

Für die Leser soll meine Familiengeschichte als ein Stückchen Weltgeschichte erkennbar werden. Das ist der Boden, auf dem die Lieder und Gedichte überhaupt wachsen konnten. Und meine sieben Söhne, die drei Töchter, sehen das prosaische Poesiealbum ihres alten Vaters mit noch ganz anderen Augen.

Personenregister

Bildnachweis

Agentur Visum/Wolfgang Steche: 30–32
Akademie der Künste, Berlin, Hanns-Eisler-Archiv 10388: 12
Archiv Biermann: 1-8, 10, 13, 14 (Joachim Spremberg), 15-17, 19, 23 (BStU, MfS, HA XX/Fo/1485, Bild 6), 28, 34 (BStU, MfS, BV Halle AU, 404/82, Bl. 95), 37, 43, 49, 51–53, 55, 56, 58–61
Bundesarchiv: 9 (BArch BildY 10-239-00), 35 (BArch DY 30/J IV 2/2J/7452), 47 (BArch Bild 183-1989-1201-047), 48 (BArch Bild 183-1990-0125-032)
Doris Birkholz: 39
Fred Dott: 36
Gert von Bassewitz: 42
Helga Paris: 18
Johannes Beleites: 50
Monika Hörter: 57
Picture Alliance/dpa: 11, 45
Presse- und Informationsamt der Bundesregierung/Lothar Schaack: 33
Regine Auster: 54
Robert-Havemann-Gesellschaft/Andreas Kämper: 44
Robert-Havemann-Gesellschaft/Johanna Elbauer: 38
Roger Melis: 20–22
stern/Harald Schmitt: 40
Sylvia Gronostay: 41
Thomas Hoepker: 24–27, 29
ullstein bild: 46

Besuchen Sie uns im Internet:
www.ullstein-taschenbuch.de

Gleichzeitig mit der Autobiographie Wolf Biermanns ist im Propyläen Verlag der Band »Im Bernstein der Balladen. Lieder und Gedichte« erschienen. Er versammelt eine Auswahl von Balladen, Liedern und Gedichten Wolf Biermanns aus mehr als fünfzig Jahren.

Außerdem ist die neue CD »...paar eckige Runden drehn!« erschienen, auf der Wolf Biermann und Pamela Biermann zusammen mit dem ZentralQuartett Lieder von Wolf Biermann neu arrangiert und eingespielt haben (Liederproduktion Altona).

MIX
Papier aus verantwortungsvollen Quellen
FSC www.fsc.org FSC® C083411

Ungekürzte Ausgabe im Ullstein Taschenbuch
1. Auflage Oktober 2017

Umschlaggestaltung: zero-media.net, München,
nach einer Vorlage von Morian & Bayer-Eynck, Coesfeld
Umschlagfoto: © Hans Scherhaufer
Umschlagfoto Rückseite: © Wolfgang Steche / VISUM
Satz: L42 AG, Berlin
Gesetzt aus der Minion Pro
Druck und Bindearbeiten: CPI books GmbH, Leck
ISBN 978-3-548-37737-7

Ach Freund,
geht es nicht auch dir so?
Ich kann nur lieben
was ich die Freiheit habe
auch zu verlassen:
Dieses Land
diese Stadt
diese Frau
dieses Leben

Eben darum lieben ja auch
Wenige dieses Land
manche ihre Stadt
viele eine Frau
aber das Leben...
Alle!

Wolf Biermann

Ermutigung

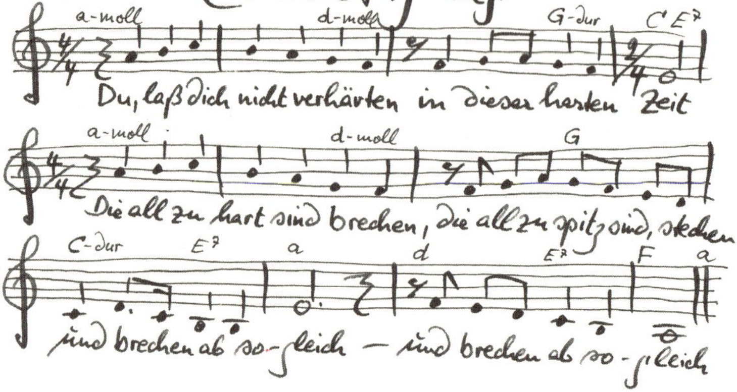

Du, laß dich nicht verbittern
In dieser bittren Zeit
Die Herrschenden erzittern
– sitzt du erst hinter Gittern
Doch nicht vor deinem Leid

Du, laß dich nicht erschrecken
In dieser Schreckenszeit
Das wolln sie doch bezwecken
Daß wir die Waffen strecken
Schon vor dem großen Streit

Du, laß dich nicht verbrauchen
Gebrauche deine Zeit
Du kannst nicht untertauchen
Du brauchst uns, und wir brauchen
Grad deine Heiterkeit

Wir wolln es nicht verschweigen
In dieser Schweigezeit!
Das Grün bricht aus den Zweigen
Wir wolln das allen zeigen
Dann wissen sie Bescheid.